WOLFRAM PYTA
NILS HAVEMANN, JUTTA BRAUN

PORSCHE

WOLFRAM PYTA
NILS HAVEMANN, JUTTA BRAUN

PORSCHE

VOM KONSTRUKTIONSBÜRO ZUR WELTMARKE

Siedler

Alle Abbildungen in diesem Buch stammen aus dem Historischen Archiv der Dr. Ing. h. c. F. Porsche AG.

FSC www.fsc.org
MIX
Papier aus verantwortungsvollen Quellen
FSC® C014496

Verlagsgruppe Random House FSC® N001967

Dritte Auflage
Oktober 2023

Umschlaggestaltung: Rothfos + Gabler, Hamburg, unter Verwendung einer Abbildung von © Ullstein Bild und einer Konstruktionszeichnung aus dem Historischen Archiv der © Porsche AG
Satz: Ditta Ahmadi, Berlin
Druck und Bindung: GGP Media GmbH, Pößneck
Printed in Germany 2023
ISBN 978-3-8275-0100-4

www.siedler-verlag.de

Dieses Buch ist auch als E-Book erhältlich.

Inhalt

Einleitung

Der Name Porsche ist als Hersteller exklusiver Sportwagen weltweit ein Begriff. Seit das erste Automobil mit dem Namen Porsche auf den Markt kam – der Typ 356 aus dem Jahr 1948 –, hat sich das Unternehmen mit einer stringenten Modellpolitik sowie einer bereits frühzeitig ausgeprägten Exportorientierung als global erfolgreiche Weltmarke etabliert.[1] Die historischen Wurzeln aber reichen weiter zurück. Die Expertise von Ferdinand Porsche und seinen Mitarbeitern bildete das Fundament, auf dem sich das Unternehmen Porsche in der Nachkriegszeit entwickeln konnte. Als Ferdinand Porsches Sohn Ferry den Typ 356 baute, konnten er und seine Ingenieure auf ein umfassendes technisches Erfahrungswissen zurückgreifen. Denn bereits 17 Jahre zuvor, am 25. April 1931, hatte Ferdinand Porsche in Stuttgart das Konstruktionsbüro »Dr. Ing. h.c. F. Porsche Gesellschaft mit beschränkter Haftung, Konstruktionen und Beratungen für Motoren- und Fahrzeugbau« gegründet und ins Handelsregister eintragen und dann im Jahr 1937 in eine Kommanditgesellschaft umwandeln lassen. Dieses Unternehmen kann als Keimzelle der heutigen »Dr. Ing. h.c. F. Porsche AG« gelten. Seine wechselvolle Geschichte von der Gründung im Jahr 1931 bis zum Tod des Unternehmers Ferdinand Porsche zwanzig Jahre später ist Gegenstand dieser Studie.

Was macht dieses Stuttgarter Unternehmen zu einem heuristisch ergiebigen Untersuchungsgegenstand? Das Spannende und zugleich Herausfordernde ist vor allem die Reichhaltigkeit der Aspekte, die sich hier darbietet. Die vier zentralen Themenfelder sollen im Folgenden kurz umrissen werden.

Als erstes sticht die technische Vielfalt der Produktpalette der Porsche GmbH/KG ins Auge. Das Unternehmen hat sich an motorgetriebenen Fahrzeugen nahezu aller Art versucht, nicht nur an Personenkraftwagen und Rennwagen, sondern auch an Traktoren und Panzerkampfwagen. Dabei hat es im Laufe der Zeit die gesamte Verwertungskette abgedeckt: Startete es noch als Anbieter von Konstruktionsleistungen, die im Kern aus Entwurfszeichnungen bestanden, schaffte es bald den Sprung zu einem kompletten Entwicklungsbetrieb, der serienreife Versuchsfahrzeuge herstellte. Der Einstieg in die Produktion von Serienfahrzeugen glückte allerdings erst 1948 – und insofern ist das Geschäftsmodell der heutigen »Porsche AG« nicht deckungsgleich mit dem Profil des Vorgängerunternehmens. Die Vielseitigkeit der Porsche

GmbH/KG hat dazu geführt, dass sich bislang vor allem Automobilenthusiasten der Geschichte des Unternehmens zugewandt haben. Es entstanden detailreiche Untersuchungen, die ihre emotionale Nähe zum Gegenstand auf den ersten Blick erkennen lassen.[2] Auch jene Arbeiten, die archivalisches Material verwerten, blieben letztlich der Faszination der präsentierten technischen Artefakte verhaftet.[3] Der Geschichtswissenschaftler wird von diesen Studien wegen ihres Materialreichtums[4] profitieren, doch sowohl vom Zugriff her als auch von der Quellenbasis hält sich der Ertrag in engen Grenzen.

Von der technischen Seite des Generalthemas führt ein direkter Weg zur Sportgeschichte. Dass sich Porsche von 1932 an mit zunehmendem Erfolg als Rennwagenkonstrukteur betätigte, ist keineswegs ein Nebenaspekt beim Aufstieg des Unternehmens Porsche zur Weltmarke. Der wirtschaftliche Durchbruch gelang schließlich mit der Konstruktion und Entwicklung eines Rennwagens, der für den sächsischen Hersteller Auto Union an den Start ging und von Rennfahrerassen wie Hans Stuck und Bernd Rosemeyer gesteuert wurde. Die Unternehmensgeschichte ist damit aufs engste verflochten mit dem Anstieg des Interesses am Motorsport, der Hunderttausende in seinen Bann schlug und damit in den Fokus medialer Aufmerksamkeit geriet. Als ein Kulturphänomen erster Güte bildete der Motorsport einen wichtigen Nährboden, auf dem Zuschreibungen gediehen und in Umlauf gebracht wurden, die auch auf das Image Porsches positiv ausstrahlten. Porsches Abstecher in den Rennsport wirkte noch nach in der unmittelbaren Nachkriegszeit, als der erste internationale Auftrag darin bestand, für einen italienischen Rennstall einen konkurrenzfähigen Rennwagen zu entwickeln. Der durch die frühen rennsportlichen Aktivitäten erzielte Imagegewinn hat nicht wenig zur Ausbildung des sportlichen Markenkerns beigetragen, der den Absatz des von 1948 an produzierten Sportwagens beförderte. Insofern möchte die vorliegende Untersuchung auch einen Beitrag zu einer kulturhistorisch sensiblen Sportgeschichte[5] dort leisten, wo es sich anbietet.

Eine integrativ angelegte Unternehmensgeschichte kann die politischen Umstände nicht ausblenden, die unternehmerisches Handeln beeinflussen. Für die Porsche GmbH/KG gilt das erst recht, da sie in besonderer Weise mit der Politik verwoben war. Ohne die von staatlicher Seite angeschobenen Projekte hätte das Unternehmen keine derartige Dynamik freisetzen und innerhalb weniger Jahre Entwicklungssprünge vollziehen können. Ferdinand Porsche war eben nicht nur der konstruktive Kopf des Unternehmens, sondern auch der Akquisiteur politikaffiner Aufträge und gelangte erst dadurch in die Lage, in seinem Portfolio eine so reichhaltige Produktpalette zu offerieren. Dabei ist in Rechnung zu stellen, dass das Unternehmen hinsichtlich seiner Auftraggeber nicht wählerisch war. Die allererste Anfrage erreichte Porsche im Jahr 1931 aus der kommunistischen Sowjetunion; und im Herbst 1945 war das unter kommunistischer Leitung stehende »Ministère de la production industrielle« der Französischen Republik entschlossen, mit der Porsche KG ins Geschäft zu kommen. Im Nachkriegsösterreich arbeitete der österreichische Zweig des Unternehmens eng mit Repräsentanten unterschiedlicher politischer Lager zusammen, am Hauptsitz in Kärnten vor allem mit Regierungsmitgliedern, die der Sozialistischen Partei Österreichs angehörten.

Unter dem NS-Regime hat das Unternehmen den Grundstein für sein dynamisches Wachstum gelegt und seinen erfolgreichen Aufstieg vollzogen. Das imageprägende Projekt des »Volkswagens« hätte die Porsche GmbH nicht ohne Unterstützung Hitlers zum Abschluss bringen können; darüber hinaus sicherte Porsches privilegierte Beziehung zur »Deutschen Arbeitsfront«[6] dem Unternehmen Anschlussaufträge im Bereich der Traktorentwicklung. Die Nähe zur Politik immunisierte es zwar nicht gegen Fehlschläge – bei der Konstruktion und Entwicklung von Panzerkampfwagen scheiterte Porsche auf ganzer Linie –, aber insgesamt lässt sich nicht bestreiten, dass es enormen Nutzen aus dem Zugang zu politischen Entscheidungsträgern zog. Nicht viele Unternehmer dürften mit Hitler derartig häufig zusammengetroffen sein wie Ferdinand Porsche. Daher drängt sich die Frage auf, wie stark sich die Unternehmensleitung auf die NS-Politik einließ, eine Frage, die im Zentrum der in letzter Zeit geradezu boomenden Unternehmensgeschichten steht, wenn es um die Zeit zwischen 1933 und 1945 geht.[7] Einschlägige Spezialstudien[8] haben inzwischen deutlich gemacht, wie sich nüchternes wirtschaftliches Kalkül mit politisch-moralisch fragwürdigem Gebaren verschränken konnte. Dabei ist der Historiker gut beraten, seine berufsbedingte Nüchternheit im Urteil gerade in den Fällen zur Geltung zu bringen, die eine überaus komplexe Gemengelage aus wirtschaftlichen und politischen Erwägungen aufweisen. So muss man zur Kenntnis nehmen, dass auch die Bosch-Gruppe an der Kriegswirtschaft des »Dritten Reiches« Anteil hatte und auf die Arbeitskraft von Zwangsarbeitern zurückgriff[9] – also ein Unternehmen, das in geradezu exzeptioneller Weise den Widerstand gegen das verbrecherische NS-Regime mit allen Mitteln förderte und dabei die philanthropische Gesinnung des Gründers Robert Bosch zur Geltung brachte.[10]

Das bloße Faktum, dass ein Unternehmen Zwangsarbeiter beschäftigte, erlaubt mithin kein eindeutiges Urteil über seine Nähe zum NS-Regime. Eine Engführung auf einen einzigen Aspekt wie Beschäftigung von Zwangsarbeitern wird der komplexen Verflechtung von Wirtschaft und Politik nicht einmal ansatzweise gerecht. Es kommt also darauf an, inhaltliche Asymmetrien zu vermeiden und dieses anspruchsvolle Vorhaben so zu bewältigen, wie es Thomas Nipperdey in unnachahmlicher Weise formulierte: die Schattierungen der Geschichte freilegen – und das heißt nicht strahlendes Weiß oder tiefes Schwarz, sondern Grautöne in unendlicher Vielfalt.[11] Dass dazu eine Prosa, die um faire Urteile ringt und ihren Gegenstand mit gebotener Distanz in den Blick nimmt, hilfreich ist, wird niemand bestreiten.

Der in der vorliegenden Studie gewählte Untersuchungszeitraum beschränkt sich nicht auf die NS-Zeit, sondern erstreckt sich über die Jahre 1931 bis 1951 und damit über drei politische Systeme auf deutschem Boden, in denen die Porsche GmbH/KG unternehmerisch tätig war. Rechnet man das Besatzungsregime der Nachkriegszeit hinzu sowie das besondere politische Biotop der frühen Zweiten Republik in Österreich, dann erhält man eine enorme Variationsbreite von politischen Konstellationen, in denen sich das Unternehmen einrichtete. Durch diesen Umstand lassen sich Techniken geschmeidiger Anpassung an sich rasant wandelnde politische Umstände am vorliegenden Beispiel besonders gut studieren. Wie andere auch waren die leitenden Akteure der Porsche GmbH/KG nach 1945 um Schadensbegrenzung bemüht und suchten politische Altlasten aus der NS-Zeit möglichst rasch zu entsorgen. Was den Fall Porsche besonders interessant macht, ist der Umstand, dass das Unternehmen nach 1945 seinen Hauptsitz vorübergehend in Österreich nahm und in der alten Heimat der Großfamilie Porsche von den vergleichsweise milden Entnazifizierungsbemühungen profitierte. Dabei kommt ans Licht, wie trickreich unterschiedliche Standards der NS-Aufarbeitung für den wirtschaftlichen Neuanfang nach 1945 genutzt wurden. Die österreichische Staatsbürgerschaft wurde hierbei zu einer ökonomischen Trumpfkarte; zugleich hatte eine fehlgeschlagene Naturalisierung gravierende Standortverlagerungen zur Folge. Dass die beiden heutigen Familienstämme (Porsche und Piëch) zwei unterschiedliche Staatsbürgerschaften (deutsch und österreichisch) besitzen, ist das Resultat des nur teilweise geglückten Versuchs, den größten Teil des Betriebsvermögens der Porsche KG mit tatkräftiger Unterstützung österreichischer Landes- wie Bundesbehörden zu austrifizieren.[12]

Der vierte leitende Aspekt der vorliegenden Studie führt ins Zentrum der Untersuchung. Die Porsche GmbH/KG verkörpert – so die Grundannahme – einen besonders reinen Typus des Familienunternehmens.[13] Die Familie Porsche verfügte ja nicht nur über den weit überwiegenden Anteil am Geschäftsvermögen der Gesellschaft, sondern übte zugleich auch alle wesentlichen Führungsfunktionen in diesem Unternehmen aus. Daraus ergibt sich eine auf die Unternehmerpersönlichkeiten zugeschnittene Anlage dieser Untersuchung. Gemäß der vor allem von Werner Plumpe[14] vertretenen Auffassung, eine kulturgeschichtlich sensible Unternehmensgeschichte müsse unternehmerische Entscheidungsträger ins Zentrum rücken und habe damit immer auch die Biographie dieser Akteure in den Blick zu nehmen, fokussiert sich die vorliegende Arbeit auf das unternehmerische Handeln der Führungsfiguren, vor allem auf Ferdinand Porsche senior und junior. Die Geschichte eines Familienunternehmens würde leblos und blutleer bleiben, wenn die Weichensteller und Entscheider nicht den ihnen gebührenden Platz einnähmen. Das gewissermaßen dynastische Strukturprinzip von Familienunternehmen verlangt eine solche Schwerpunktsetzung. Insofern versteht sich die vorliegende Studie nicht zuletzt als unternehmenshistorischer Beitrag zu einem besonders markanten, aufschlussreichen und bis heute nachwirkenden Exempel eines Familienunternehmens.

Das Interaktionsgeflecht zwischen der Familie und dem Unternehmen bildet den Rahmen, in dem sich die vorliegende Darstellung bewegt und der die Einzelaspekte miteinander verbindet.[15] Auf diese Weise soll ein Gesamtbild unternehmerischen Handelns entworfen werden, das auf der einen Seite aus einzigartigen historischen Konstellationen erwuchs, auf der anderen Seite aber einer zumindest mittelfristig angelegten Handlungsdisposition der Akteure entsprang. Dass sich insbesondere Ferdinand Porsche situationsabhängige unternehmerische Chancen boten und er beherzt zugriff, gehört zu den historisch kontingenten Faktoren der Unternehmensgeschichte, die sich nicht strategisch planen ließen. Wie er damit umging und wie er diese vor allem politisch bedingten Konjunkturen für die strategische Gesamtanlage seines Unternehmens zu nutzen verstand, fällt unter die strukturellen Handlungsbedingungen. Auch wenn die vorliegende Studie in vielen Detailfragen neue Erkenntnisse beizusteuern verspricht, die über die Geschichte des Unternehmens hinaus von Belang sind, sollte man sich vor Augen halten, dass eine Isolierung solcher Spezialaspekte dem integrativen Anspruch dieses Werkes nicht gerecht wird. Diese Darstellung nimmt darüber hinaus für sich in Anspruch, durch intensive Auswertung archivalischer Quellen Erträge zu generieren, die geeignet sein könnten, bislang wenig beachtete Forschungsfelder einer stärkeren systematischen Erkundung zu unterziehen. Gerade weil sich die Porsche GmbH/KG auf so unterschiedlichen Gebieten betätigte und aufgrund der Herkunft ihres Führungspersonals und der Verquickung mit vitalen Interessen der französischen Besatzungsmacht über Deutschland hinaus Spuren hinterließ, bietet ihre Geschichte einen Seiteneinstieg in wenig beachtete Aspekte der österreichischen und französischen Geschichte.

Es war den Verfassern ein Anliegen, in der Ausbreitung möglichst vieler Aspekte den heuristischen Ertragreichtum des Gegenstandes zum Ausdruck zu bringen. Die jeweiligen Proportionen ergeben sich erst in der Gesamtschau. Man würde den Anspruch der Studie verfehlen, wenn man die Abstecher in thematische Randzonen zum archimedischen Punkt der Gesamtdarstellung erhöbe. Das dynamische Beziehungsgeflecht zwischen der Familie und ihrem Unternehmen bildet ihren Dreh- und Angelpunkt. Es seien daher im Folgenden einige Themenkomplexe angerissen, die sich aus dieser Schwerpunktsetzung ergeben.

Vor allem ist von Belang, ob und wie man im Unternehmen mit der heiklen Frage der Nachfolgeregelung umging. Gerade bei einer so dominierenden Persönlichkeit wie Ferdinand Porsche kann sich der Übergang auf die nächste Generation zu einem veritablen Problem auswachsen, wenn der Patriarch nicht weichen will. Dass Ferdinand Porsche durch äußere Umstände gezwungen wurde, den Platz an der Spitze seines Unternehmens zu räumen und seinem Sohn Ferry Porsche den Weg frei zu machen, wirft ein bezeichnendes Licht auf die innerfamiliären Strukturen. Wie sehr der Gründungsvater seinem Unternehmen den Stempel aufdrückte, lässt sich auch an der von ihm geprägten Unternehmenskultur[16] ablesen. Hier berührt sich die vorliegende Studie mit Ansätzen einer kulturhistorisch aufgeschlossenen Unternehmensgeschichte, die den Faktor Unternehmenskultur zunehmend als ausschlaggebend für den Unternehmenserfolg einschätzt. Denn ein gemeinsamer Vorrat an Sinnmustern stellt eine kaum zu überschätzende Ressource für die innere Kohäsion eines Unternehmens dar. In dem hier vorliegenden Fall hat der Gründervater allerdings kein normativ aufgeladenes Regelwerk im Sinne einer Unternehmensphilosophie als Richtschnur für unternehmerisches Handeln hinterlassen, wie es beispielsweise Robert Bosch tat.[17] Die Porsche GmbH/KG wurde – zumindest auf der Ebene der leitenden Ingenieure, die ein ausgeprägtes Treueverhältnis mit Ferdinand Porsche verband – zu einem überaus homogenen Sozialverband. Die wichtigste Triebkraft für die unternehmensinterne Gemeinschaftsstiftung bildete diese von Porsche selbst gestiftete, affektiv aufgeladene, asymmetrische Beziehung zum bewunderten und kritiklos angebeteten Patriarchen. Solche personenbezogene Treue lässt sich nicht auf den Unternehmensnachfolger übertragen.[18] Gab es also weitere identitätsfördernde Faktoren, die das Unternehmen im Innersten zusammenhielten? In diesem Kontext wird man vor allem einer landsmannschaftlich erstaunlich homogenen Personalrekrutierung Aufmerksamkeit schenken. Die Mitglieder der Kernmannschaft des Stuttgarter Konstruktionsbüros waren fast alle in Altösterreich aufgewachsen und hatten mit Ferdinand Porsche bereits während seiner langjährigen Tätigkeit für österreichische Fahrzeughersteller zusammengearbeitet.

Dass der Historiker Selbstbeschreibungsdiskurse nicht einfach übernehmen darf, liegt auf der Hand. Zeitgenossen wie engagierte Beobachter haben nicht mit dem Begriff »Genie«[19] gegeizt, wenn sie Ferdinand Porsche angemessen zu beschreiben suchten. Eine solche Bezeichnung trifft aber auf

Porsche ebensowenig zu wie der normativ aufgeladene Begriff »Erfinder«. Eine adäquate Annäherung an die Stellung, die der Unternehmensgründer, Mehrheitsgesellschafter und tatkräftige Entscheider einnahm, hat immer auch die Verfahrensabläufe im Konstruktionsbüro abzubilden, bis ein Entwurf fertig gestellt war. Dabei hat man von der durch einen genialischen Erfinderkult genährten Vorstellung Abstand zu nehmen, hier habe sich ein einzigartiger Künstler in einem präzedenzlosen Werk verewigt. Denn das Konstruieren eines Fahrzeugs war ein arbeitsteiliger Prozess eines ganzen Teams, das sich gezielt aus Vorarbeiten Dritter bediente. Ferdinand Porsche hat dies in einer der ganz wenigen schriftlichen Aussagen über seine Profession treffend skizziert: »Das Werk eines Konstrukteurs gleicht einem Mosaik und ist gleich ihm zusammengesetzt aus vielen kleinen und großen, auch hellen und dunklen, Steinen. Ein solcher Stein ist das Wissen und Wirken anderer Konstrukteure, das meist über Veröffentlichungen kund wird.«[20] Die Kreativität eines Konstrukteurs bestand demnach nicht in einer Schöpfung aus dem Nichts, sondern in dem fantasievollen Zusammenfügen unterschiedlicher Elemente zu einem Ganzen, das mehr als die Summe seiner Teile war.

Unter den an diesem Schöpfungsprozess beteiligten Akteuren nimmt Ferdinand Porsche unbestritten den ersten Platz ein. Daher lohnt es, an dieser Stelle einen Blick auf die wichtigsten beruflichen Stationen Ferdinand Porsches zu werfen, bevor er sich mit seinem Unternehmen in Stuttgart selbstständig machte.

Der 1875 in Nordböhmen geborene Porsche entschloss sich zum eigenen Unternehmertum erst, nachdem er drei Jahrzehnte lang als Chefkonstrukteur bei verschiedenen bedeutenden Automobilunternehmen in Österreich und Deutschland gewirkt hatte. Seine Interessen reichten weit über die Passion für die Mechanik hinaus, die bei einem Fahrzeugkonstrukteur zu erwarten ist. Schon in jungen Jahren beschäftigte ihn die Frage, wie man die Elektrizität, die um 1900 ihren Siegeszug antrat, für den Antrieb von Fahrzeugen nutzen könne. Kaum hatte er seine erste Leitungsposition inne, setzte er diese Lieblingsidee, die ihn zeit seines Lebens beschäftigen sollte, in die Tat um. Porsche wurde mit dem lenkbaren Radnabenmotor zu einem Pionier der Elektromobilität, da er damit eine innovative Lösung des Antriebsproblems bei Elektrofahrzeugen entwickelte. Vorgestellt wurde das erste Radnabenelektromobil »System Lohner-Porsche« im April 1900 auf der Weltausstellung in Paris, wo es für erhebliches Aufsehen sorgte.[21] Porsche beschritt diesen Weg konsequent weiter, indem er seine batteriegespeisten Radnabenantriebe mit einem Benzinmotor kombinierte. Damit war das Prinzip des seriellen Hybridantriebs geboren. Mit dem ersten funktionsfähigen Vollhybridautomobil der Welt, dem »Semper Vivus«, betrat er 1900 technisches Neuland und brachte danach das Konzept des Hybridantriebs bis zur Serienreife. Es ist daher nicht verwunderlich, dass Ferdinand Porsche an diese innovativen Anfänge immer wieder anknüpfte und er dem Hybridantrieb selbst bei einem Panzerkampfwagen zum Durchbruch verhelfen wollte.

Von 1906 an trug Porsche fast ein Vierteljahrhundert lang als Technischer Direktor Verantwortung für Serienprodukte führender europäischer Automobilhersteller: zunächst von 1906 bis 1923 bei Austro-Daimler, einem österreichischen Produzenten in Wiener Neustadt, danach bei der Daimler-Motoren-Gesellschaft in Stuttgart-Untertürkheim, wo er als Technischer Direktor wie auch als Vorstandsmitglied wirkte. Doch ausgerechnet hier, an der Wiege des Automobils, geriet seine Karriere ins Stocken. Porsche verließ das Unternehmen, das sich inzwischen mit Benz & Cie. zur Daimler-Benz AG fusioniert hatte, im Januar 1929 im Streit. Es folgte ein Intermezzo bei den oberösterreichischen Steyr-Werken, das aufgrund der schweren Wirtschaftskrise schon nach wenigen Monaten beendet wurde. Ferdinand Porsche war zu dieser Zeit bereits Mitte fünfzig und wurde – da die Automobilbranche schwer unter der Wirtschaftskrise litt und nicht nach Konstrukteuren Aussschau hielt – von Existenznöten geplagt. In dieser Notlage wagte er den Sprung in die Selbstständigkeit und gründete in Stuttgart ein Unternehmen, das auf dem Automobilsektor Dienstleistungen anbot. Seine Stammbelegschaft bestand aus einer Gruppe von Ingenieuren und Technikern, mit denen er bereits bei Austro-Daimler und Steyr zusammengearbeitet hatte. Mit von der Partie war von Beginn an auch sein 1909 geborener Sohn Ferdinand Anton Ernst, genannt »Ferry«. Im Umfeld dieser erfahrenen Ingenieure erwarb Ferry Porsche eine solide Wissensbasis und entwickelte sich innerhalb weniger Jahre vom Praktikanten zum Juniorchef des Unternehmens. Der Unternehmensgründer war also von Anfang an bestrebt, seinen Sohn als Nachfolger aufzubauen.[22]

Ferdinand Porsche war kein Mann der Feder und der Bücher, sondern ein Techniker, von Unrast getrieben auf der ständigen Suche nach der optimalen technischen Lösung. Daher sind von seiner Hand stammende oder von ihm autorisierte schriftliche Zeugnisse überaus rar. Reflexionen über sein Leben und Werk hat er erst in den letzten Lebensjahren in einer kommunikativen Sondersituation vorgenommen. Daher kann die Studie nicht auf einen breiten Fundus an Egodokumenten zurückgreifen, zumal auch Familienkorrespondenz nur sehr begrenzt vorhanden ist. Allerdings steht mit dem Tagebuch des Porsche-Chefkonstrukteurs Karl Rabe eine bedeutsame Ersatzüberlieferung zur Verfügung. Das Defizit an Selbstzeugnissen kann überdies kompensiert werden mit Hilfe weiterer Archivalien unterschiedlicher Provenienzen, so dass sich Porsches beruflicher Lebensweg von 1931 bis 1951 sowie die Entwicklung seines Unternehmens minutiös nachverfolgen lassen.

Als besonders ergiebig haben sich dabei die Archive der beiden Firmen erwiesen, mit denen Porsche und seine Gesellschaft in intensiven Geschäftsbeziehungen standen: die Daimler-Benz AG sowie das Volkswagenwerk. Die staatsnahen Aufträge (Volkswagen, Panzerkampfwagen) haben darüber hinaus in staatlichen Archiven vielfältige Spuren hinterlassen, wobei insbesondere das Bundesarchiv Berlin und das Bundesarchiv-Militärarchiv Freiburg zu nennen sind. Über die komplexen eigentumsrechtlichen Fragen von 1945 an sowie über die politischen Einstellungen der Führungsmannschaft geben Akten im ehemaligen Berlin Document Center sowie in den mit der Entnazifizierung befassten Staatsarchiven Auskunft. Dokumente aus staatlichen und privaten französischen Archiven liefern Aufschlüsse zum Geschehen um die bislang nur in Umrissen bekannte Inhaftierung Ferdinand Porsches und seines Schwiegersohns durch die französische Militärjustiz in den Jahren 1945 bis 1947. In österreichischen Archiven wurde Einsicht genommen in Archivalien zu dem bislang wenig beachteten Strang der Unternehmensgeschichte, der im Nachkriegsösterreich spielt. Die wichtigste archivalische Basis der vorliegenden Untersuchung stellt das Archiv der »Porsche AG« dar, dessen reichhaltige Bestände sich zu nahezu allen behandelten Fragen als ergiebig erwiesen.

Die »Porsche AG« hat das hier vorgelegte Werk insofern unterstützt, als sie über die enge Kooperation mit ihrem Historischen Archiv hinaus Mittel zur Verfügung stellte, die es dem an erster Stelle genannten Verfasser erlaubten, neben seinen ungeminderten akademischen Verpflichtungen an seiner Heimatuniversität die Arbeit an dieser Studie zu übernehmen. Der hier vorgelegte Text ist die Frucht intensiven wissenschaftlichen Austausches des Hauptverfassers mit den aus Projektmitteln finanzierten Koautoren, wobei festzuhalten ist, dass etwa neun Zehntel des Textes von ihm verfasst wurden. Eine Projektförderung durch ein Unternehmen wirft zwangsläufig die Frage auf, unter welchen Bedingungen dieses Projekt durchgeführt wurde. Es sei daher an dieser Stelle in aller Deutlichkeit angemerkt, dass die Verfasser uneingeschränkte inhaltliche Gestaltungsfreiheit sowie ungehinderten Zugang zu allen im Porsche-Archiv verwahrten Unterlagen besaßen.

*Ferdinand Porsche 1937 in seinem Konstruktionsbüro
in der Stuttgarter Kronenstraße 24.*

KAPITEL 1

Wagemutiger Schritt in die unternehmerische Selbstständigkeit

Ferdinand Porsche war kein unbeschriebenes Blatt, als er im Dezember 1930 die »Dr. Ing. h.c. F. Porsche GmbH« gründete. Aber es war auch nicht so, dass die deutsche Fahrzeugindustrie sehnsüchtig darauf gewartet hätte und bei ihm die Auftraggeber Schlange standen. Eher das Gegenteil war der Fall: Für das neue Unternehmen war es schwer, sich auf dem hart umkämpften Feld der Konstruktionsleistungen zu behaupten. Es ist daher begründungsbedürftig, warum sich dieses Unternehmen nach Anfangsschwierigkeiten prächtig entwickelte und schon nach einigen Jahren zu einem Komplettanbieter von Entwicklungsaufträgen avancierte. Seit 1937 bestand es nicht mehr allein aus dem Konstruktionsbüro, sondern war auch räumlich zu einem Versuchsbetrieb gewachsen, der Fahrzeuge bis hin zur Serienreife in Eigenregie entwickelte. Der Name Ferdinand Porsche war in diesem Zeitraum zu einem Markenzeichen für besonders attraktive Fahrzeuge geworden und hatte eine symbolische Aufwertung erfahren.

Dieser rasante Aufstieg bedarf der Erklärung – und dabei muss man sich davor hüten, den beruflichen Lebensweg Porsches einer mehr oder weniger verkappten Teleologie zu unterwerfen. Die bisher vorliegenden, stark biographisch ausgerichteten Studien zu Porsche folgen im Grunde alle einem Musternarrativ, das in Kurzform folgenden Inhalt hat:[1] Der begnadete Autodidakt Ferdinand Porsche entflieht der Enge seiner nordböhmischen Heimat und macht sich in Wien schon in jungen Jahren mit aufsehenerregenden technischen Innovationen einen Namen. Es folgt ein unaufhaltsamer beruflicher Aufstieg: Ferdinand Porsche wird zum Technischen Direktor bei Austro-Daimler, einer in Wiener Neustadt angesiedelten Schmiede technisch innovativer Automobile. Nach dem Ersten Weltkrieg verlässt er das viel zu kleine Österreich und wendet sich nach Stuttgart, wo in der Tradition eines Gottlieb Daimler und Carl Benz, den Pionieren des Automobils schlechthin, die europäische Marktführerschaft angestrebt wird. Porsche bereichert die Angebotspalette des Stuttgarter Automobilherstellers Mercedes mit richtungweisenden Innovationen und krönt nach einem kurzen Zwischenspiel in seiner österreichischen Heimat (bei der Steyr-Werke AG) seine Stuttgarter Karriere mit der Gründung eines selbstständigen Konstruktionsbüros in der Automobilmetropole. Die Gründung eines eigenen Unternehmens erscheint mithin als logischer Karriereschritt, denn ein technisches Genie wie Porsche kann auf Dauer nicht fremden Herren dienen, sondern benötigt ein eigenes Unternehmen, um seine vielfältigen Ideen ohne großbetriebliche Reibungsverluste der Welt präsentieren zu können. Es ist nicht verwunderlich, dass Porsche sein berufliches Leben rückblickend nach diesem Erzählmuster präsentiert hat. Im Frühjahr 1943 stellte er seinen Weg in die Selbstständigkeit als zwangsläufige Konsequenz von Entwicklungen in seinem beruflichen Leben dar, die er stets selbst gelenkt habe: »In diesem Augenblick hielt ich den Zeitpunkt für gekommen, das zu verwirklichen oder, besser und richtiger, zu wagen, was mir schon lange als Wunschbild vorschwebte: ein eigenes selbständiges Konstruktionsbüro zu besitzen, das allen Automobilfabriken zur Verfügung stehen sollte. Es wurde Wirklichkeit unter dem heute wohl nicht mehr unbekannten Firmenschild: ›Dr. Ing. h.c. F. Porsche GmbH.‹ mit dem Sitz in Stuttgart.«[2]

Der Historiker wird solchen retrospektiven Entwürfen des eigenen Lebens immer mit besonderer Skepsis gegenüberstehen, wenn er dem tatsächlichen Geschehen auf die Spur kommen möchte. Denn autobiographische Konstruktionen des eigenen Lebens sagen oft mehr über das retrospektive Feilen am eigenen Ich aus als über faktisch verbürgte Geschichte. Rückblicke auf die eigene Vita im Abstand von vielen Jahren zum tatsächlichen Geschehen enthüllen die Selbstwahrnehmung des Verfassers und die Art und Weise, wie er retrospektiv Vergangenheit nach gegenwartsabhängigen Kriterien strukturiert und damit zwangsläufig verformt. Nur eine naive, die Erkenntnisse der historischen Memorik[3] ignorierende Herangehensweise wird solche Erinnerungen für bare Münze nehmen. Gewiss besitzen Erinnerungen einen Wert als historische Quelle, aber weniger als valide Dokumentation der Vergangenheit, sondern vielmehr als nachträgliche Organisation des eigenen Lebens. Dies gilt auch für die von Ferdinand Porsche und seinen engen Mitarbeitern verfassten autobiographischen Zeugnisse.

Wenn wir die historischen Dokumente von den Staubschichten solcher nachträglichen Erzählungen reinigen, dann gelangt man zu dem Ergebnis, dass für Ferdinand Porsche die Gründung eines Unternehmens keineswegs die Krönung seines beruflichen Lebenswegs bedeutete, denn er fühlte in sich keine wirkliche Berufung zum klassischen Unternehmer. Dazu fehlte ihm der kommerzielle Sinn, technische Erzeugnisse unter dem Aspekt ihrer Gewinnaussichten herzustellen. Zeit seines Lebens blieb er im Kern ein Ingenieur, der nach der technischen Vollkommenheit des Produktes strebte und nicht nach dessen Absatzchancen fragte. Seine Wunschposition war die eines leitenden Angestellten, genauer eines Technischen Direktors bei einem renommierten Automobilproduzenten. Als solcher konnte man seine technischen

Ideen umsetzen, wenn die Eigentümerseite einen gewähren ließ. Aus dieser Konstellation ergab sich für Porsche aber unvermeidlich eine Kollision, wenn die Geschäftsführung seine ambitionierten Pläne auf den betriebswirtschaftlichen Prüfstand stellte und ihnen bei zu großen finanziellen Risiken eine Absage erteilte. Aus genau diesem Grund kehrte er Austro-Daimler im Jahr 1923 den Rücken, nachdem dort mit Camillo Castiglioni ein auf kurzfristige Gewinne zielender Geschäftsmann[4] die Ausrichtung des Unternehmens immer mehr bestimmte. Castiglioni verkörperte für Porsche den Inbegriff des an schnellen Profiten interessierten Spekulanten, einen Typ von Unternehmer, der ihm besonders unsympathisch war. Zu dieser Spezies ging Porsche fortan auf Distanz; und auch nach seinem erzwungenen Einstieg in die unternehmerische Selbstständigkeit hielt er sich konsequent fern von allen sozialen Verkehrskreisen des Wirtschaftsbürgertums.

Porsche ist in seiner Zeit bei Austro-Daimler allerdings auch dem Pendant von Castiglioni begegnet: dem Motorsportenthusiasten Alexander Graf Kolowrat-Krakowsky, der sein Engagement als Verwaltungsratsmitglied von Austro-Daimler unter Rückgriff auf eine gut gefüllte Privatschatulle betrieb. Kolowrat ermöglichte Porsche die Konstruktion, Entwicklung und Produktion der Prototypen eines Kleinwagens, der unter dem Namen »Sascha« Motorsportgeschichte schrieb.[5] Doch auch ein so edler Sponsor wie Kolowrat taugte kaum als unternehmerisches Vorbild für Porsche, da der Graf sich vor lauter Begeisterung für die nach ihm benannten »Sascha«-Kleinwagen finanziell übernahm und seine Familie nach seinem frühen Tod nur noch einen Bruchteil des einstigen Vermögens vorfand. Dazu hatte allerdings erheblich beigetragen, dass der Verstorbene auch in das von ihm geradezu obsessiv betriebene Filmgeschäft beträchtliche private Mittel investiert hatte.[6]

In technischer Hinsicht drang Porsche mit dem »Sascha« in neue Dimensionen beim Kleinwagenbau vor; und auch die eigens für das anspruchsvolle Rundrennen »Targa Florio« im Jahr 1922 gebaute Rennausführung fiel mehr als ansprechend aus. Allerdings vermochte selbst die Anschubfinanzierung durch den uneigennützigen Sponsor das strukturelle Kernproblem des Konstrukteurs Ferdinand Porsche nicht zu lösen: Der Aufbruch zu neuen technischen Ufern stand immer unter dem Vorbehalt, dass sich solche ambitionierten Projekte aus Sicht der Geschäftsführung rechneten. Da Austro-Daimler keine ausreichenden Absatzchancen für den 1,1-Liter-»Sascha«-Kleinwagen sah, kam es nicht zur Serienproduktion. Damit blieb Porsches Arbeit unvollendet: Er hatte zwar auf dem zukunftsträchtigen Gebiet der Kleinwagenherstellung dank des edlen Mäzens Kolowrat außergewöhnlich günstige Arbeitsbedingungen vorgefunden und verheißungsvolle Prototypen konstruieren und entwickeln können, aber in Serie gingen sie allesamt nicht. Es war kaum vorstellbar, dass er ein zweites Mal einen privaten Geldgeber fand, der einem börsennotierten Automobilhersteller das finanzielle Risiko der Konstruktion und Entwicklung eines neuartigen Fahrzeugtyps abnehmen würde.

Die Geschichte des »Sascha«-Kleinwagens zeigt, wie eingeschränkt die Gestaltungsspielräume selbst des für die technische Entwicklung Zuständigen bei einem anerkannten Automobilhersteller waren. Porsches Herz aber schlug für ungewöhnliche, ja aufregende technische Lösungen; eine routinemäßige Verbesserung der laufenden Produktion war nicht seine Welt. Bot daher nicht der Sprung in die Selbstständigkeit die einzige Möglichkeit, den ständigen Kompromissen zu entfliehen, die der Alltag bei einem Automobilhersteller mit sich brachte? Porsche hätte diese Frage zweifellos bejaht, wenn er sicher gewesen wäre, es als selbstständiger Konstrukteur nur mit Auftraggebern vom Schlage eines Grafen Kolowrat zu tun zu haben: Enthusiasten, die er mit seiner Begeisterung für neuartige technische Lösungen anstecken konnte und die in nie endendem Langmut den Glauben an die innovative Kraft der Porsche-Projekte auch dann nicht verloren, wenn sich bei der Realisierung Rückschläge einstellten.

Die Zukunft sollte zeigen, dass Porsche von 1933 an für mehr als ein Jahrzehnt tatsächlich unter derartig privilegierten Bedingungen an der optimalen technischen Lösung feilen konnte, wobei die Politik die Rolle des Grafen Kolowrat in nuce übernehmen sollte. Doch das war nicht vorauszusehen. Nüchtern betrachtet war der Schritt in die Selbstständigkeit ein Abenteuer, das zu wagen man schon triftige Gründe haben musste. Porsche wusste, dass er als Inhaber eines unabhängigen Konstruktionsbüros bei der Annahme von Aufträgen nicht wählerisch sein durfte. Die technische Selbstverwirklichung würde dabei vermutlich nicht an oberster Stelle stehen.

Es muss schon einiges vorgefallen sein, dass Ferdinand Porsche sich schließlich zu diesem Schritt entschloss. Dies ist der Aspekt, unter dem hier Porsches Tätigkeit für den schon damals renommierten Stuttgarter Automobilhersteller Daimler-Motoren-Gesellschaft (DMG), den Nukleus der 1926 gegründeten Daimler-Benz AG, betrachtet werden soll. Ferdinand Porsche trat im April 1923 als Technischer Direktor bei der DMG ein;[7] darüber hinaus wurde er in den Vorstand berufen, was einen beruflichen Aufstieg bedeutete, da er in dem Gremium vertreten war, welches über das operative Geschäft befand. Porsche erhielt einen bis 1928 befristeten Arbeitsvertrag und ein ansehnliches Jahresgehalt,[8] welches die Wertschätzung zum Ausdruck brachte, die ihm von Seiten des Stuttgarter Autobauers gezollt wurde. Dass Porsche seinen Arbeitgeber nach fünf Jahren im Streit verließ, braucht an dieser Stelle nicht in allen Einzelheiten aufgerollt zu werden. Der Konflikt als solcher ist für die weitere Karriere Porsches aber von Belang, weil er ein Schlaglicht auf sein berufliches Selbstverständnis wirft: Porsche bestand in den Verhandlungen nach Ablauf seiner Vertragszeit auf dem Primat der Konstruktion vor der Produktion und leitete daraus den Anspruch ab, dass die immer wieder aufkommenden »Reibungen zwischen Fabrikation und Konstruktion« nur ausgeräumt werden könnten, wenn »die gesamte technische Leitung in einer Hand« lag, und zwar in der des Technischen Direktors, also in seiner eigenen.[9] Darin zeigte sich eine Grundeinstellung, die er während seines gesamten Berufslebens nicht ablegte: Die Produktion habe sich den Erfordernissen der Konstruktion unterzuordnen; gegenüber dem kreativ veranlagten Konstrukteur sei der Herstellungsexperte nur ein dienstbarer Geist. Diesen Standpunkt vertrat Porsche gegenüber keinem Geringeren als dem Aufsichtsratsvorsitzenden von Daimler-Benz, Emil Georg von Stauß, der zugleich Vorsitzender des Vorstands der Deutschen Bank war. Aus dem Primat der Konstruktion leitete Porsche ein erhebliches Mitspracherecht in »allen wichtigen kommerziellen Fragen« ab – und überspannte damit den Bogen. Die Daimler-Benz AG wollte sich nicht der Dominanz ihres Chefkonstrukteurs beugen, zumal dieser in seinem Entwurf zur Verlängerung des Arbeitsverhältnisses seinen Führungsanspruch über die Zentrale in Stuttgart-Untertürkheim hinaus auf sämtliche Betriebe des Unternehmens ausdehnen wollte.[10]

Dass man sich im Arbeitsleben trennt, weil divergierende Vorstellungen über das operative Geschäft herrschen, ist keine Seltenheit. Wenn es allein um unterschiedliche Auffassungen über den innerbetrieblichen Stellenwert des Chefkonstrukteurs gegangen wäre, hätte ein auslaufender Vertrag ein unspektakuläres Ende gefunden. Doch Porsches Abschied war mit einem hässlichen Streit verbunden, in dem beide Parteien die andere Seite in ein möglichst unvorteilhaftes Licht zu rücken versuchten. Fest steht, dass Porsche in seiner Stuttgarter Zeit Privatschulden angehäuft hatte, und zwar in erster Linie bei seinem Arbeitgeber. Im August 1928 stand er bei diesem mit etwa 110 000 Reichsmark in der Schuld.[11] Dass der leitende Angestellte einer Firma »mit erheblichen Beiträgen als Schuldner in deren Büchern«[12] auftaucht, ist in der Tat ungewöhnlich und erschwert eine Trennung in beiderseitigem Einvernehmen erheblich, weil die Schuldenfrage naturgemäß Konfliktpotenzial birgt. Porsche fuhr daher scharfe juristische Geschütze auf, vorgetragen von seinem Schwiegersohn Anton Piëch, der die Interessen seines Schwiegervaters mit der ihm eigenen Unerbittlichkeit wahrnahm. Die Schulden seines Mandanten seien mit dessen finanziellen Ansprüchen gegen seinen Arbeitgeber zu verrechnen, argumentierte Piëch. Bei dieser Rechnung ergebe sich ein Saldo von nicht weniger als 100 000 Reichsmark zugunsten Porsches.[13] Bei derartig exorbitanten Forderungen auf beiden Seiten war der

Gang vor Gericht unvermeidbar. Der Rechtsstreit zog sich über mehrere Etappen[14] bis in das Jahr 1930 hin und endete schließlich damit, dass Porsches Gesamtschuld gegenüber seinem Arbeitgeber gegen eine Einmalzahlung von 30 000 Reichsmark als abgegolten angesehen wurde.[15]

Porsche hätte einen so langwierigen Rechtsstreit vermeiden können, wenn er auf den Vorschlag[16] seines Noch-Arbeitgebers eingegangen wäre, der anbot, seinen Immobilienbesitz zu übernehmen und entsprechend mit seinen Schulden zu verrechnen, wobei er die Immobilie zur Miete weiter bewohnen konnte. Dass sich Porsche diesem Ausweg kategorisch verweigerte und es ihm gelang, sein Eigentum an der in Frage stehenden Immobilie – einer Privatvilla, die sich in bevorzugter Höhenlage im Stuttgarter Norden befand – zu behaupten, lädt zu Nachfragen ein. In dieser Angelegenheit kommt eine Seite Porsches zum Vorschein, die für den unternehmensgeschichtlichen Zugang einigen Ertrag abwirft.

Sowohl die biographisch akzentuierte Unternehmensgeschichte als auch die kulturgeschichtlich ausgerichtete Bürgertumsforschung haben die Bedeutung des Privathauses für den Wirtschaftsbürger unterstrichen: Bürgerliche Vergesellschaftung findet auch und gerade im eigenen Domizil statt – und zwar dann, wenn es als Treffpunkt für bürgerliche Geselligkeit dient.[17] Bekannte sich Porsche mithin zu einer genuin bürgerlichen Lebensform, als er in Stuttgart die renommierten Architekten Paul Bonatz und Fritz Scholer mit dem Entwurf einer Villa im Landhausstil auf dem Killesberg beauftragte? Führte er dort ein gastfreundliches Haus, in das er Kultur- wie Technikinteressierte einlud, um gepflegte Konversation zu betreiben? Zeugt sein hartnäckiges Festhalten an dem Besitz davon, dass er diese Pflanzstätte bürgerlicher Reproduktionsformen bewahren wollte?

Ein näherer Blick auf die architektonische Gestaltung und vor allem die soziale Nutzung der Immobilie am Feuerbacher Weg 48 offenbart, dass in diesem Haus kein genuin bürgerlicher Lebensstil gepflegt wurde. Dabei soll »Bürgerlichkeit« verstanden werden als ein nicht abgeschlossener Prozess individueller Persönlichkeitsreifung, bei dem ästhetische Bildung einen unentbehrlichen Beitrag zur Genese eines handlungsleitenden Sets an Orientierung leistet.[18] Zur bürgerlichen Lebensgestaltung zählt im Kern auch, dass sich solche Suchbewegungen einfügen in kommunikative Austauschbeziehungen, die der regelmäßigen Pflege und Einübung solcher Bildungspraxen dienen. Von solchen genuin bürgerlichen Geselligkeitsformen hielt Ferdinand Porsche sich allerdings völlig fern. Er mied die Treffpunkte bürgerlicher Kultur und begab sich höchstens einmal zu einem Kinobesuch oder dem Besuch eines Marionettentheaters außer Haus.[19] Die Welt der Bücher und der Musen war ihm fremd. Die architektonische Anlage seines Anwesens bestätigt das: Es gab in dieser Immobilie keine große Bibliothek des Hauseigentümers, in welcher die literarischen Zeugnisse bürgerlichen Bildungseifers gesammelt wurden. Stattdessen hatte Porsche direkt neben dem Wohnhaus eine geräumige Garage mit angegliederter Werkstatt[20] bauen lassen, um dort nach Ende der Bürotätigkeit nach Herzenslust seinen mechanischen Neigungen nachgehen zu können. Statt nach Feierabend ein Buch in die Hand zu nehmen und den Tag mit dem bürgerlichsten aller deutschen zeitgenössischen Schriftsteller – Thomas Mann – ausklingen zu lassen, leistete Porsche in seinem speziellen »home office«, der Garage, eine spezifische Form der Heimarbeit. Dies kam seinem Unternehmen in späteren Zeiten sehr zugute; schließlich wurden dort in Handarbeit die ersten Versuchswagen des legendären Volkswagen angefertigt. Aber in Bezug auf den wirtschaftsbürgerlichen Habitus von Ferdinand Porsche ist zu konstatieren, dass dieser kein klassischer Bürger im Sinne eines bürgerlichen Lebensentwurfes war und sich damit nicht unerheblich selbst vom Gros der technischen Intelligenz unterschied.

Wie passt dazu, dass Porsche überaus großen Wert auf seine Ehrendoktortitel legte? Die akademische Würde des »doctor honoris causa« hatten ihm zwei technische Hochschulen verliehen: 1917 die Technische Hochschule Wien und 1924 die Technische Hochschule seines neuen Wirkungskreises Stuttgart.[21] In beiden Fällen war es eine Anerkennung für vielfältige technische Leistungen, für welche einflussreiche universitäre Kreise die Verleihung des Ehrendoktortitels für angebracht angesehen hatten. Porsche heftete sich diese Auszeichnungen, die in akademischen Kreisen nicht als Ausweis genuin wissenschaftlicher Befähigung galten, stolzgeschwellt ans Revers; und auch in dem später von ihm mitbegründeten Unternehmen durfte das »Dr. h.c.« im offiziellen Firmennamen nicht fehlen. Von seinen Mitarbeitern ließ er sich ehrfürchtig mit »Herr Doktor« anreden oder schriftlich betiteln.[22] Nachweislich genoss er es, wenn im offiziellen Schriftverkehr und in der Öffentlichkeit von »Doktor Porsche« die Rede war und damit Gleichheit mit dem durch eine Dissertation erworbenen Doktorgrad zu herrschen schien. Dahinter verbarg sich mehr als die in seiner altösterreichischen Heimat nicht unübliche Titelsucht. Denn im technikbegeisterten Deutschen Reich hatte es ein Konstrukteur wie Ferdinand Porsche gar nicht nötig, sich durch einen Ehrendoktortitel gesellschaftliche oder geschäftliche Anerkennung zu erwerben. Für Porsche aber war der Ehrendoktortitel letztlich ein Symbol für die gesellschaftliche Respektabilität eines beruflichen Aufsteigers, dem die Weihen höherer Bildung fehlten und der dieses Manko durch das Führen eines wohlklingenden Titels zu kompensieren suchte. Die Aufdringlichkeit, mit der sich Porsche mit solchen Meriten schmückte, stand in deutlichem Kontrast zur bürgerlichen Tugend stilvoller Zurückhaltung und unterstreicht, dass er in habitueller Hinsicht eben kein Bürger war.

Warum hielt Porsche dann trotz der ihn drückenden Schuldenlast so hartnäckig an seinem Haus fest, dessen Besitz ihn bis zum Eintritt in die Selbstständigkeit in finanzieller Hinsicht einengte? Man kann wohl annehmen, dass das Anwesen am Feuerbacher Weg 48 für ihn weit mehr war als ein privater Rückzugsraum. Und in der Tat stellte die Porsche-Villa vor allem den Kristallisationskern innerfamiliärer Gemeinschaftsbildung dar: Das Mehrfamilienhaus sollte drei Generationen beherbergen, da für Ferdinand Porsche außer Frage stand, dass sein gleichnamiger Sohn – zur besseren Unterscheidung vom Vater »Ferry« gerufen – nach der Eheschließung mit seiner Familie auf dem väterlichen Anwesen bleiben und damit die Enkelgeneration in unmittelbarem Kontakt zum Großvater aufwachsen würde. Schon früh stand fest, dass Ferry beruflich in die Fußstapfen seines Vaters treten würde. Dem Sohn waren rebellische Neigungen gegen den autoritären Vater fremd, der schon früh die Weichen für dessen Zukunft gestellt hatte. Die Imitation des Vaters wurde Ferry gewiss auch dadurch erleichtert, dass kein jüngerer Bruder mit ihm in Konkurrenz treten konnte,[23] da er als Einziger den Namen Porsche an die nachfolgende Generation weitergeben konnte. Das ließ bei ihm einen ausgeprägten Sinn für die Verantwortung entstehen, die er in Bezug auf die Zukunft der Familie trug, aber durchaus nicht das Gefühl der Überforderung aufkommen. Wie der Vater war auch der Junior ein technikbesessener Automobilist, der schon mit 16 Jahren den Führerschein für Kraftfahrzeuge erwarb und nach der Mittleren Reife eine technische Ausbildung absolvierte.[24] Bereits mit 18 Jahren hatte der 1909 geborene Ferry die Frau fürs Leben – eine Stuttgarterin – gefunden, die er schließlich am 10. Januar 1935 ehelichte. Mit der Tatsache, dass Ferry Porsche katholisch getauft und Dorothea Reitz evangelischen Glaubens war, ging die Familie auf für sie typische Weise um: Die Trauung wurde von einem protestantischen Pfarrer vollzogen,[25] und die vier der Ehe entstammenden Kinder – allesamt Söhne – wurden protestantisch getauft. Ferdinand Porsche pflegte ein sehr pragmatisches Verhältnis zu seiner katholischen Herkunftswelt, der er äußerlich verbunden blieb, ohne sich im Berufs-, Privat- oder Familienleben von den strengen Normen der katholischen Kirche in seinem Handeln einschränken zu lassen.

Vergleicht man die Familie Porsche mit einer der erfolgreichsten deutschen Unternehmerfamilien, der Familie Thyssen, die ebenfalls katholischen Glaubens war, so fallen gewichtige Unterschiede auf: Zwar lässt sich in beiden Familien nicht normgerechtes Eheleben registrieren; doch kam der Katholizismus der Porsches ohne politische Auslegung, demonstrative Sichtbarkeit und auch ohne familiale Frömmigkeitsformen aus, wie sie bei den Thyssens über drei Generationen hinweg anzutreffen waren.[26]

Dem Familienpatriarchen Ferdinand Porsche lag vor allem daran, dass die Ehepartner seiner beiden Kinder ihn als Familienoberhaupt anerkannten und die Kernfamilie vergrößerten. Da Porsche neben dem Sohn Ferry nur noch ein Kind hatte, die Tochter Louise, kam der Auswahl des Schwiegersohns besondere Bedeutung zu, da die Familie um einen Stamm erweitert wurde, der nicht den Namen Porsche trug. Der Wiener Rechtsanwalt Anton Piëch, den Louise Porsche 1928 heiratete, erwies sich hier als ideale Wahl,[27] denn er ergänzte das Portfolio des Porsche-Clans um die dort bislang nicht vorhandene juristische Kompetenz. Piëch vertrat als Rechtsanwalt die Interessen seines Schwiegervaters auf geradezu unerbittliche Weise. Dass die Ehe zwischen den beiden katholisch getauften Brautleuten am 28. Juni 1928 in der wichtigsten katholischen Stadtkirche – St. Eberhard im Stuttgarter Zentrum – geschlossen wurde, war für Ferdinand Porsche kaum von Bedeutung. Viel wichtiger war für ihn der Umstand, dass die Verbindung seiner Tochter mit dem vielfältig einsetzbaren Schwiegersohn, der weiterhin in Wien praktizierte, mit einer stattlichen Kinderschar – drei Jungen und ein Mädchen – gesegnet wurde, die sich häufig beim Großvater in Stuttgart aufhielten und dann selbstverständlich im Haus am Feuerbacher Weg wohnten.

Für die Typologie des knapp sieben Jahre nach Einzug in die Villa gegründeten Unternehmens »Dr. Ing. h.c. F. Porsche GmbH« ist entscheidend, dass Porsche es von Anfang an als Familienunternehmen konzipiert hatte. Er musste manche Umwege gehen, bis am 14. Dezember 1937 mit der Kommanditgesellschaft die für ein Familienunternehmen maßgeschneiderte Unternehmensform gefunden war. Doch das strategische Ziel, das für ihn in dem Moment feststand, in dem er durch äußere Umstände den Schritt in die unternehmerische Selbstständigkeit gewagt hatte, verlor er nie aus dem Blick. Das Unternehmen, das seinen Namen trug, sollte den einzigen Personen, denen er vertraute, Eigentums- und Mitbestimmungsrechte einräumen: den Angehörigen seiner Kernfamilie. Auf Porsches Unternehmen trifft die Kategorie »Familienunternehmen« vollkommen zu, weil die Familie Porsche in dem Unternehmen ihren Einfluss in den beiden zentralen Bereichen zur Geltung brachte, die Familien offenstehen: in der Ausübung von Kontrollfunktionen vermittels der Eigentumsrechte und in der Mitwirkung an der Unternehmensleitung.[28] Die Porsches verfügten von Anfang an über das Gros der Gesellschafteranteile, wobei Ferdinand Porsche stets weit mehr als die Hälfte der Anteile hielt. Diese Eigentumsrechte nutzten sie nicht nur dazu, die Gesamtausrichtung der Gesellschaft zu kontrollieren, sondern sie gaben auch den operativen Kurs des Unternehmens vor, wobei Ferdinand Porsche als

Zentralfigur den unternehmerischen Alltag auf der Leitungsebene dominierte. Wenn man als zentrale unternehmerische Funktion den unbändigen Willen zur Konzipierung und Implementierung von Entscheidungen definiert, dann war Ferdinand Porsche ein überaus willens- und durchsetzungsstarker Unternehmer.[29] Das von ihm ins Leben gerufene Unternehmen erfüllt in idealtypischer Weise das Anforderungsprofil eines Familienunternehmens – auch über das hier gewählte Ende des Untersuchungszeitraums im Jahr 1951 hinaus.

Das Porsche-Unternehmen war mithin seit seiner Entstehung als familiales Projekt konzipiert, wobei Familie und Vermögen aufs Engste miteinander verflochten waren.[30] Darüber hinaus bildete die Kernfamilie für den Patriarchen Ferdinand Porsche die einzige Rekrutierungsbasis für vertrauenswürdiges Führungspersonal. Seine Zeit als Technischer Direktor bei Austro-Daimler wie bei Daimler-Benz hatte ihm lehrreiche Erfahrungen mit Entscheidungsstrukturen von Aktiengesellschaften beschert und in ihm die Überzeugung reifen lassen, dass sich ein auf den Namen Porsche lautendes Unternehmen gegenüber externen Kapitalgebern so reserviert wie möglich verhalten sollte. Dies ging nur, wenn die Familie als Rückzugsraum und Vertrauensspeicher wie als Rekrutierungsbasis für Führungsaufgaben innerhalb des Unternehmens zur Verfügung stand. Dieser gegen Außenstehende abgeschottete familiäre Mikrokosmos konnte entstehen, weil sich das gesamte soziale Leben im geschützten innerfamiliären Binnenraum abspielte und innerhalb der Familie andere Verhaltensformen galten als im gewöhnlichen sozialen Leben. Diese für Familienunternehmen typische Kommunikationspraxis[31] nutzte Porsche, um eine innerfamiliäre Kommunikationskultur zu etablieren, bei der es eine klare Hierarchie gab: Als Pater familias gab Ferdinand Porsche in jeder Hinsicht den Ton an; dieses autoritäre Kommunikationsmodell sah keine freimütige innerfamiliäre Aussprache vor und schon gar keine eingeübten Formen, in denen ein gleichberechtigter Austausch stattfinden konnte. Dass Porsche sich aller typisch bürgerlichen Geselligkeitsformen enthielt, war mithin auch eine Schutzmaßnahme, um das innerfamiliale Biotop nach außen abzuschotten und seine kommunikative Hegemonie zu perpetuieren. Porsche gewährte Fremden keine Einblicke in das Familienleben, wie er überhaupt sein Herz verschlossen hielt. Dass es einen Menschen gab, mit dem ihn eine Freundschaft verband, bei der man sein Innerstes nach außen kehrte, ist nicht bekannt. Das Naturell dieses eigenbrötlerischen Technikers, dem die Familie vollauf genügte, war der Ausbildung von Freundschaften kaum zuträglich. Die Porsche-Villa am Feuerbacher Weg erfüllte also zwei eng miteinander verflochtene Funktionen: Sie war innerfamiliales Refugium ebenso wie Stammsitz eines Familienunternehmens. Daher musste die Immobilie der Familie unbedingt erhalten bleiben. Das erklärt, warum Ferdinand Porsche im Rechtsstreit mit seinem Noch-Arbeitgeber Daimler-Benz im Jahr 1928 den Einsatz der Villa zur Begleichung der aufgehäuften Privatschulden kategorisch ausschloss. Diese Immobilie war – wie Piëch im Namen seines Schwiegervaters ausführte – »für seine Familie«[32] bestimmt.

Porsches Agieren unter dem Primat familiärer Vergemeinschaftung hatte zur Folge, dass eine Pflanzstätte in Gestalt der Familienvilla geschaffen, erhalten und ausgebaut wurde. Für bis heute verbreitete Erzählmuster über Porsche und sein Unternehmen spielt der gemeinsame familiäre Ankerplatz eine gewichtige Rolle. Die immer weiter anwachsende Großfamilie Porsche-Piëch bildete eine Erzählgemeinschaft, die um den Ahnherrn zentriert war.[33] Auf Ferdinand Porsche liefen alle – oft anekdotenhaft verpackten – Geschichten zu; er war und blieb in diesen überlieferten Narrationen der Spiritus rector, der Schöpfer aller technischen und ökonomischen Leistungen, die das nach ihm benannte Unternehmen vorzuweisen hatte. Der lange diskursive Schatten des Urvaters legte sich über alle Familienmitglieder, die sich mit ihrer dienenden Rolle gehorsam abfanden und bis in die dritte Generation die Familiensaga immer wieder erneuerten – vor allem wenn sie den Großvater noch persönlich erlebt hatten.[34] Insofern handelt es sich um eine überaus langlebige »Generationenerzählung«,[35] deren Kern getreulich an die jeweils nächste Generation weitergegeben wurde, wobei der Unternehmensbegründer als unbewegter Beweger im Porsche-Universum erschien.

Es ist kein Zufall, dass zu Porsches Lebzeiten keine autorisierte, auf breiter Materialbasis verfasste Biographie erschien,[36] da Porsche die Deutungshoheit über sein Leben und Schaffen nicht an Familienfremde abtreten wollte. Als nach dem Ableben des Patriarchen im Jahr 1951 die erste gründliche Darstellung zu Ferdinand Porsche veröffentlicht wurde,[37] fanden sich darin die traditionellen narrativen Muster – in gekonntem erzählerischen Arrangement verpackt – wieder. Diese erste solide Studie über Ferdinand Porsche stammte aus der Feder des Multitalents Richard von Frankenberg, der für dieses Buch wie für seine beachtlichen historischen Darstellungen das Pseudonym Herbert A. Quint gewählt hatte.[38] Von den direkten Nachfahren Porsches fühlte sich besonders der treue Sohn Ferry bemüßigt, dieses Image seines Vaters zu perpetuieren.[39] Die Pflege des Geschichtsbildes blieb gewissermaßen in der Familie – was durch den Umstand erleichtert wurde, dass die zumeist publizistisch arbeitenden Autoren, auch wenn sie von einem investigativen Impetus getragen wurden, sich letztlich auf autobiographische Aussagen von Familienmitgliedern stützten und auf diese Weise dazu beitrugen, dass der Kern der Familiengeschichte bis in unsere Tage nicht angetastet wurde.[40] Darüber hinaus übertrug sich die Anhänglichkeit an den Unternehmensgründer auf die Söhne bewährter Mitarbeiter, die aus zweiter Hand nur Gutes über den von ihren Vätern verehrten Chef zu berichten wussten, journalistischen Federn dementsprechend bereitwillig Auskunft erteilten und sogar Manuskripte redigierten.[41]

In Wahrheit war Porsches beruflicher Weg keine Schnellstraße, auf der der Protagonist mit hohem Tempo und großer Präzision geradlinig auf sein Ziel zusteuerte. Nach dem unter Verwerfungen erfolgten Ausscheiden bei Daimler-Benz fand Porsche zunächst eine neue berufliche Herausforderung, die nicht unbedingt einen beruflichen Aufstieg bedeutete. Er tauschte seinen Stuttgarter Direktorenposten gegen eine vergleichbare Position beim oberösterreichischen Unternehmen Steyr-Werke AG ein. Die Ursprünge dieses Unternehmens lagen in der Waffenherstellung, die sich nach dem Ende des für Österreich besonders desaströs verlaufenen Ersten Weltkriegs als nicht mehr zukunftsfähig erwies, so dass eine Umstellung auf die Kraftfahrzeugfertigung mit großem Elan vorangetrieben wurde. Bei diesem Prozess sollte Porsche an entscheidender Stelle mitwirken. Doch sein Wirken in der oberösterreichischen Provinz währte nicht lange, da die Wirtschafts- und vor allem die Finanzkrise dem kleinen Österreich und insbesondere Steyr so sehr zusetzten, dass die Automobilproduktion wegen gewaltiger Überkapazitäten im Jahr 1930 für ein Jahr stillgelegt werden musste. Ferdinand Porsche brachte während seines Intermezzos in Steyr zwar ansehnliche Sechs-Zylinder-Serienwagen auf den Markt, dennoch wurde sein Kontrakt Anfang 1930 aufgelöst, so dass er sich erstmals in seiner beruflichen Laufbahn mit Existenznöten herumzuplagen hatte.[42]

Es ist nicht übertrieben, den Ferdinand Porsche des Frühjahrs 1930 als einen auf dem Arbeitsmarkt schwer Vermittelbaren einzustufen. Dies lag zum einen daran, dass sich die Weltwirtschaftskrise just zu diesem Zeitpunkt auch in Deutschland mit voller Wucht bemerkbar machte und inbesondere die Absatzzahlen der Automobilindustrie drastisch absacken ließ.[43] Damit sank der Bedarf an Konstrukteuren vom Schlage eines Porsche, die zu den besonders gut verdienenden Spezialisten einer schrumpfenden Branche zählten. Innerhalb der Automobilindustrie hatte sich aber auch Porsches Zerwürfnis mit seinem Ex-Arbeitgeber Daimler-Benz schnell herumgesprochen. So zeigte sich in diesen Krisenzeiten kein Automobilunternehmen in Deutschland bereit, einen Konstrukteur zu beschäftigen, der sich wenig um die Belange der Produktion scherte, in seiner kreativen Eigenwilligkeit ein nur gering ausgeprägtes Kostenbewusstsein besaß und dessen Teamfähigkeit zu wünschen ließ.

Der Prophet gilt bekanntlich nichts im eigenen Land, aber sollte es nicht wenigstens außerhalb des deutschsprachigen Raums eine Zukunft für einen so kreativen Kopf wie Porsche geben? Gewiss war es eine Übertreibung, wenn österreichische Automobilsportenthusiasten aus verständlichem Lokalpatriotismus die Rückkehr des verlorenen Sohnes – wie sich zeigen sollte nur für kurze Zeit – in die Heimat als Beleg des internationalen Renommees von Porsche deuteten.[44] Porsche standen im Jahr 1930 eben nicht alle Türen offen; keine Anfrage aus dem wichtigsten europäischen Automobilland Frankreich erreichte den Konstrukteur. Frankreich betrieb erst dann auf eine eigentümliche Art »Headhunting« in Hinsicht auf Porsche, als dieser sich durch den Volkswagen mit fetten Lettern in die internationale Automobilgeschichte eingetragen hatte. Dies hieß nicht, dass sich das Ausland für Porsche nicht interessierte, nur kam die Anfrage eben nicht aus einem Land, das auf eine reiche Tradition im Automobilbau zurückblicken konnte, sondern aus der Sowjetunion, einem Entwicklungsland auf diesem Gebiet.

Im Mai und Juni 1931 verbrachte Porsche auf Einladung der sowjetischen Regierung knapp zwei Wochen in dem damals einzigen kommunistischen Staatswesen, das von oben eine Industrialisierung in großem Stil anschob und dafür nicht selten auf ausländische Experten zurückgriff.[45] Auch wenn die Quellenlage in diesem Fall überaus schwierig ist, dürfte gesichert sein, dass den nunmehr selbstständigen Konstrukteur 1931 ein sowjetisches Angebot erreichte. Es war das Jahr, in dem der wirtschaftliche Austausch zwischen der kommunistischen Sowjetunion und dem Deutschen Reich Rekordniveau erreichte und speziell deutsche Ingenieure im Reich Stalins hoch im Kurs standen.[46] Es war also kein Zufall, dass Porsche ins Visier der sowjetischen Industriepolitiker geriet. Am industriellen Aufbau des größten Landes der Erde mitzuwirken, war ein durchaus ehrenvolles Angebot und bezeugt die Wertschätzung, die Porsche von sowjetischer Seite zuteil wurde. Da keine ideologische Unterwerfung verlangt wurde, hätte ein im Kern unpolitischer Technokrat wie Porsche sich prinzipiell durchaus damit anfreunden können, am Aufbau des sowjetischen Sozialismus mitzuwirken. Da er sich in einer ökonomischen Lage befand, die ihm nicht erlaubte, sehr wählerisch zu sein, entschloss er sich zu einer ernsthaften Prüfung des Angebots, indem er sich vor Ort ein Bild von der Lage verschaffte. So reiste Porsche am 22. Mai 1931 über Berlin für zwei Wochen in das unbekannte Land im Osten.[47] Dass er mit der sowjetischen Seite letztlich nicht handelseinig wurde, mag daran gelegen haben, dass er sich und seine Familie den Unwägbarkeiten der Existenz in einem kulturell so fremden Land nicht aussetzen wollte. Aber manches deutet auch darauf hin, dass die Absage erfolgte, weil ihm die von dem potenziellen Auftraggeber geforderten technischen Leistungen zu wenig anspruchsvoll waren. Dass Porsche eine mehrtägige Visite in Stalingrad absolvierte – einem Zentrum des gerade entstehenden Traktorenbaus –, spricht dafür, dass er vornehmlich für die Konstruktion von Traktoren eingesetzt werden sollte. Bei der Mechanisierung der Landwirtschaft mitzuwirken, hielt der Allrounder Porsche durchaus nicht für unter seinem Niveau – wenige Jahre später sollte er sich intensiv mit dem Entwurf eines Ackerschleppers beschäftigen –, aber diese bodenständige Tätigkeit allein hätte seinen schier grenzenlosen Erfindergeist nicht ausgelastet. Da in der Sowjetunion aber kein ausreichend großer Bedarf an Personenkraftwagen bestand, war es wohl nicht zuletzt die Reduktion seines beruflichen Portfolios, die Porsche von einem Engagement im Lande Stalins Abstand nehmen ließ.

War es aber nicht auch Heimatverbundenheit, die Porsche davon abhielt, in der Sowjetunion ein berufliches Auskommen zu finden? Die Frage nach der Beheimatung Porsches wirft einen erheblichen Erkenntnisgewinn ab, weil sie einen wichtigen Beitrag zur Typologisierung Porsches als Unternehmer leistet. Wenn man Porsche eine familienorientierte Unternehmensführung attestiert und in diesem Kontext die Familienvilla als innerfamiliäres Kommunikationszentrum einstuft, stellt sich die Frage, ob er durch die Absage an die Sowjetunion seine emotionale Zugehörigkeit zu diesem bestimmten Ort zum Ausdruck brachte und damit ein Heimatbekenntnis ablegte. Der Heimatdiskurs kann mithin wertvolle Einblicke in sein unternehmerisches Selbstverständnis liefern. Damit schließt man an jüngere wirtschaftshistorische Studien an, welche die regionale Verankerung von Unternehmen als identitätsstiftendes Herkunftsmerkmal in Rechnung stellen.[48]

Es lohnt sich, neuere Forschungen über Heimat für diesen Zweck heuristisch auszuwerten, wobei anzumerken ist, dass eine begriffsstarke und zugleich kulturhistorisch fundierte Beschäftigung mit dem komplexen Phänomen »Heimat« erst in den Anfängen steckt.[49] Aus der Fülle oftmals unscharfer Heimatvorstellungen schälen sich zwei unterschiedliche Konzepte von »Heimat« heraus, die man als »naturales« beziehungsweise »konstruktivistisches« Verständnis von Heimat bezeichnen kann. Naturales Verständnis von Heimat bedeutet, dass Heimat als ein geographisch definierter Herkunftsort gilt. Heimatbindung entsteht gemäß dieser Lesart durch Verwurzelung in einem geographisch definierten Kulturraum, der im Idealfall mit dem Ort identisch ist, an dem man geboren ist, aufwächst und sich dauerhaft niederlässt. Dieses Verständnis von Heimat ist tendenziell immobil, weil es keine selbstgewählte Findung von Heimat erlaubt. Auch wenn heimatliche Verankerung ohne soziale Geborgenheit in einem überindividuellen Lebenskreis blutleer bleibt, beharrt diese Konzeption von Heimat darauf, dass die Orte von Kindheit und Jugend eine lebenslange emotionale Anhänglichkeit generieren. Die konstruktivistische Auffassung von Heimat betont hingegen die Mobilität von Heimat: Heimat wird delokalisiert und aus einer starren

Ortsbezogenheit gelöst. In seine Heimat wird man daher nicht auf immer und ewig hineingeboren, sondern kann sich im Zuge individueller Mobilität Beheimatungen nach eigener Wahl schaffen – vorausgesetzt man wird fester Bestandteil verfestigter Gemeinschaften, welche das eigene Leben sozial wärmen und emotionale Geborgenheit stiften. Nach dieser Version können Menschen auf Wanderschaft problemlos eine zweite, dritte oder gar vierte Heimat erwerben, indem sie sich dauerhaft in stabile soziale Verkehrskreise integrieren. Der Ortsbezug von Heimat wird damit nicht suspendiert, weil heimatliche Geborgenheit nur gedeihen kann durch Festlegung auf einen räumlich fixierten Lebensmittelpunkt, der zugleich eine kulturräumliche Bindung impliziert. Aber er erlaubt es Arbeitsmigranten, sich auf ursprünglich fremde Kulturräume einzulassen, dort Wurzeln zu schlagen und auf diese Weise eine stabile neue Heimatbeziehung zu begründen.

Diese beiden hier präsentierten Heimatkonzepte bilden zwei Idealtypen von Heimat, die auf individueller Ebene durchaus kombinierbar sind. Bei Ferdinand Porsche registrieren wir eine spezifische Vermengung, die es ihm gestattete, sich eine emotionale Anhänglichkeit an seine Herkunftsregion zu bewahren und zugleich Stuttgart als heimatliche Destination für die Großfamilie aufzubauen. Dass er zeit seines Lebens die nordböhmische Gegend um Reichenberg, wo er aufwuchs und seine ersten beruflichen Gehversuche unternahm, als seine Heimat im Sinne der Gebundenheit an einen geographisch definierten Kulturraum verstand, wird unter anderem aus den wenigen Selbstzeugnissen ersichtlich, die wir von ihm besitzen. So ließ er in einem der ganz raren brieflichen Egodokumente seinen alten Schulfreund Emil Matzig aus seinem Geburtsort Maffersdorf tief in sein Innerstes blicken. In diesem Brief vom 19. März 1937[50] zog Porsche eine Bilanz seines Lebens: Er blickte zurück auf seine vielfältigen beruflichen Stationen (»Ich sah Maffersdorf, Wien, Wiener Neustadt, Stuttgart, Steyr und wieder Stuttgart«) und stellte sich die Frage, ob sein von Unrast bestimmtes Leben einen Ankerplatz benötige: »Ich gehe weiter. Wohin werde ich gelangen?« Porsche sah sich als einen von Entdeckerfreude Getriebenen, für den Stillstand unerträglich war. Es musste für ihn immerfort vorwärts gehen. Diese Einstellung kleidete er in die unmissverständlichen Worte: »Ich gehe weiter. Ich brauche keinen Rastplatz und kein Ziel. Der Wegweiser genügt mir. Hinauf!«

Trotz dieses unbändigen Vorwärtsdrangs hatte sich bei Porsche das emotional tief ausgeprägte Bedürfnis nach Beheimatung erhalten. Für ihn stand außer Frage, dass dieses ursprüngliche Gefühl von Heimat nur sein Heimatort vermitteln konnte. Daher legte er seine beruflichen Reisen so, dass er diesen möglichst oft aufsuchen konnte. Im Tagebuch seines Oberingenieurs finden sich mannigfache Hinweise auf solche Heimatbesuche – oft versehen mit dem Zusatz: Porsche »fährt von hier nach Maffersdorf, seiner Heimat«.[51] Dass dieser vielbeschäftigte, ständig auf Dienstreisen befindliche Mann seiner Heimat regelmäßig Besuche abstattete, kann als Indiz für wirkliche Heimatverbundenheit gelten – in dem Sinne, dass Porsche sich an dem Ort seiner Kindheit und Jugend zu Hause fühlte. Als die Gemeinde Maffersdorf ihm im Januar 1943 die Ehrenbürgerwürde verlieh, wurde also nicht nur ein berühmter Sohn der Stadt bedacht, sondern ein in diesem Sinne Heimattreuer. Porsche bedankte sich unter anderem mit folgenden Zeilen an den Bürgermeister: »Sie wissen wohl selbst, wie eng ich meiner Heimat stets verbunden geblieben bin, obwohl ich sie in früher Jugend verlassen mußte, um in den großen Werken der Industrie Entwicklungsmöglichkeiten zu finden, die mir der heimatliche Boden nicht bieten konnte. Stets aber bin ich ein treuer Sohn dieses Bodens, immer wieder zurückkehrend zu dem Hause meiner Eltern in die gewohnte heimische Enge.«[52]

Die regelmäßigen Besuche in seiner nordböhmischen Heimat wurden Porsche durch seine tschechoslowakische Staatsangehörigkeit erleichtert. Er hatte nach dem Zusammenbruch Österreich-Ungarns nämlich nicht die Staatsbürgerschaft der Republik Österreich erworben, sondern sein Anrecht wahrgenommen, als geborener Böhme der neu entstandenen Tschechoslowakischen Republik anzugehören. Das erlaubte ihm, sowohl von Wien als auch von Deutschland aus in seine Heimat zu reisen. Erst 1934 stellte er die Weichen für einen deutschen Pass. Man mag es auch als Verbeugung vor seiner neuen Heimat Stuttgart ansehen, dass Ferdinand Porsche sich für die deutsche Staatsangehörigkeit entschied. Diejenige der Republik Österreich zu erwerben, schied für ihn schon deswegen aus, weil Deutschland seinen wirtschaftlichen Aktionsradius bildete und nicht das kleine Österreich. Aber für jemanden, der im Dreiländereck Böhmen – Sachsen – Schlesien großgeworden war, lagen Dresden und Chemnitz geographisch ohnehin näher als Wien.

Trotz aller Anhänglichkeit an Maffersdorf war Porsche mobil und in der Lage, auch außerhalb Nordböhmens Wurzeln zu schlagen, was für den Zuschnitt seines Familienunternehmens entscheidend war. Maffersdorf blieb insofern unersetzbar, als die sich an diesen Ort knüpfenden sentimentalen Erinnerungen nicht austauschbar waren. Aber dies schloss nicht aus, dass Porsche eine zweite Heimat dort fand, wo das Herz seines Unternehmens schlug: in Stuttgart. Porsche fiel dieser Transfer auch deswegen leicht, weil sich der Kern des Mitarbeiterstabs der Porsche GmbH aus Altösterreich rekrutierte. Chefkonstrukteur Karl Rabe, ehemaliger Konstruktionschef der Steyr-Werke, und die Ingenieure Josef Kales,[53] Walter Boxan, Josef Mickl, Karl Fröhlich[54] und Josef Zahradnik[55] waren sämtlich in der k.u.k.-Monarchie geboren, ebenso Porsches getreuer Fahrer Josef Goldinger. Bei seinem unentbehrlichen Privatsekretär Ghislaine Kaes handelte es sich sogar um ein enges Familienmitglied, nämlich den Sohn der Schwester seiner Ehefrau Aloisia, die Porsche in Wien kennengelernt hatte. Auf den ersten Blick erweckt dies den Anschein, als hätten transnationale Lebensformen der multikulturellen k.u.k.-Monarchie in Porsches Unternehmen überdauert. Unternehmer mit ihrer internationalen Vernetzung bringen für solche Lebensformen ohnehin eine besondere Aufgeschlossenheit mit.[56] Doch grenzüberschreitende Familienbeziehungen, wie sie bei Porsche im Falle seiner Verwandtschaft in der Tschechoslowakei und Österreich in reichem Maße zu verzeichnen sind, bedeuteten keine Überschreitung des deutschsprachigen Kulturraums. Porsche und sein erweiterter Familienkreis in Gestalt der Stammbelegschaft waren keine Grenzgänger zwischen unterschiedlichen Sprachräumen, sondern blieben auf den deutschen Sprachraum fixiert. Das war nicht zuletzt darauf zurückzuführen, dass es Porsche sowie nahezu allen anderen Mitgliedern des erweiterten Familienkreises an Fremdsprachenkenntnissen mangelte und an der Neugier, sich außerdeutsche Kulturen auf dem Wege ästhetischer Bildung anzueignen.

Der familiäre Binnenraum der Porsches wurde durch langjährige Vertraute wie Oberingenieur Karl Rabe und vor allem Privatsekretär Ghislaine Kaes erweitert, deren Anhänglichkeit auch aus einer altösterreichischen Verbundenheit herrührte. Generell ist es nicht untypisch für Unternehmerfamilien, dass enge Mitarbeiter – und auch Dienstpersonal – ein Stück alte Heimat repräsentieren.[57] Bei einem Familienunternehmen wie Porsche wurde diese Tendenz noch durch flache Hierarchien verstärkt:[58] Die gewöhnungsbedürftigen Launen und Angewohnheiten des knorrigen Patriarchen waren Teil einer familiären Unternehmenskultur, in welcher Porsche mit allen seinen Ecken und Kanten den zentralen kommunikativen Bezugspunkt bildete. Ferdinand Porsche war nicht der unnahbare Patron, sondern die Seele seines Unternehmens, das seinen Lebensmittelpunkt bildete.

Unternehmertum ist nicht zwingend an eine bürgerliche Lebensform[59] gebunden. Dieser Umstand offenbart sich prägnant im Fall Porsche. Ihm lag nichts an bürgerlicher Soziabilität. Er profilierte sich nicht als Mäzen und Kunstliebhaber, engagierte sich nicht im Vereinswesen und scheute überhaupt jeden Anschluss an eine bürgerlich geprägte Organisationskultur. Dabei war eine genuin bürgerliche Lebensführung kein Privileg von Geisteswissenschaftlern, denn auch die naturwissenschaftlich-technische Elite, die unternehmerische Verantwortung ausübte, partizipierte in starkem Maße an solchen bürgerlichen Idealen. Wenn wir einen der Pioniere der chemischen Industrie, den promovierten Chemiker und Gründungsvater der Bayer Farbenwerke, Carl Duisberg, als Vergleich heranziehen, sticht der Kontrast zu dem 14 Jahre jüngeren Porsche ins Auge. Duisberg pflegte bürgerliche Tugenden, die bei Porsche nicht hoch im Kurs standen. Mehrere Stunden des Tages widmete er seiner Korrespondenz, die er wechselnden Stenographen diktierte.[60] Porsche dagegen beschränkte seine Korrespondenz auf ein Minimum und wickelte den recht überschaubaren Briefverkehr über seinen Adlatus und Neffen Ghislaine Kaes ab, der von seinem Onkel zutreffend berichtete, er sei »überhaupt kein Mann der Feder«.[61] Rednerische Auftritte in der Öffentlichkeit verabscheute Porsche, während der Naturwissenschaftler Duisberg sich auf diesem Terrain überaus sicher fühlte und mit Stolz die von ihm gehaltenen Reden sammeln und dokumentieren ließ.[62] Porsche führte sein mittelständisches Unternehmen auf eine unverwechselbare persönliche Art; Duisberg legte Wert darauf, seine Grundsätze der Unternehmensführung schriftlich zu fixieren und so »eine Art Handbuch der guten Unternehmensführung«[63] vorzulegen. In Duisberg schlug eine kaufmännische Seele, die Umsätze und Bilanzen als unternehmerischen Lebenssaft einschätzte,[64] während Porsche solches Zahlenwerk als lästige Ablenkung von seiner eigentlichen Passion – dem konstruktiven Schöpfungsakt – betrachtete.

Das bedeutet nicht, dass Porsche kein typischer Unternehmer war. Ihm fehlte aber eine gewisse feingeschliffene bürgerliche Manierlichkeit. So wäre es ihm nie in den Sinn gekommen, die Trennung von Weggefährten in einer besänftigenden Atmosphäre – beim Gespräch nach Tisch während einer Abendeinladung – zu vollziehen. Porsche pflegte vielmehr eine direkte Art im Umgang mit Mitarbeitern wie Geschäftspartnern, die durchaus zu dem Unternehmertypus passte, den einer der Urahnen der Wirtschaftsgeschichte, Joseph Schumpeter, entworfen hatte:[65] eine draufgängerisch veranlagte Persönlichkeit, die Widerstände mit Brachialgewalt aus dem Wege zu räumen suchte, wenn sie sich in ihrem Schöpferdrang eingeengt fühlte; mit einer robusten Rücksichtslosigkeit ausgestattet, die auch die Konfrontation mit Nahestehenden nicht scheute, wenn es um die Sache ging. Porsche gehörte zu jenen innovativen Entrepreneuren, die dickköpfig ihren einmal eingeschlagenen Weg gehen, beratungsresistent sind und einen an Sturheit grenzenden Eigensinn kultivieren.

Porsche kreierte seinen eigenen Stil der Unternehmensführung, der allem Anschein nach von der Kernbelegschaft seines Unternehmens durchaus geschätzt wurde. Eine solche Verbundenheit der Mitarbeiter mit dem Unternehmensgründer und -lenker warf auch handfeste wirtschaftliche Vorteile ab, die in Krisenzeiten geradezu überlebensnotwendig sind. Denn die Stammbelegschaft hielt dem Unternehmen die Treue; keiner der Altgedienten zog einen beruflichen Absprung in ein anderes Unternehmen ernsthaft in Erwägung – auch dies ein untrüglicher Indikator für den Charakter eines klassischen Familienunternehmens.[66] Für den harten Kern der Mitarbeiterschaft gewann die Porsche GmbH die Qualität einer nicht austauschbaren beruflichen Heimat. Diese außerordentliche Identifikation lässt sich auch daran ablesen, dass es selbst eine Führungskraft wie Oberingenieur Karl Rabe ohne Murren hinnahm, jahrelang nicht immer pünktlich bezahlt zu werden.[67] Opferbereitschaft und überdurchschnittlicher Einsatz verstanden sich von selbst und wurden freiwillig geleistet. Die Porsche GmbH ihrerseits zahlte diesen Vertrauensvorschuss später zurück in Gestalt einer überdurchschnittlichen Entlohnung sowie zusätzlicher Maßnahmen zur sozialen Absicherung der Mitarbeiter wie beispielsweise eine eigene »Stiftung« als »Unterstützungskasse«, deren Vermögen sich im Herbst 1947 auf 79 000 Reichsmark belief.[68]

Den Übergang vom leitenden Angestellten zum Miteigentümer eines Familienunternehmens vollzog Porsche am 15. Dezember 1930, als er zusammen mit zwei Mitgesellschaftern – seinem Schwiegersohn Anton Piëch und dem Pforzheimer Geschäftsmann Adolf Rosenberger – einen Gesellschaftsvertrag zur Gründung der »Dr. Ing. h.c. F. Porsche GmbH, Konstruktionen und Beratung für Motoren und Fahrzeuge« abschloss, die am 25. April 1931 in das Handelsregister beim Amtsgericht Stuttgart eingetragen wurde.[69]

Dass Ferdinand Porsche die Rechtsform einer Kapitalgesellschaft – und zwar die einer Gesellschaft mit beschränkter Haftung (GmbH) – wählte, ergab sich aus den wirtschaftlichen Überlegungen des Firmengründers. Eine GmbH war sowohl auf die finanziellen Absicherungsbedürfnisse seiner Familie als auch auf seine prekäre Finanzlage perfekt zugeschnitten. Die Gesellschafter mussten bei den Geschäften lediglich mit ihrer Einlage haften, was eine Trennung von Geschäfts- und Privatvermögen erlaubte. Die Bilanzprüfungsgesellschaft des Konstruktionsbüros schrieb dazu im Jahr 1937: »Im Falle einer Familien-GmbH wird also erreicht, dass den Mitgliedern einer Familie ein privates Vermögen und damit eine Existenzgrundlage auch für den Fall erhalten bleibt, dass der Familienbetrieb in Vergleich oder Konkurs gerät.«[70] Damit schützte Porsche vor allen Dingen die Villa als Familienbastion dagegen, bei einem nicht auszuschließenden Konkurs seines Büros als Haftung eingebracht zu werden. Er minimierte also den finanziellen Einsatz und konnte auf der anderen Seite Risikokapital in die Gesellschaft aufnehmen, ohne die unternehmerische Führung aus der Hand zu geben. Allerdings war eine nicht unerhebliche Hürde zu nehmen: Ein Mindeststammkapital von 20 000 Reichsmark musste bei der Gründung einer GmbH aufgebracht werden.[71] Diese Mindesteinlage genügte aber noch nicht, um ein seriös arbeitendes Konstruktionsbüro zu etablieren. Für Räumlichkeiten, Ausstattung, Werkzeug, Gehälter der Belegschaft oder die Bezahlung der ersten Rechnungen, die bei einer neuen Firma gewöhnlich schon im Briefkasten liegen, bevor die ersten

Einnahmen auf dem Geschäftskonto eingehen, brauchte Porsche zusätzliches Startkapital. Insofern waren weit mehr als 20 000 Reichsmark für die Gründung eines Unternehmens erforderlich, das von potenziellen Auftraggebern als seriöser Geschäftspartner angesehen wurde. In der Kronenstraße 24 im Stuttgarter Zentrum, unweit des Hauptbahnhofs gelegen, fand Porsche geeignete Büroräume. Die 19-köpfige Belegschaft,[72] die im Januar 1931 dort einzog, bestand aus bewährten Mitarbeitern, die Porsche an seinen früheren Wirkungsstätten abgeworben hatte.

Dies alles bedurfte einer erheblichen Anschubfinanzierung, die Porsche nicht aus eigener Kraft leisten konnte. Doch woher sollten die Finanzmittel kommen? Aufgrund seiner privaten Schulden im Zusammenhang mit dem Erwerb seiner Immobilie war Porsche der klassische Weg zum Kapitalmarkt versperrt. Kein seriöses Kreditinstitut wäre das Risiko eingegangen, ihm die erforderlichen Summen zu leihen. Wegen dieser eingeschränkten Kreditwürdigkeit musste der Unternehmensgründer einen anderen Weg finden, das Startkapital aufzutreiben: Er benötigte einen privaten Geldgeber, der aus seinem Vermögen die erforderlichen Mittel beisteuerte, überdies in der Geschäftswelt einen guten Leumund besaß und bei finanziellen Engpässen einspringen konnte. An sicherer Rendite interessierte Investoren würden kaum das Wagnis eingehen, einem Geschäftsanfänger, der sich mitten in der Weltwirtschaftskrise in einer extrem konjunkturabhängigen Branche selbstständig machte, Zehntausende von Reichsmark zur Verfügung zu stellen. Aber Porsche hatte Glück, denn er fand mit Adolf Rosenberger jemanden, der sprichwörtlich Benzin im Blut hatte. Rosenberger war der perfekte Partner für die Porsche GmbH, weil er gleich in doppelter Hinsicht eine ideale Ergänzung zu Porsche darstellte. Zum einen konnte er eigenes Kapital einbringen, da er als Miteigentümer des größten Lichtspielhauses seiner Heimatstadt Pforzheim – des Ufa-Palastes – über beträchtliche liquide Mittel verfügte. Zum anderen war er durch familiäre Verbindungen mit der Pforzheimer Geschäftswelt, vor allem der dort ansässigen Schmuckindustrie, gut vernetzt. Die nach dem Weltkrieg kolportierte Summe von rund 200 000 Reichsmark »Finanzierungsmöglichkeiten«, welche Rosenberger insgesamt mobilisieren konnte, dürfte zwar zu hoch angesetzt sein; unstrittig ist aber, dass Rosenberger der Finanzier war, ohne den das Konstruktionsbüro die schwierige Anfangszeit niemals überstanden hätte.[73]

Adolf Rosenberger brachte neben finanziellen Mitteln und Kontakten zudem eine fachliche Expertise ein, die ihn zum idealen Geschäftsführer der Porsche GmbH machte. Welche Anforderungen musste Rosenberger erfüllen? Er musste sich als Herr über die Zahlen erweisen, das Geld zusammen- und den laufenden Betrieb aufrechterhalten – Fähigkeiten, über die der Geschäftsmann Rosenberger verfügte. Ferner sollte er sich in fachlichen Dingen ein eigenständiges Urteil bilden und als Verhandlungspartner an der Seite Porsches bei potenziellen Auftraggebern aus der Kraftfahrzeugindustrie auftreten können. Das fiel Rosenberger nicht schwer, der sich als Privatfahrer in den 1920er Jahren mit den von Ferdinand Porsche konstruierten Mercedes-Kompressor-Sportwagen der Typen S, SS und SSK auf Rennstrecken einen Namen gemacht hatte. Vieles spricht dafür, dass in dieser Zeit der Kontakt zu Porsche entstand, den dieser jetzt nutzte, indem er den ehemaligen Rennfahrer als Geldbeschaffer für das Konstruktionsbüro anwarb. Rosenberger hatte im Juli 1926 beim Großen Preis von Deutschland auf der Berliner AVUS einen schweren Unfall verursacht, bei dem drei Menschen gestorben waren.[74] Seine Karriere als Rennfahrer war damit beendet, aber seine praktische Erfahrung mit Rennwagen konnte nun für Porsches Konstruktionsideen nützlich sein.[75] Und Rosenberger verband mit seinem Engagement wohl insgeheim die Erwartung, dass die Porsche GmbH bei der Konstruktion eines neuen leistungsfähigen Grand-Prix-Rennwagens eine führende Rolle spielen würde. Dabei schwang die leise Hoffnung mit, vielleicht selbst noch einmal als Rennfahrer an den Start gehen zu können.[76] Solche Hintergedanken fanden allerdings keinen Niederschlag in Rosenbergers Arbeitsvertrag als Geschäftsführer, der neben den üblichen Festlegungen einen monatlichen Bruttolohn in Höhe von 1000 Reichsmark zuzüglich eventueller Boni auswies.[77]

Bei diesem außerordentlichen finanziellen und persönlichen Engagement verstand es sich von selbst, dass Rosenberger nicht nur als Geschäftsführer der Porsche GmbH, sondern auch als Gesellschafter in Erscheinung trat. Allerdings hielt er nur zehn Prozent der Gesellschafteranteile, nämlich 3000 Reichsmark des Stammkapitals in Höhe von 30 000 Reichsmark der am 15. Dezember 1930 gegründeten Gesellschaft. Den Löwenanteil in Höhe von 24 000 Reichsmark hielt Porsche selbst. Die restlichen 3000 Reichsmark – ebenfalls zehn Prozent der Gesellschafteranteile – blieben in der Familie, weil sie von Porsches Schwiegersohn Anton Piëch gehalten wurden, der die juristischen Dienstleistungen beisteuerte.[78]

Ende 1930 trat Porsche mit einer fachlich erprobten Mannschaft, einem begeisterungsfähigen Geschäftsführer, der in Personalunion als Geldbeschaffer fungierte, und unter unermüdlichem Einsatz der Großfamilie in seinen neuen beruflichen Lebensabschnitt als Unternehmer ein. Der Zeitpunkt war denkbar schlecht gewählt, denn die wirtschaftliche Krise hatte Deutschland fest im Griff, wovon speziell das Fahrzeuggeschäft betroffen war. Porsche benötigte einen langen Atem, um die ökonomische Durststrecke der ersten Zeit zu überstehen. Für ein Unternehmen wie seines kam erschwerend hinzu, dass ein Konstruktionsbüro seine Produkte erst anbieten kann, wenn der langwierige Prozess vom Entwurf über die Entwicklung bis zur Serienfertigung erfolgreich absolviert ist. Deutschland war damals ein Land, in dem eine Vielzahl größerer wie mittlerer Automobilhersteller beheimatet war. Welcher Produzent ging schon in einer solchen Krise das Risiko ein, auf dem drastisch schrumpfenden Markt mit kostspieligen Neuentwicklungen präsent zu sein, wo sich selbst Platzhirsche wie Daimler-Benz aus dem für Konstrukteure besonders reizvollen Rennsport aus Kostengründen zurückgezogen hatten? Zu kämpfen hatte Porsche auch damit, dass sein Abgang beim Untertürkheimer Automobilhersteller nicht unbedingt Werbung in eigener Sache gewesen war. Daimler-Benz hatte einen regelrechten Bann über ihn verhängt – auch weil man ihm unterstellte, »für seine Arbeiten für dritte Firmen sich auf illegalem Wege Betriebsgeheimnisse von Mercedes zu beschaffen«.[79] Darüber hinaus ordnete die Daimler-Benz AG an, »dass jeder Angestellte oder Arbeiter, ebenso wie deren Frauen,[80] die im privaten Verkehr mit Porsche beobachtet werden, sofort zur Entlassung kommen« sollten.[81]

Es war absehbar, dass die Porsche GmbH bei etablierten Herstellern von Automobilen kein nennenswertes Auftragsvolumen erzielen würde. Aber es gab in Deutschland noch wagemutige Unternehmen, die selbst in dieser Krisenzeit auf dem Sektor der Neukonstruktion von Personenkraftwagen investierten. Dazu gehörte die im sächsischen Chemnitz ansässige Wanderer-Werke AG – ein Unternehmen, das im Vergleich zu anderen Wettbewerbern der Automobilbranche den Vorteil besaß, noch über andere Sparten wie den Werkzeug- und Büromaschinenbau zu verfügen. Diese waren zumindest in den 1920er Jahren derart profitabel, dass die insgesamt enttäuschenden Ergebnisse im Bereich großvolumiger Motorräder und Mittelklassewagen die Gesellschaft nicht unmittelbar in ihrem Bestand gefährdeten.[82] Es waren die Chemnitzer, die dem Unternehmer Porsche seinen ersten bedeutenden Auftrag verschafften, als der Gesellschaftsvertrag noch nicht einmal unterzeichnet war: Ein auf den 24. November 1930 datierter Vertrag sah den Bau von zwei Fahrgestelltypen vor, über deren weitere Verwendung später die Auto Union AG zu befinden hatte.[83] Mit diesem Projekt war Porsche zwar noch nicht aus dem Gröbsten heraus, weil seine Konstruktionen entweder erst Jahre später oder überhaupt nicht in die Serienfertigung gingen.[84] Aber perspektivisch hatte dieser Auftrag viel Potenzial, da die sächsische Automobilindustrie im Rennsport ein interessantes Betätigungsfeld sah. Die Investition auf diesem, als internationaler Werbeträger besonders lukrativen Sektor lief letztlich auf eine komplette Neukonstruktion eines Rennwagens hinaus.

Obgleich die Weltwirtschaftskrise auch der Wanderer-Werke AG schwer zusetzte,[85] hatte ihr Betriebsvorstand Baron Klaus Detlof von Oertzen genau dieses Ziel vor Augen, als er im Herbst 1930 mit Porsche über Pläne zur Konstruktion und Entwicklung eines deutschen Rennwagens sprach.[86] Im Juni 1932 wurden dann in Sachsen die strukturellen Voraussetzungen geschaffen, um im Rennsportgeschäft mitmischen zu können. Auf Betreiben der sächsischen Landesregierung schlossen sich die vier prominenten Fahrzeughersteller Sachsens – die Wanderer-Werke AG, die Horchwerke AG, die Audiwerke AG und die Zschopauer Motorenwerke J.S. Rasmussen AG – zur Auto Union AG zusammen. Damit war ein Fahrzeughersteller etabliert, welcher deutschlandweit an zweiter Stelle rangierte und der über die technische Expertise und vor allem über die unternehmerische Tatkraft verfügte, in Zeiten der Wirtschaftskrise antizyklisch in die Entwicklung eines Rennwagens zu investieren. Da die eigene Konstruktionsabteilung für diese Herausforderung nicht gerüstet war, lag es nahe, auf externe Kompetenz zurückzugreifen. Dass Ferdinand Porsche im Frühjahr 1933 den Auftrag zur Konstruktion eines Rennwagens erhielt, ist also nicht zuletzt eine Frucht seiner Geschäftsbeziehungen zur sächsischen Automobilindustrie. Die geschäftliche Beziehung nach Sachsen war es, die dem jungen Unternehmen den entscheidenden Durchbruch bescherte. In der Stuttgarter Automobilindustrie galt der Stuttgarter Konstrukteur Porsche dagegen nur noch wenig; bei Daimler-Benz stand er sogar auf dem Index.

Aber zunächst musste die Porsche GmbH die wirtschaftliche Flaute der Jahre 1931 und 1932 überstehen. Dies war leichter gesagt als getan, und so stand das Unternehmen mehrfach vor dem Konkurs. Zwar gelang es, einige namhafte Auftraggeber aus der Fahrzeugbranche zu gewinnen. Neben der Wanderer-Werke AG gehörten bis Ende 1931 die Horchwerke AG in Zwickau und die Zündapp GmbH in Nürnberg, die eine hintere Schwingachse beziehungsweise ein Fahrgestell in Auftrag gaben, zu diesem Kreis.[87] Auch die Auftragsliste des Jahres 1932 fiel insgesamt noch bescheiden aus: Die Phänomenwerke A. Hiller AG ließ Studien am luftgekühlten Motor vornehmen, für Citroën tüftelte das Konstruktionsbüro an einer neuen Lenkung, Alfred Tewes in Frankfurt benötigte eine Vollschwingachse, und die Wanderer-Werke und Zündapp waren offenkundig so zufrieden mit den ersten Arbeiten, dass sie das Unternehmen mit weiteren Aufgaben betrauten.[88] Doch damit kam die Porsche GmbH eher schlecht als recht über die Runden, da die knappe Kapitalausstattung die Flaute in den Auftragsbüchern nicht abfedern konnte.

Noch bis ins Frühjahr 1933 hinein bestand das strukturelle Problem, dass die Einnahmen die Ausgaben bei Weitem nicht deckten. Eine Bilanz aus der Anfangszeit des Unternehmens liegt nicht vor, da das zuständige Finanzamt die Buchführung der GmbH angesichts der geringen Umsätze allem Anschein nach nicht beanstandete. Porsches Schulden betrugen damals weit über 100 000 Reichsmark, Rechnungen der Handwerker und Lieferanten standen monatelang offen, und im Sommer 1932 wurde sogar die Liquidation des Unternehmens erwogen.[89] Porsches Anwälte schrieben im Januar 1950 zu diesem Thema, dass »die Lage der Gesellschaft es überhaupt nicht erlaubte, eine Bilanz aufzustellen«; und wenn doch, konnte sie allenfalls nur dadurch zu einem Ausgleich gebracht werden, dass ein hoher Betrag unter der Rubrik »nicht abgerechnete Arbeiten« verbucht wurde.[90] Bilanztechnisch hielt sich das Unternehmen mithin mit Wechseln auf die Zukunft über Wasser, indem Aufträge, die sich im Stadium der Planung befanden, verbucht wurden. Der Kniff, bevorstehende Umsätze vorzugaukeln, die indes nur selten Wirklichkeit werden, kommt bei der Bilanzierung gelegentlich zur Anwendung und muss später durch Wertberichtigungen neutralisiert werden.[91]

Die wenigen vorhandenen zuverlässigen Zeugnisse bestätigen das verheerende Bild von der Lage des Unternehmens, das Porsches Anwälte nach dem Krieg malten. Detailliertere Auskünfte über die geschäftliche Entwicklung aus der Anfangszeit vermittelt eine Betriebsprüfung, die das Landesfinanzamt Stuttgart im Juni 1936 vornahm[92] – zu einem Zeitpunkt, als das Unternehmen infolge der Einnahmen aus dem Volkswagen und dem Auto-Union-Rennwagen längst gefestigt war. Danach lag der steuerpflichtige Umsatz 1932 bei 135 000 Reichsmark, was am Jahresende einen Verlust von 877 Reichsmark bedeutete. Doch bei genauerem Hinsehen stellt sich heraus, auf welch dünnem Eis sich die Porsche GmbH bewegte. Der bilanztechnisch sensible Terminus »unabgerechnete Leistungen« umfasste einen Betrag von 75 300 Reichsmark, was fast drei Vierteln der Aktiva entsprach; liquide Mittel waren mit weniger als 1000 Reichsmark praktisch nicht vorhanden; und auf der Passivseite türmten sich Forderungen aus Lieferungen und Leistungen in Höhe von mehr als 47 000 Reichsmark. Vor diesem Hintergrund verzichtete das Finanzamt Stuttgart-Nord im Februar 1933 auf die Eintreibung von Körperschaftssteuern, da dies den Bankrott des Unternehmens bedeutet hätte.[93] Durch kreative Buchführung allein ließen sich die laufenden Geschäfte nicht ewig weiterführen. Die Porsche GmbH lavierte 1932/33 am Rande des Abgrunds, was für Unternehmensgründungen speziell in wirtschaftlich turbulenten Zeiten nicht ungewöhnlich ist. Es ist daher zu fragen, warum die Porsche GmbH nicht nur das Jahr 1933 überstand, sondern im dritten Jahr ihres Bestehens sogar zum Turnaround ansetzte.

Adolf Rosenberger, Gesellschafter und bis 1933 kaufmännischer Leiter der Dr. Ing. h.c. F. Porsche GmbH.

KAPITEL 2

Ende der Durststrecke und Durchbruch

Im Frühjahr 1933 befand sich die Dr. Ing. h.c. F. Porsche GmbH immer noch in einer überaus prekären ökonomischen Lage. Doch als am 17. März 1933 ein Vertragsabschluss mit dem ein Jahr zuvor gegründeten Automobilhersteller Auto Union gelang, trat der ersehnte Umschwung ein.[1] Die Auto Union übertrug Porsche eine der anspruchsvollsten Aufgaben, die einem Fahrzeugkonstrukteur in Deutschland damals angeboten werden konnten: die Konstruktion und Entwicklung eines deutschen Grand-Prix-Rennwagens. Der Porsche GmbH eröffneten sich damit ganz neue Perspektiven: Das Konstruktionsbüro erhielt einen überaus reizvollen Konstruktionsauftrag, bei dem es seine spezifischen Fertigkeiten unter Beweis stellen konnte. Je überzeugender das gelang, desto größer würde die Werbung in eigener Sache sein. Das verhieß Anschlussaufträge und die Aussicht, endlich die ökonomische Talsohle zu verlassen. Insofern kann die Bedeutung dieses Konstruktionsauftrags für die Unternehmensgeschichte gar nicht hoch genug veranschlagt werden: Die Porsche GmbH konnte letztlich nur deswegen ihre Nischenexistenz verlassen und sich an die Spitze der technischen Entwicklung des Automobils setzen, weil sie von der Auto Union den Zuschlag für ein Rennwagenprojekt erhalten hatte.

Die konstruktive Entwicklung eines Rennwagens war in den 1930er Jahren keine Liebhaberei von Automobilenthusiasten, welche die Grenzen des technisch Machbaren ausreizen wollten, sondern besaß einen sportlichen Mehrwert: Ein technisch ausgereiftes und Geschwindigkeitsrekorde brechendes »Wunderauto« würde im Rennsport Furore machen. Da der Motorsport in den 1930er Jahren einen ersten Höhepunkt seiner Popularität erreicht hatte und als einer der wichtigsten Faktoren beim Aufstieg des Sports zu einem massenkulturellen Phänomen gelten darf,[2] winkte Porsche ein ruhmreicher Platz in den Annalen der Sportgeschichte, wenn es gelang, ein Fahrzeug zu entwickeln, das im sportlichen Leistungsvergleich herausragend abschnitt. Diese Chance ließ Porsche sich nicht entgehen. So hat letztlich der Motorsport den Grundstein gelegt für den rasanten Aufstieg von einem ständig mit finanziellen Engpässen kämpfenden kleinen Dienstleister zu einem Konstruktionsbüro, das am Ende des Zweiten Weltkriegs für die gesamte Palette motorisierter Fahrzeuge konstruktive Lösungen entwarf.

Damit ist die Erfolgsgeschichte Porsches ein eindrücklicher Beleg für die symbiotische Beziehung zwischen Sport und Technik in einem technikgläubigen Zeitalter.[3] Man ist geneigt, Porsches Aufstieg zu vergleichen mit dem der Automobilkonstrukteure Ettore Bugatti und Alfieri Maserati,[4] die seiner Generation angehörten, aber im Unterschied zu dem nordböhmischen Tüftler schon früh den Sprung vom Fahrer und Konstrukteur zum Hersteller nach ihnen benannter Automobile schafften, die sich auf den europäischen Rennstrecken bewährten. Im Gegensatz zu Bugatti und Maserati konnte sich Porsche nicht mit seinem Namen in die Rennsportgeschichte eintragen, weil er die seiner konstruktiven Vorstellungskraft entspringenden Rennwagen nicht selbst produzierte. Letztlich musste er sich damit abfinden, dass die Auto Union die Erfolge für sich reklamierte und vermarktete und er selbst zunehmend in den Hintergrund geriet. Diese semantische Expropriierung ist ein wesentlicher Grund dafür, dass Ferdinand Porsche und sein Sohn Ferry beim Neustart nach Ende des Zweiten Weltkriegs die nun in eigener unternehmerischer Verantwortung produzierten Fahrzeuge mit ihrem Namen versahen und damit zukunftsweisendes »branding« betrieben. Sie erklärt aber auch, warum Porsche bereits während seiner Tätigkeit für Auto Union an einem zweiten, zunehmend größer dimensionierten Projekt – der Konstruktion eines »Volkswagens« – arbeitete und insgeheim hoffte, dass dieses politische Prestigeprojekt seinen Namen auf der Fronthaube in die Welt tragen würde.

Dass Porsche auf dem Gebiet der Rennwagenkonstruktion reüssieren würde, war im Frühjahr 1933 noch nicht abzusehen, da die Kooperation mit der bis dahin im Rennwagenbau noch nicht hervorgetretenen Auto Union mit mancherlei Risiken und Unwägbarkeiten verbunden war. Dass er hier dennoch die Chance seines Lebens erblickte und sich mit Feuereifer auf die Aufgabe stürzte, ist offenkundig. Insofern traf der Vorstandsvorsitzende der Daimler-Benz AG, Wilhelm Kissel, den Kern, wenn er in vertraulicher Runde erklärte, für Porsche sei »die Beteiligung am Rennwagenbau [...] eine Lebensfrage«.[5] Kissel hatte bei Daimler lange mit Porsche zusammengearbeitet und diesen nach der unschönen Trennung nicht aus dem Blick verloren, und so dürfte sein Diktum eine zutreffende Gesamteinschätzung der Persönlichkeit Porsches widerspiegeln.

Die Konstruktion eines Rennwagens bedeutete für Porsche die Krönung seiner bisherigen Tätigkeit. Es kam nun darauf an, neue Wege einzuschlagen und ein Hightech-Produkt zu entwickeln, dessen sportliche Imaginationskraft alles bisher Dagewesene in den Schatten stellte. Hatte Porsche – um in der Sprache des Sports zu bleiben – bislang auf der Mittel- und Langstrecke beachtliche Erfolge erzielt und auch schon beim 400-Meter-Lauf gut abgeschnitten, bot sich ihm jetzt die einmalige Gelegenheit, beim 100-Meter-Lauf zu starten und die Krone der Leichtathletik zu erringen. Dabei waren seine koordinativen und konstruktiven Fähigkeiten mehr gefragt denn je: Das angestrebte Produkt – ein neuartiges Höchstleistungsfahrzeug – bedurfte zunächst einmal einer ganz neuen Grundkonzeption. Porsche löste diese Aufgabe, indem er den Schwerpunkt des Rennwagens hinter den Fahrer verlagerte.[6] Der auf diese Weise konstruierte »Mittelmotorwagen« hatte zwar technische Vorläufer, wurde aber erst durch Porsche zur technischen Perfektion geführt und »höchst effizient als konstituierendes Element modernen Rennwagenbaus etabliert«.[7] Aus der neuartigen Anlage des Wagens ergaben sich enorme Anforderungen hinsichtlich der technischen Umsetzung. Der Koordinationsbedarf mit dem Hersteller stieg überproportional stark an, denn Porsche entwarf ein Auto auf dem Zeichenbrett, das in einem mühsamen und zeitaufwendigen Abstimmungsprozess in der sächsischen Produktionsstätte von Auto Union zusammengebaut wurde. Die kreative Zeugung des späteren Erfolgsautos fand mithin in Stuttgart statt, die Geburt in Zwickau, wobei das Rennsportteam von Auto Union weit mehr leistete als ein reiner Geburtshelfer. Per Saldo musste bei einem solchen Vorhaben also die ingeniöse Verschmelzung von bestechender Entwurfsidee, technischer Umsetzungsexpertise und strategisch ausgerichteter Koordination mit dem Hersteller gelingen.

Damit stellt sich die Frage, welchen Anteil Ferdinand Porsche an der Realisierung dieses Großprojekts besaß. Gewiss ist in Rechnung zu stellen, dass Porsche ohne seinen eingespielten und gerade für Herausforderungen dieser Art gerüsteten Mitarbeiterstab mit der Durchführung einer derartig anspruchsvollen Aufgabe überfordert gewesen wäre. Insbesondere Adolf Rosenberger erwies sich als eine unentbehrliche Stütze, weil er nicht nur das Konstruktionsbüro mit eigenen Mitteln finanziell über Wasser hielt, sondern als ehemaliger Rennfahrer neben Porsche eine treibende Kraft hinter dem ganzen Projekt war. Insofern traf hier zu, was ein anderer Stuttgarter Techniker von Weltrang, Robert Bosch, sich anlässlich eines runden Geburtstags selbst ins Stammbuch schrieb: »Es war […] immer zunächst ein Überlegen, ein Versuchemachen, ein Verbessern, an dem immer auch andere mitarbeiten. In größeren Betrieben arbeitet kaum einmal ein Mann an einer Erfindung allein. Was herauskommt, ist das Werk mehrerer.«[8] Bosch legte in seiner Produktion das Schwergewicht allerdings auf qualitativ hochwertige standardisierte Waren, die sich im harten Konkurrenzkampf zu behaupten hatten (»Die Ware mußte zuverlässig und preiswert sein, jedes Stück musste als Ganzes wie auch in seinen Einzelteilen auswechselbar sein.«[9]), während Porsche sich auf technisch ausgefeilte Lösungen konzentrierte, die nicht auf

Markttauglichkeit ausgerichtet waren. Daher ist es kein Zufall, dass Porsche aufgrund seiner motorsportlichen Leistungen mit Attributen aus dem Geniediskurs bekränzt wurde, während Bosch geradezu als Antigenie daherkam und keinerlei Anstrengungen unternahm, in den Genie-Olymp erhoben zu werden.[10]

Porsche fand im Rennwagenbau die vollkommene Erfüllung, weil dieser seine technische Kreativität bis zum Äußersten herausforderte. Das unabhängige Fachjournal *Motor-Kritik*, das auf hohem Niveau wertvolle Beiträge zum Motorsportdiskurs lieferte, beschrieb den Reiz, der darin steckt, folgendermaßen: Der Motorrennsport »spornt an zu abstraktem technischen Denken. Er ist für den Konstrukteur das, was für den im Leben stehenden gebildeten Menschen die Beschäftigung mit Latein, Griechisch und den verschiedenen Zweigen der Wissenschaft ist.«[11]

Es ist das Schicksal jedes Entwurfsexperten, dass die Umsetzung des Entwurfs über das Renommee des Urhebers entscheidet. Ein Architekt mag noch so kühne Lösungen in Modellform vorzuweisen haben; wenn diese nicht bauliche Gestalt annehmen, bleiben sie letztlich unsichtbar. Auch Porsche hat im Laufe seiner beruflichen Laufbahn mehr als einmal die Erfahrung machen müssen, dass von ihm ausgearbeitete technische Lösungen vom Winde verweht wurden, weil sie nicht den Weg in die Produktion fanden. Daher konnte er für höhere semantische Weihen erst in Frage kommen, als seine technischen Artefakte die Bewunderung des breiten Publikums erregten. Dieser Prozess setzte Mitte der 1930er Jahre im Gefolge der Rennsporterfolge von Auto Union allmählich ein, aber erst durch das Volkswagen-Projekt und damit verbundener tatkräftiger Unterstützung durch die Politik erreichte er die Umlaufbahn der Genies. Dass Porsche bereits in den 1920er Jahren der Ruf eines überall anerkannten technischen Genies vorausgeeilt sei, ist eine fromme Legende.[12] Gewiss finden sich im Hausblatt der österreichischen Automobilisten, der *Allgemeinen Automobil-Zeitung*, hin und wieder Belege dafür, dass der Altösterreicher Ferdinand Porsche nicht zuletzt aus patriotischer Gesinnung mit dem Adelsprädikat eines »genialen Konstrukteurs«[13] ausgezeichnet wurde. Aber bei Lichte besehen reichten solche Einzelstimmen nicht aus, um ein Genienarrativ zu formen. Als sich Porsche in Stuttgart selbstständig machte, gab es jedenfalls keinen Geniebonus für ihn. Und daher treffen rückblickende Urteile überaus wohlmeinender publizistischer Beobachter zu, in denen die Rede davon ist, dass Porsche bis zu seinem Durchbruch mit der Rennwagenkonstruktion ein in der breiten Öffentlichkeit unbeschriebenes Blatt war.

Auch unter dem Aspekt der Genieerhebung markieren der Porsche-Rennwagen und der Volkswagen eine tiefgreifende Zäsur: Porsche musste erst mit herausragenden und öffentlich beachteten Fahrzeugen hervortreten, um überhaupt als Kandidat für Geniezuschreibungen in Frage zu kommen. Und dann bedurfte es gezielter Äußerungen, damit die in Umlauf gebrachten semantischen Offerten Nachhaltigkeit erlangten und Porsches Name gewissermaßen zum Synonym für den Prototyp eines technischen Genies werden konnte.

Tatsächlich lässt sich in diesem Fall von erfolgreicher Geniepolitik sprechen, auf die in den nachfolgenden Kapiteln immer wieder einzugehen sein wird. Dabei muss berücksichtigt werden, dass Porsche einen erheblichen Teil der Deutungshoheit über sich selbst und sein Werk abtrat, weil er keinerlei deutungskulturelle Anstrengungen unternahm, um mächtige Narrative zu entwickeln und in Umlauf zu bringen. Dabei hätte es dazu durchaus keiner ausgeprägten Neigung zur öffentlichkeitswirksamen Selbstdarstellung bedurft, wie das Beispiel des Generalfeldmarschalls Paul von Hindenburg zeigt, der im fortgeschrittenen Alter von 67 Jahren das Talent offenbarte, eine überaus erfolgreiche Imagepolitik in eigener Sache zu betreiben.[14] Porsche befand sich erst im 59. Lebensjahr, als er in den Fokus der Öffentlichkeit rückte. Aber statt das aufkeimende Interesse an seiner Person zu nutzen, um mythenträchtige Geschichten zu verbreiten, verhielten sich Porsche und sein Büro völlig passiv. Der Konstrukteur blieb sich damit treu, denn er hatte bereits knapp 25 Jahre zuvor die Gelegenheit ausgeschlagen, eine begierig auf bildhafte Geschichten lauernde Berichterstattung mit Material zu versorgen. Damals, im Juni 1910, hatte er als Fahrer die prestigeträchtige Prinz-Heinrich-Fahrt mit einem selbst konstruierten und umgebauten Serienwagen gewonnen.[15] Zwar war die Fahrt kein Hochgeschwindigkeitsrennen, sondern eher eine Zuverlässigkeitsprüfung der noch in den Kinderschuhen steckenden Automobile. Dennoch beförderte dieser Erfolg eines österreichischen Fabrikats – Porsche war zu diesem Zeitpunkt technischer Direktor bei Austro-Daimler in Wiener Neustadt – den siegreichen Fahrer in seiner Heimat ins Rampenlicht. Doch Porsche gab den Pressevertretern einen Korb, indem er erklärte: »Machen Sie doch, bitte, das Interview selbst. Sie wissen schon, was ich meine.«[16]

Das war keine falsche Bescheidenheit. Porsche kokettierte nicht mit seiner vermeintlichen Scheu, vor der Öffentlichkeit seine Version der Dinge auszubreiten. Es lag ihm einfach nicht, in eine kommunikative Offensive zu gehen oder doch wenigstens die Neugier der Öffentlichkeit so zu bedienen, dass er sich in gewünschter Weise präsentieren konnte. In einem seiner raren schriftlichen Selbstzeugnisse machte er das einem seiner Geschäftspartner, dem »Monsieur Mercédès« Emil Jellinek, klar, der Porsche Einflussnahme auf die Medienberichterstattung zu seinen Lasten vorgehalten hatte: »Es ist dies erstens nicht meine Art u. zweitens hatte ich während der Fahrt begreiflicherweise keine Zeit, den Berichterstattern meine Lebensgeschichte zu erzählen.«[17]

Zur Kommunikationsscheu Porsches gehörte auch, dass er eigenhändig praktisch keine schriftlichen Mitteilungen mehr verfasste, seit seine berufliche Position es ihm erlaubte, auf die Dienste eines Privatsekretärs zurückzugreifen. Dessen Feststellung, dass »Porsche überhaupt kein Mann der Feder ist«,[18] war fast schon untertrieben. Ghislaine Kaes war zweifellos eine treue Seele und gehörte als Neffe von Porsches Ehefrau praktischerweise zur Familie. Aber für eine professionelle Pressearbeit fehlte ihm das Zeug, zumal Porsche ihn nie dazu anhielt. So geriet der Unternehmer zum Zeitpunkt seines Durchbruchs in das strukturelle Dilemma, dass er auf keine ihm zuarbeitende Presseabteilung zurückgreifen konnte, die das gesteigerte mediale Interesse an seiner Person zu befriedigen vermochte. Nicht zuletzt wegen solcher strukturellen Defizite gab Porsche die Möglichkeit aus der Hand, eine aktive Imagepolitik zu betreiben und gegebenenfalls einzugreifen, wenn ein Diskurs seiner Kontrolle zu entgleiten drohte. Porsches einziges Kommunikationsformat blieb das persönliche Gespräch unter Fachleuten; hier fühlte er sich sicher. Es ist nicht überliefert, dass er jemals eine öffentliche Rede hielt vor einem Publikum, das nicht handverlesen war. Selbst Ansprachen an einen größeren Kreis von Betriebsangehörigen scheint es nicht gegeben zu haben. Für Porsche waren und blieben öffentliche Auftritte eine fremde, ja geradezu unheimliche Welt, die er nicht betreten wollte und konnte. In seinem Kommunikationsstil – dem direkten Gespräch im vertraulichen Kreis – blieb er ganz und gar seinem patriarchalischen Führungsstil verhaftet: »Unsere bisherige Zusammenarbeit mit Herrn Dr. Porsche hat stets erwiesen, dass die persönliche Aussprache der unnötigen Briefschreiberei vorzuziehen ist und auch den kürzesten Weg der Verständigung immer wieder finden ließ.«[19]

Das Desinteresse Porsches in Bezug auf seine Außendarstellung und die seines Büros wuchs sich zu einem veritablen Problem aus, als die Presse nach Lebensläufen verlangte. Als Porsche im Jahr 1937 wieder in vertragliche Beziehungen zu seinem ehemaligen Arbeitgeber Daimler-Benz trat, konnte man sich der Notwendigkeit nicht entziehen, die Öffentlichkeit mit Informationen zu dessen Vita zu versorgen. Im Daimler-Archiv haben sich drei aus dem Jahr 1938 stammende Lebensläufe Porsches erhalten, welche ein politisch korrektes Musternarrativ enthalten. Porsche wird hierin als begnadeter Ingenieur porträtiert, der aufgrund des übermäßigen jüdischen Einflusses bei Austro-Daimler nach Stuttgart gewechselt und dem mit dem Volkswagen-Projekt die ehrenvolle Aufgabe übertragen worden sei, den politischen Willen Hitlers in ein kongeniales Produkt zu überführen.[20] Es ist berechtigte Skepsis angebracht, ob diese Selbstdarstellung mit Porsche abgestimmt war. Dieser durfte sich über eine derartige kommunikative Vereinnahmung allerdings nicht beschweren, da er die Kommunikationshoheit über seine

Person schon lange vor der Etablierung der NS-Diktatur aus der Hand gegeben hatte. Damit sind wir bei einer zentralen Frage angelangt: War Porsche ein sich in seiner Arbeit verzehrender Konstrukteur, der sich um sein Image ebenso wenig kümmerte, wie er sich um die politischen Rahmenbedingungen seines unternehmerischen Handelns scherte?

Zweifellos war es nicht zuletzt der Gunst der politischen Umstände geschuldet, dass die Allianz des renommierten Konstrukteurs Ferdinand Porsche mit der sächsischen Automobilindustrie überhaupt eine solche Durchschlagskraft erzielen konnte. Zu Beginn der 1930er Jahre war die Entwicklung und Erprobung neuer Renngefährte ohne staatliche Subventionierung gar nicht möglich. Infolge der Krise hatte selbst Daimler-Benz, der Gigant im Rennsport, die Waffen strecken und seine Rennaktivitäten aus Finanzmangel einstellen müssen. Im Vorstand von Daimler-Benz war man sich einig, dass das Unternehmen, sollte es überhaupt je wieder einen Aufschwung für motorsportliche Veranstaltungen geben, hierbei auf wesentliche Unterstützung von dritter Seite angewiesen sein würde.[21] Die Auto Union, eine blutjunge Fusion aus den sächsischen Unternehmen DKW (Zschopauer Motorenwerke J.S. Rasmussen), Wanderer, Horch und Audi, hatte dagegen nur ein eher überschaubares Engagement im Rennsport vorzuweisen. Daher war es kaum vorstellbar, dass die Sachsen sich in einem möglichen Kampf um Subventionen gegen den auch politisch bestens vernetzten Automobiltitanen aus Untertürkheim würden behaupten können.[22] Somit ist zu fragen, inwieweit der Durchbruch des Teams Porsche/Auto Union den besonderen politischen Umständen zu verdanken war. Inwieweit profitierte das Konstruktionsbüro von dem Engagement des neuen Reichskanzlers Hitler, der sich früh als »Autokanzler« profilierte? War überhaupt das ambitionierte Projekt, einen Rennwagen zu entwerfen, der von einem in Deutschland ansässigen Büro konstruiert und von einem deutschen Unternehmen produziert wurde – und von deutschen Zulieferern wie Continental und Bosch hochwertige Reifen beziehungsweise Zündanlagen bezog –, nicht ein natürliches Kind eines Regimes, welches nationale Prestigeprojekte ohne Rücksicht auf knappe Mittel zu fördern suchte? Damit ist es angebracht, in gebotener Ausführlichkeit, aber mit Blick auf die leitenden Fragestellungen die Rahmenbedingungen zu skizzieren, welche wirtschaftliche Akteure wie das Konstruktionsbüro Porsche im Jahre 1933 vorfanden.

Als die Nationalsozialisten in den ersten Monaten des Jahres 1933 die Regierungsgewalt Schritt für Schritt an sich rissen, war ihnen bewusst, dass sie ihre Macht nur festigen konnten, wenn es ihnen gelang, die verheerende Massenarbeitslosigkeit rasch in den Griff zu bekommen. Sie profitierten davon, dass die konjunkturelle Talsohle durchschritten war; zugleich zogen sie

Nutzen aus dem Umstand, dass die noch von den Vorgängerregierungen durchgeführten Maßnahmen Wirkung zeigten. Das NS-Regime knüpfte mithin nahtlos an konjunkturpolitische Initiativen der vorherigen Präsidialkabinette an.[23] Eine entscheidende Rolle nahm dabei Fritz Reinhardt ein, der im April 1933 zum Staatssekretär im Reichsministerium der Finanzen aufstieg.[24] Mit den nach ihm benannten Programmen ahmte das NS-Regime die Politik seiner Vorgänger nach, nahm aber im Unterschied zu diesen weitaus mehr Geld in die Hand. Allein das erste Reinhardt-Programm vom Juni 1933 hatte einen Umfang von einer Milliarde Reichsmark und wurde flankiert von Sonderaufträgen der Reichsbahn und der Reichspost, von so genannten Notstandsarbeiten sowie von Aufträgen des Reichsunternehmens Autobahn.[25] Mit dem zweiten Reinhardt-Programm, das Zuschüsse, steuerliche Vergünstigungen und Darlehen unter anderem für Instandsetzungsarbeiten an Gebäuden vorsah, rollte schon im September 1933 die nächste Welle staatlicher Investitionsprogramme. Bis Ende 1934 summierte sich die Höhe der öffentlichen Mittel zur Beseitigung der Arbeitslosigkeit auf rund 5,1 Milliarden Reichsmark.

Die Finanzierung dieser Politik erfolgte, wie der Finanzwissenschaftler Günter Schmölders prägnant formulierte, »aus dem Nichts« und »ohne jede Rücksicht auf das Vorhandensein oder Nichtvorhandensein entsprechender öffentlicher Mittel«.[26] Auch in dieser Hinsicht folgten die Nationalsozialisten den Pfaden, welche die Präsidialkabinette mit den so genannten Öffa-Wechseln eingeschlagen hatten.[27] Da die Reichsbank laut Gesetz dem Staat nur in einem sehr begrenzten Umfang Geld leihen durfte, wurden einfach öffentlich-rechtliche Körperschaften oder Gesellschaften des privaten Rechts gegründet, die auf Geheiß des Reiches unmittelbar Aufträge vergaben, private Investitionen förderten und die dafür erforderlichen Mittel über diskontierbare Wechsel bei der Reichsbank bezogen.[28] Dieser Politik der wundersamen Geldvermehrung diente schließlich auch das im Mai 1933 gegründete Scheinunternehmen »Metallurgische Forschungsgesellschaft« (Mefo), das zum Dreh- und Angelpunkt der Rüstungsfinanzierung werden sollte.[29] Mit solchen Maßnahmen wurde die Tür zu einer staatlichen Ausgabenpolitik geöffnet, die ebenso effizient wie unseriös war: Der Staat konnte ungehemmt Geld ausgeben, das er im Grunde nicht hatte.

Es bedarf keiner großen Fantasie, sich vorzustellen, welch beglückende Wirkung diese Finanzpolitik nicht nur beim »kleinen Mann« hatte, der durch den raschen Rückgang der Arbeitslosigkeit das Gefühl sozialer Sicherheit erhielt, sondern auch bei Unternehmern, Managern und Freiberuflern, die sich endlich wieder über volle Auftragsbücher freuen durften. Dieser korrumpierende Effekt ist in der Forschung lange Zeit unterschätzt, wenn nicht gar ignoriert worden, wenn es darum ging, die Haltung von Industrie und Hochfinanz zum Nationalsozialismus zu beschreiben. In den 1970er Jahren, als marxistische Theorien eine Renaissance erfuhren, gingen viele von einer engen Verbindung zwischen »Kapitalismus und Faschismus« aus. Diese Strömung, die in der »Agententheorie« gipfelte und in der die faschistischen Bewegungen gleichsam als gekaufte Büttel des »Kapitalismus« und dessen Trägerschichten dargestellt wurden, ebbte in den 1980er und 1990er Jahren allmählich ab. Vor allem dem US-amerikanischen Historiker Henry A. Turner gebührt das Verdienst, in mühevoller Kleinarbeit belegt zu haben, dass die finanziellen Zuwendungen, die Adolf Hitler und seine Partei aus diesen Kreisen erhielt, eben nicht überdurchschnittlich hoch waren.[30] Vorstellungen wie die »Agententheorie« waren schon deshalb absurd, weil die Aufmerksamkeit der Unternehmer nach dem Ersten Weltkrieg gewöhnlich weniger der abstrakten Staatsform als vielmehr der konkreten Ausgestaltung des Wirtschaftssystems galt.[31] Aus der Perspektive eines »Kapitalisten« musste die NSDAP daher in der Phase ihres politischen Aufstiegs eher Beunruhigung als Sympathien hervorrufen, da zur Liturgie nationalsozialistischer Wirtschaftsideologen staatssozialistische Ideen sowie Forderungen nach »Brechung der Zinsherrschaft« und »Zerstörung der anonymen Macht des internationalen Kapitals« gehörten.[32] Andererseits erzeugte die tief sitzende Angst vor Revolutionen und vor dem Verlust des Privateigentums bei vielen Arbeitgebern ein autoritäres Staatsverständnis als Garant dafür, dass sozialistische und sozialliberale Vorstellungen obrigkeitlich eingeschränkt wurden. Damit einher ging ein fehlendes Verständnis für die Mechanismen demokratisch-parlamentarischer Willensbildung. Solange die NSDAP unter Kontrolle gehalten werden konnte und ihren unverzichtbaren Beitrag zur Aushöhlung der Weimarer Republik leistete, passte sie in ein solches Konzept. Allerdings schwang bei den Unternehmern immer ein Unbehagen mit, ob die Hitler-Partei wirklich eine im Sinne der Arbeitgeber berechenbare politische Größe darstellte. Die exportorientierte Industrie konnte sich zudem mit der auf Abschottung von der Weltwirtschaft zielenden Außenwirtschaftspolitik der NSDAP überhaupt nicht anfreunden. Solche widerstreitenden Gedanken und Erwägungen trugen dazu bei, dass gerade die Industrie bei der Ernennung Hitlers zum Reichskanzler politisch tief gespalten war.[33]

Viele Arbeitgeber, die in den ersten Monaten des Jahres 1933 noch schwankend gewesen sein mochten, wurden durch die großen und kleinen Vorteile gewonnen, die der Nationalsozialismus ihnen bot. Zwar variierten die Bedingungen von Branche zu Branche, doch die stimulierenden Programme waren derart umfänglich, dass sie in allen Bereichen Wirkung erzielten. Wer in den Genuss staatlicher Aufträge kam, war plötzlich jener

Ertragssorgen enthoben, die während der großen Depression selbst gestandene Manager zur Verzweiflung gebracht hatten. Jetzt war es nicht mehr vorrangig, sich mit der Frage herumzuplagen, ob am Monatsende Löhne, Lieferanten und Zinsen für bestehende Kredite pünktlich bezahlt werden konnten. Überdies behielten die Unternehmen in der Anfangszeit entgegen den Befürchtungen, welche polternde Propagandareden der Nationalsozialisten auslösen konnten, ein hohes Maß an Autonomie, das mit entsprechend großen Handlungsspielräumen einherging.[34] Eine »Gleichschaltung«, durch welche die meisten anderen Bereiche der Gesellschaft nach 1933 auf den NS-Staat ausgerichtet wurden, erfolgte bei der weit überwiegenden Zahl der Betriebe – abgesehen von der später noch im Detail zu beleuchtenden Behandlung jüdischer Kaufleute und Mitglieder der deutschen Wirtschaftselite – zunächst nicht. Der einstige »Reichsverband der Deutschen Industrie« nannte sich zwar vom 19. Juni 1933 an in terminologischem Zugeständnis an die nationalsozialistische Ständeideologie »Reichsstand der Deutschen Industrie«, behielt aber ein hohes Maß an Eigenständigkeit. Und das im Februar 1934 verkündete »Gesetz zur Vorbereitung des organischen Aufbaus der deutschen Wirtschaft« blieb ebenso wie die 1934 vollzogene Neuorganisation der industriellen Verbände in der »Reichsgruppe Industrie« weitgehend folgenlos, weil das NS-Regime in der Phase der Festigung seiner Macht auf die Kooperation der Unternehmen angewiesen war.[35] Viele Arbeitgeber rechneten es dem Regime zudem hoch an, dass sie sich nicht mehr mit den Gewerkschaften auseinandersetzen mussten, nachdem diese zerschlagen worden waren. Diese scheinbar traumhaften Verhältnisse trugen nicht unerheblich dazu bei, dass Unternehmer – die Ausnahmen sind an den Fingern einer Hand abzuzählen – während der NS-Diktatur nicht gegen die neuen Herren aufbegehrten. Warum sollte man sich gegen ein Regime auflehnen, das die politische Linke ausgeschaltet, die alltäglichen Beschwernisse einer Marktwirtschaft reduziert und gleichzeitig die Chancen auf schnellen Gewinn beträchtlich erhöht hatte?

Die deutsche Automobilindustrie gehört zu jenen Bereichen der deutschen Wirtschaft, in denen diese allgemeinen Tendenzen besonders gut beobachtet werden können. Kaum an die Macht gelangt, brachte das NS-Regime ein ganzes Bündel von Maßnahmen auf den Weg, um die darniederliegende Branche wiederzubeleben. Schon Anfang April 1933 trat eine Reform in Kraft, durch die alle neu zugelassenen Motorräder und Pkw von der Kraftfahrzeugsteuer befreit wurden. Um die Nachfrage nach Gebrauchtwagen nicht allzu sehr absinken zu lassen, wurde nicht einmal zwei Monate später das Gesetz um die Möglichkeit ergänzt, auch diese durch eine Einmalzahlung von der Steuer zu befreien; nur wenig später wurde das Gesetz zum Bau der

Reichsautobahnen erlassen.[36] Mochte die Skepsis zunächst groß gewesen sein, ob all diese Maßnahmen ausreichen würden und ob Hitler es wirklich ernst meinte mit der »Volksmotorisierung«, die er im Februar 1933 auf der Automobilausstellung in Berlin angekündigt hatte: Die Geschwindigkeit, mit der das NS-Regime seine Projekte umsetzte, imponierte Funktionären des Reichsverbandes der Automobilindustrie ungemein.[37]

Wie reagierten Ferdinand Porsche und sein Konstruktionsbüro auf die neuen Machthaber und ihre Maßnahmen? Nach dem Ende des Zweiten Weltkriegs war es eine verbreitete Strategie sowohl in der breiten Bevölkerung als auch unter den Wirtschaftseliten, sich als »unpolitisch« darzustellen und den Eindruck zu erwecken, man habe sich für die allgemeinen Entwicklungen kaum interessiert. Auch Ferdinand Porsche versuchte 1949, in der Masse der angeblich Unwissenden unterzutauchen, und ließ seine Anwälte erklären: »Der Anbruch dieser politischen Epoche überraschte Professor Porsche in sehr ernster wirtschaftlicher Lage, in die er durch die großen Investitionen in seine eigenen Konstruktionen (Rennwagen und Kleinkraftwagen) geraten war. Der politische Rummel als solcher berührte ihn und seine Mitarbeiter nicht. Sie waren in ihre Aufgaben vertieft und hatten den Kopf voller Pläne und voller wirtschaftlicher Sorgen. Professor Porsche war von jeher nur Techniker, Konstrukteur. Politik, politische Tagesfragen lagen und liegen noch heute völlig außerhalb seines Gedankenkreises.«[38]

Solche nachträglichen Zeugnisse sind immer mit gehöriger Skepsis zu betrachten, da eine gewisse Rechtfertigungsabsicht meist nicht von der Hand zu weisen ist. In dieser Studie wird noch ausführlich und systematisch auf die bohrende Frage eingegangen werden, wie stark sich Ferdinand Porsche auf das NS-Regime einließ und welche Exkulpationsstrategie er wählte, um sich nach 1945 in ein günstiges Licht zu rücken. Daher soll an dieser Stelle nur nach dem im Jahr 1933 zu registrierenden politikaffinen Verhalten Porsches gefahndet werden.

Es fällt auf, dass Porsche keinen politisch-moralischen Kompass besaß, der ihm politische Orientierung bot. Porsche beurteilte die Politik ausschließlich danach, ob sie es ihm gestattete, seine technisch ambitionierten Vorhaben ohne lästige Kompromisse verwirklichen zu können. Wenn eine Staatsführung ihm optimale Entfaltungsmöglichkeiten verschaffte, war er bestrebt, diese Konditionen auszunutzen. Dass Porsche in dem »Autokanzler« Hitler einen Ansprechpartner vorfand, der sich seine konstruktiven Träume stärker als jeder andere politische Entscheidungsträger zuvor zu eigen machte, war für ihn und sein Unternehmen eine optimale Konstellation. Aus der künstlerischen Veranlagung Hitlers und damit aus dessen Empfänglichkeit für Künstlertypen im Bereich der Technik[39] lässt sich aber keineswegs ableiten, dass

Porsche eine Art Freibrief bei Hitler besessen habe. Porsche gehörte nicht zur Entourage des »Führers«, er hatte keine führerunmittelbare Stellung inne und ist erst allmählich in der Wertschätzung Hitlers so gestiegen, dass er bei diesem als Allzweckwaffe für alle technisch anspruchsvollen Lösungen im Bereich der Motorisierung galt.

Es ist in diesem Zusammenhang von erheblicher Bedeutung, dass Porsche bereits geraume Zeit vor der Reichskanzlerschaft Hitlers mit der Konstruktion eines Rennwagens begonnen hatte. Im November 1932, praktisch gleichzeitig mit der Wahlniederlage der NSDAP bei der Reichstagswahl am 6. November 1932, ging Porsche mit großem Elan an dieses Projekt heran. Es ist nur eine zufällige Koinzidenz der Ereignisse, dass er sich der Rennwagenkonstruktion ausgerechnet in dem Moment mit ganzer Kraft zuwandte, als Hitlers politischer Stern zu sinken schien. Porsche war kein aufmerksamer Beobachter der politischen Lage im Reich. So ließ ihn die Wahlniederlage der NSDAP ebenso kalt wie ihn die Übernahme der Reichskanzlerschaft Hitlers am 30. Januar des folgenden Jahres nicht zu politisch motivierten Handlungen animierte. Als tschechoslowakischer Staatsbürger konnte er seinen politischen Willen in Deutschland ohnehin nicht durch Ausübung des Wahlrechts kundtun.

Was Porsche im Herbst 1932 zu dem aus unternehmerischer Sicht riskanten Schritt bewog, ein Rennauto zu konstruieren, war der Umstand, dass die zuständige Internationale Sportkommission AIACR (Association Internationale des Automobile Clubs Reconnus) die technischen Grundlagen für den Rennsport veränderte und damit seine konstruktiven Entfaltungsmöglichkeiten enorm steigerte: Die wichtigste vorgeschriebene Richtgröße war das Gesamtgewicht des Fahrzeugs. Die neue Grand-Prix-Formel schrieb vor, dass 750 Kilogramm (ohne Betriebsstoffe und Reifen) nicht überschritten werden durften. Damit war der Gestaltungskraft hinsichtlich der Motorisierung von Rennwagen keine Grenze gesetzt – und damit entstanden für das Konstruktionsbüro maßgeschneiderte Rahmenbedingungen.[40] Die konstruktive Kreativität Porsches und seiner befähigten Ingenieure hatte einen geradezu idealen Gegenstand gefunden. Man ging die Rennsportaufgabe von der Konstruktion des Motors her an und entwickelte von dort aus Fahrgestell und Chassis. Bei den späteren Großprojekten des Konstruktionsbüros – ob der Volkswagen oder der schwere Panzerkampfwagen – ließ Porsche die Frage der Motorisierung lange ungeklärt, ja neigte zu einem fast schon exzessiv anmutenden Experimentieren beim Antrieb, während Fahrgestell und Aufbau/Laufwerk in einer relativ frühen Konstruktionsphase festgelegt wurden. Wenn das bei der Rennwagenkonstruktion umgekehrt erfolgte, lag es zuallererst daran, dass Porsche zum ersten – und einzigen –

Mal gewissermaßen auf Verdacht einen leistungsstarken und perfekt auf die Erfordernisse eines Fahrzeugs abgestimmten Motor vorab durchkonstruiert hatte.[41] Das offenbarte strategischen Weitblick – denn der bereits auf dem Papier fertige 16-Zylinder-V-Motor war sein stärkster Trumpf, als Auto Union im Frühjahr 1933 in die Rennwagenproduktion einsteigen wollte. Nun zahlte sich diese Vorarbeit aus. Porsche saß mit seinem Konstruktionsbüro sozusagen in den Startlöchern und wartete darauf, dass ein Auftraggeber auf ihn zukam.

Das Risiko, das die Porsche GmbH mit ihrem Engagement auf dem Rennwagensektor einging – nämlich finanzielle Ressourcen in ein Liebhaberprojekt ohne garantierten Abnehmer zu investieren –, darf keinesfalls unterschätzt werden. Um sich aus eigener Kraft dieser Herausforderung zu stellen, fehlte es schlichtweg am nötigen Kapital. Porsche verfügte zwar über die Kompetenz, erstmals bei der Königsdisziplin – dem Rennwagenbau – in der obersten Liga mitzumischen, drohte aber von den Molesten des alltäglichen Überlebenskampfes daran gehindert zu werden. Angesichts der angespannten ökonomischen Lage war es unverantwortlich, kostbare Finanzmittel aus der angeschlagenen Porsche GmbH in ein so riskantes Unterfangen zu stecken, bei dem man sich zwar als Konstrukteur Meriten verdienen, aber ohne Abnehmer nicht reüssieren konnte. Allerdings war die Chance so verlockend, dass man einen eleganten Ausweg aus der Klemme fand: Zur Finanzierung wurde eine eigene Gesellschaft in der Rechtsform einer GmbH gegründet, die »Hochleistungs-Fahrzeug-Bau GmbH (HFB)«. Ferdinand Porsche stellte für diese Gesellschaft seine Ingenieurskunst bereit, musste aber keinerlei Einlagen übernehmen.

Die Gründung der HFB am 8. November 1932 war für die weitere Entwicklung der Porsche GmbH ein Meilenstein. Denn nur durch eine auf den Rennwagenbau spezialisierte Gesellschaft konnte Porsche die passenden Strukturen für seine Konstruktionsarbeit schaffen und drei Monate später ganz vorne dabei sein, als es darum ging, die Pole-Position beim Prestigeprojekt eines deutschen Rennwagens zu belegen. Daher ist es nicht unerheblich, woher das Startkapital für die HFB kam. Die größte Gesellschaftereinlage leistete ein gewisser Hellmut Hoffmann, der allem Anschein nach durch Rosenbergers Vermittlung gewonnen wurde;[42] die übrigen Anteile übernahmen Rosenberger und Oberingenieur Rabe. Bezeichnenderweise ging kein Mitglied der Familie Porsche ein finanzielles Engagement ein. Wieder einmal scheint sich Rosenberger als unentbehrlicher Beschaffer des Treibstoffs erwiesen zu haben, ohne den sich auch die besten konstruktiven Pläne Porsches nicht in Pferdestärken verwandelt hätten: das liebe Geld. Rosenberger tat zudem auf innovative Weise neue Geldquellen auf, indem er seine Kontakte zu Automobilclubs nutzte, um eine Finanzspritze für Konstruktionsaufgaben im Rennwagenbau zu akquirieren

Porsche und Rosenberger bildeten in dieser Hinsicht ein perfektes Tandem: Der Geschäftsführer der Porsche GmbH trieb die Finanzmittel auf, damit der Konstrukteur seine technischen Visionen zumindest auf dem Zeichenbrett verwirklichen konnte. Am 15. November 1932 fixierten die beiden zusammen mit Oberingenieur Karl Rabe die Grundzüge eines neuen Rennwagentyps, dessen Herzstück aus einem 16-Zylinder-Mittelmotor bestand.[43] Für alle weiteren Konstruktionsarbeiten blieben diese Grundzüge leitend. Mit dieser Festlegung reagierte man auf Pläne einer Allianz aus Automobilclubs und Automobilherstellern, die als einflussreiche Lobbygruppen vor allem das ressortmäßig zuständige Reichsverkehrsministerium dafür zu gewinnen suchten, Staatsgelder als Anschubfinanzierung für den Rennwagenbau bereitzustellen. Um staatliche Subventionen zu erhalten, sollte dieses Projekt als nationale Gemeinschaftsaufgabe deklariert werden – eine beliebte Strategie von Lobbyisten, partikulare Interessen als ein Vorhaben von höchster nationaler Dringlichkeit auszugeben und dafür finanzielle Unterstützung als nationale Pflichterfüllung einzuklagen.

Die ersten Aktivitäten dieser Art waren bereits im September 1932 zu verzeichnen – also unter den Präsidialregierungen der Weimarer Republik. Dies bedeutet, dass die staatliche Förderung des Rennwagenbaus keineswegs als genuin nationalsozialistisches Unterfangen gelten kann. Vielmehr war es so, dass die Hitler-Regierung aufgrund eines freizügigeren Umgangs mit knappen staatlichen Mitteln und einer anderen politischen Prioritätensetzung den Interessen der Rennwagenlobby stärker entgegenkam als die auf Austerität bedachten Präsidialkabinette. Zwar brachen für die Profiteure dieser Umsteuerung keine goldenen Zeiten an, aber man wird das entgegenkommende Verhalten der Rennsportlobby gegenüber der seit dem 30. Januar 1933 amtierenden Reichsregierung nicht zuletzt vor dem Hintergrund zu beurteilen haben, dass die neuen Machthaber ihr das gewährten, was die Vorgängerkabinette verweigert hatten.

Es darf nicht unterschlagen werden, dass die Zweckgemeinschaft von Automobilherstellern und Automobilclubs zunächst den Versuch unternahm, den Bau eines deutschen Rennwagens aus eigener Kraft zu stemmen. Die deutsche Automobilindustrie war einhellig zu der Auffassung gelangt, dass sich Erfolge deutscher Rennwagen günstig auf den Export deutscher Kraftfahrzeuge auswirken würden – und zwar nicht nur gehobener Fabrikate. Es war bezeichnenderweise der Repräsentant der Firma Opel aus Rüsselsheim, die besonders stark im Kleinwagenbereich engagiert war,[44] der auf einer Sitzung des Reichsverbandes der deutschen Automobilindustrie (RDA) den entsprechenden Vorstoß unternahm. Den deutschen Automobilherstellern dürfte klar gewesen sein, dass nach Lage der Dinge nur die Firma Daimler-Benz als Hersteller eines projektierten deutschen Rennwagens in Betracht kam, da sie sich als einziges deutsches Unternehmen über einen längeren Zeitraum im Rennsport engagiert hatte. Dieser Umstand beförderte die Idee des RDA, die auf eine Million Reichsmark geschätzten Kosten für das Projekt nicht aus dem Kreis der Mitglieder aufzubringen, sondern durch eine Sammelaktion der beiden großen deutschen Automobilverbände, des ADAC und des A.v.D. Zwar hatten sich beide Verbände in der Verwendung der eingehenden Spendengelder offiziell nicht festgelegt, da aber außer dem »Platzhirsch« Daimler-Benz im Herbst 1932 weit und breit keine andere deutsche Firma in Sicht war, die dem Stuttgarter Unternehmen das Monopol im Rennwagenbau streitig machen wollte, lief die im Oktober 1932 gestartete Spendenaktion faktisch auf eine Anschubfinanzierung für einen neuen Mercedes-Rennwagen hinaus.[45] Wäre die Sammelaktion erfolgreich verlaufen, hätte Daimler-Benz den neuen Rennwagen gebaut – und Ferdinand Porsche wäre auf der Strecke geblieben. Als der Versuch der Selbstfinanzierung des Rennwagenbaus durch die Automobilverbände aber mit einem krachenden Fiasko endete, da statt eines beachtlichen Spendenstroms nur ein klägliches Rinnsal zustande gekommen war, sah sich Porsche plötzlich wieder im Rennen.

Man hätte voraussehen können, dass sich in der Hochzeit der Wirtschaftskrise nicht genügend Privatleute bereitfinden würden, um aus ihrem eigenen Portemonnaie einem wirtschaftlich nüchtern kalkulierenden Automobilhersteller die Entwicklungskosten für einen Rennwagen zu finanzieren.[46] Daher wurde die öffentliche Hand zum letzten Hoffnungsträger der Automobilbranche. Die auf Haushaltsdisziplin bedachten Präsidialkabinette ließen sich aber nicht erweichen, so sehr die Automobillobby auch den nationalen Nutzen ihrer Branche in den Vordergrund schob. Ernsthafte Hoffnungen keimten bei den Vorständen der Automobilwirtschaft erst wieder auf, als die an die Macht gelangten Nationalsozialisten neue politische Rahmenbedingungen schufen.

Dass am 30. Januar 1933 tatsächlich eine dezidiert autofreundliche Regierung angetreten war, machte Adolf Hitler am 11. Februar 1933 deutlich, als er als erster Reichskanzler überhaupt auf der traditionellen Internationalen Automobil- und Motorradausstellung in Berlin das Wort an die Versammelten richtete. Er kündigte zum einen als Sofortprogramm die lange geforderten Steuerentlastungen für Kraftfahrer an. Eine zweite Priorität sah er im Straßenbau, da »man in der Zukunft die Kilometerzahl der für den Kraftverkehr geeigneten Straßen« als Maßstab für die »Lebenshöhe der Völker« anlegen werde.[47] Und er versprach schließlich auch, sich für die »Förderung der sportlichen Veranstaltungen«[48] einzusetzen, was durchaus als Aufforderung an die deutsche Automobilindustrie gedeutet werden konnte, beim Automobilrennsport wieder Flagge zu zeigen. Hitler wies bei dieser Gelegenheit darauf hin, dass das Automobil im Grunde eine deutsche Erfindung sei; mit diesem Hinweis wollte er die deutsche Automobilindustrie gewissermaßen in die Pflicht nehmen. Besonders angesprochen fühlen musste sich die Daimler-Benz AG, da der Reichskanzler gleich zweimal die Namen Daimler und Benz in den Mund genommen hatte: Zunächst hatte er die beiden Pioniere des Automobils – eben Gottlieb Daimler und Carl Benz – für deutschen Erfindergeist gepriesen und dann die »beiden berühmtesten deutschen Fabriken Daimler- und Benz-Werke«[49] als Aushängeschilder des technischen Fortschritts auf dem Gebiet der Kraftwagenindustrie gerühmt. Mit dieser Hervorhebung appellierte Hitler recht deutlich an das Stuttgarter Unternehmen, aus dieser Tradition ein mutiges Engagement auf dem Gebiet des Rennsports abzuleiten.

Doch nun zeigte sich, dass sich Daimler-Benz einem Wettbewerber auf diesem Gebiet stellen musste, auf dem man bislang in Deutschland konkurrenzlos gewesen war. Mit Auto Union trat ein Unternehmen auf den Plan, das die Neuordnung im Rennsport als Chance sah, der eigenen Marke Profil zu verleihen. Das Unternehmen war bereits im Spätherbst 1932 bei den Automobilverbänden vorstellig geworden und hatte signalisiert, dass es Daimler-Benz nicht kampflos die Alleinvertretung in Sachen Rennwagenbau überlassen werde. Schon zu diesem Zeitpunkt war durchgesickert, dass die Geheimwaffe des sächsischen Herstellers ein in Stuttgart ansässiges Konstruktionsbüro war: die Dr. Ing. h.c. F. Porsche GmbH.[50] Auto Union plante also einen großen Coup: Man wollte Daimler-Benz in seiner Domäne – dem Rennwagenbau – herausfordern und ihm einen Teil der staatlichen Anschubfinanzierung entreißen. Dazu bedurfte es zunächst einer ausreichenden automobiltechnischen Expertise. Über diese verfügte der aus vier sächsischen Traditionsunternehmen hervorgegangene Hersteller zweifellos. Aber ein erfolgreicher Griff nach Staatsmitteln war nicht zuletzt das Ergebnis einer nachhaltigen Pflege der politischen Landschaft. Da Daimler-Benz hier einen uneinholbaren Vorsprung besaß, konnte Auto Union den strukturellen Nachteil nur wettmachen, indem die Zwickauer mit der Person eines für kreative Lösungen bekannten Konstrukteurs auftrumpften und am Ende mehr als nur ein paar Brotkrumen der eingesetzten Staatsmittel nach Sachsen gingen. Porsche war mithin in diesem Kalkül eine unverzichtbare Größe – er stellte eine Art Joker dar, der im richtigen Moment zum Einsatz gebracht werden und den entscheidenden Stich machen sollte.

Als sich Hitler am 11. Februar 1933 die Motorisierung und in deren Gefolge auch den Rennwagenbau auf seine politischen Fahnen schrieb, jubilierte man daher nicht nur in Stuttgart-Untertürkheim. Im Konstruktionsbüro Porsches im Stadtzentrum der württembergischen Hauptstadt registrierte man ebenfalls aufmerksam die Rede des neuen Reichskanzlers. Erstmals hatten die Verantwortlichen der Porsche GmbH das tagespolitische Geschehen intensiv mitverfolgt. Ein »ausgezeichneter Eindruck« war das, was man dort von Hitlers Rede gewonnen hatte – auf Geheiß von Porsche-Chefkonstrukteur Karl Rabe hatte das gesamte Team die Ansprache Hitlers am 11. Februar von 10 Uhr an im Radio verfolgt.[51] Nun musste das Eisen geschmiedet werden, solange es heiß war. Erstmals in seiner unternehmerischen Laufbahn wurde Porsche in einem Telegramm persönlich beim Regierungschef vorstellig. Mit einer kaum verklausulierten Bewerbung brachte er sich selbst ins Gespräch, wenn es um höhere Aufgaben ging, indem er mit seinen Glückwünschen für die »tiefgründige Eröffnungsrede« des neuen Reichskanzlers den Wunsch verband, »dass es mir und meinen Mitarbeitern weiterhin und in erhöhtem Maße vergönnt bleibt: dem deutschen Volke unser Wollen und Können zur Verfügung zu stellen«.[52] Flankiert wurde dieser Vorstoß durch ein Telegramm der Hochleistungs-Fahrzeug-Bau-GmbH: In dieser Nachricht präzisierte Porsche sein Vorhaben und wies darauf hin, dass man dem Regierungschef gewissermaßen entgegengearbeitet habe. Denn man habe aus eigenem Antrieb »alles eingesetzt, um eine überragende Rennwagenkonstruktion des Büros Dr. Porsche zu verwirklichen. Wir geben der Hoffnung Ausdruck, bei unseren Bestrebungen Eurer Exzellenz Beachtung und Förderung teilhaftig zu werden.«[53]

Porsche hatte damit alles in seiner Macht Stehende unternommen, um sich beim neuen Regierungschef Gehör zu verschaffen. Er hatte den klassischen Weg einer telegraphischen Mitteilung gewählt, um die Dringlichkeit seines Anliegens zu bekräftigen. Auf seinen Vorstoß erhielt er mehr als nur eine pflichtschuldige Eingangsbestätigung, sondern eine Replik des Staatssekretärs der Reichskanzlei, die durchaus Mut machte. Denn dieser ließ sich auf das leitende Narrativ der Selbstbewerbung ein, in der ja mit den »überragenden« konstruktiven Fähigkeiten Porsches geworben worden war. Indem die Antwort aus Berlin die »unermüdlichen, von genialem Erfindergeist« getragenen Arbeiten der Konstrukteure der Automobilindustrie lobte, war mehr als nur eine indirekte Anerkennung Porsches signalisiert worden.[54]

Aber sollten diese warmen Worte wirklich ein Indiz dafür sein, dass Porsche an der Seite von Auto Union in einen Wettbewerb eintrat, dessen Ausgang nicht von vornherein feststand? Es musste schon viel geschehen, sollte Daimler-Benz nicht die komplette Staatshilfe abgreifen, falls sich das Reich im Sinne der Rede des Reichskanzlers finanziell beim Rennwagenbau tatsächlich engagierte. Daimler-Benz war sich seiner Sache jedenfalls völlig sicher und betrachtete die Autobauer aus Sachsen in der Kombination mit Porsche als Parvenu, der seine Möglichkeiten grandios überschätzte und schon bald auf dem harten Boden der Realität landen würde. In der Tat sprach eigentlich alles dafür, dass allein Daimler-Benz den Zuschlag erhielt, nicht zuletzt weil die Stuttgarter Automobilschmiede privilegierte Beziehungen zu Adolf Hitler unterhielt. Daher muss es überraschen, dass ein erheblicher Teil der schließlich gewährten Zuwendungen des Reiches wider Erwarten dem Team Porsche/Auto Union zufiel. In diesem Zusammenhang lautet die zentrale Frage: Welchen Anteil besaß Porsche an diesem nicht voraussehbaren Ergebnis?

Beim Großen Preis von Spanien 1934: Ferdinand Porsche unterhält sich mit Hans Stuck (links). Stuck war der wichtigste und erfolgreichste Fahrer in der frühen Auto-Union-Phase. Ganz rechts im Bild Stucks Ehefrau Paula.

KAPITEL 3

Mit Auto Union auf der Erfolgsspur

Es war ein beschwerlicher und steiniger Weg bis zu jenen Tagen im Frühjahr und Sommer 1934, als der von Porsche für Auto Union konstruierte Grand-Prix-Rennwagen Typ 22 auf der Bildfläche erschien. Die Mühen hatten sich jedoch gelohnt, weil Auto Union mit diesem Rennwagen die Grand-Prix-Serie dominieren und mit seinem Fahrerteam, an der Spitze Hans Stuck, von Sieg zu Sieg eilen sollte. Dass der Konstrukteur dieses Erfolgswagens einen gebührenden Anteil an dem Siegeszug der sächsischen Silberpfeile für sich reklamieren durfte, versteht sich von selbst. Die Erfolge des zunächst nach seinem Konstrukteur »P-Wagen« genannten Modells waren die Visitenkarte, mit der sich Porsche für noch größere konstruktive Herausforderungen empfahl. Er hatte auf seine Weise ein eindrückliches Bewerbungsschreiben abgeliefert – und zwar nicht im Format der ihm fremden Schriftkultur, sondern in der Sprache des Technikers. Doch technische Artefakte sprechen niemals aus sich heraus, sie implizieren ebenso wenig wie architektonische Gebilde eine überwältigende Botschaft, der sich ein Rezipient passiv zu beugen hat. Daher war Porsche auf die semantische Übersetzung der von ihm konstruierten und in ständiger Abstimmung mit Auto Union getesteten und perfektionierten Rennwagen angewiesen.

Nur wenn der P-Wagen und seine Erfolge eine entsprechende kommunikative Beachtung erfuhren und die technischen Leistungen dieses Boliden kulturell so veredelt wurden, dass sie an übergreifende Selbstverständigungsdiskurse anschlussfähig wurden, konnte Porsche auf einen Imagegewinn hoffen, der sich für ihn und sein Unternehmen vorteilhaft auswirkte. Dass der Sprung in den Genie-Olymp gelang, dass seine konstruktiven Tätigkeiten immer stärker mit dem begrifflichen Arsenal der Genieästhetik aufgeladen wurden, hängt nicht unwesentlich damit zusammen, dass Porsche beim Einstieg in das Rennsportgeschäft optimale kommunikative Bedingungen vorfand. So war die Ehefrau von Hans Stuck, des erfolgreichsten Piloten in seinem Rennwagen, eine begnadete publizistische Vermarkterin: Hans Stuck und Paula Stuck von Reznicek, Journalistin und erfolgreiche Tennisspielerin, bildeten in dieser Hinsicht ein perfektes Team. Die beiden lenkten so viel Aufmerksamkeit auf das Rennwagenprojekt der Auto Union, dass der erste P-Wagen eine Publizität erreichte, welche die Konkurrenz aus dem Hause

Daimler-Benz geradezu vor Wut schäumen ließ. Zugleich wird damit in besonders markanter Weise illustriert, dass eine kulturgeschichtlich sensible Technik- und Unternehmensgeschichte kommunikationsgeschichtliche Kontexte zu integrieren hat.

Als Porsche und Auto Union ihre Zweckgemeinschaft eingingen, deutete kaum etwas darauf hin, dass man auf Augenhöhe mit Daimler-Benz agieren und diesem einzigen deutschen Rennwagenhersteller Paroli würde bieten können. Diese Auffassung wurde vor allem bei Daimler-Benz vertreten, dessen Vorstandsvorsitzender Wilhelm Kissel noch im April 1933 das gewissermaßen natürliche Recht seines Unternehmens proklamierte, als einziges in den Genuss von Zuwendungen für den Rennwagenbau zu gelangen. Kissel wollte dafür sorgen, »unserer Gesellschaft das zuzuführen, was ihr meiner Auffassung nach mit Fug und Recht gebührt«.[1] Da er sich in der Position des haushoch überlegenen Marktführers wähnte, wollte er dem Eindringling zudem eine Lektion auf dem Rennkurs erteilen, wenn dieser es wagen sollte, in das Revier von Mercedes einzudringen: »Wenn erst einmal unsere Rennwagen fertig sind und in großen Rennen laufen, wünschte ich nur, dass dann auch der Porsche-Wagen liefe, und dass wir ihn dann so abfertigten, wie wir es mit anderen Marken im Laufe der Geschichte des Rennsports getan haben.«[2]

Woraus speiste sich dieses grenzenlose Selbstbewusstsein des Daimler-Benz-Vorstandsvorsitzenden, der Porsche noch aus dessen Zeit in Untertürkheim kannte und dessen konstruktive Begabung sehr wohl einzuschätzen wusste? Kissel nahm Porsche in technischer Hinsicht als Rivalen durchaus ernst, denn Daimler-Benz sah in der Konkurrenz zuallererst einen »Porsche-Wagen« und kein Premiumprodukt von Auto Union. Gerade deswegen drängt sich die Frage auf, woher Kissel seine schon an Überheblichkeit grenzende Siegesgewissheit nahm. Die Antwort lautet schlicht: Daimler-Benz hielt es für unwahrscheinlich, dass Auto Union mit einem konkurrenzfähigen Rennwagen an den Start gehen konnte, da es keine Staatshilfen erhalten würde. Diese würden im vollen Umfang Daimler-Benz zufließen – und zwar nicht nur aus Traditionsgründen, sondern vor allem weil der ausschlaggebende Mann der deutschen Politik ein eingefleischter Fan der Stuttgarter Fabrikate mit dem Stern sei: Adolf Hitler. Daimler-Benz war sich also seiner politischen Bevorzugung durch den Reichskanzler sicher. Das bedeutete umgekehrt, dass das Team Porsche/Auto Union starke Argumente in die Waagschale werfen musste, um dieses Ungleichgewicht im Konkurrenzkampf auszutarieren. Für die historische Beurteilung Porsches spielt es eine große Rolle, dass sein Durchbruch im Rennwagenbau nicht auf eine Protektion durch Hitler zurückzuführen war, der vielmehr die Konkurrenz massiv bevorzugte.

Hitlers Vorliebe für das Automobil erwuchs vor allem aus seiner Technikbegeisterung und der damit verbundenen Vorstellung, die Massenmotorisierung zum integralen Bestandteil seiner »Volksgemeinschafts«-Ideologie zu machen. An Mercedes-Fabrikaten hatte er einen derartigen Narren gefressen, dass er »ausschließlich Mercedes-Benz« fuhr.[3] Dieser Fahrzeuge hatte er sich bereits bei seinem politischen Aufstieg in München im Jahr 1923 bedient. Das war nicht allein auf die Qualität der Mercedes-Wagen zurückzuführen, sondern auch darauf, dass er zu Jakob Werlin, dem Leiter der Daimler-Benz-Vertretung in München, ein besonderes Vertrauensverhältnis unterhielt: Der aus der Steiermark stammende Werlin war weit mehr als ein geschickter Autoverkäufer; er mauserte sich im Laufe der Zeit zum engsten Ratgeber Hitlers in allen Fragen der Motorisierung, so dass 1933/34 kein Weg an ihm vorbei führte, wenn man Hitler bei Autothemen für bestimmte Positionen gewinnen wollte. Daimler-Benz erschien Werlins »führerunmittelbare« Stellung so werthaltig, dass ihm nach der Übernahme der Kanzlerschaft durch seinen Protektor Hitler eine stattliche Einmalzahlung von 20 000 Reichsmark als Anerkennungsprämie zukommen sollte.[4]

Werlin war ein Nationalsozialist der frühen Stunde, der Hitler mindestens einmal in der Landsberger Festungshaft besucht hatte. Diese Treue dankte Hitler ihm mit dem noch aus der Haft formulierten Wunsch, nach der Entlassung ein von Werlin vertriebenes Fahrzeug zu erwerben.[5] Der politische Aufstieg Hitlers in den folgenden Jahren schlug sich auch in der Typenklasse der Mercedes-Limousinen nieder, in denen er sich chauffieren ließ. Dies bedeutet nicht, dass der Stammkunde Hitler nicht hin und wieder auch seinem Ärger über Servicemängel der Daimler-Benz-Vertretungen freien Lauf ließ. Eine dieser Beschwerden aus dem Sommer 1925 verdient hier Beachtung, weil sie eine allererste, zumindest indirekte Begegnung mit dem damaligen technischen Direktor von Daimler, Ferdinand Porsche, zur Folge hatte. Hitler hatte sein Mercedes-Fahrzeug in der Berliner Reparaturwerkstätte von Daimler herrichten lassen; der Zufall wollte es, dass Porsche vor Ort war und die Hauptursache des Schadens – zu stark verschmutztes Schmieröl – fachkundig diagnostizierte. Wem der Wagen gehörte, wusste er nicht.[6] Dieser erste Kontakt zwischen Porsche und Hitler ist von symptomatischer Relevanz, denn er ergab sich aus dem mechanischen Interesse Porsches – und genau dieses Motiv bestimmte die ersten Begegnungen zwischen Porsche und Hitler, bei denen es nicht um Politik, sondern um technische Fachsimpelei ging.

Aus Sicht Hitlers war Daimler-Benz dem Konkurrenten Auto Union um Längen voraus. Es war durchaus ein Alarmsignal, dass der Reichskanzler im Sommer 1933 im kleinen Kreis auf dem Obersalzberg nur die Fabrikate aus dem Hause Daimler als Ausdruck deutscher Wertarbeit rühmte und im selben Atemzug ausgerechnet die Fahrzeuge von Auto Union als Beispiel für eine oberflächliche, deutschen Sicherheitsstandards nicht entsprechende und zu stark auf US-amerikanische Gepflogenheiten ausgerichtete Fertigungstechnik nannte: »Er führte dabei aus, dass die Firma Daimler-Benz in erster Linie deshalb von ihm unterstützt und gefördert werde, weil sie die Trägerin des Qualitätsprinzips, der soliden und dauerhaften Konstruktionsarbeit sei. Als Gegensatz dazu führte er die Amerikaner und die Auto-Union an, die sich dem sogenannten Leichtbau zugewandt haben. Er meinte, dass diese Leute große motorische Leistungen auf verhältnismäßig schwache Fahrgestell- und Triebwerksteile wirken ließen und infolge dessen Automobile mit wesentlich geringerer Sicherheit und Lebensdauer bauten.«[7]

Die eindeutige Präferenz des Reichskanzlers für Daimler-Benz in der ausschlaggebenden Subventionsfrage war spätestens dann kein Geheimnis mehr, als sich Hitler am 14. März 1933 bei einem Treffen in München gegenüber dem ADAC-Präsidenten entsprechend äußerte und den Funktionär ermächtigte, die Information an den Daimler-Vorstand weiterzuleiten.[8] Damit sprach Hitler eine Einladung aus, der man in Untertürkheim nur zu gerne folgte. Bereits einen Tag später, also am 15. März 1933, wurde Daimler-Benz beim Reichskanzler mit einem Vorstoß vorstellig, der nicht verhehlte, dass man in Untertürkheim felsenfest mit dem Zuschlag rechnete. Unter Hinweis auf die großen Verdienste des Unternehmens in der Vergangenheit beantragte man eine direkte Zuwendung des Reiches in Höhe von etwa einer Million Reichsmark: »Da unsere Marke bei sportlichen Veranstaltungen im Verlauf der Geschichte unserer Firma häufig und bedeutsam für die Förderung des Ansehens des deutschen Namens beigetragen hat, würden wir unser ganzes Können daransetzen und uns eine Ehre daraus machen, wenn es uns ermöglicht würde, auch im künftigen Sport die deutsche Fahne vertreten zu können.«[9]

Das Unternehmen Daimler-Benz war sich seiner Sache so sicher, dass es auch gegenüber dem ressortmäßig zuständigen Reichsverkehrsministerium keinen weiteren argumentativen Aufwand betrieb und sich gewissermaßen auf wohlerworbene Rechte berief. Der Antragsteller schien es geradezu als Zumutung zu empfinden, dass man beim zuständigen Ministerium quasi als Bittsteller auftreten musste. Schließlich handelte es sich um eine »Firma, welche sich seit ihrem Bestehen dem Automobilsport in jeder Form widmete, eine endlose Kette von Siegen erringen konnte und den Bau von Spezialwagen jeder Art mit Erfolg betrieben hat«.[10] Konnte man einem solchen Branchenriesen die bescheidene Bitte nach einer derartigen Staatshilfe überhaupt abschlagen? Aus Sicht Daimlers war die Bewilligungszusage reine Formsache, zumal man sich auf Hitler berufen konnte. Davon machte man gegenüber dem Verkehrsministerium an geeigneter Stelle auch Gebrauch: »Es ist uns bekannt, dass der Herr Reichskanzler selbst das größte Interesse daran hat, dass die erforderlichen Mittel voll vergeben werden und ausschließlich der Firma Daimler-Benz.«[11]

Wenige Wochen später musste Daimler jedoch zur Kenntnis nehmen, dass die Trumpfkarte – Hitlers Präferenz für Daimler – nicht gestochen hatte. Auto Union war als ernsthafter Konkurrent weiter im Rennen und konnte Daimler einen zwar geringeren, aber letztlich ausreichenden Teil der staatlichen Beihilfe abspenstig machen, so dass nun zwei deutsche Automobilhersteller parallel daran arbeiteten, zur Rennsaison 1934 einen deutschen Rennwagen auf die Strecke zu bringen, der auf Sieg fahren konnte. Porsche war Nutznießer des Umstands, dass Hitler im Frühjahr 1933 noch nicht sämtliche Verwaltungsstrukturen ausgehöhlt und bewährte bürokratische Abläufe unterminiert hatte.[12] Wenige Monate nach seiner Ernennung zum Reichskanzler war er noch nicht der unumschränkte charismatische Herrscher, der sich über eingefahrene administrative Abläufe nach Gutdünken hinwegsetzen und seinen »Führerwillen« ungeschmälert zur Geltung bringen konnte. Noch war die Bürokratie an Entscheidungen auf Ressortebene beteiligt – und damit kam dem Meinungsbildungsprozess innerhalb des Reichsverkehrsministeriums eine wichtige Rolle zu.

Aus Sicht des zuständigen Ministeriums war nicht einzusehen, weshalb Daimler-Benz als einziger Subventionsempfänger von der ungeschmälerten Bewilligung der staatlichen Beihilfe profitieren sollte. Daher rannte Auto Union offene Türen ein, als man dort Ende März mit einer vergleichbaren Eingabe seine Ansprüche anmeldete. Auto Union setzte dabei alles auf die Karte Porsche, weil klar war, dass man allein mit den herausragenden technischen Qualitäten des geplanten Rennwagens punkten konnte. Daher warben die Sachsen offensiv mit der Erfahrung und dem Renommee ihres Konstrukteurs, der für eine solche Aufgabe geradezu prädestiniert sei: »Wir dürfen erklären, dass es in Deutschland niemand gibt, der gerade auf diesem Spezialgebiet eine derartige Erfahrung besitzt wie Herr Dr. Porsche.«[13]

Im Unterschied zu Daimler-Benz hatte man auch bereits etwas vorzuweisen. Um »gemeinsam mit diesem Mann eine derartige Spitzenleistung der Automobiltechnik anzupacken«,[14] hatten die Partner zehn Tage zuvor einen Rennwagenvertrag unterzeichnet. Auto Union übernahm hierin für insgesamt 70 000 Reichsmark die von Porsche bereits im Vorfeld getätigte Konstruktionsleistung für den Typ 22;[15] intensiviert werden sollten die Geschäftsbeziehungen dadurch, dass Auto Union ein Mitglied des Direktoriums in die Gesellschafterstruktur der Hochleistungs-Fahrzeug-Bau GmbH entsandte, die institutionell für die Konstruktionsarbeiten am Rennwagen zuständig war und so die Porsche GmbH finanziell entlastete. Durch diesen Vertragsabschluss war Porsche endlich wieder eine erkleckliche Summe in die notorisch knappen Kassen gespült worden; sein proaktiver Einsatz hinsichtlich der Rennwagenkonstruktion hatte sich also pekuniär bereits ausgezahlt.

Aber Porsche ging es um viel mehr: Er wollte nicht die Blaupause für ein avanciertes Rennauto liefern, das niemals eine Bewährungsprobe auf der Rennstrecke ablegen würde. Ihm war vor allem daran gelegen, dass Auto Union das Wagnis einer Fertigung des »Auto-Union P-Rennwagens« einging. Und darüber befand letztlich nicht das Konstruktionsbüro aus Stuttgart, auch nicht primär das Direktorium von Auto Union, sondern in letzter Instanz das Reich. Wenn Berlin die begehrte Beihilfe allein Daimler-Benz hätte zuteil werden lassen, wären Porsches Träume geplatzt – und damit wäre die Geschichte seines Konstruktionsbüros ganz anders verlaufen.

Warum aber kam es zu der Wendung zu Porsches Gunsten? Aus welchen Gründen bedachte das Reich auch den sächsischen Anbieter mit einer durchaus beachtlichen Anschubfinanzierung, obgleich Hitler in dieser Frage eindeutig Partei für Daimler und gegen Auto Union ergriffen hatte?

Zunächst ist nicht gering zu veranschlagen, dass sich das federführende Ministerium in dieser eigentlich eher untergeordneten Frage für eine möglichst breite Aufstellung entschied. Der Verkehrsminister persönlich warb in einem Schreiben an den zuständigen Staatssekretär der Reichskanzlei dafür, »zur möglichsten Sicherstellung deutscher Siege auf den großen internationalen Automobilrennen die Entwicklung der nötigen Rennwagen nicht nur einer Firma anzuvertrauen. Das Ringen um die Wiedergewinnung der Weltgeltung für den deutschen Kraftwagen liegt im Interesse der gesamten deutschen Automobilindustrie, so dass alle aussichtsvollen Projekte – es gibt deren z. Z. nur zwei in Deutschland – nach Maßgabe der zur Verfügung stehenden Mittel gefördert werden sollten.« Allerdings dürfe dieses Prinzip nicht so weit getrieben werden, dass eine »Zersplitterung der verhältnismäßig kleinen Etatmittel« stattfinde. Er würde es deshalb »für gerechtfertigt halten, die Daimler-Benz-A.G. wegen der Führung und der Erfolge, die sie aus der Vergangenheit im Rennwagenbau hat, bevorzugt zu behandeln. Andererseits hat auch die Auto-Union A.G., die ebenfalls auf beachtliche Erfolge zurückblicken kann und das Bestreben zur verstärkten Pflege des Rennwagenbaues zeigt, Anspruch auf ausreichende Berücksichtigung. Mir schwebt vor, aus den angeforderten Mitteln die Daimler-Benz-A.G. zunächst mit 500 000 RM, die Auto-Union mit 300 000 RM zu berücksichtigen und eine weitere Unterstützung der einen oder der anderen Firma von den errungenen Erfolgen abhängig zu machen.«[16]

Der Stellungnahme des federführenden Ressorts war zu entnehmen, dass man einem Monopolisten wie Daimler-Benz das Feld nicht überlassen wollte und es schon im Sinne eines leistungsfördernden Wettbewerbs bestrebt war, die Staatsbeihilfen so auf beide Konkurrenten zu verteilen, dass Auto Union damit gut leben konnte. Im Übrigen war dieser Vorschlag durchaus kompatibel mit der nationalsozialistischen Vorstellung einer völkischen Leistungsgesellschaft, in welcher der Wettbewerb eine rassistisch deutbare Form der Leistungsauslese darstellte, für die Hitler durchaus empfänglich war.[17] Daher ist erst recht zu fragen, warum Hitler sich in dieser eigentlich eher nachrangigen Angelegenheit so unbelehrbar zeigte, das eindeutige Votum des Ressortministers ignorierte und allein Daimler-Benz in den Genuss der Beihilfe kommen lassen wollte.

Am 8. Mai 1933 teilte Hitlers Staatssekretär Hans Heinrich Lammers dem Reichsverkehrsministerium in knappen Worten diesen – wie es schien – definitiven Entscheid mit: »Der Herr Reichskanzler hat seine Auffassung dahin kundgetan, dass eine wesentliche Förderung mit den zur Verfügung stehenden Mitteln nur dann zu erreichen ist, wenn sie ungeteilt einer Firma zugewendet werden. Er glaubt andererseits darauf hinweisen zu müssen, dass das Risiko bei der von dem Herrn Reichsverkehrsminister beabsichtigten Verteilung auf zwei Firmen der Reichskasse nicht zugemutet werden könne.«[18]

Wenn es bei diesem eindeutigen Votum Hitlers geblieben wäre, hätte Auto Union vermutlich auf den riskanten Einstieg in das Rennsportgeschäft verzichtet und Porsches Entwürfe wären nicht realisiert worden. Zwei Tage nach dieser klaren Positionierung, am 10. Mai 1933, empfing Hitler jedoch eine Delegation des Daimler-Konkurrenten.[19] Auf den ersten Blick sprach vieles für einen reinen Höflichkeitsbesuch, da die Delegation in politischer Hinsicht nicht besonders gefällig zusammengesetzt war. Bei prominenten Delegationsmitgliedern konnten überzeugte Nationalsozialisten unschwer ideologische »Makel« finden, wenn man den radikalen Antisemitismus insbesondere Hitlers zum Maßstab nahm. An der Spitze der Vertreter von Auto Union stand Direktor Detlof von Oertzen, der mit einer Deutschen jüdischen Glaubens verheiratet war. Begleitet wurde der Auto-Union-Vorstand vom Rennfahrer Hans Stuck, der einige Monate zuvor eine Frau geehelicht hatte, die nach nationalsozialistischer Terminologie eine Halbjüdin war. Und auch im Konstruktionsbüro Porsches konnte man ohne großen Aufwand »nichtarische« Führungskräfte finden, nämlich Adolf Rosenberger, immerhin noch Gesellschafter und gerade in der Rennsportfrage weiterhin in vorderster Reihe dabei, ein sogenannter Volljude. Man hätte eine politisch opportunere Konstellation wählen können, wenn man Hitler eine politisch servile Aufwartung hätte machen wollen.

Dass Hitler diese »Gesandtschaft« überhaupt empfing, war bereits ein beträchtlicher Erfolg. Wie es dazu kam, lässt sich kaum noch rekonstruieren.

Manches spricht dafür, dass Vorstandsmitglied von Oertzen seine aus dem Ersten Weltkrieg herrührende, aus gemeinsamer fliegerischer Betätigung geborene Bekanntschaft mit Hitlers Stellvertreter Rudolf Heß aktivierte.[20] Entscheidend war schließlich, dass Hitler im Verlaufe des Gesprächs von seiner ursprünglichen Position so weit abrückte, dass der Weg für eine Staatsbeihilfe auch für Auto Union geebnet war. Alles deutet darauf hin, dass Porsche der entscheidende Anteil an diesem Meinungsumschwung Hitlers zukam. Dem Konstrukteur war es zu verdanken, dass das Gespräch den Charakter einer Fachsimpelei annahm und Hitler an seinem ausgeprägten Interesse für Motoren im Allgemeinen und Rennwagenmotoren im Besonderen gepackt wurde.

Es ist hier nicht der Ort, Hitlers Enthusiasmus für die Motorisierung in extenso auszubreiten. Hier möge der Hinweis auf wenig beachtete Zeugnisse des frühen Hitler genügen, die belegen, dass er sich schon »von Jugend auf [...] mit Maschinen beschäftigt« hatte.[21] Er verschaffte sich auf dem Gebiet der Fahrzeugtechnik einige Kenntnisse, so dass er sich nichts vormachen ließ, wenn die technischen Vorzüge eines bestimmten Autos angepriesen wurden.[22] Und er zeigte ein ausgeprägtes Interesse am Rennsport: Während Hitler dem seit den 1920er Jahren immer populärer werdenden Fußballsport gar nichts abgewinnen konnte, verhielt es sich mit dem Motorsport ganz anders. In politischen Gesprächen[23] oder in Begegnungen mit ausländischen Pressevertretern[24] wurde er nicht müde, mit seinen diesbezüglichen Fachkenntnissen aufzuwarten. Damit bestand eine kommunikative Brücke, über welche die am 10. Mai 1933 in der Reichskanzlei versammelten Bittsteller gehen konnten. Es war Ferdinand Porsche, der diese Gelegenheit beim Schopfe ergriff und die Audienz beim Reichskanzler in ein Fachgespräch transformierte.

Wegen der elementaren Bedeutung dieser Zusammenkunft lohnt es sich, ausführlich auf die Quellenlage einzugehen. Auch in diesem Fall sind nachträgliche, mit Erinnerungsfehlern behaftete und mit Rechtfertigungsabsichten verbundene Aussagen über die Begegnung mit Vorsicht zu behandeln, wenn man den tatsächlichen Ablauf rekonstruieren will. Dies gilt für die Jahrzehnte später entstandenen Erinnerungen Oertzens, die gravierende Datierungsfehler aufweisen,[25] und ebenso für die von einem Ghostwriter geschriebene Darstellung zum Leben von Hans Stuck, die mit einer Fülle unglaubwürdiger und an keiner weiteren Stelle überlieferter Behauptungen aufwartet.[26] Dagegen existieren zwei recht zeitnah verfasste Dokumentationen des Treffens, die unabhängig voneinander entstanden sind, in den wesentlichen Passagen vollständig übereinstimmen und eine relativ präzise Rekonstruktion des tatsächlichen Ablaufs ermöglichen: zum einen ein

Vermerk des dienstlich anwesenden Staatssekretärs der Reichskanzlei, Lammers, der vom 11. Mai 1933 datiert;[27] zum anderen eine von Porsche vermutlich telefonisch übermittelte Wiedergabe des Gesprächsverlaufs, die Porsches rechte Hand im Konstruktionsbüro, Oberingenieur Karl Rabe, seinem Tagebuch noch am 10. Mai 1933 anvertraute.[28] Dass ausgerechnet Porsche, der sich nicht im Modus der Schriftkultur zu verständigen pflegte, den Inhalt einer Unterredung, die für ihn einen Meilenstein bedeutete, schriftlich fixiert hätte, war nicht zu erwarten. Welche Bedeutung er dem Gespräch beimaß, lässt sich aber daran ablesen, dass er unmittelbar danach von Berlin aus nach Stuttgart telefonierte, um Rabe ins Bild zu setzen, und nicht – wie in anderen Fällen – wartete, bis er seinen wichtigsten Büromitarbeiter wiedersah (was schon am Tage darauf in Zwickau geschah).

Wie genau verlief die Begegnung am 10. Mai 1933 und wie schaltete sich Porsche in das etwa 35-minütige Gespräch ein? Zunächst nahm es den erwarteten Verlauf: Oertzen sowie Stuck trugen dem Reichskanzler ihr Anliegen vor, das heißt sie »baten um Reichsunterstützung«[29] und brachten dafür Gründe vor, die bei dem sich weitgehend zurückhaltenden Hitler allem Anschein nach nicht auf sonderlichen Widerhall stießen. Porsche, dessen Stärke nicht darin bestand, sich in einer größeren Runde Gehör zu verschaffen, sprang in dieser heiklen Lage ein. Er konnte dem Gespräch einen anderen Verlauf geben, indem er einen fachlichen Diskurs über die technische Seite des Rennwagenprojektes anstieß und Hitlers Interesse damit so fesselte, dass der schnöde Hauptzweck der Unterredung – die Einwerbung von Mitteln – in den Hintergrund geriet. Porsche gelang es, einen längeren Vortrag zu halten, dessen Inhalt von Lammers, der kein Motorsportexperte war und der daher die ihm fremde Materie möglichst präzise in seinem Gesprächsvermerk wiedergab, in Grundzügen festgehalten wurde. Porsche glückte es, das Außergewöhnliche seiner Konstruktionsidee zu vermitteln: Ein unter seiner Verantwortung entstehender Rennwagen würde in konstruktiver Hinsicht ganz neue Wege gehen, weil der Schwerpunkt hinter die Fahrzeugmitte verlagert und dort der Antrieb angesiedelt würde: »Porsche machte darüber Mitteilung, dass es sich um einen Wagen mit Heck-Motor handelte, der 16 Zylinder in V-Lagerung haben wird, wodurch die richtige Schwergewichtslage erreicht würde.«[30]

Damit hatte Porsche die richtige Saite bei Hitler angeschlagen, der für technische Innovationen überaus empfänglich war. Der Ruf, der Porsche vorauseilte, ließ originelle Lösungen von ihm erwarten – und in der Unterredung mit dem Reichskanzler bestätigte Porsche dies. Nachdem er die Neugier Hitlers geweckt hatte, legte er nach und brachte seinen Kooperationspartner Auto Union ins Spiel. Der sächsische Autobauer sei bestens geeignet, seine kühnen konstruktiven Vorstellungen fertigungstechnisch umzusetzen. Denn innerhalb der Auto Union sollten die in Zwickau ansässigen Horchwerke für die Produktion des geplanten Rennwagens zuständig sein. Unter dem Namen »Horch« hatte die Zwickauer Autoschmiede vor allem Qualitätsprodukte der Ober- und Luxusklasse im Angebot. Horch bürgte für technische Perfektion in der Ausführung, die nationalsozialistische Führer durchaus beeindruckte.[31] Diesen Trumpf spielte Porsche nun aus: »Bei den Horch-Werken hätte er höchste Präzisionsarbeit vorgefunden, so dass er glaube, vorzüglich konstruierte Wagen herausbringen zu können.«[32]

Man kann wohl davon ausgehen, dass Porsches Intervention die Sache für Auto Union rettete. Hitler wurde umgestimmt, und damit floss immerhin mehr als die Hälfte der Summe, die Daimler-Benz zugeteilt wurde, nach Sachsen. Der ranghöchste Repräsentant von Auto Union bei dieser Besprechung wusste, bei wem er sich für diesen Erfolg zu bedanken hatte: »Herr von Oertzen umarmt Dr. P[orsche] und küßt ihn.«[33] Porsche hatte Hitler an der richtigen Stelle gepackt. Für den Regierungschef war der Empfang lästiger Bittsteller zu einem Privatissimum geworden, das ihm einen tiefen Einblick in die technische Wunderwelt des Motorsports bot. Hitler zeigte »allergrößtes Interesse für den Sport und die Automobil-Industrie im Besonderen«.[34]

Per Saldo erwies sich für Auto Union ausgerechnet jenes Mitglied der Delegation als »Matchwinner«, das Konkurrent Daimler-Benz im Vorfeld als Schwachpunkt ausgemacht hatte. Der Vorstand des Untertürkheimer Automobilherstellers hatte keine Gelegenheit ausgelassen, bei Regierungsbehörden gegen Porsche zu sticheln. Porsche wurde – ohne dass sein Name explizit fiel – als eine Art Scharlatan hingestellt, der Gutgläubige blenden und sie über die eklatanten Schwächen der Bewerbung von Auto Union hinwegtäuschen sollte. Den Kern dieses Narrativs bildete die nur notdürftig verklausulierte Botschaft, dass es unseriös und fahrlässig sei, auf die wundersamen Fähigkeiten dieses angeblich genialen Konstrukteurs zu vertrauen, da eine so hochkomplexe Angelegenheit wie der Bau eines Rennwagens eine Mammutaufgabe sei, die nur von dem Team eines erfahrenen und ausgewiesenen Autobauers gemeistert werden könne. »Die sportlichen Erfolge unserer Marke sind in der Tradition unseres Hauses begründet, so dass wir es nicht nötig haben, die Leistungsfähigkeit unserer Firma und die künftigen Chancen bei sportlichen Veranstaltungen mit sogenannten ›genialen Konstrukteuren‹ beweisen zu müssen.«[35] Jeder Eingeweihte wusste, wer gemeint war: Porsches vermeintlich genialischer Einfallsreichtum könne eben nicht den uneinholbaren Vorsprung an technischer Kompetenz und Erfahrung wettmachen, über den Daimler-Benz verfüge. Aber genau diese Argumentationsstrategie verfing bei Hitler nicht, der gerade für die unkonventionellen Lösungswege

Porsches zugänglich war. Das hieß zwar nicht, dass Porsche von nun an mit Genieattributen überhäuft wurde, aber indem er zunächst auf dem Rennwagensektor zeigen konnte, was in ihm steckte, konnte er sich so profilieren, dass auch die Öffentlichkeit vermehrt Notiz von ihm nahm.

Die Tragweite der Hitler'schen Entscheidung vom 10. Mai 1933 hat aus dem Kreis der führenden Repräsentanten von Daimler-Benz lediglich Jakob Werlin richtig erfasst. Werlin hatte aufmerksam registriert, wie Porsche in der Wertschätzung Hitlers gestiegen war. Daraus zog er seine Lehren: Porsche galt für ihn fortan als ein Mann für anspruchsvolle, originelle Lösungen und technische Sonderaufgaben. Es war daher keine Überraschung, dass Werlin seinem Meister Hitler ein Jahr später Porsche als denjenigen ans Herz legte, der Hitlers Prestigeprojekt – den Volkswagen – zu realisieren imstande sei. Porsche schuf insofern mit seinem erfolgreichen Engagement beim Rennwagenbau die Voraussetzung dafür, dass er ein Jahr nach der Übernahme dieser Aufgabe mit einem noch viel reizvolleren Vorhaben betraut werden konnte, das ihm die Aufnahme in die Annalen der Automobilgeschichte bescheren sollte.

Nach dem Plazet Hitlers war die Bewilligung einer staatlichen Förderung für Auto Union durch das Reichsverkehrsministerium nur noch eine Formsache. Daimler-Benz erhielt eine Beihilfe von 500 000 Reichsmark, Auto Union immerhin einen Betrag von 300 000 Reichsmark.[36] Wie sehr Auto Union und Porsche über den Ausgang des Subventionskampfes erleichtert waren, zeigt die Tatsache, dass beide in ihrer Korrespondenz anlässlich der Bewilligung erfreut von einer nun erreichten »Gleichschaltung« mit der Konkurrenz sprachen. So schrieb Porsche nach Chemnitz: »Die nun Dank unserer gemeinsamen Bemühungen erfolgte ›Gleichschaltung‹ mit unserer Konkurrenz gibt unseren weiteren beiderseitigen Anstrengungen, schon in Kürze die deutschen Farben im Auto-Rennsport wieder als ernst zu nehmenden Faktor betrachtet zu sehen, den unbedingt nötigen finanziellen Hintergrund, und es soll unsererseits gewiss alles geschehen, die in uns gesetzten Erwartungen nicht zu enttäuschen, wie wir dies ebenso von Ihnen annehmen und Ihre diesbezüglichen Maßnahmen mit großer Befriedigung bemerkt haben. Wir hoffen zuversichtlich, dass unsere beiderseitigen Anstrengungen auch von Erfolg sein werden und damit die heute erschlossenen Quellen auch in Zukunft nicht versiegen werden.«[37]

Im Mai 1933 konnten sich beide Seiten mit Elan an die Arbeit machen. Auch hier galt, dass alle Theorie grau ist und Entwurfspläne noch so große Begeisterung erwecken mochten – die Wahrheit lag auf der Rennstrecke. Noch war es ein weiter Weg, bis im Frühjahr 1934 ein Rennauto am Start stehen sollte, das allen Seiten zur Ehre gereichte. Vor allem war eine aufwendige Abstimmungsarbeit zwischen Konstrukteur und Hersteller erforderlich. Die Tagebücher von Karl Rabe verzeichnen daher zahlreiche Besuche Ferdinand Porsches in Zwickau.[38] Die große Distanz zwischen Konstruktionsbüro und Produktionsort verlangte Porsche erhebliche Anstrengungen ab, was sich an den häufig sehr eng getakteten Intervallen der Besuche in Sachsen sowie an seinen sehr späten beziehungsweise sehr frühen (4 Uhr morgens!) An- und Rückkunftszeiten ablesen lässt. Die minutiöse Überwachung des Herstellungsprozesses des ersten Rennwagenprototyps war schließlich Chefsache – und erst recht für einen Chef, der nicht vom Schreibtisch aus dirigierte, sondern vor Ort sein musste, um mit dem Blick des geschulten Mechanikers Schwachstellen am Objekt zu erkennen.

Durch die Kooperation mit Auto Union betrat das Konstruktionsbüro Neuland – und daraus ergaben sich beachtliche Wachstumsperspektiven. Dem Unternehmen war der Einstieg in eine Entwicklungskooperation mit einem Großen der Kraftfahrzeugbranche gelungen, die möglicherweise über die Rennwagenfertigung hinausreichen würde. Damit steigerte es seine Attraktivität für vergleichbare Vertragsverhältnisse mit anderen renommierten Anbietern. Porsche hatte sich exklusiv nur hinsichtlich der Konstruktion von Rennwagen bis zum Jahr 1936 an Auto Union gebunden;[39] es war dem Büro also unbenommen, auf anderen Feldern vertragliche Bindungen mit weiteren Herstellern einzugehen. Für den wirtschaftlichen Aufschwung der Dr. Ing. h.c. F. Porsche GmbH war es vorteilhaft, es nicht bei der klassischen Aufgabe eines Konstruktionsbüros zu belassen, das heißt ein Gesamtfahrzeug zu entwerfen und dazu entsprechende Zeichnungen anzufertigen. Die Überlassung der Zeichnungen der drei Hauptbestandteile des geplanten Rennwagens – also Motor, Chassis und Karosserie – war aus diesem Grund nur einer von mehreren Vertragsbestandteilen. Darüber hinaus legte der Vertrag fest, dass das Büro Porsche bei weiteren Abläufen ebenfalls mitwirken müsse, nämlich bei der »Vervollkommnung und weiteren Entwicklung der Konstruktion« sowie den Tests hinsichtlich der Tauglichkeit der entwickelten Prototypen, sprich der »Erprobung«.[40]

Für Porsche war das Rennwagenprojekt – nicht nur wegen möglicher Anschlussaufträge – jedenfalls maßgeschneidert. Er konnte die Verwirklichung seiner Grundidee von der in seinem Büro angefertigten Zeichnung über die Fertigung im Zwickauer Horchwerk bis hin zur Jungfernfahrt auf den Teststrecken verfolgen. Ferdinand Porsche konnte also das Wachsen und Reifen seines »Kindes« aus nächster Nähe begleiten und war an allen Phasen beteiligt. Dabei handelte es sich um einen überaus komplexen und dynamischen Abstimmungsprozess,[41] in dem bereits die Auswahl des verwendeten Materials und der Zulieferer höchste Sorgfalt erforderte.

Für Porsche bedeuteten die sich daraus ergebenden Aufenthalte in der Zwickauer Fertigungsstätte keine Zumutung – im Gegenteil. Sein Arbeitsstil war ohnehin darauf ausgerichtet, vor Ort den Produktionsprozess zu inspizieren und sich in den Werkstätten einen Eindruck über den Fortgang der Arbeit zu verschaffen. Porsche war kein Schreibtischmensch, sondern ein Mann der Praxis. Dabei kam der Handwerker in ihm zum Vorschein, der schon in der Werkstatt des Vaters im heimischen Maffersdorf Werkstücke bearbeitet hatte und der auch als technischer Direktor gelegentlich der Versuchung nicht hatte widerstehen können, seine mechanischen Fertigkeiten einzusetzen. Dass er gelegentlich sogar vor Rennen einsprang und sich den Mechanikerkittel überstreifte, wenn Not am Mann war und über Nacht fieberhaft an der Behebung von Fehlern gearbeitet werden musste, passt dazu.[42]

Porsche erfreute sich an den Fortschritten seines »Kindes«, wenn er den Werkstätten in Zwickau einen Besuch abstattete und sich persönlich von der dort geleisteten Präzisionsarbeit überzeugen konnte. Der Auto-Union-Historiker Peter Kirchberg,[43] der in den 1980er Jahren noch Gelegenheit hatte, mit einigen der Angestellten persönlich zu sprechen, die schon in den 1930er Jahren in Zwickau gearbeitet hatten, hielt persönliche Begegnungen zwischen Porsche und der Belegschaft des Werkes fest, aus denen hervorgeht, welche Hochachtung Porsche geschickter Metallbearbeitung zollte: »Anekdoten berichten von der Vorliebe Porsches, gelegentlich einem der Klempner beim Blechtreiben oder einem Schlosser beim Bearbeiten eines Werkstückes zuzuschauen, um dann bewundernd zu bemerken: Hier fließt ja die Form aus dem Werkzeug! Gern verwies er auch andere Besucher, mit denen er wegen des Rennwagens an Ort und Stelle zu verhandeln hatte, auf diese Art des Beobachtens. Motorenschlosser Max Biese erinnert sich, dass er einst mit Direktor Werner neben seinem Arbeitsplatz stehenblieb und sagte: Schauen Sie diesem Mann auf die Hände – er feilt nicht, er modelliert!«[44]

Während Porsche in den Werkstätten von Auto Union ein gern gesehener Gast war, verharrte die Direktion immer in einer gewissen Reserve gegenüber dem Betriebsfremden. Die Euphorie über den gemeinsam errungenen Erfolg bei der Mobilisierung von Staatshilfen konnte nicht darüber hinwegtäuschen, dass der Vorstand von Auto Union seine Betriebsgeheimnisse vor Porsche nicht offenlegen wollte. Diese Abschottungstendenz wurde noch dadurch verstärkt, dass die 1933 neu eingerichtete Rennabteilung[45] innerhalb des Gesamtunternehmens ein Eigenleben führte und Porsche somit noch mehr als Fremdkörper erschien. Diese strukturelle Spannung erschwerte den Transfer von Erkenntnissen, die man bei der Entwicklung des Rennwagens gewonnen hatte, in die Serienproduktion. Der zunächst als Versuchsingenieur, von 1937 an als Leiter der Rennabteilung eingesetzte Robert

Eberan von Eberhorst fasste dieses Spannungsverhältnis rückblickend wie folgt zusammen: »Ich selbst glaubte auch nicht an einen direkten Nutzen für die Serienproduktion, dazu waren wir in der Rennwagenabteilung wie gesagt viel zu sehr abgekapselt und isoliert. In dieser Auffassung wurde ich bestärkt durch den späteren Misserfolg, das Zentral-Konstruktionsbüro Chemnitz in die Entwicklungsaufgaben der Werke einzuschalten [...] Der indirekte Nutzen des Rennwagenbaus für die Serienproduktion (Leichtbau als Konstruktionsaufgabe, Optimierung der Fahreigenschaften durch das Fahrgestell, Radaufhängungen, Bremsen, Lenkung, Leichtmetalle und Kunststoffe, Technologie der Edelstähle) hätte im konkreten Fall der Auto-Union größer sein können, wenn es nicht zu der Abkapselung der Rennwagenabteilung gekommen wäre, die zwangsläufig dadurch entstand, dass die Konstruktion einem Werkfremden, eben Prof. Porsche, anvertraut wurde.«[46]

Es war nicht zuletzt der Zeitdruck, der die Rennabteilung von Auto Union und das Porsche-Team zu einer handlungsfähigen Einheit zusammenschweißte. Beide Seiten arbeiteten fieberhaft daran, so rasch wie möglich ein Auto fertig zu stellen, das man auf der Rennstrecke testen konnte. Es verstrichen nur wenige Monate, bis sich aus den Konstruktionszeichnungen für den Typ 22 ein Rennfahrzeug mit mehr als 1600 Teilen herausschälte, die größtenteils in Zwickau handwerklich hergestellt wurden.[47] Am 17. August 1933 gab das Gefährt unüberhörbar ein erstes Lebenszeichen von sich, als der Motor erstmals aufheulte.[48] Drei Monate später konnte der Wagen seine ersten Runden auf dem Nürburgring drehen;[49] und damit begann die eigentliche Bewährungsprobe.

Es war durchaus ungewöhnlich, dass der nächste Probelauf des P-Wagens nicht in aller Stille und unter Ausschluss der Öffentlichkeit stattfand, sondern zu einem geschickt inszenierten Medienevent wurde. Der Rennwagen hatte sich bei der ersten Testfahrt in der Nordeifel so gut geschlagen, dass Hersteller und Konstrukteur kein Risiko eingingen, wenn sie eine erlesene Schar geladener Gäste zur Premiere baten und der neugierigen Öffentlichkeit einen Blick auf den fahrenden silberglänzenden Boliden gestatteten. Die Idee für eine solche offensive Vermarktung war weder im medial rückständigen Konstruktionsbüro Porsche ersonnen worden und allem Anschein nach auch nicht bei Auto Union, sondern von dem Glamourpaar des deutschen Sports, das sich kongenial ergänzte: Hans Stuck, der 1931/32 in einem sportlichen Tief steckte, ohne festes Rennengagement war und darauf brannte, am Steuer des P-Wagens noch einmal groß herauszukommen, und seine Frau Paula. Die beiden bildeten ein symbiotisches Gespann: Der großgewachsene, blendend aussehende »blonde Hans« besaß alles, was einen Medienstar ausmachte; seine Frau war in der Journalismus- und Verlagsszene bestens vernetzt, so dass es ihr nicht schwerfiel, ihren Mann medial ins rechte Licht zu rücken. Die Stucks waren mithin nicht nur ein Sportlerpaar, sondern auch ein kleines Medienunternehmen[50] – und die Frage lautet, inwieweit Porsche von dieser Konstellation profitieren konnte.

Porsche gehörte zunächst zu den großen Gewinnern der Medienkampagne, die Paula Stuck in Gang brachte. Beide Stucks hatten sich im November 1933 auf dem Nürburgring persönlich davon überzeugt, dass der P-Wagen die in ihn gesetzten Erwartungen vollkommen erfüllte.[51] Daher drängte sich die Überlegung auf, Stucks erste wirkliche Begegnung mit diesem Wunderwagen – bei der ersten Testfahrt hatte er sich noch mit Zuschauen begnügt – zu einer großen PR-Aktion zu machen und ausgewählte journalistische Beobachter an der Jungfernfahrt Stucks teilnehmen zu lassen. Da die am Motorsport interessierte Welt unbedingt mehr über den geheimnisumwitterten Rennwagen wissen wollte, war die Nachfrage groß, als am 12. Januar 1934 zu einer spontanen Testfahrt auf der Berliner AVUS eingeladen wurde. Ausgewählte Journalisten bekamen bei dieser Gelegenheit erstmals das neue Wunderauto zu Gesicht. Unter diesen war auch Burghard von Reznicek, eine journalistische Edelfeder, zu der Paula Stuck beste professionelle Beziehungen unterhielt, auch nachdem die Ehe der beiden zerbrochen war. Auf ihn konnte sie zählen – und ihr Ex-Mann enttäuschte sie nicht, als er am 13. Januar 1934 in der auf den breiten Publikumsgeschmack zugeschnittenen *BZ am Mittag* den neuen Rennwagen, den Starfahrer und auch den Konstrukteur gleichermaßen lobte.

Dieser Medienbericht ist auch deswegen von Belang, weil er den harmonischen Dreiklang von technischem Artefakt, seinem Beherrscher im Akt des Gebrauchs und dem dahinterstehenden Schöpfer betonte. Was das Fahrzeug angeht, verbeugt sich Reznicek vor der Majestät der kühnen Form; der Lenker Hans Stuck erscheint als Meisterfahrer, der aus dem technischen Wunderwerk das Optimum herausholt; und der geistige Vater dieser Neuschöpfung findet ebenfalls gehörige Beachtung. Lassen wir hierzu den Autor ausführlich zu Wort kommen: »Da stand nun in der hellen Sonne glitzernd der schlanke Aluminiumleib des überraschend zierlichen Fahrzeugs, alles blitzsauber von den Drahtspeichenrädern bis zu dem runden Kopf der spindelförmigen Karosse. Ein wundervoller Anblick. Harmonisch die Stromlinienführung, rassig der Schnitt, man sieht dem Wagen förmlich an, wie er durch die Luft schießen wird.« Nun betritt Matador Stuck vor einem auserlesenen Kreis von Zuschauern die abgesperrte Strecke: »Stuck steigt in grauem Overall in den Sitz des nur einen Meter hohen Fahrzeugs, verschwindet bis auf den Kopf in den Rumpf. Vom Hinterkopf des Fahrers zieht sich ein haubenartiger Stromlinienaufsatz zum schmalen Heck, in dem der Sechzehnzylindermotor untergebracht ist. Der Monteur tritt heran, mit der Kurbel [...] Atemlos stehen die paar Dutzend Menschen, ein Flaggensignal und ab braust der Wagen nach der Südschleife. Mit Herzklopfen wird die Rückkehr erwartet [...] und schon naht wieder das Brummen, in rasender Fahrt schießt der silberne Vogel heran, fabelhaft – nicht um einen Zentimeter flattern die Räder, wie ein Brett liegt der Porsche-Wagen auf der Avus, die Porsche-Torsions-Federung [...] bewährt sich glänzend [...] Immer mehr dreht Stuck auf, der Motorton steigt höher. Der neue P-Wagen ist in voller Aktion.«[52]

Eine solche Berichterstattung weit im Vorfeld der ersten Rennsportwettbewerbe – diese fanden erst von Mai 1934 an statt – sollte die Erwartungen der Öffentlichkeit gezielt auf ein Rennauto lenken, das bis zum Januar 1934 noch kein Außenstehender in Aktion gesehen hatte. In dieses Konzept passte vorzüglich, dass bereits in diesem Stadium – wohlgemerkt, als sich der P-Wagen noch kein einziges Mal im harten Wettbewerb bewährt hatte – die Rennfahrerperspektive eingenommen wurde. Die Kernbotschaft lautete dabei, dass es der größte Wunsch jedes wahren Rennfahrers sei, bei der Jungfernfahrt des P-Wagens dabei zu sein. Der Privatfahrer Ernst Günther Burggaller, der von der Rennabteilung von Auto Union für höhere Aufgaben vorgesehen war, wirkte als Sprachrohr solcher Rennfahrersehnsüchte, als er sich mit einem Namensbeitrag ebenfalls in der *BZ am Mittag* zu Wort meldete. Er berichtete dort über seine Erfahrungen, als er nach der Erstlingsfahrt von Hans Stuck das Steuer des P-Wagens übernehmen durfte: »Es juckt den routinierten Fahrer in Händen und Füßen, wenn er so ein Rassefahrzeug unter sich fühlt, in dem man wie in Abrahams Schoß sitzt. Also mehr Gas. Ein wunderbares Gefühl der Sicherheit überkommt mich, man glaubt die Bodennähe zu spüren, nur 40 cm trennen den Sitz vom Boden.«[53] Dass der P-Wagen als »ein Präzisionswerk von großartigem Aufbau und bahnbrechender Eigenart« die Zukunft des Rennsports repräsentierte, geht aus den enthusiasmierten Zeilen seines privilegierten Nutzers Burggaller eindeutig hervor. Zugleich aber wird Wert darauf gelegt, dass dieser Wagen wie ein Rassepferd die Anweisungen seiner Nutzer getreu befolgt – die atemberaubende Geschwindigkeit wird also nicht mit einem Verlust an Sicherheit erkauft.

Die mediale Begleitung der Erstlingsfahrt des P-Wagens übertraf alle Erwartungen. Der Hauptkonkurrent Daimler-Benz schäumte vor Wut und echauffierte sich darüber, dass die Presse bereits Vorschusslorbeeren verteilte, obgleich der P-Wagen sich noch nie der Konkurrenz hatte stellen müssen. Nicht zu Unrecht witterte man Paula Stuck als treibende Kraft hinter dieser Auto Union, Porsche und Hans Stuck begünstigenden Berichterstattung und schreckte nicht davor zurück, an höherer politischer Stelle zu intervenieren. Es war der überzeugte Nationalsozialist und Hitler-Intimus Jakob Werlin, der schriftlich bei Reichspressechef Otto Dietrich anfragte, ob dieser nicht beim »Führer des Sportpresseverbandes« vorstellig werden solle, »damit dieser Dame das Handwerk gelegt wird«.[54]

Daimler-Benz spielte in diesem Kontext auch die antisemitische Karte: Da Gerüchte über die nicht rein arische Abstammung von Paula Stuck die Runde machten (in der Tat war sie nach NS-Terminologie Halbjüdin), hatte Daimler-Benz einen vermeintlich sicheren Trumpf in der Hand, um beim zuständigen Sportpresseverband ein Berufsverbot über die unbotmäßige Journalistin zu verhängen. Der eilfertige »Führer« dieses Verbandes war sogleich bereit, auf eine »Streichung von der Berufsliste«[55] hinzuwirken. Doch Paula Stuck blieb unbehelligt – zum einen, weil sie in der NS-Führung mächtige Fürsprecher hatte; zum anderen, weil die Tendenz der Intervention Daimlers zu offenkundig war. Daimler-Benz konnte sich einfach nicht damit abfinden, dass sein Flaggschiff im Rennsport harte Konkurrenz aus Deutschland ertragen musste und obendrein ein ehemaliger Angehöriger des Daimler-Vorstands, Ferdinand Porsche, der kreative Kopf dahinter war. Und so ging man mit unfeinen Methoden, welche die Bezeichnung »Rufschädigung« gewiss nicht übertrieben erscheinen lassen, gegen die unliebsame Konkurrenz vor.

Bei der Einwirkung auf die Politik blieb es nicht. Als diese nicht fruchtete, mussten Angestellte wie Rennleiter Alfred Neubauer und Werksfahrer Manfred von Brauchitsch gegenüber Pressevertretern gezielt Informationen streuen, welche die Stucks in Misskredit bringen sollten – mit dem Ergebnis, dass der Rechtsbeistand beider direkt bei Werlin vorstellig wurde und mit der Androhung von Rechtsmitteln erreichte, dass die Kampagne gegen beide eingestellt wurde.[56]

Der Versuch, die Sportpresse mundtot zu machen, war vollends gescheitert, als das Gespann Auto Union/Porsche/Stuck zum nächsten großen Coup ansetzte: einer Weltrekordfahrt. Neben dem klassischen Wettbewerbsformat (dem Grand-Prix-Rennen) gab es eine Leistungsprüfung, die auch ohne Konkurrenz absolviert werden konnte: der einsame Kampf gegen die Uhr, an dessen Ende ein neuer Geschwindigkeitsrekord stehen konnte. Da dem P-Wagen attestiert wurde, die erforderliche Geschwindigkeit aufbringen zu können, wollte sich Auto Union bei nächster Gelegenheit für eine Weltrekordfahrt rüsten, die am 6. März 1934 ebenfalls auf der Berliner AVUS stattfand.

Es war keine Frage, dass Hans Stuck für diese Aufgabe auserwählt wurde. Damit war zugleich die Ansage verbunden, dass Stuck nicht nur ein Siegfahrer bei Grand-Prix-Rennen, sondern auch ein Weltrekordfahrer war. Das eröffnete Porsche interessante neue Aufgaben: Wenn die Jagd nach Geschwindigkeitsrekorden einem Rennwagen eine vom Grand-Prix-Betrieb abgekoppelte Legitimation verleihen konnte, war der Entwurf eines ausschließlich für diesen Zweck vorgesehenen Rekordwagens eine konstruktive Herausforderung. Es ist daher kein Zufall, dass Porsche und Stuck später, vier Jahre nach dem ersten erfolgreichen Rekordversuch Stucks, zusammenfanden, um einen Wagen zu bauen, der den absoluten Geschwindigkeitsrekord zu Lande brechen sollte.

Der Rekordversuch auf der AVUS war eine Nummer kleiner – aber er sollte ein Paukenschlag werden. Daher wurde er generalstabsmäßig vom Porsche-Büro geplant. Am 3. und 4. März 1934 brüteten Porsche, Oberingenieur Karl Rabe und dessen rechte Hand Josef Mickl, der Experte für Luftwiderstand, stundenlang darüber, welche Geschwindigkeit der P-Wagen auf der AVUS bei optimalen äußeren Bedingungen erzielen konnte.[57] Mit anderen Worten: In Porsches Konstruktionsbüro wurden die Aufgaben rechnerisch ermittelt, die Stuck zu bewältigen hatte – und sie sollten lösbar sein! Dabei ließ Porsche sich auch von pekuniären Eigeninteressen leiten. Denn der mit Auto Union am 17. März 1933 abgeschlossene Vertrag hatte die Zahlung einer letzten Rate in Höhe von 25 000 Reichsmark in Aussicht gestellt, wenn sich der Wagen »bei einer ununterbrochenen Fahrt von 10 Runden auf der AVUS, Berlin, bewähren und dabei in jeder Graden die Höchstgeschwindigkeit von 250 Stundenkilometern erreichen« würde.[58] Am 6. März 1934 sicherte sich Stuck auf dem P-Wagen gleich drei Weltrekorde auf der AVUS: den Stundenweltrekord mit 217,110 Kilometern/Stunde, den 200-Kilometer-Rekord mit 217,018 Kilometern/Stunde sowie den 100-Meilen-Rekord mit 216,875 Kilometern/Stunde.[59]

Damit hatte Porsche mit seinem Fahrzeug und der von ihm ausgegebenen Rennorder triumphiert; und ganz nebenbei hatte Stuck die Vertragsbedingungen Porsches mit Auto Union erfüllt und den Konstrukteur in den Genuss der letzten Rate gebracht.[60] Allerdings war der unbestreitbare Erfolg des P-Wagens für Porsche eine zweischneidige Sache: In der Öffentlichkeit erhielt nicht er als Konstrukteur, sondern Stuck als Pilot die Meriten. Damit zeichnete sich bereits im März 1934 eine Entwicklung ab, die zu einer semantischen Expropriierung Porsches führen sollte: Je erfolgreicher seine Wagen fuhren, desto stärker überstrahlten die Siegfahrer den Konstrukteur, der in der medialen Aufmerksamkeit schließlich nur noch als bloßer Begleiter, gewissermaßen als Schlachtenbummler des siegreichen Auto-Union-Rennteams wahrgenommen wurde. Diese Entwicklung nagte am Selbstverständnis Porsches, der sich nicht als Zulieferer von Konstruktionszeichnungen, sondern als eigentlicher Schöpfer des neuen Rennautos verstand und doch hilflos mit ansehen musste, wie das Publikum Stuck und dem Rennteam von Auto Union zujubelte und in der Öffentlichkeit immer weniger vom »P-Wagen« die Rede war.

Ein Alarmzeichen war ein unter dem Namen »Hans Stuck« erschienener Artikel, der von Paula Stuck verfasst worden sein dürfte. Besorgniserregend war nicht der Umstand, dass Stucks Rekordjagd zu einem siebenmaligen Weltrekord aufgeblasen wurde; Anlass zur Beunruhigung gab die dreiste semantische Inbesitznahme des Rennautos durch Stuck. Keine Rede war mehr vom P-Wagen; vielmehr taufte Stuck sein Gefährt »silberner Hans« und formulierte gleich zu Beginn des Beitrags nachdrückliche Besitzansprüche an den P-Wagen: »Ganz wunderbar ist er gelaufen, der neue silberne Wagen, der ›Hans‹!«[61] Vor diesem Hintergrund fiel ein Bericht von Burghard von Reznicek vergleichsweise zurückhaltend aus: Er rühmte zwar Stucks Fahrkunst, strich aber zugleich die überragenden technischen Fähigkeiten des ausdrücklich so bezeichneten P-Rennwagens heraus.[62]

Wir verfügen über keine Selbstzeugnisse Porsches, aus denen hervorgeht, wie intensiv dieser den Diskurs verfolgte, der sich um den von ihm konstruierten Rennwagen drehte. Es ist nicht auszuschließen, dass er daraus die Konsequenz zog, seine Betätigungsfelder zu diversifizieren und nicht alles auf die Karte »Auto-Union-Rennwagen« zu setzen. Es lag also nahe, jetzt, da der Name Porsche durch die erfolgreiche Einführung des P-Wagens einen besonders guten Klang besaß, über neue Geschäftsfelder nachzudenken. Es dürfte daher kein Zufall sein, dass Porsche Mitte Januar 1934 in die Initiative ging und ein Exposé »betreffend den Bau eines deutschen Volkswagens« vorlegte.[63] Es setzte in technischer Hinsicht einen deutlichen Kontrapunkt, da nicht ein hochgezüchtetes Hochleistungsfahrzeug auf der Agenda stand, sondern ein für die breite Masse erschwinglicher, vollwertiger Personenkraftwagen. Eine strukturelle Ähnlichkeit zwischen beiden Vorhaben bestand aber insofern, als es sich in beiden Fällen um eine Komplettlösung handelte, bei der Konstruktion und Entwicklung in einer – Porsches – Hand liegen sollten. Nach dem Durchbruch mit Auto Union wollte sich das Konstruktionsbüro Porsche nicht mehr mit technischen Speziallösungen zufriedengeben; es war daran interessiert, neue Fahrzeugtypen zu konstruieren und eben auch zu entwickeln. Der Rennwagenbau war insofern die Vorlage für alle weiteren Aufgaben, an denen Porsche gemessen werden wollte.

Die echte Bewährungsprobe auf der Rennstrecke stand aber noch aus. Als auf Stucks »Heimstrecke«, der AVUS, am 27. Mai 1934 die Grand-Prix-Saison in Europa eröffnet wurde, standen die Chancen für einen perfekten Auftakt so gut wie nie zuvor. Der deutsche Rennsport hatte sich zuletzt in einer Talsohle befunden; und so konnte es eigentlich nur aufwärts gehen. Die späten 1920er und frühen 1930er Jahre hatten noch gänzlich im Zeichen italienischer Automobilbauer gestanden. In den Jahren 1928 bis 1933 wurden sämtliche Grand-Prix-Rennen von den drei Herstellerfirmen Maserati,

Bugatti[64] und Alfa Romeo gewonnen. Allein dem deutschen Fahrer Rudolf Caracciola war es in den Jahren 1928 und 1931 gelungen, mit Mercedes-Benz die Großen Preise von Deutschland zu erringen.[65] Nun richteten sich die freudigen Erwartungen aller auf die Premiere der beiden deutschen Rennställe auf der AVUS im Mai 1934. Doch das Rennen verlief nicht wie erhofft: Es siegten zwei Wagen von Alfa Romeo, da Mercedes wegen technischer Probleme gar nicht erst gestartet war und zwei von drei P-Wagen, auch der in Führung liegende von Hans Stuck, ausschieden. Für Auto Union blieb mit Momberger nur ein dritter Platz.[66]

Dieses Ergebnis kam bei der politischen Spitze gar nicht gut an. Noch standen die Rennwagen mit dem Stern in der Gunst Hitlers so hoch über denen mit den vier Ringen, dass ein Rennen ohne Mercedes für ihn reizlos war. Hitler, der eigentlich zum AVUS-Rennen hatte kommen wollen, sagte kurzfristig ab und mit ihm seine Entourage inklusive Propagandaminister Goebbels, der in seinem Tagebuch festhielt: »Wir haben auf der Avus versagt. Auto Union 3. Platz. Blamage!«[67] Das war eine schallende Ohrfeige für Auto Union; und im Lager Porsches herrschte »Katzenjammerstimmung«.[68]

Doch die Saison hatte gerade erst begonnen. Die erste Gelegenheit zur Wiedergutmachung sollte schon eine Woche später, am 3. Juni 1934, beim Internationalen Eifelrennen auf dem Nürburgring kommen. Weitere Bewährungsproben würden im Zwei- bis Dreiwochenrhythmus folgen. Gerade deswegen war die Grand-Prix-Saison des Jahres 1934 ein echter Härtetest: Wären die P-Wagen nirgendwo als Erste ins Ziel gekommen, wäre Porsches Image beschädigt gewesen. Auch wenn Mercedes im internen deutschen Wettbewerb mit weitem Abstand vorne gelegen hätte, wären all jene bestätigt worden, die eine Staatsbeihilfe für den P-Wagen schon immer als Verschwendung öffentlicher Mittel angeprangert hatten. Doch Auto Union siegte bei drei der Rennen der Grand-Prix-Serie und stach damit die Konkurrenz aus Untertürkheim aus. Hatte beim Eifelrennen am 3. Juni 1934 noch Mercedes-Benz den Sieg davongetragen, so triumphierte beim prestigeträchtigsten Rennen auf deutschem Boden, dem Großen Preis von Deutschland auf dem Nürburgring, am 15. Juli 1934 Hans Stuck, die zu diesem Zeitpunkt unangefochtene Nummer eins des Rennteams von Auto Union. Dieser Sieg war enorm wertvoll für Porsche wie für Auto Union, da der Rennkurs in der Naturlandschaft der Nordeifel aus großen Schleifen bestand, mithin höchste Anforderungen an die Kurventechnik der Rennwagen stellte.[69] Dass Stuck einen souveränen Sieg in diesem technisch besonders anspruchsvollen Rennen einfuhr, bedeutete auch, dass sich Porsches Kernidee, den Motor in das Heck zu verlagern, wegen der sich daraus ergebenden besseren Kurvenlage als siegbringende Idee erwiesen hatte.

Allerdings war nicht Porsche der mediale Hauptnutznießer dieses Erfolges, sondern der siegreiche Fahrer. Mit dem Sieg der Auto Union auf dem Nürburgring rückte der Konstrukteur zugunsten des Piloten in den medialen Hintergrund. Stuck war der Triumphator – und die Bilder des Rennens, die in der Sportpresse wie dem Sportteil der Tageszeitungen abgedruckt wurden, zeigten einen glückstrahlenden Hans Stuck, mit Siegeslorbeer umkränzt und von jubelnden Fans auf Schultern getragen. Ferdinand Porsche kam in der Berichterstattung eine unbedeutende Nebenrolle zu. Er war lediglich Zaungast am Rande des Renngeschehens, wo er mit dem Rechenschieber akribisch die Rundenzeiten festhielt, und führte das Gratulationskorps an, das Stuck nach dem Sieg in Empfang nahm.[70] In dem angesehenen Fachjournal *Motor-Kritik* dominierte in visueller Hinsicht eindeutig Stuck, der gleich viermal zu sehen war. Porsche tauchte ein einziges Mal auf – bezeichnenderweise als eine Art Assistent beim Zeitnehmen durch Stucks Gattin, so suggerierte es zumindest die Bildunterschrift: »Während draußen Stuck seinen Wagen durch die Kurven jagt, führt die Gattin das Zeitjournal. Dr. Porsche als Revisor.«[71] Nirgendwo fand sich ein Hinweis, dass eigentlich ein »P-Wagen« gesiegt hatte; die Namensrechte an dem ersten gemeinsamen Erfolg fielen allein Auto Union zu.

Mit diesen Erfolgen katapultierte sich Hans Stuck in ungeahnte Höhen und war plötzlich so begehrt, dass Daimler-Benz im Oktober 1934 ernsthaft versuchte, ihn abzuwerben. Nur weil das publik wurde, nahm Stuck davon Abstand, seinen gestiegenen Marktwert zu testen und in Verhandlungen mit dem Stuttgarter Automobilunternehmen zu treten.[72] Für Porsche war dies ein weiteres Indiz dafür, dass dieser Rennfahrer, der schon ins Abseits zu geraten drohte und dank seines P-Wagens zu einem neuen Höhenflug angesetzt hatte, auf eigene Rechnung agierte, während das Konstruktionsbüro Porsche leer ausging.

Auch das Verhältnis zu Auto Union offenbarte immer mehr Schattenseiten. Zum einen stand zu befürchten, dass speziell Hauptkonkurrent Daimler-Benz die Antisemitismuskarte noch schamloser gegen den wichtigsten Geschäftspartner Porsches ausspielen würde. Vorstandssprecher Kissel verfasste am 29. März 1934 ein überaus aufschlussreiches Schreiben an den politischen Strippenzieher im Vorstand von Daimler-Benz, Jakob Werlin,[73] in dem er ungeniert darüber räsonierte, inwieweit man Argumente aus dem Arsenal des Antisemitismus gegen Auto Union verwenden könne. Dazu zählte nicht nur die ausdrücklich zur Sprache gebrachte »jüdische Frau« von Vorstandssprecher von Oertzen; auch die Historie der Horchwerke in Zwickau (also dort, wo der P-Wagen gebaut wurde) eignete sich als Munition, weil diese »ursprünglich dem Juden Straus gehört haben«. Es läge ein »jüdisches Odium« über Auto Union, »da die Entstehung der Auto-Union in der Hauptsache auf die Verhältnisse bei den Horchwerken zurückzuführen war, also auf jüdische Geschäftsart«. Indem die jetzige Leitung des Hauptkonkurrenten Auto Union gewissermaßen in Sippenhaft genommen wurde, schöpfte die Führung von Daimler-Benz das Potenzial zur Diskreditierung eines unliebsamen wirtschaftlichen Konkurrenten voll aus, wenngleich sie eine gewisse Beißhemmung an den Tag legte, weil – wie Kissel nur zu gut wusste – »auch manche Personalie bei uns nicht 100%ig« war. Bekanntlich hatte die Daimler-Benz AG bis 1945 mit Wilhelm Haspel, Otto Hoppe und Carl Werner drei herausragende Repräsentanten in ihren Reihen, die wegen ihrer »nichtarischen« Ehefrauen außerhalb des Konzerns Anfeindungen ausgesetzt waren.[74]

Währenddessen kühlten sich die Geschäftsbeziehungen zwischen Porsche und der Auto Union immer mehr ab. Bereits zu Beginn des Jahres 1934 musste Porsche zur Kenntnis nehmen, dass sich die Hoffnungen auf Anschlussaufträge von Auto Union nicht erfüllen würden. Auto Union hatte lange Zeit Signale ausgesandt, dass das in den Rennwagen eingeflossene Wissen für die Entwicklung eines rassigen Sportwagens genutzt werden solle, und den Eindruck erweckt, Porsche diese Aufgabe übertragen zu wollen.[75] Immer deutlicher zeichnete sich aber ab, dass der Autobauer dem Konstruktionsbüro eben keine Komplettlösungen übertragen wollte, sondern lediglich »gewisse Spezialaufgaben«.[76]

Noch gravierender waren für Porsche die unverhohlenen und letztlich erfolgreichen Versuche seines Geschäftspartners, den Namen Porsche bei der offiziellen Typenbezeichnung stillschweigend verschwinden zu lassen. Zwar war der Vertrag vom 17. März 1933 in diesem Punkt relativ eindeutig, weil er bestimmte, dass der Rennwagen »unter einer von der Auto Union gewählten Bezeichnung mit dem Zusatz ›Typ Porsche‹ laufen«[77] müsse. Aber Porsche hatte allem Anschein nach aufgrund einer Intervention von Oertzens diesen Passus zurückgenommen und mündlich seine Zusicherung zu einer anderen Sprachregelung erteilt, die es Auto Union erlaubte, den Namen »Porsche« komplett zu unterdrücken und die Rennwagen allein unter der Marke »Auto Union« zu präsentieren.[78] Zunehmend offenbarte sich nun das Bestreben von Auto Union, die immateriellen Prestigezuwächse, die aus den alle Erwartungen übertreffenden Rennsporterfolgen des Jahres 1934 erwuchsen, ausschließlich in eigene ökonomische Vorteile zu überführen. Dass Porsche aufgrund der Bestimmungen des von beiden Seiten einvernehmlich abgeschlossenen Vertrags vom 17. März 1933 gutes Geld verdiente und die sich daraus ergebenden Transferleistungen von Zwickau nach Stuttgart im Oktober 1934 die beachtliche Summe von 200 000 Reichsmark ausmachten, stieß im Vorstand von

Auto Union zudem auf immer größeren Unwillen. Liebend gerne wäre man aus dem Vertrag mit Porsche ausgestiegen. Da dies nicht möglich war, zahlte man zähneknirschend die vertraglich vereinbarten Beträge – in der festen Absicht, keine weiteren Geschäftsbeziehungen mit einem Konstruktionsbüro einzugehen, das sich nicht als bloßer Zulieferer von Konstruktionszeichnungen verstand, sondern die konstruktiven Ideen (die Oertzen als »Weisheiten« zu diskreditieren suchte) in eigenständige Geschäftsideen umwandeln wollte. In einem Schreiben an den Vorstandskollegen Richard Bruhn fühlte sich von Oertzen bemüßigt, »darauf hinzuweisen, wie gefährlich für jedes Werk die Zusammenarbeit mit ihm [Ferdinand Porsche, d. Verf.] ist. Er hat uns doch für unheimliches Geld, das er leider jetzt noch lt. Vertrag bezieht, unsere Rennwagenkonstruktion gemacht und jetzt sucht er schleunigst mit neuen Weisheiten Geschäfte zu machen.«[79]

Im November 1934 reiste die Führungsspitze von Porsche nach Zwickau, um die Modalitäten einer künftigen Zusammenarbeit zu klären. Spätestens bei dieser Besprechung wurde deutlich, dass man eine Zweckgemeinschaft bildete, die durch ein einziges Band zusammengehalten wurde: die vertragsgemäße Fortführung des Rennsportgeschäfts.[80] In diesem Bereich waren Auto Union und Porsche zur weiteren Kooperation vor allem deswegen angehalten, weil es galt, den P-Wagen im Lichte der aufschlussreichen Erfahrungen der Rennsaison 1934 für die kommende Saison dort zu verbessern, wo es Optimierungsbedarf gab. Insofern nahm Porsche weiterhin bis 1937 am Renngeschehen von Auto Union Anteil – doch seine Begeisterung und auch sein zeitlicher Einsatz für den Auto-Union-Rennwagen hielten sich in Grenzen. Porsche leistete gewissermaßen Dienst nach Vorschrift.

Die Kooperation mit Auto Union und deren Rennteam hatte für das Konstruktionsbüro Porsche zweifellos den Grundstein für den rasanten Aufschwung gelegt, der von 1934 an zu verzeichnen war. Das erlaubte Ferdinand Porsche, sich mit halber Kraft der routinierten Abwicklung des Rennwagenprojekts zu widmen und sich verstärkt den Vorhaben zuzuwenden, für die er innerlich brannte. Diese Schwerpunktverlagerung war auch nötig, um das Image aufzupolieren. Denn es zeichnete sich ab, dass der »Rennwagen-Porsche« zunehmend als eine Art schrulliger Erfinder dargestellt wurde, der sein Leben einem einzigen großen Werk widmete, hinter das er allmählich zurücktrat. Der Exmann von Paula Stuck, Burghard von Reznicek, formulierte dieses Narrativ in besonders ausgefeilter Form, als er Porsche einen Bericht widmete, in dem dieser schon im Titel als »Erfinder« präsentiert wurde. Es war ein überaus ambivalentes Bild, das Reznicek von Porsche verbreitete. Gewiss schwang darin viel Anerkennung mit, da dem schöpferischen Erfindergeist Porsches die Ehre erwiesen wurde. Aber Erfinder hieß eben auch, dass das dadurch entstandene Werk seinen Kreator förmlich erdrückte, indem es diesen zum immer unscheinbareren Begleiter, Überwacher und Kontrolleur degradierte, von dem keine weiteren Innovationen zu erwarten waren: Wer »den Versuchen mit dem neuen deutschen Rennwagen als aufmerksamer Beobachter beiwohnte, hätte [...] einen Mann entdecken können, der unauffällig mit einigen Winken und Anordnungen ein großartiges Werk überwacht, ohne selbst in den Vordergrund zu treten. Er ist überall zur Stelle, ob bei nächtlichen Kontrollen des Autoinnern in der Betriebswerkstatt, ob auf der Landstraße bei der Schnelligkeitsprüfung oder beim Ausladen und Transportieren.«[81]

Der P-Wagen hatte seinen Schöpfer in kommunikativer Hinsicht verschlungen, ihn zu einem Diener degradiert, der wie ein treuer Hund seinem Meister auf Schritt und Tritt folgte. Dazu trug auch der unspektakuläre Habitus von Porsche bei, der in betontem Kontrast zum jugendlich kraftstrotzenden Heldenimage des Rennfahrers stand. Porsche kleidete sich auf altväterliche Art, was besonders ausländischen Beobachtern auffiel. So erregte es Verwunderung, dass er sich bei seinen Inspektions- und Kontrolltätigkeiten an der Rennstrecke in Hausschuhen blicken ließ.[82] Das überaus seriöse, ins Spießige abgleitende äußere Erscheinungsbild Porsches stach nicht nur von der futuristischen Anmutung seiner Konstruktionen und ihrer Lenker ab, die einer ganz anderen Ästhetik verpflichtet waren. Auch assoziierte man mit einem Erfindertyp eher eine auch äußerlich unkonventionelle Erscheinung – einen Mann mit wirren Haaren und markanten Gesichtszügen, in denen sich die Passion für seine Ideen eingegraben hatte. Porsche hingegen hätte kein unbefangener Beobachter für den Schöpfer des P-Wagens gehalten, wenn er diesen aus einer Menge heraus hätte identifizieren müssen. Aber Porsche wollte eben auch nicht auf den Typ des Erfinders reduziert werden.

Die Jahre 1935 und 1936 sind geprägt von einem allmählichen Auslaufen der Beziehungen zwischen Porsche und Auto Union. Man hätte Porsche nicht vorwerfen können, wenn sein aus dem Jahr 1933 stammendes Rennauto allmählich nicht mehr hätte mithalten können. Doch so kam es nicht: Nach einer erfolglosen Phase im Jahr 1935 griff Auto Union mit einem auf den neuesten Stand gebrachten P-Wagen im folgenden Jahr noch einmal richtig an. 1936 hielten die Silberpfeile aus Zwickau die Silberpfeile aus Stuttgart auf Distanz. In diesem Jahr ging auch der Stern von Bernd Rosemeyer auf, eines jungen Draufgängers, der in seinem kurzen Rennfahrerleben nie ein anderes Rennauto als das von Porsche konstruierte Gefährt mit Heckantrieb fuhr. Rosemeyer siegte bei insgesamt fünf bedeutenden Rennen, sein Teamkollege Achille Varzi einmal und Hans Stuck ging leer aus, was Porsche nicht sonderlich bedauert haben dürfte. Beim so grandios auftrumpfenden Auto-Union-Wagen handelte es sich um den Typ C, also um eine leichte Modifikation des 1933 konstruierten und gebauten Fahrzeugs, das nun in der dritten Saison stand und seinen Schöpfer glänzend bestätigte.[83]

Porsche hatte indes innerlich längst mit dem Kapitel Auto Union abgeschlossen. Zwar besuchte er pflichtschuldig die großen Rennen und erfreute sich am Triumph seiner Wagen, aber die Flamme der Begeisterung loderte nicht mehr in ihm.[84] Dass er nicht mehr vor Ort Anweisungen gab, wie ein bestimmtes Problem am Rennwagen zu beheben sei, sondern dies brieflich zum Ausdruck brachte,[85] war ein untrügliches Zeichen für diese Entfremdung. In pekuniärer Hinsicht hatte sich die Beziehung zu Auto Union jedoch mehr als ausgezahlt. Porsche dürfte für seine Dienste bis Juni 1936 etwa 575 000 Reichsmark erhalten haben, wobei die vertraglich geregelte Partizipation an den an Auto Union geflossenen Staatsbeihilfen den Löwenanteil ausmachte.[86]

Porsche profitierte also davon, dass über Auto Union nicht unbeträchtliche Subventionen an ihn umgeleitet wurden – und genau diese Konstruktion erregte den Argwohn des für die Gewährung von Beihilfen zuständigen Reichsverkehrsministeriums. Die Intervention des Subventionsgebers gab möglicherweise den letzten Anstoß für das Ende der Vertragsbeziehungen. Das Ministerium hatte Auto Union unmissverständlich erklärt, man könne »auch für die Zukunft Ihrer Firma nur unter der Voraussetzung Mittel bewilligen, dass Sie Ihren Vertrag mit Dr. Porsche von der Frage der Reichsbeihilfe lösen. Ich bitte um baldigen Bescheid, ob Sie Ihre Vereinbarung mit Dr. Porsche auf eine andere Grundlage gestellt haben.«[87] Da die Sachsen die staatliche Unterstützung nicht verlieren wollten, stellte es kaum eine Überraschung dar, dass die Geschäftsbeziehungen zwischen Auto Union und Porsche im Juni 1936 endeten. Das war der Schlussstrich unter eine sich seit Langem abzeichnende Entwicklung. Für Porsche fiel damit ein wichtiger privater Auftraggeber weg. Daraus konnte ein veritables Problem erwachsen, wenn keine neuen privaten Auftraggeber in Aussicht waren. Denn das lief darauf hinaus, dass Porsche von staatlich gewährten oder zumindest dirigierten Aufträgen existenziell abhängig wurde – und damit konnte sich das Konstruktionsbüro Vorgaben der Politik noch weniger entziehen.

Ferdinand Porsche (links) und Karl Rabe (rechts) am Reißbrett.
Zu sehen ist eine Konstruktionszeichnung des VW38 von 1938.

KAPITEL 4

Geschäftliche Entwicklung und Aufgabenprofil des Konstruktionsbüros von 1933 bis 1939

Der wirtschaftliche Take-off der Porsche GmbH im Jahr 1933/34 war letztlich der Konstruktions- und Entwicklungstätigkeit im Rennwagensektor zu verdanken und damit auch eine Frucht der weltweiten Automobilsportbegeisterung. Wir wollen den Blick darauf richten, wie sich diese positive Geschäftsentwicklung in der Unternehmensbilanz von Porsche niederschlug und ob sich das geschäftliche Ergebnis auf die Unternehmensform auswirkte. Legte der wirtschaftliche Erfolg nahe, alternative Modelle anstelle der GmbH zu favorisieren, die sich bei der Unternehmensgründung im Jahr 1931 als die geeignete Unternehmensform erwiesen hatte?

Mit solchen Überlegungen untrennbar verbunden ist die Frage, wie man sich die Arbeit des Konstruktionsbüros genau vorzustellen hat. Was hat man unter der Arbeit eines Konstrukteurs zu verstehen, der konstruktive Dienstleistungen im Motoren- und Fahrzeugbau anbietet? Welche Herausforderungen warteten auf Ferdinand Porsche, der mit dem Schritt in die Selbstständigkeit eine berufliche Zäsur wagte und fortan nicht mehr als angestellter Technischer Direktor für die Serienproduktionsreife der unter seiner Leitung erarbeiteten Konstruktionen zuständig war? Was bedeutete es für das Selbstverständnis des Technikers Porsche, wenn er vom entscheidenden Teil der Wertschöpfungskette – der Herstellung – abgeschnitten wurde und externe Auftraggeber darüber entschieden, ob die Frucht seiner kreativen Konstrukteurstätigkeit über deutsche Rennstrecken und Straßen jagte oder als Einzelstück in der Remise eines Fabrikanten verschwand?

Die Tätigkeit eines Konstruktionsbüros schlägt sich vor allem in der zeichnerischen Darstellung technischer Lösungen nieder. Es überreicht als Resultat seiner Arbeit »Detailskizzen«, aus denen – durchaus vergleichbar mit einem architektonischen Entwurf – die zeichnerische Lösung der gestellten Aufgabe ersichtlich ist. Eine solche zeichnerische Aufgabenlösung wirft für die Rolle, die Ferdinand Porsche in diesem Konstruktionsprozess einnimmt, ein nicht unerhebliches Problem auf. Denn Porsche, der ursprünglich von der Mechanik und Elektrik herkam, beherrschte die Fertigkeit des technischen Zeichnens nicht. Dies bedeutete, dass der Kopf des Konstruktionsbüros die Güte der technischen Zeichnungen nicht selbst überprüfen konnte. Damit fiel Porsches Chefkonstrukteur Karl Rabe eine Schlüsselrolle zu. Nur

Rabe und dessen Mitarbeiter setzten Porsches Entwurfsidee zeichnerisch um und verliehen ihr damit Gestalt, so dass sie in den Arbeitsprozess des Unternehmens einfließen konnte.[1]

Auch in kulturhistorischer Perspektive ist die Tätigkeit eines Konstrukteurs ein bislang kaum behandelter Untersuchungsgegenstand – wohl auch, weil sie nur schwer zu visualisieren ist. Daraus erklärt sich die Verlegenheit vieler Autoren, wenn sie geeignetes Bildmaterial präsentieren wollen, mit dem sich der auf Porsche entfallende Anteil am Konstruktionsverlauf darstellen lässt. Denn der eigentlich kreative Akt der in seinem Kopf geborenen konstruktiven Gesamtlösung, der von Rabe als Entwurf zu Papier gebracht wird, lässt sich mit dem zur Verfügung stehenden Bildmaterial nicht einfangen. Deswegen greift man zu Ersatzlösungen und zeigt stattdessen Porsche – oft in der nicht nur Lässigkeit verratenden typischen Pose des die Hände in die Hosentaschen versenkenden Betrachters – entweder vor einem Zeichenbrett[2] oder vor Fahrzeugkomponenten.[3]

Die Komplexität des Konstruktionsablaufs in Porsches Unternehmen und die spezifische Funktion, die dem Unternehmensgründer dabei zukam, werden uns noch näher beschäftigen. Zunächst soll unser Hauptaugenmerk der rasanten wirtschaftlichen Aufwärtsentwicklung gelten.

Der wirtschaftliche Aufschwung des Jahres 1933 als Folge des Konstruktionsauftrags für Auto Union bescherte der Porsche GmbH die ökonomische Kehrtwende; und mit dem Konstruktionsauftrag für einen »Volkswagen« im Jahr darauf geriet das Unternehmen wirtschaftlich sogar auf die Überholspur. 1933 stiegen die steuerpflichtigen Umsätze auf rund 209 000 Reichsmark, 1934 auf 412 000 und 1935 auf 540 000 Reichsmark. Der Hinweis darauf, dass die Umsätze steuerpflichtig waren, ist wichtig, weil die Entgelte für die Arbeiten am Volkswagen laut Erlass des Reichsfinanzministeriums von der Steuer freigestellt werden sollten, was das Unternehmen besonders profitabel machte.[4] Am Ende des Jahres 1934 belief sich der steuerpflichtige Gewinn des Konstruktionsbüros auf rund 38 000 Reichsmark, 1935 schnellte er dann auf etwa 168 000 Reichsmark empor – für ein Unternehmen, das Ende 1932 kurz vor der Insolvenz gestanden hatte, eine erstaunliche Entwicklung.

Auch andere Kennziffern lassen keinen Zweifel daran, dass der Betrieb von 1933 an prosperierte. Während Ende 1932 nur 20 Namen auf der Mitarbeiterliste des Konstruktionsbüros standen, waren es ein Jahr später 23. Bis Ende 1936 wuchs die Belegschaft kontinuierlich auf 28, 38 und schließlich auf 50 Mitarbeiter an.[5] Auch die Liste der Auftraggeber verlängerte, diversifizierte und internationalisierte sich: Kamen bis Ende 1931 lediglich sechs Aufträge von drei verschiedenen Kunden herein, so begannen im Jahr 1933 die Arbeiten an 14 neuen Projekten für elf verschiedene Unternehmen. Die

Namen der Firmen, die bis 1936 mit dem Konstruktionsbüro ins Geschäft kamen, lesen sich wie ein kleines »Who is who« der europäischen Automobilindustrie. Es waren italienische Adressen (Alfa Romeo und Fiat) vertreten, ebenso französische (Rochet Schneider, Citroën), englische (Thomson, Morris) und schwedische (Volvo).[6] Zwar handelte es sich bei den meisten Aufträgen lediglich um die Entwicklung einzelner Aggregate wie Schwingachsen oder Getriebe, aber Kaufleute pflegen in solchen Fällen zu sagen, dass Kleinvieh auch Mist macht. In Hinblick auf Finanzen und Reputation blieben aber die Projekte der Auto Union AG und die Entwicklung des Volkswagens entscheidend für den wirtschaftlichen Aufstieg des Konstruktionsbüros.

Spätestens mit der Realisierung des Volkswagen-Projekts wurde deutlich, dass das Konstruktionsbüro mehr Platz benötigte als 1931, als es in angemieteten Büroräumen in der Stuttgarter Kronenstraße begonnen hatte. Daher erwarb die Gesellschaft im Mai 1937 ein rund 12 000 Quadratmeter großes Gelände in der Spitalwaldstraße im Stuttgarter Stadtteil Zuffenhausen, für das sie rund 65 000 Reichsmark zahlte.[7] Auf dem Gelände wurden zunächst eine Fabrik (rund 5000 Quadratmeter), Büroräumlichkeiten (rund 4000 Quadratmeter), Schuppen (ca. 1640 Quadratmeter) und ein Lager (ca. 1440 Quadratmeter) errichtet.[8] Die Fertigung der Vor- beziehungsweise Kleinserien von Kraftfahrzeugen sollte 1941/42 zu einem weiteren Ausbau des Werkes führen; unter anderem errichtete man ein Gebäude mit Sheddach und erweiterte die Prüfanlagen. Ferner war für den gestiegenen Arbeitsanfall die Einstellung von neuem Personal notwendig, so dass die Mitarbeiterzahl zwischen 1935 und 1937 von 38 auf 86 stieg. Am 1. Januar 1938 wurde die Belegschaft dann massiv aufgestockt, so dass von nun an 176 Personen für Porsche arbeiteten.[9] Am 25. Juni 1938 wurden die neuen Werksgebäude bezogen.

Dies alles schien davon zu zeugen, dass das Konstruktionsbüro zu einem krisenfesten Unternehmen herangereift war, welches Konjunkturschwankungen nicht mehr in dem Maße zu fürchten brauchte wie in den Gründerjahren. Eine Gesellschaft, deren Auftragslage eine räumlich und personell derart starke Expansion begründete, hätte von einer gewissen Zuversicht beseelt sein müssen und mit Optimismus in die Zukunft blicken können. Doch die Kundenliste verriet, dass die Entwicklungen aus betriebswirtschaftlicher Sicht alles andere als gesund waren: Das Konstruktionsbüro verlor von 1937 an seine Klientel aus der Privatwirtschaft, so dass seine Einnahmequellen fast nur noch im staatlichen beziehungsweise halbstaatlichen Bereich lagen. Im Grunde gab es zwischen 1937 und 1940 nur noch einen großen Kunden, welcher der klassischen Automobilindustrie angehörte – die Daimler-Benz AG.

Die politischen Unwägbarkeiten, die schmale Kundenbasis und die Abhängigkeit des Unternehmenserfolges von der Leistungskraft des Unternehmensgründers, der 1939 in sein 65. Lebensjahr ging, waren nicht die einzigen Aspekte, die trotz der guten Auftragslage zur Vorsicht mahnten. Am 3. Juni 1937 erließ das NS-Regime ein neues Gesetz zur Prüfung von Jahresabschlüssen. Es sah strengere Bilanzierungs-, Prüfungs- und Veröffentlichungspflichten nicht nur für Aktiengesellschaften, sondern auch für GmbHs vor, was eine klare Tendenz zur strengeren staatlichen Kontrolle der Unternehmen erkennen ließ.[10] Darüber hinaus offenbarte der Gesetzgeber mit diesem Gesetzeswerk die Absicht, das Prinzip der persönlichen Verantwortlichkeit bei betrügerischen Konkursen zu stärken. Die Geschäftsführung des Konstruktionsbüros hatte ihre Gründe, ein gewisses Unbehagen beim Blick auf das neue Gesetzeswerk zu verspüren. Konkret bedeutete es, dass Publizität und Transparenz der GmbH durch Vorschriften über die Bilanzveröffentlichung und durch Gliederungsvorschriften für die Bilanzen gesteigert werden sollten. Dies waren Anforderungen, die gerade bei kleineren Unternehmen nicht sonderlich populär waren,[11] weil sie zum einen zusätzliche Kosten verursachten und zum anderen die Möglichkeiten zur Verschleierung betriebswirtschaftlicher Schieflagen einschränkten.

Das Konstruktionsbüro Porsche war nunmehr gezwungen, seine Abschlüsse testieren zu lassen, wobei es auf die Dienste der Treuhand-Aktiengesellschaft zurückgriff, eine der vielen Wirtschaftsprüfungsgesellschaften im Reich. Sie hatten die Aufgabe, Bilanzen unabhängig zu kontrollieren sowie Gutachten über die Wirtschaftsführung von privaten, kommunalen und staatlichen Unternehmen zu erstellen.[12] Zur Funktion und Arbeitsweise dieser Gesellschaften im NS-Staat sind in den letzten Jahren profunde Studien erschienen, die sich allerdings vornehmlich auf die größte Wirtschaftsprüfungsgesellschaft beschränken: die Deutsche Revisions- und Treuhand AG (DRT), die in den 1920er Jahren als reichseigene Dachgesellschaft Vereinigte Industrieunternehmungen AG gegründet worden war. Schon in der Weimarer Republik war sie zur staatlichen Kontrolle insbesondere von jenen Unternehmen herangezogen worden, an denen das Deutsche Reich beteiligt war.[13] Daher kann es nicht verwundern, dass ihre Bedeutung nach 1933 im Zuge der wirtschaftlichen Aktivitäten des NS-Regimes enorm zunahm. Im verstärkten Maße nahm sie nun vor allem jene Betriebe unter die Lupe, die staatliche (Rüstungs-)Kredite erhielten. Darüber hinaus war sie für »Arisierungsprüfungen« verantwortlich. Trotz ihrer Verflechtungen mit dem NS-Regime erwies sie sich als eine Institution, die ihre Arbeit weniger an den Wünschen und Interessen des Staates als an denen der Unternehmen orientierte. So wurden die Bewertungsgrundsätze insgesamt großzügig ausgelegt, und die kriegsbedingten Verluste von 1939 an schlugen sich in den Bilanzen kaum nieder. Historiker erklären diesen auf den ersten Blick erstaunlichen Befund in Übereinstimmung mit den Erkenntnissen hinsichtlich der unternehmerischen Handlungsspielräume damit, dass es das Ziel gewesen sei, nicht über Zwang, sondern über konkrete Anreize die gewünschten Investitionsentscheidungen der Industrie herbeizuführen.[14]

Für das Porsche-Konstruktionsbüro stellte sich die Tätigkeit der Treuhand-Aktiengesellschaft als Segen heraus. Denn in ihrer an den Interessen der Gesellschafter orientierten Arbeit erkannte sie nicht nur die beschriebenen Risiken, sondern berücksichtigte auch den Wunsch der Familie Porsche, für den Fall einer erneuten Krise ein beruhigendes privates Polster zu besitzen, das eine Wiederkehr der existenziellen Nöte, die sie zu Beginn der 1930er Jahre erfahren hatte, weitgehend ausschließen sollte. Die Fachleute gingen zunächst von der Tatsache aus, dass im Laufe der Jahre 1934, 1935 und 1936 neue Steuergesetze erlassen worden waren, die sich gerade auf ein stark wachsendes Unternehmen wie das Konstruktionsbüro nachteilig auswirkten. Sie rechneten daher bis ins letzte Detail aus, dass es allein von dieser Warte aus eine weitaus bessere Option gab als die bestehende GmbH: die Kommanditgesellschaft (KG). Viele denkbare Varianten des Umgangs mit Gewinnen – von fortwährender Gewinnthesaurierung über jährliche Gewinnausschüttung bis hin zur vollen Gewinnausschüttung nach fünf Jahren – wurden mit Blick auf fällige Vermögens-, Gewerbe-, Körperschafts-, Einkommens- und Kirchensteuern geprüft. Immer war das Ergebnis ähnlich: Die Kommanditgesellschaft ergab bei den zugrunde gelegten Annahmen eines Jahresgewinns von 200 000 beziehungsweise 400 000 Reichsmark eine Steuerersparnis, die sich bis auf gut 71 000 Reichsmark belaufen konnte.[15]

Doch die Umwandlung der GmbH in eine KG war mehr als nur ein Steuersparmodell. Vor allen Dingen goss sie die Leitidee eines unter der Ägide Ferdinand Porsches stehenden Familienunternehmens in die entsprechende rechtliche Form. Im Unterschied zu einer GmbH, bei der auch familienfremde Gesellschafter Mitbestimmungsrechte innehatten, brachte die Kommanditgesellschaft als reine Personengesellschaft das klassische Leitbild eines Unternehmers, der mit seinem Privatvermögen für seine Geschäfte haftete, zum Ausdruck. Im Gegenzug wurde es dem »persönlich haftenden Gesellschafter« erleichtert, Gewinne aus seinem Unternehmen herauszuziehen, da seine unbegrenzte gesamtschuldnerische Haftung eben auch sein außerbetriebliches Vermögen umfasste. Neben dem Komplementär war in einer Kommanditgesellschaft noch der Typ des einfachen Kommandantisten vorgesehen, dessen Haftung auf die sogenannte Kommanditeinlage beschränkt war. Er konnte also maximal das auf diese Weise eingebrachte Kapital verlieren; im Unterschied zum Gesellschafter einer GmbH besaß er allerdings kein wirkliches Mitbestimmungsrecht. Dies machte das Modell einer Kommanditgesellschaft attraktiv für Ferdinand Porsche: Wenn er die unumschränkte Unternehmensführung ausüben wollte und dafür das Risiko in Kauf nahm, mit seiner gesamten Habe für die geschäftlichen Belange eines von ihm beherrschten Unternehmens einzustehen, dann war die Kommanditgesellschaft für ihn die ideale handelsrechtliche Struktur. Auch seine Wirtschaftsprüfungsgesellschaft bescheinigte ihm, dass die Kommanditisten von der Geschäftsführung »ausgeschlossen« seien und nur bei Beschlussfassungen mitwirkten, »die mit der laufenden Geschäftsführung nichts zu tun haben«.[16]

Eine Kommanditgesellschaft entsprach darüber hinaus dem vom NS-Staat favorisierten Vorrang der Personengesellschaft vor der Kapitalgesellschaft. Das Leitbild eines allein entscheidenden »Betriebsführers«, der eigenes und nicht fremdes Kapital für geschäftliche Zwecke einsetzte, offenbarte nicht nur eine Vorliebe für autoritäre Unternehmensstrukturen, sondern ebenso einen tiefen Widerwillen gegen – vor allem anonyme – Kapitalgesellschaften, bei denen sogar ausländische Kapitalanleger kurzfristige Gewinninteressen verfolgen konnten.[17] Mit dem Primat »der Einheit von Herrschaft und Haftung«[18] setzte sich der NS-Staat für eine Änderung des Gesellschaftsrechts ein, welches auf eine personelle Identität zwischen Kapitaleigentümer und Gesellschaftsführer zielte – mit der Konsequenz unbeschränkter Haftung der Kapitaleinleger für Gesellschaftsverbindlichkeiten. Daher unternahm das NS-Regime auf dem Gebiet des Gesellschafts- und Handelsrechts einiges, um GmbHs unattraktiv zu machen und deren Umwandlung in KGs zu befördern.[19] Die Porsche GmbH war nicht die einzige GmbH, welche die Umwandlung in eine KG als Gelegenheit auffasste, neben den damit verbundenen steuerlichen Vorteilen den Charakter eines Familienunternehmens unwiderruflich festzulegen. So ging die im nordbadischen Weinheim angesiedelte Freudenberg & Co. GmbH, in der Lederindustrie ein Marktführer, schon im Dezember 1936 – ein Jahr vor der Porsche GmbH – diesen Weg,[20] was ausdrücklich mit dem Wunsch begründet wurde, das Unternehmen als Familienunternehmen zu erhalten. Im Unterschied zur Porsche GmbH entschied man sich jedoch für eine kollektive Führungsstruktur – es gab nicht einen, sondern vier persönlich haftende Gesellschafter. Zudem erhielten die nur mit ihrer Einlage haftenden Kommanditisten mehr Mitspracherechte gegenüber den Komplementären, als dies bei der Porsche KG der Fall sein sollte.

Bei der am 14. Dezember 1937 aus der Porsche GmbH erwachsenen Porsche KG war die Leitungsstruktur eindeutig auf den einzigen persönlich haftenden Gesellschafter, Ferdinand Porsche, zugeschnitten. Dieser zeichnete mit einer Einlage von 417 077 Reichsmark (70 Prozent); als Kommanditisten fungierten sein Sohn Ferry Porsche mit einer Einlage von 89 374 Reichsmark (15 Prozent), sein Schwiegersohn Anton Piëch mit einer Einlage von 59 582 Reichsmark (10 Prozent) und seine Tochter Louise Piëch mit einer Einlage von 29 791 Reichsmark (5 Prozent). Als Prokuristen, die berechtigt waren, die Gesellschaft zu vertreten, zeichneten neben Anton Piëch sowie Ferry Porsche nur noch Hans Baron von Veyder-Malberg sowie Karl Rabe.[21] Mit der Gründung einer KG verschrieb sich Ferdinand Porsche mit Haut und Haaren dem Wohl und Wehe seiner Gesellschaft: Er knüpfte sein ökonomisches Schicksal an die Entwicklung eines Unternehmens, dessen Gründung nicht seine bevorzugte Option, sondern eher eine Notlösung gewesen war. Schon allein daran wird deutlich, wie viel sich seit 1931 verändert hatte: Porsche hatte die schlechten Zeiten überstanden; und nachdem die guten Zeiten gekommen zu sein schienen, brach er alle Brücken ab und entschied sich für eine Unternehmensform, aus der er unter normalen Umständen nicht mehr würde aussteigen können.

Mit der Entscheidung für die KG erhielt Porsche aber zugleich die Gelegenheit, Teile des voraussichtlich wachsenden Betriebsvermögens auf legalem Wege für private Zwecke zu verausgaben. Die ökonomischen Kennziffern waren prächtig und luden förmlich dazu ein: Mitte 1937 wurde der Vermögenswert (Endvermögen) mit 630 000 Reichsmark,[22] Ende 1937 mit rund 661 000 Reichsmark beziffert.[23] Die Steuerexperten sahen die Möglichkeit, in einer KG mindestens 280 000 Reichsmark an Bar-, Bank- und Wertpapierbeständen des Unternehmens steuerfrei auf die privaten Konten umzuleiten – sofern das Finanzamt bei der Auslegung der entsprechenden Regelungen den Vorstellungen von Porsches Beratern folgte.[24] Als Komplementär einer KG konnte Ferdinand Porsche zudem Privatentnahmen ohne lästige Querelen mit dem Finanzamt durchführen.[25] Solche Transaktionen waren ohne vorherige schriftliche Festlegungen bis zu einer Summe von vier Prozent des Kapitalanteils erlaubt.

Mit der Umwandlung der Porsche GmbH in die Dr. Ing. h.c. F. Porsche KG zum 14. Dezember 1937 erlangte Porsche in dem Unternehmen, das seinen Namen trug, auch in handelsrechtlicher Hinsicht eine beherrschende Stellung. Zugleich wurde er in der Außendarstellung immer stärker in eine geniegleiche Position gerückt: Der Erfolg des Konstruktionsbüros hatte demnach nur einen einzigen Vater, nämlich Ferdinand Porsche; und allein auf dessen Kreativität war die stürmische wirtschaftliche Entwicklung zurückzuführen. Diese Position spiegelte eine Vorstellung, die fest im zeitgenössischen Diskurs verankert war: Hinter großen naturwissenschaftlichen und technischen Sprüngen stecke immer der kluge Kopf eines überragenden Erfinders, dem die alleinige Vaterschaft zustehe. Alle großen Durchbrüche seien den

Geistesblitzen der wenigen erfinderischen Individuen zu verdanken. Der naturwissenschaftliche und technische Fortschritt entsprang demnach schöpferischen Akten der äußerst seltenen Spezies der Erfindergenies.[26]

Erfinden bedeutete demnach die Umsetzung kreativer Energie im Bereich von Naturwissenschaften und Technik und war insofern aufs Engste mit dem fantasievollen Schaffen von Künstlern verknüpft. Wenn ausgezeichnete Erfinder wie der Nobelpreisträger Carl Bosch die Genese technischer Einfälle beschrieben, dann konnten sie auf eine abrufbare Geniesemantik zurückgreifen.[27] Ein überragender Künstler konnte seinem Genie auf ästhetische Weise Ausdruck verleihen, indem er Dichtungen seinen Odem einhauchte oder mit Pinselstrichen eine Leinwand mit einzigartigem Leben erfüllte. Der Naturwissenschaftler beglückte die Menschheit mit bahnbrechenden Vorstößen in die Geheimnisse der Natur; und der Techniker schuf daraus Artefakte, die das Alltagsleben revolutionierten. Dem Künstlergenie entsprach das Erfindergenie insofern, als in beiden Fällen regelbrechende Innovatoren am Werke waren, die in einem stets individuell zurechenbaren Prozess aus sich heraus ein gewaltiges Schöpfungswerk vollbracht hatten.[28] Ferdinand Porsche fand Anschluss an den erlauchten Kreis von Erfindergenies, da er zu jenen Technikern gezählt wurde, die einen wirklichen qualitativen Sprung vollbracht hatten.[29] Das Gegenstück zu diesen Genies waren jene durchaus häufig anzutreffenden Techniker,[30] die unter Rückgriff auf die geballten Ressourcen ihrer Institutionen mit Hilfe schierer Quantifizierung Ideen origineller Erfinder weiterentwickelten, ohne schöpferische Erstgeburtsrechte in Anspruch nehmen zu können. Ein scharfsinniger Zeitdiagnostiker wie der Ökonom Walter Eucken konstatierte mit Blick auf die technische Dynamik der frühen 1930er Jahre das Ende spektakulärer Weichenstellungen, die durch ein genialisches »Heureka« ausgelöst worden waren; Masse rangiere fortan vor Klasse: »Zwar ist das heroische Zeitalter der Erfinder vorbei, aber die systematische Kleinarbeit der jetzigen Zeit bringt eine dauernd wachsende Menge von Ergebnissen hervor.«[31] Gerade weil im technisch-industriellen Alltag Pionierleistungen dünn gesät waren, zugleich aber ein im Banne der Genievorstellung stehender Erfinderdiskurs gesellschaftlich angesehen und kulturell fest verankert war,[32] hatte sich vor allem unter Laien die zähe Erwartungshaltung nach vorzeigbaren Erfindergenies konserviert.[33] Ferdinand Porsche bediente solche Projektionen auch deswegen, weil sein technisches Schaffen mit einem Fortschrittsoptimismus einherging, der die Segnungen der Massenmotorisierung anpries.

Dass Ferdinand Porsche an solche fest verwurzelten Vorstellungen vom Erfindergenie anschlussfähig war, ließ sich auch in handfeste argumentative Münze gegenüber den Finanzämtern umsetzen. Porsches Finanzberater reklamierten für ihn eine steuerliche Vorzugsbehandlung, die aus diesem Erfinderprivileg abgeleitet wurde. Im Kern ging es darum, einen argumentativen Königsweg zu finden, um die aus dem Rahmen fallenden Bezüge und Reisespesen zu rechtfertigen, die Porsche der GmbH regelmäßig entnahm. Dazu tauchte man tief in die Vorstellung vom Erfindergenie ein und befleißigte sich eines Reduktionismus, der alle Verdienste am Aufschwung der Porsche GmbH dem Genie seines Schöpfers zuschrieb, für den eine Ausnahmebehandlung daher angemessen sei. Es erscheine doch »jedem Eingeweihten und wirklich Fachkundigen zum Mindesten wenig verständig, wenn an diese offen zutage liegenden Leistungen bürokratische Maßstäbe angelegt«[34] würden. »Selbstverständlich« werde »das Recht und die Pflicht des Finanzamts zur Nachprüfung der Bezüge« respektiert, aber es gebe »Fälle, wo jeder Schematismus versagt[,] und ein solcher Fall liegt hier vor«. Auf die Spitze getrieben wurde diese Argumentation mit der Behauptung, dass die Anwendung des Steuerrechts »geeignet« sei, »die Schaffensfreude zu lähmen und damit die schöpferische Kraft zu hindern«. Die Berater hielten »es überhaupt für abwegig, Erfindergeist und Genie in Geldwerten abmessen zu wollen«, denn: »Was Herr Dr. Porsche geleistet und geschaffen hat, ist einzigartig und verdient deshalb auch eine einzigartige Beurteilung.« Daher müssten bei Zumessung seiner Bezüge und Reisespesen die herkömmlichen Bestimmungen ignoriert werden, gelte es doch, »alles zu tun, was im Interesse der Erhaltung seiner Gesundheit und Arbeitskraft nötig« sei.

Die Ausführungen der Wirtschaftsprüfungsgesellschaft wurden hier detailliert angeführt, weil sie zum Ausdruck bringen, wie breit der Einsatzbereich des Geniediskurses war. Gegenüber dem Fiskus entpuppte sich dieser mitunter als harte Währung. Doch es gab auch eine für Porsche unangenehme Kehrseite: Wenn die Fiktion genährt wurde, dass technische Innovationen auf Geniestreichen Einzelner beruhten, dann entbrannte ein struktureller Konkurrenzkampf um die Urheberschaft. Dann war abzusehen, dass sich Einzelkämpfer zu Wort melden und die eigentliche geistige Urheberschaft an speziellen Artefakten für sich reklamierten würden. So geschah es denn auch im Fall von Porsche: Er sah sich im Laufe der Zeit immer wieder mit Vorwürfen konfrontiert, er habe Ideenklau großen Stils betrieben, sich mithin großzügig beim geistigen Eigentum hochbegabter genialischer Vordenker bedient, die zu naiv und unerfahren gewesen seien, die skrupellose Verwertung ihres Erfindergeistes durch den Kompilator Porsche zu verhindern. Solche Vorwürfe kamen vor allem beim prestigeträchtigen Volkswagen-Projekt hoch. Wir werden noch ausführlich auf die Entstehungsgeschichte des Volkswagens eingehen. An dieser Stelle interessiert nur, dass die vermeintlich Geprellten – ob sie nun Hans Ledwinka, Béla Barényi oder

Josef Ganz hießen –[35] im Grunde von der Prämisse ausgingen, das technische Endprodukt sei als genialischer Funke der kühnen Entwurfsidee des Konstrukteurs entsprungen. Damit brachten auch sie Opfergaben auf dem Altar des Geniekults dar und nährten die populärwissenschaftlich befeuerte Vorstellung, wonach allein große Männer die Geschichte und damit große Erfinder die Technikgeschichte bestimmt hätten. Die Erfindung wird einem Einzelnen zugerechnet, auf dessen geistigem Humus sie erwachsen und dessen unvergleichlichen Gedankenwindungen sie entsprungen sei. Die Komplexität genuin technischer Innovationen und der nur in Teamarbeit zu bewältigende Prozess von der Entwurfsidee zur Anfertigung eines funktionsfähigen Prototyps findet in einer solchen populären Vorstellung von Erfindergenies keinen angemessenen Platz. Da der Geniediskurs konstitutiv von der Vorstellung genährt wird, dass wahre Genies von den Zeitgenossen verkannt werden, weil sie ihrer Zeit weit voraus sind, fügt sich eine vermeintliche Expropriierung im praktischen Leben wenig tauglicher Erfinder[36] durch gewiefte Geschäftsleute, wie wir sie in der Debatte um die Originalität Porsches antreffen, nahtlos in dieses Narrativ ein.[37]

Unter diesem Aspekt soll die Tätigkeit eines Fahrzeugkonstrukteurs nun genauer unter die Lupe genommen werden. Inwieweit war es gerechtfertigt, einen solchen in den Olymp der Erfindergenies aufzunehmen? Waren bei der Konstruktion eines Fahrzeugs schöpferische Kräfte am Werk, und sorgte die Erleuchtung durch einen zündenden Gedanken dabei für den entscheidenden Schub? Eingangs wurde bereits ausgeführt, dass jeder Konstruktionsvorgang in der Firma Porsche ein hochkomplexer Problemlösungsprozess war, in dem die einzelnen Schritte systematisch verknüpft waren. Aufgabenstellung, Planung und Durchführung waren in klare Arbeitsschritte unterteilt, wobei arbeitsteilige Verfahren angewandt wurden.[38] Das professionelle Konstruieren erforderte ein perfekt eingespieltes Team von Spezialisten, wobei die anspruchsvolle Aufgabe Ferdinand Porsches darin bestand, den Gesamtüberblick über die Verfahrensabläufe zu bewahren und nötigenfalls in Einzelschritte einzugreifen. Die gleich noch näher aufzuschlüsselnde Komplexität des Konstruktionsprozesses bedingte zwangsläufig, dass bei der Fahrzeugkonstruktion die Zeit des einzelgängerischen Erfinderkonstrukteurs endgültig abgelaufen war. Zwar gab es immer noch Einzelkämpfer, die in der heimischen Garage beziehungsweise am Zeichentisch fahrzeugtechnische Detailprobleme auf originelle Art zu lösen versuchten und dabei durchaus patentfähige Resultate erzielten. Aber diese Privatarbeit reichte nicht an die konstruktiven Herausforderungen heran, die zu bewältigen waren, wollte man die produktionstechnischen Voraussetzungen für ein serienreifes Produkt schaffen.

Um den Sinn für die Komplexität der Konstruktionsaufgabe zu schärfen, empfiehlt es sich, den Konstruktionsprozess der Porsche GmbH zunächst in seine Einzelteile zu zerlegen und ihn danach an einem besonders markanten Beispiel – den konstruktiven Anfängen des Volkswagens – zu veranschaulichen. Am Anfang dieses Prozesses stand Ferdinand Porsche, da er die zentrale Aufgabenstellung vorgab. Er definierte das konstruktiv zu lösende Problem; im Fall des Volkswagens handelte er proaktiv, indem er selbst die Herausforderung erschuf, für die er eine adäquate Lösung präsentieren wollte. Porsches geschichtsmächtigste Konstruktion geht also auf die Eigeninitiative des Konstrukteurs zurück. Der Regelfall war aber ein anderer: Ein Unternehmen der Automobilindustrie beauftragte das Konstruktionsbüro, zu einem Fixpreis eine konstruktive Lösung für ein fahrzeugtechnisches Problem zu erarbeiten, wobei die Neukonstruktion eines Automobils die bei Weitem größte Herausforderung darstellte. Porsches Aufgabe bestand darin, im Dialog mit dem Auftraggeber das zu lösende Problem so zu operationalisieren, dass die Lösungssuche optimiert wurde.

Ferdinand Porsche entwarf dabei stets die Architektur der Gesamtlösung – und genau darin lag sein genuin schöpferischer Beitrag. In Porsches Kopf verdichtete sich eine Konzeption, wie die Herausforderung optimal zu bewältigen war. Im Sinne eines Sprachgebrauchs, der »Konzeption« und »Zeugung« verbindet, war dieser geistige Schöpfungsakt ein Akt der Selbstzeugung; und damit war der kreative Impuls, der am Beginn eines jeden Konstruktionsvorgangs stand, durchaus anschlussfähig an einen Geniediskurs,[39] der auch für die geistige Vaterschaft an technischen Artefakten in Anspruch genommen werden konnte. Dabei handelte es sich allerdings nicht um eine voraussetzungslose *creatio ex nihilo*; Porsche gehörte nicht zu der raren Spezies von Erfindern, die prometheusgleich die Welt aus den Angeln hoben. Er griff bei seinen Lösungsentwürfen auf bereits vorhandene Bausteine zurück, die er kreativ kombinierte, so dass im Ergebnis mehr herauskam als die Summe der Einzelteile. Porsche profitierte von seiner Berufserfahrung und den Zulieferungen einer professionellen Mannschaft; auf diese Weise konnte er mannigfache Anregungen aufgreifen und diese in seine Konstruktionsentwürfe einbauen.[40] Seine Originalität als Konstrukteur beruhte mithin darauf, dass er sich bei vielen Ideenlieferanten bediente und in der ungewöhnlichen Kombination von Teillösungen, die auf ein kühnes Ziel ausgerichtet waren, jenen kreativen Mehrwert erzielte, der einen qualitativen Sprung darstellte.

Von der konstruktiven Zeugung durch Porsche bis zur Geburt eines funktionsfähigen Fahrzeugs war jedoch ein weiter Weg zurückzulegen, was im Falle des Volkswagens länger als neun Monate in Anspruch nahm. Der erste Schritt auf dieser langen Etappe bestand darin, die kreativen Vorstellungen Porsches sichtbar zu machen. Die Aufgabe befand sich noch in einem abstrakten Stadium und musste eine zeichnerische Umsetzung erfahren, die bereits konkrete Lösungsansätze enthielt. Da Ferdinand Porsche das technische Zeichnen nicht beherrschte, war er darauf angewiesen, dass es seinem engsten Mitarbeiter, Oberingenieur Karl Rabe, gelang, seine Konzeption noch im Stadium der Gedankenverfertigung zeichnerisch in dieser Weise zu fixieren.[41] Der technische Instinkt und die Eingebungen Porsches allein reichten jedenfalls nicht aus,[42] um seine Vorstellungen – und waren sie auch noch so originell – in die Verfahrensabläufe seines Unternehmens einzuspeisen. Aus eigener Kraft konnte Porsche keine Gesamtarchitektur entwerfen.[43]

Es war Karl Rabe, der ihm zur Seite stand und mit seinen Mitarbeitern den Ursprungsentwurf anfertigte. Auf Basis dieses Grobentwurfs wurden dann die Experten beauftragt, für ihr jeweiliges Spezialgebiet technische Lösungen vorzulegen. Das Feilen an diesen Teillösungen schlug sich in technischen Detailzeichnungen nieder, deren Genese Porsche überwachte, wobei er gelegentlich Korrekturen anbrachte, ohne seinen Spezialisten allzu sehr hineinzureden. Im Konstruktionsbüro fand mithin ein langwieriger und komplexer Reifungsprozess der Ursprungsidee statt; dabei fiel vor allem den Chefingenieuren mehr als nur eine Geburtshelferrolle zu. Der Getriebeexperte Karl Fröhlich, der Motorspezialist Josef Kales, der für Vorder- und Hinterachse zuständige Josef Zahradnik, der Bearbeitungsspezialist Oswald Kux und der Karosserieexperte Erwin Komenda standen in ihrem Großraumbüro in ständigem Austausch und suchten die optimale technische Umsetzung. In diesem kreativen Brutkasten entstanden immer detailliertere Zeichnungen, so dass die Ursprungsidee Porsches in einem iterativen Prozess allmählich eine anschauliche zeichnerische Gestalt gewann.[44] Am Ende dieser sogenannten Detaillierung standen technische Zeichnungen, die in einem letzten Durchgang vom Wissenschaftler im Porsche-Team, Josef Mickl,[45] durchgerechnet und aerodynamisch optimiert wurden. Auf diese Weise gelangte man zu produktionstechnischen Planungsunterlagen, die einen mathematischen Optimierungsprozess durchlaufen hatten.

Der Weg von der ursprünglichen Problemformulierung bis zur Detailskizze war also überaus komplex und kurvenreich. Es handelte sich um keinen linearen Ablauf, weil iterative Schleifen gedreht wurden und die Wahl zwischen mehreren technischen Lösungen gewährleistet sein musste. Die Dynamik teaminterner Kommunikation schützte davor, dass man sich auf eine fixe Idee versteifte und sich in untauglichen Lösungsansätzen verbiss. Diese strukturelle Fähigkeit zur Selbstkorrektur hatte zur Folge, dass die Konstruktionsmannschaft eigentlich immer rechtzeitig den Rückwärtsgang fand, wenn man in eine Sackgasse zu geraten drohte. Ferdinand Porsche war in diesem Team insofern unersetzbar, als er die Eingangsproblemstellung formulierte, die Einzelschritte kontrollierte und in jeder Phase des Konstruktionsvorgangs ein profundes eigenes Urteil über die Entwicklung abzugeben vermochte. Dies erforderte eine ständige Präsenz Porsches vor Ort, das heißt im Büro in der Kronenstraße 24 im Stuttgarter Zentrum. Damit zeichnete sich aber bereits ab, dass der wirtschaftliche Erfolg des Unternehmens strukturell zu Lasten der Qualität der konstruktiven Lösungen ging. Denn je häufiger Porsche auf der immer hastigeren Jagd nach neuen Konstruktionsaufträgen die politische Landschaft pflegte, mit Kooperationspartnern Absprachen traf oder die Produktpalette unter seinem Einfluss stehender Fabrikationsstätten umorganisierte, desto mehr fehlte die ordnende und koordinierende Hand des Chefs im Konstruktionsbüro. Zwar konnte Porsche gerade in der Kriegszeit viele koordinative Aufgaben an seinen treuen Oberingenieur Karl Rabe delegieren. Aber er lud sich das letztlich nicht zu bewältigende Problem auf, dass die Fülle der übernommenen Konstruktionsaufgaben qualitativ nicht mehr auf die gewohnte Weise zu erledigen war. So kam es infolge dieses Strukturdefizits während der Kriegszeit zu konstruktiven Fehlschlägen, mit denen wir uns noch ausführlich beschäftigen werden.

Der Auftraggeber konnte auf Basis der Durcharbeitungen des Konstruktionsbüros im konstruktiven Detail an die technische Umsetzung gehen und einen Prototyp des bis dahin nur als Zeichnung vorliegenden Fahrzeugs erstellen. Damit endete normalerweise die Arbeit des Konstruktionsbüros; doch es ist eine Besonderheit des Porsche-Büros, dass sich sein Leiter nicht als reiner Dienstleister für die Fahrzeugindustrie verstand, sondern seinen Ehrgeiz daran setzte, auch an der Entwicklung der Prototypen beteiligt zu werden. Um im Bild zu bleiben: Der Erzeuger Porsche wollte im übertragenen Sinne auch über den dritten Monat der Schwangerschaft hinaus das in *statu nascendi* befindliche Kind begleiten und die technische Gestaltwerdung aktiv unterstützen. Diese spezifische Arbeitsweise des Konstruktionsbüros soll hier am Beispiel des »deutschen Volkswagens« veranschaulicht werden.

Die Porsche GmbH wurde am 17. Januar 1934 mit einem »Exposé betreffend den Bau eines deutschen Volkswagens«[46] auf dem zukunftsträchtigen Gebiet des Kleinwagenbaus initiativ. Dieses Exposé enthielt einen Anhang, der als Vorentwurf gelten kann. Es muss betont werden, dass ein solcher Vorentwurf das seriöse Ergebnis intensiver Vorstudien darstellte. Es handelte sich mithin keineswegs um eine bloße Ideenskizze; vielmehr war das zu lösende Problem bereits konstruktiv durchdrungen worden. Insofern enthielt der Vorentwurf präzise Angaben zu konstruktiven Details sowohl was das Fahrgestell als auch was die Karosserie anlangt.[47] Es verstand sich gleichsam von selbst, dass drei fein ausgearbeitete Skizzen[48] diese Konstruktionsmerkmale veranschaulichten: Sie zeigten das nackte Fahrgestell, das komplette Fahrgestell sowie die Karosserie.

Das Konstruktionsbüro gab also eine seriöse konstruktive Grundlage vor, auf der das sogenannte Detaillieren erfolgen konnte. Insgesamt hatten seine Spezialisten für die Konstruktion von Motor, Getriebe, Chassis und Karosserie enorm viel Zeit aufgewendet in dem Bestreben, die technische Machbarkeit der von Ferdinand Porsche ersonnenen Gesamtlösung zu demonstrieren. Im Regelfall hatte Porsches Büro mit der Einreichung der Detailzeichnungen seine Schuldigkeit getan. Allerdings reichte der Ehrgeiz der Porsche GmbH weit über die Lieferung der produktionstechnisch erforderlichen zeichnerischen Unterlagen hinaus. Das Konstruktionsbüro verstand sich von Anfang an als Komplettanbieter, der auch den Entwicklungsprozess begleiten konnte und wollte, falls der Auftraggeber dies wünschte. Insofern warb es damit, dass die fabrikatorische Umsetzung der konstruktiven Detaillösungen zum Gesamtpaket eines entsprechenden Auftrags zählte.[49] Allerdings fehlten dem Unternehmen die Versuchswerkstätten und überhaupt die erforderliche Infrastruktur, um die Entwicklung in Eigenregie durchführen zu können. Dieses Manko trat immer deutlicher hervor, je erfolgreicher die Porsche GmbH auf dem Sektor der Konstruktionsarbeit wurde. Daher war es bald das vorrangige strategische Ziel, hier Abhilfe zu schaffen und den Sprung zu einem eigenständigen Entwicklungsbetrieb zu wagen.

Beim Rennwagenbau war die Porsche GmbH erstmals aktiv in den Entwicklungsprozess eines von ihr konstruierten Fahrzeugs eingebunden. Laut Vertrag mit dem Hersteller Auto Union sollte das Unternehmen auch »an der Vervollkommnung und weiteren Entwicklung der Konstruktion sowie der Erprobung mit allen Kräften mitarbeiten«.[50] Damit gelang der Porsche GmbH der Einstieg in den komplexen Entwicklungsprozess. Allerdings fand diese Arbeit nicht in Stuttgart, sondern im Hauptquartier von Auto Union, in Zwickau, statt, weil nur dort die erforderliche Infrastruktur vorhanden war. Der dynamische Rückkoppelungsprozess zwischen Konstrukteuren und Entwicklern litt darunter, dass beide Komponenten nicht an einem Ort und in einer Hand waren. Zudem kam Porsche nun intensiv mit einem Thema in Berührung, das die Gemüter erhitzte, weil es eng mit der Vorstellung des genialischen Erfindergenies verbunden war: dem Patent.

Die rechtsgeschichtliche Forschung hat Patente inzwischen als ertragreichen Untersuchungsgegenstand entdeckt,[51] während selbst eine kulturgeschichtlich aufgeschlossene Technik- und Unternehmensgeschichte mit diesem Querschnittsthema eher stiefmütterlich umgeht. Dabei handelt es sich um einen Untersuchungsgegenstand, der einen integrativen Zugriff aufgrund der Vielfalt der in ihm steckenden Aspekte geradezu verlangt. Hier soll zumindest ein Streifzug durch das Themengebiet unternommen werden – auch um dessen heuristisches Potenzial auszuloten. Das Recht steckt hierbei den Rahmen ab, weil die Patentrechtsgesetzgebung die Handlungsspielräume jedes Konstruktionsbüros bestimmt – und zwar in mehrfacher Hinsicht. Vor allem sollen hoheitlich erteilte gewerbliche Schutzrechte den Erfindungsreichtum der Urheber technischer Innovationen belohnen, indem sie ihnen das geistige Eigentum daran und damit dessen pekuniäre Verwertung zusprechen. Patente sind mithin eine Art Lebenssaft für jedes Unternehmen, das im Bereich der Technik reüssieren will. Zwar ist die Anzahl gemeldeter Patente als Maßstab für die Innovationsfreudigkeit von Unternehmen nicht unproblematisch. Doch es besteht kein Zweifel, dass Unternehmen ohne gesetzlich geschützte Neuerungen es langfristig schwer haben, sich in einem auf Konkurrenz basierenden Wirtschaftssystem zu behaupten.[52]

Die Anzahl und Qualität der angemeldeten Patente spielt überdies eine entscheidende Rolle bei der Konstruktion des Erfinderdiskurses, von dessen Bedeutsamkeit soeben die Rede war. Schon bei der ersten gesetzlichen Regelung des Patentwesens im Reichspatentgesetz vom 25. Mai 1877 stand die Auffassung Pate, dass der kreative Erfindergeist vor der mediokren Schar fleißiger, aber eben nicht zu eigenen geistigen Höhenflügen befähigter Nachahmer geschützt werden müsse. Insofern spiegelt die Geschichte des Patentrechts die imaginativen Wandlungen wider, denen das Erfinderbild unterworfen war.[53] Dies gilt insbesondere für das erwähnte Gesetz und die rechtlichen Auslegungen, die es im Laufe seiner bis 1936 währenden Geltungskraft erfuhr. Denn im Unterschied zu der Gesetzgebung in den USA mussten Erfinder und Patentbesitzer nicht identisch sein, so dass die Erteilung eines Patents nicht zwingend den Erfindungsgeist des Patentinhabers zum Ausdruck brachte. Im deutschen Patentrecht kam vielmehr derjenige in den Genuss solcher Schutzrechte, der eine Innovation als Erster anmeldete.[54] Die Loslösung der angemeldeten Erfindung vom Erfinder schuf ein neues Geschäftsmodell, das findige Unternehmen belohnte, die selbst keine umwälzenden Innovationen hervorbrachten, aber aus der Vorarbeit von Erfinderpionieren Kapital schlugen, indem sie deren Vorgaben in patentwürdige Verbesserungen überführten. Vor allem Großunternehmen gelangten auf diese Weise zu Patentanmeldungen am Fließband.[55]

Im Umgang mit Patenten trafen also vielfältige wirtschaftliche Interessen aufeinander, die beinhart verteidigt wurden. Speziell Großunternehmen mit ihren üppigen Patentabteilungen, die sich hochbezahlte Patentanwälte leisten konnten, neigten dazu, sich zu kartellartigen Patentgemeinschaften zusammenzuschließen und unabhängige Anbieter aus dem Markt zu drängen. Diese Tendenz wurde begünstigt durch eine Patentrechtsprechung, die dazu ermunterte, bei der Anmeldung von Patenten möglichst unklare und auslegungsfähige Schutzbereiche zu definieren. Auf diese Weise suchten Patentinhaber ihre Claims großzügig abzustecken und durch patentrechtliche Schutzzäune Wettbewerbern den Zugang zum Markt zu erschweren. Daraus lässt sich unschwer ablesen, dass es weltfremd wäre, Patente und deren Inhaber zum makellosen Ausweis reinen erfinderischen Wollens zu stilisieren. Als Porsche seine ersten unternehmerischen Gehversuche unternahm, stellte der Umgang mit Patenten jedenfalls eine wirtschaftliche Kampfzone dar, in der die eigentlichen Erfinder gegen geschäftstüchtige Verwerter oft den Kürzeren zogen.

Der Mythos vom Erfindergenie Porsches beruhte nicht zuletzt darauf, dass die Zahl der von Porsches Unternehmen angemeldeten Patente als Gradmesser für den Erfindungsreichtum des Unternehmers herangezogen wurde.[56] An dieser Einschätzung mag auch Werner von Siemens, einer der bedeutendsten Erfinderunternehmer des 19. Jahrhunderts, beteiligt gewesen sein, der sich für den rechtlichen Schutz des Erfinders eingesetzt hatte und als einer der Väter des ersten Patentgesetzes gelten kann.[57] Dabei lässt – zumindest bis zur Novellierung des Patentgesetzes im Mai 1936 – die schiere Anzahl der Patente keinen eindeutigen Rückschluss auf ingeniöse Ursprünge des Patentinhabers zu, da es sich bei diesem auch um den geschäftstüchtigen Anmelder einer vom wahren Erfinder ersonnenen Innovation handeln konnte. Und selbst wenn sämtliche von der Porsche GmbH angemeldeten Patente im eigenen Haus entstanden waren, würde dies noch keine qualitative Aussage über die Originalität der als schutzwürdig eingestuften Rechte erlauben. Ein wirklich aussagekräftiges Kriterium war dagegen die sogenannte Erfindungshöhe:[58] Nur wenn die patentierte Innovation ein Vorstoß in wirkliches Neuland war, kam ihr eine respektable Erfindungshöhe zu. Im Regelfall waren die zum Patent angemeldeten Neuerungen aber lediglich technische Verbesserungen im Detail, die als schutzwürdig deklariert wurden. Diese Erfindungen verschoben gewissermaßen nur das Komma um einige Stellen nach links oder rechts und durften daher nicht mit einem Pionierpatent gleichgesetzt werden, das eine kreative Neuschöpfung darstellte.[59]

Fachleute haben Zweifel angemeldet, ob die Porsche-Patente wirklich von einer solchen Erfindungshöhe waren.[60] Beim Urteil darüber sollte jedoch in Rechnung gestellt werden, dass das Konstruktionsbüro eine synthetische Kernaufgabe verfolgte, die strukturell eher auf die Nutzung fremder Patente als auf die Entwicklung eigener Patente ausgerichtet war. Die konstruktiven Anstrengungen galten dem Entwurf einer Gesamtlösung, die aus der kreativen Konfiguration von Einzelbauteilen erwuchs, die nicht selten von geschäftstüchtigen Anmeldern patentiert worden waren. Der kreative Mehrwert einer Gesamtkonstruktion war hingegen nicht patentwürdig, weil er sich einer exakten technischen Beschreibung entzog, weswegen die gestalterische Qualität von Konstruktionen sich eher urheberrechtlich als patentrechtlich erfassen ließ.[61]

Porsche beschäftigte daher einen sogenannten Patenthasen, der die Aufgabe hatte, die im Konstruktionsbüro erstellten Zeichnungen daraufhin zu inspizieren, ob beim Detaillieren fremde Patente verletzt wurden; dass dieser Spezialist bei seinen Inspektionen patentfähige Eigenentwicklungen entdeckte, scheint eher ein rares Abfallprodukt seiner Tätigkeit gewesen zu sein.[62] Leider haben sich archivalische Unterlagen zu den Porsche-Patenten, mit deren Hilfe Tiefenbohrungen angestellt werden können, kaum erhalten. So bewegt man sich überwiegend im Bereich von Vermutungen, wobei sich der Eindruck aufdrängt, dass die patentierten Verbesserungen der Porsche GmbH aus den erwähnten Gründen von einer eher niedrigen Erfindungshöhe waren. Porsche meldete keine Pionierpatente an, wie sie etwa der Dieselmotorexperte Adolf Schnürle vorzuweisen hatte, der 1925 für seinen Arbeitgeber Klöckner-Humboldt-Deutz A.G. (KHD) und 1935 in eigener Sache im Bereich der Zweitaktverbrennungsmotoren Neuland betreten hatte, so dass alle Nachahmer entweder Lizenzgebühren zu entrichten hatten oder einen aufwendigen Umweg einschlugen, um den vom Schnürle-Patent versperrten Weg zu umgehen.[63] Im Portfolio Porsches befand sich allem Anschein nach nur ein einziges Patent, welches mit dieser Erfindung einigermaßen Schritt halten konnte: die Drehstabfederung, welche die Fahreigenschaften erheblich verbesserte, so dass die Lizenzierung dieser grundlegenden Verbesserung werthaltig war.[64] Ansonsten konnte die Porsche GmbH zwar eine stattliche Zahl von Patentanmeldungen vorweisen, die aber im Regelfall keine grundlegenden Innovationen darstellten.

Von 1931 bis Mai 1933 – also in der krisenhaften Anfangsphase – meldete das Unternehmen insgesamt 44 Verbesserungen zum Patent an. Die folgenden drei Jahre – bis zur Neuregelung des Patentrechts im Mai 1936 – wartete die Porsche GmbH mit insgesamt 31 Anmeldungen auf.[65] Von diesem Zeitpunkt an taucht der Name des Erfinders ausdrücklich in der Patentschrift auf, so dass es sich lohnt, die bis Ende 1939 von der Porsche GmbH/KG angemeldeten 45 Alleinpatente daraufhin zu mustern, welche findigen Köpfe hinter den Patentanmeldungen des Unternehmens steckten. Branchenüblich erschienen dabei auch Namen von Personen, die nicht im Unternehmen beschäftigt waren. Eine interne Rangliste sah Erwin Komenda mit neun Patentanmeldungen vorne, gefolgt von Oberingenieur Karl Rabe mit sechs und Ferdinand Porsche selbst mit fünf Patenten. Der Karosserieexperte Komenda profitierte allerdings davon, dass in seinem Metier kleine Verbesserungen des Wagenkastens[66] ausreichten, um patentwürdige Erfindungen deklarieren zu können. Wesentlich spektakulärer nahmen sich dagegen die beiden Patente aus, die der Aerodynamikexperte Josef Mickl im Dezember 1937 und Juni 1939 anmeldete: Sie betrafen beide die aerodynamische Optimierung eines Rennwagens. Im ersten Fall ging es um die »stromlinienförmige Verkleidung«;[67] im zweiten Fall legte Mickl eine Ausarbeitung für den von seinem Unternehmen konstruierten sogenannten Rekordwagen vor, der den Geschwindigkeitsweltrekord brechen sollte und daher ausgestattet war mit »um lotrechte Schwenkachsen verstellbare Flossen, welche das Abtreiben der Lenkräder durch die Wirkung von Seitenwinden verhindern«.[68]

Insgesamt kann man konstatieren, dass das Konstruktionsbüro eine gewisse Unbekümmertheit im Umgang mit Patenten an den Tag legte. Das ständige Schielen auf mögliche Patentverletzungen im Zuge der Konstruktionsarbeit hat allem Anschein nach nicht dazu verleitet, sich von der Realisierung technisch avancierter Lösungen abbringen zu lassen. Porsches Zorn auf Patente, die als lukrative Einnahmequelle von Lizenzgebühren konzipiert waren, wurde durchaus von weiten Kreisen geteilt, die nicht einsehen wollten, warum diejenigen, die eine einmal patentierte Neuerung nicht weiter verfolgten und deren technisches Innovationspotenzial nicht ausreizten, sich deren kreative Weiterentwicklung durch Dritte kräftig entgelten ließen. Der dafür gewählte Begriff »Wegelagererpatente«[69] kann einen polemischen Ausschlag nicht verleugnen und zeugt damit von der weit verbreiteten Skepsis gegen das Geschäftsmodell Patentlizensierung. Nichtigkeitsklagen gegen Patente, die von vornherein als eine Art Lösegeldforderung konzipiert wurden, waren in der Automobilindustrie praktisch an der Tagesordnung.[70]

Die Patentfrage erlangte für das Konstruktionsbüro im Gefolge des Volkswagen-Projekts neue Bedeutung. Es soll dem Thema Volkswagen an dieser Stelle nicht vorgegriffen werden. Daher geht es hier nur darum, Porsches führende Rolle bei der Konstruktion und Entwicklung des Volkswagens vor dem Hintergrund einer grundlegenden Änderung der Patentrechtslage einzuordnen. Denn die am 5. Mai 1936 in Kraft getretenen Gesetze über den gewerblichen Rechtsschutz[71] schufen eine optimale Ausgangslage, um Porsches hochfliegende Konstruktions-, Entwicklungs- und Produktionspläne hinsichtlich des Volkswagens patentrechtlich abzusichern. Die Gesetzesänderung aus dem Jahr 1936 stellte nach langem Vorlauf die Krönung von Bemühungen dar, die Position des Erfinders gegenüber dem Anmelder von Patenten zu stärken. Schon 1913 hatte es in diese Richtung weisende Vorstöße gegeben, die aber erst – auch wegen des Widerstands einer großindustriellen Lobby, die vom Anmeldeprinzip profitierte – nach einer mehr als zwanzigjährigen Vorlaufzeit in Gesetzesform gegossen wurden. Endlich erhielt der Erfinder einen aus seinem Erfinderpersönlichkeitsrecht abgeleiteten Patentanspruch, was zwar prinzipiell nicht eine Patentanmeldung durch Nichterfinder ausschloss, aber auf jeden Fall einen Vorrang des Erfinders gegenüber dem Nur-Anmelder begründete.[72]

Die Ausrichtung des neuen Patentgesetzes stand mithin im Einklang mit einer seit dem ausgehenden Kaiserreich herrschenden erfinderfreundlichen Stimmung, die von 1933 an auf günstige politische Rahmenbedingungen traf. Zwar wurde die Position des Einzelerfinders deutlich gestärkt, doch von den nationalsozialistischen Machthabern wurde im Gegenzug erwartet, dass die Früchte des individuellen Erfindergeistes mit der – auch im Kontext des Volkswagen-Projekts lautstark proklamierten – »Volksgemeinschaft« zu teilen waren. Dies lief darauf hinaus, die private Verfügungsgewalt über Patente massiv einzuschränken, indem der Staat durch Zwangslizensierungen und staatliche Vorbenutzungsrechte eine Distribuierung solcher Schutzrechte zum vermeintlichen Wohl der Allgemeinheit erzwingen konnte.[73] Die Akzentuierung und rechtliche Besserstellung des Erfinders wurden mithin erkauft durch die Verpflichtung, die Erfindung in die »Volksgemeinschaft« einzubringen.[74] Damit war ein Einfallstor geöffnet, das volksgemeinschaftsrelevanten Projekten ein politisch gewolltes Zugriffsrecht auf Patente sicherte. Für Porsche stellten diese Bestimmungen eine ideale rechtliche Flankierung dar, da die am Volkswagen-Projekt beteiligten führenden deutschen Automobilhersteller die von ihnen gehaltenen und in das VW-Projekt einzubringenden Patente stillschweigend an den Konstrukteur abtraten. Für die Tätigkeit des Konstruktionsbüros war es von erheblicher Bedeutung, dass es keine Rücksicht auf mögliche Patentverletzungen nehmen musste und seine Fantasie nicht durch patentrechtliche Einschränkungen gehemmt wurde.

Porsche profitierte dabei von der Vorarbeit der »Deutschen Arbeitsfront« (DAF). Diese Massenorganisation stand unter der straffen Führung eines promovierten Chemikers, Dr. Robert Ley, der in den 1920er Jahren Berufserfahrung bei den Bayer Farbenwerken in Leverkusen gesammelt hatte und möglicherweise in dieser Zeit ein Eigeninteresse für patentrechtliche Fragen entwickelt hatte. Als einer der lautstärksten Verfechter eines »nationalen Sozialismus« innerhalb der Staatspartei NSDAP positionierte Ley die DAF als »volksgemeinschaftlichen Dienstleister«.[75] Vor allem aus diesem Grund setzte sich die DAF engagiert für eine Novellierung des Patentrechts ein[76] mit dem Ziel, technische Schutzrechte der alleinigen Verfügungsgewalt durch den privaten Rechteinhaber zu entziehen. Zur Realisierung volksgemeinschaftlicher Kernaufgaben sollten Patente daher ohne Nutzungsentschädigung herangezogen werden können. Als die DAF dann im Jahr 1937 mit der

Fabrikation des von Porsche konstruierten und entwickelten »Volkswagens« beauftragt wurde, geschah dies ausdrücklich unter der Maßgabe, »Werte, die bisher der Gesamtheit des Volkes aus wirtschaftlichen Gründen nicht zugänglich waren, durch [...] die Zusammenfassung aller Kräfte zu erschließen«.[77] Eine solche Generalermächtigung umfasste auch eine volksgemeinschaftstaugliche Verwertung der Patente. Vieles deutet darauf hin, dass sich Porsche mit diesem Partner in der Volkswagen-Sache in einer starken Position gegenüber den Patentinhabern aus der Automobilindustrie wähnte: Mit der DAF im Rücken würden die Patentinhaber die Außerkraftsetzung ihrer Schutzrechte aus wohlverstandenem Eigeninteresse hinnehmen – möglicherweise auch aus der Erwartung heraus, »dass die DAF sich stark genug fühlte, diese Dinge eines Tages wieder zu bereinigen«.[78] Allerdings hatte die Kooperation mit der DAF auch eine Kehrseite: In dem Moment, in dem die Porsche KG ihre eigenen, in das Volkswagen-Projekt eingeflossenen Patente privatwirtschaftlich zu verwerten gedachte, würde die DAF als Wächter der »Volksgemeinschaft« auf den Plan treten und die privatrechtliche Verfügung über solche Schutzrechte einschränken. Genau daran sollte sich ein heftiger Streit entzünden, der erst nach Jahren beigelegt werden konnte.

In der Anfangszeit der Volkswagen-Konstruktion hatte sich das Konstruktionsbüro noch erstaunlich wenig mit Patentstreitigkeiten herumzuschlagen. Dieser Umstand fällt ins Gewicht, weil derartige Auseinandersetzungen ein probates Mittel waren, um unliebsame Konkurrenten aus dem Markt zu drängen, zumindest aber Arrangements zu erzielen, die es ermöglichten, in irgendeiner Form an einer Erfindung zu partizipieren.[79] Karl Rabe berichtet in seinen Tagebüchern von manchen Auseinandersetzungen, die in den ersten Jahren nach Gründung des Konstruktionsbüros zwischen verschiedenen Unternehmen geführt wurden.[80] Da sich Porsche zunehmend auf einem politisch geschützten Terrain bewegte, auf dem die Akteure nicht hartnäckig auf die Beachtung ihrer Patentrechte pochen konnten, erklärt sich die abnehmende Bedeutung dieser Frage. Von originär privaten Auftraggebern war Mitte der 1930er Jahre eigentlich nur Daimler-Benz übrig geblieben – und die Art und Weise, wie beide Geschäftspartner die heiklen Patentangelegenheiten regelten, vermittelt einen tiefen Einblick in die damals üblichen Geschäftspraktiken.

Als die Porsche GmbH von 1930 an auf dem hart umkämpften Sektor der Fahrzeugtechnik Fuß zu fassen suchte, waren Patentstreitigkeiten mit namhaften Automobilherstellern vorprogrammiert – so auch mit Daimler-Benz. Beide Seiten entwickelten einen fast sportlich anmutenden Ehrgeiz darin, Einsprüche gegen die Patentanmeldungen des Gegenübers einzulegen, damit solche Schutzrechte Dritter nicht Eigenentwicklungen behinderten. Es gehörte zur üblichen Geschäftspraxis, dass man Hindernisse in Gestalt solcher Fremdpatente durch Anfechtungen zumindest eine Zeitlang aus dem Weg zu räumen suchte. Porsche und Daimler-Benz beharkten sich vor allem auf dem Feld der Schwingachse, weil das Konstruktionsbüro in diesem Kernbereich seines Geschäftsfeldes besonders viele patentreife Verbesserungen vorgenommen hatte, die wiederum mit parallelen Innovationen der Konstruktionsabteilung von Daimler-Benz konkurrierten. So hatte sich zu Beginn des Jahres 1935 ein Zustand gegenseitiger Blockade herausgebildet: Daimler-Benz ging mit insgesamt 16 Patenteinspüchen gegen Porsche vor; Porsche revanchierte sich mit neun Einsprüchen gegen das Großunternehmen aus Stuttgart-Untertürkheim.[81] Dieses Muskelspiel hätte vermutlich weiter angedauert, wenn sich nicht eine Situation ergeben hätte, in welcher die wirtschaftlich potentere Seite – Daimler-Benz – einem Patentfrieden mit dem kleinen, gerade einmal 25 Beschäftigte zählenden Konstruktionsbüro den Vorzug gab. Am 2. Mai 1935 schlossen beide Seiten eine Vereinbarung, in der sie sich wechselseitig verpflichteten, ihre Einsprüche gegen die fraglichen Patente zurückzuziehen.[82]

Das Entgegenkommen des Automobilherstellers gegenüber dem Konstruktionsbüro war vor allem darauf zurückzuführen, dass Porsche Rückendeckung in einer überaus bedeutsamen Patentstreitigkeit gewährte, im Vergleich zu der die Auseinandersetzung um Schwingachsenpatente eine Lappalie war. Es ging um das vermutlich ergiebigste und damit in finanzieller Hinsicht äußerst werthaltige Patent, welches sich für den Geltungsbereich des Deutschen Reichs im Besitz von Daimler-Benz befand. Derartige Patente waren immer Erfinderpatente im eigentlichen Sinne des Wortes, die sich als »Prinzipienpatent« den Königsweg zur Lösung eines technischen Problems patentieren ließen, den eigentlich alle passieren mussten, die in diesem Sektor tätig waren. In diesem speziellen Fall handelte es sich um ein originelles Verfahren zur »Abfederung für Kraftfahrzeuge mit vier voneinander unabhängig federnden Rädern«,[83] das bezeichnenderweise nicht von findigen Ingenieuren aus Stuttgart ersonnen worden war, sondern von einem der bedeutendsten (allerdings auch unbekanntesten) Erfinder, der die Kraftfahrzeugtechnik der 1920er Jahre mit Ideen befruchtete, die kein großer Automobilhersteller ignorieren konnte: Der 1882 geborene Dimitri Sensaud de Lavaud[84] war ein multikultureller Weltbürger, der in den 1920er und 1930er Jahren von Paris aus die Fachwelt mit technischen Innovationen verblüffte, die patentrechtlich auf der ganzen Welt geschützt wurden.

Im Deutschen Reich hatte Sensaud de Lavaud seine Erfindung am 22. August 1929 patentieren lassen. Daimler-Benz erkannte, dass dieses Patent Gold wert war, weil es einen Lösungsweg im Bereich der Federung schützte, auf dem die Mitbewerber ihm unbedingt folgen mussten. Die von Lavaud ersonnene Maßnahme verringerte die Querschwingungen nämlich ganz erheblich und stellte damit einen enormen technischen Mehrwert dar. In der Hoffnung auf lukrative Geschäfte erwarb Daimler-Benz dieses Lavaud-Patent 1932. Diese Investition ist auch deswegen beachtlich, weil der Automobilhersteller in diesem Jahr von existenziellen Sorgen geschüttelt war, einen Rekordverlust von fast 11 Millionen Reichsmark eingefahren hatte und sich daher bei Investitionen auf das Allernotwendigste (weniger als 500 000 Reichsmark) beschränkte.[85] So waren die 8000 Reichsmark Kaufpreis für das erwähnte Lavaud-Patent keine unerhebliche Summe, zumal der geistige Vater Lavaud noch mit 60 Prozent an den Nettolizenzerträgen (mit Ausnahme von Deutschland) partizipierte.[86]

Allerdings provozierte das Stuttgarter Unternehmen damit eine heftige Reaktion der betroffenen Hersteller, die alle ihnen zu Gebote stehenden Rechtsmittel mobilisierten, um das Lavaud-Patent zu entwerten. Fünf bedeutende Produzenten (Opel, Auto Union, Adler, Tatra, Neue Röhrwerke) erhoben vor dem Patentamt Nichtigkeitsklage und hatten damit in erster Instanz auch Erfolg.[87] Daimler-Benz suchte daraufhin nach einer Kompromisslösung und schlug allen vom Lavaud-Patent Betroffenen Vereinbarungen vor, welche die Nutzung dieses Patents gegen die Entrichtung moderater Lizenzbeträge gestatteten. Porsche wurde in dieses durchaus übliche Verfahren einbezogen, weil das Lavaud-Patent die von Porsche gehaltenen Schwingachsenpatente tangierte.[88] In der bereits angesprochenen Vereinbarung vom 2. Mai 1935 erhielt daher auch Porsche – gegen Zahlung von Lizenzgebühren – das Anwendungsrecht. Besonders wichtig war Daimler-Benz die Versicherung der Porsche GmbH, dass diese darauf verzichtete, »die LAVAUD-Patente in irgendeiner Weise anzugreifen«.[89]

Allein diese Wortwahl – ein fremdes Patent konnte »angegriffen« werden – zeugt davon, dass patentrechtliche Auseinandersetzungen mit harten Bandagen und nicht mit Samthandschuhen ausgetragen wurden. Im Streit um die Nutzung des Lavaud-Patents steckte allerdings mehr als das übliche Kräftemessen, weil sich daran auch die exzeptionelle Stellung des Volkswagen-Projekts ablesen lässt. Daimler-Benz hatte nämlich in seinen vertraglichen Abmachungen mit Porsche, welche im Zuge der Herstellung des Patentfriedens auch die Nutzung des Lavaud-Patents regelten, eine Sonderregelung für die Volkswagen-Konstruktion getroffen. Für diese im Auftrag des Reichsverbands der Automobilindustrie durchgeführte Arbeit hatte Porsche keine Lizenzgebühren für eine eventuelle Nutzung des Lavaud-Patents zu entrichten.[90] Aus diesen eindeutigen Bestimmungen lässt sich unschwer ableiten, dass Daimler-Benz die lizenzfreie Nutzung gehaltener Patente in das ausdrücklich als Gemeinschaftswerk titulierte Volkswagen-Projekt einbrachte. Dieses Prestigeprojekt Hitlers markierte zugleich eine zentrale Einbruchstelle für eine Kollektivierung geistigen Eigentums, über welche nicht nur Automobilunternehmen zunehmend Klage führten.[91] Mit Verweis darauf, dass zum Wohle der »Volksgemeinschaft« eine Überlassung von Patenten und Betriebsgeheimnissen erforderlich sei, verfügte der Staat über eine weit auslegbare Generalermächtigung, deren bloße Existenz beim Volkswagen-Projekt die beteiligten Automobilhersteller – allen voran Daimler-Benz – zum Stillhalten anhielt.

Porsche plagte dabei kein schlechtes Gewissen, da sich der Konstrukteur in vollem Einklang mit dem Wortlaut der grundlegenden Vereinbarung mit dem RDA – diese datierte vom 28. Juni 1934 – wusste und auch sehr genau taxieren konnte, dass sich Daimler-Benz patentrechtlich dadurch entwaffnet hatte, dass es über den RDA den Porsche-Konstrukteuren freien Zugriff auf alle eigenen technischen Schutzrechte gewährt hatte.[92] Als sich im Jahr 1938 abzeichnete, dass – aus Sicht von Daimler-Benz wider Erwarten – ein nach Porsches Vorstellungen konstruierter Volkswagen vom Band laufen würde, wobei Produktion und Vertrieb durch die DAF erfolgen sollten, startete man einen letzten Versuch, von dieser Entwicklung zu profitieren.

Es bedurfte durchaus keiner prophetischen Gaben, um dem Volkswagen einen enormen Absatz im In- wie im Ausland zu prognostizieren. Und so unternahm die Daimler-Spitze im Mai 1938 einen Versuch, die Handlungsspielräume hinsichtlich möglicher Lizenzerträge auszuloten, welche das von Porsche für den Volkswagen verwendete Lavaud-Heck-Patent gewähren konnte. Für Porsche bedeutete diese unerwartete Initiative zweifellos »eine unangenehme Überraschung«,[93] deren Folgen sich allerdings in engen Grenzen hielten. Zwar hakte Daimler-Benz am 25. November 1940 noch einmal nach;[94] doch Porsche ließ sich nicht erweichen und antwortete auf diesen letzten Vorstoß nicht einmal.[95] Die Porsche KG konnte sich das leisten, weil das Volkswagen-Projekt das Unternehmen in einen kaum noch angreifbaren Status katapultiert hatte. Das Kräfteverhältnis zwischen Porsche und Daimler-Benz hatte sich inzwschen gründlich verschoben. Noch im Jahr 1935 hätte Porsche eine patentrechtliche Kraftprobe mit dem Großunternehmen kaum wagen können,[96] sondern musste vielmehr froh sein über den abgeschlossenen Lizenzvertrag. Fünf Jahre später lief die letzte Initiative Daimlers, die Lavaud-Patente zu versilbern, auch deswegen ins Leere, weil Porsche diesen Versuch einfach ignorierte.

Baron Hans von Veyder-Malberg,
Prokurist und Gesellschafter
von Februar 1933 bis Oktober 1944.

KAPITEL 5

Familienunternehmen pur – das Hinausdrängen familienexterner Gesellschafter

Bei der Gründung der Dr. Ing. h.c. F. Porsche GmbH im Jahr 1931 gab es nur einen Gesellschafter, der nicht der Familie Porsche-Piëch angehörte: der Pforzheimer Geschäftsmann und ehemalige Privatrennfahrer Adolf Rosenberger. Die Beziehung zwischen der Familie Porsche-Piëch und Rosenberger gehört zu den heikelsten Kapiteln in der Geschichte des Konstruktionsbüros. Die Gründe, warum er Anfang 1933 als kaufmännischer Leiter und Mitte 1935 schließlich als Mitgesellschafter aus dem Unternehmen ausschied, sollten in den Jahren 1949 und 1950 Juristen beschäftigen, die sich unter anderem mit dem gravierenden Vorwurf zu befassen hatten, Rosenberger sei wegen seiner jüdischen Herkunft aus dem Geschäft gedrängt worden. Im Laufe des Verfahrens über seine Rückerstattungsansprüche erhielten beide Parteien Gelegenheit, ihre Version der Geschichte darzulegen. Porsches Rechtsvertreter zitierten in einem rund vierzigseitigen Antrag aus einigen Unterlagen, die in der ersten Hälfte der 1930er Jahre entstanden waren, betonten aber gleichzeitig, dass andere Unterlagen aus jener Zeit im Kriege verlorengegangen seien.[1] Die Gegenseite zweifelte weder die Existenz der Schriftstücke noch die Richtigkeit der Zitate an, bemängelte aber, dass sie derart willkürlich zusammengestellt worden seien, dass sich daraus ein nachteiliges Bild von Rosenberger ergeben habe.[2]

Dass sich in einer Geschäftsbeziehung die Wege trennen, gehört zum Alltag des Wirtschaftslebens. Im Fall Rosenberger ist jedoch besonders hartnäckiges Nachbohren geboten, weil sein doppeltes Ausscheiden – im Januar 1933 aus der Geschäftsführung und Mitte 1935 aus dem Gesellschafterkreis – unweigerlich die Frage aufwirft, ob nicht Rosenbergers mosaischer Glaube der wahre Grund für dieses Ausscheiden war. Warum verließ unmittelbar nach dem Machtantritt der Nationalsozialisten ausgerechnet das einzige Mitglied der jüdischen Religionsgemeinschaft im Gründungsteam der Dr. Ing. h.c. F. Porsche GmbH das Unternehmen? War Rosenberger für Porsche möglicherweise zu einer politischen Belastung geworden, als das Unternehmen endlich das wirtschaftliche Tal durchschritten hatte und sich auf Expansionskurs befand? Wollte man sich eines politisch unliebsamen Gesellschafters entledigen, der die Porsche GmbH bei den neuen nationalsozialistischen Machthabern möglicherweise in Misskredit bringen konnte? Verbarg sich hinter Rosenbergers Ausscheiden aus dem Gesellschafterkreis womöglich auch das Interesse, zu einem Spottpreis an seine Gesellschafteranteile zu gelangen? War Porsche mithin sogar ein Arisierungsgewinner?

Solchen Fragen kann der Historiker nicht ausweichen, aber zugleich kann er Erkenntnisse immer nur anhand vorhandener Quellen gewinnen. Dies ist gerade in diesem Fall besonders kompliziert, da der bei weitem wichtigste Quellenbestand – der im Zuge der gerichtlichen Auseinandersetzung Rosenbergers gegen die Porsche KG 1949/50 entstand – Stellungnahmen beider Seiten enthält, die ihrer Natur nach parteilich sind. Dennoch lassen sich aus den Gerichtsakten einigermaßen valide Sachverhalte herausfiltern; darüber hinaus haben sich an anderen Stellen Zeugnisse erhalten, die – wenn man sie zusammensetzt – zu einer vorsichtigen Einschätzung dieser heiklen Causa berechtigen. Dennoch stehen die nachfolgenden Ausführungen unter dem Vorbehalt, dass wichtige Dokumente, die zur Aufklärung beitragen könnten, nicht verfügbar waren.

Es wäre nicht angebracht, den Umgang mit Rosenberger von der in den vorangegangenen Kapiteln erläuterten Strategie Porsches zu separieren, das von ihm begründete Unternehmen etappenweise in ein reines Familienunternehmen zu transformieren. Diese alle Aktivitäten überwölbende Absicht implizierte, dass für familienfremde Gesellschafter in der zunächst gewählten handelsrechtlichen Form einer GmbH auf Dauer kein Platz war. Der einzige familienexterne Gesellschafter Alfred Rosenberger hatte gemäß dieser Zielsetzung den Kreis der Gesellschafter über kurz oder lang zu verlassen. Dass Rosenbergers Religionszugehörigkeit Porsche diesen Schritt erleichterte, ist unbestritten und wird im Folgenden ausgeführt werden. Doch es handelte sich – und dies ist entscheidend – beim Ausscheiden Rosenbergers aus dem Gesellschafterkreis nicht um eine politisch oder gar rassenideologisch motivierte Aktion, sondern um einen aus dieser unternehmerischen Ratio resultierenden Schritt, von dem keiner verschont blieb, der nicht zum Familienstamm zählte. Dies musste auch Hans von Veyder-Malberg erfahren, der im Jahr 1933 den Kreis der Gesellschafter um ein familienfremdes Mitglied erweitert hatte.

Der aus altem österreichischen Adel stammende Baron bot in Bezug auf die »Rassezugehörigkeit« keine Angriffsflächen; aber er wurde ebenfalls auf nicht besonders elegante Weise aus dem Gesellschafterkreis hinauskomplimentiert. Bemerkenswert ist, dass die beiden aus der GmbH Hinausgedrängten weiterhin in unterschiedlicher Weise für das Konstruktionsbüro tätig waren. Rosenberger und Baron Malberg schieden also nicht im Zorn, nachdem sie den Gesellschafterkreis hatten verlassen müssen, sondern zeigten vielmehr eine starke Bindung an das Unternehmen, das sie mit aufgebaut hatten beziehungsweise an dessen wirtschaftlichem Erfolg sie maßgeblich beteiligt waren. Darin gleichen sich die Fälle Rosenberger und Malberg. Überdies standen beide Familien in einer engen Beziehung, die gewiss auch durch gemeinsame wirtschaftliche Interessen jenseits der Beschäftigung für die Porsche GmbH gestiftet war, aber eben auch einen freundschaftlichen Kern besaß. Dass Rosenberger auf Intervention von Baron Malberg innerhalb weniger Tage aus dem berüchtigten Konzentrationslager Kislau freikam, ist aber nicht nur Ausdruck der persönlichen Verbundenheit zweier Kollegen. Die Tatsache, dass Baron Malberg auch in seiner Eigenschaft als Porsche-Geschäftsführer bei den Behörden zugunsten Rosenbergers vorstellig wurde, ist ein Indiz dafür, dass in der Führungsetage des Konstruktionsbüros Porsche kein antisemitischer Geist vorherrschte. Insofern ist davon auszugehen, dass Ferdinand Porsche und sein Rechtsbeistand und Schwiegersohn Anton Piëch sich nicht scheuten, familienfremde Gesellschafter mit harten Bandagen aus dem Unternehmen zu drängen, dass solche Aktionen aber keinen »rassenpolitischen« Hintergrund besaßen, sondern eine konsequente Umsetzung der auf die Etablierung eines Familienunternehmens gerichteten Strategie darstellten.

Die Beziehung zwischen Adolf Rosenberger und der Porsche GmbH ist aber auch einzubetten in den in der Weimarer Republik üblichen Umgang mit jüdischen Mitgliedern der deutschen Wirtschaftselite. Denn Rosenbergers Tätigkeit für und bei Porsche machte eben nur einen Teil seiner ausgedehnten Wirtschaftsaktivitäten aus. Gerade die feste wirtschaftliche und soziale Verflechtung in seiner Heimatstadt Pforzheim legt es nahe, Rosenberger als genuinen Wirtschaftsbürger einzustufen und mit den daraus zu erzielenden heuristischen Erträgen analytischen Mehrwert zu generieren, um Rosenbergers Position innerhalb des Konstruktionsbüros einordnen zu können.

Anfang 1931 waren bei den 300 größten deutschen Aktiengesellschaften mindestens elf Prozent der Vorstandsmitglieder und fast 25 Prozent der Aufsichtsratsmitglieder jüdischer Religion oder Herkunft.[3] Der Anteil der Juden an der deutschen Gesamtbevölkerung lag dagegen unter einem Prozent. Unter dem NS-Regime setzte bald ein Verdrängungsprozess ein mit dem Ergebnis, dass in nur anderthalb Jahren jüdische Unternehmensmitglieder in den Führungsgremien über die Hälfte ihrer Mandate verloren. Das geschah auf recht unterschiedliche Art und Weise, aber wenn es ein vorherrschendes Muster gab, so war es unter anderem bei der Degussa AG zu beobachten. Als »jüdische Gesellschaft« angefeindet, sah sie sich bald mit Anzeigen- und Abnehmerboykotten konfrontiert, so dass den jüdischen Gremienmitgliedern innerhalb des Unternehmens der Rückzug zwar nicht aufgezwungen, wohl aber zur Abwendung von wirtschaftlichem Schaden für den Konzern nahegelegt wurde. Ähnliche Erwägungen standen bei der Philipp Holzmann AG im Mittelpunkt, die in einer weitaus schärferen Form als die Degussa AG dem »Vorwurf« ausgesetzt war, von »jüdischem Kapital« finanziert zu werden. Hochrangige Repräsentanten der NSDAP drohten dem Baukonzern damit, bei der Vergabe der begehrten Staatsaufträge »arische« Konkurrenzfirmen zu bevorzugen. Der Rückzug der jüdischen Spitzenkräfte traf viele Unternehmen hart, weil gerade diese oft über Kenntnisse und Kontakte verfügten, auf die das Unternehmen nicht ohne Weiteres verzichten konnte. Der Elektrokonzern AEG und zahlreiche andere Gesellschaften behalfen sich daher mit Beraterverträgen, über die sie ihre jüdischen Mitarbeiter faktisch weiterbeschäftigten. Deren unerlässliches Know-how war allem Anschein nach ein wesentlicher Faktor, von dem abhing, wie eng sie weiterhin mit dem Unternehmen verbunden blieben. Sie konnten sich insbesondere in jenen Betrieben vergleichsweise lange halten – teilweise bis 1938/39 –, in denen ihre Kompetenzen als unentbehrlich galten.

Solche rationalen Kosten-Nutzen-Analysen waren sicherlich ein entscheidender Grund dafür, dass sich die deutsche Wirtschaftselite im Vergleich zu anderen Teilen der Bevölkerung nicht besonders aufgeschlossen für antisemitische Tendenzen zeigte. Die rassistischen Pöbeleien aus der Politik und von der Straße wurden in der Beletage der Unternehmen überwiegend als primitiver Angriff auf die distinguierte Spitze von Industrie und Hochfinanz empfunden.[4] Allerdings waren solch nüchtern-kalte Erwägungen auch der Schlüssel zur Erklärung des Umstands, dass sich viele Kaufleute und Unternehmen an der wirtschaftlichen Existenzvernichtung von Juden beteiligten. Um die nach den Jahren der Krise am Boden liegenden Gesellschaften zu sanieren, stellten sie bei der »Arisierung« jüdischen Eigentums den schnellen Profit über das kleine Einmaleins kaufmännischen und menschlichen Anstands.[5] In der Forschung sind diejenigen, die sich an diesem Raubzug beteiligten, in »gutwillige Geschäftsleute«, »stille Teilhaber« und »skrupellose Profiteure« eingeteilt worden; doch Martin Münzel hat inzwischen mit überzeugenden Argumenten dargelegt, dass solche Kategorien viel stärker differenziert werden müssen, weil die Eigentumsstrukturen und Kapitalverflechtungen bisweilen weitaus komplexer waren, als es solche Klassifizierungen vermuten lassen.[6]

Es ist also davon auszugehen, dass die neue politische Großwetterlage einer Unternehmensführung jede Menge Gelegenheit bot, jüdische Mitarbeiter und Geschäftspartner höflich hinauszukomplimentieren oder ihnen demonstrativ den Stuhl vor die Tür zu setzen. Ob dies geschah, hing auch davon ab, wie stark der Betreffende im Unternehmen verwurzelt war. Im Konstruktionsbüro Porsche war Rosenberger nicht nur einer von drei Gesellschaftern (mit einem Gesellschafteranteil von zehn Prozent), sondern für die wirtschaftliche Existenz des Unternehmens schlicht unverzichtbar, weil er die häufigen finanziellen Engpässe mit Bargeld aus seinem Privatvermögen überbrückte oder mit Mitteln, die er bei Dritten auftrieb. In den Tagebüchern von Karl Rabe ist mehrfach überliefert, dass nur durch solche Finanzspritzen die Gehälter der Mitarbeiter bezahlt werden konnten.[7] Dass Adolf Rosenberger für die Porsche GmbH weit mehr als der Geschäftsführer und einer von mehreren Gesellschaftern war, hatte sich in der Branche längst herumgesprochen: Er war derjenige, »der das Konstruktionsbüro Porsche finanziert«.[8]

Diese Finanzkraft machte Rosenberger unentbehrlich: Denn die Porsche GmbH wurde noch bis weit in das Jahr 1933 hinein als nicht kreditwürdig eingestuft, weshalb ihr der herkömmliche Finanzierungsweg über ein Kreditinstitut versperrt war. Rosenberger konnte, und auch das ist von nicht unerheblicher Bedeutung, auch deswegen immer wieder einspringen, weil er in seiner Heimatstadt Pforzheim ein eigenes wirtschaftliches Standbein besaß und zudem in der Pforzheimer Geschäftswelt bestens vernetzt war. Mit seinem Einkommen als Geschäftsführer der Porsche GmbH – monatlich maximal 1500 Reichsmark[9] – hätte er sich kaum als Finanzier hervortun können. Dazu verhalf ihm vielmehr sein Mitbesitz an einer im Zentrum Pforzheims gelegenen Immobilie, die als Kinosaal diente, an eine Lichtspielgesellschaft verpachtet war und regelmäßig beachtliche Einnahmen generierte, die sich auf knapp 50 000 Reichsmark jährlich belaufen haben dürften.[10] Rosenberger hatte mit nahen Angehörigen im Jahr 1925 erheblich in den Bau des Lichtspieltheaters investiert und damit einen wachen Geschäftssinn bewiesen. Indem er sich in dieser Sparte der Unterhaltungsindustrie engagierte, profitierte er überproportional am Aufkommen dieser visuell ausgerichteten Freizeitkultur.

Vor allen Dingen aber wusste Rosenberger Ressourcen und Wege, um in der Pforzheimer Geschäftswelt Geld aufzutreiben, wenn die eigenen Mittel nicht reichten. Dabei kam ihm auch zugute, dass seine beiden jüdischen Vettern Berthold und Rudolf Metzger in Pforzheim geschäftlich so etabliert waren,[11] dass sie im Notfall einspringen konnten. Die Porsche GmbH konnte also auf Finanzspritzen aus Pforzheim rechnen, weil Rosenberger als geachtetes Mitglied des Pforzheimer Bürgertums mittels seiner geschäftlichen und familiären Netzwerke dem Unternehmen immer wieder über Engpässe hinweghelfen konnte. Die feste Verankerung jüdischer Geschäftsleute in der bürgerlichen Lebenswelt Pforzheims wird auch deutlich an der Mitgliederliste des Pforzheimer Rotary Clubs, eine der wichtigsten Einrichtungen bürgerlicher Vergemeinschaftung, die einen überproportional hohen Anteil an jüdischen Namen enthält. Dies war unter anderem ein Grund für die Selbstauflösung des Clubs im Frühjahr 1933, da die nichtjüdischen Rotarier Solidarität mit ihren in Bedrängnis geratenen rotarischen Freunden jüdischen Glaubens übten.[12]

Rosenberger verfügte an seinem Lebensmittelpunkt Pforzheim während der turbulenten ersten Monate des Jahres 1933 also über einen einigermaßen sicheren Hafen. Das musste aber nicht zwangsläufig auch für sein Büro in der Kronenstraße 24 in Stuttgart gelten. War es mehr als eine zufällige Koinzidenz, dass Rosenberger ausgerechnet am 30. Januar 1933 aus der Geschäftsführung der Porsche GmbH ausschied, also an jenem Tag, an dem Reichspräsident Hindenburg Adolf Hitler zum Reichskanzler ernannte? Muss man darin nicht eine servile Verbeugung vor dem Zeitgeist sehen, die Vorsichtsmaßnahme eines Unternehmens, das nicht durch einen jüdischen Geschäftsführer auffallen wollte?

Die vorhandenen Zeugnisse belegen einen solchen Zusammenhang allerdings nicht. Im Konstruktionsbüro Porsche wurden die wechselhaften politischen Ereignisse an der Jahreswende 1932/33 nicht wirklich aufmerksam registriert. Kein einziges Wort verliert der Tagebuchschreiber Karl Rabe über die hohe Politik. Was dem Historiker retrospektiv als gewaltige Zäsur erscheint (die Betrauung Hitlers mit der Reichskanzlerschaft), ist dem Ingenieur Rabe kein Wort wert. Für viele Zeitgenossen war der Regierungswechsel am 30. Januar 1933 zunächst nur einer von vielen, wie es sie in den Jahren zuvor immer wieder gegeben hatte. Auch war die künftige Rolle Hitlers für viele nicht sonderlich politisch Interessierte zu dieser frühen Zeit schwer einzuschätzen; gerade Exponenten der politischen Linken galt nicht Hitler, sondern Alfred Hugenberg, der Vorsitzende der nationalistischen, aber nicht offen antisemitischen Deutschnationalen Volkspartei (DNVP), als der starke Mann des neuen Kabinetts.[13] Nicht außer Acht zu lassen ist zudem, dass nicht nur Karl Rabe und Ferdinand Porsche, sondern auch andere führende Ingenieure des Konstruktionsbüros aufgrund ihrer altösterreichischen Herkunft gar nicht die deutsche Staatsbürgerschaft besaßen und ihr Interesse an der Reichspolitik sich zumindest bis zu dem Zeitpunkt, als ein gebürtiger Österreicher die politische Macht in Deutschland übernahm, in engen Grenzen hielt.

Dass dem Regierungswechsel vom Januar 1933 in der Porsche GmbH kaum Beachtung geschenkt wurde, war aber wohl nicht nur auf das unpolitische Naturell Porsches sowie der Belegschaft zurückzuführen. An der Jahreswende 1932/33 galt die Aufmerksamkeit eher der Frage, wie die düsteren Wolken zu verscheuchen seien, die wieder einmal über dem Unternehmen hingen. Die finanzielle Lage war so dramatisch, dass selbst eine Aufgabe der Büroräume und ein Umzug in Porsches Villa erwogen wurden.[14] Selbst eine Insolvenz der GmbH war nicht mehr völlig ausgeschlossen. Für Rosenberger war diese Zuspitzung der Lage von weitaus größerem finanziellen Belang als für Porsche, da er bedeutende Geldmittel hätte abschreiben müssen, die er und seine Pforzheimer Verwandtschaft der GmbH ohne entsprechende

Sicherheiten zur Verfügung gestellt hatten. Das finanzielle Engagement Rosenbergers überstieg erheblich den Gesellschafteranteil, den Ferdinand Porsche in die GmbH eingebracht hatte und den er bei einer Insolvenz verloren hätte.

Aus Rosenbergers Sicht nahm im Januar 1933 eine Entwicklung ihren Lauf, die sich bereits im Herbst 1932 abgezeichnet hatte. Die wirtschaftliche Depression machte alle Bemühungen des Konstruktionsbüros zunichte, auf dem immer kleiner werdenden Markt Fuß zu fassen. Daher hatte Rosenberger bereits im September 1932[15] sein Ausscheiden aus der Geschäftsführung zum Ende des Jahres 1932 angekündigt. Er konnte sich diesen Rückzug finanziell leisten, weil er sich dank seiner Pforzheimer Immobilien in einer wirtschaftlich relativ gesicherten Lage befand und nicht auf die Einkünfte als Geschäftsführer der Porsche GmbH angewiesen war. Ihm kam es lediglich darauf an, dass die Porsche GmbH die von ihm mobilisierte Überlebenshilfe zurückzahlte – und genau deswegen kam es am 9. Januar 1933 zum großen Krach mit Ferdinand Porsche. Es ging um nicht weniger als 40 000 Reichsmark, mit denen die Porsche GmbH bei Rosenbergers Cousin Rudolf Metzger in der Kreide stand und für die Rosenberger selbstschuldnerisch haftete.[16] Rosenberger war es allmählich leid, immer wieder in die unangenehme Lage versetzt zu werden, für den Zuschussbetrieb Mittel zu mobilisieren. Dass er während einer Besprechung mit Mitgesellschafter Piëch am 10. Dezember 1932[17] die Absicht äußerte, sich aus der Geschäftsführung zurückzuziehen, war die unmissverständliche Botschaft an Porsche, dass die GmbH künftig nicht mehr mit lebenserhaltenden Zuwendungen aus Pforzheim rechnen konnte.

Es steht damit fest, dass Rosenberger entschlossen war, im Herbst 1932 das Konstruktionsbüro als Geschäftsführer zu verlassen, »da die allgemeine Situation auf dem Gebiet des Autobaus katastrophale Formen annehme«.[18] Sein Herz hing allerdings weiter an den im Büro entwickelten Ideen; Rosenberger war ein zu leidenschaftlicher Automann, als dass er seine Wirkungsstätte überstürzt hätte verlassen können. Ihm war an einem geregelten Übergang gelegen – und daher teilte er sein Ausscheiden den übrigen Gesellschaftern bereits im Herbst 1932 mit, damit sie noch genügend Zeit fanden, »sich nach einem geeigneten Ersatzmann umzusehen«.[19] Gesucht war mithin ein weißer Ritter, der sich – wie Rosenberger – mit eigenen Finanzmitteln in beträchtlichem Umfang engagierte. Im Kern lief es also auf eine Persönlichkeit hinaus, die – wie Rosenberger – Benzin im Blut hatte, selber als Rennfahrer tätig gewesen war und von der Kreativität des Porsche-Teams derartig überzeugt war, dass sie trotz der schwierigen Gesamtlage die geschäftliche Verantwortung für die GmbH übernehmen wollte. Diese Person wurde tatsächlich gefunden. Es handelte sich um einen ehemaligen Rennfahrer, der zudem noch den Vorzug besaß, dass er aus Altösterreich stammte und auch in dieser Hinsicht perfekt zum Porsche-Stab passte: Hans Baron von Veyder-Malberg. Der aus Mähren gebürtige Baron brachte zudem die erforderliche Summe von 40 000 Reichsmark mit,[20] so dass es schien, als habe Rosenberger sich nach seinem freiwilligen Ausscheiden aus der Geschäftsführung völlig aus der Porsche GmbH zurückgezogen.

Dieser Anschein trügt, weil Rosenberger dem Konstruktionsbüro als Gesellschafter weiterhin eng verbunden blieb. Zwar schied er am 30. Januar 1933 als Geschäftsführer aus, hielt aber weiterhin zehn Prozent der Gesellschafteranteile an der Porsche GmbH. Noch bedeutsamer ist, dass sein Nachfolger sein Wunschkandidat war. Ihre Wege hatten sich im Rennsport immer wieder gekreuzt, da beide erfolgreiche Privatfahrer gewesen waren. Baron Veyder-Malberg errang vor und nach dem Ersten Weltkrieg bei den Alpenfahrten zahlreiche Preise.[21] Da er in den frühen 1920er Jahren mit Werkswagen von Austro-Daimler Rennen fuhr[22] und später bei Steyr als technischer Berater der Generaldirektion tätig war, hatten sich auch Kontakte mit Ferdinand Porsche ergeben. Baron Veyder-Malberg war somit eine Idealbesetzung für den Posten des Geschäftsführers der Porsche GmbH, da er mit kaufmännischen, rennsportlichen sowie technischen Erfordernissen gleichermaßen vertraut war.

Die Familien Rosenberger und Veyder-Malberg waren zudem seit 1937 durch einen gemeinsamen Immobilienbesitz in Rosenbergers Heimatstadt Pforzheim geschäftlich verbunden.[23] Eine Immobilie in begehrter Geschäftslage (Leopoldstraße 11) war an die US-amerikanische Warenhauskette Woolworth ertragreich vermietet; sie gehörte je zur Hälfte den Eltern Rosenbergers und der Mutter des Barons, Karla Baronin Veyder-Malberg. Als nach dem Judenpogrom vom 9. November 1938 für die Eltern Rosenbergers das Leben in Pforzheim unerträglich wurde, veräußerten sie ihre Hälfte des Anwesens an die Ehefrau des Barons, Elisabeth Freifrau von Veyder-Malberg. Der Geschäftsführer der Porsche GmbH sorgte mit dieser Transaktion dafür, dass die Eltern Rosenbergers einen angemessenen Verkaufspreis erzielten, obwohl der Wert von Grundstücken, die im Besitze jüdischer Deutscher waren, durch den politisch erzeugten Emigrationsdruck rapide gesunken war. Vieles spricht dafür, dass Baron Veyder-Malberg auf diese Weise auch seinem alten Weggefährten Adolf Rosenberger finanziell unter die Arme greifen wollte, der zu diesem Zeitpunkt seinen Wohnsitz bereits ins Ausland (nach Frankreich) verlegt hatte.

Vorrangig ging es jedoch darum, dem Ehepaar Rosenberger die lebensrettende Ausreise aus Deutschland zu ermöglichen. Simon und Emma Rosenberger konnten den NS-Staat nur verlassen, wenn sie die sogenannte Sühneabgabe beglichen – eine Kollektivabgabe von 20 Prozent auf alle jüdischen Vermögen über 5000 Reichsmark, die den jüdischen Deutschen gewissermaßen als Verhöhnung ihres Schicksals von Seiten des Reiches nach der Reichspogromnacht auferlegt worden war. Im Falle der wohlhabenden Pforzheimer Geschäftsleute belief sich diese Summe auf 60 000 Reichsmark. Daher musste Baron Veyder-Malberg als Generalbevollmächtigter seiner Ehefrau vor Abschluss des Kaufvertrags einen Betrag von 60 000 Reichsmark hinterlegen, den das zuständige Finanzamt Pforzheim als Sicherheit für die Leistung der »Sühneabgabe« anerkannte. Nur so konnte überhaupt die erforderliche Ausreisebewilligung, die »Unbedenklichkeitsbescheinigung«, für die Eltern von Adolf Rosenberger eingeholt werden. Pointiert formuliert: Simon und Emma Rosenberger konnten nur durch den Verkauf der Immobilie beim NS-Fiskus ausgelöst werden. Dafür musste das Ehepaar Veyder-Malberg sehr kurzfristig Vermögenswerte mobilisieren, die gemessen an seinem Gesamtvermögen wie an seinen flüssigen Vermögenswerten durchaus beachtlich waren.[24] Es ist somit nicht übertrieben, wenn in dem Kaufvertrag vom 10. Dezember 1938 bemerkt wurde, die Familie Veyder-Malberg habe »den Kauf in seiner heutigen Gestaltung nur dadurch tätigen [können], dass sie für die Beschaffung der Barzahlung von RM 60 000 erhebliche Opfer gebracht hat«.[25]

Ein Jahr später, am 8. Dezember 1939, trat Elisabeth Freifrau von Veyder-Malberg vertragskonform vom Kaufvertrag zurück,[26] da sie nicht eine ihr vom Reich auferlegte sogenannte Ausgleichsabgabe in Höhe von 33 000 Reichsmark akzeptieren wollte. Manches spricht dafür, dass der Kaufvertrag von Anfang an als »Scheinvertrag« konzipiert war:[27] Baron Malberg garantierte durch diese Konstruktion die Zahlung der den Eltern Rosenbergers auferlegten »Judenabgabe« und machte damit den Weg für deren Auswanderung frei. Nachdem Simon und Emma Rosenberger im Juli 1939 Deutschland verlassen hatten[28] und in Frankreich zunächst in Sicherheit waren, hatte die Aufkündigung des Vertrags keine unangenehmen Folgen für das Ehepaar Rosenberger. Simon Rosenberger starb 1942 im französischen Exil eines natürlichen Todes. Seine Ehefrau folgte ihrem Sohn in die USA, wo sie im Dezember 1961 verstarb. Adolf Rosenberger hat nach dem Krieg aus eigenem Antrieb dem »lieben Baron« bescheinigt, dass es »Ihrer Mithilfe zu verdanken [sei], dass meine Eltern im Jahre 1939 Deutschland verlassen konnten«.[29]

Kehren wir zurück zum Januar 1933. Adolf Rosenberger konnte Ferdinand Porsche einen Nachfolger präsentieren, der ihn in allen seinen Funktionen im Unternehmen gleichwertig zu ersetzen vermochte. Zugleich signalisierte er mit seinem Ausscheiden aus der Geschäftsführung unmissverständlich, dass er künftig nicht mehr als Geldbeschaffer für die angeschlagene GmbH zur Verfügung stand und Ferdinand Porsche mithin auf Privatdarlehen anderer

Provenienz zurückgreifen musste. Es war also von Anfang an klar, dass man mit Baron Malberg einen Mann engagierte, der ebenso wie Rosenberger für die »kommerzielle und finanzielle Leitung«[30] der GmbH eigenes Geld mitbrachte. Der Rosenberger-Ersatz Malberg ging dabei ein erhebliches finanzielles Risiko ein, da er seine euphemistisch als »Überbrückungsgelder«[31] bezeichneten Privatdarlehen in Höhe von bis zu 40 000 Reichsmark ohne wirklich belastbare Sicherheiten der Porsche GmbH zur Verfügung stellte. Schriftlich wurde zwar festgelegt, dass zur Sicherstellung »buchmässige Forderungen oder Ansprüche der Ges.m.b.H., die erst in Zukunft fällig werden«,[32] eingesetzt werden sollten. Aber das Verhältnis zwischen Kreditoren und Debitoren war noch am Ende des Jahres 1933 so ungleichgewichtig,[33] dass die Forderungen der Gläubiger die von der Porsche GmbH geltend zu machenden Forderungen bei Weitem überstiegen: Die Gesellschaft hatte zum Jahreswechsel 1933/34 Schulden in Höhe von 111 230 Reichsmark bei diversen Gläubigern angehäuft, wobei auf Baron Malberg und seine Familie 24 443 Reichsmark entfielen und auf den bereits erwähnten Rudolf Metzger 32 758 Reichsmark. Demgegenüber betrugen die bilanzmäßig berücksichtigten offenen Forderungen nur 37 683 Reichsmark und deckten damit gerade einmal etwas mehr als ein Drittel der kurz- und langfristigen Verbindlichkeiten der Porsche GmbH.

Angesichts dieser Schieflage blieb Ferdinand Porsche nichts anderes übrig, als den Privatdarlehensgeber Baron Malberg in die Reihe der Gesellschafter aufzunehmen. Baron Malberg erwarb von Ferdinand Porsche einen Geschäftsanteil in Höhe von 3000 Reichsmark,[34] was einem Zehntel des Gesamtkapitals der Gesellschaft entsprach – und zwar zum Nominalbetrag. Seitdem zählte die Porsche GmbH vier Gesellschafter: Ferdinand Porsche besaß mit 70 Prozent immer noch den weitaus größten Anteil; die übrigen Gesellschafter (Rosenberger, Baron Malberg und Piëch) teilten sich jeweils zehn Prozent der Geschäftsanteile.

Festzuhalten bleibt: Ferdinand Porsche war seiner Linie untreu geworden und hatte unter dem Druck der existenziell bedrohlichen Geschäftslage einen weiteren familienfremden Gesellschafter in sein Unternehmen geholt. Die Beteiligung Baron Malbergs an der Porsche GmbH war der Preis, den Ferdinand Porsche zu entrichten hatte, um die Gläubiger wenigstens vorübergehend zu besänftigen und vor allen Dingen seinem Unternehmen die wirtschaftliche Handlungsfähigkeit zu sichern. Es war zu erwarten, dass Porsche, sobald sich die finanzielle Lage seines Unternehmens verbesserte, danach trachten würde, Baron Malberg gegen eine entsprechende finanzielle Abfindung als Gesellschafter wieder loszuwerden. Und wie immer, wenn es um Familienbelange innerhalb des Unternehmens ging, würde das Gespann

Porsche-Piëch mit schneidender Kälte agieren. Baron Malberg und Adolf Rosenberger bildeten in dieser Hinsicht eine Schicksalsgemeinschaft: Beide hatten sich erhebliche Verdienste um die Porsche GmbH gerade in deren schwierigsten Zeiten erworben, aber dies bewahrte sie nicht davor, aus dem Kreis der Gesellschafter hinauskomplimentiert zu werden. Dass es Adolf Rosenberger als Ersten traf, war vor allem auf den Umstand zurückzuführen, dass Baron Malberg sich im Laufe des Jahres 1933 Sicherungen für seine Darlehen ausbedungen hatte.[35]

Der 30. Januar 1933 bedeutete daher für die Porsche GmbH keine wirkliche Zäsur hinsichtlich der Geschäftslage und des Gesellschafterkreises. Bei nüchterner Musterung der Quellen gewinnt man nicht den Eindruck, das Konstruktionsbüro habe sich mit Adolf Rosenberger eines politisch missliebig gewordenen verdienten Mitarbeiters entledigen wollen. Im Gegenteil: Rosenberger blieb der Porsche GmbH als Mitgesellschafter erhalten; und er mischte weiterhin im operativen Geschäft mit, als habe es den Wechsel auf dem Geschäftsführerposten nicht gegeben. Da er schon vor seinem offiziellen Ausscheiden am 28. Februar 1933 nicht täglich im Stuttgarter Konstruktionsbüro erschien, musste er seinen Rhythmus kaum umstellen: Gelegentlich tauchte er in der Stuttgarter Kronenstraße auf und pflegte ansonsten weiterhin private Kontakte mit den ihm besonders nahestehenden Mitgliedern des Konstruktionsbüros. Dem Tagebuch von Oberingenieur Karl Rabe, der rechten Hand Porsches, lässt sich en détail entnehmen, dass das Konstruktionsbüro Rosenbergers soziale Heimat blieb. Nirgendwo findet sich in dieser wichtigen Quelle die geringste Spur, dass der Führungsstab der Porsche GmbH sein Verhalten gegenüber Rosenberger änderte, nachdem eine Weltanschauung an die Herrschaft gelangt war, die einen widerlichen Rassenantisemitismus propagierte und damit auf nicht geringen Widerhall in der deutschen Bevölkerung stieß. Speziell Karl Rabe pflegte weiterhin eine durchaus freundschaftliche Geselligkeit mit Rosenberger: So verbrachte er den arbeitsfreien Himmelfahrtstag des Jahres 1934 zusammen mit seiner Frau bei Rosenberger und dessen Cousin Rudolf Metzger in Pforzheim,[36] zwei »Volljuden«, wie es in der NS-Terminologie hieß. Und als Ferdinand Porsche am 12. Januar 1935 das ganze Büro in seine Villa am Feuerbacher Weg einlud (was überaus selten vorkam), dürfte auch Rosenberger unter den Gästen gewesen sein.[37]

Rosenberger verkehrte also weiterhin kollegial mit Mitarbeitern des Konstruktionsbüros, und er blieb der Porsche GmbH in beruflicher Hinsicht eng verbunden. Das Geschäftsfeld, auf dem er sich bei der Porsche GmbH betätigte, war die Auslandsverwertung von Patenten. Es ist bereits ausgeführt worden, dass Patente ein handelbares Wirtschaftsgut darstellten, wobei bis zur Novellierung des deutschen Patentrechts im Mai 1936 die Position des eigentlichen Erfinders hinter der des geschäftstüchtigen Erstanmelders einer schützenswerten Innovation zurückstand. Was bedeutete dieser Umstand für das Geschäftsmodell, welches Rosenberger im Verein mit der Porsche GmbH zumindest bis zum September 1935 verfolgte?

Zunächst einmal stellt sich die Frage, ob Adolf Rosenberger selbst über Patentrechte verfügte, die einen ökonomischen Wert besaßen, weil potenzielle ausländische Lizenznehmer dafür Gebühren an den Rechteinhaber zu zahlen bereit waren. Das trifft offensichtlich zu, denn Rosenberger hatte noch im Jahr 1934 eine Zeichenvorrichtung zum Patent angemeldet,[38] die das technische Zeichnen erleichterte und auch durch Auslandspatente geschützt war. Dass er die Erfindung im Ausland zusammen mit Oberingenieur Karl Rabe angemeldet hatte, spricht für seine engen beruflichen Kontakte zum Konstruktionsbüro. Denn sonst hätten wohl kaum gemeinsame Erfindungen auf den Weg gebracht werden können.[39] Auch im Alleingang betätigte sich Rosenberger als Patentanmelder; im Jahr 1935 ließ er sich eine Vorrichtung zum Dämpfen der Federschwingungen, insbesondere für Kraftfahrzeuge, patentieren.[40] Die ökonomische Verwertbarkeit der Rosenberger-Patente hielt sich allerdings in engen Grenzen; aber dafür hatte die Porsche GmbH einige wenige Patente zu bieten, die für ausländische Lizenznehmer prinzipiell attraktiv waren.

Rosenberger erkundete bei einer Reihe von Auslandsreisen den ausländischen Markt, behielt aber weiterhin seinen Wohnsitz in seiner Heimatstadt Pforzheim bei. Ein besonders wichtiger Absatzmarkt war Frankreich, im Jahr 1933 das führende europäische Autoland. Rosenberger war stets dabei, wenn die Porsche GmbH auf dem wichtigen französischen Markt Verhandlungen mit den beiden bedeutenden Automobilherstellern Citroën in Paris und Mathis in Straßburg führte.[41] Er war es auch, der beim französischen Hersteller Citroën im Juni 1933 sondierte, damit dieser ein vielversprechendes Porsche-Patent (vordere Schwingachse) einsetzte. Seine Anstrengungen waren insofern von Erfolg gekrönt, als ein entsprechender Konstruktionsauftrag von Citroën eingeworben werden konnte.[42] Auch den britischen Markt hatte Rosenberger im Visier, wenn er im September 1933 versuchte, den britischen Automobilhersteller Morris mit dem Exportschlager der Porsche GmbH, der Schwingachse, auszurüsten.[43]

Rosenberger hatte mithin eine Nische gefunden, um weiterhin für die Porsche GmbH aktiv sein zu können, ohne in der Stuttgarter Zentrale ein Büro zu beanspruchen. Er fungierte als »eine Art ›Auslandsvertreter‹«,[44] dem es oblag, marktfähige Schutzrechte zu Geld zu machen. Im November 1934 goss man diese Geschäftsbeziehung in Vertragsform: Die Porsche GmbH übertrug dem Pforzheimer Geschäftsmann bis zum Jahr 1940 die alleinige Verwertung solcher Patente in Frankreich, England und den USA, wobei ihm 30 Prozent der Einkünfte zuflossen.[45] Diese ökonomische Verwendung eigener Patente stand gewiss nicht im Zentrum der Aktivitäten des Unternehmens, aber sie war auch keine Sinekure. Denn bei den im Sommer 1935 einsetzenden Verhandlungen mit Daimler-Benz, bei denen die Porsche GmbH eine exklusive Vertragsbeziehung zum Automobilhersteller einzugehen gewillt war, war zunächst vorgesehen, dass »konstruktive Hilfsarbeiten im Zusammenhang mit der Verwertung von eigenen Patenten« ausgenommen sein sollten.[46] Die Porsche GmbH suchte auf diese Weise ohne Zweifel zu vermeiden, dass der bestehende Kontrakt mit ihrem Patentverwerter Rosenberger tangiert wurde.[47] Dass das Konstruktionsbüro noch im Sommer 1935 seine vertraglichen Bindungen an Adolf Rosenberger derart ernst nahm, dass es den finanziell überaus verheißungsvollen Exklusivvertrag mit Daimler-Benz entsprechend anpasste, spricht für den Respekt, den man dem vertrauten Partner Rosenberger auch noch zu einem Zeitpunkt entgegenbrachte, als die Diskriminierung jüdischer Deutscher allmählich einem neuen Höhepunkt zusteuerte.

Allerdings war dem Geschäftsmodell der Verwertung von Porsche-Patenten im Ausland kein großer Erfolg beschieden. Dies lag zum einen daran, dass in- und ausländische Automobilhersteller keine Mühe scheuten, der Porsche GmbH das Schutzrecht am besonders lukrativen Patent auf die vordere Schwingachse streitig zu machen. Als ausgerechnet Daimler-Benz dieses Prinzipienpatent durch einen Patentstreit aushöhlte, war der Vermarktungstätigkeit Rosenbergers eine wesentliche Grundlage entzogen.[48] Auch die Vermarktung der von Porsche gehaltenen Drehfederpatente,[49] auf die Rosenberger große Hoffnungen gesetzt hatte,[50] erwies sich als Fehlschlag.

Solche Rückschläge brachten die Geschäftsgrundlage zwischen Rosenberger und der Firma Porsche ins Wanken – und sie warfen die Frage auf, wie man eine auslaufende Beziehung beenden sollte. Rosenberger pochte nicht auf die Einhaltung eines substanzlos gewordenen Vertrags, sondern wollte eine gütliche Einigung herbeiführen, die ihm eine gewisse finanzielle Starthilfe für eine immer deutlicher werdende berufliche Neuorientierung sichern sollte. Nach seiner Entlassung aus dem berüchtigten Konzentrationslager Kislau im September 1935 hatte der Pforzheimer seinen Hauptwohnsitz nach Frankreich verlegt, und es war absehbar, dass eine solche Ortsveränderung seiner Tätigkeit für die Porsche GmbH nicht zuträglich sein würde. Denn das Damoklesschwert der Aberkennung der deutschen Reichsangehörigkeit schwebte über ihm, da der NS-Staat nach dem Erlass der »Nürnberger Gesetze« den deutschen Patrioten Rosenberger, der als Jüngling von 18 Jahren bereits im Ersten Weltkrieg für das Deutsche Reich gekämpft hatte, kurzerhand ausbürgern konnte.[51] In den Jahren 1936 und 1937 ist Rosenberger zwar immer wieder nach Stuttgart gereist, um den persönlichen Kontakt zum Konstruktionsbüro zu halten.[52] Doch diese Reisetätigkeit wurde von der Gestapo argwöhnisch beäugt, die genau registrierte, dass er für die Porsche GmbH/KG »Patentangelegenheiten für das Ausland«[53] bearbeitete. Rosenbergers Ausbürgerung war schließlich nur noch eine Frage der Zeit.

Im Juli 1938 wandte sich Rosenberger aus Paris an die Firma Porsche und schlug zwei aus seiner Sicht akzeptable Varianten einer einvernehmlichen Beendigung der Geschäftsbeziehungen vor. Ihm schwebte die Auszahlung eines Betrags in Höhe von 12 000 US-Dollar vor als Startkapital für seinen beruflichen Neuanfang. Diese Summe könne als Entschädigung für die Unkosten aufgefasst werden, die ihm im Laufe seiner Vermarktungstätigkeit für die Porsche GmbH/KG entstanden seien. Als zweitbeste Lösung regte er an, die in den USA geltenden Patentrechte an ihn zu übertragen.[54] Doch Rosenbergers Vorstoß traf auf eisige Ablehnung. Am 24. August 1938 erhielt er eine Absage durch den für Rechtsfragen zuständigen Anton Piëch. In der Sache hatte Piëch zweifellos recht: Rosenbergers Auslandseinsatz hatte für die Porsche GmbH zumindest in den letzten Jahren keine Lizenzabschlüsse und damit keine Einnahmen erbracht. Rosenberger hatte auf eigenes Risiko gehandelt. Daher wurde ihm nun bedeutet, »daß meine Firma Ihre Ansprüche keinesfalls anerkennt und sie mangels rechtlicher Grundlage ablehnt«.[55]

Gewiss war die Porsche KG nicht verpflichtet, Rosenberger für seine letztlich weitgehend ergebnislose Tätigkeit eine finanzielle Anerkennung zukommen zu lassen. Aber es wäre eine angemessene Geste für langjährige treue Zusammenarbeit gewesen – und genau in diesem Sinne hatte Rosenberger sein Schreiben vom 23. Juli 1938 angelegt, in dem er an die Großherzigkeit von Ferdinand Porsche persönlich appellierte: »Herr Dr. Porsche hat mir des öfteren erklärt, dass ich in Anbetracht unserer langjährigen Zusammenarbeit und des Risikos, das ich jederzeit für die Firma übernommen habe, auch jederzeit auf ihn rechnen könne, und ich glaube, dass die bescheidenen Abgeltungsansprüche, die ich stelle, seinen vollen Beifall finden und auch er seinen ganzen Einfluss einsetzen wird, um unser achtjähriges Verhältnis freundschaftlichst beendigen zu können.«[56]

Diese Hoffnung trog, weil es nicht zu den Stärken Porsches gehörte, Geschäftspartnern in großzügiger Weise entgegenzukommen. Die in Rede stehende Summe von 12 000 US-Dollar stellte für das Konstruktionsbüro im Jahr 1938 keinen bedeutenden Posten mehr da, so dass man den Verdacht hegen könnte, dass durch diese harte Haltung der Porsche KG der Abbruch der Beziehungen zu Rosenberger forciert werden sollte, weil er als Jude zu einer Belastung für das Unternehmen hätte werden können. Rosenberger selbst hatte eine solche Vermutung ausgesprochen und sein Angebot, gegen eine Entschädigung aus dem Vertragsverhältnis auszuscheiden, indirekt auch als Gelegenheit für das Konstruktionsbüro dargestellt, sich eines Juden auf einvernehmliche Weise zu entledigen: »Es mag auch sein, dass es für Sie schwierig ist, mit mir als Nichtarier weiterhin in alter Form zusammenzuarbeiten.«[57]

Der NS-Staat übte eine rigide außenwirtschaftliche Kontrolle aus – und dazu zählte auch eine strikte Überwachung des Devisenverkehrs. Es war verständlich, dass Rosenberger um eine Starthilfe in Devisen – in diesem Fall: um US-amerikanische Dollar – ersuchte; und damit wäre die Stuttgarter Devisenstelle mit einem derartigen Transfer zu befassen gewesen. Am 1. Oktober 1937 hatte dort mit dem Reichsbankrat Ernst Niemann ein scharfer und geradezu gehässiger Antisemit die Leitung übernommen.[58] Niemann ging mit Erpressungen und Sippenhaft gegen die zunehmend rechtlosen Juden vor, um für das Reich die zur Aufrüstung dringend benötigten Devisen zu erlangen. Nach dem Urteil des späteren Ministerpräsidenten Reinhold Maier wurde er in seiner zweijährigen Amtszeit in Stuttgart zum »Schreckgespenst der ganzen jüdischen Bevölkerung von Württemberg«.[59] Bei der Mitnahme von Patenten durch jüdische Auswanderer zeigte sich Ernst Niemann besonders restriktiv. Das belegt der Fall der beiden jüdischen Auswanderer Hermann und Walther Fleischer, Mitinhaber der damals überregional bekannten Papierfabrik Fleischer OHG in Eislingen, denen er durch eine Intervention beim württembergischen Wirtschaftsministerium vom 8. Dezember 1938 die Mitnahme von Patentrechten ins Ausland zu verbieten suchte mit der Begründung, er müsse »darauf bestehen, daß diese Patente zum Nutzen der deutschen Volkswirtschaft verwendet werden«.[60]

In einer Zeit, in der die Devisenbehörden reichsweit immer restriktiver vorgingen, dürfte der Transfer einer auf US-Dollar lautenden Finanzspritze an Rosenberger durchaus kein leichtes Unterfangen gewesen sein. Aber wo ein Wille ist, ist bekanntlich auch ein Weg – und an kreativen Möglichkeiten, die restriktive Devisenbewirtschaftung zu umgehen, mangelte es nicht. Doch der für die Porsche KG in der Causa Rosenberger agierende Piëch dachte angesichts der Absicht, die wirtschaftlichen Brücken zu Rosenberger bei sich bietender Gelegenheit abzubrechen, gar nicht daran, sich in einer solchen Weise für Rosenberger zu exponieren. Rosenberger hat Anton Piëch persönlich für die aus seiner Sicht rabiate Weise verantwortlich gemacht, mit der die Geschäftsbeziehungen zwischen ihm und der Porsche KG beendet wurden. Ferdinand Porsche hat er in diesem Kontext nie attackiert; und auch in der Beziehung zu Piëchs Ehefrau Louise, der Tochter Porsches, hat diese Causa keine dauerhaft negativen Spuren hinterlassen.[61] Es spricht Bände, dass der schließlich in die USA emigrierte Adolf Rosenberger nach Ende des Weltkriegs von sich aus den Kontakt zu Louise Piëch wieder aufnahm. Rosenberger pflegte also eine sehr differenzierte Sicht auf die handelnden Personen in seiner wechselvollen Beziehungsgeschichte zu der Firma Porsche. Darin machte er in Anton Piëch die treibende Kraft aus hinter den Aktivitäten, die gegen seine Person gerichtet waren.

An dieser Stelle ist es erforderlich, einen im Rechtsstreit zwischen beiden Parteien besonders umstrittenen Punkt einer genauen Untersuchung zu unterziehen, und zwar Rosenbergers Abtretung seiner Gesellschafteranteile an Porsches Sohn Ferry, die am 30. Juli 1935 notariell fixiert wurde. Selbst Porsches Rechtsbeistände stellten später nicht in Frage, dass Rosenberger für seinen zehnprozentigen Anteil von 3000 Reichsmark am Stammkapital der Porsche GmbH lediglich den Nennwert – also genau 3000 Reichsmark – erhielt.[62] Sie verwiesen dabei darauf, dass Rosenberger Ende 1932 die Absicht gehegt habe, seinen Gesellschafteranteil zum Nominalwert zurückzugeben. Und in der Tat trifft es zu, dass Rosenberger, als er sein Ausscheiden aus der Geschäftsführung in die Wege leitete, zu einem kompletten Ausstieg entschlossen war und auch seinen Gesellschafteranteil abstoßen wollte. Allerdings war die finanzielle Lage der Porsche GmbH im Dezember 1932 so desaströs, dass sich kein Abnehmer für seine Beteiligung fand.[63]

Mehr als zweieinhalb Jahre später hatte sich die Situation grundlegend gewandelt. Die Porsche GmbH stand finanziell besser da denn je; ihr war der Einstieg in zwei zukunftsträchtige Bereiche gelungen: in die Konstruktion eines Rennwagens und die eines Kleinwagens. Rosenberger hatte diesen Aufstieg aus nächster Nähe verfolgt, und damit waren auch seine Träume wahr geworden, die er bei der Gründung der Gesellschaft gehegt hatte. Es gab für einen Gesellschafter keinen zwingenden Grund, das Unternehmen ausgerechnet jetzt, da es prosperierte, zu verlassen. Daher stellt sich die bohrende Frage, ob die übrigen Gesellschafter direkt oder indirekt auf Rosenberger einwirkten, seinen Anteil – und zwar zum geringstmöglichen Preis, nämlich den Nennwert von 3000 Reichsmark – an den Sohn Ferdinand Porsches abzutreten. Dass man Rosenberger loswerden wollte, weil er als Jude der wirtschaftlichen Expansion der Porsche GmbH im Wege stand, ist zwar ein naheliegender Verdacht, doch es gibt keine Anhaltspunkte dafür. Vielmehr dürften Ferdinand Porsche und vor allen Dingen sein Schwiegersohn Anton Piëch die Gelegenheit genutzt haben, beide familienfremde Gesellschafter auszuzahlen und auf diese Weise ein reines Familienunternehmen zu etablieren. Daher sollte man das Ausscheiden Rosenbergers aus dem Gesellschafterkreis nicht isoliert betrachten, sondern mitbedenken, dass auch der zweite familienfremde Gesellschafter, Baron Malberg, seine Gesellschaftsanteile veräußerte. Zwar geschah dies nicht unmittelbar nach der Auszahlung Rosenbergers, aber beide Fälle weisen dasselbe Grundmuster aus: den Wunsch, das Konstruktionsbüro in dem Moment zu einem reinen Familienunternehmen zu machen, in dem es finanziell auf eigenen Füßen stand und sich wirtschaftlich rosige Zeiten abzeichneten. Insofern war die veränderte Zusammensetzung der Gesellschafter auch Ausdruck dafür, wie sehr sich die Zeiten gewandelt hatten: Von 1931 bis 1933 waren Porsche und Piëch dringend auf familienfremde Engagements angewiesen, doch von 1935 an wollte die Familie unter sich bleiben und verabschiedete sich auf ihre Weise von Adolf Rosenberger und Baron Malberg als Mitgesellschafter.

Es ist in diesem Zusammenhang zunächst einmal die Frage aufzuwerfen, zu welchen Konditionen Baron Malberg seinen Gesellschafteranteil in Höhe von 3000 Reichsmark (Nominalwert) abtrat. Die Informationen hierzu sind eher dürftig, aber immerhin steht fest, dass Ferdinand Porsche am 14. Dezember 1937 den Anteil Malbergs für das Neunfache des Nominalwerts, mithin für 27 000 Reichsmark, erwarb. Dass Porsche damit die Absicht verfolgte, die engsten Familienmitglieder als Gesellschafter einzubinden, wird daraus ersichtlich, dass er noch am selben Tag den soeben von Malberg erworbenen Geschäftsanteil hälftig an seine beiden Kinder – seine Tochter Louise, verehelichte Piëch, sowie seinen Sohn Ferry – per Schenkungsvertrag übertrug.[64] Damit war erstmals der gesamte Kern der Porsche-Familie am Unternehmen als Gesellschafter beteiligt: Ferdinand Porsche selbst mit 70 Prozent der Geschäftsanteile; Schwiegersohn Anton Piëch hatte seine zehn Prozent behalten; Tochter Louise Piëch war erstmals bedacht worden (mit fünf Prozent) und Sohn Ferry Porsche besaß nun 15 Prozent, weil er bereits im Juli 1935 in den Besitz des Geschäftsanteils von Adolf Rosenberger (3000 Reichsmark = zehn Prozent der Geschäftsanteile) gelangt war.

Mit dem 14. Dezember 1937 war das Stammkapital der Dr. Ing. h.c. F. Porsche GmbH damit ausschließlich im Besitz von Angehörigen der Familie Porsche-Piëch. Ferdinand Porsche hatte auf diese Weise eine perfekte Ausgangslage geschaffen, um die bereits an anderer Stelle ausführlich dargelegte Umwandlung einer Kapitalgesellschaft (GmbH) in eine Personengesellschaft (Kommanditgesellschaft) in die Wege zu leiten. Noch am selben Tag, also am 14. Dezember 1937, wurde diese Umwandlung von der nunmehr allein aus Familienmitgliedern bestehenden Gesellschafterversammlung der alten Porsche GmbH beschlossen. Dass man Baron Malberg seine Geschäftsanteile mit dem Neunfachen des Nominalwertes vergolten hatte, ist ein Indiz dafür, dass Ferdinand Porsche sein Privatvermögen einzusetzen bereit war, um seinen Traum von einem reinen Familienunternehmen zu verwirklichen. Der einzige familienfremde Gesellschafter, also Baron Malberg, befand sich daher im Dezember 1937 in einer durchaus komfortablen Position: Um der Umwandlung der GmbH in eine Personengesellschaft nicht im Wege zu stehen, hatte er seine Gesellschaftsanteile abzutreten. Dafür konnte er einen ordentlichen Preis erzielen.

Anders verhielt es sich bei Adolf Rosenberger. Als er sich von seinem Geschäftsanteil an der GmbH trennte, war noch nicht abzusehen, dass in knapp zweieinhalb Jahren die Umwandlung in eine Personengesellschaft vollzogen werden würde. Insofern befand er sich im Vergleich zu Baron Malberg in einer weitaus schwächeren Ausgangslage. Mangels aussagekräftiger Quellen kann man über die Hintergründe der am 30. Juli 1935 vollzogenen Veräußerung seines Gesellschafteranteils in Höhe von zehn Prozent des Stammkapitals nur Mutmaßungen anstellen.[65] Aber ein Faktum fällt auf: Rosenbergers Gesellschafteranteil wurde nicht von Ferdinand Porsche erworben, sondern von seinem Sohn Ferry, der bis dahin nicht zu den Gesellschaftern zählte. Bei der Gründung der GmbH war Porsches 1909 geborener Sohn aus einer Reihe von Gründen als Gesellschafter nicht in Frage gekommen.

Doch im Jahr 1935 hatte sich die Porsche GmbH so etabliert, dass es aus Sicht des Unternehmensgründers an der Zeit war, die nächste Generation am Unternehmen zu beteiligen. Der einzige Sohn hatte sich vier Jahre im Unternehmen des Vaters bewährt und eine Familie gegründet, die im väterlichen Haus ihr Domizil bezogen hatte. Ferry Porsche war mithin reif genug, um in die Position eines Miteigentümers der von seinem Vater gegründeten Gesellschaft hineinzuwachsen. Gemäß der Logik des Familienunternehmens folgte daraus, dass im nächsten Schritt die einzige Tochter Porsches einbezogen wurde. Daher verstand es sich gleichsam von selbst, dass bei nächster sich bietender Gelegenheit – mithin beim Erwerb der bislang von Baron Malberg gehaltenen Geschäftsanteile – auch Louise Piëch zum Zuge kam. Ferdinand Porsche übertrug ihr per Schenkungsvertrag einen Geschäftsanteil im Wert von 1500 Reichsmark, was fünf Prozent des Stammkapitals entsprach.[66] Es war weniger diese bescheidene Summe als der Umstand, dass Ferdinand Porsche die Gesellschafteranteile auf alle überhaupt in Frage kommenden Familienmitglieder streute und dabei auch seine energische, gebildete und geschäftlich bewanderte Tochter bedachte, welche die dahinterstehende Strategie, das Familienunternehmen generationell zukunftsfähig zu machen, zum Ausdruck brachte. Im Jahr der Umwandlung in eine Kommanditgesellschaft hatten Sohn wie Tochter bereits eigene Nachkommen, so dass schon die dritte Generation in die Überlegungen einbezogen werden konnte. Insofern verkörpert Ferdinand Porsche in geradezu idealtypischer Weise das »dynastische Selbstverständnis«[67] der Gründer von Familienunternehmen, die ihr materielles wie kulturelles Erbe über Generationen hinweg weiterzugeben trachten und daher Strukturen familieninterner Sukzession auf der Eigentümerseite wie der Leitungsebene etablieren. Man darf wohl annehmen, dass die Einbeziehung von Ferry Porsche in den Kreis der Gesellschafter auch dazu diente, diesen allmählich in leitende Positionen innerhalb des Unternehmens einzuführen, so dass er auf längere Sicht seinem Vater in dessen Eigenschaft als dominierende Führungskraft nachfolgen konnte.

Wie aber konnte Adolf Rosenberger zur Veräußerung seiner GmbH-Anteile bewegt werden? Im Unterschied zu Baron Malberg war Rosenberger nicht mehr im Kerngeschäft der GmbH tätig, und dass er sich als Jude in keiner ausgesprochen starken Verhandlungsposition befand, dürfte den Absichten vor allem Anton Piëchs entgegengekommen sein. Dieser wird wie in allen anderen vertraglichen Fragen auch die Federführung bei einer solchen Transaktion übernommen haben. Mangels zugänglicher Quellen kann man nur Vermutungen darüber anstellen, ob Piëch gegenüber Rosenberger mit jener kühlen professionellen Unnachgiebigkeit auftrat, die den beinharten Rechtsanwalt generell kennzeichnete. Piëchs Verhalten aus dem Jahr 1938 gegenüber dem geradezu um eine finanzielle Gunsterweisung bettelnden Rosenberger ist hierfür symptomatisch.[68] Fakt ist jedenfalls, dass Adolf Rosenberger am 30. Juli 1935 seinen zehnprozentigen Anteil zum niedrigsten Preis überhaupt an Ferry Porsche übertrug – nämlich zum Nennwert von 3000 Reichsmark. Er erhielt damit genau so viel, wie er bei der Gründung der GmbH eingezahlt hatte. Dabei war im Juli 1935 der Verkehrswert der GmbH beträchtlich gestiegen – und insofern macht es einen erheblichen Unterschied, ob Rosenberger Anfang 1933 (wozu er bekanntlich bereit gewesen wäre) oder zweieinhalb Jahre später seinen Geschäftsanteil an Ferry Porsche abtrat. Und hält man sich vor Augen, dass Rosenbergers Nachfolger als Geschäftsführer, Baron Malberg, weitere zweieinhalb Jahre später das Neunfache für seinen ebenfalls 3000 Reichsmark zählenden Geschäftsanteil erlöste, dann wird man sich des Eindrucks nicht erwehren können, dass Rosenberger im Juli 1935 übervorteilt worden ist. Auch wenn man berücksichtigt, dass sich die finanzielle Lage der Porsche GmbH Ende 1937 noch besser darstellte als im Sommer 1935, kann kein Zweifel daran bestehen, dass aufgrund der einträglichen Geschäftslage Rosenberger seinen Geschäftsanteil weit unter dem Verkehrswert veräußerte.

In diesem Kontext ist es von Nutzen, einen Blick auf einen weiteren Erwerb zu werfen, bei dem ebenfalls Eigentum aus jüdischem Besitz an die Porsche GmbH überging. Diese Transaktion betraf den Erwerb von Grundstücken im Stuttgarter Stadtteil Zuffenhausen, die zur flächenmäßigen Expansion der Porsche GmbH beitrugen. Der ökonomische Erfolg des

Unternehmens erzeugte einen dringenden Bedarf an entsprechenden Erweiterungsflächen. Man wurde im Stadtteil Zuffenhausen fündig bei drei insgesamt 13 743 Quadratmeter großen Grundstücken, die im Mai und Juni 1937 aus jüdischem Besitz erworben wurden für insgesamt 65 000 Reichsmark.[69] Die jüdischen Vorbesitzer waren die vier Brüder Isidor († 1913), Adolf († 1928), Moritz († 1926) und Max Wolf beziehungsweise deren Erben, die eine der reichsten jüdischen Familien in Stuttgart bildeten.[70]

Prinzipiell fiel der Kauf aus dem Jahr 1937 in die Vorphase der eigentlichen »Arisierung«‹, die von 1938 an forciert betrieben wurde. Grundsätzlich waren Verkäufe im Sommer 1937 daher, zumindest dem äußeren Anschein nach, noch keine reinen Zwangsverkäufe. Die Familie Wolf hätte zu diesem Zeitpunkt nicht oder zumindest nicht an Porsche verkaufen müssen. Andererseits standen die deutschen Juden seit 1933 unter einem stetig wachsenden Druck, und dies wirkte sich auch im Verkaufsgebaren aus. Generell ist aber jeder Einzelfall für sich zu untersuchen, und selbst in den Jahren 1938/39 gab es noch einen Bruchteil »loyaler Erwerber«, die jüdischen Deutschen zumindest mehr bezahlten, als infolge der Preissenkungsspirale dieser Zeit nötig gewesen wäre.[71]

Gehörte die Porsche GmbH zu diesen loyalen Erwerbern? Die schwierige Quellenlage erlaubt auch in diesem Fall nur konzentrische Annäherungen.

Das wichtigste Kriterium für einen rechtschaffenen Erwerb, bei dem die Notlage jüdischer Deutscher nicht zum eigenen Vorteil ausgenutzt wurde, ist der Kaufpreis. Wenn der Kaufpreis weit unter dem Verkehrswert eines Grundstücks rangiert, drängt sich der Verdacht eines Arisierungsgewinns auf. Es fällt wegen der bruchstückhaften Quellenüberlieferung allerdings schwer, den marktüblichen Wert besagter Grundstücke im Mai und Juni 1937 zu ermitteln. Als der mittlerweile in New York lebende Walter Ludwig Wolf Rückerstattungsansprüche gegen die Porsche KG geltend machte, bemaß er den marktüblichen Wert der an Porsche verkauften Grundstücke auf acht Reichsmark pro Quadratmeter. Die Firma Porsche bezahlte für die von ihr am 26. Mai 1937 und 30. Juni 1937 erworbenen Grundstücke einen Kaufpreis von sechs Reichsmark pro Quadratmeter. Dabei ist davon auszugehen, dass die an jüdische Besitzer gezahlten Summen tendenziell sanken, da sich infolge des gesteigerten Auswanderungs- und Verfolgungsdrucks ihre Verhandlungsposition verschlechterte. Die Firma Reutter hatte am 7. Februar 1936 noch 5,50 Reichsmark pro Quadratmeter bezahlt; zwei Jahre später, am 29. Januar 1938, war der Grundbesitz der Familie Wolf beim Verkauf an den Privatmann Brotzer nur noch 4,60 Reichsmark wert. Vor diesem Hintergrund wird man konstatieren können, dass die Firma Porsche bei diesem Grundstücksgeschäft einen unter dem Verkehrswert liegenden Kaufpreis bezahlte.

Allerdings schöpfte sie dabei den aufgrund der politischen Umstände vorhandenen Spielraum nicht aus, um den Verkaufspreis auf ein Niveau zu drücken, welches vergleichbare Erwerber zahlten.[72] Die Wiedergutmachungskammer I des Landgerichts Stuttgart erkannte der Porsche KG allerdings keinen Verhaltensbonus zu, so dass das Unternehmen eine vergleichbare Entschädigungssumme an den Kläger Wolf zu entrichten hatte wie die übrigen Erwerber, die in diesem Fall auf 30 000 DM angesetzt wurde, was in etwa einem Vorkriegswert von 150 000 Reichsmark entsprach.[73]

Der Grundstückskauf in Zuffenhausen ist auch bemerkenswert, weil er weitere Einblicke in die Art und Weise gewährt, wie Baron Malberg zur Abtretung seiner Gesellschafteranteile bewegt wurde. Ausgangspunkt ist der nur auf den ersten Blick merkwürdige Befund, dass bei der ersten Phase des Grundstückserwerbs in Zuffenhausen die Porsche GmbH nicht Alleinerwerber war, sondern die Mutter des Porsche-Geschäftsführers, Karla Freifrau von Veyder-Malberg, beteiligt war. Sie kaufte am 16. Mai 1937 für insgesamt 20 000 österreichische Schillinge, nach damaligem Umrechnungskurs etwa 9800 Reichsmark,[74] einen Grundbesitz von 50 Ar, mithin 5000 Quadratmeter.[75] Die seit dem Jahr 1913 verwitwete, mittlerweile in Stuttgart lebende Freifrau setzte ihr Privatvermögen allerdings noch an anderer Stelle ein. Sie beteiligte sich am 24. Mai 1937 an einer werthaltigen Immobilie in bester Pforzheimer Geschäftslage, indem sie zur Hälfte das Anwesen Leopoldstraße 11 in Pforzheim erwarb, welches im Alleinbesitz der Eltern von Adolf Rosenberger war. Diese Beteiligung an einem großen Miets- und Geschäftshaus in bester Innenstadtlage war nicht als Spekulationsobjekt gedacht, sondern als langfristige Geldanlage. Denn beide Miteigentümerseiten hatten sich vertraglich verpflichtet, ihren Miteigentumsanspruch nicht ohne die Zustimmung des jeweils anderen Miteigentümers zu verkaufen.[76]

Insgesamt kann man den Eindruck gewinnen, dass die Mutter von Porsche-Geschäftsführer Malberg durch solche Immobiliengeschäfte vor allem ihr in Österreich befindliches Barvermögen zu mobilisieren versuchte. Die strengen Devisenvorschriften ließen es nicht zu, dass Baronin Malberg ihr auf österreichische Schillinge lautendes Geldvermögen ohne Umwege nach Deutschland transferierte. Insofern bot sich für die Mobilisierung dieser Schillingguthaben der Umweg über den Erwerb des Grundstücks aus dem Besitz der Familie Wolf an. Für die jüdischen Verkäufer war eine solche Transaktion prinzipiell attraktiv, weil sie den Kaufpreis in Auslandsvaluta erhielten. Allerdings besaß diese auf den ersten Blick bestrickende Idee mehr als nur einen kleinen Schönheitsfehler: Denn der Quadratmeterpreis, zu dem Baronin Malberg das Grundstück erwarb, lag bei etwa zwei Reichsmark und betrug damit nur ein Drittel des Wertes, den die Firma Porsche für ihre

Parzellen entrichtet hatte. Die eigentliche Ratio dieses zunächst irritierenden Missverhältnisses erschließt sich, wenn man berücksichtigt, dass Baronin Malberg knapp sechs Monate später – am 14. Dezember 1937 – das von der jüdischen Familie Wolf erworbene Grundstück für 10 000 Reichsmark und damit für eine Summe, die ziemlich genau ihrem Kaufpreis entsprach, weiterverkaufte – und zwar an die Porsche KG.[77] Im Klartext bedeutet dies, dass ein komplexer Vermögens- und Immobilientransfer über mehrere Stationen erfolgt war, der im Endeffekt der Porsche KG dazu verhalf, ein Grundstück zu einem Spottpreis von zwei Reichsmark pro Quadratmeter zu erwerben. Baronin Malberg fungierte hierbei als »Strohfrau«, die der Porsche KG den Immobilienkauf zu überaus günstigen Konditionen ermöglichte. Entscheidend war, dass sich das Unternehmen dafür bei ihrem Sohn revanchierte: Am selben Tag, an dem Baronin Malberg ihren Grundstücksanteil an der Spitalwaldstraße in Stuttgart-Zuffenhausen an Porsche transferierte, übernahm Ferdinand Porsche die Geschäftsanteile ihres Sohnes für 27 000 Reichsmark und damit zum Neunfachen des Nominalwertes. Man kann sich kaum des Eindrucks erwehren, dass die großzügige Abfindung Malbergs letztlich aus einem Arisierungsgewinn bezahlt wurde. Die Porsche-Gesellschaft hatte mit Hilfe dieser verwickelten Transaktion 20 000 Reichsmark weniger an Grundstückserwerbskosten entrichtet, als sie bezahlt hätte, wenn sie zu den sonstigen Konditionen das zunächst von Baronin Malberg erworbene Grundstück in Besitz genommen hätte. Diese eingesparte Summe konnte eingesetzt werden, um sich von Baron Malberg als Gesellschafter des Unternehmens zu trennen.

Adolf Rosenberger dagegen verfügte mit Ausnahme seiner Gesellschafteranteile über keine Werte, die für die Porsche GmbH attraktiv waren. Daher konnte man ihn stärker unter Druck setzen, als es darum ging, das Unternehmen als Familienunternehmen aufzustellen und familienfremde Gesellschafter abzufinden. Damit stellt sich die Frage, ob man von Seiten Piëchs nachgeholfen hatte, um Rosenbergers Placet zu diesem für ihn unvorteilhaften Handel zu erzielen. Es gibt jedoch keine belastbaren Dokumente, die dies belegen. Es verbietet sich auch die Schlussfolgerung, Rosenbergers Inhaftierung durch die Gestapo am 5. September 1935 wegen »Rassenschande« stehe in einem direkten Zusammenhang mit dieser Transaktion. Allem Anschein nach war Rosenberger schon einige Zeit zuvor ins Visier der Pforzheimer Gestapo geraten, die ihn am 5. September 1935 festsetzte und ins Bezirksgefängnis Pforzheim verbrachte. Im Vorfeld der »Nürnberger Gesetze« war es auch in Pforzheim zu Propagandaaktionen der NS-Presse gegen die »Rassenschande« gekommen, im Mai 1935 sogar zu einem Tumult auf dem Rathaus, als ein Regimegegner die Tochter eines jüdischen Rechtsanwalts heiraten wollte.[78]

Am 19. September 1935 ordnete das zuständige Staatspolizeiamt Karlsruhe an, Rosenberger in das Konzentrationslager Kislau zu überführen;[79] am 23. September 1935 traf Rosenberger im Konzentrationslager ein, wurde aber schon nach vier Tagen wieder entlassen. Alle Anzeichen deuten darauf hin, dass es der Fürsprache aus der Porsche GmbH zu verdanken war, dass Rosenberger so ungewöhnlich schnell wieder freikam. Allerdings ist es überaus unwahrscheinlich, dass Ferdinand Porsche persönlich intervenierte, da er am 17. September 1935 zum Großen Preis von Spanien gefahren war, von wo er am 24. September zurückkehrte.[80] Da Porsche ein Mann des direkten persönlichen Gesprächs war, gibt es keine Anhaltspunkte dafür, dass er ausgerechnet in einem solchen – und dazu überaus heiklen – Fall eine briefliche Intervention vornahm; eine telefonische Kontaktaufnahme kann allerdings nicht ausgeschlossen werden. Dagegen steht mit Sicherheit fest, dass sich Baron Malberg bei der Gestapo erfolgreich für die Freilassung Rosenbergers einsetzte. Rosenberger selbst hat dies bezeugt, als er nach Kriegsende den Kontakt zu Baron Malberg wieder aufnahm. Sein Zeugnis deckt sich mit allen im Folgenden aufgeführten Befunden; und es ist auch deswegen zuverlässig, weil Rosenberger seinem alten Weggefährten eben keine im Rahmen eines Entnazifizierungsverfahrens übliche Gefälligkeit erwies.[81]

Einen Tag, nachdem die Überstellung Rosenbergers ins Konzentrationslager angeordnet worden war, reiste Malberg nach Pforzheim und Karlsruhe.[82] Allem Anschein nach erreichte der Geschäftsführer der Porsche GmbH, dass das federführende Geheime Staatspolizeiamt in Karlsruhe sich des Falls annahm. Denn Rosenberger wurde einen Tag nach seiner Überstellung ins Konzentrationslager Kislau ins Geheime Staatspolizeiamt Karlsruhe vorgeladen.[83] Es spricht alles dafür, dass sich der zuständige Kriminalpolizeibeamte persönlich vergewissern wollte, dass eine Freilassung Rosenbergers vertretbar war. Malberg erreichte mit seiner Fürsprache, dass Rosenberger am 27. September 1935 aufgrund einer telefonischen Anweisung[84] aus dem Konzentrationslager entlassen und auf freien Fuß gesetzt wurde. Unklar bleibt, ob der Baron als Privatmann auftrat, der Rosenberger und dessen Familie freundschaftlich verbunden war, oder ob er auch die Autorität der Porsche GmbH in die Waagschale warf und damit den Namensgeber Porsche ins Spiel brachte, um Rosenberger freizubekommen.

Es drängt sich insgesamt der Eindruck auf, dass der Name »Porsche« einen gewissen Schutzschild gegen allzu gewaltsame Aktionen gegen jüdische Deutsche darstellte. Von Ferdinand Porsche sind überdies keine antisemitischen Äußerungen aus der fraglichen Zeit überliefert, die auf der Evidenz zeitgenössischer Quellen beruhen. Zudem brach das Konstruktionsbüro den Kontakt zu Rosenberger nach dessen Inhaftierung keineswegs ab. Rosenberger kehrte Deutschland nach dieser für ihn erniedrigenden Behandlung nicht sofort den Rücken, sondern blieb noch bis Mitte 1936 in Pforzheim gemeldet. Er gehörte weiterhin dem erweiterten Porsche-Team an; und Ferdinand Porsche und seine Geschäftsführung profitierten von den Diensten ihres Auslandsvertreters, den sie im Oktober 1935 bei den Automobilausstellungen in Paris und London vor Ort trafen.[85] Im November 1935 meldete sich Rosenberger dann polizeilich nach Paris ab;[86] später führte ihn das Emigrantenschicksal über Großbritannien in die USA. Rosenberger hat bis Ende 1937 seine Heimat immer wieder aufgesucht, da ihm die deutsche Staatsangehörigkeit nicht entzogen worden war. Manches deutet darauf hin, dass seine Tätigkeit für Porsche ein wesentlicher Grund dafür war, dass die badische Staatspolizeileitstelle erst im August 1938 eine Initiative zur Aberkennung von Rosenbergers Staatsangehörigkeit startete – also zu jenem Zeitpunkt, an dem seine Auslandstätigkeit für Porsche im Auslaufen begriffen war. Jedenfalls führte die Polizeibehörde in ihrem Vorgang ausdrücklich Rosenbergers Betätigung für die Porsche GmbH an: Rosenberger »bearbeitete hier Patentangelegenheiten für das Ausland«.[87]

Adolf Rosenberger verlor die deutsche Staatsangehörigkeit erst 1940; er nahm in den USA den Namen Alan A. Robert an, blieb aber im Herzen seiner Heimat Pforzheim eng verbunden.[88] Sein soziales Umfeld in den USA bestand aus jüdischen Deutschen aus Pforzheim, die ein ähnliches Schicksal erlitten hatten wie er, darunter mehrere nahe Verwandte.[89]

Porsche Typ 80 Mercedes-Rekordwagen »T80« von 1939.

KAPITEL 6
Vereint zur Rekordjagd: Porsche und Daimler-Benz

Porsches Konstruktionsbüro war guter Dinge, den Verlust des Geschäftspartners Auto Union verschmerzen zu können. Denn seit Mitte der 1930er Jahre bemühte sich die Daimler-Benz AG ernsthaft um eine Wiederaufnahme der Geschäftsbeziehungen zu Porsche. Ferdinand Porsche hatte sich durch die Erfolge des von ihm konstruierten Grand-Prix-Rennwagens bei Daimler-Benz einen derartigen Kredit erarbeitet, dass trotz persönlicher Animositäten in der dortigen Führungsetage solche Bedenken zurückgestellt wurden, als sich die Chance eröffnete, dem Konkurrenten Auto Union das konstruktive »Superhirn« abzuwerben. Das eifrige Werben von Daimler-Benz stellte für Porsche eine späte Genugtuung dafür dar, dass er – nach eigener Lesart – in Untertürkheim einst vom Hof gejagt worden war. Allerdings machte Daimler-Benz zur Bedingung, einen exklusiven Zugriff auf die Dienste des Konstruktionsbüros zu erhalten. Porsche ließ sich aus noch zu erläuternden Gründen darauf ein, womit eine Schieflage in den Geschäftsbeziehungen eintrat: Als exklusiver Auftraggeber diktierte Daimler-Benz der Porsche GmbH, welche Konstruktionsarbeiten zu erledigen waren, und das barg die Gefahr, dass Porsche mit Aufgaben abgespeist wurde, die weit unter seinem Anspruch und unter seinem Können lagen. Den Pferdefuß an der an sich komfortablen Situation, durch einen Exklusivvertrag für mindestens drei Jahre eine Einnahmegarantie zu erhalten, sollte die Porsche GmbH bald erkennen. Auf der anderen Seite warfen die Geschäftsbeziehungen mit Daimler-Benz Vorteile ab, die eine Änderung der Unternehmensform der Porsche GmbH geraten erscheinen ließen und die Entwicklung zu einem reinen Familienunternehmen forcierten. Insofern kommen in dem Verhältnis zum großen Stuttgarter Nachbarn Risiken und Chancen gleichermaßen zum Ausdruck.

Bereits im Juli 1935 streckte Wilhelm Kissel, Vorstandsvorsitzender bei Daimler-Benz, die Fühler Richtung Porsche aus und beauftragte Jakob Werlin, seinen Mann für besonders wichtige Personalangelegenheiten, mit der ersten Kontaktaufnahme. Porsche befand sich in einer starken Verhandlungsposition und reizte diese in finanzieller Hinsicht so aus, dass die erste Verhandlungsrunde schließlich ergebnislos abgebrochen wurde, weil die Vorstellungen hinsichtlich der Vergütung zu weit auseinanderlagen. Dass es nicht bei bloßen Sondierungen geblieben war, sondern ein konkreter Vertragsentwurf vorgelegen hatte, spricht dafür, dass Daimler-Benz es ernst meinte. Porsche, der durch die vertragliche Bindung mit Auto Union noch abgesichert war, spielte zunächst auf Zeit. Im kommenden Jahr würde Daimler-Benz wieder bei ihm anklopfen, und dann standen die Chancen noch besser, dass er die Vertragsbedingungen diktieren konnte, wobei für die konkrete Vertragsgestaltung sein Geschäftsführer Baron von Malberg sowie sein Schwiegersohn Anton Piëch zuständig waren.[1]

Der Neustart der Beziehungen zwischen Porsche und Daimler-Benz konnte im Grunde erst 1936 erfolgen, nachdem der neue Technische Direktor von Daimler-Benz, Hans Gustav Röhr, seine Arbeit aufgenommen hatte. Röhr, einer der kreativsten Automobilkonstrukteure der Zeit, war im Vorstand für die technische Innovation der Personenkraftwagen zuständig. Wenn Daimler-Benz neben dem Leiter des unternehmenseigenen Konstruktionsbüros ein externes Konstruktionsbüro zu exklusiven Bedingungen engagierte, war dies ein Kompliment für Porsche, aber für Röhr stellte es einen Affront dar. Röhr musste also in diese für ihn überaus heikle Konstellation eingebunden werden, weshalb der Vorstand von Daimler-Benz im Juli 1935 entschied, dass mit Porsche erst dann abschließend »verhandelt werden kann, wenn Röhr bei uns tätig ist, damit er die Verantwortung mitträgt«.[2]

Im Sommer 1936 wurden dann in einer überaus kontroversen Vorstandssitzung die Weichen für ein Engagement Porsches gestellt. Röhr, aber auch andere für die technische Entwicklung zuständige Vorstandsmitglieder erblickten in einer Heranziehung Porsches eine Misstrauensbekundung hinsichtlich ihrer Arbeit. Man einigte sich schließlich auf eine Position, die man pointiert so formulieren kann: Daimler-Benz wollte Porsche exklusiv an sich binden, damit das Büro nicht für die Konkurrenz arbeiten konnte. Engagiert wurde kein Stammspieler, sondern ein Einwechselspieler, der es nur zu gelegentlichen Kurzeinsätzen bringen würde, da man ihn nicht auslasten konnte und das auch gar nicht wollte. Denn auf den besonders ertragreichen Geschäftsfeldern Personenwagenbau und Lastkraftwagenbau sah man keine Verwendung für das Büro Porsche. Es sollte vielmehr dort einspringen, wo die unternehmenseigenen Kapazitäten nicht ausreichten – und dies bedeutete im Klartext, dass man vorhatte, Porsche lediglich »mit Sonderfahrzeugen zu beschäftigen«.[3]

Die Verpflichtung Porsches ergab sich für den Vorstand von Daimler-Benz aus einer nüchternen betriebswirtschaftlichen Lageanalyse. Sollte mit dem Engagement ein politischer Mehrwert verbunden sein – und dafür sprach vieles, denn Porsche stand bei Hitler in hohem Ansehen –, nahm man solche Vorteile gerne mit. Ein Engagement Porsches konnte für Daimler-Benz insofern vorteilhaft sein, weil damit zusammenwuchs, was aus Hitlers

Sicht zusammengehörte: Der Allrounder in Sachen Fahrzeugkonstruktion – Porsche – verband sich mit dem Automobilunternehmen, das schon seit geraumer Zeit in seiner Gunst stand. Es war der unentbehrliche Jakob Werlin, der dem Daimler-Vorstand von Hitlers Segen für »das Abkommen, das wir mit Porsche zu treffen beabsichtigen«, Mitteilung machte.[4] Werlin war es auch, der sich in diesem Gremium als der entschiedenste Fürsprecher Porsches profilierte, weil er in diesem einen politisch einsetzbaren Trumpf erblickte.

Werlin orientierte sich nicht allein an den nackten Absatzzahlen von Fabrikaten aus dem Hause Daimler-Benz, sondern registrierte mit feinem Gespür, wer aus der nationalsozialistischen Prominenz Fahrzeuge mit dem Stern fuhr und mit welchen Fahrzeugtypen sich der Konzern auf dem alljährlichen Nürnberger Reichsparteitag präsentierte. Dabei verfolgte er mit Unbehagen, wie im Bereich der Oberklasse (die für NS-Funktionäre die bevorzugte war) Daimler-Benz gegenüber dem Konkurrenten Horch an Boden verlor, nachdem man bereits im Rennsport ins Hintertreffen geraten war: »Es leidet das Ansehen unserer Firma, wenn die prominenten Persönlichkeiten von Staat und Bewegung allmählich zu Horch abwandern.«[5] Zusammen mit dem einflussreichen Aufsichtsratsvorsitzenden Emil Georg von Stauß[6] bildete der überzeugte Nationalsozialist Werlin eine Achse von Porsche-Fürsprechern, die den Konstrukteur letztlich aus politischen Gründen für den Konzern einkaufen wollten. Der für das klassische Geschäftsfeld zuständige Vorstand ließ sich schließlich auf ein solches Kalkül ein, weil man es sich mit dem Hitler-Günstling Werlin nicht verderben wollte, der ohnehin schon gegen die beiden für die Fahrzeugentwicklung zuständigen Vorstände Wilhelm Kissel und Max Sailer intrigierte.[7] Kissel, der vor allem in Hinblick auf die strategische Ausrichtung der Personenkraftfahrzeugsparte eine starke Stellung innehatte,[8] tangierten diese Querschüsse Werlins aber kaum, der sich weit weg von der Zentrale in Untertürkheim sein Reservat im fernen München errichtet hatte. Kissel tat Werlin also den Gefallen, Porsche für Daimler-Benz zu engagieren, hatte aber nicht vor, diesen für die Konstruktion und Entwicklung von Personenkraftwagen einzusetzen. Porsche sollte lediglich gewisse Spezialaufträge erledigen, was letztlich darauf hinauslief, ihn als politisch nützliches Dekorum zu verpflichten, mit Nischenaufgaben abzufinden und damit kaltzustellen.

Der Preis, den Daimler-Benz für die exklusive Bindung des Konstruktionsbüros Porsche zu zahlen bereit war, war daher auch ein politischer Preis. Daimler-Benz schloss zum 1. März 1937 für zunächst drei Jahre mit der Porsche GmbH einen Vertrag, der Porsche für die Ausschließlichkeit seiner Dienstleistungen in finanzieller Hinsicht entgegenkam. Das schränkte den Kreis künftiger Porsche-Auftraggeber erheblich ein. Denn dem Unternehmen wurde vorgeschrieben, für die Dauer des Kontrakts »Konstruktionsarbeiten ausschließlich für Daimler-Benz auszuführen«. Ausgenommen von dieser strikten Klausel waren lediglich Arbeiten für den Volkswagen, alte vertragliche Verpflichtungen, die der Daimler-Benz AG offengelegt werden mussten, und »staatliche und halbstaatliche Aufträge z. B. Forschungsaufträge der Deutschen Versuchsanstalt für Luftfahrt«.[9]

Bemerkenswert war, dass der Vertrag nicht einmal ansatzweise beschrieb, wofür die Dienste des Konstruktionsbüros benötigt wurden. Es gab – auf dem Papier – kein konkretes Ziel und kein konkretes Projekt, das im Zuge dieser Kooperation erfüllt werden sollte. Ein wenig vage hieß es lediglich, dass die »Aufträge« von der Daimler-Benz AG »schriftlich erteilt« würden und dabei »streng umrissen« sein müssten.[10] Das sprach für eine Art Beratervertrag, in dem es darum ging, sich die Expertise des Konstruktionsbüros exklusiv zu sichern. Die Art und Weise des Einsatzes von Porsche behielt sich der Auftraggeber ausdrücklich vor – und damit waren die Konflikte der nächsten Jahre vorgezeichnet. Porsche brannte darauf, an möglichst vielen technisch herausfordernden Entwicklungen mitzuwirken; doch Daimler-Benz hielt ihn merklich auf Distanz und setzte das Konstruktionsbüro nur für Sonderaufgaben ein, deren Relevanz für das Unternehmen ziemlich überschaubar war.

Immerhin wurde Porsche in finanzieller Hinsicht ordentlich entschädigt: Die Daimler-Benz AG vergütete der Porsche GmbH »die zum Zwecke der Lösung der von Daimler-Benz gestellten Aufgaben tatsächlich aufgewendeten produktiven Konstruktionsgehälter und Löhne der Versuchswerkstatt« mit einem satten Aufschlag in Höhe von 400 Prozent.[11] Porsche konnte also seine Aufwendungen für Daimler-Benz mit üppigem Gewinn in Rechnung stellen, wobei eine Garantiesumme von 5000 Reichsmark produktiver Gehälter und Löhne festgelegt war. Durch diese Konstruktion wurde sichergestellt, dass ein kalkulierbarer Geldfluss an die Porsche GmbH gewährleistet war – eben auch für den Fall, dass Daimler-Benz die Dienste Porsches kaum in Anspruch nehmen sollte. Ein Paragraph des Kontrakts legte darüber hinaus eine »besondere Vergütung« fest, die Aufsichtsrat und Vorstand der Daimler-Benz AG »nach freiem Ermessen«[12] nach Ablauf eines jeden Vertragsjahres festlegten, die aber mindestens 80 000 Reichsmark betragen musste. Damit hatte die Porsche GmbH zusätzlich zu dem Kontrakt über den Volkswagen eine weitere sichere Einnahmequelle erschlossen, deren genaue Höhe allerdings Schwankungen unterworfen war. Immerhin erhielt die Porsche GmbH vom Auftraggeber Daimler-Benz aufgrund dieses Abkommens im Zeitraum von März 1937 bis Anfang Februar 1939 einen Mittelzufluss in Höhe von knapp 550 000 Reichsmark.[13]

Per Saldo hatte Daimler-Benz aus seiner Sicht einen äußerst guten Deal gemacht: Man hatte das Porsche-Konstruktionsbüro exklusiv unter Vertrag genommen – und dies auf Basis »einer wesentlich niedrigeren Garantie, als dies [...] ins Auge gefaßt war«.[14] Man fragt sich allerdings, warum sich die Porsche GmbH auf diese Exklusivbindung einließ, deren strukturelle Probleme doch auf der Hand lagen. Dass eine schmale Kundenbasis Abhängigkeiten erzeugt, die für ein Unternehmen ein enormes Existenzrisiko darstellen, gehört zum betriebswirtschaftlichen Grundwissen.[15] Für das Konstruktionsbüro galt dies erst recht, da es fast ausschließlich vom Ruhm und der Reputation seines Gründers lebte, der mit fast 62 Jahren – statistisch betrachtet – nicht mehr allzu viel Lebenszeit vor sich hatte. Nicht zuletzt der Vertrag mit der Daimler-Benz AG offenbarte, wie sehr die Gesellschaft auf Ferdinand Porsche zugeschnitten war, dessen unbeschränkter Einsatz als Voraussetzung für die Gültigkeit des Kontrakts genannt wurde: »Die volle uneingeschränkte persönliche Tätigkeit des Herrn Dr. Ing. h.c. Ferdinand Porsche bei der Porsche G.m.b.H. ist wesentliche Bedingung dieses Vertrags.«[16] Sollte diese nicht mehr gegeben sein, hatte die Daimler-Benz AG das Recht, die Kooperation aufzukündigen.

Vieles deutet darauf hin, dass die persönliche Einbindung von Ferdinand Porsche der ausschlaggebende Grund für den Abschluss des Vertrags war. Denn der Hauptgesellschafter der Porsche GmbH erhielt dadurch einen im Rahmen der Unternehmensform möglichen Zugriff auf die immerhin mindestens 80 000 Reichsmark hohe »besondere Vergütung«, welche die Daimler-Benz AG jährlich zahlte. Die Löhne und Gehälter der im Rahmen von Daimler-Aufträgen Beschäftigten waren ohnehin durch den Auftraggeber abgedeckt, so dass die zusätzliche Vergütung eine für Ferdinand Porsche persönlich bestimmte Gratifikation darstellte. Diese durchaus üppige Vergütung war allem Anschein nach ein Anstoß dafür, dass Porsche im Dezember 1937 die Rechtsform seines Unternehmens änderte und die GmbH in eine Kommanditgesellschaft umwandelte. Denn in dieser neuen Gesellschaftsform war es für ihn wesentlich einfacher, für die Gesellschaft bestimmte Geldzuflüsse für sich und seine Familie zu vereinnahmen. Das erhebliche finanzielle Risiko, das damit verbunden war, in einer Kommanditgesellschaft als Komplementär mit dem gesamten Privatvermögen zu haften, wurde dadurch minimiert, dass der Vertrag mit Daimler-Benz sein Unternehmen finanziell für eine gewisse Zeit absicherte. Es war daher kein Zufall, dass Porsche den Übergang zur Kommanditgesellschaft neun Monate nach dem Vertragsabschluss mit Daimler-Benz vollzog. Hinzu kam, dass dieser Vertrag die Hoffnung weckte, die Krönung seines Engagements auf dem Rennwagensektor zu erzielen. Porsches Ansicht nach war ihm dies bei Auto Union verwehrt worden, weil das sächsische Unternehmen ihn immer mehr aus der Entwicklung der von ihm konstruierten Rennwagen ferngehalten und ohnehin nie an der Fertigung beteiligt hatte. Bei Daimler-Benz hoffte er nun alle Stationen der Fertigung eines Rennwagens verantwortlich begleiten zu können: zunächst die Konstruktion und gewiss auch die Entwicklung, aber vor allem die Fertigung des Fahrzeugs. Da beide Vertragsparteien in Stuttgart beheimatet waren, musste es bei gutem Willen aller Beteiligten durchaus möglich sein, dass die Porsche GmbH/KG als eine Art Subunternehmer der Daimler-Benz AG das ehrgeizige Projekt eines grandiosen Mercedes-Rennwagens mit Porsche-Spirit realisierte. Mit dieser Vorstellung war Porsche schon in die erste Verhandlungsrunde gegangen, und Piëch, der die Vertragsgespräche führte, hatte damals unmissverständlich erklärt: »Was den Standpunkt bezüglich des Rennwagens anbetrifft, habe ich ebenso nachdrücklich erklärt, dass Dr. P. auf seine eigenen Ideen nicht verzichten wird und eine beratende Tätigkeit ablehnt […] Im Übrigen müsste Dr. P. die Leitung des Rennwagenbaus überlassen werden.«[17]

Der Vertragsabschluss weckte jedenfalls entsprechende Hoffnungen. Porsche kehrte erhobenen Hauptes an die alte Wirkungsstätte nach Untertürkheim zurück, wo ihm die Ehre zuteil wurde, dass der gesamte Vorstand von Daimler-Benz zu seinem Empfang antrat: »14 Herren. Anschließend feierliches Frühstück, das einer Hochzeit gleicht, sehr gemütlich.«[18] Auf den ersten Blick schien es so, als stehe der »Ehe« zwischen Porsche und Daimler-Benz eine rosige Zukunft bevor, wenn sich das Paar bei der bevorstehenden Herausforderung, dem Bau eines neuen Rennwagens, bewährte. Da der internationale Rennsportverband die für Grand-Prix-Rennen gültige technische Formel geändert hatte, musste Daimler-Benz einen neuen Rennwagen entwickeln, der dem Rechnung trug. Dazu waren erhebliche Umstellungen erforderlich, weil nicht nur die Gewichtsvorgabe verändert, sondern auch der Hubraum begrenzt worden war, so dass für die Domäne der Boliden, die Kompressormotoren, nur noch maximal 3000 Kubikzentimeter erlaubt waren.[19]

Die neue 3-Liter-Grand-Prix-Formel war aber keineswegs eine Garantie für Porsche, dass seine Vorstellungen zum künftigen Rennwagen bei seinem Vertragspartner auf besonders fruchtbaren Boden fallen würden. Im Gegenteil: In konstruktiver Hinsicht prallten hier zwei Welten aufeinander. Auf der einen Seite stand der Konstrukteur Porsche, der den Rennsport durch seine wagemutige Idee eines heckgetriebenen Rennwagens geradezu revolutioniert hatte, auf der anderen die Marke Mercedes-Benz, die auf ihren Kompressor-Frontmotor setzte. Da Mercedes im Rennsportjahr 1937 wahre Triumphe feierte und den Konkurrenten Auto Union geradezu deklassierte (die »Silberpfeile« mit dem Stern gewannen vier von fünf der Wertungsrennen für die

Grand-Prix-Europameisterschaft), herrschte bei Daimler verständlicherweise wenig Bereitschaft, von diesem Erfolgsmodell abzuweichen.

Am 27. Juli 1937 kam es zu einer Grundsatzbesprechung, bei der dieser Glaubenskonflikt offen ausgetragen wurde. Daimler-Benz sah überhaupt keine Veranlassung, Porsches Erkennungszeichen – den Heckmotorwagen – bei sich einzuführen: »Der Bau eines Heckmotorwagens würde für uns eine vollständige Abkehr von unseren bisherigen Konstruktionsprinzipien bedeuten.«[20] Ferdinand Porsche begriff rasch, dass er Abstriche an der Ideallösung machen und zumindest in taktischer Hinsicht Entgegenkommen signalisieren musste, und »bemerkt, dass er nicht starr am Heckmotor festhalten wolle«.[21] Doch der schließlich gefundene Kompromiss bedeutete für ihn eine nur notdürftig kaschierte Degradierung. Der Rennwagenentwickler Porsche erhielt von seinem Exklusivpartner Daimler-Benz einen Konstruktionsauftrag,[22] der keine Aussicht auf Verwirklichung hatte und im Grunde eine Art Beschäftigungstherapie war. Porsche wurde nämlich in einen konzerninternen Wettbewerb geschickt, der nicht zu gewinnen war. Er sollte den von der neuen Rennwagenformel erlaubten Spielraum bei Saugmotoren ausschöpfen, der bei 4,5 Liter Hubraum lag, und einen entsprechenden Heckmotorwagen konstruieren.[23] Doch musste er sich konstruktive Einschränkungen gefallen lassen, da in diesen Wagen auch der klassische 3-Liter-Motor mit Kompressor, auf den Daimler seit geraumer Zeit setzte, eingebaut werden sollte. Parallel dazu investierte Daimler-Benz alle verfügbaren Ressourcen, um sein Erfolgsmodell Kompressormotor der neuen Rennformel anzupassen. Die gefundene Lösung (Typ W 154) setzte auf den bewährten aufgeladenen Antrieb und stattete diesen mit zwölf Zylindern aus. Dieser Rennwagen war für die Rennsaison 1938 gesetzt.

Dass sich Daimler-Benz nicht den Luxus leisten wollte, einen zweiten Rennwagentyp zu entwickeln, lag auf der Hand, und so schob Porsche den Konstruktionsauftrag auf die lange Bank. Sein Unternehmen konnte sich diese Untätigkeit leisten, weil es unabhängig von der tatsächlich geleisteten Arbeit eine jährliche Sondervergütung von mindestens 80 000 Reichsmark vom Premiumpartner Daimler-Benz erhielt.[24] Daimler-Benz fehlten finanzielle Druckmittel, um vom Konstruktionsbüro die tatsächliche Erfüllung des erteilten Auftrags zu erzwingen. Doch wenn Daimler-Vorstand Kissel im Mai 1938 Klage darüber führte, dass »wir noch nicht eine einzige Zeichnung von diesem 4½-Ltr.-Motor gesehen haben«,[25] war dies nur pflichtschuldiges Lamentieren. In Wirklichkeit legte man in Stuttgart-Untertürkheim keinen Wert darauf, dass Porsche auf dem Rennwagensektor das hauseigene Erfolgsmodell herausforderte. Und als sich im Jahr 1938 der W154-Rennwagen so bewährte, dass Mercedes bei der Grand-Prix-Europameisterschaft erneut siegte, bestand nicht der geringste Anlass, den an Porsche vergebenen Konstruktionsauftrag ernsthaft weiter zu verfolgen. Es herrschte in dieser Frage mithin stillschweigendes Einvernehmen zwischen den Vertragspartnern – und so starb Porsches Rennwagenprojekt einen langsamen, aber sicheren Tod.[26]

Diese ernüchternde Bilanz bedeutete allerdings nicht, dass das Konstruktionsbüro von Daimler-Benz nur mit nebensächlichen Aufgaben abgespeist worden wäre. Zweifellos wollte Daimler-Benz durch die Exklusivverpflichtung Porsche unter Kontrolle bringen und das erfinderische Potenzial des Unternehmens neutralisieren. Im streng vertraulichen Protokoll der Daimler-Vorstandssitzung vom 10. Februar 1939 ist zu lesen, dass man dem Konstruktionsbüro ganz überwiegend »normale Entwicklungsaufgaben und keine Erfinderaufgaben«[27] übertragen habe. Nur bei einem Projekt konnte Porsche seine eigentlichen Stärken zur Geltung bringen. Es handelte sich dabei um die Entwicklung eines sogenannten Weltrekordwagens, der den Fahrer in die Lage versetzen sollte, die höchste jemals zu Lande gemessene Geschwindigkeit zu erreichen.[28] In diesem Fall lag eine für beide Seiten ideale Konstellation vor: Daimler-Benz konnte ein überaus ambitioniertes technisches Vorhaben realisieren, bei welchem dem Automobilhersteller der Beifall der Politik gewiss war. Und Porsche konnte endlich die Zwangsjacke abstreifen, in die man ihn mit dem Exklusivvertrag gesteckt hatte, und von der gestalterischen Freiheit uneingeschränkt Gebrauch machen. Erstmals war vom Entwurf am Zeichenbrett bis zum Testen des Gefährts die Genese eines wahren technischen Wunderwerks allein seinem Büro anvertraut. Es ging dabei nicht um ein Fahrzeug, das sich im Rennsportbetrieb zu bewähren hatte. Vielmehr wollte man die technischen Möglichkeiten ausreizen, die sich hinsichtlich der maximal zu erzielenden Geschwindigkeit ergaben. Damit sollte die dem Sport immanente Idee des Rekords bedient werden. Das Streben nach Rekorden ist dem Sport prinzipiell eigen, weil Rekorde es ermöglichen, an verschiedenen Orten und zu verschiedenen Zeiten erzielte Leistungen zu vergleichen.[29] Speziell in den angelsächsischen Ländern unternahm man damals erhebliche Anstrengungen, die Krone in diesem Geschwindigkeitsrausch zu erringen – also den absoluten Geschwindigkeitsrekord aufzustellen. Seit September 1935 hielt den ein britischer Fahrer. In der NS-Sportführung hegte man den Wunsch, diesen Rekord anzugreifen und in das nationalsozialistische Deutschland zu holen.[30] Da deutsche Fabrikate, die für deutsche Rennteams fuhren und in der Regel von deutschen Fahrern gesteuert wurden, den internationalen Rennsport der Jahre 1937 und 1938 dominierten, war dies die letzte rennsportliche Herausforderung, die mit einem gewichtigen politischen Mehrwert versehen werden konnte.

Das Vorhaben konnte also mit erheblichem politischen Rückenwind rechnen – und damit bestand im Kern eine vergleichbare Konstellation wie im Frühjahr 1933, als Reichskanzler Hitler einen deutschen Rennstall mit deutschen Rennwagen gefordert hatte. Porsche war damals der Einstieg in die Rennwagenkonstruktion gelungen, womit der Grundstein für die Aufwärtsentwicklung seines Unternehmens gelegt war. Damit er nun die Chance erhielt, seinen Namen in den Rekordbüchern zu verewigen, war die Porsche GmbH/KG allerdings darauf angewiesen, dass der Bau eines Weltrekordwagens von dritter Seite angestoßen wurde. Bezeichnenderweise war es der Rennfahrer Hans Stuck, der den Stein ins Rollen brachte. Stuck hatte erkannt, dass seine beste Zeit als Lenker eines Grand-Prix-Rennwagens vorbei war, da er 1936 nur noch zweite Wahl im Rennstall der Auto Union war. Der einst so erfolgreiche Rennfahrer wollte nicht mit unbedeutenden Rennen abgespeist werden und diente sich daher Daimler-Benz mit der Idee an, den Geschwindigkeitsweltrekord zu brechen. Im Vorfeld hatte er Absprachen mit Ferdinand Porsche getroffen und konnte mit dessen Bereitschaft, einen solchen Rekordwagen zu konstruieren, bei Daimler-Vorstand Kissel vorstellig werden.[31] Wie im Jahr 1933 war der Verweis auf Porsches unbestreitbare Fähigkeit, auf dem Gebiet der Sonderfahrzeuge Außergewöhnliches zu leisten, eine Botschaft, die ihre Wirkung auch diesmal nicht verfehlte.

Da man die Porsche GmbH ohnehin verpflichten wollte, ergab sich durch die Initiative Stucks die vorteilhafte Lage, Porsche auf einem Gebiet einzusetzen, bei dem er seine Stärken ausspielen konnte, ohne dass dies mit den bereits bestehenden Entwicklungsvorhaben im eigenen Haus kollidierte. Porsche erhielt eine sinnvolle Beschäftigung und wurde von Daimler-Benz auf ein Projekt angesetzt, bei dem letztlich der politische Nutzen den Ausschlag gab. Die Porsche GmbH erhielt am 13. Januar 1937 einen entsprechenden Konstruktionsauftrag,[32] was einem Vorgriff auf die zwei Monate später unterzeichnete vertragliche Verabredung gleichkam. Man kann sich des Eindrucks nicht erwehren, dass diese Auftragserteilung wie ein Köder ausgeworfen wurde. Die Verantwortlichen bei Daimler-Benz waren sich sicher, dass Porsche anbeißen würde in der Erwartung, mit diesem Premiumauftrag den Weg für weitere ambitionierte Aufträge zu ebnen. Dass bei Daimler-Benz gar kein Interesse bestand, Porsche mit einer Serie von ähnlich anspruchsvollen Erfinderaufgaben auszulasten, sollte sich erst in der folgenden Zeit herausstellen.

Das Konstruktionsbüro stürzte sich jedenfalls mit Feuereifer auf den ersten verheißungsvollen Auftrag von Daimler-Benz. Bereits zwei Monate nach der Auftragserteilung konnte das Unternehmen verschiedene detaillierte Entwürfe für den Rekordwagen T80 vorzeigen. Den von den Porsche-Ingenieuren berechneten Leistungsbedarf sollte ein modifiziertes Flugzeugtriebwerk vom Typ DB 603 liefern, das aus 44,5 Litern Hubraum eine Leistung von 3500 PS schöpfte. Das gesamte Team blühte auf, weil es seine spezifischen Fähigkeiten in dieses Projekt einbringen konnte. Die Motorfrage war hierbei nicht der zentrale Punkt, da Daimler-Benz seinen Spezialmotor zur Verfügung stellte, der eigentlich für Flugzeuge vorgesehen war. Die Herausforderung bestand eher darin, eine ideale Kraftübertragung zu erreichen und vor allem eine perfekte aerodynamische Verkleidung zu entwickeln, um den Luftwiderstand zu minimieren.[33] Es lag nahe, Anleihen beim Flugzeugbau zu machen, und da fügte es sich perfekt, dass Josef Mickl, der zuständige Aerodynamiker im Porsche-Team, seine ersten beruflichen Sporen als Flugzeugkonstrukteur erworben hatte. Um die angestrebte Höchstgeschwindigkeit von 650 km/h zu erreichen, wurde eine besondere Karosseriegeometrie für das dreiachsige Fahrzeug entwickelt: Negativ angestellte Seitenflügel erzeugten den notwendigen Anpressdruck. Der Pilot wurde zwischen zwei Seitenrudern platziert, die für die Richtungsstabilität sorgen sollten. Da der Rekordwagen ideal auf Mickls Expertise zugeschnitten war, ist es nicht verwunderlich, dass auf sein Betreiben hin schon weniger als vier Monate nach Auftragseingang an die Porsche GmbH eine wegweisende Erfindung auf diesem Gebiet patentiert wurde. Gemäß dem novellierten Patentgesetz hatte die Patentschrift den eigentlichen Erfinder namentlich zu nennen, woraus klar die zentrale Rolle Mickls bei der Bewältigung dieser Aufgabe hervorgeht.[34]

Wenige Wochen später wurde der Eifer des Porsche-Teams allerdings jäh gebremst, weil der Auftraggeber den Rekordwagen von der Prioritätenliste strich. Dabei spielten Eifersüchteleien in Untertürkheim eine nicht unerhebliche Rolle. Rennleiter Alfred Neubauer hatte es darauf angelegt, das Prestigeprojekt zu Fall zu bringen, das wertvolle Ressourcen von der Rennabteilung abzog.[35] Der präsumtive Weltrekordfahrer Hans Stuck öffnete den Kritikern ein breites Einfallstor, da er sich seinen Namen bei der Konkurrenz Auto Union gemacht hatte und sein Engagement einer Diskreditierung des hauseigenen Meisterfahrers Rudolf Caracciola gleichgekommen wäre. Der politische Nutzen des Rekordwagens wurde zunehmend fraglich, da aussichtsreiche Rekordfahrten nur in den USA durchgeführt werden konnten, wo ein Salzsee im US-Bundesstaat Utah die topographischen Voraussetzungen aufwies, auf planer Ebene auf Weltrekordkurs zu gehen. Es fiel dem Vorstandsvorsitzenden Kissel daher nicht sonderlich schwer, im Juli 1937 zu dekretieren, »dass die Konstruktion des Rekordwagens […] zurückgestellt«[36] werde, bis alle Aufgaben im Rennwagenbereich gelöst seien. Dieser Beschluss war ein schwerer Schlag für die Porsche GmbH. Auch Oberingenieur Karl Rabe, der einen letzten verzweifelten Versuch unternahm, das prestigeträchtige Projekt zu retten, indem er darauf verwies, »dass die Entwürfe zum Weltrekordwagen fertig seien und man mitten im Detaillieren stehe«,[37] konnte Kissel nicht umstimmen. Es blieb bei der vorläufigen Einstellung der Arbeiten.

In den folgenden zwei Jahren schlummerte das Rekordwagenprojekt vor sich hin. Da es geheim gehalten wurde, konnte es von Porsche auch nicht öffentlichkeitswirksam vermarktet werden. Der Vorstand von Daimler-Benz wusste nur zu gut, dass der Name »Porsche« mittlerweile einen so guten Klang besaß und die Erringung des Weltrekords nicht zuletzt auf den Konstrukteur zurückfallen würde, da die fahrerische Leistung beim Geradeausfahren auf einem Salzsee beschränkt war. Zwar hatte man in weiser Voraussicht die Erteilung des Konstruktionsauftrags an Porsche an die Bedingung geknüpft, »dass der so zum Bau kommende Wagen jederzeit nur als Mercedes-Benz Wagen in Erscheinung treten und besprochen werden darf«.[38] Porsche trat mithin alle kommunikativen Verfügungsrechte an seinem Rekordfahrzeug an Daimler-Benz ab. Aber dank des Volkswagen-Projekts war Porsche gar nicht mehr darauf angewiesen, dass sein Name als offizielle Bezeichnung der von ihm konstruierten Autos erschien. So hätte es durchaus passieren können, dass Porsche trotz aller Vorsichtsmaßnahmen ein kommunikativer Hauptnutznießer des Rekordwagens wurde, was manchem im Daimler-Vorstand durchaus nicht recht war: »Da wir die Fabrikation des Wagens auf unsere Rechnung zu übernehmen gedenken, hätte Po. eine billige Reclame, falls der Wagen das erfüllt, was wir erwarten.«[39]

Der Bau des Rekordwagens rückte jedoch in immer weitere Ferne. Die Porsche GmbH hatte am 24. November und 29. Dezember 1937 die erforderlichen Detailzeichnungen in Untertürkheim abgeliefert;[40] doch diese verschwanden zunächst sang- und klanglos in den Aktenschränken von Daimler-Benz. Am 1. Oktober 1938 wies man Porsche an, sich der Frage der Karosserie zuzuwenden.[41] Fast zwei Jahre nach Beginn der Vorarbeiten war der T80 immer noch meilenweit von der Fertigstellung entfernt. Daimler-Benz hatte bis Ende 1938 etwas mehr als 380 000 Reichsmark in dieses Projekt gesteckt, wovon 178 107 Reichsmark auf Konstruktionskosten entfielen und mithin überwiegend an die Porsche GmbH geflossen waren.[42] Wenn man die Ratio des Rekordwagenprojekts aus Sicht der Daimler-Benz AG vor allem darin erblickt, Porsche nicht wirklich zur Entfaltung kommen zu lassen, dann hatte man zwar einen durchaus beträchtlichen finanziellen Aufwand betrieben, aber das Projekt erfolgreich auf Eis gelegt.

Als sich die Politik in diese Causa einschaltete, sah man sich allerdings genötigt, das Projekt wieder moderat zu beschleunigen. NSKK-Führer Adolf Hühnlein, der oberste Repräsentant auch des Motorsports, hatte sich im Herbst 1938 bei einem Besuch des Daimler-Werks in Untertürkheim nach dem Stand des Weltrekordwagens erkundigt und brachte den Vorstand damit in Erklärungsnöte. Zwar wurde gegenüber der Politik behauptet, »die Arbeiten sind so weit fertiggestellt, dass wir den Wagen voraussichtlich bis Mai nächsten Jahres fertigstellen können«,[43] aber intern wusste jeder, dass man meilenweit davon entfernt war. Im Juni 1939 war noch nicht einmal der erforderliche DB603-Flugmotor, der es auf 3500 PS brachte, geliefert worden.[44]

Die clevere Geschäftsführung suchte nun aus der Not eine Tugend zu machen und das offenkundige politische Interesse an einem deutschen Weltrekordwagen zu nutzen, um von der Politik eine finanzielle Zuwendung zu erbitten. Bis 1939 hatte sich Daimler-Benz strikt mit gar nicht so unüblichen Bitten um staatliche Unterstützung zurückgehalten, weil man damit in die Pflicht geraten wäre, ein vorzeigbares Endprodukt zu liefern. Die Selbstfinanzierung des Rekordwagenprojekts bedeutete eben auch, dass Daimler-Benz die Hoheit über das Projekt behielt und sowohl Stuck als auch Porsche auf Distanz halten konnte. Diese vornehme Zurückhaltung beim Subventionswettlauf endete, als das Interesse der Politik an einem eigentlich ungeliebten Projekt des Unternehmens diesem die Möglichkeit bot, bei den politisch Verantwortlichen wenigstens um eine beträchtliche Subventionierung vorstellig zu werden.[45] Letztlich war es der Ausbruch des Zweiten Weltkriegs, der das Weltrekordwagenprojekt endgültig stoppte. Porsche hatte viel Energie in ein prestigeträchtiges Projekt investiert, das nicht abgeschlossen wurde und nach dem Willen seines Auftraggebers auch gar nicht unbedingt zu Ende gebracht werden sollte.

Letztlich hat Porsche mit keinem der Daimler-Benz-Aufträge ein Fahrzeug hinterlassen, das in technischer Hinsicht als Visitenkarte in eigener Sache hätte dienen können. Damit blieb die Zusammenarbeit weit hinter Porsches Erwartungen zurück; doch das ließ sich verschmerzen, da sich der immerhin bis zum 28. Februar 1943 währende Kontrakt mit der Daimler-Benz AG als eine reich sprudelnde Einnahmequelle erwies. Die vertraglich vereinbarten Einkünfte bescherten der Porsche GmbH/KG eine Grundsicherung, die vor dem Hintergrund ihres bis 1933 währenden Existenzkampfes nicht zu verachten war. Bis zum September 1938 flossen der Gesellschaft etwa 580 000 Reichsmark zu,[46] wobei die Spezialausführung des Weltrekordwagens mit mehr als 383 000 Reichsmark die größte Einnahmequelle war, gefolgt von der Konstruktion des Heckmotor-Rennwagens mit 4,5-Liter-Saugmotor, für den mehr als 92 000 Reichsmark veranschlagt worden waren. Allein aus diesem Vergleich wird deutlich, wie engagiert sich Porsche auf den Rekordwagen gestürzt hatte und mit welch geringerem Aufwand das Rennwagenprojekt verfolgt worden war. Doch welche Prioritäten innerhalb der Aufgabenverteilung auch gesetzt wurden – der Exklusivvertrag Porsches mit Daimler-Benz erfüllte in technischer Hinsicht bei Weitem nicht die Erwartungen, die er bei Porsche geweckt hatte, war aber als Einnahmequelle für das Unternehmen von erheblichem Belang.

Geradezu unentbehrlich war dieser Vertrag für die Verwirklichung der lang gehegten Absichten des Unternehmensgründers, ein reines Familienunternehmen zu etablieren. Dazu war – wie bereits geschildert – die Umwandlung der GmbH in eine Kommanditgesellschaft der entscheidende Schritt. Das damit verbundene Risiko, mit seinem gesamten Privatvermögen zu haften, wollte Ferdinand Porsche nur eingehen, wenn sein Unternehmen über einen größeren Zeitraum hinweg regelmäßige Einkünfte erzielte – und diese Planungssicherheit erreichte er mit dem Daimler-Kontrakt. Zudem darf man die Sondervergütung, die seiner Gesellschaft für jedes Vertragsjahr zustand, nicht gering schätzen. Mit der Umwandlung in eine Kommanditgesellschaft, deren Gesellschafter allesamt Familienmitglieder waren, erhielt die Gratifikation in Höhe von 80 000 Reichsmark den Charakter einer für Porsche bestimmten persönlichen Zuwendung. Es kann daher nicht verwundern, dass die erste Gutschrift in Höhe von 80 000 Reichsmark im Dezember 1937 erfolgte,[47] als die Änderung der Unternehmensform beschlossene Sache war. Als persönliche Anerkennung für Porsche vorgesehen war darüber hinaus eine Sonderzuwendung seines Auftraggebers in Gestalt eines 3,2-Liter-Cabriolets von Mercedes-Benz im Wert von mehr als 8000 Reichsmark.[48]

Alles in allem erwies sich der Vertrag mit Daimler-Benz trotz der unbefriedigenden Aufgabenstellungen als finanzielles Standbein, durch welches das Unternehmen in die Lage versetzt wurde, seine Tätigkeitsfelder zu diversifizieren. Über den beiderseitigen Nutzen herrschte zwischen Porsche und Daimler-Benz stillschweigendes Einvernehmen. Vor diesem Hintergrund machte der Auftraggeber auch keinen Gebrauch von seinem Kündigungsrecht, nachdem die ersten drei Jahre abgelaufen waren. Auch als sich nach dem Ausbruch des Weltkriegs die Bedingungen für die Fahrzeughersteller gravierend veränderten, lief der Vertrag zwischen der Daimler-Benz AG und dem Konstruktionsbüro Porsche weiter, wenngleich die Vergütungen angepasst, also reduziert wurden.[49] Mit fortschreitender Kriegsdauer bestand noch weniger Bedarf an Konstruktionsleistungen der Porsche KG als zuvor; dennoch wurden die Vertragsbeziehungen nicht beendet. Im Oktober 1940 einigte man sich darauf, dass die Porsche KG von allen Verpflichtungen »bis Kriegsende« freigestellt wurde gegen eine monatliche Vergütung von 6667 Reichsmark.[50] Das Konstruktionsbüro erhielt auf diese Weise Einkünfte, ohne dafür Gegenleistungen zu erbringen.

Es war die Porsche KG, die den Vertrag mit Daimler-Benz dann fristgerecht zum 28. Februar 1943 kündigte, obgleich Daimler-Benz Interesse an einer Fortsetzung bekundet hatte.[51] Damit brachte Porsche zum Ausdruck, dass sich sein Unternehmen endgültig von Daimler-Benz emanzipiert hatte und nun in Größenordnungen vorgestoßen war, bei denen sich exklusive vertragliche Bindungen an den Stuttgarter Automobilhersteller nicht mehr rechneten.

Ferdinand Porsche 1937 mit einem Volkswagen-Prototypen der Reihe W30. Der erste Wagen dieser Serie wurde wie alle Prototypen zuvor in der Doppelgarage der Porsche-Villa in Stuttgart hergestellt.

KAPITEL 7

Porsche und der Volkswagen

Kein anderes Projekt ist mit dem Namen Ferdinand Porsche so eng verknüpft wie die Entwicklung des Volkswagens. Denn Porsche war der geistige Vater des als »Käfer« in die Automobilgeschichte eingegangenen Kleinwagens, der in der Nachkriegszeit eine rasante Karriere machte. Mit dem Volkswagen gelang dem Unternehmen der lang ersehnte Aufstieg zum Entwicklungsbetrieb mit der Aussicht, sogar in die Serienherstellung von Fahrzeugen einzutreten. Insofern stellt das Volkswagen-Projekt für die Unternehmensgeschichte der ersten zwanzig Jahre die wichtigste Zäsur dar. Aber auch in anderer Hinsicht kam dieses Projekt einem Quantensprung gleich: Porsche katapultierte sich mit dem Volkswagen ins Zentrum der öffentlichen Aufmerksamkeit. Seit man seinen Namen in einem Atemzug mit diesem Vorzeigeprojekt der Massenmotorisierung nannte, wurde er auch in der wenig motorsportbegeisterten Öffentlichkeit zu einem Begriff. Dadurch flogen ihm Zuschreibungen zu, die sein zeitgenössisches Image prägten und sich derart verfestigten, dass sie den politischen Umbruch von 1945 überdauerten und den ökonomischen Neustart der Porsche KG in der Nachkriegszeit erleichterten. Durch das Volkswagen-Projekt war dessen Urheber Porsche mit einem symbolischen Kapital ausgestattet, das von unschätzbarem Wert war, als sich das Untenehmen 1948 daran wagte, Sportwagen in Eigenregie herzustellen. Die Erfolgsgeschichte der heutigen Dr. Ing. h.c. F. Porsche AG wäre undenkbar ohne das werthaltige Ansehen, das sich Ferdinand Porsche durch das Volkswagen-Projekt erworben hatte.

Auch in diesem Fall muss der Historiker der Versuchung widerstehen, aus der Retrospektive ein teleologisch infiziertes Narrativ zu konstruieren, das den Bau des Volkswagens als zwangsläufige Krönung einer unaufhaltsamen Entwicklung der Porsche GmbH darzustellen sucht. Eher wird er die Frage aufwerfen, warum ein im Jahr 1932 noch insolvenzbedrohtes Kleinunternehmen sechs Jahre später Einfluss auf das größte industriepolitische Projekt in Deutschland gewinnen konnte. Es bedurfte schon überaus günstiger Umstände, damit Porsche die konstruktive Federführung und die Entwicklung des Volkswagens bis zur Serienreife übernehmen konnte. Schon auf den ersten Blick wird man es als eher ungewöhnlich einstufen, dass die Porsche GmbH den Zuschlag für die Konstruktion und Entwicklung von jenen

Automobiltypen erhielt, die das obere beziehungsweise untere Ende der Typenskala bilden: Rennwagen beziehungsweise Kleinwagen. Noch mehr Beachtung verdient, dass dem Unternehmen in beiden Fällen große konstruktive Freiheiten eingeräumt wurden, so dass es sein Potenzial ohne die sonst üblichen Restriktionen hinsichtlich des Einsatzes von Zeit und Geld entfalten konnte. Vor allem beim Volkswagen-Projekt konnte Porsche aus dem Vollen schöpfen – und genau dieser Umstand bedarf der vertieften Erklärung.

Die Entwicklung eines Kleinwagens, der als volltaugliches Automobil gelten konnte, rangierte Anfang der 1930er Jahre auf der Prioritätenliste der deutschen Automobilindustrie lange an hinterer Stelle. Unter unabhängigen Fachleuten wuchs daher die Sorge, dass die deutsche Automobilindustrie einen wichtigen Zukunftstrend verschlafen könnte – nämlich die Entwicklung eines leistungsfähigen Kleinwagens. Damit schlug die Stunde von kreativen Köpfen, die nicht eingeengt waren durch Vorgaben träger Automobilhersteller und ihre konstruktive Fantasie nutzten, um avantgardistische Lösungen zu entwerfen. Bewusst wollten sie nicht den Weg der USA kopieren und das erfolgreiche Ford-Modell auf deutsche Bedingungen übertragen. Vielmehr ging es ihnen darum, die spezifische Expertise deutscher Konstruktions- und Ingenieurskunst auszuschöpfen, um bei Antrieb und Chassis eines Kleinwagens originelle Ansätze zu entwickeln. Bis 1932 gelangte allerdings keine dieser Ideen zur Produktionsreife. Entwickler wie der kühne Denker und engagierte publizistische Streiter Josef Ganz[1] wurden zwar von Herstellern wie Daimler-Benz und BMW als technische Berater engagiert, doch es gelang keinem von ihnen, die Bedenken der Hersteller gegen ihre Pläne zu überwinden. Dies lag vor allem an der Skepsis der etablierten deutschen Automobilproduzenten, die bezweifelten, dass ein technisch ausgereifter Kleinwagen zu einem Lieferpreis hergestellt werden könnte, der den Herstellern eine auskömmliche Gewinnspanne sicherte.

Damit ist eine wesentliche strukturelle Voraussetzung für die erfolgreiche Entwicklung und Produktion eines Volkswagens genannt: Es reichte eben nicht aus, die Fachwelt mit Plänen für einen idealen Volkswagen zu bereichern. Ein serienreifes Fahrzeug entsprang nicht dem Kopf eines einsamen, genialischen Erfinders, sondern war das Resultat verschiedener hochkomplexer Prozesse, die zusammenwirken mussten:[2] Die zündende schöpferische Idee musste zunächst von einem Team von Konstrukteuren und Entwicklungsingenieuren in produktionsreife Prototypen umgesetzt werden. Am Ende der Entwicklungskette stand dann eine Fabrikation, die neue fertigungstechnische Verfahren anwandte und in dieser Hinsicht von den USA lernte. Der Volkswagen besaß viele Ideengeber – doch keiner dieser verdienten Pioniere war in der Lage, den entscheidenden Schritt von der Konstruktion zur Produktionsreife zu bewältigen. Ferdinand Porsche gehörte gewiss nicht zu den allerersten konstruktiven Köpfen, die sich als Vordenker auf dem Gebiet der Kleinwagenkonstruktion hervorgetan hatten. Doch im Unterschied zu diesen ideellen Wegbegleitern schaffte er es, seine Vorstellungen in serienreife Fabrikate umzusetzen, weil er auf ein eingespieltes Team zurückgreifen konnte und die Voraussetzungen schuf, um den mühsamen und langwierigen Entwicklungsprozess mit Erfolg bis zum Ende durchzuhalten.

Dies hing zum einen damit zusammen, dass Porsche ein Gespür für die Dynamik der Nachfrage nach Automobilen besaß. Er verfügte aufgrund seiner jahrzehntelangen Erfahrungen über ein feines Sensorium dafür, dass in den frühen 1930er Jahren die Motorisierung die breite Masse erfassen würde, wenn entsprechende Voraussetzungen in puncto Anschaffung, Betrieb und steuerliche Behandlung eines Personenkraftwagens gegeben waren. Es lag also förmlich in der Luft, einen für diesen Kreis erschwinglichen Personenkraftwagen zu entwerfen. Denn die Ursprünge des »Volksautomobils« lassen sich bereits auf den Anfang des 20. Jahrhunderts datieren, so dass es eine jahrzehntelange Debatte über die angemessene Volksautomobilkonzeption gab.[3] 1931 rief die »Allgemeine Automobil-Zeitung« Experten auf, sich dazu zu äußern.[4] Bei dieser Gelegenheit gab Ferdinand Porsche eine programmatische Erklärung ab. Seinem Statement war zu entnehmen, dass er sich schon lange bevor Reichskanzler Hitler dieses Thema 1934 auf die politische Agenda setzte, mit dem Kleinwagen beschäftigte. Porsche reagierte mithin nicht eilfertig auf den Zuruf der Politik, als man 1934 mit dem Volkswagen-Projekt an ihn herantrat. Er fasste den Auftrag vielmehr als Bestätigung dafür auf, dass er schon Jahre zuvor – ohne politische Rückendeckung – konstruktive Anstrengungen in Richtung Kleinwagen unternommen hatte. In diesem Sinne gebührt Porsche in der Tat die Bezeichnung Vordenker eines Volkswagens, wobei er aber bei Weitem nicht der Einzige war.

Im Februar 1931 versammelte sich eine illustre Gemeinschaft im publizistischen Flaggschiff des einflussreichsten Automobilverbandes, des »Automobilclubs von Deutschland« (AvD). Jeder, der in der Konstrukteursszene Rang und Namen hatte, beteiligte sich daran, Kriterien für eine »Fahrmaschine« zu entwickeln, und zwar »vom primitivsten motorradähnlichen vierrädrigen Fahrzeug bis zum einigermaßen bequemen, wohnlichen Kleinautomobil«.[5] Porsche war unter den Beteiligten der Einzige, der nicht bei einem Unternehmen angestellt war, sondern als selbstständiger Konstrukteur auftrat. Er konnte seiner konstruktiven Fantasie freien Lauf lassen, während seine Kollegen immer auf den potenziellen Absatzmarkt ihrer Firma schielten, wenn sie sich zum Thema »Fahrmaschine« äußerten.

Porsche machte von Anfang an aus seiner Abneigung gegen eine primitive Fahrmaschine keinen Hehl und plädierte nachdrücklich für einen Volkswagen. Er war der Einzige unter den Experten, der technische Vorgaben aus der Perspektive des Käufers formulierte: vier relativ komfortable Sitze; 600 bis 650 Kilogramm Gesamtgewicht; bis 1500 Kubikzentimeter Zylinderinhalt; 90 Kilometer pro Stunde Höchstgeschwindigkeit.[6] Mit seinem energischen Eintreten gegen eine in puncto Gewicht, Geschwindigkeit und Komfort den Standards eines Kleinwagens nicht gerecht werdende »Fahrmaschine« stand Porsche zwar nicht allein, da sich beispielsweise auch der Chefkonstrukteur der Röhr-Werke entsprechend positionierte, der den später markengeschützten Begriff »Volkswagen« für seine Vision eines leistungsfähigen Kleinwagens ins Gespräch brachte.[7] Doch die Röhr-Werke fielen 1931 der Absatzkrise auf dem Automobilmarkt zum Opfer,[8] und damit hatte keiner der klassischen deutschen Automobilhersteller einen Kleinwagen in seinem Portfolio, der den im Februar 1931 formulierten Kriterien gerecht wurde. Dies war eine ideale Ausgangsposition für einen wagemutigen Konstrukteur: Er konnte an einen schon länger andauernden Diskurs um ein Volksautomobil anknüpfen[9] und dabei sogar den sich allmählich einbürgernden Terminus »Volkswagen« in Beschlag nehmen – allerdings nur wenn es ihm gelang, einen privaten Auftraggeber für ein solches Projekt zu gewinnen. Porsche hoffte daher darauf, dass die 1931/32 ihren Höhepunkt erreichende Wirtschaftskrise einen Hersteller dazu verleiten würde, den brachliegenden Markt für Autos des »kleinen Mannes« zu erschließen.

Vor diesem Hintergrund ist es nicht verwunderlich, dass mit den in Nürnberg beheimateten Zündapp-Werken im Jahr 1931 einer der Marktführer im Motorradbau in diese Marktlücke stoßen wollte. Käufer eines Zweirads gehörten in der Regel nicht zu den besonders Begüterten, was Zündapp-Generaldirektor Fritz Neumeyer auf die Idee brachte, das Angebot zu diversifizieren und einem ähnlichen Kundenkreis einen tauglichen und preisgünstigen Kleinwagen anzubieten. In ähnliche Richtung bewegte sich die Standard Fahrzeugbau GmbH aus Ludwigsburg, die sich bei der Herstellung von Motorrädern einen guten Ruf erworben hatte und 1933 mit dem »Standard Superior« einen Kleinwagen auf den Markt brachte, der zum Preis von knapp 1500 Reichsmark allerdings nur einen Zweisitzer mit 500 Kubikzentimeter Hubraum bot[10] und damit weit von den wesentlich ambitionierteren Vorstellungen Porsches entfernt war.

Da Porsche mit seinem Beitrag in der »Allgemeinen Automobil-Zeitung« eine Art Initiativbewerbung für die Konstruktion eines Kleinwagens abgegeben hatte, wurden Zündapp und Porsche sich schnell handelseinig. Am 28. September 1931 schlossen die Zündapp-Werke und die Porsche GmbH einen Vertrag über die »konstruktive Entwicklung« eines Kleinwagens »bis zur Fabrikationsreife«, wobei dieser Wagen durchaus den Vorstellungen gerecht wurde, die Porsche im Februar 1931 in der Zeitschrift formuliert hatte: ca. 1000 Kubikzentimeter Hubraum; Viersitzer; Bergsteigefähigkeit; mindestens 80 Kilometer pro Stunde Höchstgeschwindigkeit.[11]

Bereits beim Zündapp-Projekt schimmerte das Prinzip durch, das Porsche später beim Volkswagen-Projekt energisch verfolgen sollte: Er definierte seine Aufgabe so, dass die Erfordernisse der Konstruktion die Belange der Fabrikation dominierten. Dies bedeutete nichts weniger, als dass sich Porsche keine kalkulatorischen Fesseln anlegen lassen wollte. Im Vertrag mit Zündapp war zwar festgelegt worden, dass der Verkaufspreis des Kleinwagens 2000 Reichsmark nicht überschreiten sollte.[12] Aber Porsche war weit davon entfernt, das Fahrzeug so zu konstruieren, dass er in jedem Fall unterhalb der für den Auftraggeber zentralen Richtgröße von 2000 Reichsmark blieb. Kühn setzte er sich über kalkulatorische Bedenken des Auftraggebers hinweg, der den Kleinwagen vor allem über den Preis verkaufen wollte. Porsche suchte das Geld anderswo einzusparen: Wenn es gelang, die Materialkosten zu senken (was auf Kosten der Gewinnspanne der Zulieferer und Rohstoffproduzenten ging) und zugleich den üppigen Händlerrabatt von 20 Prozent zu drücken, konnte man immer noch den ursprünglichen Preis erreichen, ohne konstruktive Abstriche zu machen.[13]

Die Porsche GmbH bezog diese Position, obwohl ihre Finanzlage zu dieser Zeit äußerst prekär war. Gerade weil der Zündapp-Auftrag 80 000 Reichsmark[14] in die leeren Kassen spülen sollte, hätte man annehmen können, dass sich das angeschlagene Unternehmen die kalkulatorischen Vorgaben des Auftraggebers uneingeschränkt zu eigen machte. Doch Porsche ging mit bemerkenswerter Sturheit in dieser für sein Unternehmen brenzligen Situation seinen Weg. Was wäre erst geschehen, wenn er hinsichtlich Gesamtgewicht, Höchstgeschwindigkeit, PS-Stärke und Sitzanzahl ohne feste vertragliche Vorgaben und gar ohne die disziplinierende Wirkung eines unumstößlichen Verkaufspreises einen Kleinwagen hätte konstruieren können? Dass eine solche Konstellation für ihn ein wahres Konstrukteursparadies gewesen wäre, kann man sich leicht vorstellen. Und genau unter solchen Bedingungen konnte er dank eigenen Zutuns, aber vor allem dank der tatkräftigen Hilfe einflussreicher Dritter von Sommer 1934 an für nahezu drei Jahre den Volkswagen nach seinen Vorstellungen formen.

Porsches erster Abstecher in das Kleinwagengeschäft im Jahr 1931 endete noch damit, dass er drei fertige Prototypen entwickelte, die aber vom Auftraggeber Zündapp nicht zur Serienreife geführt wurden, da sich die Motorradkonjunktur erholte. Das Konstruktionsbüro hatte immerhin lehrreiche Erfahrungen vor allem bei zwei Komponenten gesammelt, die Porsche auch in Zukunft zu schaffen machen sollten: Antrieb und Kühlung. Zudem konnte Porsche ausländischen Interessenten, die von seinen Arbeiten Wind bekommen hatten, ohne Übertreibung bescheinigen, dass sein Büro »in der Frage eines sogenannten Volkswagens eine entsprechende Konstruktion zur Durchführung gebracht«[15] habe.

Zwei Jahre später wagte sich ein anderer Zweiradhersteller an das Kleinwagenprojekt, nämlich die im württembergischen Neckarsulm beheimatete NSU Vereinigte Fahrzeugwerke AG. Sie griff ebenfalls auf die Expertise Porsches zurück, der inzwischen als erste Adresse galt, wenn ein Seiteneinsteiger Marktzugang suchte. Für Porsche war die Aufgabe reizvoll, weil er sich bei NSU ebenfalls nicht mit einer eigenen Entwicklungsabteilung für Personenkraftwagen herumplagen musste, sondern völlige Freiheit genoss. Die im November 1933 geknüpften Beziehungen zwischen Porsche und NSU[16] schlugen sich in drei Prototypen nieder, die aber ebenfalls nicht in Serie gingen, weil die anziehende Konjunktur das klassische Zweiradgeschäft auch bei NSU so belebt hatte, dass ein riskanter Abstecher in das Kleinwagengeschäft unnötig erschien.[17]

Dass Porsche bereits vor dem politischen Startschuss für ein Volkswagen-Projekt von privaten Auftraggebern engagiert wurde, einen Kleinwagen zu konstruieren, ist unstrittig, zumal dies einer der Beteiligten, NSU-Generaldirektor Fritz von Falkenhayn, bei einer Sitzung von Vertretern der Autoindustrie nicht unbedingt zum Vorteil Porsches zur Sprache brachte, als er dessen Kompetenz in Sachen Chassiskonstruktion bestritt. Dieser Hinweis Falkenhayns, dass Porsche für NSU bereits eine Vorstufe des Volkswagens konstruiert habe,[18] belegt zweifelsfrei, dass sich Porsche mit der Kleinwagenkonstruktion beschäftigte, lange bevor Hitler dieses Thema auf die politische Agenda setzte.

Allem Anschein nach haben die Rückschläge im Kleinwagenbau Porsche zwar nicht entmutigt, aber die Erkenntnis reifen lassen, dass auf privatwirtschaftlichem Weg der ihm vorschwebende Kleinwagen in Deutschland niemals gebaut werden würde. Dass Porsche in solchen Konstellationen Anlehnung an die Politik suchte, zieht sich wie ein roter Faden durch sein unternehmerisches Verhalten. Welche Einrichtung des Reiches war hier der geeignete Ansprechpartner? Dass sich Hitler selbst für die Entwicklung eines Volkswagens aufgeschlossen zeigen würde, war nach dessen Rede auf der Internationalen Automobilausstellung im Februar 1933 nicht ausgeschlossen. Indes gab es keine öffentlichen Äußerungen Hitlers, die Porsche berechtigten Anlass zu dieser Vermutung hätten geben können. Zudem fehlte ihm der direkte Zugang zum Regierungschef, so dass ihm eigentlich nur die Möglichkeit blieb, eine Art Petition an das ressortmäßig zuständige Reichsverkehrsministerium zu richten. Dort war sein Name nicht unbekannt, da Auto Union die Zuschüsse des Ministeriums für den von Porsche konstruierten Rennwagen erhielt.

Wir sind im vierten Kapitel dieser Studie bereits auf das von Porsche verfasste Exposé vom 17. Januar 1934 eingegangen, weil es einen tiefen Einblick in die Verfahrensabläufe des Konstruktionsbüros erlaubt. Nun soll es um eine quellenkritische Durchleuchtung der Genese dieses Schlüsseldokuments[19] gehen, dessen Bedeutsamkeit darin besteht, dass Porsche mit diesem Schriftstück erstmals bei der Politik in Sachen Volkswagen vorstellig wird. Exposé und Anhang sind professionell ausgearbeitet, allein der Fließtext (ohne Tabellen und Zeichnungen) umfasst zwölf Seiten. Ferdinand Porsche konnte nicht der Verfasser sein, denn er hatte die Textproduktion schon vor Jahren an seine Mitarbeiter beziehungsweise Führungskräfte delegiert. Auch sein Privatsekretär Ghislaine Kaes schied als Verfasser aus. Er eignete sich zwar für die Erledigung der Privatkorrespondenz, doch das Verfassen einer Denkschrift, die politische Werbewirksamkeit entfalten und zugleich profundes technisches Wissen ausbreiten sollte, hätte Porsches treuen Adlatus hoffnungslos überfordert.

In der Führungsriege der GmbH gab es nur einen Mann, der in dieser Hinsicht bewandert war: Geschäftsführer Hans Baron von Veyder-Malberg. Eine innere Quellenkritik führt zu dem Ergebnis, dass Baron Malberg die Denkschrift vom 17. Januar 1934 mit an Sicherheit grenzender Wahrscheinlichkeit verfasst hat. Er war in allen technischen Dingen versiert und verstand mit der Feder so umzugehen, dass der umfangreiche Text eine klare argumentative Stringenz erhielt und in einer Weise sprachlich durchkomponiert war, die auf politische Entscheider als vorrangige Leser abzielte. Chefkonstrukteur Karl Rabe mochte in den technischen Einzelheiten bestens bewandert und Gesellschafter Anton Piëch mit juristischen Winkelzügen vertraut sein – doch keiner von beiden hätte aus einem Guss einen Text verfassen können, der den Charakter eines mit politischer Brille zu lesenden Förderantrags besaß. Außerdem hilft ein Vergleich mit ähnlichen Denkschriften weiter, die sich im Porsche-Archiv erhalten haben.[20] Sie weisen vom Sprachduktus her auf denselben Verfasser hin. Handschriftliche Verbesserungen und Marginalien auf allen diesen Entwürfen lassen den Schluss zu, dass alle Schriftstücke maßgeblich von einer Person stammen dürften, und zwar von Baron Malberg.[21]

Im Anhang des Exposés vom 17. Januar 1934 hatten sich die Konstrukteure – allen voran Chefkonstrukteur Karl Rabe – mit technischen Zeichnungen eingebracht. Entscheidend war aber der sechsseitige Hauptteil, der sich durch seine politisch informierte, auf den Adressaten zugeschnittene Argumentationslinie auszeichnete. Hier wurde das Volkswagen-Projekt in eine Linie mit dem Bau jenes Rundfunkgeräts gestellt, das als Volksempfänger das neue Medium Radio möglichst breiten Volksschichten zugänglich machen sollte. Aus diesem Projekt wurde – ohne dass der Name Hitler ein einziges Mal fiel oder ein expliziter Hinweis auf das Profil der seit dem 30. Januar 1933 amtierenden Reichsregierung gegeben wurde – eine direkte Linie zum Volkswagen-Vorhaben gezogen.[22] Der argumentativ klug komponierte Text enthielt sich mithin einer aufdringlichen politischen Anbiederung an die neuen Machthaber. Er verlegte sich vielmehr darauf, das Projekt eines unabhängig von den Interessen der Automobilindustrie ins Leben zu rufenden »Volkswagens« als ein überparteiliches, im übergreifenden Nationalinteresse liegendes Unterfangen zu propagieren. Das Porsche-Konstruktionsbüro präsentierte mit diesem Exposé ein Bewerbungsschreiben für das attraktivste Konstruktionsvorhaben, das im Jahr 1934 im Bereich der Automobilindustrie zu vergeben war. Ferdinand Porsche garantierte dabei mit seinem mittlerweile wohlklingenden Namen für die Seriosität des Unterfangens. Bewusst wählte man daher die »Ich«-Form und setzte als Verfasser »Dr. Ing. h.c. Ferdinand Porsche« ein, um die Authentizität dieser Autorschaft zu beglaubigen.

Entscheidend für die Rezeption dieses Textes war, dass er die technischen Ideen Porsches sprachmächtig zum Ausdruck brachte.[23] Porsche bürgte mit seinem Renommee als anerkannter Konstrukteur für die technische Ausgereiftheit dieser Ideen. Er entwickelte in der Denkschrift ein klares Konzept, wie ein künftiger Volkswagen auszusehen habe. Er müsse ein »vollwertiges Gebrauchsfahrzeug«[24] sein und allen Erfordernissen eines herkömmlichen Personenkraftwagens gerecht werden. Daher sollte der Volkswagen fünf zentrale Kriterien erfüllen: »1) Eine bestmöglichste Federung und Straßenlage, 2) eine Höchstgeschwindigkeit von etwa 100 km/Std., 3) eine Bergsteigefähigkeit von etwa 30 %, 4) eine geschlossene vierseitige Karosserie für die Zwecke der Personenbeförderung und 5) ein möglichst niederer Anschaffungspreis und möglichst niedere Betriebskosten.«[25] Damit hatte Porsche Vorstellungen verfeinert, die er bereits in seinem eingangs erwähnten Artikel vom Februar 1931 veröffentlicht hatte. Ein Volkswagen, der eine qualitativ eingeschränkte Billigversion war, gewissermaßen die verkümmerte Variante eines herkömmlichen Personenkraftwagens, entsprach nicht seinen Vorstellungen: »Es darf sich somit beim zukünftigen Volkswagen um keine Kompromisslösung mit Rücksicht auf einen bestimmten Preis handeln.«[26]

Genau das war der entscheidende Punkt: Wenn man die Primitivausgabe eines Gebrauchsfahrzeugs als untauglich verwarf, dann bürdete man sich eine technisch überaus anspruchsvolle Herausforderung auf. Porsches

Botschaft war zwar verhüllt, schimmerte aber dennoch deutlich durch: Es sei nicht damit getan, dass die Hersteller von Personenkraftwagen der Mittelklasse irgendwann einmal ihr Herz für den Kleinwagen entdeckten. Denn diese Produzenten würden nur ihre herkömmlichen Programme dem Kleinformat anpassen und damit Gefahr laufen, entweder einen zu hohen Preis zu verlangen oder eine Minimallösung zu präsentieren, die zu große Abstriche am Leitbild eines vollwertigen Gebrauchsfahrzeugs machte. Insofern sei eine »grundlegend neue konstruktive Lösung«[27] erforderlich, durch die der Konflikt zwischen Anschaffungspreis und technischen Anforderungen gelöst und ein wirkliches Volksauto entwickelt werde. Derartige Lösungen – so der Subtext des Exposés – seien kaum von den traditionellen Automobilherstellern zu erwarten. Nur ein Experte von außen, der nicht durch Betriebsblindheit gehemmt werde, sei für eine solche Aufgabe gerüstet. Das Exposé hatte damit eine Aufgabe formuliert, für deren Lösung nur der Leiter eines »neutralen Konstruktionsbüros«[28] in Frage kam, der sich seit Jahren mit der Kleinwagenkonstruktion beschäftigt hatte – also Porsche selbst.

Porsche betrieb mit dem Exposé vom 17. Januar 1934 massiv Werbung in eigener Sache. Doch er beließ es nicht dabei, dass er einen Anforderungskatalog vorlegte, dem nur sein Büro gerecht zu werden vermochte. Porsche griff nach den Sternen, indem er die Hoheit über den gesamten Konstruktions- und Entwicklungsprozess für sich und sein Büro beanspruchte. Der komplette Ablauf – von der Anfertigung der ersten zeichnerischen Entwürfe bis hin zum Bau von Versuchsfahrzeugen – sollte in seiner Hand liegen. Erst danach wollte er sein Ergebnis dem Urteil von Industrie und Politik ausliefern. Pointiert formuliert: Porsche erbat die staatliche Komplettfinanzierung eines technisch avancierten Vorhabens, in dem er ohne Abstriche und ohne Kontrolle durch Dritte seine kühnen Ideen verwirklichen konnte: »Die Regierung möge mir den Bau eines Volkswagens als Studienobjekt übertragen. Der Wagen wird von mir innerhalb einer Frist von etwa 1 Jahr durchkonstruiert und durchprobiert.«[29]

Porsche brachte sich mithin für ein technisches Großexperiment in Stellung, dessen finanzielle Risiken, also die Kosten »für Konstruktion, Herstellung und Versuch«,[30] allein vom Auftraggeber getragen werden sollten. Wenn das Experiment glückte und der Probewagen den Sprung in die Serienproduktion schaffte, winkte Porsche ein nicht unerheblicher finanzieller Gewinn, da der Hersteller des Volkswagens dem Konstruktionsbüro dann »eine noch zu vereinbarende Stücklizenz für die Benützung der zur Verwendung gelangenden eigenen Patente«[31] zu zahlen hätte. Die Entgeltung benutzter Patente war branchenüblich. Ungewöhnlich war allerdings, dass der Staat sämtliche Entwicklungskosten tragen sollte. Damit nahm Porsche die öffentliche Hand wesentlich stärker in finanzielle Haftung, als es Auto Union beim Rennwagenbau getan hatte, der zum großen Teil aus Eigenmitteln finanziert worden war.

Gewiss war die wenige Tage vor Übergabe des Exposés erfolgte Probefahrt des P-Rennwagens von Auto Union beste Werbung für Porsches Vorstoß in Sachen Volkswagen.[32] Der letzte Satz des Exposés vom 17. Januar 1934 zeugt aber nicht nur von Zuversicht, sondern von einer gehörigen Portion Selbstbewusstsein: Porsche empfand sich nicht als Bittsteller, sondern als Missionar auf dem Gebiet der Fahrzeugtechnik, der Deutschland mit einer revolutionären Neuerung beschenken wollte, wenn er formulierte: »Ich darf daher mit Berechtigung erwarten, dass mir die Regierung unter Würdigung der geschilderten Sachlage den Auftrag zum Bau des deutschen Volkswagens erteilt.«[33]

Hätte die Denkschrift Porsches vom 17. Januar 1934 den klassischen Geschäftsgang innerhalb des Verkehrsministeriums durchlaufen, wäre sie gewiss irgendwann beim Minister angelangt. Dass das Ministerium Porsche den erbetenen Freibrief ausgestellt hätte, ist durchaus zweifelhaft. Nur politische Protektion von allerhöchster Stelle konnte Porsche der Verwirklichung seines großen Plans näherbringen – und diese konnte nach Lage der Dinge nur von Hitler selbst kommen. Zwar spielten im Frühjahr 1934 im sich herausbildenden Ämtergeflecht des NS-Staates herkömmliche administrative Verfahren im Sinne des Funktionierens eines »Normenstaates« immer noch eine gewisse Rolle. Aber die zentrale politische Agenda wurde allein von Hitler bestimmt, der Themen seiner Wahl an sich zog und dabei eben nicht auf verfestigte bürokratische Apparate zurückgriff. Sein charismatischer Herrschaftsstil führte vielmehr dazu, dass er auf seine Person verpflichtete Gefolgsleute ohne amtsmäßige Befugnis mit führerunmittelbaren Sonderaufträgen ausstattete und an der Bürokratie vorbei Entscheidungen traf.

Im März 1934 nutzte Hitler das Forum der Internationalen Automobil- und Motorradausstellung (IAMA) in Berlin, um auf dem ihm am Herzen liegenden Politikfeld der Motorisierung ein Ausrufezeichen zu setzen. Es lohnt sich, die daraus resultierenden Entscheidungsprozesse jenen Abläufen gegenüberzustellen, die sich aus seiner ein Jahr zuvor gehaltenen Rede bei demselben Anlass ergeben hatten. Im Februar 1933 hatte der Auftritt Hitlers politische Wellen geschlagen und Interessenten ermuntert, auf dem vorgeschriebenen bürokratischen Wege beim Reichskanzler vorstellig zu werden. Auch Porsche hatte diesen Weg gewählt und sich gleich zweimal – einmal als Dr. Ferdinand Porsche, das andere Mal über die Hochleistungs-Fahrzeug-Bau-GmbH – telegraphisch zu Wort gemeldet. Seine Eingaben wurden wie alle anderen Schriftstücke in der Registratur der ressortmäßig zuständigen Reichskanzlei gesammelt.[34] Sie hatten als Grundlage dafür gedient, dass am 10. Mai 1933 der Staatssekretär der Reichskanzlei, Hans Heinrich Lammers, den Inhalt des administrativ vorbereiteten Gesprächs zwischen dem Reichskanzler und den Bittstellern (Porsche, Stuck und Repräsentanten von Auto Union) für die Akten festhielt. Insofern spiegeln das Zustandekommen und die aktenmäßige Überlieferung dieser für den Einstieg Porsches in das Rennwagengeschäft so zentralen Unterredung wider, dass Hitlers Entscheidungen im Frühjahr 1933 noch in Strukturen administrativer Abläufe eingebettet waren.

Ein Jahr später hatte sich das Bild gründlich gewandelt. Hitler hatte sich von bürokratisch reglementierten Verfahrensabläufen so weit entfernt, dass er politische Aufträge an der Administration vorbei an Vertrauenspersonen vergab. Daher ist es nicht verwunderlich, dass sich in den ministeriellen Akten keine einschlägigen Dokumente finden, die Antwort auf die Frage geben, warum Porsche beim Volkswagen-Projekt in den Gesichtskreis Hitlers geriet und warum er von Hitler persönlich mit der Konstruktion eines Volksautos beauftragt wurde. Alles in allem ist wegen des Fehlens aussagekräftiger Überlieferungen sowohl in den staatlichen Archiven als auch im Porsche-Archiv von einer schwierigen Quellenlage auszugehen.

Die vorhandenen Zeugnisse lassen allerdings erkennen, dass Hitler unabhängig vom Vorstoß Porsches in dieselbe Richtung dachte wie dieser, als er am 7. März 1934 seinen Redeauftritt bei der Eröffnung der Internationalen Automobilausstellung in Berlin nutzte, um die Weichen für das Volkswagen-Projekt zu stellen. Hitler benötigte dazu nicht die sachliche Expertise eines Fachmanns, weil er die politische Bedeutung eines solches Projekts einzuschätzen vermochte. Die durch einen Volkswagen zu erreichende Massenmotorisierung fügte sich perfekt in Hitlers gesellschaftspolitisches Leitbild einer »Volksgemeinschaft« ein, welche den dazu Gehörenden – die nach rassistischen Kriterien definierten »Volksgemeinschaftsfremden« wurden ausgeschlossen und bis hin zur physischen Vernichtung exkludiert – die Teilhabe an sozialer Mobilität verhieß.[35] Hitler hatte im März 1934 seine Herrschaft so weit konsolidiert, dass er darangehen konnte, in diesem für ihn zentralen Politikbereich eigene Akzente zu setzen. Daher formulierte er in der erwähnten programmatischen Rede den Wunsch, dass ein solcher »Kraftwagen« im Angebot der deutschen Automobilindustrie vorhanden sein müsse: ein vollwertiges Automobil, für die breite Masse der Lohnempfänger erschwinglich.

Hitler nahm die Automobilindustrie in die Pflicht, wenn er ihr als »bedeutendste Aufgabe« ins Stammbuch schrieb, einen für große Käuferschichten erschwinglichen Kraftwagen zu produzieren, der »die breiteste Masse für dieses neue Verkehrsmittel erobern« konnte.[36] Zwar sprach er in seiner programmatischen Rede nicht explizit von einem »Volkswagen«, seine Argumentation aber lief auf einen solchen neuartigen Kleinwagentyp hinaus.

Der Reichskanzler deutete an, dass ein solches Fahrzeug nicht durch Weiterentwicklung bereits bestehender Typen zustande kommen könne, sondern nur durch einen konstruktiven Neuanfang: Die Industrie stünde in der Verantwortung, »immer mehr den Wagen zu konstruieren, der ihr zwangsläufig eine Millionenschicht neuer Käufer erschließt«.[37] Damit gab er zu verstehen, dass der Kleinwagen für das Volk den neuesten Stand des technischen Fortschritts repräsentieren müsse. War es nicht geradezu auf Porsche zugeschnitten, wenn Hitler in diesem Kontext ausführte: »Es gibt heute kein Land der Welt mit mehr Fortschritt in der Konstruktion neuer Automobile als Deutschland. Vom Kleinwagen bis zum modernsten Rennwagen, vom Lastwagen mit Dieselantrieb bis zum Motorrad sehen wir überall neue Wege einschlagen und wahrhaft ingeniöse Gedanken sich verwirklichen.«[38] War mithin der geistige Vater des Auto-Union-Rennwagens nicht eine ideale Besetzung für ein von der Automobilindustrie getragenes Volkswagen-Projekt?

Ein Appell des Reichskanzlers an die Adresse der deutschen Automobilindustrie kam einem Befehl gleich. Aber auch wenn Porsches Aussichten damit steigen mochten, offenbarte sich in einem wichtigen Punkt ein erheblicher Unterschied zwischen dem Exposé Porsches vom Januar 1934 und der Rede des Reichskanzlers. Hitler hatte sich gehütet, das Füllhorn staatlicher Subventionen für die Realisierung eines solchen Projekts in Aussicht zu stellen, und eine Selbstverpflichtung der Automobilindustrie angemahnt, während Porsches Vorstellungen darauf hinausliefen, eine staatlich finanzierte Alleinlizenz für Konstruktion, Entwicklung und Herstellung eines Volkswagen-Prototypen zu erhalten. Hitler hatte bei seinem Agenda Setting am 7. März 1934 Porsche auch keineswegs als eine Art Generalunternehmer in Sachen Volkswagen im Blick. Vielmehr deutet manches darauf hin, dass sein Appell an die Automobilindustrie eine ziemlich eindeutige Aufforderung an Daimler-Benz war, sich in dieser Causa als treibende Kraft zu engagieren. Eine solche Botschaft ergab sich zum einen daraus, dass Hitler ein passionierter Benutzer der Automobile aus Stuttgart-Untertürkheim war. Daimler-Benz stand so hoch in seiner Gunst, dass er diesem Unternehmen auch die Entwicklung eines Kleinwagens zutraute – eines Typs, der durchaus nicht auf der Prioritätenliste dieses Herstellers stand. Zum anderen war Hitlers Vertrauensmann für alle Fragen der Motorisierung der bereits vorgestellte Jakob Werlin, also ein Daimler-Mann. Daher spricht vieles für die Glaubwürdigkeit einer später von Werlin überlieferten Begebenheit, wonach Hitler im Sommer 1932 mit Werlin erstmals das Projekt eines Kleinwagens erörtert habe: »Setzen Sie sich mit Ihren Mercedes-Leuten zusammen. Die sollten sich darüber den Kopf zerbrechen!«[39] Denn auch der Kontext, in dem Hitler diese Äußerung gegenüber Werlin tat, passt zur Rede, die Hitler knapp zwei Jahre später hielt. Im Sommer 1932 hatte

Werlin den NS-Parteiführer vom Obersalzberg in dessen Münchner Privatwohnung chauffiert. Unterwegs war man in strömenden Regen geraten. Im komfortablen Mercedes ließ sich das aushalten, aber die Motorradfahrer, denen sie begegneten, gaben ein erbarmungswürdiges Bild ab. Sollte es nicht möglich sein, zum Preis eines schweren Motorrads einen kleinen Kraftwagen anzubieten, in dem die Insassen vor Wind und Wetter geschützt waren? Mit dieser Frage leitete Hitler an Werlin die Aufforderung weiter, bei Daimler-Benz diesbezüglich vorstellig zu werden.[40]

Hitler hatte bei der Automobilindustrie Handlungsbedarf angemahnt – aber dies bedeutete nicht, dass er sich damit aus dem Spiel nahm und auf jegliche Intervention hinsichtlich der Gestaltung eines »Volkswagens« verzichtete. Hitler hat das Projekt »Volkswagen« vom März 1934 an bis zur Fertigstellung der Prototypen drei Jahre später intensiv begleitet – und zwar aus zwei Gründen: Zum einen hatte er sich politisch exponiert und war daran interessiert, dass seinen Appellen auch Taten folgten. Zum anderen fühlte er sich dazu berufen, weil sein detailreiches Wissen über das Automobil mit einer ausgesprochenen Passion für den Entwurf einherging. Wir haben die Arbeit des Konstrukteurs mit der des Architekten verglichen, der seine gestalterischen Ideen hinsichtlich der räumlichen Konfiguration bestimmter Gebäude zunächst einmal skizzenhaft festhält, ehe er Detailzeichnungen anfertigt. Hitler war diese räumliche Erschließung der Welt mit Hilfe eines Skizzenblocks und eines entsprechenden Stifts überaus vertraut, weil er genauso vorging, wenn er eigene Architekturskizzen insbesondere für seine Hauptarchitekten Paul Ludwig Troost, Albert Speer und Hermann Giesler anfertigte, welche diese dann ihren architektonischen Planungen zugrunde legten.[41] In dieser Hinsicht konnte sich Hitler in die Arbeit eines Automobilkonstrukteurs hineinversetzen. Hitler und Porsche waren aber keine Seelenverwandten wie Hitler und seine bevorzugten Architekten, weil Porsche nicht technisch zeichnete und damit die Möglichkeit einer Kommunikation über den spontan entstandenen skizzenhaften Entwurf limitiert war. Zudem fehlte Porsche jegliches über sein Fachgebiet hinausreichendes Interesse für eine bildungsbürgerlichen Maßstäben entsprechende Kunst.[42]

In unserem Kontext ist der Umstand von Interesse, dass sich der vom Entwurf herkommende Hitler berufen fühlte, sich gerade in der Entwurfsphase eines künftigen Volkswagens mit eigenen Vorstellungen einzubringen. Dass Hitler bei seiner allerersten Zusammenkunft mit Porsche, die dem Projekt »Volkswagen« gewidmet war, grobe Skizzen seines Wunschvolkswagens entworfen hat,[43] ist daher wahrscheinlich – entspricht es doch haargenau der Art und Weise, wie Hitler in Entwurfsfragen zu kommunizieren pflegte. Porsche ist sehr schnell klar geworden, dass Hitler Skizzen als Vorlagen benötigte, um über den Stand der Dinge in Sachen Automobil auf dem Laufenden gehalten zu werden. Daher operierte er mit zeichnerischen, für die Entscheidungsfindung Hitlers wesentlichen Unterlagen, die er diesem über Werlin zukommen ließ.[44]

Bei Hitlers Politikstil kann auch nicht verwundern, dass Porsche nur deswegen ins Spiel kam, weil Jakob Werlin ihn vorgeschlagen hatte. Werlin war sozusagen Hitlers Headhunter, der einen passenden Konstrukteur für das Volkswagen-Projekt präsentieren sollte. Allem Anschein nach hat Werlin zunächst vergeblich im eigenen Unternehmen Ausschau nach geeigneten Persönlichkeiten gehalten und sich dabei an die ursprüngliche Anregung Hitlers gehalten. Doch bei Daimler-Benz hatten die für Konstruktion und Entwicklung von Personenkraftwagen Verantwortlichen generelle Vorbehalte gegen das Volkswagen-Projekt.[45] Erst die ausgeprägte Reserve der Automobilindustrie gegenüber den Volkswagen-Plänen machte den Weg für Porsche frei. Dies bedeutet nicht, dass Porsche für Werlin zweite Wahl war, aber es offenbart, dass die Initiative Hitlers kaum auf Porsche als Konstrukteur hinausgelaufen wäre, wenn es innerhalb der Automobilindustrie eine größere Bereitschaft gegeben hätte, Hitler entgegenzuarbeiten. Werlin musste ja in gewisser Weise über seinen eigenen Schatten springen und den Daimler-Mann in sich in den Hintergrund drängen. Denn mit Porsche eröffnete er ausgerechnet jenem Konstrukteur die Chance seines Lebens, der zur selben Zeit an der Seite von Auto Union Daimler-Benz im prestigeträchtigen Rennwagenmetier in große Bedrängnis brachte. Wir hatten bereits gesehen, welcher Unmut sich an der Spitze von Daimler-Benz über Porsche aufgestaut hatte und wie man dort mit allen – auch unlauteren – Mitteln die unliebsame Konkurrenz zu bekämpfen trachtete.

Porsche musste mithin von Werlin gerufen werden – und Hitler musste den Personalvorschlag seines Beauftragten in Sachen Motorisierung akzeptieren. Vieles spricht dafür, dass Hitler in der Woche nach seiner öffentlichen Festlegung auf das Volkswagen-Projekt Werlin in München traf,[46] und bei dieser Gelegenheit dürfte man sich auf ein Dreiergespräch in Berlin mit Porsche verständigt haben.[47] Mit an Sicherheit grenzender Wahrscheinlichkeit fand diese Unterredung am 15. oder 16. März 1934[48] in der Reichshauptstadt statt. Da Hitler die Volkswagen-Sache an der staatlichen Bürokratie vorbei abwickeln wollte, konnte er diesem Gespräch keinen aktenkundigen Charakter verleihen. Insofern konnte es nicht in der Reichskanzlei stattfinden, sondern nur dort, wo Hitler mit Vorliebe derartige Angelegenheiten in Angriff zu nehmen pflegte: im Hotel »Kaiserhof«, das bereits vor der Übernahme der Reichskanzlerschaft sein Quartier in der Reichshauptstadt gewesen war. Porsche wurde in das Hotel bestellt, ohne genau zu wissen, was ihn erwartete, aber er konnte es immerhin ahnen. Daher führte er keine schriftlichen Unterlagen als Gesprächsvorbereitung mit sich – schon gar nicht sein Exposé vom 17. Januar 1934. Ihm war klar, dass er sich auf Hitlers Vorstellungen einlassen musste, sie gegebenenfalls in seinem Sinne modifizieren konnte – aber zunächst auf Basis der von Hitler vorgegebenen Agenda. Damit stand fest, dass seine im Exposé vom 17. Januar 1934 formulierte »große Lösung«, vom Reich einen Blankoscheck für die Konstruktion, Entwicklung und Erprobung eines Volkswagen-Prototypen zu erhalten, nicht Ausgangspunkt sein konnte. Porsches Strategie in der wegweisenden Unterredung mit Hitler im »Kaiserhof« bestand darin, Hitler seine Ideen entwickeln zu lassen und im Verlauf des Gesprächs die Gelegenheit zu ergreifen, diesen in einen Fachdiskurs zu verwickeln und dabei eigene Akzente zu setzen, die Hitler sich zu eigen machen sollte. Porsche wollte mithin das Erfolgsrezept der bislang einzigen fachlichen Unterredung zwischen beiden – vom 10. Mai 1933 – anwenden, als es ihm gelungen war, Hitler genau auf diese Weise sachlich zu beeinflussen.

Aber das Gespräch[49] nahm einen ganz anderen Verlauf; es glich eher einer Befehlsausgabe als einer gleichberechtigten Unterhaltung. Hitler riss das Gespräch an sich, was er immer tat, wenn er seinen absoluten Führungsanspruch zum Ausdruck bringen wollte. Und so musste Porsche, der seit fast drei Jahren reiche Erfahrung auf dem Gebiet der Konstruktion eines Kleinwagens gesammelt hatte, vom Autodidakten Hitler eine klare Ansage entgegennehmen: Der Hitler'sche Volkswagen sollte ein vierrädriger Viersitzer sein, der von einem luftgekühlten Dieselmotor anzutreiben sei. In diesen Punkten sah Porsche keinen Anlass zum Widerspruch, weil solche Auflagen mit den in seinem Exposé fixierten Kriterien prinzipiell vereinbar waren. Was Porsche allerdings skeptisch stimmte, war der Umstand, dass Hitler in seiner Instruktion keinen Zweifel daran ließ, dass der Volkswagen in technischer Hinsicht ganz auf eine von ihm als maßgeblich herausgestellte militärische Nutzung ausgerichtet sein sollte. Im vertrauten Kreis sprach Hitler somit Klartext: Während er in der Öffentlichkeit im Frühjahr 1934 das Wort »Aufrüstung« aus außenpolitischer Rücksichtnahme vermied, liefen seine geheimen Pläne genau darauf hinaus – und daher war auch das Volkswagen-Projekt ein Seitenweg in Richtung Aufrüstung. Der besondere Reiz für Hitler bestand darin, dass auf diese Weise die Konversion eines zivilen Projekts in ein militärisches Vorhaben gelingen konnte, wobei die private Automobilindustrie die Kosten dafür zu tragen hatte.[50]

Hitler verfolgte mit dem Volkswagen also zunächst dezidiert militärische Nebenabsichten und brachte dies deutlich zum Ausdruck. Symptomatisch war, dass er auf seine Erfahrung als Frontsoldat im Ersten Weltkrieg verwies, was er immer tat, wenn er militärisch relevante Entscheidungen traf.[51]

Gegenüber dem Zivilisten Porsche nahm Hitler eine völlig unangreifbare Stellung ein, wenn er mit Hinweis auf seine vermeintliche Tätigkeit als Maschinengewehrschütze an der Westfront auf die Notwendigkeit eines luftgekühlten Motors verwies: Damals habe er die Erfahrung gemacht, dass der Transport von Kühlwasser für Maschinengewehre an die vorderste Frontlinie ein schwieriges Unterfangen sei. Ein an der vordersten Linie einsetzbares Fahrzeug dürfe man diesem strukturellen Lieferengpass nicht aussetzen. Daher müsse der Volkswagen einen luftgekühlten – und eben keinen wassergekühlten – Motor besitzen.[52] Hitler ordnete also die technische Ausrichtung eines Volkswagens dem militärischen Nutzen unter: »Unter dem Gesichtspunkte der Heeres-Verwendbarkeit muss auch der Volkswagen berücksichtigt werden, vor allem der Motor.«[53]

Porsche hat die Befehlsausgabe Hitlers allem Anschein nach stumm entgegengenommen[54] und sich nicht einmal als Stichwortgeber eingeschaltet. Dass der Reichskanzler die militärisch nutzbare Funktion eines Volkswagens so in den Vordergrund stellte, war für Porsche lästig, aber kein unüberwindbares Hindernis. Ihm kam es darauf an, im weiteren Verfahren die von Hitler öffentlich propagierte Nutzbarmachung eines Volksautos in den Vordergrund zu stellen und auf diese Weise die militärischen Aspekte abzuschwächen. Nur wenn Porsche sich geschickt der militärischen Ratio entzog, konnte er seine eigenen Vorstellungen in das Projekt so einfließen lassen, dass Hitler sie als die seinigen ausgab und diese damit auf unantastbare Weise legitimierte. Gelegenheit für ein solch behutsames Umsteuern lieferte das von Hitler vorgegebene Verfahren der Entwicklung des Volkswagens: Porsche hatte vom Autokanzler den Zuschlag für die nach dessen Vorstellungen zu erfolgende Konstruktion eines Volkswagens erhalten, wobei noch viele Details offen geblieben waren; die Entwicklung eines solches Gefährts sollte »in gemeinsamer, dem hohen Ziel der Aufgabe entsprechenden gemeinnütziger Tätigkeit«[55] erfolgen. Dies bedeutete im Klartext, dass die Automobilindustrie die Entwicklung des Volksautos als eine Gemeinschaftsaufgabe anzusehen hatte und Strukturen geschaffen werden mussten, die eine solche kollektive Selbstverpflichtung ermöglichten. Man musste kein Prophet sein, um vorauszusehen, dass eine solche Einschaltung der Automobilindustrie betriebswirtschaftliche Erwägungen der Hersteller in den Vordergrund schieben würde, die den militärischen Aspekt zum Nebeneffekt reduzierten. Die Einschaltung der Automobilindustrie bei dieser erstmals zu erprobenden Gemeinschaftsarbeit trug damit zur Entmilitarisierung des Volkswagen-Projekts entscheidend bei. Außerdem hielt sie Porsche die eigentlich ressortmäßig zuständige Reichsbehörde, das Reichsverkehrsministerium, vom Leib.

Die unternehmerische Strategie der Porsche GmbH bestand mithin aus zwei untrennbar miteinander verbundenen Kernelementen: Zum einen musste der Volkswagen zu einem genuin politischen Projekt erhoben werden. Nur auf diesem Wege konnte Ferdinand Porsche die Alleinverantwortung für Konstruktion und Entwicklung erhalten und sich mit dem Volkswagen ein technisches Denkmal setzen. Zum anderen musste die Automobilindustrie eingebunden werden – nicht als lästige Kontrollinstanz, wohl aber als unentbehrlicher Finanzier. Denn eine Finanzierung durch den Staat hätte eine Dienstaufsicht des staatlichen Mittelgebers nach sich gezogen, die Porsche in seinem Handlungsspielraum stark eingeschränkt hätte. Daher musste die Automobilindustrie in eine Lage gebracht werden, in der sie zahlte, ohne auf den Konstruktions- und Entwicklungsprozess nennenswerten Einfluss ausüben zu können.

Dass die Automobilindustrie dies – zwar mit leisem Murren, aber letztlich folgsam – tat, war im Kern darauf zurückzuführen, dass die Porsche GmbH eine politisch überaus findige Argumentationskette geschmiedet hatte, welche die Bedenken der Hersteller entkräftete. Dazu diente eine Denkschrift, die im April 1934 im Konstruktionsbüro Porsche entstanden und maßgeblich von Geschäftsführer Malberg verfasst worden war.[56] Die Forschung hat dieses wichtige Dokument bislang nicht herangezogen. Dabei erreichte diese Denkschrift ihre Adressaten[57] und trug maßgeblich dazu bei, dass das Volkswagen-Projekt den vom Konstruktionsbüro gewünschten Verlauf nahm. Insofern handelt es sich bei dieser Denkschrift um das entscheidende Dokument aus der Entstehungsphase des Volkswagens. Ihr Hauptzweck bestand darin, eine Art Bewerbungsschreiben für eine Position zu formulieren, die Hitler bereits vergeben hatte: die des Konstrukteurs eines »deutschen Volkswagens«. Dazu war es notwendig, die Kriterien der Personalauswahl so zu formulieren, dass sie auf Ferdinand Porsche hinausliefen und ihm darüber hinaus die alleinige fachliche Hoheit übertrugen: »Bei der entscheidenden Wichtigkeit der Frage für das gesamte deutsche Volk kann es nur Aufgabe der Regierung selbst sein, in dieser Frage zu bestimmen und die geeignet erscheinende Persönlichkeit mit der Schaffung der Konstruktion des deutschen Volkswagens unter Ausstattung mit allen Vollmachten zu betrauen, hierbei jedoch dieser Persönlichkeit auch die volle Verantwortung für die Konstruktion aufzuerlegen.«[58]

Gegenüber der ersten, ebenfalls von Malberg maßgeblich verfassten Denkschrift vom 17. Januar 1934 unterschied sich das drei Monate später zu Papier gebrachte Exposé in einem entscheidenden Punkt: Im Januar 1934 hatte Porsche noch um eine klassische Subvention ersucht und damit um eine staatlich durchfinanzierte Konstruktion und Entwicklung seines Volkswagens.[59] Doch damit wäre – wie im Falle der Subventionen für den Rennwagen – eine staatliche Behörde aktiviert worden, die sich einen nicht unbeträchtlichen Einfluss auf den Konstruktions- und Entwicklungsprozess vorbehalten hätte. Das zentrale Problem der Finanzierung der erheblichen, noch gar nicht absehbaren Konstruktions- und Entwicklungskosten musste daher so geregelt werden, dass die Automobilindustrie einsprang, ohne selbst gestalterischen Einfluss auf das Gesamtprojekt zu nehmen.

Eine solche Selbstentmachtung konnte nur gelingen, wenn sie als politisch gewünscht ausgegeben werden konnte. Das Volkswagen-Projekt musste also auf eine Art und Weise präsentiert werden, die es anschlussfähig machte für Vorstellungen, die regierungsseitig hoch im Kurs standen. An der Spitze rangierte dabei die Idee, hochwertige Konsumgüter breiteren Bevölkerungsschichten zugänglich zu machen, indem man sie in einer standardisierten und preisgünstigen Variante als »Volksprodukte« anbot.[60] Es ist kein Zufall, dass die politische Kampagne zugunsten eines »Volkswagens« in dem Moment an Fahrt gewann, als die Propagierung eines preisgünstigen Radiogeräts in Gestalt des »Volksempfängers« entsprechende Resonanz zeigte. Hitler selbst hatte in seiner Grundsatzrede auf der Automobilausstellung vom 7. März 1934 denn auch auf das Vorbild dieses »Volksempfängers« verwiesen und damit den Tenor vorgegeben, den die Denkschrift des Porsche-Konstruktionsbüros geschickt aufnahm. Geschäftsführer Malberg traf diesen Ton perfekt, wenn er sich mehrfach – unter implizitem Rekurs auf Hitlers Vorgabe – auf den »Volksempfänger« bezog.[61]

Eine noch größere Durchschlagskraft entfaltete die Denkschrift dort, wo sie eine mit der NS-Gemeinschaftsideologie kompatible Kooperationsstruktur der Beteiligung der Automobilindustrie an dem Volkswagen-Projekt entwarf. Der Schlüssel bestand darin, die kollektive Indienstnahme der Automobilindustrie als bahnbrechenden Schritt auszugeben hin zu dem Ziel, sich zu gemeinsamer Arbeit an einem nationalen Prestigeprojekt zusammenzufinden und dabei kleinliche Partikularinteressen zurückzustellen. Die Automobilindustrie sollte mithin ihre Bereitschaft demonstrieren, den Primat des Gemeinnutzes vor dem Eigennutz nicht nur in Sonntagsreden zu bekunden. Insofern lief die neue Denkschrift aus dem Hause Porsche darauf hinaus, gemäß diesem Leitbild eine »Erzeugungsgemeinschaft«[62] als Endziel der Entwicklung zu postulieren, da es letztlich darum gehen sollte, den »Volksgenossen« einen produktionsreifen »Volkswagen« anzubieten. Indem die Denkschrift den Antikapitalismus des Nationalsozialismus dort bediente, wo es im Eigeninteresse der Porsche GmbH lag, wollte sie die Weichen für eine kollektive Selbstverpflichtung der deutschen Automobilindustrie stellen, aus der diese ohne gravierenden politischen Gesichtsverlust nicht mehr herauskam.

Solche politisch anschlussfähigen Zukunftsvorstellungen sollten zugleich darüber hinwegtäuschen, dass die Konstruktion eines solchen auf dem Wege der Gemeinschaftsarbeit entstandenen Volkswagens keinesfalls das Produkt der »Schwarmintelligenz« begabter deutscher Ingenieure sein konnte. Eine solche kreative Schöpfung erforderte einen unabhängigen Kopf, der sich weder von Behörden noch von der Industrie hineinreden ließ: Ferdinand Porsche. Dies bedeutete auch, dass sich Porsche keinen Verkaufspreis vorschreiben ließ, der seine Gestaltungsfreiheit massiv eingeschränkt hätte. Hitler selbst hatte Porsche in dieser Hinsicht bewusst keine Fesseln angelegt – und genau deswegen konnte das Exposé die von interessierten Kreisen ins Spiel gebrachte Obergrenze von 1000 Reichsmark als »verfehlt« abkanzeln, »da um diesen Preis nur ein Fahrzeug leichtesten Gewichts mit absolut ungenügenden Raumverhältnissen geschaffen werden könnte«.[63] Das Konstruktionsbüro ging vielmehr von der bereits im ersten Exposé eingestellten Richtgröße von 1500 Reichsmark aus und untermauerte diese Angabe durch eine auf konservativen Annahmen beruhende Kalkulation, die der Denkschrift als Anhang beigegeben wurde.[64] Zugleich schöpfte man den kalkulatorischen Handlungsspielraum voll aus, um den Herstellern im RDA zu demonstrieren, dass man unter Umständen auch einen Verkaufspreis von 1190 Reichsmark erreichen konnte. Dies hätte allerdings erhebliche Abstriche bei den Kalkulationsposten erfordert, welche die drei Akteursgruppen betrafen, die an der Realisierung eines solchen Vorhabens verdienen wollten: Rohstofflieferanten und Zulieferer, Hersteller sowie Händler. Indem Porsche kühl vorrechnete, dass ein Verkaufspreis in Reichweite der magischen Grenze von 1000 Reichsmark zu Lasten der Gewinnspanne dieser Interessenten ging, machte er deutlich, dass er sich von Seiten der Industrie keine Qualitätseinbußen am fertigen Produkt aufnötigen lassen wollte. Damit verbunden war der zarte Hinweis, dass die Frage des Verkaufspreises eine scharfe Waffe war, die dann gegen die Automobilindustrie gewendet werden konnte, wenn diese das Porsche-Projekt aus Eigeninteresse mit Hinweis auf die strukturelle Nichterfüllbarkeit preislicher Auflagen zu torpedieren gedachte. Denn damit traten die Hersteller eine Debatte über Gewinnspannen bei der stark kartellisierten Rohstoff- und Zulieferindustrie sowie bei den Herstellern los, die eine für sie gefährliche Eigendynamik entwickeln konnte.

Die Selbstverwirklichung der Porsche GmbH hinsichtlich Konstruktion, Entwicklung und Bau eines zukunftsweisenden Volkswagens war – vom April 1934 aus betrachtet – ein ziemlich ambitioniertes Unterfangen. Sein Gelingen setzte ein hohes Maß an taktischem Geschick, ja ausgeprägter Finesse im Umgang mit widerstrebenden und nicht immer leicht zu kalkulierenden Akteuren voraus. Oberste Maxime war es, die Protektion des

Reichskanzlers als politischen Schutzschild zu nutzen, um lästige Interventionen von Seiten der Automobillobby abzuwehren, welche das gesamte Projekt zu finanzieren hatte. Dabei sollte aber zugleich verhindert werden, dass Hitlers Berater Werlin sich in diesen Prozess einschaltete und seine partikularen Interessen als Daimler-Mann zur Geltung brachte. Weiterhin musste sich Porsche einer inhaltlichen Vormundschaft Hitlers insoweit entziehen, als er im Verlaufe der Arbeit dem eigentlichen Auftraggeber auf elegante Weise zu verstehen gab, dass dem Volkswagen-Projekt am besten gedient sei, wenn Hitler Ferdinand Porsche einfach gewähren ließ und sich damit begnügte, die erzielten Fortschritte exklusiv zu begutachten.

Dass Porsche dieses Vorhaben glückte, ist vor allem darauf zurückzuführen, dass die Automobilindustrie das Projekt aus politischen Gründen nicht torpedieren wollte, obgleich ihre prinzipiellen Vorbehalte dagegen nicht aus der Welt geschafft waren. In der entscheidenden Besprechung der im RDA zusammengeschlossenen wichtigsten deutschen Automobilhersteller – am 8. Mai 1934 in Berlin – war die Skepsis gegenüber der betriebswirtschaftlichen Sinnhaftigkeit eines Volkswagens förmlich mit Händen zu greifen. Trotzdem wollte man sich dem Auftrag Hitlers nicht entziehen – und zwar allein aus politischen Gründen. Unverblümt wurde die Auffassung vertreten, »dass unbedingt dem Führer bewiesen werden müsse, dass die Industrie die scheinbar auch unmöglichsten Wünsche des Führers erfülle, dass der RDA nach außen sichtlich mit einer Tat an die Öffentlichkeit treten müsse, dass die einzelnen Firmen es gar nicht wagen dürften, dem Führer zu erklären, seine Volkswagen-Pläne seien derzeit undurchführbar«.[65] Man scheute sich, Hitler die unangenehme Wahrheit direkt ins Gesicht zu sagen, und suchte sich hinter einem Verfahren zu verschanzen, das die Verantwortung auf möglichst viele Schultern verteilte. Aus diesem Grund sollte ein kollektives Organ geschaffen werden, »das nach außen hin einen guten Namen erhielte«,[66] und dies müsse dann ein endgültiges Urteil fällen, wobei offensichtlich war, dass man sich ein negatives Votum erhoffte.

Der RDA einigte sich mithin auf ein kollektives Vorgehen in der Hoffnung, dass am Ende das gewünschte Ergebnis stehen würde. Allerdings musste man dazu einen Prüfauftrag an eine neutrale Person vergeben – und damit spielte man Porsche perfekt in die Hände. Der RDA sollte in einer noch genau zu klärenden Weise Porsche Mittel zur Verfügung stellen und dieser die Konstruktionsarbeit für den Volkswagen übernehmen.[67] Damit erhielt Porsche einen mit großer konstruktiver Gestaltungsfreiheit ausgestatteten Auftrag, der aus Sicht der Auftraggeber eine Alibifunktion gegenüber Hitler erfüllen sollte, Porsche aber ein enormes Entfaltungspotenzial bot. Denn wenn es ihm gelang, konstruktive Lösungen zu entwickeln und in Gestalt von

Prototypen auf die Straße zu bringen, die seinen Schutzherrn Hitler begeisterten, gab es für den RDA kein Zurück mehr. Wer aus politischen Gründen den Einstieg in die seriöse konstruktive Prüfung und Entwicklung eines Volkswagens vollzogen hatte, der konnte ein in Fahrt gekommenes Projekt nicht mehr aufhalten. Insofern bestand die Strategie Porsches darin, auf Zeitgewinn zu spielen, sich nicht mit Billiglösungen abspeisen zu lassen und Hitler persönlich eines Tages ein fertiges Auto vor die Tür zu stellen, von dem dieser den Eindruck gewinnen musste, dass viele seiner eigenen Vorstellungen in die Konstruktion eingeflossen waren. Es war der RDA, welcher grünes Licht für ein überaus ambitioniertes technisches Vorhaben gab, weil er dieses Projekt als ein dezidiert politisches Projekt behandelte. Porsche sprang auf diesen Zug auf. Niemand verstand es besser als er, aus der komplexen politischen Konstellation dieses Projekts ein Optimum an konstruktiver Gestaltungsfreiheit herauszuholen, bei dem seinem Konstruktionsbüro sogar der Aufstieg in eine ganz neue wirtschaftliche Sphäre winken sollte – nämlich der Sprung von der reinen Konstruktion und Entwicklung hin zur Herstellung seines Wunschautos.

Dass der RDA in diesem entscheidenden Stadium das Volkswagen-Projekt nicht boykottierte, war aber nicht nur darauf zurückzuführen, dass man dem »Führer« einen Gefallen tun wollte. Im Windschatten von Hitlers Lieblingsprojekt ergab sich für den einen oder anderen Automobilproduzenten die Gelegenheit, sehr partikulare Interessen zu verfolgen – und auch deshalb hatte Porsche einige Fürsprecher in diesem Gremium. Alle Beteiligten wussten, dass bereits die Wahl des Motors bestimmte Hersteller bevorzugte und andere ausschloss. Es hatte sich am 8. Mai 1934 längst das Hauptergebnis der Besprechung zwischen Hitler, Werlin und Porsche herumgesprochen – und dieser Kenntnisstand, der auf der Sitzung noch einmal coram publico verkündet wurde, bildete eine wichtige Richtgröße für das Taktieren einzelner Beteiligter. Ein »Diesel-Dreizylinder-30-PS-Vierplatz-Wagen«[68] war gewünscht, und das war ein deutlicher Fingerzeig in Richtung des ausdrücklich so titulierten »Diesel-Spezialisten« Daimler-Benz. Allerdings ließen dessen Vertreter deutlich durchblicken, dass ein Kleinwagen auf Dieselmotorbasis erst nach einer »langjährigen Entwicklungsarbeit«[69] gebaut werden könne. Damit nahm sich Daimler-Benz, dessen Interesse an der Fertigung eines Volkswagens gleich null war, selbst aus dem Spiel und wälzte die Verantwortung für den Volkswagen auf ein Kollektivorgan der gesamten Branche ab.

Es gab allerdings zwei Unternehmen, die ernsthafte Anstrengungen unternahmen, in den nächsten Jahren mit einem konkurrenzfähigen Kleinwagen auf den Markt zu kommen. Opel setzte ganz auf eine Entwicklung im eigenen Haus und betrachtete daher den Einheitstyp eines Volkswagens als überflüssige Verschwendung von Mitteln.[70] Auto Union war genauso wenig von der Sinnhaftigkeit des Vorhabens überzeugt, allerdings wollte man aus dem Volkswagen-Projekt aufgrund der engen Verbindung mit Porsche Kapital schlagen. Dies gelang am elegantesten, wenn Porsche einen Motor für den von ihm zu entwickelnden Volkswagen vorsah, der auf die Produktpalette von Auto Union zugeschnitten war. Da Auto Union im Bereich des Zweitaktmotors führend war, setzte man darauf, Porsche durch freundschaftliche Umarmung in diese Richtung zu lenken: »Es kann nicht schaden, wenn wir mit Herrn Dr. Porsche in der Volkswagen-Angelegenheit in dem Sinne Fühlung aufrecht erhalten, dass er, falls aus seinen Arbeiten etwas herauskommt, dafür einen Zweitakt-Motor vorsieht, um uns so indirekt die Motorenlieferung zu sichern.«[71]

Nachdem der RDA am 8. Mai 1934 die Weichen dafür gestellt hatte, das Volkswagen-Projekt unter der Leitung Porsches in seine Obhut zu nehmen, waren noch zwei wichtige Bedingungen zu klären, welche die künftige Arbeit Porsches maßgeblich beeinflussen konnten. Porsche wollte in Bezug auf sein »Studienobjekt« so frei wie möglich vorgehen können. Doch er konnte nicht verhindern, dass der Auftraggeber – also der RDA – detaillierte technische Auflagen beschloss. Allerdings waren die Interessendivergenzen innerhalb der im RDA vertretenen Unternehmen recht ausgeprägt, und so stand nicht zu erwarten, dass sich der Verband auf präzise Vorgaben einigte, die Porsches Konstruktionsfreiraum einschnürten und das Erreichen seiner Ziele gefährdeten. Ein anderer möglicher Störfaktor war das ressortmäßig zuständige Reichsverkehrsministerium. Dieses hatte sich in das bereits in Gang befindliche Verfahren einzuschalten und die Kontrolle darüber zu gewinnen versucht. Doch das Ergebnis einer deswegen am 11. April 1934 einberufenen Sitzung[72] erwies sich als nichtig – vor allem, weil Hitler das gesamte Verfahren außerhalb der administrativen Hoheit der zuständigen Behörde abwickeln wollte.

Eine nicht unwichtige Randbedingung, die Porsche erheblich unter Druck setzen konnte, blieb der Anschaffungspreis. Je niedriger dieser angesetzt wurde, desto stärker hatte sich der Konstrukteur einzuschränken. Die in der Forschung immer wieder als Initiative Hitlers ausgegebene Summe von 1000 Reichsmark[73] für einen Volkswagen ist im fraglichen Stadium allem Anschein nach vom Reichskanzler nicht als feste Richtgröße vorgegeben worden. Hitler wollte den kreativen Eifer seines Konstrukteurs nicht durch solche gravierenden Festlegungen hemmen. Entscheidender war für ihn wohl die aus militärischer Sicht verheerende Auswirkung einer solchen Billiglösung: Ein 1000-RM-Kleinwagen konnte schlicht nicht felddiensttauglich gemacht werden. Ausreichende Geländegängigkeit, genügend Bodenfreiheit, zureichende Tragfähigkeit und die Möglichkeit zur Auswechselung der Karosserie waren zentrale Kriterien für jede militärische Verwendung, die bei einer Billigversion nicht zu erfüllen waren. Kriegsminister Blomberg und NSKK-Korpsführer Hühnlein konnten sich daher nicht mit »irgend einem unmöglichen RM 1000-Fahrzeug, das wehrpolitisch ohne jedes Interesse wäre«,[74] anfreunden. Solange die militärische Verwertung des Volkswagens für ihn eine Conditio sine qua non war, konnte Hitler dem Konstrukteur keine finanziellen Daumenschrauben anlegen.

Porsche hatte in seinem Exposé vom 17. Januar 1934 seinerseits eine rechnerische Kalkulation hinsichtlich des Verkaufspreises vorgelegt, die auf eine Summe von 1550 Reichsmark hinauslief.[75] Damit hatte sich das Konstruktionsbüro ein ehrgeiziges, aber nicht überambitioniertes Ziel hinsichtlich der Preisgestaltung gesetzt. Denn die wenigen Anbieter in der Klasse der Kleinwagen lagen preislich nicht viel über diesem Wert. Dazu zählte der in Norddeutschland produzierte »Hansa 400«, ein nur mit elf Pferdestärken angetriebenes Fahrzeug, das kaum den Kriterien eines vollgültigen Personenkraftwagens gerecht wurde. Doch wenn man statt der 1700 Reichsmark für diesen preisgünstigsten Kleinwagen nur zehn Prozent mehr ausgab, erhielt man für 1880 Reichsmark bei Opel ein 1,2-Liter-Fahrzeug, das hinsichtlich PS-Zahl (23), Motorinhalt (1186 Kubikzentimeter) und Brennstoffverbrauch (etwa 9 Liter) durchaus mit dem Porsche-Volkswagen konkurrieren konnte.[76]

Es war Ministerialdirektor Brandenburg vom Reichsverkehrsministerium, der den Betrag von 1000 Reichsmark als Anschaffungspreis für den geplanten Volkswagen ins Spiel brachte[77] – vermutlich um damit die Hoheit über das weitere Verfahren zu gewinnen. Man hoffte, dass die Industrie bei einem derart niedrig kalkulierten Preis aus nacktem Profitinteresse jegliches Interesse am Bau eines wirklich preisgünstigen Kleinwagens verlieren würde. Auf diese Weise hätte man den RDA aus dem ganzen Prozess heraushalten können. In der Tat stellte dieser politisch motivierte Preis für die Hersteller eine Provokation dar, »einen Unsinn«, wie es ungefiltert in der Aktennotiz über die Besprechung des RDA vom 8. Mai 1934 heißt.[78]

Da Hitler es aber gar nicht zuließ, dass sich das Reichsverkehrsministerium in die konkrete Ausführung seines politischen Auftrags einschaltete, war der RDA in seinen Planungen frei und konnte einen realistischen Anschaffungspreis als Richtgröße festlegen – wenn er ernsthaft am Erfolg der Konstruktionsarbeit Porsches interessiert war. Wie das zuständige Ministerium an den Rand gedrängt wurde, geht auch aus einem überaus bezeichnenden Detail hervor. Dort war man kühn vorgeprescht und hatte die konstruktiven Möglichkeiten eines dreirädrigen Wagens geprüft, was dafür sprach, dass man auf die von Porsche immer wieder heftig kritisierte Primitivversion setzte. Hitler belehrte das Ministerium daraufhin, dass nur ein vierrädriger

Volkswagen in Frage kam[79] – und damit hatte sich die letzte Intervention des Ministeriums in Sachen Volkswagen endgültig erledigt.

Somit ergab sich folgende Struktur der Entscheidungsfindung hinsichtlich Konstruktion, Entwicklung und Fertigung eines Studienobjekts »Volkswagen«: Der RDA nahm das Projekt in seine Obhut und trug damit auch die finanzielle Verantwortung. Trotz erheblicher Bedenken wichtiger Mitgliedsfirmen in diesem Lobbyverband war er in seiner Grundsatzentscheidung nicht mehr frei, da er sich bereits zu stark auf die politische Vorgabe des Reichskanzlers eingelassen hatte. Allerdings hatte Hitler die Verpflichtung Porsches für die Automobilindustrie nirgendwo zur notwendigen Bedingung gemacht. Insofern stand für Porsche viel auf dem Spiel, als sich am 28. Mai 1934 die im RDA zusammengeschlossenen Firmen noch einmal trafen, um endgültig über den einzuschlagenden Weg zu entscheiden.

Dass Porsche keineswegs gesetzt war, lässt sich aus der überaus aufschlussreichen, streng vertraulichen Niederschrift dieser Besprechung entnehmen. Widerstand gegen sein Vorhaben, sich vom RDA eine Generalermächtigung für Konstruktion, Entwicklung und Bau des Prototypen erteilen zu lassen, drohte vor allem von jenem Automobilunternehmen, das die größten Fortschritte bei der Herstellung eines preisgünstigen Kleinwagens gemacht hatte: der in Rüsselsheim angesiedelten Firma Opel. Opel war ein absolutes Schwergewicht, weil dieses Traditionsunternehmen Marktführer in Deutschland und seit dem Jahr 1931 als hundertprozentige Tochter des US-amerikanischen Automobilherstellers General Motors besonders stark im Exportgeschäft tätig war.[80]

An der Spitze der Adam Opel AG waren weiterhin Mitglieder der Gründerfamilie vertreten, allen voran Geheimrat Wilhelm von Opel, der die Interessen seines Unternehmens auf der Fabrikantensitzung am 28. Mai 1934 nachdrücklich vertrat. Opels Stimme besaß in diesem Gremium Gewicht – und der Geheimrat machte keinen Hehl daraus, dass er ein vom RDA ermöglichtes zentrales Volkswagen-Projekt für überflüssig hielt, weil sein eigenes Unternehmen bereits in der Lage sei, den politisch gewünschten Kleinwagen in naher Zukunft auf den Markt zu bringen.[81] Wilhelm von Opel war überdies in der komfortablen argumentativen Situation, dass Hitler in einer persönlichen Unterredung über diese Option unterrichtet worden war. Denn drei Wochen zuvor, am 2. Mai 1934, hatte der Reichskanzler ein ausführliches Gespräch mit James D. Mooney, dem für Europa zuständigen Vorstand des Opel-Eigentümers General Motors, geführt.[82] Mooney hatte Hitler eine Alternative schmackhaft zu machen versucht, die durchaus verlockend war: Für 1400 Reichsmark könne Opel einen Kleinwagen von der Qualität auf den Markt bringen, die Hitler für die Volksmotorisierung forderte. Alle

Anzeichen sprechen dafür, dass der »Autokanzler« diese Option nicht vorschnell vom Tisch wischte. Denn was Opel offerierte, war ein massentauglicher Kleinwagen, der in absehbarer Zeit vom Fließband in Rüsselsheim laufen konnte, während die Kombination Porsche/RDA einem ungedeckten Scheck auf die Zukunft glich und nicht garantiert werden konnte, dass das fertige Produkt Hitler zufriedenstellen würde. Für die Realisierung der Pläne Porsches stellte das Opel-Vorhaben eine existenzielle Bedrohung dar, wenn sich Hitler auf die keineswegs zu optimistische Zusage Mooneys einließ, Opel »könne, falls nur genügend grosser Absatz gesichert sei, den jetzt ca. RM 1800 kostenden Wagen bedeutend billiger herstellen und so der Lösung des Problems nahekommen«.[83]

Gewiss hatte Opel mit dem Malus zu kämpfen, dass es in US-amerikanischem Besitz war. Allerdings betrachtete Hitler die USA im Jahr 1934 noch als Vorbild und Maßstab hinsichtlich der Massenmotorisierung, so dass ein Überreizen der nationalen Karte nicht unbedingt angebracht erschien. Der Porsche GmbH drohte von seiten Opels also Ungemach – und schon deshalb stellt der letztlich zugunsten Porsches ausfallende Grundsatzbeschluss der wichtigsten Automobilhersteller auf ihrer Sitzung vom 28. Mai 1934 den entscheidenden Durchbruch dar. Danach gab es für den RDA kein Zurück mehr, sofern Porsche dieses Votum in seinem Sinne nutzte und die vergifteten Nebenabsichten, welche nicht wenige Beteiligte damit verbanden, nicht zur Entfaltung gelangen ließ.

Porsche kam letztlich zum Zuge, weil das von Hitler geforderte gemeinschaftliche Vorgehen der Automobilindustrie aus strukturellen Gründen ein Koordinationszentrum erforderte. Nur wenn von einer Stelle aus eine – wie es im Protokoll hieß[84] – »zentrale Behandlung« erfolgte und damit »eine Zersplitterung der Aufträge« vermieden wurde, konnte die Automobilindustrie mit einem vorzeigbaren Ergebnis aufwarten. Dabei schwang durchaus die Überlegung mit, dass die Zentralisierung von Konstruktion und Entwicklung durch ein neutrales Büro ein Misserfolg werden könnte. Gerade die Skeptiker des Volkswagen-Projekts mussten an einem Verfahren interessiert sein, das als Fehlschlag endete, »um den schlüssigen Beweis zu erbringen, dass im Rahmen einer Gemeinschaftsarbeit das Problem nicht zu lösen ist«.[85] Solche Hintergedanken spielten bei der Beauftragung Porsches eine nicht unerhebliche Rolle, wobei den Intriganten nicht klar gewesen sein dürfte, wie stark Porsche bereits in das Volkswagen-Projekts eingestiegen war und sich mit eigenen Vorarbeiten exponiert hatte, denn sein vertrauliches Exposé vom 17. Januar 1934 war allem Anschein nach im Geschäftsgang des Reichsverkehrsministeriums versickert. So war es für Porsche nachgerade ein Segen, dass das zuständige Ministerium von den Entscheidungsprozessen bezüglich des Volkswagens ausgeschlossen blieb, weil damit die Fiktion eines völlig neutralen Konstruktionsbüros aufrechterhalten wurde. Selbst Auto Union – die Firma, mit der Porsche im Frühjahr 1934 am engsten zusammenarbeitete – dürfte nicht gewusst haben, wie sehr sich Porsche in der Volkswagen-Angelegenheit bereits exponiert hatte.

Es wirkte sich jedenfalls nicht nachteilig aus, dass Porsche auf der entscheidenden Sitzung zwei wichtige Fürsprecher hatte, die als prominenteste Wortführer einer Zentrallösung aus den Reihen der Automobilindustrie auftraten: Detlof von Oertzen von Auto Union und Wilhelm Kissel von Daimler-Benz. Beide machten sich für die Einrichtung und Finanzierung eines Zentralbüros und damit für die Beauftragung Porsches stark,[86] wobei die Positionierung von Oertzens besonderes Gewicht besaß, weil dieser ein Unternehmen vertrat, das – ähnlich wie Opel – bereits eigene DKW-Kleinwagen in Serie herstellte. Wenn der Repräsentant von Auto Union – obgleich er auf der Sitzung unmissverständlich klargemacht hatte, dass sein Unternehmen das eigene Kleinwagenprogramm weiterhin verfolgen werde – eine Gemeinschaftsaktion der Automobilindustrie hinsichtlich der Entwicklung eines Volkswagens befürwortete und sich dabei vehement für die Zentralisierung der dazu erforderlichen Tätigkeiten einsetzte, entzog das vielen Kritikern in den Reihen der Automobilindustrie die Grundlage. Man kann daher ohne Übertreibung festhalten, dass sich für Porsche die Geschäftsbeziehung zu Auto Union bei der entscheidenden Weichenstellung zugunsten der Realisierung des Volkswagen-Projekts auszahlte.

Am 28. Mai 1934 erhielt Porsche den grundsätzlichen Zuschlag für die Entwicklung des Volkswagens. Damit hatte er eine wichtige Zwischenetappe erreicht, war aber noch nicht am Ziel seiner Wünsche angekommen. Was noch ausstand, war die konkrete Formulierung des Konstruktions- und Entwicklungsauftrags und damit eine vertragliche Grundlage, auf der das Konstruktionsbüro an die Arbeit gehen konnte. Hier lagen die Vorstellungen anfänglich weit auseinander: Die Porsche GmbH hatte unter tatkräftigem Einsatz des Geschäftsführers Malberg Entwürfe ausgearbeitet, die dem Konstruktionsbüro ein Maximum an konstruktiver Freiheit garantierten. Es war vorgesehen, dass Porsche ohne Auflagen daran arbeiten konnte, seine Idealvorstellung eines Volkswagens konstruktiv umzusetzen. Seine Konstruktionsarbeit sollte in jedem Fall in den Bau von Versuchswagen münden, welche die Vorstufe zu Serienfahrzeugen bildeten. Und auch über den nächsten Schritt – die Fabrikation – hatte man sich in der Stuttgarter Kronenstraße schon Gedanken gemacht: Die beratende Mitwirkung bei der Herstellung und Weiterentwicklung des Porsche-Wagens sollte ebenfalls vertraglich festgeschrieben werden. Das Konstruktionsbüro wurde damit zum Generalunternehmer, der von der Entwurfsskizze bis zur Serienproduktion jederzeit Zugriff auf das Projekt hatte. Auf Schutzrechte der im RDA vereinigten deutschen Automobilindustrie sollte »keine Rücksicht genommen«[87] werden. Das bedeutete, dass Porsche bei Entwicklung und Fabrikation auf sämtliche Patente zurückgreifen konnte, die von den deutschen Automobilherstellern gehalten wurden.

Der RDA hatte es seinerseits darauf angelegt, Porsche an die Kette zu legen und ihn zum ausführenden Organ technischer Vorgaben zu degradieren, die der RDA in seinen Vertragsentwurf vom 9. Juni 1934[88] hineingeschrieben hatte. Dem Konstruktionsbüro sollten Auflagen hinsichtlich Motor, Leistung, Brennstoffverbrauch, Höchstgeschwindigkeit, Gesamtgewicht etc. erteilt werden, die ihm nahezu alle konstruktiven Freiheiten genommen hätten. Von einer Fabrikationsperspektive war gar keine Rede. Porsche sollte lediglich einen Modellwagen herstellen. Der Auftraggeber sollte das Projekt in jeder Phase stoppen können. Im Grunde war den Vorstellungen des RDA in jedem Absatz zu entnehmen, dass das Volkswagen-Projekt dort ein ungeliebtes Kind war, das man nur mit dem Allernötigsten zu versorgen gedachte und auf dessen sanftes Hinscheiden man insgeheim hoffte.

Wer geglaubt hatte, der RDA als Auftraggeber könne dem Auftragnehmer seine Vorstellungen in dieser Weise diktieren, wurde eines Besseren belehrt. Schließlich handelte es sich hier um einen politischen Auftrag, bei dem andere Regeln galten als im herkömmlichen Geschäftsleben. Insofern konnte das Konstruktionsbüro die Vertragsentwürfe des RDA entrüstet als »in jeder Beziehung inakzeptabel«[89] zurückweisen, ohne dem RDA damit einen Vorwand zu liefern, aus dem Projekt auszusteigen, da dieser sich durch sein prinzipielles, wenngleich widerwilliges Ja in die Abhängigkeit einer letztlich politischen Logik begeben hatte, aus der es fürs Erste kein Zurück mehr gab. Die Porsche GmbH saß am längeren Hebel; und so trug der Vertrag, den Porsche und der RDA am 22. Juni 1934 unterschrieben, weitgehend die Handschrift des Konstruktionsbüros. Porsche erhielt einen »Auftrag zur Konstruktion eines Volkswagens«,[90] der ihm alle konstruktiven Freiheiten ließ. Er hatte lediglich zeitliche Auflagen zu beachten – innerhalb von zehn Monaten sollte er einen Versuchswagen vorweisen. Darüber hinaus gab es hinsichtlich des »Gestehungspreises« – den Kosten für Material und Lohn – vertragliche Vorgaben (900 Reichsmark). Aber ansonsten hielt sich der Auftraggeber völlig zurück.

Dass das im Vertrag verankerte »Aufsichtsgremium«, ein vom RDA zu bestellender Ausschuss, sich inhaltlich einmischen würde, war bei Vertragsabschluss äußerst fraglich. Im Kontrakt war im Grunde genommen genau das verankert, was Porsche besonders am Herzen lag: die Perspektive, dass der von ihm entwickelte Volkswagen in Serie ging. Für diesen Fall hatte man schriftliche Vorsorge getroffen und eine »Erfolgsprämie« von einer Reichsmark je gebautem Wagen für einen Zeitraum von vier Jahren festgeschrieben.[91] Der Vertragstext verriet bereits auf den ersten Blick, warum sich die Porsche GmbH auf ganzer Linie gegen den RDA durchgesetzt hatte, denn er wurde – völlig ungewöhnlich für eine privatrechtliche Abmachung – mit einer Präambel eingeleitet, in der jenes politische Schlüsselwort – »Gemeinschaftsarbeit« – strategisch platziert war und selbst berechtigte betriebswirtschaftliche Bedenken der Automobilhersteller entwertete. Es heißt dort: »Um die Motorisierung des deutschen Volkes auf Grundlage einer *Gemeinschaftsarbeit* [Hervorhebung d. Verf.] unter Einsatz der besten Kräfte des deutschen Automobilwesens mit allen Mitteln zum Wohle des Deutschen Reiches zu fördern«,[92] wurde besagter Vertrag abgeschlossen. Damit griff der Vertrag auf ähnliche Formulierungen zurück, wie sie Geschäftsführer Malberg bereits im April 1934 zu Papier gebracht hatte.[93]

»Gemeinschaftsarbeit« war die begriffliche Chiffre, mit der das Konstruktionsbüro die Automobilindustrie eingefangen hatte und disziplinieren konnte. Unter Rekurs auf die darin enthaltene Verpflichtung, die Kräfte zu bündeln und auf das überwölbende Ziel der Konstruktion eines deutschen Volkswagens auszurichten, konnten Bedenken gegen das Projekt als kleinliche Mäkeleien einer Lobbygruppe abgetan werden, die um eigene lukrative Geschäfte fürchtete. Und damit wurden auch die im Vertrag fixierten Kontrollmöglichkeiten des Auftraggebers zu einem stumpfen Schwert. Zudem war davon auszugehen, dass für die Mitarbeit in dem dazu einzurichtenden Ausschuss nur jene Mitgliedsfirmen des RDA in Frage kamen, die auf der Sitzung am 28. Mai 1934 für die Beurteilung technischer Fragen nominiert worden waren (Adler-Werke, Opel, Daimler-Benz, Auto Union).[94] In diesem Fall hatte Porsche nicht viel zu befürchten: Die Interessen dieser Firmen lagen derart weit auseinander, dass man sich kaum vorstellen konnte, wie sie Porsche am kurzen Zügel führen und eine wirkliche Kontrollfunktion ausüben wollten. Es ist nicht einmal sicher, dass sich der ausdrücklich zur »Überwachung«[95] des Konstruktionsauftrags gedachte Ausschuss des RDA überhaupt jemals konstituiert hat.

Porsche hatte sein Hauptziel erreicht: Er hatte von einem Auftraggeber freie Hand zur Konstruktion und Entwicklung eines Versuchsvolkswagens erhalten. Und er konnte sicher sein, dass über die ihm besonders am Herzen liegende Serienproduktion »seines« Autos nicht allein von seinem Auftraggeber entschieden werden würde, da letztlich Hitler persönlich auf die Produktion dieses Volkswagens setzte. Wenn es ihm gelang, mit Hilfe der durch den RDA zu leistenden Komplettfinanzierung ein Fahrzeug zu entwickeln, das

Hitler durch seine technischen Eigenschaften rundum überzeugte, dann konnte er der Entscheidung hinsichtlich einer Serienfertigung gelassen entgegensehen. In einem solch fortgeschrittenen Stadium oblag diese Entscheidung nicht mehr dem RDA, sondern der Politik. Porsche musste nur weiterhin im Rahmen seiner Möglichkeiten dieses Feld bestellen, sich den Zugang zu Hitler erhalten und dabei auf die unentbehrlichen Vermittlungsdienste von Werlin zurückgreifen.

Porsches höchster Trumpf war, dass er persönlich gegenüber den Auftraggebern aus Wirtschaft und Politik für das Gelingen des Auftrags bürgte. Daher wurde der Vertrag seitens des RDA nicht nur mit der »Dr. Ing. h.c. F. Porsche GmbH« in Stuttgart, Kronenstraße 24, abgeschlossen, sondern auch mit der Privatperson Ferdinand Porsche, wohnhaft im Feuerbacher Weg 48 in Stuttgart. Porsche verpflichtete sich damit ausdrücklich auch als Privatmann zur aktiven Mitarbeit am Projekt, was beispielsweise auch darin zum Ausdruck kam, dass die ersten Versuchswagen in der Garage seiner Villa entwickelt und gebaut wurden. Da einige der im RDA vertretenen Firmen bereits Erfahrungenmit den semantischen Besitzansprüchen Porsches auf von ihm konstruierte Automobile gemacht hatten, wurde ihm in diesem Vertrag ausdrücklich untersagt, »den Konstruktionsauftrag ohne Einwilligung des RDA propagandistisch für sich unmittelbar oder mittelbar in irgendeiner Form auszuwerten«.[96] Diese Klausel konnte allerdings nicht verhindern, dass Porsche dennoch bereits in der Entwicklungs- und Erprobungsphase die Deutungshoheit über »seinen« Wagen erlangte und die Auftraggeber in den Hintergrund gedrängt wurden. Denn Hitler persönlich stellte Porsche in der Öffentlichkeit als den wichtigsten Kopf des Volkswagen-Projekts heraus. Gegen eine solche Sprachregelung von oben war ein Interessenverband wie der RDA machtlos. Porsche erhielt also für seine Arbeit am Volkswagen-Projekt durch den einzig dazu Befähigten den öffentlichen Ritterschlag, dem er seinen gewaltigen Popularitätsgewinn verdankte.

Auch in finanzieller Hinsicht war der Kontrakt überaus lukrativ. Porsche konnte seinem Auftraggeber für die tatsächlich aufgewendete Arbeitszeit der für das Projekt eingesetzten Konstrukteure sowie des Versuchspersonals monatlich durchschnittlich bis zu 20 000 Reichsmark in Rechnung stellen und mit diesem Pauschbetrag auch seine eigenen Bezüge, die seiner Geschäftsführer sowie Materialkosten abrechnen.[97] Dies bedeutete eine Durchfinanzierung des gesamten Projekts sowie eine nicht unbeträchtliche Gewinnspanne für Porsche persönlich. Sollte der von ihm entwickelte Volkswagen in Serienfertigung gehen, fiel die bereits erwähnte Erfolgsprämie von einer Reichsmark je Wagen an[98] – eine Klausel, die beim wirtschaftlichen Neustart Porsches als Hersteller von Sportwagen nach dem Zweiten Weltkrieg überaus segensreich wirkte, als der Volkswagen endlich in die zivile Serienproduktion ging. Insofern war Porsches Sprung zum Automobilhersteller auch dem Rückgriff auf eine durch die Konstruktions- und Entwicklungsarbeit am Volkswagen erworbene Erfolgsprämie zu verdanken.

Ein sensibles Thema, das schon bald nach Vertragsabschluss Bedenken auf Seiten der Automobilhersteller hervorrief, war die Frage, inwieweit Porsche als Generalkonstrukteur auf die Patente jener Firmen kostenfrei zurückgreifen konnte, die via RDA seine Konstruktions- und Entwicklungstätigkeit finanzierten. Die beteiligten Unternehmen hatten sich in die unbefriedigende Situation begeben, dass sie als Kollektiv – über ihre Interessenvertretung RDA– ein Projekt finanziell aus der Taufe hoben, das in einem strukturellen Spannungsverhältnis zu ihren unternehmerischen Eigeninteressen stand. Sollten sie nicht erpicht sein, wenigstens ihre Betriebsgeheimnisse zu wahren und die von ihnen erworbenen Schutzrechte für sich zu behalten, statt sie in ein Vorhaben einzubringen, bei dem sich der Generalkonstrukteur wohlfeil am geistigen Eigentum nahezu sämtlicher deutscher Automobilhersteller bedienen konnte?

Wie wir bereits gesehen haben, handelte es sich beim Patentwesen um ein überaus weites Feld, auf dem zum Teil mit harten Bandagen Geschäftsinteressen durchgeboxt wurden, was kaum dem idealisierten Bild vom Schutz genialen Erfindergeistes entsprach. Die allermeisten Patente schützten zudem keine bahnbrechenden Pionierleistungen, sondern bescheidene technische Weiterentwicklungen. Als Konstruktionsbüro hatte sich die Porsche GmbH ohnehin nie als Erfinderwerkstatt verstanden, folglich sahen die von Geschäftsführer Malberg ausgearbeiteten Vertragsentwürfe vor, dass sowohl das Konstruktionsbüro als auch die im RDA versammelte Automobilindustrie sämtliche gehaltenen Schutzrechte in das Gemeinschaftsprojekt Volkswagen einbrachten. Auf solche Rechte sollte schlichtweg »keine Rücksicht genommen« werden.[99] In der Tat hatte es wenig Sinn, die Konstruktionsarbeit bei einem ausdrücklich als Gemeinschaftswerk deklarierten Unterfangen durch penible Handhabung des Patentschutzes zu erschweren. Es war daher folgerichtig, dass sich der RDA in seinem ersten Vertragsentwurf in diesem Punkt auf die Vorstellungen der Porsche GmbH einließ.[100] In verklausulierter Form bekräftigte auch der am 22. Juni 1934 abgeschlossene Vertrag diese Position.[101]

Damit hatten die Automobilfirmen der Kollektivierung sorgsam gehüteter Schutzrechte Tür und Tor geöffnet. In einen auf dem Wege der Gemeinschaftsarbeit entwickelten Volkswagen konnten von den Einzelfirmen gehaltene Patente einfließen, ohne dass dafür die übliche Nutzungsentschädigung an den Patenthalter entrichtet wurde. Dies erleichterte die Arbeit des Konstruktionsbüros ungemein, da es nun nicht mehr – wie sonst[102] – Personal abstellen musste, das die laufenden Konstruktionsarbeiten in den Zeichensälen daraufhin inspizierte, ob sich Patentverletzungen ereigneten. Die Porsche-Konstrukteure konnten sich also ohne lästige Hindernisse infolge des Patentrechts entfalten, weil die Automobilhersteller ihr patentiertes Wissen in die Gemeinschaftsunternehmung »Volkswagen« unentgeltlich einbringen mussten.

Zwar schlugen die Patentabteilungen einiger beteiligter Unternehmen Alarm, als sie davon erfuhren. Doch sie mussten die Waffen strecken, weil sie gegen den ohne ihr Wissen ausgehandelten Vertragstext und vor allem gegen den dahinterstehenden politischen Willen nichts ausrichten konnten. Die notorisch misstrauischen Patentabteilungen witterten mit Recht sogar eine über die Abtretung von Schutzrechten hinausgehende freiwillige Expropriation der Hersteller, weil »engstes Zusammenarbeiten [...] zur Erzielung höchster Leistung auf der Grundlage aufrichtiger Gemeinschaftsarbeit« mit der Porsche GmbH ausdrücklich in den Vertragstext[103] aufgenommen worden war, ein Passus, der – so diese Lesart – dem Konstruktionsbüro sogar die weit über die Schutzrechte hinausgehenden Erfahrungsschätze der Hersteller zur Verfügung stellte. Es kann daher eigentlich kein Zweifel bestehen, dass die Porsche GmbH ermächtigt war, großzügig Patente von Automobilherstellern für den Volkswagen zu nutzen und sich darüber hinaus auch deren sonstiger Expertise kostenfrei zu bedienen. Ferdinand Porsche hat denn auch im Jahr 1947 durchaus glaubhaft in einer Unterredung mit den Vertretern des Volkswagen-Werkes beteuert, davon ausgegangen zu sein, dass er »frei über alle Patente der deutschen Automobilindustrie verfügen könne«, und zur Begründung angeführt, »der Auftraggeber« – mithin der RDA – sei doch auch »der Besitzer der Patente«[104] gewesen.

Der RDA hatte den Auftrag an Porsche erteilt in dem Wissen, dass dieser noch an mehreren anderen Projekten arbeitete. Es stand nicht zu erwarten, dass Porsche vor allem das für ihn und sein Unternehmen so prestigeträchtige Projekt der Rennwagenentwicklung völlig hintanstellte – dies hätte auch Auto Union, eines der einflussreichsten Mitglieder im RDA, nicht toleriert. Hatte sich Porsche übernommen? War es möglich, auf der Rennstrecke den Triumphen von Hans Stuck beizuwohnen und zugleich der Welt zu zeigen, dass er einen Vorzeigekleinwagen entwickeln konnte? Porsche hatte sich in seiner Kreativität immer eingeschränkt gefühlt, wenn buchhalterisch agierende Vorstände ihn budgetär disziplinieren wollten; zugleich reagierte er ungehalten, wenn man seine Schöpferkraft in ein zu enges Zeitkorsett pressen wollte. Daher war von Anfang an absehbar, dass er binnen der vertraglich vereinbarten Frist von zehn Monaten nicht den zugesicherten Versuchswagen bereitstellen würde. Porsche konnte sich diese Verzögerung leisten, weil es für den RDA kein Zurück gab: Die Automobillobby konnte ihm einen Auftrag nicht entziehen, mit dem eine politische Direktive umgesetzt wurde – unter der Bedingung, dass Porsche für einen eigenmächtig veränderten Zeitplan die volle Unterstützung Hitlers fand.

Insofern nahm die Realisierung des Volkswagen-Projekts nur langsam Fahrt auf. Porsche hatte dabei an zwei Fronten gleichzeitig zu kämpfen. Einerseits musste er seinen Auftraggeber vertrösten, andererseits mussten die ersten Ergebnisse so weit gediehen sein, dass Hitler Porsche weiterhin vertraute und ihn gewähren ließ – und dazu musste der Kontakt zu Werlin gepflegt werden. Die Besänftigung des RDA war das geringere Problem, da sich der Aufraggeber in der äußerst schlechten Lage befand, seinem Unmut über den Lieferverzug nur verbal Luft machen und Porsche lediglich zu rascher Arbeit ermahnen zu können.[105] Über ein wirkungsvolles Druckmittel wie etwa eine rechtlich durchaus mögliche Vertragskündigung verfügte er im Grunde nicht. So kam es, dass Porsche den ungeduldigen Auftraggebern erst am 3. Juli 1935 ein erstes Exemplar des Automobils – den V1-Probewagen – präsentierte, der jedoch den Makel besaß, dass er gar nicht fahrtauglich war.[106] Dies hatte sicher auch damit zu tun, dass der Versuchswagen in der zur Werkstatt umgewidmeten Garage in Porsches Privathaus entstanden war.[107] Das entsprach Porsches Arbeitsstil, der keine Trennung von Privat- und Arbeitsbereich kannte und sein Grundstück am Feuerbacher Weg 48 von Anfang an auf eine multifunktionale Nutzung ausgelegt hatte. Aber aus Sicht mancher RDA-Vertreter machte dies den Eindruck von Unprofessionalität und konnte sogar als Ausdruck von Geringschätzung gegenüber dem Auftraggeber aufgefasst werden.

Normalerweise hatte eine verspätete – Porsche gab erst nach mehr als zwölf Monaten statt nach den vereinbarten zehn Monaten eine erste Kostprobe seines Könnens ab – Ablieferung eines offenkundig unfertigen Produkts den Rücktritt des Auftraggebers vom Vertrag zur Folge. Der Volkswagen wäre dann möglicherweise ein Torso geblieben. Vom RDA, der Porsche immer wieder gedrängt hatte, konnte die Präsentation dieses Zwischenstandes durchaus auch als Provokation eines selbstherrlich agierenden Auftragnehmers aufgefasst werden, der sich sicher war, nicht zur Rechenschaft gezogen zu werden. Aber die auf Porsches Privatgrundstück Versammelten wollten ihren guten Willen demonstrieren und suchten dem in Bedrängnis geratenen Projekt positive Seiten abzugewinnen, weil ein Scheitern vor allem auf die im RDA vereinigte deutsche Automobilindustrie zurückgefallen wäre.

Was Porsche vorführen konnte, war ein heckgetriebener Versuchswagen, der von einem luftgekühlten Zweitaktmotor angetrieben wurde. Porsche erklärte den Anwesenden, dass er parallel noch an zwei weiteren Volkswagen mit alternativen Motorausführungen (Viertaktmotor beziehungsweise Zweitaktsternmotor mit drei Zylindern) arbeitete.[108] Damit ließ er keinen Zweifel, dass er Herr des Verfahrens war: Den Herren vom RDA war es unbenommen, jeden der drei Versuchswagen gründlich zu inspizieren und die eigens dafür eingerichtete technische Kommission anzusetzen. Doch er allein würde darüber entscheiden, welches Modell technisch so ausgereift war, dass es vom eigentlichen Auftraggeber Hitler begutachtet werden konnte.

Porsche trieb den RDA vor sich her, was ein Schlaglicht auf die Vorführung am 3. Juli 1935 verdeutlichen soll. Eigentlich hätte sich die hochrangige Delegation aus Zeitmangel eines eindeutigen Urteils enthalten müssen. Doch statt die Sache zu vertagen, baute sie Porsche eine Brücke und erklärte, »dass der grundsätzliche Aufbau der Konstruktion, insbesondere der Anordnung des Motors und des Antriebs, sowie die Gewichtsverlagerung richtig seien und sich die Entwicklung der Aufgabe auch auf dem richtigen Wege befinde«.[109] Allerdings mahnte man Porsche, »die Aufgabe in Richtung der Verkleinerung des Fahrzeugs weiter zu entwickeln«,[110] was für Porsche grundsätzlich nicht in Frage kam, weil man den Wagen damit eines seiner größten Trümpfe beraubt hätte – des verhältnismäßig komfortablen Raumvolumens. Porsche wollte keinen Volkswagen bauen, in den sich zur Not vier »Volksgenossen« gerade einmal hineinquetschen konnten; er setzte auf die »Geräumigkeit der Karosserie«.[111] Die Vorhaltungen der RDA-Vertreter verpufften auch deswegen, weil sie im selben Atemzug eine klare Zusage zur Weiterfinanzierung des gesamten Projekts machten.[112] Damit hatte Porsche sein Hauptziel erreicht: Er konnte sich mit dem Finanzpolster des RDA weiterhin entfalten und das konstruktive Optimum bei der gestellten Aufgabe herausholen

Allerdings gab es einen heiklen Punkt, an dem der RDA Porsche in Bedrängnis bringen konnte: die Kostenfrage. Die Strategie des RDA bestand darin, Porsche vorzuhalten, seine Konstruktion sei nicht mit den vorgegebenen Gestehungskosten von 900 Reichsmark zu realisieren, und auf diese Weise Einfluss auf den Entwicklungsprozess zu erlangen. Porsche sollte es gewissermaßen eine Nummer kleiner machen, was bei dem Kleinwagen einen erheblichen Eingriff in seine Arbeit bedeutet hätte. Auf der anderen Seite war das Kostenargument allerdings zweischneidig und konnte auch gegen die Automobilindustrie und deren Zulieferer gerichtet werden, wenn man das Diktum in Umlauf setzte, die kartellisierte Zuliefererindustrie halte die Kosten künstlich hoch, so dass bei einem Eingriff in die Gewinnspanne der Industrie sehr wohl ein Volkswagen zu einem nicht prohibitiven Preis produziert werden könne. Denn die Kalkulation der Automobilindustrie hinsichtlich des avisierten Verkaufspreises war durchaus verräterisch: Ihr schwebte ein Verkaufspreis von 1200 Reichsmark vor,[113] was bei veranschlagten Herstellungskosten von 900 Reichsmark einen beträchtlichen Aufschlag von 30 Prozent bedeutete.

Insofern war es ein Spiel mit dem Feuer, wenn die technische Kommission des RDA sich viel Zeit nahm, die von Porsche zur Verfügung gestellten Fahrzeuge auf Herz und Nieren zu prüfen und Empfehlungen hinsichtlich der Kostenreduktion abzugeben. Das Argument der Kostenkalkulation konnte sich leicht zu Lasten der Industrie verselbstständigen, wenn sich herausstellte, dass es bei Materialkosten und Zuliefererprodukten noch einen erheblichen finanziellen Spielraum nach unten gab. Hitler selbst stand exorbitanten Gewinnen überaus skeptisch gegenüber, welche die Rohstoff- und Fertigwarenkartelle erzielten, wenn sie untereinander Preisabsprachen getroffen hatten.[114] Sollte die Politik auf die Idee verfallen, hier zu intervenieren, brach die Argumentation von den vermeintlich zu hohen Kosten des Volkswagens hinsichtlich Karosserie, Werkstoffe und Fahrgestell in sich zusammen. Auch die technischen Experten der Automobilfirmen im RDA bestätigten im Großen und Ganzen, dass der Volkswagen in kalkulatorischer Hinsicht seriös aufgestellt sei. Nachdem die Praktiker in Sachen Kostenberechnung jeden Stein bei Porsche mehrfach umgedreht und sogar mit der Stoppuhr die von Porsche vorgelegten Angaben überprüft hatten, stand als Ergebnis des Stresstests fest, »dass die Kalkulation der Dr. Porsche GmbH vorsichtig und keineswegs auf Phantasiezahlen aufgebaut war«.[115]

Mit der Kostenkalkulation konnte man Porsche von Seiten des RDA also nicht beikommen – und auch der Versuch des RDA-Präsidiums, einen Termin bei Hitler zu bekommen,[116] um ihm eine eigene Version der Volkswagen-Geschichte vorzutragen, scheiterte kläglich. Hitler war für den RDA nicht zu sprechen, weil seine charismatische Herrschaftsform nicht über institutionelle Zugänge zum Machthaber funktionierte, sondern über persönliche Loyalität. Hier besaß Porsche einen unschätzbaren Vorteil, weil er über Werlin direkt an Hitler herankam. Zehn Wochen nach Abschluss des Vertrags mit dem RDA legte Porsche zur Übermittlung an Hitler einen entsprechenden Bericht über den Zwischenstand des Vorhabens vor. Es war keine servile Verbeugung vor dem eigentlichen Empfänger, wenn Porsche in seinem Begleitschreiben an Werlin ausführte, er »hoffe, dass der Führer bei seiner großen Sachkenntnis aus dem vorliegenden Material sich bereits ein allgemeines Bild unserer Konstruktionsleistung machen kann«.[117]

Porsche wollte Hitler dadurch einbinden, dass er zunächst einmal Einvernehmen hinsichtlich der Prämisse seines Auftrags herstellte: Beide seien nicht an einer Primitivversion des »Volkswagens« interessiert, die in puncto Fahreigenschaften nicht mit Standardkleinwagen konkurrieren könne. Diese

»Wahrung des Qualitätsgedankens«[118] vorangestellt, ergaben sich enorme technische Herausforderungen, von denen Porsche die wichtigsten detailliert benannte. Hitler sollte sich wiederfinden können, wenn Porsche etwa über die technischen Konsequenzen reflektierte, die sich ergaben, wenn man dessen Wunsch nach einem luftgekühlten Motor umsetzte. Und wenn man – ebenfalls im Sinne Hitlers – einen Zweitaktmotor vorsah, musste man neue Wege beschreiten, da »keine der gegenwärtig am Markt befindlichen Zweitakter-Typen auch nur annähernd die Fahreigenschaften aufweisen, die uns für den Volkswagen vorschweben«. Dies war kein billiger Seitenhieb in Richtung Auto Union, wo mit dem DKW ein konkurrenzfähiger Zweitakter hergestellt wurde, sondern umschrieb die Schwierigkeit der Aufgabe. Auch die Frage der Kostenkalkulation wurde keineswegs ausgespart. Porsches Botschaft war klar: An preislichen Auflagen – den 900 Euro Gestehungskosten, die im Vertrag mit dem RDA festgeschrieben waren – dürfe das Projekt nicht scheitern. Er schloss Hitler mit ein, wenn er formulierte, dass »wir keineswegs aus diesem Grunde die Weiterverfolgung dieses Problems aufgeben«. Hitler hatte damit einen tiefen Einblick in die technische Dimension des Projekts erhalten. Porsche hatte via Werlin Klartext gesprochen: Um die gewünschten technischen Standards zu erreichen, müsse man drei verschiedene Motoren entwickeln und auch für jeden Motor ein entsprechend angepasstes Fahrgestell. Porsche machte keinen Hehl daraus, dass dies Zeit kosten würde, weil man vielfach konstruktives Neuland betrat und sich keineswegs auf eine Option versteifen wolle, die dann möglicherweise im Praxistest versagte. Er bat sich mithin vom obersten Wächter eine zeitlich nicht limitierte Gestaltungsfreiheit aus, um ein perfektes Volksautomobil präsentieren zu können.

Diese Botschaft kam bei Hitler an. Dieser nutzte am 14. Februar 1935 ein vertrautes Forum – die Eröffnung der Internationalen Automobilausstellung in Berlin –, um eine Zwischenbilanz der vor zwei Jahren ausgerufenen Motorisierungskampagne zu ziehen, in der auch eine Erwähnung »des Wagens der breiten Masse« nicht fehlen durfte. Hitler sprach bei diesem Anlass eine gezielte Warnung an die Adresse der Rohstoffindustrie aus – sie solle ihrer nationalen Verantwortung gerecht werden und müsse sich daher in ihrer Preisgestaltung zurückhalten. Mit heißen Ohren lauschten Porsche und seine Mitarbeiter der für sie besonders relevanten Passage – war es doch das erste Mal, dass sich Hitler öffentlich über den Fortgang eines Projekts äußerte, über das ein Presseverbot verhängt worden war und über das man ansonsten Stillschweigen bewahrte. Porsche und sein Stab waren vor Ort, als Hitler in ihre Richtung erklärte: »Ich freue mich, dass es der Fähigkeit eines glänzenden Konstrukteurs und der Mitarbeit seines Stabes gelungen ist, die Vorentwürfe für den deutschen Volkswagen fertigzustellen.«[119] Chefkonstrukteur Rabe klangen diese Worte Hitlers so in den Ohren, dass er sie aus dem Gedächtnis heraus noch am selben Tag seinem Tagebuch anvertraute.[120] Es war bezeichnend, dass sich der darauf folgende Halbsatz nicht in sein Gedächtnis eingegraben hatte. Denn dieser erhielt die klare Ansage Hitlers, dass Porsche bald fahrtaugliche Prototypen zu liefern habe – und zwar schon im Sommer 1935.[121]

Hitlers Geduld mit Porsche war mithin nicht grenzenlos. Je mehr sich der »Führer« politisch zugunsten des Volkswagens exponierte, desto größer wurden die an Porsche gerichteten Erwartungen. Der Diktator hatte extern wie intern keinen Zweifel daran gelassen, dass er Porsche den Weg ebnen würde. Gerade in der sensiblen Frage der Kostensenkung für Rohmaterialien und Zubehör wollte er notfalls mit allen zur Verfügung stehenden Mitteln auf die Industrie einwirken. Man werde »die einschlägige Industrie zwingen, von Kartellpreisen Abstand zu nehmen«.[122] Doch dann habe Porsche auch zu liefern. Bereits im Oktober 1934 hatte Hitler im kleinen Kreis seiner Erwartung Ausdruck verliehen, »dass schnellstens einmal ein solcher Wagen fertiggestellt werden soll«.[123]

Solche Töne mussten Porsche alarmieren – und daher griff er zu einem ungewöhnlichen Mittel: Er strebte ein Vieraugengespräch mit Hitler an, in dem er diesen bitten wollte, ihn gewähren zu lassen und nicht unter zeitlichen Druck zu setzen. Dies war ein ziemlich vermessenes Ansinnen, zumal der Weg zu Hitler bislang ausschließlich über Werlin lief. Doch Porsche glückte es mit der ihm eigenen Hartnäckigkeit, einen Gesprächstermin bei Hitler zu bekommen – vermutlich sogar ohne dass Werlin anwesend war, der sich in seiner Doppelfunktion als Hitlers Berater und Daimler-Vorstand auch als eine Art Aufpasser über Porsches Arbeit gerierte. Aus der äußerst spärlichen Überlieferung über das dann tatsächlich am 26. Februar 1935 erfolgte Treffen im Berliner Hotel »Kaiserhof« ist jedenfalls nicht zu erkennen, dass Werlin anwesend war.[124] Porsche hielt sich Ende Februar 1935 fünf Tage am Stück in Berlin auf,[125] und es steht zu vermuten, dass er alles in Bewegung setzte, um Hitler in einem ganz intimen Rahmen zu sprechen. Über wen die Vermittlung dieses Gesprächs verlief, lässt sich aufgrund der defizitären Quellenlage nicht sagen. Aber wir wissen aus dem Tagebuch seines Chefkonstrukteurs Karl Rabe, dass Porsche sich in der ihm typischen Weise – also telefonisch – bei Rabe meldete und berichtete, dass es sich um eine »sehr interessante Aussprache wegen Volkswagen« gehandelt habe.[126] Allein der Terminus »Aussprache« deutet darauf hin, dass Porsche nicht als Bittsteller auftrat, sondern sich unter Hinweis auf seine besonderen Fähigkeiten mehr Zeit für die Lösung seiner anspruchsvollen Aufgabe erbat.

Da Porsche in den folgenden Monaten weitermachen konnte wie bisher, spricht einiges dafür, dass Hitler ihm hierfür volle Rückendeckung erteilt hatte. Allerdings musste Porsche in absehbarer Zeit liefern – und daher arbeiteten er und sein Team mit Hochdruck darauf hin, Hitler noch im Jahr 1935 einen fertigen Volkswagen zu präsentieren. Außerordentliche Anstrengungen waren schon deshalb nötig, weil Hitler sich über Werlin stets auf den neuesten Stand der Dinge bringen ließ. In den dienstlichen Unterlagen Werlins findet sich eines der überaus raren handschriftlichen Zeugnisse Hitlers, die sein lebhaftes Interesse am »Volkswagen-Projekt« bekunden. Dieser Notizzettel[127] verdankt seine Existenz dem Umstand, dass sich Hitler am 23. Mai 1935 einer Stimmbänderoperation unterziehen musste und einige Tage lang am Reden gehindert war, so dass er sich nur durch solche ungewohnten schriftlichen Botschaften mitteilen konnte.[128] Werlin, den er vermutlich am 26. Mai 1935 zu sich befahl, ersuchte er mit Hilfe dieses handgeschriebenen Zettels, ihn über die Indikatoren des aktuellen Entwicklungsstands des Volkswagens (Motorleistung, Zylinderzahl, Gewicht, Geschwindigkeit, Benzinverbrauch) in Kenntnis zu setzen. Hitler hakte in jedem einzelnen Punkt nach – und seine Frage: »Ist der Wagen als Versuchsmodell fertig?« verriet, dass Porsches Mäzen sich nicht länger hinhalten lassen wollte und erwartete, dass Porsche in absehbarer Zeit einen qualitativen Sprung machte und einen ersten Prototyp lieferte, der bereits so ausgereift war, dass sich der neue Volkswagen abzeichnete.

Für Porsche war das nicht ohne Risiko, da in der ausschlaggebenden technischen Frage, für welchen Motor man sich entscheiden sollte, im Herbst 1935 noch alles im Fluss war. Die Konstruktion eines optimalen Motors bildete die eigentliche Bewährung für das Volkswagen-Projekt, da dadurch die Fahreigenschaften bestimmt wurden. Benzinverbrauch, Drehmoment, Luftkühlung und Kälteresistenz waren dabei die wichtigsten, wenngleich nicht die einzigen Faktoren, die zu berücksichtigen waren. Porsche hatte sich zu lange darauf versteift, mit einem Zweitaktmotor die gewünschten Fahreigenschaften erreichen zu können. Im August/September 1935 musste er einräumen, dass er in eine Sackgasse geraten war und eine Umkonstruktion erfolgen müsse.[129] In einer entscheidenden Frage befand er sich im Herbst 1935 also immer noch im Stadium des Experimentierens. Dass dem RDA nun allmählich der Geduldsfaden riss, kann nicht verwundern. RDA-Geschäftsführer Robert Allmers schrieb einen geharnischten Brief an Porsche, in dem es unter anderem hieß: »Es geht nicht an, dass immer weiter konstruiert und geändert wird [...] Dreivierteljahr sind nutzlos vergangen dadurch, dass Sie sich zuviel vorgenommen und nicht das eigentliche Ziel [...] genügend im Auge behalten haben. Das Mißlingen des Zweitaktdoppelkolbenmotors hat diesen starken Zeit- und Geldverlust bedingt.«[130] In die Empörung, dass das vom RDA finanzierte Projekt nicht vom Fleck kam, mischte sich allerdings auch Genugtuung: Man konnte aus dem Schreiben Allmers' förmlich herauslesen, dass sich der erste Vorsitzende des RDA in seiner Skepsis in Bezug auf die Leistungsfähigkeit Ferdinand Porsches bestätigt fühlte. Porsche erschien als ein Blender, der seine Auftraggeber ein ums andere Mal vertröstete und sich so vor dem drohenden Offenbarungseid herumzudrücken suchte. Unmissverständlich stellte ihm der RDA-Vorsitzende ein letztes Ultimatum: »Jetzt ist es an Ihnen zu beweisen, dass der Wagen alle Anforderungen erfüllt, die man billigerweise an ihn stellen kann.«[131]

Mit seinem Unmut stand der RDA-Vorsitzende keineswegs allein. Auch der Vorstandsvorsitzende der Daimler-Benz AG schloss sich der immer zahlreicher werdenden Schar der Kritiker an. Damit wurde die Lage für Porsche brenzlig, da das Wort Kissels besonderes Gewicht besaß, wenn es über Werlin an den »Führer« herangetragen werden sollte.[132] Porsche konnte Fundamentalkritik so lange problemlos verkraften, wie solche Einwände und Mäkeleien seine konstruktive Selbstbestimmung nicht beeinträchtigten und der RDA – wenn auch zähneknischend – der Porsche GmbH die erforderlichen Finanzmittel zur Verfügung stellte. Wenn die Missachtung des Zeitplans allerdings seinen größten Förderer – also Hitler – verprellte, wurde es eng für ihn. Auf Dauer konnte Hitler nicht verschwiegen werden, dass sich Porsche mit dem Zweitaktmotor verrannt hatte und umsteuern musste. Werlin überbrachte deswegen eine freundschaftliche Warnung: »Ich möchte, lieber Herr Porsche, nicht verfehlen, Sie darauf aufmerksam zu machen, dass die Situation allmählich etwas brenzlig wird.«[133] Daraufhin ergriff Porsche die Flucht nach vorne. Obwohl für den Motor noch keine optimale Lösung gefunden war, musste er es wagen, Hitler einen Kleinwagen vorzuführen, auch wenn dieser noch nicht ausgereift war. Hitler sollte der Erste sein, der den Volkswagen – und zwar ein fahrtüchtiges Modell, das in technischer Hinsicht zweifellos noch Verbesserungsbedarf hatte – zu Gesicht bekam. Und dieser Volkswagen sollte Hitler vor allem in ästhetischer Hinsicht beeindrucken. Porsche hatte durch eine ungewöhnliche Linienführung neue Maßstäbe gesetzt und hoffte, dass der Wagen schon allein durch seine Formschönheit das Wohlwollen des Betrachters finden würde.

In der Porsche-Villa wurde daher mit Hochdruck daran gearbeitet, bis Ende des Jahres 1935 einen mit einem Zweizylinder-Viertaktmotor ausgestatteten Volkswagen vorführfertig zu machen. Der dringende Wunsch Hitlers,[134] sich einen persönlichen Eindruck von »seinem« Volkswagen zu machen, ließ Porsche praktisch keine andere Wahl. Am 20. November 1935 startete das Fahrzeug von Porsches Villa aus zur ersten Probefahrt.[135] Am

21. Dezember kam Werlin nach Stuttgart,[136] um den Wagen abzunehmen, und am 29. Dezember 1935 folgte der mit Spannung erwartete große Auftritt: die exklusive Präsentation des Volkswagens vor Hitler. Vom Gelingen dieser Vorführung hing das weitere Schicksal des Volkswagen-Projekts maßgeblich ab. Der Versuchswagen mit dem Zwei-Zylinder-Viertaktmotor wurde bei dieser Gelegenheit einem nur geringen Belastungstest ausgesetzt. Da Hitler keinen Führerschein besaß, musste man nicht damit rechnen, dass er selbst den Wagen würde fahren wollen. Darauf kam es Hitler gar nicht an. Ihm ging es um den Gesamteindruck. Gewiss haben Porsche und sein Team die technischen Preziosen des Volkswagens nach Kräften herausgestrichen, und das mag mit dazu beigetragen haben, dass die Vorführstunde »glänzend verlief«.[137] Neben dem technischen Raffinement war es aber vor allem die harmonische Form, die beeindruckte und der sich selbst Porsches Kritiker nicht entziehen konnten: Die Konstruktion sei »bestechend schön und überraschend einfach im Aufbau«.[138]

Die erste Vorführung seines Volkswagens – der sich freilich immer noch im Versuchsstadium befand – hatte den von Porsche gewünschten Effekt erzielt: Der wichtigste politische Fürsprecher des deutschen Volkswagens hatte sich persönlich davon überzeugt, dass er, Porsche, die ihm gestellte Aufgabe in technischer wie ästhetischer Hinsicht mit einem überzeugenden Ergebnis abschließen würde. Porsche konnte sicher sein, dass seine Verhandlungsposition gegenüber dem RDA in den kommenden heftigen Auseinandersetzungen stärker sein würde als zuvor. Dass die Konflikte sich zuspitzen würden, war offenkundig, da Porsche gehörig in Zeitverzug war und vor allem die ungelöste Kostenfrage wie ein Damoklesschwert über dem ganzen Projekt hing. Ganz abgesehen davon war die Kardinalfrage noch nicht entschieden: Von wem sollte ein von Porsche konstruierter und entwickelter Volkswagen produziert werden? Auch hier senkte sich die Waagschale zugunsten Porsches, als sich im Februar 1936 abzeichnete, dass er nicht darauf angewiesen sein würde, sein Gefährt zu den Bedingungen der Automobilindustrie auf den Markt zu bringen. Hitler hatte nämlich anlässlich seiner schon zur Routine gewordenen Eröffnungsrede bei der Internationalen Automobilausstellung in Berlin ein deutliches Signal ausgesandt, als er die Automobilindustrie wegen ihres unpatriotischen Eigennutzes tadelte.

Prototypenfabrikation im Porsche-Werk (heute Werk I) in Stuttgart-Zuffenhausen, 1941. In der Halle befindet sich inzwischen die Reparaturabteilung der Porsche AG.

KAPITEL 8

Strategische Erweiterung des Unternehmens zu einem Entwicklungsbetrieb

Die Augen der zentralen Akteure in Sachen Volkswagen waren im Februar 1936 auf die Internationale Automobil- und Motorradausstellung in Berlin gerichtet. Es stand zu erwarten, dass Hitler das Forum wie in den Jahren zuvor nutzen würde, um sich in dieser brisanten Frage öffentlich zu positionieren. Dass Hitlers Herrschaft redekulturell ausgeübt wurde, dass mithin öffentliche Äußerungen und nicht schriftliche Dekrete die maßgeblichen Handlungsanweisungen des »Führers« darstellten, war den Beteiligten so vertraut, dass sie versuchten, Deutungshoheit über interpretationsbedürftige Verlautbarungen Hitlers zu gewinnen und für die Austragung ihrer Konflikte zu instrumentalisieren. Geheimrat Dr. Robert Allmers, der Erste Vorsitzende des RDA, war im Vorfeld der Rede Hitlers am 15. Februar 1936 guter Dinge, dass es unter Berufung auf den vermeintlichen Willen des »Führers« gelingen könne, die von Porsche bislang offerierte, technisch wie preislich unzulängliche Lösung des Volkswagen-Problems als misslungenen Fehlversuch ad acta zu legen und »durch ein hoch dotiertes Preisausschreiben unter den Konstrukteuren aller Werke [...] zu einer voll geeigneten Konstruktion zu gelangen«.[1]

Der RDA-Vorsitzende steuerte also auf einen Ausstieg aus dem Porsche-Projekt hin und flankierte dies mit einem Schreiben an Porsche,[2] das die beabsichtigte Scheidung einleiten sollte. Darin wurde unmissverständlich das Auslaufen der Finanzierung zum 1. April 1936 angekündigt, sofern Porsche nicht die – aufgrund der Kürze der Zeit unmöglich zu erfüllende – praktische Bewährung seiner immer noch in puncto Motor unausgereiften Versuchswagen sicherstellte. Als höchste Instanz berief sich Allmers auf Hitler selbst, dessen Projekt in falsche Hände geraten sei. Allmers konnte diesen Brandbrief schreiben, weil er den vermeintlichen Willen Hitlers in seinem Sinne interpretierte.

Da Allmers noch nie mit Hitler ein Vieraugengespräch über die Volkswagen-Angelegenheit geführt hatte, musste er aus öffentlichen Aussagen des »Führers« Munition für seine Attacke zusammenklauben. Aber mehr als eine Passage aus Hitlers Rede anlässlich der Eröffnung der Automobilausstellung im Jahr 1935, in der sich dieser in kryptischer Weise über den Verkaufspreis des Volksautos ausgelassen hatte, sprang bei diesem Bemühen nicht heraus, so dass Allmers' Argumentation auf tönernen Füßen stand.[3] Wären Allmers die

Vorstellungen bekannt gewesen, die Hitler im Frühjahr 1934 bezüglich des Volkswagens geäußert hatte, hätte er sein Arsenal besser auffüllen können. Denn der Versuchswagen, der Hitler am 29. Dezember 1935 vorgeführt worden war, hatte wenig mit dem Gefährt zu tun, das er in der Unterredung mit Porsche im März 1934 in Auftrag gegeben hatte. Damals hatte Hitler – auch um der militärischen Nutzung willen – einen Volkswagen mit einem »luftgekühlten Diesel-Motor mit höchstens drei Zylindern«[4] bestellt; und er hatte diese Position in einem Gespräch mit dem Verkehrsminister noch dahingehend präzisiert, »daß weder Vorderachsenantrieb noch Heckmotor in Betracht kommt«.[5] Was er erhalten hatte, war kein dieselgetriebener Volkswagen, sondern ein Auto, bei dem in der Motorfrage noch keine Entscheidung gefallen war, aber manches auf einen Vierzylindermotor hindeutete. Konnte dies nicht als eigenmächtige Missachtung des Führerwillens hingestellt werden?

Allmers jedenfalls unternahm alles in seiner Macht Stehende, um Hitler in seinem Sinne über das vermeintliche Versagen Porsches aufzuklären. Da er an Hitler vor dessen Redeauftritt am 15. Februar 1936 nicht herankam, ließ er ihm über die Reichskanzlei seinen vernichtenden internen Bericht über das Volkswagen-Projekt zukommen.[6] Allmers durfte dann sogar die Auftaktrede anlässlich der IAMA-Eröffnung halten; doch als Hitler als letzter Redner das Wort ergriff, musste er ohnmächtig mit anhören, wie dieser Porsche demonstrativ den Rücken stärkte und die Automobilindustrie und damit auch den RDA abkanzelte. Ohne dass er den Namen Porsche explizit erwähnte – schließlich wussten die Eingeweihten, wer gemeint war –, stattete Hitler den Konstrukteur des Volkswagens mit einem kaum noch zu überbietenden Vertrauensbeweis aus: Er schmückte ihn mit jenem Prädikat, das für ihn die höchste Anerkennung darstellte – er bezeichnete ihn als genial. Hitler erteilte Porsche vor aller Öffentlichkeit die Lizenz, sich in Sachen Volkswagen ohne Einschränkungen konstruktiv zu entfalten, indem er die Zukunft des Projekts der »Genialität des damit betrauten Konstrukteurs«[7] anheimgab. Hitler leitete aus dem Geniediskurs nicht nur für seine Herrschaft eine aus dem Feld der Ästhetik herrührende Legitimation ab; er hat sich auch die kommunikative Hoheit über den Geniediskurs anzueignen versucht, indem er Einzelne in aller Öffentlichkeit mit genialischem Öl salbte und damit eine offiziöse Sprachregelung traf. Zum Kreis dieser Genies zählte von nun an auch Porsche – eine kulturelle Aufwertung, die Hitler aus tiefster Überzeugung vorgenommen hatte, weil er begnadete Techniker prinzipiell für geniefähig hielt und Porsche zudem mit seinem autodidaktischen Lebensweg ganz und gar dem Hitler'schen Genieprofil entsprach.[8]

Der Geniediskurs implizierte, dass es keine Kontrollrechte und Einflussnahmen von dritter Seite gab. Ein Genie verdankte seine unantastbare

Stellung der in ihn gesetzten Erwartung, dass es zu außergewöhnlich kreativen Leistungen fähig sei. Indem Hitler das Volkswagen-Projekt einem genialen Konstrukteur überantwortete, gab er deutlich zu verstehen, dass alle übrigen Beteiligten sich diesem schöpferischen Geist unterzuordnen hatten und ihm reibungslos zuarbeiten sollten. Zugleich schrieb er den Automobilfabrikanten noch einmal ins Stammbuch, dass der mächtigste Mann des »Dritten Reiches« das Gelingen des Volkswagen-Projekts zur Chefsache erhoben hatte. Sollte ein Vertreter der Automobilindustrie noch Zweifel an der politischen Dimension dieses Vorhabens gehegt haben, dann belehrte Hitler ihn nun eines Besseren, indem er unmissverständlich bekräftigte, »weshalb ich mit rücksichtsloser Entschlossenheit die Vorarbeiten für die Schaffung des deutschen Volkswagens durchführen lasse und zum Abschluß bringen werde, und zwar, meine Herren, zum erfolgreichen Abschluß«.[9]

Den anwesenden Herren von der Industrie werden diese Erklärungen Hitlers wie eine Drohung in den Ohren geklungen haben; hingegen waren sie für die Seele der anwesenden Vertreter der Porsche GmbH ein Labsal.[10] Als Porsche am 24. Februar 1936 den Herren vom RDA zwei Probewagen präsentierte und ihnen damit zwei Monate nach Hitlers Rede die erste wirkliche Probe seines Könnens vorführte, trat ein selbstbewusster Konstrukteur vor ein Gremium, das die Gelegenheit eigentlich zu einem Tribunal über einen verschwenderischen und vertragsbrüchigen Auftragnehmer hatte nutzen wollen. Doch nach der eindeutigen Vorgabe Hitlers konnte es nicht mehr den Daumen über Porsche senken. So trat dieser nicht im Büßergewand auf, sondern als ein fast schon gebieterisch Fordernder. Sein Rechenschaftsbericht enthielt keine Spur von Selbstkritik. Porsche trat vor seine Geldgeber, ohne ihnen wirklich etwas liefern zu können. Der Volkswagen befand sich 20 Monate nach Vertragsabschluss mit dem RDA immer noch im Stadium des Experimentierens, weil in der zentralen Frage des Antriebs weiterhin verschiedene Varianten erprobt wurden.

Ferdinand Porsche focht dies alles nicht an, vielmehr verlangte er vom RDA die »Bereitstellung weiterer erheblicher Mittel«.[11] Nach dem Vertrauensbeweis durch Hitler wähnte er sich in einer unangreifbaren Position, die ihm durch den aktuellen Stand der Entwicklungsarbeit keineswegs gefährdet schien. Wie selbstverständlich schlüpfte er in die Rolle, die ihm besonders behagte: die des technischen Visionärs, der den Kleingeistern die mit dem Volkswagen-Projekt verbundenen großen Zukunftsperspektiven verdeutlichte. Es komme darauf an, konstruktiv ganz neue Wege zu gehen und einen Kleinwagen zu entwickeln, der nicht schon nach wenigen Jahren technisch überholt sei. Wer sich an die Spitze des technischen Fortschritts setzen wolle, müsse eine große Lösung anvisieren, die dann aber Bestand haben und für viele Jahre einen international gültigen Maßstab setzen werde. Porsche war so frei, sich als den Einzigen darzustellen, dem man die Meisterung dieser Herkulesaufgabe zutrauen könne. So endete sein Bericht nicht nur mit einem unzweideutigen Hinweis auf die Instanz, in deren Auftrag er zu handeln vorgab – er wolle »nach dem Wunsche des Führers dem deutschen Volk und der deutschen Wirtschaft ein Fahrzeug [...] geben«[12] –, sondern auch mit einem eindeutigen Egobekenntnis: Immer dann, wenn Porsche in offiziellen schriftlichen Dokumenten die erste Person Singular wählte, wollte er das ganze Gewicht seiner unersetzbaren Persönlichkeit zur Geltung bringen. Im Exposé vom 17. Januar 1934 hatte sein Konstruktionsbüro die Ich-Form gewählt, um den Namen Porsche als Werbeträger für das Volkswagen-Projekt zu nutzen. Knapp zwei Jahre später hatte es Porsche nicht mehr nötig, das »Ich« für Werbezwecke in eigener Sache zu verwenden. Das neue Ich war gewissermaßen ein staatsmännisch gereiftes Ich, das Ich dessen, der eine Aufgabe von nationaler Bedeutung übertragen bekommen hatte: »Ich bin mir weiter bewusst, dass der Grossteil der Verantwortung für die Entwicklung des Volkswagens auf meinen Schultern liegt – ich trage sie aber gerne, wenn ich wie bisher bei der Industrie die technische und materielle Unterstützung finde, die meine Aufgabe erfordert.«[13] Dies klang fast wie der Appell eines Politikers, der sein Volk darum ersucht, ihm weiterhin Sukkurs für die Bewältigung von Aufgaben nationaler Bedeutung zu schenken, zu deren Lösung nur er allein fähig sei.

Im RDA formierte sich nach diesem an Selbstbewusstsein kaum zu übertreffenden Bekenntnis wider Erwarten keine Fundamentalopposition gegen Porsche. Zwar ließ der Vertreter von Opel die grundsätzliche Distanz des erfolgreichsten deutschen Herstellers eines Kleinwagens zu Protokoll geben,[14] und auch der zweite renommierte deutsche Kleinwagenhersteller Auto Union hielt mit seinen Einwänden nicht hinter dem Berg.[15] Aber obgleich Porsche dem RDA mehr als einen Grund geliefert hatte, aus der Projektfinanzierung auszusteigen – darunter die verspätete Ablieferung eines noch unfertigen Fahrzeugs –, ließ man ihm dies alles durchgehen, weil man einen von Hitler in den Genieadelsstand Erhobenen nicht frontal attackieren wollte. Insofern konnte Porsche weiterhin unbehelligt auf Kosten des RDA nach kreativen Lösungen speziell in der noch ungelösten Antriebsfrage suchen. Der RDA ließ sich auf Porsches Vorgaben ein und suchte nach pragmatischen Auswegen, um den Verkaufspreis auf das Niveau von 1200 Reichsmark zu senken, das der RDA und Porsche bei der Besprechung am 15. Juni 1934 festgelegt hatten. Nicht der Konstrukteur wurde für die aus dem Ruder laufende Kostenkalkulation in die Verantwortung genommen, vielmehr sollte der Rotstift auf der Seite der Produktion angesetzt werden. Dies bedeutete vor allem bei den Rohstoffpreisen und bei den Zubehörkosten – insbesondere der Karosserie – ein erhebliches Einsparpotenzial zu identifizieren und lief darauf hinaus, das Rohstoffkartell mit unbequemen Forderungen nach merklicher Absenkung der Werkstoffpreise zu konfrontieren.

Hitler hatte genau das der Industrie in seiner Rede vom 15. Februar 1936 ins Stammbuch geschrieben und dabei auf das große Vorbild USA verwiesen. Warum war es in den USA möglich, leistungsfähige und zugleich für die breiten Massen erschwingliche Kraftwagen herzustellen? Henry Ford war hier ein leuchtendes Beispiel. In gewisser Weise gab Hitler der deutschen Industrie den US-amerikanischen Weg vor, »nämlich die Anschaffungs-, Betriebs- und Erhaltungskosten in ein tragbares Verhältnis zum Einkommen dieser breiten Masse unseres Volkes zu bringen, wie wir dies in Amerika in einem so glanzvollen Beispiel bereits als gelungen gelöst sehen können«.[16]

Porsche hatte schon seit geraumer Zeit eine Nachahmung amerikanischer Verhältnisse gepredigt;[17] sein *ceterum censeo* war aber bei der Industrie auf einhellige Ablehnung gestoßen – auch weil man sich bequem in Kartellstrukturen eingerichtet hatte. Bei der Sitzung am 24. Februar 1936 verwahrten sich die Vertreter der Zulieferindustrie einhellig gegen die Zumutung, sich an US-amerikanischen Preisen messen zu lassen.[18] Die Automobilhersteller hielten sich dagegen in dieser Frage merklich zurück, weil sie zunächst nicht betroffen waren. Vor allem der Vorsitzende des RDA, Allmers, hatte seine Lektion gelernt. Er war kaum wiederzuerkennen: Hatte er in seinem internen Papier für den RDA vom 5. Februar 1936 ziemlich unverblümt eine Entbindung Porsches von dessen Aufgaben angeregt,[19] so trat er knapp drei Wochen später völlig verwandelt auf. In konzilianter Weise betonte er nun die Chancen des Projekts unter der Leitung von Porsche, falls die Gemeinschaftsarbeit nicht nur die Automobilindustrie umfasse, sondern in eine enge Kooperation der deutschen Automobilhersteller mit der Rohstoffindustrie und der Zulieferindustrie einmünde. Die »Senkung der Materialpreise«[20] stand daher im Zentrum seiner Strategie – und darauf lief die neue Ausrichtung des RDA hinaus. Wie rasch sich Allmers gewandelt hatte, macht auch ein Satz in der Niederschrift der Sitzung deutlich, mit dem Allmers fast wortwörtlich Hitlers Auftrag weitergab: »Der Grundsatz Angleichung der Anschaffungs- und Unterhaltskosten an die Einkommen breiter Volksschichten sei Voraussetzung für die Lösung des Problems Volkswagen.«[21]

Der RDA hatte sich auch deswegen so hurtig gedreht, weil man keine Diskussion über die Gewinnspanne der Hersteller aufkommen lassen wollte. Zwar stand noch nicht fest, welche der auf dem Markt befindlichen Hersteller den Volkswagen bauen und vertreiben sollten. Aber natürlich flossen die Gewinnerwartungen von Herstellern und Händlern in die Gesamtkalkulation der Gestehungskosten des Fahrzeugs ein und trieben diese dadurch in die Höhe, dass marktübliche Konditionen eingesetzt wurden. Die Verdienstspanne für den Vertrieb und die Fabriken hatte Allmers in seinem vertraulichen internen Bericht vom 5. Februar 1936 mit 19 Prozent angesetzt und damit auch auf eine Anregung Porsches reagiert, die Händlerspanne um zehn Prozent zu kürzen. Indem sich der RDA jeder Diskussion über die Senkung vor allem der Vertriebskosten verweigerte, konnte er einen dynamischen Prozess des Nachdenkens darüber auslösen, ob es denn wirklich erforderlich sei, für einen preissensiblen Volkswagen auf den »eingespielten und bewährten Riesenvertriebsapparat«,[22] der sich in Deutschland zwischen Herstellern und Händlern etabliert hatte, zurückzugreifen. Je stärker der RDA die Kostenfrage thematisierte und je weniger er privatwirtschaftliche Wege zu deren Lösung aufzeigte, um so mehr erhielten jene Auftrieb, die in der Produktion eines Volkswagens eine derartig überragende Aufgabe der öffentlichen Hand sahen, dass man sie zu einem öffentlichen Anliegen machen und dafür einen Staatsbetrieb errichten sollte.

Die Industrie hatte noch immer die Möglichkeit, das Volkswagen-Projekt in Eigenregie zu steuern, da Hitler hinsichtlich der Produktion noch keinerlei Vorentscheidungen getroffen hatte. Es war allerdings offenkundig, dass der Volkswagen umgehend produziert werden sollte, sobald er technisch optimiert und die praktische Erprobungsphase in Gestalt strapaziöser Testfahrten überstanden war. Wenn die Automobilindustrie Herstellungshoheit über das ungeliebte Kind Volkswagen ausüben wollte, musste sie in Eigeninitiative in Verhandlungen mit den beiden Wirtschaftsgruppen eintreten, die hinsichtlich der Herstellungskosten eine Schlüsselrolle einnahmen: die Rohstoffindustrie und die Zulieferindustrie. Nur wenn es gelang, diese beiden Industriezweige zu einem Solidaritätsopfer zugunsten des Volkswagens zu bewegen, konnten dessen Herstellungskosten auf ein Maß reduziert werden, bei dem der Verkaufspreis ungefähr im Rahmen dessen lag, was die Politik vorgegeben hatte. Mit anderen Worten: Die Automobilindustrie musste Preisnachlässe aushandeln und die einschlägigen Wirtschaftszweige dazu bewegen, die Produktion eines preisgünstigen Volkswagens auf diese Weise zu bezuschussen.[23]

Die Organisation der Wirtschaft erlaubte eine solche Preisvereinbarung durchaus, denn Preisabsprachen waren in Deutschland gang und gäbe. Schon lange vor der Etablierung des NS-Regimes hatten sich viele Industriezweige auf eine autonome Regulierung des Wettbewerbs verständigt, indem sie die Preisbildung nicht dem freien Wettbewerb überließen, sondern interne Abreden vereinbarten, welche vor allem die Preisgestaltung betrafen. Die von weiten Teilen der Industrie praktizierte Wettbewerbsbeschränkung ging unter den Bedingungen der NS-Herrschaft bruchlos weiter und fand in den

»Wirtschaftsgruppen« ihre organisatorische Verfestigung: Zusammenschlüsse der wichtigsten Produzenten, die unter staatlicher Aufsicht den Wettbewerb in Eigenregie reglementierten.

Ansprechpartner der Automobilindustrie in Sachen Volkswagen waren jene Wirtschaftsgruppen, die unentbehrliche Rohstoffe sowie Fertigteile lieferten. Die Wirtschaftsgruppe »Eisenschaffende Industrie« zeigte sich prinzipiell nicht abgeneigt, Volkswagen-Sonderpreise für Stahl auszuhandeln,[24] was auch daran gelegen haben mag, dass der Geschäftsführer dieser Wirtschaftsgruppe dem NS-Staat keinen Anlass geben wollte, in den Kernbereich unternehmerischer Freiheit einzugreifen. Jakob Reichert wollte dem ohnehin interventionistisch agierenden NS-Regime möglichst wenig Vorwände liefern, sich die Wirtschaft untertan zu machen.[25] Strukturell war er damit auf einer Linie mit dem RDA-Lobbyisten Allmers. Doch eine Reduzierung der Kosten für den beim Bau des Volkswagens verwendeten Stahl fiel relativ gering aus gegenüber den Einsparungen, die bei Leichtmetallen und Feinblechen erzielt werden konnten.

Um das Gewicht des Fahrgestells zu limitieren, hatte Porsche eine Leichtmetallbauweise gewählt; bei der Karosserie kamen Feinbleche zum Einsatz. In beiden Fällen stießen die von Daimler-Vorstand Kissel durchgeführten Verhandlungen bei den entsprechenden Wirtschaftsgruppen auf wenig Widerhall, so dass im Sommer 1936 keine substanziellen Fortschritte in der so entscheidenden Preisfrage erzielt worden waren.[26] Der Hauptgrund lag darin, dass speziell die Stahlindustrie die Eigendynamik von Sonderpreisen für den Volkswagen fürchtete. Sie wollte keinen Präzedenzfall schaffen, der Nachahmer ermunterte, so dass die Kartellpreise auf Dauer nicht mehr zu halten waren.[27] Da das Volkswagen-Projekt den Zulieferern die Preise zu verderben drohte, stießen alle Appelle an die Solidarbereitschaft der Industrie auf taube Ohren.

Die industriellen Spitzenvertreter feilschten um jede Mark Preisnachlass und zierten sich so sehr, dass Hitler im Sommer 1936 der Geduldsfaden riss. Die Hersteller hatten sich samt Rohstoffunternehmen und Zulieferern zunächst darauf verlegt, ihm das Volkswagen-Projekt auszureden. Als dies nicht fruchtete, zeigten sie keine ernsthafte Bereitschaft, in der Preisfrage dem Protektor des Projekts entgegenzukommen und sich dessen Preisvorgaben zu beugen. Aus privatwirtschaftlicher Sicht war es durchaus verständlich, sich nicht unter das Joch eines politischen Preises zu beugen und die Preisgestaltung den herkömmlichen Mechanismen zu überlassen: »Sollte der Wagen zu M 1000 nicht herzustellen sein, so koste er eben M 1200 oder M 1400 oder mehr.«[28] Doch mit dieser Weigerung öffnete die Industrie letztlich das Einfallstor für die Übernahme der Volkswagen-Produktion durch eine quasistaatliche Einrichtung und ermöglichte damit überhaupt erst eine Konstellation, in der die Porsche GmbH auch nach dem Bau der Versuchswagen weiter im Spiel blieb und damit eine neue Wachstumsphase erreichte.

Dafür musste sich Hitler aber zunächst persönlich vom Stand der bisherigen Arbeiten überzeugen – und dies konnte nach Lage der Dinge nur bedeuten, dass er einen in jeder Hinsicht vorzeigbaren Probevolkswagen im Rahmen einer Privatvorführung inspizierte. Erst danach konnte man weitere Versuchsfahrzeuge bauen, die harte Belastungstests zu durchlaufen hatten. Auf Basis der dabei gewonnenen Erkenntnisse konnte dann ein wirklich serienreifer Volkswagen entstehen, der zu treuen Händen an den Herstellungsbetrieb übergeben wurde.

An den Probewagen, die Hitler vorgeführt werden sollten, arbeitete die Porsche GmbH fast vier Monate lang. In hektischer Betriebsamkeit feilte sie an der Lösung des Antriebsproblems. Am Ende stellte sich ein luftgekühlter Vierzylinder-Boxermotor als optimaler Antrieb heraus.[29] Für die spätere Unternehmensentwicklung ist von erheblichem Belang, dass die Porsche GmbH eingestehen musste, die zeitnahe Herstellung eines Probefahrzeugs nicht aus eigener Kraft leisten zu können.[30] Mit Daimler-Benz sprang ein Hersteller ein, den sowohl die geographische Nähe wie die Erfahrung prädestinierte, Porsche aus der Bredouille zu helfen. Mit vereinten Kräften gelang es schließlich, Versuchsfahrzeuge zu bauen, mit denen der Konstrukteur auf dem Obersalzberg auftreten konnte. Es blieb bei Porsche und seinen Gesellschaftern allerdings ein tiefes Unbehagen darüber, dass dem eigenen Unternehmen die Grenzen aufgezeigt worden waren. Die Porsche GmbH war noch nicht imstande, ein ambitioniertes Projekt ohne fremde Hilfe zu stemmen. Im Frühjahr 1936 wurde speziell dem Unternehmensgründer schmerzlich vor Augen geführt, dass sein Unternehmen im Kern noch immer ein Konstruktionsbüro ohne Versuchswerkstätten war, in denen der komplette Entwicklungsprozess in Eigenregie durchgeführt werden konnte. Diese Erkenntnis war für Porsche ein weiterer Ansporn, bei sich bietender Gelegenheit die dringend erforderliche Unternehmensexpansion in die Wege zu leiten. Dazu musste sich die Porsche GmbH räumlich erweitern – und dies hieß, ein geeignetes Grundstück zu erwerben und darauf neben einem Konstruktionsbüro auch eigene Versuchswerkstätten zu errichten.

Es ging für Ferdinand Porsche also um nicht mehr und nicht weniger als darum, das Volkswagen-Projekt für einen qualitativen Wachstumsschub zu nutzen. Dieses politische Vorzeigeprojekt sollte das Unternehmen zu einem kompletten Entwicklungsbetrieb reifen lassen. Wie aber konnte man eine solche Expansion, die mit erheblichen Investitionen verbunden war, in die Wege leiten?

Die zentrale Voraussetzung bestand darin, dass sich der Nutzen des Volkswagens nicht in einem Einmaleffekt erschöpfen durfte. Dies bedeutete, dass das Unternehmen auch nach der Übergabe eines serienreifen Volkswagens in die weiteren Abläufe eingebunden werden musste. Die Porsche GmbH konnte und wollte nicht als Hersteller des Volkswagens in Erscheinung treten. Aber sie konnte die dauerhafte Weiterentwicklung »ihres« Vorzeigefahrzeugs nur übernehmen, wenn sie dazu infrastrukturell aufgerüstet hatte. Ein Dauerauftrag als Entwicklungsbetrieb für den Volkswagen würde das Unternehmen über viele Jahre mit reichlich sprudelnden Einnahmen versorgen und es damit auf Wachstumskurs abonnieren. Die Serienfertigung des Volkswagens durfte daher nicht von einem etablierten Automobilproduzenten übernommen werden, denn diese Firmen verfügten über eigene, bestens ausgestattete Entwicklungsabteilungen und hätten Porsches Beitrag entbehrlich gemacht.

Wir haben der weiteren Entwicklung deswegen vorgegriffen, weil die Erfahrungen mit dem Bau sowohl der Versuchswagen als auch der anschließenden Serie von 30 Probefahrzeugen den Verantwortlichen der Porsche GmbH die schonungslose Bestandsaufnahme der eigenen strukturellen Defizite erleichterten. Auf die gelegentlich gönnerhaft gewährte Unterstützung von Daimler-Benz angewiesen zu sein, kratzte nicht nur an Empfindlichkeiten Porsches. Sie machte vor allem deutlich, dass die Porsche GmbH immer noch nicht auf eigenen Füßen stand. Sollte das gelingen, musste sie den Sprung zu einem kompletten Entwicklungsbetrieb so rasch wie möglich wagen – und daher war das Gelingen der Vorführung vor Hitler von existenzieller Bedeutung. Dementsprechend fieberte das ganze Unternehmen mit, als Ferdinand Porsche auf Vermittlung Werlins[31] die Chance erhielt, am 11. Juli 1936 seine Versuchswagen in Hitlers Privatdomizil auf dem Obersalzberg vorzuführen.

Am 11. Juli 1936 war vieles anders als am 29. Dezember 1935. Damals, kurz vor Ende des Jahres 1935, hatte man Hitler ein auf die Schnelle hergerichtetes Fahrzeug präsentiert, das in mancher Hinsicht eine Verlegenheitslösung darstellte. Das Problem des Antriebs war zu diesem Zeitpunkt längst noch nicht gelöst, und auch manche Kinderkrankheiten waren noch nicht eliminiert. Beim zweiten Mal, mehr als sechs Monate später, sollte ein technisch ausgereiftes Fahrzeug präsentiert werden. Am 11. Juli 1936 fand daher die eigentliche Abnahme des Volkswagens statt – und zwar nicht als Privatvorführung nur vor Hitler und seiner Entourage wie noch im Dezember 1935, sondern vor einer erlesenen Gästeschar,[32] die Hitler zu diesem Ereignis geladen hatte. Es war ein Personenkreis, auf dessen Urteil er Wert legte und den er auch in die Herstellungsfrage einzubinden gedachte. Da Hitler bislang alle ressortmäßig zuständigen staatlichen Stellen wie das Reichsverkehrs-, aber auch das Reichswirtschaftsministerium aus dem Projekt hinausgedrängt hatte, verstand es sich von selbst, dass kein Vertreter der klassischen Administration anwesend war, weswegen auch kein offizielles Protokoll geführt wurde. Aber dafür waren unter anderem zwei Männer anwesend, die Hitler persönlich nahestanden und die an einem serienreifen Volkswagen allergrößtes Interesse hatten: Hermann Göring, der einzige Nationalsozialist der frühen Stunde, der gleichzeitig in Militär, Staatsdienst und Parlament führende Funktionen bekleidete und für den eine Einbeziehung in das Volkswagen-Projekt eine weitere günstige Gelegenheit darstellte, sich Hitler unentbehrlich zu machen, sowie Straßenbauingenieur Fritz Todt, Leiter des NSDAP-Hauptamtes für Technik und Generalbevollmächtigter für das deutsche Straßenwesen, der wichtigste Berater Hitlers in allen technischen Fragen. Todt konnte ein fundiertes technisches Urteil über den Versuchswagen abgeben. Göring, der im Jahr 1936 immer stärker in die Rolle des wichtigsten Beauftragten Hitlers für alle strategischen Fragen der Wirtschaftslenkung hineinwuchs, war gefragt, wenn es darum ging, die erforderlichen wirtschaftlichen Ressourcen für eine in Europa beispiellose Kleinwagen-Fabrikationsanlage zu mobilisieren. Bereits im Februar 1936 war er dabei gewesen, als Porsche Hitler den Versuchswagen gezeigt hatte, den er zwei Tage zuvor dem RDA in Berlin vorgeführt hatte.[33] Daher war es naheliegend, dass Göring die mittlerweile erreichten technischen Fortschritte des insgesamt dritten Versuchswagens fünf Monate später persönlich begutachten konnte.

Inzwischen hatte Hitler zudem die deutsche Wirtschaft bereits auf den von ihm vorbereiteten Krieg eingestellt und dazu eine entsprechende, von Göring geleitete Behörde geschaffen. Vor dem Hintergrund dieser im Jahr 1936 beginnenden forcierten kriegswirtschaftlichen Vorbereitung wirkte das Volkswagen-Projekt deplaziert,[34] da es rüstungswirtschaftlich nutzbare Ressourcen in die Konsumgüterindustrie umlenkte. Insofern stand die Realisierung von Porsches Projekt, einem im Kern zivilen Unterfangen, in einem spürbaren Spannungsverhältnis zum Primat der wirtschaftlichen Kriegsvorbereitung. Wenn Hitler das Volkswagen-Projekt dennoch zu seiner persönlichen Angelegenheit erhob, dann konnte er dies auch tun, weil er der Überzeugung war, dass es einen militärisch nutzbaren Mehrwert abwerfen würde. Daher hatte sich Porsche darauf einzulassen, auch eine militärische Verwendung des Volkswagens im Auge zu behalten. Entscheidend ist in diesem Zusammenhang aber, dass Porsche seinen Volkswagen nicht auf die militärische Nutzung hin konstruierte – ganz im Gegenteil. Die technische Herausforderung für ihn bestand darin, einen für den Privatgebrauch bestimmten Wagen so zu gestalten, dass er auch Bedürfnissen des Heeres entsprach.

Am 11. Juli 1936 hatte der Volkswagen auf dem Obersalzberg seine wichtigste Bewährungsprobe zu bestehen – und er bestand sie mit Bravour.[35] Zwei fertige Versuchswagen dieser dritten Ausfertigungsphase konnten auf Herz und Nieren getestet werden, wobei die Inspizienten es sich nicht nehmen ließen, bei einem Fahrzeug die Karosserie abzuheben, um das Fahrgestell in Augenschein zu nehmen.[36] Alle Beteiligten zeigten sich rundum zufrieden mit der Leistungsfähigkeit des Porsche-Volkswagens. Dies war auch dem Umstand zuzuschreiben, dass die leidige Motorfrage endlich zufriedenstellend gelöst war. Der sich später im Volkswagen bewährende Vierzylinder-Boxermotor hatte sich im Frühjahr 1936 als die optimale Lösung erwiesen und war in den Versuchswagen »V3« eingebaut worden; und auch in der Karosseriefrage beschritt das Konstruktionsbüro mit einer Ganzstahlkarosserie neue Wege.[37]

Porsche hatte die Erwartungen Hitlers voll und ganz erfüllt; und damit war der Schritt zur Produktion bereits im Juli 1936 vorgezeichnet. Hitler trat weiterhin als Schutzherr des gesamten Volkswagen-Projekts auf und schirmte es vor allen Interventionen staatlicher Behörden ab. Die Parallelen zu Hitlers Protektion der Wagner-Festspiele in Bayreuth drängen sich förmlich auf: Dort, wo Hitler eine besonders ausgeprägte Vorliebe für ein spezifisches Projekt entwickelt hatte, wurde es in einen führerunmittelbaren Status erhoben. Unstrittig ist, dass Porsche auf keinen Fall persönlich und weltanschaulich so eng mit Hitler verbunden war wie die »Herrin des Hügels« Winifred Wagner. Aber so wie Hitler die Bayreuther Festspiele – ein Privatunternehmen der Familie Wagner – mittels staatlicher Beihilfen in die Lage versetzte, große Kunst auf die Bühne zu bringen,[38] so ermöglichte er dem Familienunternehmen Porsche eine vergleichbare Entfaltung auf den organisch miteinander verbundenen Feldern der Konstruktion, Entwicklung und Produktion eines auch ästhetisch hervorstechenden Automobils. In dieser Hinsicht sollte der »Volkswagen« für Porsche das werden, was das Musikdrama für den Wagner-Clan darstellte: ein Gesamtkunstwerk.

Der innovative technische Wurf, über dem Porsche mehr als drei Jahre gebrütet hatte, gewann im Juli 1936 konkrete Gestalt; der sogenannte V3-Versuchswagen bestand seine wichtigste Bewährungsprobe. Damit wurde die Frage nach einer Fabrikationsstätte für den Volkswagen entscheidungsreif. Zugleich stand fest, dass der RDA die Produktion eines von Porsche konstruierten Volkswagens nicht mehr stoppen konnte. Es ging nur noch darum, ob die deutsche Automobilindustrie wenigstens bei der Fabrikation ein gewisses Mitspracherecht erhalten würde. Der geeignete Weg hierzu wäre eine Art Gemeinschaftsunternehmen der wichtigsten Hersteller gewesen, die in dieses eigenes Kapital einbrachten. Hitler verwarf diese privatwirtschaftliche Lösung jedoch – und das bedeutete, dass Ferdinand Porsche die einmalige Chance eröffnet wurde, weiter in das Volkswagen-Projekt eingebunden zu werden und damit die Entwicklung des eigenen Unternehmens zu beschleunigen. Hitler traf an diesem 11. Juli 1936 also eine Porsche begünstigende Grundsatzentscheidung:[39] Der Volkswagen sollte nicht von der Automobilindustrie produziert werden, sondern von einer Gesellschaft des öffentlichen Rechts, mithin einer im öffentlichen Auftrag handelnden Non-Profit-Organisation, deren präzise Gestalt allerdings noch nicht festgelegt war. Damit war zugleich beschlossene Sache, dass der RDA und mit ihm die deutschen Hersteller von Personenkraftwagen nicht an der Produktion des Volkswagens beteiligt sein würden. Sie wurden – ehrenhaft – aus der weiteren Verantwortung entlassen, nachdem sie ihre Schuldigkeit getan und die Konstruktion und Entwicklung eines technisch überaus innovativen, für den nationalen wie internationalen Markt attraktiven Kleinwagens finanziert hatten.

Die Automobilindustrie hatte damit eine ernsthafte Konkurrenz auf dem Kleinwagensektor selbst herangezüchtet. Zu dieser Einsicht gelangte der RDA auf seiner Plenartagung in Koblenz am 27. Juli 1936, als zum Stand der Volkswagen-Sache bilanziert wurde: »Des Tages Erkenntnis war eindeutig diese: Ausserhalb der heutigen Automobilindustrie, unter keinem anderen Einfluss als dem der Regierung, mit den hierzu nötigen Mitteln, gleichgültig welcher Höhe […] unter Ausschaltung privatwirtschaftlicher Rücksichtnahme auf die heutige Industrie in ihrer heutigen Gliederung, sondern unter Voranstellung des Allgemeinwohls und sonstiger Prinzipien […], der zu erwartenden Exportmöglichkeiten etc., kommt der Volkswagen.«[40]

Die Grundsatzentscheidung hinsichtlich der Volkswagen-Produktion fügt sich ein in den Kurswechsel der nationalsozialistischen Wirtschaftspolitik, von deren Seite seit der zweiten Hälfte des Jahres 1936 immer massivere dirigistische Eingriffe des Staates in die unternehmerischen Belange zu registrieren waren.[41] Zudem ist sie ein treffendes Beispiel für den völligen Fehlschlag der Lobbyarbeit großindustrieller Interessenverbände im NS-Regime. Doch noch konnte sich die deutsche Automobilwirtschaft relativ unbehelligt von diesem organisieren – und rief damit den heftigen Zorn der wenigen überzeugten Nationalsozialisten in diesen Gremien hervor, die einen Eingriff des Staates in diese korporativen Strukturen geradezu herbeischreien wollten, um sie im NS-Sinne umzugestalten.[42] Aber die organisierten Interessen fanden kein Gehör mehr, und sie verstummten jäh und fügten sich ins Unvermeidliche, wenn an oberster Stelle die Weichen in eine andere Richtung gestellt wurden.

Entsprechend seiner Interventionslogik bestimmte Hitler den Verkaufspreis des Volkswagens nach rein politischen Gesichtspunkten. Nachdem er sich von der Güte des Porsche-Volkswagens persönlich überzeugt und die Weichen für eine privatwirtschaftlichem Kalkül entzogene Produktion gestellt hatte, konnte Hitler als oberster Preiskommissar des Reiches in Aktion treten und einen politischen Preis festsetzen, der beim einfachen »Volksgenossen« die Illusion nähren sollte, durch eigene Anstrengungen in den Besitz des »Volkswagens« gelangen zu können. Dafür musste der Verkaufspreis unter den Richtwert gedrückt werden, an den sich Porsche bei seinen Kalkulationen stets gehalten hatte. Als Porsche am 11. Juli 1936 anlässlich der Vorführung der beiden Versuchswagen dem »Führer« nicht ohne Stolz versicherte, dass er – durchaus im Sinne des mit dem RDA geschlossenen Vertrags – einen Gestehungspreis von 930 Reichsmark und einen Verkaufspreis von 1200 Reichsmark garantieren könne,[43] gab er Hitler jene kalkulatorischen Größen an die Hand, auf deren Basis dieser Order gab, die symbolträchtige Grenze von 1000 Reichsmark Verkaufspreis zu unterschreiten. Denn wenn der »Volkswagen« von einer Non-Profit-Organisation produziert wurde, fiel die Gewinnspanne des Herstellers weg, und es war zu den Gestehungskosten lediglich der Profit des Automobilhändlers zu addieren, den Hitler auf 50 Reichsmark taxierte. Damit ergab sich als politisch ermöglichter Verkaufspreis eine knapp unter 1000 Reichsmark liegende Größe.[44]

Man muss in diesem Kontext noch einmal ausdrücklich betonen, dass alle Behauptungen, wonach Hitler bereits im frühen Stadium der Konstruktion und Entwicklung des Volkswagens hinsichtlich des künftigen Verkaufspreises die magische Grenze von 990 Reichsmark festgesetzt habe, unzutreffend sind. Hitler intervenierte in der politisch sensiblen Preisfrage – aber erst nachdem Porsche seine konstruktive Arbeit zu Hitlers Zufriedenheit gelöst hatte und die Produktion des Volkswagens der Privatwirtschaft entzogen worden war.

Für Porsche eröffnete sich in der zweiten Hälfte des Jahres 1936 also erstmals die Aussicht, sein Lebenswerk auf die Zielgerade zu befördern. Finanziell war das Konstruktionsbüro abgesichert, da der RDA alle drei Vorhaben komplett finanzierte, die sich aus der Kette Konstruktion – Entwicklung – Fertigung ergaben.[45] Zum einen übernahm der Verband weiterhin alle Kosten, die infolge von Konstruktion, Herstellung und Lieferung der drei Volkswagen-Probefahrzeuge zukünftig anfallen würden – und dies bis zu einer Gesamthöhe von einer Million Reichsmark. Zweitens sollte auf Verlangen Hitlers eine Serie von 30 Probewagen gebaut werden, die einem Dauerstresstest unterzogen wurden – ein unentbehrlicher Zwischenschritt für die endgültige Produktion. Hitler persönlich hatte diesen Auftrag an Daimler-Benz vergeben; der RDA übernahm die geschätzten Kosten in Höhe von 240 000 bis 270 000 Reichsmark. Drittens durfte Porsche auf Kosten des RDA eine Studienreise ins »gelobte Land« der Massenfabrikation, also die USA, unternehmen, um sich dort Anregungen zu holen. Hitler selbst hatte eine solche Studienfahrt Porsches lebhaft unterstützt,[46] da für ihn die USA auf dem Gebiet der Massenproduktion den Maßstab setzten, an dem sich ein neu zu errichtendes Volkswagenwerk messen lassen sollte. Die Totalkapitulation des RDA wird auch daraus ersichtlich, dass er die Kosten für die Studienfahrt Porsches übernehmen sollte[47] – wohl wissend, dass Porsche in den USA auch seine eigene Agenda abarbeiten und die eigene Unternehmensexpansion vorantreiben würde.

Die im Oktober 1936 einsetzende Langstreckenerprobung war gewissermaßen das Kürprogramm, nachdem Porsche im Juli 1936 in Gegenwart Hitlers das Pflichtprogramm erfolgreich absolviert hatte. 50 000 Kilometer leistete jedes der drei Probefahrzeuge, wobei der RDA strenge Aufsicht führte. Tag für Tag absolvierten die insgesamt sieben Testfahrer zwischen 750 und 800 Kilometer und strapazierten ihre Fahrzeuge unter zum Teil unwirtlichen Bedingungen bis zum Äußersten. Das Zeugnis, das die kritischen Prüfer des RDA den drei Volkswagen ausstellten, konnte sich sehen lassen.[48] Der am 26. Januar 1937 fertiggestellte Bericht attestierte dem Versuchsfahrzeug »Eigenschaften […], die eine Weiterentwicklung empfehlenswert erscheinen lassen«.[49] Damit war der Weg frei für eine neue Serie von Testfahrzeugen und vor allem für die Herstellung in einer eigenen, nur dem Volkswagen gewidmeten Fabrikationsstätte.

Während seiner Tätigkeit als Technischer Direktor hatte Porsche sich in bereits bestehende Unternehmensstrukturen einfügen müssen, wenn er Personenkraftwagen entwickelte; nun stand er vor der nicht geringen Herausforderung, sich Grundsätze moderner Arbeitsorganisation und die neuesten Entwicklungen im Bereich von Werkzeugmaschinen anzueignen. Porsche ging dazu nach langer Zeit sozusagen wieder in die Lehre. Das »Land der unbegrenzten Möglichkeiten« bot ihm reichlich Anschauungsunterricht. Die USA waren Vorreiter in Sachen Massenmotorisierung[50] und stellten mit Henry Ford den Pionier der Kleinwagenproduktion, den Hitler in seiner wegweisenden Rede vom 15. Februar 1936 rühmend hervorgehoben hatte. Porsche brach daher im Oktober 1936 zu einer Studienreise in die USA auf, um sich an Ort und Stelle Einblicke zu verschaffen und Ford und anderen Produzenten gegebenenfalls etwas Nützliches abzugucken.

Der Praktiker Porsche wählte den Typ der Exkursion, weil er kein Büchergelehrter war, sondern neue Einsichten im unmittelbaren Kontakt mit Mensch und Technik gewann. Porsche wollte in der Neuen Welt neue Horizonte erschließen und nach einem Jahr mit einem Tross von Spezialisten noch einmal wiederkommen. Die erste Visite hatte daher den Charakter einer Bildungsreise, während der zweite Besuch praktische Resultate erbringen sollte. Es war klar, dass Ferdinand Porsche nicht die Absicht hatte, ins Management eines Herstellers zu wechseln. Er war und blieb ein eingefleischter Konstrukteur, der allerdings die einmalige Gelegenheit beim Schopfe packte, seine Konstrukteurslaufbahn zu krönen und sein Unternehmen zu einem vollwertigen Entwicklungsbetrieb auszubauen. Er wollte also die Ernte seines Schaffens einfahren, nachdem es ihm in einem kaum zu erwartenden Maße gelungen war, sich konstruktive Freiheiten von einem eigentlich dazu wenig bereiten Auftraggeber (dem RDA) zu ertrotzen und am Ende eines langwierigen Konstruktions- und Entwicklungsprozesses ein technisches Ergebnis vorzulegen, bei dem er keine wesentlichen Abstriche an seinen im Exposé vom Januar 1934 formulierten Zielvorgaben machen musste.

Am 1. Oktober 1936 reiste Porsche aus Stuttgart ab. Mehr als drei Wochen verbrachte er im Autoland USA, um sich vor allem im Herzland der Automobilindustrie, im Großraum Detroit, ein Bild davon zu machen, welche Arbeitsorganisation in den dortigen Automobilfabriken herrschte und welche Maschinen zum Einsatz kamen.[51] Volle vier Tage verbrachte Porsche, der nur von seinem Privatsekretär Ghislaine Kaes begleitet wurde, allein damit, sich im Hauptwerk River Rouge der Ford Motor Company umzusehen. Der riesige Komplex einer eigenen Autostadt ließ ihn nicht unbeeindruckt; er erkundete eifrig das Terrain und nahm in den ihm bereitwillig geöffneten Fabrikhallen mannigfache Eindrücke auf. Er fand auch offene Ohren bei seinen Gesprächspartnern, wobei ihm die Führungsriege im Regelfall allerdings nicht zur Verfügung stand. Ferdinand Porsche war in den USA eben noch kein »big shot«. Eine Ausnahme machte allein die Zentrale von General Motors, was wohl nicht zuletzt dem Umstand zuzuschreiben war, dass dieser Konzern Eigentümer von Opel und daher direkt in den deutschen Automarkt involviert war. Auch wichtige Zulieferer im Bereich der Karosserieherstellung und der Herstellung von Sondermaschinen standen auf der Reiseroute von Porsche, die Aufenthalte in Chicago und Cincinnati vorsah.

Porsche konnte sich die fast zweimonatige Auszeit vom Alltagsgeschäft leisten, da in seinem Kernbereich keine Turbulenzen drohten. Dort bestand der nächste Schritt darin, 30 Volkswagen als weitere Prototypenversion herzustellen, damit die Erprobungsphase nicht auf der viel zu schmalen Basis von lediglich drei Versuchsfahrzeugen stattfand. An diesem Punkt schaltete sich letztmalig der RDA ein, weil er in Zusammenhang mit dem Bau dieser 30 Fahrzeuge (dem Typ W 30)[52] zum Ausdruck bringen wollte, dass er die Idee einer Produktion des fertigen Volkswagens in eigener Regie noch nicht endgültig abgeschrieben hatte. Im Vergleich zu den heftigen Auseinandersetzungen zu Beginn des Jahres 1936 war es aber nur ein laues Lüftchen, das Porsche nach seiner Rückkehr aus den USA entgegenwehte. Denn Werlin hatte in seiner doppelten Eigenschaft als Vertreter von Daimler-Benz wie als

Beauftragter Hitlers auf der RDA-Plenartagung am 27. Juli 1936 unmissverständlich klargemacht, dass Hitler den Bau dieser 30 Volkswagen nicht als RDA-Angelegenheit, sondern als seine persönliche Causa betrachte.[53] Damit war der leise murrende RDA entwaffnet; und als Daimler-Benz diese 30 Fahrzeuge herstellte, geschah dies eben nicht im Auftrag des RDA, sondern auf persönlichen Wunsch Hitlers, der sich mit Porsche darin einig war, hier eine besonders zweckmäßige Lösung gefunden zu haben: Mussten die Porsche-Mitarbeiter doch nur wenige Kilometer neckaraufwärts fahren, um in Stuttgart-Untertürkheim bei Daimler an der Fertigung der 30 Wagen des Typs W mitzuwirken.

Dass der Typ W von Hitler persönlich abgenommen werden musste, bevor die endgültige Produktion anlaufen konnte, lag auf der Hand. Insofern stand Porsche in engem Kontakt mit Werlin, um eine solche Vorführung bei Hitler zu arrangieren. Am 16. Januar 1937 konnte er mit diesem wichtige Details hinsichtlich des Volkswagens besprechen, als beide im selben Zug von Berlin nach Stuttgart beziehungsweise München reisten und sich die Möglichkeit zu einer spontanen Unterredung ergab.[54] Fast genau einen Monat später war es so weit: Ferdinand Porsche präsentierte Hitler am 18. Februar 1937 die Modelle 30/1 und 30/3 des neuen Typs in den Münchener Werkstätten der Daimler AG, dem Reich von Jakob Werlin. Dass diese Vorführung als »sehr gut verlaufen (100 %)«[55] eingeschätzt wurde, war keine übertriebene Erfolgsmeldung aus dem Hause Porsche. Der zuverlässigste Indikator für die Wertschätzung war wie immer Hitlers alljährliche Rede anlässlich der Eröffnung der IAMA in Berlin, die genau zwei Tage nach der besagten Vorführung stattfand. Bei dieser Gelegenheit gab der »Führer« das Startsignal für die Produktion »seines« Volkswagens.[56] Keine Rede war mehr davon, die Automobilindustrie an diesem Fabrikationsprozess zu beteiligen; stattdessen übte Hitler scharfe Kritik daran, dass die Industrie die von der Politik gesteckten Ziele nicht entschlossen genug verwirkliche. Die unverhohlene Drohung, dass der Staat jederzeit das freie Unternehmertum ersetzen könne, dürfte den Unternehmern noch lange in den Ohren geklungen haben: »Und es darf keinen Zweifel geben: Entweder die sogenannte freie Wirtschaft ist fähig, diese Probleme zu lösen oder sie ist nicht fähig, als freie Wirtschaft weiterzubestehen!«[57] Das Volkswagen-Projekt diente damit auch als Ausdruck der Entschlossenheit Hitlers, die Wirtschaft zu erziehen: Indem er die Produktion des Volkswagens einer quasistaatlichen Einrichtung anvertraute, forderte er die Automobilindustrie durch das neue Staatsauto heraus und brachte zugleich zum Ausdruck, dass die öffentliche Hand sehr wohl fähig sei, hochwertige Gebrauchsgüter anzubieten, also ein Staatsunternehmen auch in puncto Qualität mit der Privatwirtschaft mithalten könne.

Porsche wurde von nun an in einem bislang nicht dagewesenen Maße mit staatlichen Auszeichnungen überhäuft. Joseph Goebbels, der sich privat am liebsten in schicken schnellen Limousinen kutschieren ließ, erkannte den propagandistischen Wert des Volkswagen-Projekts auf Anhieb. Aber auch der Autoliebhaber Goebbels musste von den technischen Vorzügen des neuen Volksautos persönlich überzeugt werden. Am 6. September 1937 unternahm er anlässlich eines Besuchs in Stuttgart an der Seite Porsches eine Probefahrt mit dem Volkswagen und war danach voll des Lobes: »Der Wagen hat ein fabelhaftes Anzugsvermögen, er steigt gut und ist vorzüglich gefedert.«[58] Der geborene Verkäufer Goebbels konnte aber der Versuchung nicht widerstehen, Porsche Ratschläge hinsichtlich der äußeren Aufmachung des Gefährts zu geben, der sich diese geduldig anhörte.[59]

Goebbels ließ sich fortan persönlich über alle Fortschritte bei der Überarbeitung der Volkswagen-Modelle unterrichten – und schwelgte danach geradezu in Begeisterung: »Dr. Porsche liefert hier ein Meisterstück.«[60] Es kann daher nicht überraschen, dass sich Goebbels für Porsche ins Zeug legte, als es darum ging, geeignete Kandidaten für den »Deutschen Nationalpreis für Kunst und Wissenschaft« im Jahr 1938 zu nominieren. Diese Auszeichnung war vom »Dritten Reich« ins Leben gerufen worden, um herausragende Künstler und Wissenschaftler zu ehren. Ideologische Linientreue war nicht erforderlich, wohl aber eine fachlich unbestrittene herausragende Leistung in dem jeweiligen Berufsfeld. Porsche stand mit anderen Technikern wie Heinkel und Messerschmitt in der engsten Wahl – und allein dieses Bewerberfeld zeigt, wie hoch Techniker im »Dritten Reich« im Kurs standen. Dem Musenfreund Goebbels passte es zwar nicht, dass in diesem Jahr kein Künstler zum engeren Bewerberkreis zählte.[61] Aber letztlich konnte er sich damit abfinden, weil für ihn auch ein Techniker prinzipiell geniefähig war. Ein auf Technik zugeschnittener Geniediskurs stellte das überwölbende semantische Bezugsfeld dar, das Porsches konstruktive Leistungen in eine Genieerzählung einbettete. Die im administrativen Schriftverkehr unumgängliche Laudatio Porsches enthielt eine sehr zutreffende Auflistung seiner vielfältigen konstruktiven Tätigkeiten, die gemäß diesem Narrativ in die Konstruktion des Volkswagens eingemündet waren: »Der neue Volkswagen bildet die Krönung seines Lebenswerkes.«[62] Das Genie Porsches – so ging die Erzählung weiter – habe sich an der souveränen Meisterung der ihm von Hitler selbst übertragenen Aufgabe grandios bewährt – »er hat sie mit der ihm eigenen Genialität und Zähigkeit gelöst«.[63]

Den Stoff für diese Erzählung lieferten Geniezuschreibungen an die Adresse Porsches, die bereits seit längerer Zeit in Umlauf waren – und allein daran lässt sich ablesen, dass die propagandistische Instrumentalisierung an einen gleichsam urwüchsigen, nicht durch Manipulation von oben entstandenen Geniediskurs anknüpfen konnte. Denn Porsche besaß alle Ingredienzien, aus denen der Prototyp des ingeniösen Technikers gemixt werden konnte: ein eigenwilliger Erfindertyp, der keine Kompromisse duldete; ein aus dem Rahmen fallender konstruktiver Querdenker, der seine verblüffenden Vorstellungen vom Reich der Ideen in das technische Artefakt überführte; ein auf das technische Optimum Fixierter, der profane Indikatoren wie Zeit und Geld mit Missachtung strafte. Eine solche Einschätzung war beispielsweise aus dem streng vertraulichen Bericht abzulesen, den der RDA-Vorsitzende Allmers am 5. Februar 1936 für den internen Gebrauch aufgesetzt hatte. Auch in diesem Bericht spielte der Geniediskurs eine zentrale Rolle; er war allerdings zur Disqualifizierung Porsches für die Realisierung des Volkswagen-Projekts bestimmt. Denn einem Konstrukteur, der avantgardistischen, aber viel zu gewagten Ideen anhängt, könne man ein solches Vorhaben nicht weiter anvertrauen: Porsche »ist ein genialer Konstrukteur, aber er arbeitet teuer, gewisse Konstruktions-Details sind gewagter und diffiziler als es für die Massenfabrikation eines Volkswagens von guter Lebensdauer erwünscht ist. Gewiss ist seine Konstruktion bestechend schön und überraschend einfach im Aufbau, aber wir brauchen keine Gazelle, sondern ein robustes Pferd.«[64]

Die Ambivalenz dieses abrufbaren Geniediskurses schlug ins Nur-Positive um, als die politische Führung das Genie Porsches zur kommunikativen Unterfütterung des nun produktionsreifen Volkswagen-Projekts einsetzte. Die Einfachheit der Lösungen, die Porsche fand, galt nun als Ausweis besonderer Kreativität, so dass sich den Beteiligten mit Blick auf die von Porsche offerierten technischen Auswege die Frage geradezu aufdrängte, warum andere nicht auf diese eigentlich naheliegenden Lösungen verfallen waren. Porsches Genialisierung bedeutete zugleich, ihn den Klauen eines sehr schwäbischen Arbeitsethos zu entreißen. Denn in Stuttgart hatte man Porsche insoweit zu naturalisieren und als Schwaben zu vereinnahmen versucht, als man ihn auf den Typus des im Schwabenlande häufig anzutreffenden eifrigen »Schaffers« reduzierte – ein Grübler, Tüftler und ein Arbeitstier, aus dem kein wirklich genialischer Funke entsprang: »Porsche ist ein Mann, dessen Leben jahraus, jahrein nur ein Motto kennt: Erfinden, grübeln, weiterentwickeln, kurz gesagt arbeiten!«[65] Im reichsweiten Diskurs hingegen entriss man Porsche dieser regionalkulturellen Verkümmerung und schmückte ihn mit dem Adelsprädikat des Künstlertums.

Ferdinand Porsche steht beispielhaft dafür, dass auch ein Techniker in die Sphäre des Künstlerischen vordringen konnte, weil der Geniediskurs im Künstlertum seinen Ursprung hatte.[66] Das Problem bestand darin, dass man ihm keine Fähigkeiten zubilligen konnte, die man etwa genialisch erhöhten

Architekten zuwies: Ein Konstrukteur und ein Architekt bringen beide auf dem Gebiet des Entwurfs ihre besonderen Fähigkeiten zur Geltung; doch Porsche mangelte es vollkommen an der Begabung, eigene Entwurfsideen in Skizzenform zu Papier zu bringen. Seine Schöpferkraft konnte sich damit keinen zeichnerischen Ausdruck verschaffen; wie aber ließ sich dann seine besondere konstruktive Fähigkeit in Worte kleiden und in einem zweiten Schritt auch bildlich darstellen? Die Lösung bestand darin, eine Begabung in den Vordergrund zu rücken, die im Geniediskurs einen festen Platz einnahm: die Fähigkeit, Details zu einer Gesamtschau zusammenzuführen und auf diese Weise einen synthetischen Mehrwert zu kreieren. Wenn man Porsche bei solchen kreativen Akten gewissermaßen über die Schulter schaute, dann fing man einen sinnierenden, sich auf das Wesentliche konzentrierenden Betrachter ein, der mit dem legendären »Porsche-Blick« Probleme sezierte und ihnen auf den Grund ging.[67] Bei der künstlerischen Erhebung Porsches stand mithin die visuelle Durchdringung im Mittelpunkt: »Der geniale Konstrukteur ist ein Künstler, der Formen, Beanspruchungen, Vorgänge *fühlt*. [...] Wer einmal beobachtet hat oder gar im persönlichen Zusammensein miterleben durfte, wie Dr. Porsche technische Dinge anschaut und bedenkt, der steht tief unter dem Eindruck des instinktiven Wirkens eines begnadeten Künstlertums.«[68]

Die Verleihung des Nationalpreises hob Ferdinand Porsche in eine bis dahin unerreichte Höhe und schirmte ihn damit ab gegen die vielen Bedenken, die sich in eingeweihten Kreisen hinsichtlich seiner Fähigkeiten erhalten hatten. Symptomatisch hierfür ist die Genese des Glückwunschschreibens, das Porsches alter Arbeitgeber, die Daimler-Benz AG, im Namen des kompletten Vorstands am 14. September 1938 an den Geehrten sandte. In einem ersten Entwurf hatte der Hersteller nämlich mehr als deutlich zur Sprache gebracht, dass Daimler-Benz einen erheblichen Anteil am Erfolg Porsches besessen habe. Geradezu buchhalterisch wurden diese Einwirkungen aufgelistet (Kissel habe das Konstruktionsbüro Porsche beim RDA in Vorschlag gebracht; bei Daimler-Benz seien die 30 Probewagen des Volkswagens gebaut worden; Werlin habe den Kontakt zu Hitler vermittelt und aufrechterhalten), so dass der Eindruck entstehen konnte, Porsche sei allein durch die Fürsprache von Daimler-Benz zu dem geworden, was er nun war. Im Einzelnen trafen die dort vermerkten Sachverhalte alle zu, doch in der Summe vermittelten sie gönnerhafte Herablassung, weswegen nicht zuletzt auf Geheiß von Werlin dieser undiplomatische Text gegen einen unverfänglichen ersetzt wurde, der den Nationalpreis uneingeschränkt als verdiente Krönung des Lebenswerks würdigte.[69]

So sehr Ferdinand Porsche solche Ehrungen schmeichelten – im Vordergrund stand für ihn eindeutig die Zukunftsplanung für sein Unternehmen.

Er wollte die Gunst der Stunde nutzen, um dieses strategisch neu zu positionieren. Wir hatten bereits erwähnt, dass der Sprung zu einem Entwicklungsbetrieb nur gewagt werden konnte, wenn die Porsche GmbH von Seiten des Volkswagen-Herstellers einen Dauerauftrag zur Weiterentwicklung des Volkswagens erhielt. Ein privatwirtschaftlicher Automobilproduzent hätte die Porsche GmbH niemals mit einem solchen Abonnement bedacht. Doch die Produktion des Volkswagens oblag eben nicht einem Privatunternehmen. Hauptansprechpartner Porsches in dieser Angelegenheit war ein Politiker, und zwar kein geringerer als der Leiter der »Deutschen Arbeitsfront (DAF)«, Dr. Robert Ley, zugleich Reichsorganisationsleiter der NSDAP.

Ley hatte sich aus geraubten Geldern der Freien Gewerkschaften ein Wirtschaftsimperium geschaffen, das diesem vehementen Kapitalismuskritiker die Möglichkeit bot, Aufgabenfelder zu okkupieren, auf denen die NS-Volksgemeinschaftsideologie realisiert werden sollte. Die »Deutsche Arbeitsfront« nahm daher einen besonderen Stellenwert in der eigentümlichen neuen Staatlichkeit des NS-Regimes ein. Rüdiger Hachtmann hat hierzu den prägnanten Terminus geprägt, der DAF-Konzern sei ein »volksgemeinschaftlicher Dienstleister«[70] gewesen. Überall dort, wo das Regime der Privatwirtschaft nicht zutraute, eine als Gemeinschaftsaufgabe deklarierte Mission zufriedenstellend zu erfüllen, drängte sich Ley vor und brachte seine Organisation ins Spiel – so auch bei der Herstellung des Volkswagens. Am 3. April 1937 verfasste er eine für Hitler bestimmte siebzehnseitige Denkschrift, in der er erklärte, bei seiner Organisation sei die Realisierung von Hitlers Prestigeprojekt am besten aufgehoben, »sobald man sich freimacht von den gegenwärtigen Verhältnissen der privatwirtschaftlichen Organisation«.[71]

Ley hatte damit einen mit der Struktur nationalsozialistischer Governance überaus kompatiblen Weg gewiesen, den Hitler im April 1937 beschritt. Unter diesem Vorzeichen kam es am 27. April 1937 zu einem ersten Treffen Porsches mit DAF-Vertretern, wobei man sich grundsätzlich handelseinig wurde.[72] Unklar blieben allerdings die Details der noch auszuhandelnden Geschäftsbeziehung zwischen der Porsche GmbH und der unter der Obhut der DAF einzurichtenden Produktionsstätte des Volkswagens. Und genau das war der Punkt, an dem Porsche mit Hilfe seines robusten Rechtsbeistandes Piëch einhaken wollte. Denn die DAF konnte nicht so ohne Weiteres die Nachfolge des RDA antreten und in dessen Rechte am Volkswagen eintreten; dazu bedurfte es des Einverständnisses der Porsche GmbH/KG.[73] Diese machte nun energisch ihre Ansprüche geltend, wobei ein aus unternehmerischem Kalkül geborener Grundgedanke leitend war, der die Antwort auf eine naheliegende Frage war, die bereits angesprochen wurde: Wie konnte die Porsche GmbH, spätere KG, vom Volkswagen profitieren, wenn dieser längst in Serienproduktion gegangen war? Eigentlich hatte das Konstruktionsbüro dann seine Aufgabe erfüllt. Doch wie konnte man es dennoch mit einem eigentlich abgeschlossenen Projekt so verbinden, dass es einen strategischen Nutzen daraus zog? Die Antwort war ebenso einfach wie bestechend: Porsche sollte exklusiv die permanente Weiterentwicklung des Volkswagens auch nach Aufnahme der Erzeugung betreiben. Die bestrickende Folge einer solchen Konstellation war, dass dem Unternehmen nicht nur regelmäßige Einkünfte aus dieser Tätigkeit zuflossen. Porsches Unternehmen musste sich auch baulich enorm vergrößern, wenn es die in den diversen Vertragsentwürfen vorgesehenen Zusatzaufgaben meistern wollte, etwa »die erstellten Versuchsfahrzeuge zu erproben, Verbesserungsmöglichkeiten konstruktiv und praktisch durchzuführen, die Planung der Erzeugung in jeder Weise zu unterstützen, bei deren Einrichtung mitzuwirken, nach Aufnahme der Erzeugung für die Weiterentwicklung zu sorgen, um das Fahrzeug jeweils dem letzten Stand der Automobilindustrie anzupassen«.[74]

Dieses Aufgabenprofil verschaffte der Porsche GmbH die einmalige Gelegenheit, eine Entwicklung energisch voranzutreiben, die im Kern schon seit der Übernahme des Konstruktionsauftrags für den Grand-Prix-Rennwagen angelegt war – nämlich zu einem Komplettanbieter für Entwicklungsaufgaben aller Art zu werden. In Hinsicht auf die Expertise der Porsche-Ingenieure und die Absichten des Unternehmensgründers war die Porsche GmbH schon längst reif für den Übergang in dieses neue Stadium. Dass Porsche bei der Entwicklung des Volkswagens noch Dienstleistungen von Daimler-Benz hatte in Anspruch nehmen müssen, da das Unternehmen über keine eigenen Versuchsanlagen verfügte, hatte Porsche als unhaltbaren Zustand empfunden. Nun war die Stunde gekommen, die Eierschalen eines reinen Bürobetriebs abzustreifen und zu einem veritablen Werkstättenbetrieb zu werden. Und im Hintergrund zeichnete sich bereits die Möglichkeit ab, die Einrichtung eines neuen Werksgeländes als Sprungbrett für eine eigene Produktionsanlage zu nutzen. In jedem Fall konnte sich Porsche mit Hilfe der Volkswagenwerk GmbH strategisch neu positionieren. Das Volkswagenwerk sollte Hilfestellung leisten, um einen Entwicklungssprung zu vollziehen, der die Porsche GmbH/KG in neue Höhen katapultierte. Es war mithin eine unternehmerisch überaus geschickte Ausgestaltung der Geschäftsbeziehungen zur Volkswagenwerk GmbH, die Porsche den Einstieg in einen verkappten Produktionsbetrieb ermöglichte. Die Keimzelle der heutigen Fertigungsstätte der Porsche AG – das Werksgelände in Stuttgart-Zuffenhausen – wäre ohne tatkräftige Mithilfe der DAF nicht entstanden.

Porsche legte es seit Beginn der Vertragsverhandlungen im Frühjahr 1937 darauf an, die Expansion seines Unternehmens durch die Volkswagenwerk

GmbH finanzieren zu lassen. Dazu stellte er ein bereits erworbenes Grundstück im Stadtteil Zuffenhausen zur Verfügung, auf dem Planungsabteilung und Versuchswerkstätten angesiedelt werden konnten. Diese Erweiterung warf dann einen strategischen Gewinn für sein Unternehmen ab, wenn die eigens für die Weiterentwicklung des Volkswagens geschaffene Infrastruktur dem Unternehmen auch für alle anderen Aufträge zur Verfügung stand. Daher suchte Porsche bei den Vertragsverhandlungen eine uneingeschränkte Nutzung des neuen Werks zu erreichen und sollte in dieser Hinsicht auf ganzer Linie reüssieren. Die Berechtigung, »das Gebäude auch für die Durchführung anderweitiger Aufgaben zu benutzen, soweit Volkswagenaufgaben nicht gestört« werden,[75] wurde ihm ohne Weiteres zugestanden.

Es blieb allerdings noch das nicht geringe Problem zu lösen, wie Porsche die erheblichen Investitionen in Zuffenhausen finanzieren sollte. Solche aufwendigen Baumaßnahmen konnte das Unternehmen nicht aus dem laufenden Betrieb finanzieren, so dass ein Baukredit aufgenommen wurde, der allerdings – und darauf kam es an – exklusive Konditionen bot. Denn Porsche erhielt die Baufinanzierung nicht durch ein gewöhnliches Kreditinstitut, sondern durch die DAF. Die besondere Attraktivität dieses Finanzierungsinstruments bestand darin, dass er das Baudarlehen mit Leistungen verrechnen konnte, die für die Entwicklung des Volkswagens bereits erbracht beziehungsweise noch zu erbringen waren. Hier kamen verschiedene Anrechnungsformate ins Gespräch, die letztlich auf einen kreativen Tilgungsplan hinausliefen. Porsche würde das Baudarlehen sozusagen abverdienen. Auf diese Weise erhielt er im Endeffekt ein komplett ausgerüstetes neues Werk in Stuttgart-Zuffenhausen, das er in Anrechnung seiner Vergütungen für das Volkswagen-Projekt in sein wirtschaftliches Eigentum überführen konnte, falls er dies wünschte.[76] Die Höhe des Baudarlehens dürfte sich auf 475 000 Reichsmark belaufen haben. Damit hatte es aber noch nicht sein Bewenden, denn als im Zuge der Entwicklung der militärischen Variante des Volkswagens ein Erweiterungsbau nötig wurde, griff man zum selben Finanzierungsinstrument. So erhielt die Porsche KG für die Jahre 1942 und 1943 je 330 950 Reichsmark als Baukostenzuschuss.[77] Allein die Tatsache, dass dieses Darlehen nicht verzinst wurde, schuf überaus großzügige Konditionen für die Werkserweiterung. Aber es sollte noch besser kommen: Die exzellenten Beziehungen zu Porsche veranlassten den Leiter der DAF, Robert Ley, den Baukostenzuschuss in einen »verlorenen Zuschuss« umzuwandeln[78] – und dies bedeutete, dass die Porsche KG zumindest für die Erweiterungsbauten der Jahre 1942 und 1943 keine Gegenleistung zu erbringen hatte, da ihr diese in Anerkennung der Verdienste Porsches praktisch erlassen wurde.

Die Zusammenarbeit mit dem Volkswagenwerk und damit der DAF erwies sich in finanzieller Hinsicht für Porsche als überaus ersprießlich. Auch wenn nach dem Ausstieg des RDA über Jahre hinweg ein formell vertragsloser Zustand herrschte,[79] hatte die Porsche KG nicht den geringsten Grund zur Klage – im Gegenteil. Weil DAF-Leiter Robert Ley Porsche als Alleskönner schätzte, hatte er ihm eine Art Blankoscheck ausgestellt: »Sie erhalten von mir als persönliche Vergütung jeden Betrag, den Sie verlangen. Es ist mir dabei gleichgültig, ob Sie eine Million oder zwei Millionen wünschen.« Doch Porsche hütete sich, diese Großzügigkeit in Anspruch zu nehmen, weil Ley im Gegenzug absolute Unterordnung unter seine Direktiven erwartete und von Porsche verlangte, »daß Sie sich bedingungslos mir bzw. der DAF zur Verfügung stellen«.[80] Ferdinand Porsche war nicht bereit, für opulente persönliche Gratifikationen die Eigenständigkeit seines Unternehmens preiszugeben. Diese Haltung konnte er sich leisten, weil die Volkswagenwerk GmbH – der Vertragspartner der Porsche KG und Produzent des Volkswagens – in dreifacher Hinsicht erhebliche Geldflüsse in seine Kasse spülte. Zum einen erfolgte die Komplettfinanzierung der laufenden von der Porsche KG erbrachten Entwicklungsarbeiten, solange die eigene Produktionsstätte für die Herstellung des Volkswagens noch nicht fertiggestellt war. Am 12. April 1937 sowie am 3. August 1937 hatte die Volkswagen-Gesellschaft hierfür allein jeweils 200 000 Reichsmark überwiesen;[81] für das gesamte Jahr 1937 hatten beide Seiten einen Etat von 1,5 Millionen Reichsmark für Planung und technische Weiterentwicklung des Volkswagens kalkuliert.[82]

Darüber hinaus konnte die Porsche KG die Kosten für die nach Aufnahme der Produktion anfallenden Entwicklungsarbeiten zu einem überaus großzügig bemessenen Vergütungssatz abrechnen. Hier übernahm die Volkswagenwerk GmbH zu großen Teilen die Praxis, die sich durch den Vertrag zwischen dem RDA und Porsche vom Juni 1934 eingespielt hatte. Demnach stellte die Porsche KG ihre erbrachten Leistungen gemäß einem »Regiesatz« in Rechnung, der die tatsächlich anfallenden Projektkosten erheblich überschritt. Diese kalkulatorische Größe umfasste allgemeine Unkosten, Steuern, Zeichenmaterial, Miete, Patentkosten, aber auch die Spitzengehälter für die führenden Köpfe der Porsche KG wie Porsche selbst und Chefkonstrukteur Rabe. Die prozentuale Höhe dieser kalkulatorischen Größe basierte auf der Gewinnmarge – je höher der Regiesatz, desto höher die Gewinnspanne. Daneben wurden die für die Arbeiten aufgewendeten produktiven Gehälter und Löhne der Porsche-Mitarbeiter separat mit dem Volkswagenwerk abgerechnet. In Bezug auf den RDA hatte Porsche einen satten Regiesatz von 400 Prozent vertraglich verankert, wobei jedoch nicht mehr als 20 000 Reichsmark monatlich veranschlagt werden konnten.[83]

Gegenüber der Volkswagenwerk GmbH begnügte sich Porsche schließlich mit einem Regiesatz von 300 Prozent.[84]

Das Volkswagenwerk behielt sich aber die Hoheit über den Umfang der für die Weiterentwicklung erforderlichen Arbeiten und deren Etatisierung vor. Dies bedeutete, dass die Porsche KG nicht nach eigenem Ermessen ein Arbeitsvolumen bestimmen und dies zu den oben angeführten komfortablen Konditionen abrechnen konnte.[85] Diese Kontrollfunktion verhinderte, dass die Porsche KG unbegrenzte finanzielle Ressourcen aus ihrem Exklusivauftrag herausschlagen konnte. Immerhin war rechtskräftig festgelegt, dass auch die »Nebentypen« des Volkswagens vom Generalauftrag erfasst wurden. Dabei handelte es sich vor allem um eine während des Weltkriegs erfolgende Umwandlung des Grundmodells Volkswagen in militärtaugliche Fahrzeuge, wobei insbesondere der sogenannte Kübelwagen eine erhebliche Produktionsziffer aufwies. Da der Volkswagen wegen der kriegsbedingten Umstände gar nicht in Serie ging, war nachvollziehbar, dass die »Nebentypen« ebenfalls vertragliche Berücksichtigung fanden.[86]

Und zuletzt winkte der Porsche KG noch die Aussicht auf eine Erfolgsprämie, falls der Volkswagen sich zu einem Verkaufsschlager entwickelte. In Vorwegnahme eines solchen Szenarios hatte Porsche bereits in den RDA-Vertrag eine entsprechende Prämie in Höhe von einer Reichsmark für jeden produzierten Volkswagen ab einer Serie von 1000 Fahrzeugen – begrenzt auf vier Jahre – hineinschreiben lassen.[87] In den Verhandlungen mit der DAF wandelte sich der Charakter dieser Richtgröße von einer Mark pro hergestelltem Wagen: Eine solche Vergütung sollte erst nach Auslaufen des Vertrags erfolgen und war ausdrücklich als eine Art Entschädigung für die Inanspruchnahme der von Porsche in den Volkswagen und seine Nebentypen eingebrachten Patente gedacht.[88]

Insgesamt lässt sich festhalten, dass die Porsche KG durch die Weiterentwicklung des Volkswagens sowie die Entwicklung und Weiterentwicklung der sogenannten Nebentypen des Volkswagens ein sicheres Geschäftsmodell besaß. Der reichliche und verlässliche Mittelfluss befreite das Unternehmen von allen ökonomischen Unsicherheiten und schuf in materieller (Errichtung eines neuen Werksgeländes) wie finanzieller Hinsicht einen beträchtlichen Grundstock, den es künftig für die Erschließung neuer Geschäftsfelder einsetzen konnte. Allerdings bedeutete die Harmonie in Finanzfragen nicht, dass die Verhandlungen konfliktfrei verlaufen wären. Im Gegenteil: Sie zogen sich bis zum September/Oktober 1943 hin.[89] Im Laufe der Verhandlungen schälte sich nämlich ein Kernpunkt heraus, an dem die Vorstellungen beider Seiten frontal aufeinanderprallten.[90] Es handelte sich um die Frage, ob die Porsche GmbH/KG ihre bei der Entwicklung des Volkswagens eingebrachten

Patente auf eigene Rechnung verwerten durfte, wenn sie nicht zum Bau eines mit dem Volkswagen identischen Wagentyps verwendet wurden.[91] Besaß das Unternehmen also weiterhin die ökonomische Verfügungsgewalt über das im Verlaufe der Konstruktions- und Entwicklungsarbeit am Volkswagen generierte geistige Eigentum in Gestalt der dabei angemeldeten Patente, oder hatte es diese abgetreten, weil es ein Vorzeigeprojekt der nationalsozialistischen Volksgemeinschaft ermöglicht hatte, das nicht durch pekuniäre Eigeninteressen befleckt werden sollte?

War das Unternehmen imstande, sich gegen die dezidierten politischen Vorgaben durchzusetzen und die Schutzrechte eines Gemeinschaftsprojekts in privater Verfügungsgewalt zu behalten? Um diese Kardinalfrage drehten sich sämtliche Diskussionen in der leidigen Vertragsfrage seit Frühjahr 1937. Dabei pochten Porsche und seine Mitgesellschafter gegenüber den Vertretern der DAF unmissverständlich darauf, »die Patente und Schutzrechte auch Dritten zur Verfügung zu stellen«, und erklärten, dass sie »von diesem grundsätzlichen Standpunkt nicht abgehen« könnten.[92] Die Unternehmervertreter beharrten auf dem Eigentümerstandpunkt und hatten dabei nicht zuletzt die Vermarktung der Schutzrechte im Ausland im Blick. Denn es zeichnete sich ab, dass sich der Volkswagen als erster europäischer Kleinwagen, der alle Kriterien eines Gebrauchsfahrzeugs erfüllte, im Ausland reger Beachtung erfreuen würde, so dass die von Porsche gehaltenen Volkswagen-Patente ein enormes Wertsteigerungspotenzial besaßen. Allerdings bewegte sich das Unternehmen damit auf einem sensiblen politischen Feld. Das wurde Porsche im Oktober 1937 deutlich, als er erstmals wegen des Verkaufs von Patentschriften ins Ausland bei den zuständigen deutschen Behörden vorstellig wurde.[93] Im Reichswirtschaftsministerium schätzte man, dass die insgesamt 29 Patente, die Porsche in die USA verkaufen wollte (davon 16 Patente, die bei der Volkswagen-Konstruktion entstanden), einen jährlichen Erlös von 200 000 Reichsmark abwerfen würden.[94] Sollte es dem Konstruktionsbüro wirklich gestattet sein, ein Musterprodukt »nationalsozialistischer Volksgemeinschaft« privatwirtschaftlich zu verwerten und die werthaltigen Erkenntnisse zudem im Ausland in klingende Münze umzuwandeln?

An diesem Punkt zeigte sich die DAF kompromisslos und wies die Porsche KG in ihre Grenzen. Porsche gab schließlich weitgehend nach, aber nicht um der NS-Volksgemeinschaft willen, die für ihn immer nur ein Lippenbekenntnis blieb, sondern weil er die DAF-Führung um Ley nicht reizen und sich deren Wohlwollen erhalten wollte. Denn noch während er sich mit der DAF-Rechtsabteilung um die Verwertung der Volkswagen-Patente stritt, tauchte ein Anschlussprojekt am Horizont auf, das den Techniker Porsche in seinen Bann schlug: die Offerte Leys, mit der DAF als Partner das politische

Prestigeprojekt »Volksschlepper« zu realisieren. Dies eröffnete dem Unternehmer die Chance, sein Portfolio weiter zu verbreitern und unter Beweis zu stellen, dass er als einziger namhafter Konstrukteur sämtliche Sparten der Fahrzeugtechnik in Perfektion beherrschte: technische Wunderwerke wie den Grand-Prix-Rennwagen ebenso wie die Herstellung eines vollwertigen Gebrauchswagens – und dazu hätte sich auch noch ein vielseitig verwendbarer, in der Landwirtschaft überall einsetzbarer Traktor gesellt. Mehr war im Bereich der Gebrauchsfahrzeuge nicht zu erreichen. Und Ley stellte opulente Konditionen in Aussicht: Von der Konstruktion über die Entwicklung von Versuchsfahrzeugen bis hin zur Serienreife sollten alle Phasen des Entstehungszyklus eines Volksschleppers bei Porsche und seinem Unternehmen angesiedelt sein. Wir werden uns dem Thema »Volksschlepper« noch in einem eigenen Kapitel zuwenden.

So sehr die Kooperation mit Ley Porsches Tatendrang beflügelte – er und seine Mitgesellschafter erkannten deutlich, dass die DAF ein Partner war, der das Unternehmen so umarmen wollte, dass es seine Eigenständigkeit einbüßte. Wer sich zu sehr auf die DAF einließ, geriet in Gefahr, unter der DAF-Prämisse, »die Porscheerfindungen dem ganzen Volk nutzbar zu machen«,[95] Teil dieses Wirtschaftsimperiums zu werden. Dass diese Absicht bestand, wird aus einem Vertragsentwurf vom Jahr 1940 deutlich, der die Porsche KG ihrer Selbstständigkeit beraubt und sie zum Appendix des Volkswagenwerks degradiert hätte. Das Volkswagenwerk hätte sich danach die Porsche KG als Konstruktions- und Entwicklungsbüro einverleibt,[96] wobei Porsche zwar weiterhin Leiter dieser Einrichtung geblieben wäre, aber nicht mehr aus eigenem unternehmerischen Recht, sondern nur als Vollzugsorgan der DAF »gegen ein noch festzusetzendes Gehalt auf Lebenszeit«.[97] Porsche wollte aber keine Pension einstreichen, sondern sich weiterhin in seinem eigenen Unternehmen selbstständig betätigen. Daher schien es ihm ratsam, der DAF in der Patentfrage entgegenzukommen. Nach langwierigen Verhandlungen erzielten beide Seiten ein Ergebnis, das im Kern den Vorstellungen der DAF entsprach.[98] Denn Porsche übertrug dem Volkswagenwerk an bereits bestehenden Schutzrechten sowie künftigen Patentanmeldungen das ausschließliche Benutzungsrecht – und damit war die privatwirtschaftliche Verfügungsgewalt des Patenthalters erheblich eingeschränkt. Zwar definierte der Vertrag auch einen Sektor, in dem Porsche seine Schutzrechte weiterhin auf eigene Rechnung verwerten konnte. Doch da dieser Sektor den gesamten Kleinwagenbereich sowie den Sektor für Leichtlastwagen und Kübelwagen nicht umfasste, hielt sich der Verwertungsradius der Porsche-Patente in engen Grenzen.

Per Saldo kann man festhalten, dass die Porsche KG und ihr Hauptgesellschafter Ferdinand Porsche erhebliche Kompromisse eingehen mussten, um zu einer vertraglichen Einigung mit der DAF zu gelangen. Die politischen Ordnungsrufe durch DAF-Leiter Robert Ley, zugleich Reichsorganisationsleiter der NSDAP, und die von der DAF-Rechtsabteilung aufgebaute Drohkulisse einer Einverleibung der Konstruktionsabteilung der Porsche KG durch das Volkswagenwerk hatten der Unternehmensführung zum ersten Mal die politischen Kosten deutlich vor Augen geführt, die mit der Übernahme politischer Auftragsarbeiten verbunden waren. Auf der anderen Seite hatte sich die Porsche KG dank der nach Stuttgart verlagerten Entwicklungs- und Konstruktionsarbeiten für den Volkswagen und seine Nebentypen ein neues wirtschaftliches Standbein verschafft. Denn die von der DAF vorfinanzierten und durch die Arbeiten am Volkswagen abgegoltenen Werkstätten-, Konstruktions- und Verwaltungsgebäude am neuen Firmensitz in Stuttgart-Zuffenhausen, Spitalwaldstraße 2, ermöglichten dem Unternehmen eine Expansion in zuvor verschlossene Bereiche. Endlich konnte der lang gehegte Wunsch des Unternehmensgründers realisiert werden, vom reinen Dienstleister zu einem eigenständigen Entwickler zu werden. Damit war die Schwelle erreicht, an welcher der letzte Schritt – hin zu einem Herstellungsbetrieb – in Angriff genommen werden konnte.

Wie sehr Ferdinand Porsche auf diese große Lösung fixiert war und wie stark er danach trachtete, die DAF dafür einzuspannen, wird aus Änderungswünschen zum Vertragswerk ablesbar, die Piëch im Jahr 1944 vorbrachte.[99] Das Hauptproblem, das zu lösen war, wenn die Porsche KG in die Fahrzeugproduktion einsteigen wollte, lautete, wie die dafür erforderlichen Mittel aufzubringen seien. Die Porsche KG war nicht bereit, von ihrer bisherigen Linie abzuweichen und sich diese Summen auf dem klassischen Wege der Kreditfinanzierung zu beschaffen. Denn es lockte eine viel komfortablere Möglichkeit: Die elegante Finanzierung der Baumaßnahmen auf dem neuen Porsche-Werksgelände in Stuttgart-Zuffenhausen hatte den Unternehmer auf die Idee verfallen lassen, die DAF ein zweites Mal als Finanzier in Anspruch zu nehmen. Dabei schwebte Porsche ein zinsloser Kredit des Volkswagenwerks vor, der jährlich mit zwei Prozent des Leihkapitals zu tilgen war, was bedeutete, dass er in 50 Jahren zurückgezahlt war.

In diesem Kontext ist nicht nur bemerkenswert, welche kreativen Finanzierungsmöglichkeiten für die Expansion der Porsche KG ausgedacht wurden. Die Änderungswünsche des Unternehmens lassen hinsichtlich seiner Wachstumsstrategie an Klarheit nichts zu wünschen übrig: Die Porsche KG wollte das Stuttgarter Werk ausbauen oder strebte »Errichtung oder Erwerb eines anderen Industrieunternehmens« an, um in der »Erzeugung« tätig werden zu können. Man dachte dabei an ein Werk mit einer Belegschaft von »ungefähr 1000 Mann« – eine beträchtliche Größenordnung und mehr, als jemals im Zuffenhausener Werk beschäftigt waren. Dass die Porsche KG versicherte, die Produktpalette dieses neuen Herstellers würde nicht mit Erzeugnissen des Volkswagenwerks konkurrieren, verstand sich von selbst angesichts des Umstands, dass Porsche vom Volkswagenwerk ein zinsloses Darlehen zugesprochen wurde. Allerdings sollte das Volkswagenwerk dem Newcomer den Einstieg in den Produktionsprozess erleichtern »durch bevorzugte Lieferung von Teilen und Aggregaten«. Da die Porsche KG mit einer Fabrikationsstätte Neuland betreten hätte, war es enorm wichtig, auf einen zuverlässigen Zulieferer zurückgreifen zu können, der nach Lage der Dinge nur das Volkswagenwerk sein konnte. Dass die DAF Bedenken gegen diese Aufbauhilfe für einen möglichen Konkurrenten hegte, kann nicht verwundern. Auch deswegen ist der Abschluss eines nach den Wünschen Piëchs modifizierten Vertrags nicht zustande gekommen.[100] Doch es bleibt festzuhalten, dass die Zukunftsperspektive, vom kleinen Konstruktionsbüro des Jahres 1931 zu einem respektablen Fahrzeughersteller mit mindestens 1000 Beschäftigten aufzusteigen, keine Wunschfantasie des Unternehmensgründers war, sondern um 1943 als reale Möglichkeit am Horizont auftauchte.

Die strategische Weitsicht, mit der dieses alles überragende Ziel ins Visier genommen wurde, lässt sich auch am zweiten Besuch Porsches in den USA im Sommer 1937 ablesen. Es ging dabei eben nicht allein darum, dort deutsch-amerikanische Fertigungsspezialisten auszumachen und für das Volkswagen-Projekt abzuwerben. Zweifellos war dies ein zentraler Aspekt für den Leiter des Planungsbüros der »Gesellschaft zur Vorbereitung des deutschen Volkswagens« (Gezuvor), Dr. Otto Dyckhoff.[101] Dyckhoff sollte sich in den USA auf den neuesten Stand der Fertigungstechnik bringen, um US-amerikanische Methoden in das noch zu errichtende Volkswagenwerk einzubringen. Dafür war er eine Idealbesetzung, da er seine fertigungstechnischen Fähigkeiten zuvor bei der in amerikanischem Besitz befindlichen Adam Opel AG unter Beweis gestellt hatte. Dyckhoffs Headhunting war überaus erfolgreich – insgesamt traten im Sommer 1937 acht ausgewiesene Fachleute, allesamt Deutsch-Amerikaner[102] – ihr neues Engagement in der alten Heimat an.[103] Zudem mobilisierte Dyckhoff rare und daher begehrte Devisen, um bei seiner Einkaufstour auch Massenproduktionsmaschinen zu erwerben. Die Errichtung des Volkswagenwerks war ein technologischer Quantensprung, der nur mit Hilfe dazu geeigneter Maschinen made in USA gemeistert werden konnte: »Der Volkswagenbau ist ein gewaltiger Schritt vorwärts in der Größenordnung der Automobilproduktion; wir überschreiten hier die bisherige Grenze und kommen in das Gebiet der Massenproduktion in gleicher Weise wie dies in Amerika bei Ford der Fall ist.«[104]

Welche Rolle spielten nun die beiden Gesellschafter der Porsche KG – Ferdinand Porsche und Sohn Ferry – in der hochkarätigen Besuchergruppe, die vom 21. Juni bis 23. Juli 1937 US-amerikanische Entwicklungshilfe in Gestalt von Menschen und Maschinen zu mobilisieren suchte? Man kann mit guten Gründen annehmen, dass beide nicht in erster Linie auf dem Ticket des Volkswagenwerks reisten, sondern vor allem die Interessen ihres Unternehmens im Sinn hatten. Für Ferry Porsche bot sich die einmalige Chance, tiefe Einblicke in den neuesten Stand der Fertigungstechnik zu nehmen – ein Wissen, das nutzbringend angewendet werden konnte, falls der avisierte Sprung zum Hersteller gelang. Dass Ferry Porsche von 1948 an in der Lage war, vom Stammsitz Stuttgart aus erfolgreich die Produktion eines Fahrzeugs – des Sportwagens vom Typ 356 – zu starten, dürfte auch auf in den USA erworbene Kenntnisse zurückgehen. Für seinen Vater war die USA-Tour in erster Linie wichtig für die Förderung seines Images. Denn Ferdinand Porsche agierte in diesen vier Wochen im Sommer 1937 als eine Art Technikbotschafter Deutschlands, der höchstpersönlich eine klare Botschaft zum Ausdruck brachte: Ungeachtet des Rückstandes in puncto Massenproduktion verfügt die deutsche Automobilindustrie über kreative Köpfe, die dank ihres Erfindergeists technische Spitzenleistungen hervorbringen und ihre amerikanischen Konkurrenten hierbei in den Schatten stellen.

Es gehörte zum kulturdiplomatischen Pflichtprogramm, dass Porsche bei seinem zweiten Besuch einem besonders prestigeträchtigen Automobilrennen der USA beiwohnte, und zwar dem am 5. Juli 1937 auf dem Roosevelt Raceway in Westbury, New York, ausgetragenen Vanderbilt Cup. Dort waren zwei Auto-Union-Rennwagen am Start, deren geistige Vaterschaft Porsche auch von den US-Medien zuerkannt wurde. Der Triumph der beiden Auto-Union-Rennwagen – sie belegten mit den Fahrern Bernd Rosemeyer und Ernst von Delius den ersten und vierten Platz[105] – fiel auf Porsche zurück und machte ihn zu einem »mechanical wizard«,[106] dem das sportbegeisterte US-Publikum wahre technische Wunderwerke zutraute. Dass der ebenfalls anwesende deutsche Botschafter in den USA den Erfolg des von Porsche konstruierten Rennwagens als Erfolg für die deutsche Außenpolitik wertete,[107] rundete den Auftritt Porsches ab. Noch einmal hatte ein Rennsportsieg auf das Image Porsches abgefärbt, der sich in seiner Heimat durch den Volkswagen längst von seinen rennwagenlastigen Anfängen abgesetzt hatte. Doch im Mutterland von Henry Ford führte der Verweis auf die technische Urheberschaft eines Kleinwagens in eine imagepolitische Sackgasse; hingegen konnte Porsche mit schnellen Wagen im tempoverrückten Amerika den Grundstein für einen personenzentrierten Mythos legen, der sich nach dem Sprung der Porsche KG in die Klasse der Hersteller von Automobilen als überaus werbewirksam erweisen sollte.

Porsche nutzte seine zweite USA-Reise auch dazu, persönlichen Kontakt zum legendären Henry Ford zu knüpfen und bei dieser Gelegenheit noch einmal die Werke der Ford Motor Company in Dearborn, Michigan, zu besichtigen.[108] Er wollte sich bei Ford nicht abgucken, wie man vom Schreibtisch aus ein ganzes Imperium führt, denn als Manager wollte er ihm nicht nacheifern. Doch in einer Hinsicht war der amerikanische Pionier seinem deutschen Generationsgenossen voraus: Die in seinem Werk produzierten Fahrzeuge trugen seinen Namen. Porsche hegte insgeheim die Hoffnung, es zum deutschen Henry Ford zu bringen – wenn nämlich der noch namenlose Volkswagen nach seinem Konstrukteur und Entwickler benannt werden würde.

Vor allen Dingen aber wollte Porsche sicherstellen, dass ihm nicht noch einmal wie im Falle der Produktion des von ihm konstruierten Rennwagens mitgespielt wurde. Der Hersteller (also Auto Union) hatte damals den Namen des Konstrukteurs aus der Erfolgsgeschichte des Rennwagens getilgt. Porsche zog daraus die Lehre, dass er beim Fabrikationsvorgang des Volkswagens zumindest eine Wächterrolle übernehmen musste, wenn er mit dem fertigen Produkt dauerhaft verknüpft bleiben wollte. Dabei schwang die Hoffnung mit, in den Besitz der wichtigsten Trophäe zu gelangen, die in Porsches Vita noch fehlte: zum offiziellen Namensgeber des Volkswagens zu werden. Der technische Vater des Volkswagens träumte davon, dass man seine Leistung anerkennen möge, indem man das noch namenlose Gefährt – »Volkswagen« war eine nicht markengeschützte Sammelbezeichnung für einen preisgünstigen Kleinwagen – nach ihm benannte und es zum »Porsche« machte.

Diese Hoffnungen sollten sich nicht erfüllen. Hitler behielt sich das Recht vor, anlässlich der Grundsteinlegung des Volkswagenwerks am 26. Mai 1938 den dort herzustellenden Wagen aus der Anonymität zu reißen und ihm den Namen »KdF-Wagen« zu geben. Damit bekundete er, dass das Volkswagen-Projekt für ihn in allererster Linie dazu diente, eine sozialintegrative Offerte zu formulieren: »Für die breite Masse nun ist dieser Wagen geschaffen worden. Ihrem Verkehrsbedürfnis soll er entsprechen.«[109] Das sollte bereits im Namen zum Ausdruck kommen. Der »KdF-Wagen« war gedacht als semantische Verbeugung vor »der Organisation, die sich am meisten bemüht, die breitesten Massen unseres Volkes mit Freude und damit mit Kraft zu erfüllen«.[110] Ein politisches Projekt wie der »Deutsche Volkswagen« konnte letztlich nur einen politischen Namen tragen und eben nicht privatisiert werden. Porsche musste es hinnehmen, dass Hitler nur einen pflichtschuldigen Dank an ihn richtete, während er Jakob Werlin in den höchsten Tönen pries als seinen langjährigen Weggefährten, »der […] meine Gedanken überall zu vertreten und damit zu verwirklichen sich bemühte«.[111] Porsche wurde damit durch die Blume bedeutet, dass ihn eben kein gewachsenes persönliches Verhältnis mit Hitler verband und er ein zwar geschätztes, aber eben nur Hitlers Pläne ausführendes Organ war.

Doch es blieb ja noch die Beziehung zum Leiter der DAF, Robert Ley. Porsche hatte durch die enge Kooperation mit diesem das Portfolio seines Unternehmens verbreitert und darüber hinaus in dem promovierten Chemiker einen echten Bewunderer gefunden.[112] Sollte sich der gute Draht zu Ley nicht auszahlen bei der Namensgebung, die noch ausstand: Welchen Namen sollte die Stadt erhalten, die unter dem seelenlosen Kunstnamen »Stadt des Kdf-Wagens« geführt wurde? Ley selbst brachte im Jahr 1943 die Bezeichnung »Porsche-Stadt« ins Spiel[113] – fand aber wegen der Kriegsumstände kein Gehör. Porsche ging also hinsichtlich der Namensgebung leer aus – und dies dürfte beim Neuaufbruch nach der Entlassung aus französischem Gewahrsam für den dann schon fast 75-Jährigen ein Ansporn gewesen sein, eine eigene Automobilproduktion ins Leben zu rufen und den Produkten seinen Namen zu geben.

Erprobung des Schwimmwagen Typ 128 im November 1940,
rechts Ferdinand Porsche.

KAPITEL 9

Ultramobilität im Gelände: Kübel- und Schwimmwagen als Erfolgsmodell

Der Zweite Weltkrieg bedeutete auch für die Porsche KG einen tiefen Einschnitt. Wie alle größeren Industriebetriebe musste sie ihr Aufgabenfeld den Erfordernissen der Rüstungsindustrie anpassen. In den folgenden beiden Kapiteln sollen die Risiken und Chancen dieser Umstellung einer systematischen Untersuchung unterzogen werden. In groben Zügen lässt sich das Verhältnis zwischen Risiko und Chance folgendermaßen bestimmen: Wenn das Engagement der Porsche KG für die Wehrmacht darauf hinauslaufen sollte, militärische Sonderfahrzeuge zu konstruieren und zu entwickeln, die dem Unternehmen geradezu aufgenötigt wurden und daher einen Fremdkörper in seinem Portfolio darstellten, wäre dies einer beträchtlichen Fehlleitung von Ressourcen gleichgekommen. Anders sah es hingegen aus, wenn der Krieg einen Entwicklungsschub auslöste und Porsche auf Felder der Fahrzeugkonstruktion und -entwicklung vordringen konnte, die dem Unternehmen bis dahin verschlossen waren.

Der ideale Übergang von der Friedens- zur Kriegswirtschaft bestand für die Porsche KG darin, dass sich ihr Markenzeichen – der Volkswagen – ohne allzu großen Aufwand in ein militärisch nutzbares Fahrzeug transformieren ließ. Der Volkswagen passte prinzipiell in das Anforderungsmuster eines motorisierten Krieges, in dem zivile Fahrzeuge – für militärische Zwecke umgerüstet – die Mobilität der Truppe erhöhten.[1] Da der Krieg auch in unwegsamem Gelände geführt wurde und die Beweglichkeit der Truppe nicht von einem ausgebauten Straßennetz abhängig sein durfte, kam einer maximalen Geländegängigkeit solcher Fahrzeuge entscheidende Bedeutung zu. Solche ultramobilen Personenkraftwagen, die sich wendig im Gelände bewegten, dienten vor allem der militärischen Aufklärung. Daher mussten sie auch mit Waffen ausgerüstet werden, wobei vor allem das Maschinengewehr in Betracht kam.[2]

Bereits die Reichswehr der Weimarer Republik verfügte über »Kübelwagen«, wie geländegängige Militärfahrzeuge genannt wurden. Das strukturelle Problem dieser Fahrzeuge bestand darin, dass bei deren Produktion handelsübliche Fahrgestelle von zivilen Herstellern verwendet wurden. Die militärische Nutzung musste sich also immer wieder den von den Produzenten vorgenommenen Veränderungen der Serienmodelle anpassen.[3] Da die

Aufträge der bewaffneten Macht auf viele Hersteller verteilt wurden, gab es überdies eine große Typenvielfalt. Mit deren Reduktion hatte das Heereswaffenamt schon vor Kriegsbeginn begonnen und zugleich versucht, mit eigenen Ressourcen ein Militärfahrzeug zu entwickeln, das leistungsfähiger war als die Fabrikate, die mit Motoren und Fahrgestellen der etablierten Automobilproduzenten liefen. Für die Porsche KG bedeutete dies, dass sie es bei einem Einstieg in die Kübelwagenkonstruktion mit doppelter Konkurrenz zu tun hatte: mit zivilen Herstellern (in diesem Fall Hanomag, BMW und Stoewer) sowie mit dem leichten Einheits-Pkw des Heereswaffenamts.

Eine militärische Nebennutzung des Volkswagens hatte von Anfang an auf der Porsche-Agenda gestanden. Bereits in dem mehrfach erwähnten Exposé vom 17. Januar 1934, der ersten ausgefeilten Konzeption eines Porsche-Volkswagens, war die militärische Multifunktionalität für die geplante Konstruktion ins Auge gefasst worden: »Ein Volkswagen darf kein Fahrzeug für einen begrenzten Verwendungszweck sein, er muss vielmehr durch einfachen Wechsel seiner Karosserie allen praktisch vorkommenden Zwecken genügen, also nicht nur als Personenwagen, sondern auch als Lieferwagen und für bestimmte militärische Zwecke geeignet sein.«[4] Allerdings ließ sich Porsche die Konstruktionsdetails nicht von einer möglichen militärischen Nutzung diktieren; diese blieb immer nur ein erwünschter Nebeneffekt, kein Hauptzweck. Aber hinsichtlich einer Ausweitung der Produktpalette war es mehr als verlockend, über den Volkswagen eine ausbaufähige Geschäftsbeziehung zur Wehrmacht aufzubauen, die Mitte der 1930er Jahre aus eigener Kompetenz darüber entschied, welche Fabrikate für den militärischen Einsatz taugten.

Es kam daher mit Beginn des Volkswagen-Projekts zu Kontakten zwischen Porsche und der Wehrmacht, was von einigen im RDA versammelten Automobilherstellern mit großem Misstrauen verfolgt wurde, denn man befürchtete nicht zu Unrecht, dass das Konstruktionsbüro in nicht allzu ferner Zukunft als Wettbewerber um begehrte Wehrmachtsaufträge auftreten würde. Dabei erschien anfangs noch gar nicht einmal der Volkswagen als bedrohliche Konkurrenz, an dessen Erfolg der RDA im Grunde seines Herzens gar nicht glaubte. Im Sommer 1934 hegte der Vorstandsvorsitzende von Daimler-Benz, Wilhelm Kissel, vielmehr die Befürchtung, dass Porsche in das viel interessantere Geschäft mit Lastkraftwagen einsteigen und sich mit der Konstruktion militärisch nutzbarer Lkw beschäftigen könnte[5] – einem Terrain, auf dem Daimler-Benz zu Hause war. Diese Befürchtungen erwiesen sich als unbegründet, da Porsche genug damit zu tun hatte, eine fahrtüchtige Version seines Volkswagens anfertigen zu lassen, wofür er das gesamte Jahr 1935 benötigte. Es spricht aber für den strategischen Weitblick im Konstruktionsbüro, dass man auch in dieser schwierigen Phase engen Kontakt zum zuständigen Heereswaffenamt hielt. Zunächst galt es die Herausforderung zu bewältigen, dem noch in der Entwicklung befindlichen Volkswagen von den Militärbeamten – im Regelfall Ingenieure – attestieren zu lassen, dass er für den Vierradantrieb geeignet sei, die zentrale Voraussetzung für eine militärische Nutzung im Gelände. Hier erwies es sich als vorteilhaft, dass die Porsche-Konstruktion seit dem Exposé vom Januar 1934 hinsichtlich der konstruktiven Elemente des Fahrgestells unverändert geblieben war und diese Konstruktionsmerkmale ideal zum Anforderungsprofil des Heereswaffenamtes passten: ein Achsstand von 2500 Millimetern; eine Radspur von 1200 Millimetern; eine Bodenfreiheit von 270 Millimetern sowie ein versteifungsfreier Rahmen im Fahrgestell. Und so zeichnete sich im März 1935 ab, dass die Wehrmacht auf dieser Basis eine Konstruktion mit Vierradantrieb ins Auge fassen könnte.[6]

Das Konstruktionsbüro Porsche stand bei der Wehrmacht hoch im Kurs – und dieser Umstand wirkte sich günstig auf die Einschätzung vor allem bei Daimler-Benz aus. War es im Jahr 1933 noch der Konkurrent Auto Union gewesen, der mit dem Renommee Porsches bei den Reichsbehörden hinsichtlich der Subventionierung des Rennwagens hatte punkten können, so eröffnete Porsches guter Name zwei Jahre später ausgerechnet dem einstigen Rivalen Daimler-Benz den Zugang zu lukrativen Wehrmachtsaufträgen. Als sich Vorstandschef Wilhelm Kissel im Oktober 1935 mit der Spitze des Heereswaffenamtes traf, war ihm zuvor geraten worden, ins Spiel zu bringen, dass Daimler-Benz bei entsprechender Auftragsvergabe auf »das Büro Porsche mit den erfahrensten Leuten auf dem Gebiet des Sonderfahrzeugbaus« zurückgreifen könne.[7]

Die Porsche GmbH verfügte über einen unschlagbaren Vorteil im Vergleich zu allen anderen Dienstleistern, die um die Gunst der Verantwortlichen des Heereswaffenamtes buhlten: Sie war dank des Volkswagen-Projekts auf dem Gebiet der Kleinwagenkonstruktion konkurrenzlos. Doch welchen Bedarf hatte die Wehrmacht an dem Kleinwagen, den Porsche produzieren wollte? Da ein militärisch umgebauter Kleinwagen für die Wehrmacht in dem Moment interessant wurde, in dem diese sich vom Kraftrad zu verabschieden begann, ging es also darum, einen Kleinwagen zu produzieren, der das bislang dominierende Motorrad als Aufklärungsfahrzeug verdrängte. Ein leichter Personenkraftwagen eignete sich für Aufklärungseinsätze weitaus besser als ein Kradwagen, sofern es gelang, einen geländegängigen Wagen zu bauen, der drei kampfbereite Soldaten samt einem schweren Maschinengewehr fassen konnte. Von derartigen Überlegungen des federführenden Heereswaffenamts erfuhr die Porsche GmbH Mitte März 1935 unter strengsten

Geheimhaltungsauflagen. Der Zeitpunkt war nicht zufällig gewählt, denn dieser Vorstoß erfolgte mit der Wiedereinführung der allgemeinen Wehrpflicht und dem Beginn der konsequenten Aufrüstung, in deren Zug nach dem Willen der Wehrmacht eine vollmotorisierte schnelle Truppe geschaffen werden sollte.

Die Porsche GmbH konnte sich damit noch keinesfalls sicher sein, dass sie bei diesem gigantischen Motorisierungsprogramm eine wichtige Rolle spielen würde. Aber mit der Einweihung in die Absicht des Reichswehrministeriums, das »besonders großzügige Pläne in Bezug auf die Verwendung eines derartigen Fahrzeugs anstelle von Krafträdern und Beiwagen« hegte,[8] war das Konstruktionsbüro immerhin schon im Rennen für lukrative Wehrmachtsaufträge. Solche Aufträge passten zum einen ideal zum Profil des Unternehmens, weil es sich um einen staatlichen Auftraggeber handelte. Zum anderen konnte Porsche damit eine zusätzliche Verwertung für ein ziviles Projekt erzielen, was die Investitionskosten reduzierte und auch hinsichtlich der begrenzten Kapazitäten des Konstruktionsbüros von Vorteil war. Und drittens bot die militärische Konversion des Volkswagens viel Entfaltungsspielraum für die konstruktive Fantasie der Porsche-Ingenieure. Schließlich war ein für Aufklärungs- und andere Zwecke verwendbarer leichter Personenkraftwagen Neuland,[9] während bei vierradgetriebenen geländegängigen Fahrzeugen ab einem Hubraum von 1,6 Liter eine erbitterte Konkurrenz unter den Anbietern herrschte.[10] Porsche hatte den Markt für militärisch nutzbare Kleinwagen praktisch für sich. Sofern man sich auf die hin und wieder undurchschaubaren Entscheidungsstrukturen innerhalb des Heereswaffenamtes einließ, winkte der Porsche GmbH der Einstieg in ein neues Geschäftsfeld. Dazu musste der zivile Volkswagen aber erst einmal seine Bewährungsprobe bestehen. Doch nachdem dieser Ende 1937 die Testfahrten mit Bravour absolviert hatte, konnte man darangehen, dem Heereswaffenamt einen Versuchswagen zu präsentieren, der einen ersten Eindruck von der militärischen Nutzbarkeit des Volkswagens vermittelte.

Die Vorführung des Volkswagens stellte schließlich die Weichen dafür, dass bei einer Besprechung mit den Verantwortlichen des Heereswaffenamtes am 14. Januar 1938 prinzipielles Einvernehmen über die Konversion des Volkswagens in ein geländegängiges Universalfahrzeug erzielt wurde.[11] Das größte technische Problem, das dabei zu lösen war, bestand in der Gewichtsverteilung. Da nur Fahrzeuge mit einem zulässigen Gesamtgewicht von 950 Kilogramm als geländetauglich galten, aber bereits 800 Kilogramm Gewicht für das Chassis und die kriegsmäßig ausgerüsteten drei Fahrzeuginsassen einkalkuliert werden mussten, blieb für die kriegstauglichen Aufbauten nur noch ein Gewicht von 150 Kilogramm. Die Lösung dieser Aufgabe stellte eine konstruktive Herausforderung erster Güte dar. Sie besaß neben dem genuin technischen Reiz zudem den großen Vorteil, dass sich das Heereswaffenamt nicht einmischte und dem Konstruktionsbüro Porsche »völlig freie Hand«[12] ließ. Die Porsche KG erhielt Carte blanche und konnte unbehelligt von jedweder Intervention planen. Innerhalb des Konstruktionsbüros war Ingenieur Franz Xaver Reimspieß zuständig für die Anfertigung der zeichnerischen Vorlagen, die an ein auf Aufbauten spezialisiertes Unternehmen, die in Stuttgart ansässige »Karosseriebau Reutter«, im Mai 1938 übergeben wurden.[13] Reimspieß glückte eine konstruktive Weiterentwicklung der Karosserie,[14] womit der Grundstein für den Typ 62 gelegt war, der als »Kübelwagen« Karriere machen sollte.

Innerhalb von fünf Monaten wurde der Kübelwagen perfektioniert, so dass ihn der Chef des Heereswaffenamtes am 3. November 1938 in Augenschein nehmen konnte. Das Ergebnis stellte die Heeresvertreter derart zufrieden, dass der Wagen ohne Zeitverzug dem eigentlichen Bewährungstest unterzogen werden konnte. Auf dem Versuchsgelände in Münsingen (Schwäbische Alb) hatte er sich mit einem ernsthaften Herausforderer zu messen, nämlich einem »Einheits-Pkw«, der im Unterschied zum Typ 62 über einen Vierradantrieb verfügte.[15] Damit stellte sich die Grundsatzfrage, ob sich die Wehrmacht von der Maxime – alle im Gelände eingesetzten Militärfahrzeuge mussten einen Allradantrieb besitzen – verabschieden und einem zweiradgetriebenen Fahrzeug den Vorzug geben würde. Dann musste man aber von der Marschroute abweichen, die Hitler bei seiner allerersten persönlichen Begegnung mit Porsche im März 1934 in Sachen Volkswagen vorgegeben hatte, als er die militärische Nutzung des Fahrzeugs in den Vordergrund gerückt und dabei wie selbstverständlich auf einem Vierradantrieb bestanden hatte.[16]

Der Porsche GmbH kam dabei zugute, dass 1937 die Grundsatzentscheidung über eine Serienproduktion des von ihr entwickelten Volkswagens gefallen war. Sie konnte also auf eine mögliche Synergie zwischen ziviler Serienproduktion und militärischer Nebennutzung verweisen. Die Kosten für den Umbau eines in Serie produzierten Personenkraftwagens in ein Kriegsfahrzeug würden weitaus geringer ausfallen als die Entwicklung von Spezialfahrzeugen, die hinsichtlich ihres militärischen Werts die militärischen Verwandten der Zivilfahrzeuge nicht übertrafen. Die hohe Durchlässigkeit zwischen ziviler und militärischer Nutzung war ein Argument, welches auch den maßgeblichen Verantwortlichen im Heereswaffenamt einleuchtete. Dazu trug wohl auch bei, dass sich die Heeresmotorisierung im führenden Autoland der Welt, also den USA, auf die Verklammerung von ziviler und militärischer Linie stützte. In den USA arbeitete man längst auf die weitgehende Identität von zivilen und militärischen Kraftfahrzeugen hin, und so entschied der zuständige Abteilungschef im Allgemeinen Heeresamt, Oberst Adolf von Schell, der über eigene Amerika-Erfahrungen verfügte, die Heeresmotorisierung entsprechend auszurichten.[17] Daraus folgte, dass der Wildwuchs an Spezialfahrzeugen, die eigens für militärische Zwecke entwickelt worden waren, radikal beschnitten werden musste.

Von der Typenbereinigung profitierte Porsche in erheblichem Maße, weil das Konstruktionsbüro ein Serienfahrzeug entwickelt hatte, das geradezu ideale Voraussetzungen für eine militärische Konversion aufwies. Zudem ließ sich das Konstruktionsbüro darauf ein, eine Variante mit Vierradantrieb zu konstruieren, von der Anfang 1940 zwei Versuchsfahrzeuge gebaut wurden (Typ 86).[18] Immerhin standen im Sommer 1939 bereits einsatzfähige militärtaugliche Prototypen des zweiradgetriebenen Kübelwagens (Typ 62) zur Verfügung, die bald ihre Feuertaufe bestehen sollten. Es gab also schon vor der Entfesselung des Kriegs durch Hitler am 1. September 1939 ein produktionsreifes Modell für ein Militärfahrzeug, das die technisch verfeinerte Variante des Porsche-Volkswagens darstellte.[19] Dieses Fahrzeug wurde am 13. September 1939 der Schlüsselfigur der Heeresmotorisierung, Oberst von Schell, in Berlin vorgeführt[20] und bestand diese Präsentation ohne Beanstandungen.

Der sogenannte Kübelwagen wurde zum Gesicht der motorisierten Wehrmacht,[21] weil er als Transportfahrzeug an allen Fronten zum Einsatz kam: in den winterlichen Weiten der westlichen Sowjetunion ebenso wie im heißen Wüstensand des libyschen Kriegsschauplatzes. Dies bescherte dem im Laufe des Krieges technisch perfektionierten Kübelwagen viele Anhänger, die seine Robustheit und Geländegängigkeit rühmten – allen voran derjenige Autoliebhaber, der dem Volkswagen eigentlich einen Vierradantrieb hatte vorschreiben wollen.[22] Doch Hitler hatte vielfach Gelegenheit gehabt, den Volkswagen als Allzweckfahrzeug in Aktion zu sehen und sich Rühmendes darüber berichten zu lassen. Da die Kübelwagen die Widrigkeiten des Wüstenuntergrundes im Nordafrikafeldzug souverän meisterten, sah Hitler im kleinen Kreis den Beweis erbracht, dass ein Motorfahrzeug sich auch im Wüstengelände fortbewegen könne.[23] Geländegängigkeit konnte der Volkswagen aber auch in Hitlers Alpendomizil, dem Obersalzberg, unter Beweis stellen. Auf bergigem Terrain zeigte er sich sogar dem Mercedes überlegen, was den Diktator zu einem Sonderlob veranlasste: »Allein schon die Art und Weise, wie diese Volkswagen den Obersalzberg hinaufsausten und dabei wie die Hummeln seine großen Mercedes-Wagen umschwirrten und überholten, könne einem imponieren.«[24]

Das Konstruktionsbüro Porsche konnte im Verlauf des Weltkriegs zeigen, dass die von ihm entwickelten Personenkraftwagen voll tauglich für militärische Zwecke waren – nicht zuletzt weil man die Typen den sich wandelnden militärischen Erfordernissen anpasste. Der Typ 62 wurde noch Ende 1939 durch den Typ 82 abgelöst, der mehr Bodenfreiheit bot, im ersten Gang eine Geschwindigkeit von drei Kilometern pro Stunde ermöglichte und dadurch mit der Marschgeschwindigkeit von Soldaten Schritt halten konnte.[25] Das OKH bestellte am 4. Oktober 1939 elf Wagen des Typs 82, davon sechs Dreisitzer 82/1 und fünf Viersitzer 82/0.[26] Semantisch firmierte der Typ 82 als »Geländewagen«, was zum Ausdruck brachte, dass ihm jede Aufgabe, die ein Kleinwagen bewältigen musste, auf jedem Gelände überantwortet werden konnte. Damit war der Einstieg in die Massenproduktion vorprogrammiert: Am 6. November 1939 orderte das Heer 600 dieser Kübelwagen.[27]

Der Siegeszug der militärischen Variante des Volkswagens erfolgte vor dem Hintergrund eines an Intensität zunehmenden Verdrängungswettbewerbs durch die von Oberst von Schell angeordnete, zunehmend rigidere Typenbeschränkung. Mit der »Verordnung über die Typenbereinigung« in der Kraftfahrzeugindustrie vom 2. März 1939 sollte die drastische Reduktion von 114 Lkw-Modellen auf 19 und von 52 Pkw-Modellen auf nur noch 30 erfolgen. Der »Schell-Plan« trat am 1. Januar 1940 in Kraft; die Produktion aller gestrichenen Fahrzeugmodelle sollte auslaufen.[28] Die Umsetzung dieses empfindlichen Typenschnitts, der nicht nur eine Verringerung der Typenzahl, sondern auch mühselige Verlagerungen von Fabrikationen vorsah, wurde im – durch Oberst von Schell bald dirigistisch, bald diplomatisch erzielten – Einvernehmen mit den Ausschüssen erarbeitet, die sich aus den Firmenvertretern der Wirtschaftsgruppen zusammensetzten.[29] Dies bedeutete, dass sich auch die Porsche-Typen in einem harten Ausscheidungsverfahren gegen zwei Konkurrenten behaupten mussten: zum einen gegen die von der Industrie entwickelten Allrad- und Serientypen geländegängiger Fahrzeuge, zum anderen gegen die auf Entwicklungen des Heeres zurückgehenden Einheits-Pkw. Dabei hatte der Typ 82 mit dem Handicap zu kämpfen, dass er keinen Allradantrieb besaß – ein Nachteil, der bei den Probefahrten vom Januar 1940 im morastigen Gelände aber durch das geringe Eigengewicht ausgeglichen wurde. Das Porsche-Lager konnte nach der Erprobungsfahrt vom Januar 1940 befriedigt konstatieren, dass »der Typ 82 im großen und ganzen den gezeigten S-Typen haushoch überlegen ist und dass vermutlich bis auf Karosserieschmerzen kaum größere Beanstandungen auftreten dürften«.[30]

Besonders aufschlussreich war das Kräftemessen mit den »Einheits-Pkw«. Dabei handelte es sich um ein Produkt, das aus einer engen Kooperation zwischen dem Heereswaffenamt und der Automobilindustrie hervorgegangen war. Von 1936 an hatte das Heer die konstruktiven Merkmale dieser »Einheits-Pkw« fixiert, aber die Herstellung an etablierte Firmen vergeben, die Motor und Chassis aus ihrer Serienfertigung in das Produkt einbrachten, das eine einheitliche Karosserie erhielt und damit äußerlich keine Unterschiede aufwies. Porsche hatte in der Kategorie »leichte Einheits-Pkw« mit Qualitätsanbietern wie BMW, Hanomag oder der in Stettin ansässigen Firma Stoewer zu konkurrieren, die ihre Fahrzeuge mit 42 bis 50 PS ausstattete und damit die Leistung des Typ 82 (23,5 PS) etwa um das Doppelte übertraf. Bei der Winterprüfung in den Tiroler Alpen im Februar 1940 musste das Porsche-Militärfahrzeug gegen den Einheits-Pkw von Stoewer antreten. Dabei prallten zwei diametral unterschiedliche Ansätze der Konstruktion und Entwicklung eines Militärfahrzeugs aufeinander. Das Stoewer-Modell stand für verteilte Rollen zwischen Heer und Automobilindustrie, wobei das Heer für sich die Rolle des entwerfenden Konstrukteurs beanspruchte; beim Porsche-Modell war hingegen alles aus einer Hand: Konstruktion, Entwicklung und Fertigung der Probefahrzeuge erfolgten allein durch die Porsche KG. Die strukturellen Mängel des Einheits-Pkw, die sich zwangsläufig aus Abstimmungsproblemen zwischen dem Entwurf und der Bestückung durch bei der Serienfertigung verwendete Komponenten ergeben mussten, traten dabei offen zutage. Es war nicht zuletzt dieses Problem, das im Zuge der Typenkonzentration zur freiwilligen Selbstbeschränkung des Heereswaffenamts geführt hatte, das sich seit Mitte 1939 bei der Konstruktion der Militärfahrzeuge zurückhielt.[31] Auch das verschaffte den Porsche-Typen Vorteile. Im Wintertest 1940 beeindruckten sie das OKH jedenfalls dermaßen,[32] dass dieses am 27. Januar 1940 weitere 400 Kübelwagen in Auftrag gab.

Man kann daher konstatieren, dass sich der Porsche-Kübelwagen trotz erheblicher Nachteile bei Antrieb und Leistung gegen die leistungsfähigeren und antriebsstärkeren »Einheits-Pkw« in einem ergebnisoffenen Wettbewerb im Gelände klar durchsetzen konnte. Dieser Befund verdient systematische Beachtung, weil es sich beim Panzerkampfwagen, dem zweiten bedeutenden Beitrag Porsches für die Rüstungsproduktion, anders verhielt. Die von Porsche entwickelten »Tiger«-Panzerkampfwagen zogen nämlich im Leistungskampf mit der Konkurrenz aus dem Hause Henschel den Kürzeren. Davon wird noch die Rede sein. An dieser Stelle soll aber schon festgehalten werden, dass Porsche beim Kübelwagen für Konstruktion und Entwicklung des zivilen Ausgangsfahrzeugs mehr als drei Jahre Zeit hatte und er hinsichtlich pekuniärer und zeitlicher Ressourcen aus dem Vollen schöpfen konnte. Als die Porsche KG im Jahr 1942 in den Konstruktionswettbewerb mit Henschel eintrat, hatten sich die Ausgangsbedingungen aber grundlegend verändert. Nun musste Porsche unter erheblichem Zeitdruck einen Entwurf erarbeiten und auf dieser Basis kampffähige Fahrzeuge bauen – Bedingungen, die für die Art und Weise, wie Porsche konstruierte und Entwürfe in serienreife Fahrzeuge transformierte, alles andere als maßgeschneidert waren.

Einen Volkswagen-Bonus hat es bei all den Leistungsprüfungen nicht gegeben, denen sich die Porsche-Typen zu unterwerfen hatten. Denn beim Militär zählte allein die technische Qualität – und hier war der Kübelwagen hinsichtlich seiner Multifunktionalität unschlagbar. Dabei feilten die Porsche-Ingenieure weiterhin an seiner herausragenden Eigenschaft, unter verschiedensten und auch extremen klimatischen Bedingungen oder Umwelteinflüssen funktionsfähig zu bleiben. Obligatorisch blieben die Härtetests in der kalten Jahreszeit, die auch im Winter 1941 anstanden.[33] Der afrikanische Kriegsschauplatz schuf neue Herausforderungen, die systematisch angegangen wurden. Nicht allein der sandige Untergrund und die Hitze waren zu beachten, sondern vor allem die enorme Staubentwicklung, die sich bei Fahrten auf diesem Gelände ergab. Die im Frühjahr 1941 in Libyen eingesetzten Wagen des Typs 82 erwiesen sich noch als nicht ausreichend staubresistent;[34] doch auch dieser Schwierigkeit wurde man nach einer Vielzahl von Tests mit Staub und Sand Herr.

Im Sommer 1940 begann die Massenproduktion der Kübelwagen im Volkswagenwerk. Die Fahrgestelle wurden in der Stadt des KdF-Wagens produziert, die bei der Firma Ambi Budd gefertigten Karosserien trafen zur Montage per Zug ein. Am 3. August 1940 liefen die ersten fertigen Wagen vom Band, am 20. Dezember 1940 bereits die 1000. Einheit. Bei den im Jahr 1940 insgesamt gefertigten 1006 Stück handelte es sich um 836 »normale« Kübel, 125 Funkwagen, 24 Nachrichtenwagen für Aufklärungseinheiten, 20 Werkstattwagen sowie ein Fahrgestell. Im Jahr 1941 pendelte sich der Produktionsumfang auf durchschnittlich 400 Stück pro Monat ein.[35] Der Kübelwagen wurde zu einem auf allen Kriegsschauplätzen omnipräsenten Allroundfahrzeug und war das meistgebaute Fahrzeug des Volkswagenwerkes.

Die militärische Version des KdF-Wagens trug nicht unerheblich zur Imagepflege Porsches bei. Dieser Erfolg überdeckte die Tatsache, dass für Millionen von Deutschen, die eifrig auf einen eigenen KdF-Wagen hin gespart hatten, der Traum vom eigenen Fahrzeug in weite Ferne gerückt war, solange das Volkswagenwerk auf die Produktion von Rüstungsgütern umgestellt blieb. Doch immerhin konnten die zahlreichen Soldaten, die den Kübelwagen nutzten, im Krieg schon einmal Bekanntschaft mit dem robusten Fahrzeug machen, was ihre Vorfreude auf die zivile Version steigerte. Vor allem aber wurde ein Diskurs über den Kübelwagen etabliert, der darauf hinauslief, dass dieses Fahrzeug weit mehr als einen militärischen Geländewagen, sondern in nuce den heiß begehrten KdF-Wagen repräsentierte. Dabei erfolgte ein semantischer Transfer, bei dem die besonderen Eigenschaften des Kübelwagens (Strapazierfähigkeit, Robustheit, Pflegeleichtigkeit) ohne Abstriche auf seinen zivilen Bruder übertragen wurden.

Diese Propaganda zugunsten des Kübelwagens setzte bereits mit Kriegsbeginn im September 1939 ein. Der Leiter der »Deutschen Arbeitsfront«, Robert Ley, gehörte zu deren wichtigsten Initiatoren, da er ein nachvollziehbares Eigeninteresse besaß, den »Volksgenossen« die Leistungen des militärischen Typs des KdF-Wagens vor Augen zu führen.[36] Die eigentliche Karriere des Fahrzeugs setzte allerdings erst mit den Erfolgen im Nordafrikafeldzug im Sommer 1941 ein, wo der Kübelwagen mit Rommels Vorstößen eine visuelle Symbiose einging. Dabei wurde konsequent am Markennamen »Volkswagen« festgehalten und jeder Eindruck vermieden, Kübelwagen und KdF-Wagen seien zwei unterschiedliche motorisierte Produkte. Zwar habe der Volkswagen »sein schönes Kleid« gegen einen »feldgrauen und wüstenfarbigen« Rock eintauschen müssen und sehe deshalb auf den ersten Blick dem KdF-Wagen nicht mehr ähnlich, doch sei er in der Konstruktion bis auf geringfügige Abänderungen wie die erhöhte Bodenfreiheit ganz der Alte geblieben.[37]

Die militärische Nutzung des KdF-Wagens bewirkte zudem, dass die DAF keine semantische Hoheit über den »deutschen Volkswagen« ausüben konnte. Da er während der Kriegsdauer für die einfachen »Volksgenossen« unerreichbar blieb und damit seine volksgemeinschaftsfördernde Funktion nichts weiter als eine Verheißung darstellte, ließ sich der KdF-Wagen nicht zentral durch die DAF als »volksgemeinschaftlicher Dienstleister«[38] bewerben. Diese Befreiung vom weltanschaulichen Joch führte dazu, dass die technischen Qualitäten dieses Fahrzeugs in den Vordergrund rückten, wobei die Betriebssicherheit im Vordergrund stand: Der Volkswagen in seiner militärischen Variante versah bei jeder Witterung und bei jedem Untergrund treu seinen Dienst. Damit griff man auf einen Diskurs aus den Anfängen der Motorisierung zurück, als technische Tauglichkeit in allen Situationen als hervorstechendes Kriterium für die Bewertung eines Automobils galt und folglich nicht Höchstgeschwindigkeits-, sondern Zuverlässigkeitsrennen gefahren wurden. Der Volkswagen wurde als Personifikation der Zuverlässigkeit hingestellt und fand auf diese Weise Anschluss an einen überaus wirkungsmächtigen Diskurs, der den politischen Bruch von 1945 schadlos überstehen sollte: die Propagierung der Kameradschaft.[39] Kameradschaft war in Kriegszeiten eine kulturell verwurzelte Überlebenshilfe – und mit dem Kübelwagen erhielt sie ein technisches Pendant. Wie in der militärischen Kleingruppe auf die anderen Kameraden in jeder Lage Verlass sei, so versage auch Kamerad Kübelwagen nicht und finde für jedes Schlammloch eine Lösung: »Allen Soldaten, die ihn kennen, ist er ein unentbehrlicher guter Kamerad geworden.«[40]

Indem die technischen Vorzüge des Volkswagens in den Vordergrund rückten, wurde der Volkswagen-Diskurs entpolitisiert und zugleich auch entmilitarisiert – beides zentrale Kriterien dafür, dass die Karriere des Volkswagens nach 1945 eine solch rasante Fahrt aufnehmen konnte. Denn der technische Markenkern dieses »Mister Zuverlässig« unter den Kraftfahrzeugen war bereits in den Jahren zuvor immer wieder eifrig hervorgehoben worden. Dabei appellierte man zum einen an Technikexperten, die sich nicht durch die visuelle Diskrepanz zwischen Kübelwagen und Kdf-Wagen beirren ließen. Kundige seien nicht durch solche Äußerlichkeiten zu täuschen, weil in technischen Fragen der optische Eindruck kein zuverlässiges Kriterium sei. Man setzte voraus, dass die Leser imaginativ die Motorhaube öffnen und sich mit fachkundigem Blick von der Baugleichheit zwischen Kübelwagen und KdF-Wagen überzeugen konnten. Zugleich wollte man den Benutzer technisch aber nicht überfordern – und daher diente der Verweis auf die schier unglaubliche Belastbarkeit des Fahrzeugs auch dazu, die Botschaft zu vermitteln, man könne einen wahren Volkswagen ohne technische Expertise allein aufgrund der Zuverlässigkeit erkennen. Man fühlt sich fast an Vorläufer des aus den 1960er Jahren stammenden Werbespruchs für den Käfer »Und läuft und läuft und läuft« erinnert, wenn man folgende Zeilen aus dem August 1941 liest: »Vorbei hasten wir an Kolonnen. Der Volkswagen brummelt und pruscht brav seinen Weg. Der Volkswagen, luftgekühlt, klein, zäh, mit dem wüstenfarbenen Anstrich, mit dem Motor hintendrin, bewährt sich hier einzigartig und frisst, was die Wüste ihm entgegenwirft; schnauft, spuckt einmal, aber er wird mit allem fertig, und wir klopfen ihn am Abend auf die Krippe, wie er es verdient hat und wie es jedermann in Deutschland wissen soll. Fahr mit ihm, wohin Du willst, mein Junge. Wischst Du ihm den Sand aus Hals und Röhren, spürt er deine gute Hand – er lässt Dich nicht im Stich.«[41]

Dem semantischen Siegeszug des Kübel-Volkswagens folgte im März 1942 ein Triumph auf ganzer Linie. Denn am 19. März 1942 bestimmte Hitler, dass künftig »die gesamte Produktion an Personenwagen […] auf Volkswagen konzentriert werden«[42] solle. Hitler hatte damit das vom Heereswaffenamt wie Rüstungsministerium gleichermaßen propagierte Ziel einer Typenbereinigung radikal zu Ende gedacht. Im Grunde führte nach den Erfahrungen des Ostkriegs mit erheblichen Verlusten auch an geländegängigen Wagen kein Weg an einer Typenkonzentration vorbei. Aber dass diese Generallinie in ein Quasi-Monopol der Porsche-Geländewagen einmünden würde, war nicht vorauszusehen gewesen.

Da die Produktion ziviler Personenkraftwagen von 1940 an für alle Hersteller auslief, sahen sich diese gezwungen, auf dem einzig noch übrig gebliebenen Markt – dem für Militärfahrzeuge – in Wettbewerb zu treten, wobei die prominentesten unter ihnen über den Typus des leichten, mittleren und schweren Einheits-Pkw bereits den Einstieg geschafft hatten.[43] Dabei ließen sie sich auch von der strategischen Überlegung leiten, dass die bei der

Entwicklung von Militärfahrzeugen gewonnene Expertise den Unternehmen beim Wiedereinstieg in die zivile Produktion von Kraftfahrtzeugen nützlich sein werde.[44] Nun mussten sie ohnmächtig hinnehmen, dass Porsche das Monopol auf den leichten Einheits-Pkw erhielt – und zwar nicht durch politische Protektion, sondern dank des Umstands, dass ein 24 PS starkes Fahrzeug mit knapp 1000 Kubik Hubraum Leistungen im Gelände vollbrachte, mit denen kein anderer Kleinwagen ernsthaft konkurrieren konnte. Auch der neue starke Mann der Rüstungspolitik, der seit März 1942 amtierende Albert Speer, setzte auf eine Vereinfachung der von der Industrie für militärische Zwecke entwickelten Fahrzeuge. Dass dieses Programm bei den leichten Kraftwagen auf die von Porsche entwickelten Typen hinauslief, war dabei keineswegs auf eine besondere Vorliebe Speers für Porsche-Fabrikate zurückzuführen. Wir werden noch sehen, dass sich der kühle Rüstungsmanager Speer allein von technischen Gründen leiten ließ und konsequenterweise ein Jahr später auf dem Feld der Produktion von Panzerkampfwagen dem vom Porsche entwickelten »Tiger«-Panzer eine Absage erteilte.

Doch bei den leichten Geländewagen hatte Porsche alle Konkurrenten aus dem Feld geschlagen. Zwar konnte die Produktion von Tatra- und Stoewer-Geländewagen nicht von heute auf morgen gestoppt werden,[45] aber sie wurde – nicht zuletzt auf Drängen Hitlers – immer stärker in der Stadt des KdF-Wagens konzentriert. Es spricht Bände, dass Hitler den Kübelwagen als »Volksgeländewagen«[46] bezeichnete, brachte er damit doch zum Ausdruck, dass es sich bei dieser Spezies nur um eine Unterart des von ihm aus der Taufe gehobenen und von Porsche konstruierten »deutschen Volkswagens« handelte. Allein die Produktionszahlen des Kübelwagens zeugen vom Siegeszug dieser Porsche-Entwicklung: Waren 1941 insgesamt 4603 Stück hergestellt worden, waren es ein Jahr später bereits 8545 Wagen, eine Menge, die sich 1943 auf 17 029 nahezu verdoppelte, und 1944 wurden immer noch 15 005 Fahrzeuge hergestellt. Infolge der Bombardierung des Werkes musste die Produktion dann heruntergefahren und im April 1945 gänzlich eingestellt werden. In den Jahren 1940 bis 1945 waren damit 50 515 »geländegängige Volkswagen« vom Band gerollt.[47]

Hinzu gesellte sich eine Vielzahl von Sonderanfertigungen für die verschiedensten militärischen Zwecke. Mit der Grundform des Volkswagens ließ sich fast jeder Wunsch erfüllen, weil auf das Chassis unterschiedliche Karosserien passten. So entstanden ungewöhnliche Versionen wie eine Art Pick-up (Kastenlieferwagen), ein Sirenenwagen, der eine riesige Sirene anstelle der Rücksitze aufwies, ein Wagen für Befehlshaber (»Kommandeurwagen«) sowie eine mit Halbketten anstelle von Hinterrädern ausgestattete »Schneeraupe«.[48] Der militärischen Fantasie waren keine Grenzen gesetzt – und selbst Panzer konnte man mit Hilfe des Kübelwagens imitieren, wenn man diese mit Panzerattrappen versah und die omnipräsente Staubentwicklung unter den Bedingungen des Wüstenkrieges diese Täuschung perfekt machte. General Erwin Rommel machte sich diese List im Februar 1941 zunutze, nachdem er das Kommando über das frisch gebildete deutsche Afrikakorps übernommen hatte und eine größere Anzahl an Kampfpanzern vortäuschen wollte.[49]

Dass dies keine spontane Idee war, sondern von langer Hand vorbereitet wurde, wird daraus ersichtlich, dass schon im Januar 1941 Elemente des Panzerattrappenwagens in Auftrag gegeben wurden.[50] Dass der Oberste Befehlshaber der Wehrmacht selbst auf diese Idee verfallen war, ist nicht ganz auszuschließen. Denn Hitler hatte seine im Januar 1941 getroffene Entscheidung, einen eigenen deutschen Panzerverband zur Stabilisierung der sich in Auflösung befindlichen Front nach Libyen zu schicken, ausdrücklich damit begründet, dass dieser Verband »eine gewisse Offensivkraft zu Gegenangriffen örtlicher Natur besitzen«[51] müsse, was den Einsatz des Kübelwagens als Attrappe eines Kampfpanzers prinzipiell inkludierte. Die mittlerweile offenkundige Bewährung des Kübelwagens unter den Bedingungen des Wüstenkrieges bestärkte Hitler zudem in der Zuversicht, dass dem Volkswagen eine große Nachkriegskarriere bevorstand. So führte er bei einem Tischgespräch im Juni 1942 aus: »Die Volkswagen seien – das könne man schon aufgrund der bisherigen Kriegserfahrungen mit ihnen sagen – die Wagen der Zukunft [...] Der Volkswagen werde in einer alle Kriegserfahrungen auswertenden Konstruktion nach dem Kriege der europäische Volkswagen schlechthin sein.«[52]

In der Tat war der Kübelwagen aufgrund seiner Vielseitigkeit ein Tausendsassa – und daher erschien er auch für eine technisch besonders anspruchsvolle Nutzung geradezu prädestiniert: für die Umwandlung in einen schwimmfähigen Geländewagen. Ein solches Vorhaben übte einen besonderen Reiz auf die Porsche-Ingenieure aus, weil sie hinsichtlich Fahrgestell und Antrieb neue technische Lösungen finden mussten, die den »König der Wüste« in die Lage versetzten, sich schwimmend vorwärts zu bewegen. Es war klar, dass die Konstruktion einer wasserfesten Abdichtung des Fahrgestells sowie ein wassertauglicher Propellerantrieb viel Zeit beanspruchen würden. Und so machte Porsche im Juni 1940, als eine entsprechende Anfrage des Oberkommandos des Heeres einging,[53] dem potenziellen Auftraggeber unmissverständlich klar, dass die Erfüllung eines solchen Auftrags nur bei entsprechender finanzieller Ausstattung möglich sei. Porsche unterließ es auch nicht, das Heereswaffenamt schon bei der Vorkalkulation darauf hinzuweisen, dass er bei der Entwicklung eines solchen Schwimmwagens auf Basis der Prototypen des vierradgetriebenen Kübelwagens nicht von seinem bewährten Verfahren abweichen werde. Zunächst sollte ein Entwurf angefertigt werden (für den Porsche knapp 90 000 Reichsmark veranschlagte), dann der Bau von Versuchsfahrzeugen erfolgen, wobei beim Schwimmwagen (der die Typenbezeichnung 128 erhielt) drei Prototypen als ausreichend angesehen wurden. Dafür veranschlagte man bei Porsche 60 000 Reichsmark, so dass sich das Gesamtpaket, welches das Heereswaffenamt Anfang August 1940 orderte, auf die stattliche Summe von 150 000 Reichsmark belief.[54] Dafür konnte Porsche innovativ konstruierte und entwickelte Schwimmfahrzeuge liefern, die in einem weiteren Schritt zunächst vom Heereswaffenamt in Augenschein genommen werden mussten, bevor entschieden wurde, ob eine Vorserie gebaut werden sollte. Man sieht, dass der Schwimmwagen alle herkömmlichen Stufen von Konstruktion, Entwicklung, Bau von Versuchsfahrzeugen und eventuell einer Vorserie durchlief, bis die Serienfertigung anstand. Dies sicherte Porsche den technischen Zugriff auf das Projekt vom Anfang bis zum Ende – genau wie beim Volkswagen. Der Schwimmwagen war allerdings das letzte Projekt, bei dem das Konstruktionsbüro Porsche aus dem Vollen schöpfen konnte und ein hohes Maß an Gestaltungsfreiheit genoss. Bei allen folgenden militärischen Projekten herrschten in zunehmendem Maße Zeit- und Ressourcenmangel.

Bei der Konstruktion des Schwimmwagens handelte es sich keineswegs um eine technische Spielerei, bei der man einmal ausprobieren wollte, ob man einem Volkswagen auch das Schwimmen beibringen konnte. Vielmehr war nach den Erfahrungen des Westfeldzugs offenkundig geworden, dass die Pioniereinheiten des Heeres eine Grundausstattung an amphibischen Fahrzeugen benötigten. Eine entsprechende Anfrage erfolgte am 18. Juni 1940. Der Auftraggeber definierte dabei auch die militärischen Kriterien, denen ein schwimmfähiger Geländewagen zu genügen habe: »[…] voll geländegängiger Pkw, Höchstgeschwindigkeit 80 km, Steigfähigkeit wie vierradgetriebener Volkswagen, Antrieb im Wasser mit Schraube, Geschwindigkeit im Wasser mindestens 10 km, Steuerung im Wasser durch die Radscheiben der gelenkten Vorderräder, mindestens Tragfähigkeit im Wasser wie auf dem Lande. Auf Einstiegtüren usw. kann verzichtet werden. Übergang von Land- und Wasserfahrt ohne Verlassen des Fahrzeugs.«[55] Es ist nicht ausgeschlossen, dass die Dringlichkeit dieses Konstruktionsauftrags zunahm, als Hitler im Juli 1940 die Weisung erteilte, eine Landungsoperation gegen England vorzubereiten. Da sich diese Invasionspläne im Laufe des Jahres 1940 zerschlugen, weil es der deutschen Luftwaffe nicht gelang, die Lufthoheit über die Insel zu erringen, konnte das Konstruktionsbüro schließlich ohne ungebührlichen Zeitdruck an einer optimalen technischen Lösung tüfteln.

Dabei betrat man Neuland, indem beispielsweise der Kontakt zu Herstellern gesucht wurde, die auf dem Gebiet des Schraubenantriebs Erfahrung besaßen.[56] Dies ähnelte im Prinzip dem Vorgehen bei der Entwicklung der Panzerkampfwagen in den Jahren 1942/43, als sich das Konstruktionsbüro mit Herstellern abstimmen musste, die sich in der Fertigung von Panzertürmen und Kettenantrieben zu Hause fühlten – Gebiete, die bis dahin dem Porsche-Team fremd gewesen waren. Insofern dienten die von Porsche konstruierten Militärfahrzeuge nicht nur der Diversifizierung der Produktpalette des Unternehmens, sondern statteten das Porsche-Team mit einer umfassenden technischen Expertise und Kontakten zu Zulieferern und Komponentenherstellern aus, die sich bei der Aufnahme der Sportwagenproduktion nach Kriegsende als überaus nützlich erweisen sollten. Der Sprung zum Fahrzeughersteller wäre der Porsche KG kaum geglückt, wenn das Unternehmen nicht durch Aufträge während des Krieges zu einem technisch breit aufgestellten Entwicklungsbetrieb gereift wäre, der umfassende Problemlösungen konstruktiv erarbeiten und im Entwicklungsprozess optimieren konnte.

Im Herbst 1940 war der geländegängige Schwimmwagen so durchkonstruiert, dass erste Schwimmversuche unternommen werden konnten.[57] Es folgte eine Belastungsprobe unter herkömmlichen Nutzungsbedingungen: Autobahnfahrten, Geländefahrten auf Truppenübungsplätzen sowie Überquerung von Kanälen und Flüssen, so dass am Ende des Jahres 1940 das Nutzungsverhalten von Pioniereinheiten ausreichend nachgeahmt worden war.[58] Im Januar 1941 zeichnete sich ab, dass das Heereswaffenamt den Bau einer leicht modifizierten Variante des Typs 128 in Auftrag geben würde.[59] Am Ende schaltete sich Hitler sogar persönlich ein – ein untrügliches Zeichen dafür, wie wichtig er den »Schwimmwagen« nahm. Doch aus welchem Grund ließ sich der Oberste Befehlshaber der Wehrmacht zusammen mit OKW-Chef Wilhelm Keitel am 26. Februar 1941 in Berlin das neueste Modell dieses Typs vorführen? Der VW-Kübelwagen hatte eine solche offizielle Präsentation nie über sich ergehen lassen müssen, weil der Oberbefehlshaber der Wehrmacht Militärfahrzeuge nur dann persönlich inspizierte, wenn sie von direktem militärischen Nutzen für bestimmte Operationen waren. Und genau das war hier der Fall: Der Schwimmwagen spielte beim Unternehmen »Marita«, welches auf die Inbesitznahme des griechischen Festlands zielte, eine nicht unwesentliche Rolle.[60] Dazu wurden kampffähige deutsche Verbände in Südrumänien stationiert, die durch Bulgarien auf griechisches Gebiet vordringen sollten. Hierzu musste an der Grenze zwischen Rumänien und Bulgarien die Donau überquert werden, und dafür benötigte man mit Schwimmwagen ausgestattete Pionierkräfte. Anfang Februar 1941 zeichnete sich ab, dass eine Donauüberquerung bevorstand,[61] und am Ende dieses

Monats bestimmte Hitler persönlich den Termin.[62] Um sich ein eigenes Bild von der Ausrüstung der Truppe mit amphibischen Fahrzeugen zu machen, ließ er sich am 26. Februar 1941 in der Reichskanzlei in Anwesenheit von Ferdinand Porsche den Schwimmwagen vorführen. Wie nicht anders zu erwarten, fand das Fahrzeug das Wohlgefallen Hitlers – und daher setzte Porsche mit Rückendeckung des »Führers« alles in Bewegung, um so schnell wie möglich 30 Schwimmwagen liefern zu können.[63]

Eigentlich war der Einsatz eines Schwimmwagens auf Pionieraufgaben beschränkt. Die Überquerung von größeren Flüssen und Kanälen war eine Aufgabe für Sondereinheiten; und hierfür reichte ein überschaubares Kontingent an Fahrzeugen. Dass der Schwimmwagen dennoch in Serie ging und bis Kriegsende 14 276 Exemplare dieses Militärfahrzeugs gebaut wurden,[64] ist auf die technische Vielseitigkeit des Typs 128 zurückzuführen. Im Unterschied zu Typ 82, dem Kübelwagen, war Typ 128 von Anfang an serienmäßig als ein vierradgetriebenes Fahrzeug konzipiert; und dieses Merkmal machte Typ 128 interessant für militärische Verbände, für die er den perfekten Ersatz für das Krad, also das zu Aufklärungszwecken eingesetzte Motorrad mit Seitenwagen, darstellte. Das Heer hatte schon lange Überlegungen in diese Richtung angestellt, aber es war schließlich der immer stärker von Hitler protegierte Konkurrent des Heeres, die Waffen-SS, die von sich aus den Kontakt zur Porsche KG suchte, weil sie sich über ein avanciertes Aufklärungsfahrzeug einen technischen Vorsprung verschaffen wollte.

Die Kampfverbände der SS verstanden sich als militärische Eliteeinheit und waren darauf erpicht, das Heer durch technologische Führerschaft bei der Ausrüstung auszustechen. Es gelang der Waffen-SS mit tatkräftiger Unterstützung Hitlers auch zunehmend, ihre motorisierten Einheiten mit der neuen Generation von Panzerkampfwagen und anderem schwerem Gerät auszustatten. Treibende Kraft war SS-Brigadeführer Hans Jüttner, der Leiter des SS-Führungshauptamtes, das zugleich für die militärische Ausrüstung der bewaffneten SS zuständig war. Jüttner setzte seinen ganzen Ehrgeiz in die Modernisierung der SS-Felddivisionen.[65] Es war eine Frage der Zeit, wann sein Amt Fühler zu dem Konstrukteur des Volkswagens ausstreckte. Ferdinand Porsche schien einen technischen Alleskönner geschaffen zu haben, den man sicher auch für die spezifischen Bedürfnisse der Waffen-SS herrichten konnte. Allem Anschein nach war der Hauptansprechpartner bei der Porsche KG der Ingenieur Albert Liese. SS-Hauptsturmführer Liese trat schon Anfang 1938 als Kontaktmann gegenüber dem Heereswaffenamt auf,[66] als es darum ging, den Volkswagen für eine militärische Nutzung als Geländewagen tauglich zu machen. Hilfreich dürfte auch gewesen sein, dass Ferry Porsche seit Dezember 1938 der SS angehörte[67] und mit SS-Untersturmführer

Huber ein weiterer Porsche-Mitarbeiter als Verbindungsmann zur Waffen-SS zur Verfügung stand.

Ihren Nutzungswunsch meldete die Waffen-SS im Spätherbst 1940 an.[68] Die Porsche KG bekam den Zuschlag, weil sich bei Vergleichsfahrten beide aus dem Volkswagen hervorgegangenen Varianten dem von der Waffen-SS verwendeten Krad »haushoch überlegen«[69] gezeigt hatten. Gerade der nicht in Serie gegangene vierradgetriebene KdF-Kübelwagen Typ 87 distanzierte das herkömmliche Gefährt der SS-Kradschützenabteilungen so sehr, dass die Porsche KG wenige Wochen später den ersten Entwicklungsauftrag von der Waffen-SS erhielt. Diese verlangte nach einem Militärfahrzeug, das in puncto Geländegängigkeit wie Wendefähigkeit alle bislang im Einsatz befindlichen Fahrzeuge – insbesondere die der Wehrmacht – in den Schatten stellte. Die Porsche KG musste sich also selbst übertreffen. Das für die Waffen-SS entwickelte Geländefahrzeug sollte gegenüber dem Kübelwagen – dem hauseigenen Typ 82 – erhebliche qualitative Vorteile bieten. Es war ein äußerst anspruchsvoller Auftrag, für dessen Bewältigung die Waffen-SS die erforderlichen finanziellen wie personellen Ressourcen zur Verfügung stellte. Das finanzielle Volumen dieses Auftrags (eine halbe Million Reichsmark) übertraf den Heeresauftrag für den klassischen Schwimmwagen um mehr als das Dreifache. Dafür sollte die Porsche KG fünf vierradgetriebene Geländewagen mit verkürztem Radstand und überdimensionierten Reifen fertigstellen.[70] Das Konstruktionsbüro konnte einen solchen zusätzlichen Konstruktionsauftrag angesichts einer immer enger werdenden Personaldecke stemmen, weil aus den Reihen der Waffen-SS 14 technische Zeichner und Ingenieure für die Arbeit an diesem Projekt abgeordnet wurden.[71]

Im Januar 1941 begann die enge Kooperation mit der Waffen-SS, die zunächst noch umfänglicher konzipiert war, da der waffentechnische Ehrgeiz der Himmler-Truppe keine Grenzen kannte und sich auch auf die Entwicklung eines sechsradgetriebenen Fahrzeugs erstreckte, das als Panzerspähwagen fungieren sollte. Die Waffen-SS wollte ein Radfahrzeug, das hinsichtlich Geländegängigkeit und Schnelligkeit mit einem Geländewagen konkurrieren konnte, sich aber durch eine bessere Bewaffnung (zwei Zwillingsmaschinengewehre) auch zur Bekämpfung infanteristischer Ziele eignete. Damit war der Porsche KG die Aufgabe gestellt, sich mit dem SS-Kradschützenersatzbataillon im württembergischen Ellwangen abzustimmen, das in das Projekt praktische Expertise einbrachte, gerade in Hinblick auf die zum Fahrzeug passende Maschinengewehrausstattung.[72] Doch dieses Vorhaben zerschlug sich, weil die Waffen-SS genug damit zu tun hatte, das Kernprojekt – die Entwicklung eines Kradersatzwagens – so voranzutreiben, dass dieses neue Geländefahrzeug seine Bewährungsprobe bestand: die Vorführung bei Hitler.

Es verstand sich schließlich von selbst, dass auch dieses Produkt – wie der eigentliche Schwimmwagen – von Hitler abgenommen werden musste.[73] Die Vorführung eines Versuchsfahrzeugs, bei der mit dem Reichsführer-SS Heinrich Himmler auch der eigentliche Auftraggeber zugegen war,[74] erfolgte im Spätsommer 1941. Bemerkenswert ist, dass Ferry Porsche den für die Waffen-SS angefertigten Geländewagen präsentierte. Der Junior hatte sich inzwischen in immer mehr Aufgabengebiete des Unternehmens so eingearbeitet, dass sein Vater ihm bestimmte Bereiche weitgehend überließ und nur noch strategisch wichtige und besonders anspruchsvolle Herausforderungen für sich reservierte. Auf diese Weise erwarb sich Ferry Porsche ein breit gefächertes Wissen, übernahm nach und nach unternehmerische Verantwortung und trat so allmählich in die Fußstapfen seines Vaters. Der Kradersatzwagen war das erste Projekt, bei dem Ferry Porsche seine Fähigkeiten auf diese Weise zum Einsatz brachte.

Ferrys Premiere war insofern von Erfolg gekrönt, als Hitler nach der Vorführung eine Vorserie von 125 Kradersatzwagen in Auftrag gab.[75] Die firmeninterne Bezeichnung lautete Typ 166 – und dabei handelte es sich im Kern nicht um eine Variante des Schwimmwagens,[76] sondern um eine neue Konstruktion, bei der die Schwimmfähigkeit nur ein Nebenaspekt war. Vom eigentlichen Schwimmwagen unterschied sie sich durch einen 40 Zentimeter kürzeren Radstand und eine 10 Zentimeter geringere Fahrzeugbreite. Um den Typ 166 zur Serienreife zu bringen, fand im Herbst 1941 eine ausgedehnte Erprobung statt. Die Waffen-SS testete mit eigenen Fahrern von Oktober 1941 an die Versuchswagen.[77] Bemerkenswert ist, dass diese erste Vorserie des Kradersatzwagens – immerhin 125 Stück – bei der Porsche KG in Stuttgart-Zuffenhausen hergestellt wurde.[78] Das zeigt, wie sehr sich die Porsche KG mittlerweile von einem reinen Konstruktionsbüro zu einer Fertigungsstätte gewandelt hatte: War Porsche bei der Vorserie für den Volkswagen im Jahr 1936 noch darauf angewiesen gewesen, dass Daimler-Benz die Fertigung in seinen Fabrikanlagen vornahm, so befand sich das Unternehmen fünf Jahre später in dieser Hinsicht quasi in einer autarken Position und musste nicht mehr um die Unterstützung von Herstellern betteln. Mit dem Kradersatzwagen, der im Schriftverkehr gelegentlich weiterhin als »Schwimmwagen« firmierte, war die Porsche KG endgültig in eine neue unternehmerische Dimension vorgestoßen.

Um den neuen Entwicklungsauftrag schultern zu können, wurde das Stammwerk in Stuttgart-Zuffenhausen erweitert. Das Geld hierfür stammte aus wohlbekannter Quelle und wurde der Porsche KG über die Volkswagenwerk GmbH als unverzinsliches Darlehen zur Verfügung gestellt.[79] Der Volkswagenwerk GmbH fiel dieser Transfer nicht schwer, weil die Serienproduktion des schwimmfähigen Kradschützenwagens im Volkswagenwerk erfolgte und die Wehrmacht für jedes Fahrzeug eine als »Amortisierungsquote« firmierende Gewinnspanne von 300 Reichsmark bewilligt hatte, was sich bei den zunächst in Aussicht genommenen 10 000 Fahrzeugen auf mehr als drei Millionen Reichsmark summierte.[80] Die Porsche KG und die Volkswagenwerk GmbH arbeiteten mithin auch bei der Serienproduktion dieses Ablegers des Volkswagens einträchtig und einträglich zusammen.

Hinsichtlich einer Erweiterung der Produktpalette eröffnete die Kooperation mit der Waffen-SS die aussichtsreiche Perspektive, den gesamten Kradwagenbestand von Wehrmacht und Waffen-SS durch die beiden militärischen Versionen des Volkswagens zu ersetzen, die besonders nachgefragt waren: Typ 128 und Typ 166. Hitler hatte am 19. März 1942 gegenüber Rüstungsminister Speer seine diesbezügliche Absicht unmissverständlich kundgetan.[81] Damit wurden zwar nicht auf einen Schlag alle knapp 250 000 Krafträder[82] der Wehrmacht ausgemustert, aber die Generallinie war klar: Nicht dem Kraftrad, sondern dem Kradersatzwagen gehörte die Zukunft. In diese Entscheidung flossen vor allem die Erfahrungen der Waffen-SS-Verbände im Ostkrieg ein. Das von den SS-Panzerkorps im Osten gesammelte Erfahrungswissen wurde bei der Porsche KG technisch umgesetzt, was dadurch möglich wurde, dass gelegentlich eigene Mitarbeiter zur Ausbildung und Unterstützung des SS-Werkstattpersonals abgeordnet wurden.

In den Jahren 1941/42 hatte sich beim Angriffs- und Vernichtungskrieg gegen die Sowjetunion eine immer konsequentere Mechanisierung vollzogen:[83] Aus motorisierten Infanteriedivisionen wurden Panzergrenadierdivisionen. Damit ging die Umstellung auf eine neue Generation mittelschwerer und schwerer Kampfpanzer einher. Auch die Aufklärungsabteilungen erfuhren einen Motorisierungsschub, der darauf hinauslief, herkömmliche Kräder durch den avancierten Kradersatzwagen aus dem Hause Porsche zu ersetzen. Der ungebremste Mechanisierungstrend speziell bei der Waffen-SS hatte mithin eine enorme Nachfrage nach dem Typ 166 zur Folge, einem vielseitigen Aufklärungsfahrzeug, das für die klimatischen und geographischen Gegebenheiten in der westlichen und südlichen Sowjetunion wie geschaffen war. Im unwegsamen Gelände erwies sich der Kradersatzwagen als unverwüstliches Fahrzeug, wenn es darum ging, einzelne Geländeabschnitte in Besitz zu nehmen. Man konnte mit ihm auch kleinere Brückenköpfe bilden und musste nicht den Bau einer Pontonbrücke durch Pioniereinheiten abwarten.[84]

Auch wenn man ihn in der Literatur häufig als »Schwimmwagen« rubriziert findet, kam der Kradersatzwagen vom Typ 166 nicht in erster Linie in dieser Eigenschaft zum Einsatz. Zwar konnte man mit ihm natürliche Hindernisse wie Flüsse und Seen überqueren, aber dies war nur ein kleiner Teil der Geländeerkundungen, die mit ihm durchgeführt werden konnten. Es gab auch »Schwachstellen und Mängel«, was aber nichts an der Generaleinschätzung änderte, dass der Typ 166 eines »der stabilsten Fahrzeuge«[85] im Ostkrieg war und durchaus mit dem US-amerikanischen Ford-Pygmy mithalten konnte.[86] So erklärt sich, warum bis Kriegsende eine stattliche Anzahl von 14 276 Exemplaren von diesem Typ gebaut wurde.[87]

Welche Bilanz lässt sich hinsichtlich dieses Abstechers der Porsche KG in das Rüstungsgeschäft ziehen? Solange es sich nur um die militärische Nutzbarmachung des Erfolgsmodells »Volkswagen« handelte, konnte das Unternehmen ein rundum erfreuliches Fazit ziehen: Die Konvertierung des zivilen Kleinwagens in einen militärischen Alleskönner trug erheblich zum Imagegewinn der Marke »Volkswagen« bei – möglicherweise auch bei den Briten und vor allem US-Amerikanern, für die Kübel- und Schwimmwagen eine Prädikatsbezeichnung war, die auf alle von Porsche konstruierten Fahrzeuge abfärbte. Noch erheblicher ist allerdings, dass diese militärischen Aufträge das Portfolio des Unternehmens in Richtung Produktionstechnik erweiterten. Aus dem Konstruktionsbüro wurde allmählich ein Komplettanbieter, der nicht nur die Entwicklung im eigenen Haus durchführte, sondern auch – wie im Fall des Typs 166 – die komplette Vorserie produzierte. Die Stärke des Unternehmens lag gerade darin, dass es von der Konstruktion her – seiner Domäne – die Anforderungen der Produktion bestimmte und es verstand, in Zusammenarbeit mit den Herstellern von Spezialkomponenten zu einer integrativen Gesamtlösung zu gelangen.

Doch die eigentliche Bewährungsprobe für das Unternehmen stand noch bevor: Konnte es seinen Erfolg auch auf einem Sektor wiederholen, in dem die Leistung der Konstruktion letztlich an der militärischen Kampfkraft gemessen wurde? Konnte die Porsche KG auf einem Gebiet reüssieren, auf dem sie nicht ein fertig durchkonstruiertes Zivilfahrzeug einer militärischen Nebenverwendung zuführte, sondern ein genuin militärisches Kampfgefährt zu entwickeln hatte? Und war das Unternehmen imstande, sich auf den Zeitdruck und die Ressourcenknappheit einzustellen, die seit 1942 die Agenda der Rüstungsproduktion bestimmten?

1942 war das Jahr, in dem sich die Porsche KG an Konstruktion, Entwicklung und Herstellung eines schweren Panzerkampfwagens wagte – eine Mammutaufgabe, bei der sich das Unternehmen mehr als je zuvor die militärische Ratio zu eigen machen musste, was Ferdinand Porsches Selbstverständnis als Konstrukteur diametral zuwiderlief. Dass er für diese Aufgabe nicht der geeignete Mann sein würde, war bereits der Antrittsrede zu entnehmen, mit der sich der neue Rüstungsminister Albert Speer am 24. Februar bei den Gau- und Reichsleitern einführte.[88] Seine eindeutige Warnung vor

»betriebsfremden« Konstruktionen, die »ohne Rücksicht auf geringen Zeit- und Materialaufwand« vorgelegt worden seien, wirkte fast wie auf Porsche zugeschnitten. Wir werden im nächsten Kapitel sehen, dass unter der unerbittlichen Regie Speers aufwendige und damit zugleich technisch avancierte Lösungen aus dem Hause Porsche aus der Zeit gefallen waren.

Ferdinand Porsche auf dem von ihm entwickelten »Tiger«-Panzerkampfwagen, vermutlich im Frühjahr 1943.

KAPITEL 10

»Untauglich« – Porsche und die Panzerkampfwagenkonstruktion

Durch die militärische Konversion des Volkswagens hatte sich die Porsche KG in jeder Hinsicht für weitere Rüstungsaufträge empfohlen. Allerdings stand die eigentliche Bewährungsprobe noch aus. Würde das Unternehmen auch für die Konstruktion reiner Militärfahrzeuge gewappnet sein? Unter den in Frage kommenden motorisierten Fahrzeugen stellte der Panzerkampfwagen die größte Herausforderung dar. Bei deren Bewältigung konnte die Porsche KG nicht – wie im Falle der Kübel- und Schwimmwagen – auf zivile Vorläufer zurückgreifen, die unter komfortablen Konstruktions- und Entwicklungsbedingungen das Licht der Welt erblickt hatten. Zudem standen mit Panzerturm und Bewaffnung – und dabei vor allem der Kampfwagenkanone – Komponenten im Vordergrund, für welche die Porsche KG keine eigene Expertise besaß. Porsche war mithin auf eine enge Kooperation mit den Anbietern dieser für die Kampfkraft entscheidenden Komponenten angewiesen, während die Kernkompetenz des Unternehmens im Bereich des Antriebs eine eher untergeordnete Rolle spielte. Und auch dass Ferdinand Porsche bereits im Ersten Weltkrieg seine Fähigkeiten in militärische Dienste gestellt hatte, war relativ unerheblich. Denn seine Beiträge zur Rüstung der k.u.k.-Monarchie – unter anderem hatte er ein Zugfahrzeug entwickelt, mit dem schwere Mörser zu ihren Einsatzorten transportiert werden konnten[1] – stammten aus einer Zeit, als der Krieg noch nicht den Motorisierungsgrad erreicht hatte, der 25 Jahre später Standard war.

Die Porsche KG wagte sich mit der Konstruktion und Entwicklung von Panzerkampfwagen also auf unbekanntes Terrain. Die Anforderungen an dieses motorgetriebene Fahrzeug wurden von militärischen Erfordernissen bestimmt;[2] und damit war eine strukturelle Spannung angelegt zwischen den Ansprüchen von Antriebs- und Motorexperten, wie sie bei Porsche versammelt waren, und der Forderung der Militärs, die Vorzüge eines Panzerkampfwagens optimal zur Geltung zu bringen. Allein zwischen der technisch erreichbaren Geschwindigkeit und dem nur durch eine starke Panzerung zu erzielenden Schutz der Besatzung bestand ein Interessenkonflikt, der im Regelfall nicht nach der Wunschliste der Zivilingenieure entschieden wurde. Hinzu kam, dass bis zum Frühjahr 1940 die institutionellen Rahmenbedingungen für eine Neukonstruktion von Panzerkampfwagen aus Porsche-Sicht alles andere als verlockend waren. Denn im Unterschied zum Dual-Use des Volkswagens, bei dem das zuständige Heereswaffenamt der Porsche KG freie Hand gelassen hatte, führte die zuständige Heeresbehörde die Konstrukteure von Panzerkampfwagen am kurzen Zügel. Im kleinen Kreis führte man in der Rüstungsindustrie heftige Klage gegen die permanente Einmischung der Heeresingenieure, die sich im Regelfall taub zeigten gegen die Einwände ziviler Kollegen.[3]

Mit der Schaffung des Reichsministeriums für Bewaffnung und Munition am 17. März 1940 entstand eine neue Lage, die perfekt auf die Fähigkeiten der Porsche KG zugeschnitten war. Denn dem Ministerium gelang es, das Heereswaffenamt aus den Kernbereichen der Fertigung und Entwicklung, ja letztlich sogar aus der Konstruktion neuer Waffen hinauszudrängen und auf die Funktion eines Auftraggebers zu beschränken, der die von der Industrie gelieferten Erzeugnisse zwar einer Prüfung hinsichtlich ihrer militärischen Verwendbarkeit unterzog, sich aber ansonsten weitgehend heraushielt.[4] Konstruktion, Entwicklung und Herstellung lagen seitdem in der Eigenverantwortung der Konstrukteure und Hersteller. Damit war jenes Maß an Autonomie garantiert, das Porsche benötigte, um sich entfalten zu können. Darüber hinaus traf es sich günstig, dass Fritz Todt – ein alter Bekannter Porsches, der schon zu den frühen Begutachtern der Prototypen des Volkswagens gehört hatte – als zuständiger Minister diese Umsteuerung der Rüstungswirtschaft ermöglichte.

Einen besonderen Ansporn erblickte die Porsche KG darin, dass die Panzerwaffe eine rüstungswirtschaftliche Bevorzugung erfuhr, weil man in ihr eine strategische, siegverbürgende Waffengattung erblickte. Bereits im Jahr 1940 wurde ein Panzerprogramm aufgelegt, das zwar immer wieder modifiziert wurde, im Kern aber unangetastet blieb: Ein erheblicher Teil der verfügbaren rüstungswirtschaftlichen Ressourcen sollte in die Herstellung und Konstruktion von Kampfpanzern gehen.[5] Dabei kam den Militärs nur noch eine begleitende Funktion zu, nachdem Rüstungsminister Todt dieses zukunftsträchtige Feld okkupiert hatte.[6] Am 18. Februar 1941 hatte Hitler die Militärs auf Bitten von Reichsminister Todt ausgeschlossen, als es darum ging, das Panzerprogramm mit Leben zu erfüllen. Es spricht Bände, dass die zentrale Weichenstellung in der Panzerproduktion unter Ausschluss der zuständigen Stellen im OKW und OKH stattfand. Aus einem Bericht des OKW-Chefs Keitel lässt sich noch die Verbitterung ablesen, mit der die Militärs ihre Ausbootung zur Kenntnis nahmen: »Gestern […] hat die vom Führer dem Reichsminister Dr. Todt befohlene Besprechung mit den Ingenieuren bzw. Konstrukteuren der Panzerwaffen-Industrie und zwar unter Ausschluß von Soldaten stattgefunden.«[7] Weil Hitler den Kurs von Todt unterstützte, konnte

Porsche seine konstruktiven Ideen unter idealen Bedingungen zur Geltung bringen, ohne von Militärs in die Schranken gewiesen zu werden.

Die Abkehr von einer militärischen Kommandowirtschaft erstreckte sich auf die beiden zentralen Felder der Panzerwaffe: Herstellung und Konstruktion. Für beide Bereiche wurden Organe geschaffen, die zum Ausdruck brachten, dass Minister Todt auf Selbstorganisation der beteiligten Unternehmen setzte und ihnen zutraute, gemäß den Vorgaben der politischen und militärischen Spitze – also von Hitler persönlich – zwei wesentliche Ziele zu verbinden: eine ressourcenschonende Produktionssteigerung der bereits vorhandenen Panzerkampfwagen sowie die Konstruktion und Entwicklung neuer, leistungsfähigerer Typen. An dieser Reihenfolge war allerdings abzulesen, dass der Fertigung existierender Modelle ein gewisser Vorrang vor der Neuentwicklung zukam. Um Fertigungsengpässe abzubauen, hatte Minister Todt am 2. Juli 1940 zudem diverse Sonderausschüsse eingerichtet, unter anderem den Sonderausschuss »Panzerwagen«. Hier waren die in Frage kommenden Fertigungsexperten unter sich und trafen unter der Leitung von Dr. Walter Rohland (Deutsche Edelstahlwerke) Absprachen mit dem Ziel, den Ausstoß an Panzern merklich zu erhöhen und dabei zugleich material- und personalschonend zu arbeiten.[8]

Ein Sonderausschuss, der die Neu- und Umkonstruktion von Panzerwagen ins Zentrum rückte, wurde erst knapp ein Jahr später, am 21. Juni 1941, ins Leben gerufen.[9] Der Umstand, dass am Vorabend des Überfalls auf die Sowjetunion eine Einrichtung geschaffen wurde, welche die Abstimmung zwischen der Industrie und den für Panzerfragen zuständigen militärischen Dienststellen auch bei der Neukonstruktion von Panzerkampfwagen koordinieren sollte, war ein deutliches Signal, dass die Modernisierung der deutschen Panzerwaffe dringend erfolgen musste. Die Experten hatten mithin einen akuten Handlungsbedarf ermittelt, noch bevor der Wehrmacht im Ostfeldzug nachdrücklich vor Augen geführt worden war, dass die sowjetische Panzerwaffe mindestens ebenbürtig war. Damit öffnete sich für die Porsche KG die Tür zu Konstruktionsaufträgen, wobei sich die mäßige Leistungsbilanz der im Ostkrieg eingesetzten Standardkampfpanzer, welche die wenig originelle Bezeichnung »Panzer III« beziehungsweise »Panzer IV« trugen, sogar als vorteilhaft erweisen konnte. Und wenn sich die Ansicht durchsetzte, dass eine Umkonstruktion der bestehenden Typen zu halbherzig war und der Weg für eine neue Generation von Panzerkampfwagen geebnet wurde, konnte sich die Porsche KG gute Chancen ausrechnen, einen der begehrten Konstruktionsaufträge zu ergattern. Den Vorsprung von Unternehmen wie Daimler-Benz, MAN und Henschel, die sich auf dem Sektor der Panzerrüstung bereits seit Jahren betätigten,[10] konnte ein Neuankömmling wie die Porsche KG im Grunde nur dann ausgleichen, wenn ein Bedarf an innovativen Neukonstruktionen bestand.

Vor diesem Hintergrund fügte es sich glücklich für die Porsche KG, dass Ferdinand Porsche zum Vorsitzenden der »Panzerkommission« berufen wurde.[11] Diese Wahl war ein klares Signal, dass Rüstungsminister Todt die Weichen für einen neuen Typus von Panzerkampfwagen stellen wollte – und dazu brauchte er einen Konstruktionsexperten und keinen Herstellungsspezialisten an der Spitze der »Panzerkommission«. Ferdinand Porsche und sein Unternehmen profitierten zweifellos von der Berufung des neuen Ministers, der ein alter Förderer Porsches war und dessen konstruktive Fähigkeiten überaus schätzte; darüber hinaus besaß Todt eine ausgesprochene Affinität zu gepanzerten Fahrzeugen. Gewiss standen auch U-Boote und Flugzeuge als strategisch entscheidende Waffen auf seiner Agenda, doch mit dem Herzen zeigte er sich »nur für Panzerwagen interessiert«.[12] Als Leiter der Kommission konnte Porsche seine eigene Agenda nicht einfach durchdrücken – dazu fehlte es ihm allein schon an der souveränen und strategisch taktsicheren Beherrschung eines solchen Gremiums. Ferdinand Porsche hatte sich nie in der Kommunikation unter Gleichberechtigten geübt, schließlich war er der Patriarch eines Familienunternehmens. Seine kommunikative Stärke bildete vielmehr das Gespräch im kleinen Kreis, in dem er seine Anliegen vortragen und einen technischen Fachdiskurs führen konnte.

Auch wenn Porsche die »Panzerkommission« nicht im eigenen Sinne zu steuern vermochte, saß er doch an einer Nahtstelle, wenn es darum ging, für einen Neuanfang auf dem Gebiet der Panzerkonstruktion zu werben, der im Frühjahr 1941 allmählich einsetzte. Ein erster Hinweis darauf war die bereits erwähnte Besprechung, die der Oberste Befehlshaber der Wehrmacht am 18. Februar 1941 auf Initiative Todts mit den Panzeringenieuren und -konstrukteuren hatte. Dort ging es im Kern lediglich um eine Verbesserung der Panzerkampfwagen III und IV. Diese waren bis dahin nur mit einer 3,7-Zentimeter-Kanone bestückt und daher in ihrer Kampfkraft überaus limitiert, so dass Hitler ihre Umrüstung auf eine Kanone mit fünf Zentimetern Durchmesser anordnete.[13] Hitler selbst war damals noch lange nicht für die Idee gewonnen, dass der Primat der Panzerrüstung auf der Neukonstruktion zu liegen habe. Im Gegenteil: Er machte sich stark für Umkonstruktionen bereits bestehender Waffen, weil er der Überzeugung war, den Krieg gegen die Sowjetunion ohne erhebliche Investitionen in eine neue Generation von Kampfpanzern gewinnen zu können. Noch Anfang April 1941 ließ er sich in der Reichskanzlei einen in diesem Sinne modernisierten, aber eben nicht von Grund auf erneuerten Fuhrpark von Militärfahrzeugen vorführen, der beim Angriff auf die Sowjetunion zum Einsatz kommen sollte.[14] Die Prioritätensetzung lag also vor dem Ostfeldzug eindeutig auf der Umkonstruktion bestehender Fahrzeuge – und dies war eine Aufgabe, die eines Porsche nicht bedurfte.

Wie kam es dann aber zu dem Konstruktions- und Entwicklungsauftrag an Porsche, der auf die Schaffung einer völlig neuen Generation von Kampfpanzern zielte und damit perfekt auf das Profil des Unternehmens zugeschnitten war?

In diesem Kontext spielt ein Entwicklungsauftrag eine Rolle, den Porsche bereits zwei Jahre zuvor erhalten hatte. Das Heereswaffenamt hatte im Jahr 1937 einen Auftrag zur Konstruktion und Entwicklung eines schweren Kampfpanzers erteilt in der Hoffnung auf mehr Qualität bei Panzerung und Feuerkraft. Dazu musste das Gesamtgewicht auf mindestens 25 bis 30 Tonnen erhöht werden; zugleich sollte die Durchschlagskraft gesteigert werden, indem Kampfwagenkanonen mit einer Kaliberlänge von 24 beziehungsweise 28 Zentimetern sowie einem Durchmesser von 7,5 beziehungsweise 10,5 Zentimetern eingebaut wurden. Für diesen Auftrag schien der in Kassel angesiedelte Hersteller Henschel prädestiniert zu sein, der seit Jahren ohne Konkurrenz auf diesem Zukunftsfeld der Entwicklung eines schweren Panzerkampfwagens tätig war.[15] Dies änderte sich, als die Heeresführung seit November 1939 von Hitler angehalten wurde, sich operativ auf einen Krieg gegen Frankreich, zahlenmäßig die zweitgrößte Militärmacht der Welt, einzustellen. Dazu musste man den technischen Rückstand zu den französischen Panzerkampfwagen hinsichtlich Panzerung und Bewaffnung wenigstens verringern[16] – und so kam Ferdinand Porsche ins Spiel.

Porsche eilte der Ruf eines Alleskönners voraus, der nun die Aufgabe im Wettbewerb mit dem Kasseler Hersteller lösen sollte. Der Stuttgarter nahm die Herausforderung an, obgleich Henschel einen Entwicklungsvorsprung von mehr als zwei Jahren hatte. Dieser Rückstand konnte nur aufgeholt werden, wenn Porsche seine Stärken ausspielte und bei Antrieb und Motor neue Wege beschritt. Henschel verließ sich dagegen auf die bewährten Ottomotoren des Friedrichshafener Motorenherstellers Maybach, der bei Panzermotoren ein faktisches Monopol besaß,[17] und vertraute überdies auf die traditionelle Wasserkühlung des Motors. Porsche wählte einen ganz anderen Ansatz: Sein Panzerkampfwagen sollte über einen benzinelektrischen Mischantrieb verfügen und sich zusätzlich des Prinzips der Luftkühlung bedienen.[18]

Porsche suchte also aus der Not des Entwicklungsrückstands eine Tugend zu machen, indem er sich für eine avantgardistische technische Alternative zum Henschel-Modell entschied. Bis zum Sommer 1941 hatte er Zeit, seine technische Lieblingsidee auf dem neuen Terrain zu verfolgen: Ausgerechnet ein Panzerkampfwagen sollte demonstrieren, dass ein Mischantrieb aus

Elektromotor und Verbrennungsmotor überlegene Fahreigenschaften generierte und damit den reinen Verbrennungsmotor übertraf. Porsche betrachtete den ihm unverhofft zugefallenen Konstruktionsauftrag als eine Art Geschenk des Himmels: Endlich konnte er wieder an frühe Versuche auf dem Gebiet der Fahrzeugkonstruktion anknüpfen und seine in den Jahren 1901/02 entwickelte Vorstellung eines benzinelektrischen Antriebs wiederbeleben.[19] Über seine damals konstruierten »Mixte«-Wagen war die Entwicklung des Automobils erbarmungslos hinweggegangen, ohne dass aus Porsches Sicht damit die Grundidee von der Überlegenheit eines Mischantriebs widerlegt worden war. Er hielt jedenfalls hartnäckig daran fest, und die Panzerkonstruktion bot ihm den gewünschten experimentellen Freiraum. Die Herausforderungen bei Antrieb und Motor auf seine unverwechselbare Art zu bewältigen – das war für Porsche die eigentliche Kür. Panzerung, Turmaufbau und Bewaffnung fasste er als lästiges Beiwerk auf, das man abarbeiten musste, wenn man sich hinsichtlich Antrieb und Motor technisch verwirklichen wollte.

Dies ging gut, solange der Oberste Befehlshaber der Wehrmacht ganz auf die Erhöhung der Durchschlagsleistung der neuen schweren Panzerkampfwagen fixiert war[20] und Porsche auf allen anderen Gebieten freie Hand ließ. Die Experimentierphase sollte sogar noch ausgedehnt werden, weil Hitler nach den Erfahrungen des Frankreichfeldzugs eine Leistungssteigerung der Kampfwagenkanone anordnete und den Einbau einer 8,8-Zentimeter-Kampfwagenkanone L/56 für den Porsche-Panzer vorgab.[21] Das verschaffte Porsche weiteren Zeitgewinn, weil die neue Anforderung in erster Linie die beiden Unternehmen betraf, die den Panzerturm sowie die Kampfwagenkanone herstellten (Krupp beziehungsweise Rheinmetall). Einwände des Heereswaffenamtes, dem an der Kampfkraft und vor allem an der Betriebssicherheit des Panzerkampfwagens gelegen war, verhallten vorerst. Dort fragte man sich allerdings, was eine technisch noch so ausgefeilte Lösung nützte, wenn ein überzüchteter »Leopard« (dies war die Bezeichnung, die sich für den Porsche-Panzer mittlerweile eingebürgert hatte) im Fronteinsatz wegen technischer Probleme regelmäßig ausfiel? Denn, so der Einwand, »bei der Lösung Porsche sind der luftgekühlte Dieselmotor und das dieselelektrische Prinzip noch nicht erprobt«.[22] Hitler wischte diese grundsätzlichen Bedenken jedoch vom Tisch, weil er schon immer (und die Genese des Volkswagens hatte dies nachdrücklich unterstrichen) eine Luftkühlung des Motors der Wasserkühlung vorgezogen hatte. Für ihn belebte Konkurrenz das Geschäft, erst recht wenn es sich um ein Porsche-Produkt handelte, das Henschel Paroli bieten konnte. Daher »erklärte er nochmals, dass beide Lösungen unabhängig voneinander durchzuführen seien«.[23] Damit präjudizierte er keinesfalls die Porsche-Lösung, aber er verschaffte diesem eine Schonfrist bis zum Sommer

1942,[24] denn erst dann war mit dem Einsatz der »Leoparden« zu rechnen. Da Hitler glaubte, bis dahin den Krieg gegen die Sowjetunion längst gewonnen zu haben, konnte Porsche ohne Zeitdruck seine technischen Ambitionen im Bereich der schweren Panzerkampfwagen verfolgen.

Der Porsche KG wurde auf dem Feld der Panzerkonstruktion jedwede Unterstützung von Seiten des Heereswaffenamtes zuteil, das keinerlei Verdacht aufkommen lassen wollte, es würde den Henschel-Kampfpanzer bevorzugen. Dabei war dieser Typ in gewisser Weise auch ein Kind des Heereswaffenamts, denn dessen Konstruktionspläne waren in enger Abstimmung mit dieser militärischen Behörde entstanden. Porsche hingegen konstruierte in völliger Autonomie auf eigene Faust. Am 9. Dezember 1939 hatte Chefingenieur Karl Rabe einen ersten Grobentwurf gezeichnet.[25] Am 6. Januar 1940 verständigten sich Porsche und Rabe auf einen verfeinerten Entwurf.[26] Die nächsten sechs Monate vergingen mit dem Anfertigen detaillierter Zeichnungen.[27] Das eigentliche Problem war damit aber noch nicht gelöst. Man hatte lediglich auf dem Zeichenbrett einen avantgardistischen Panzerkampfwagen entworfen, dessen Konstruktion mit herkömmlichen Konventionen (Wasserkühlung, Ottomotor) brach und hinsichtlich Motor und Antrieb neue Wege ging. Aber von der zeichnerischen Präsentation bis zum Bau eines Probefahrzeugs war es noch ein weiter Weg, der auch in einer Sackgasse enden konnte.

Das Heereswaffenamt leistete Porsche jede nur denkbare Amtshilfe.[28] Es stellte den Kontakt zur Firma Krupp her, die für die Turmkonstruktion zuständig war, und es wies den führenden Experten auf dem Gebiet des elektrischen Antriebs, die Firma Siemens-Schuckert, an, ihre in Zusammenarbeit mit dem Heereswaffenamt generierten Erkenntnisse der Porsche KG zur Verfügung zu stellen. Porsche schöpfte also die vorhandene Expertise der Kooperationspartner kostenlos ab, und das Heereswaffenamt überließ ihm darüber hinaus Zeichnungen von technischen Einzelentwicklungen, die bislang nicht im Fokus des Konstruktionsbüros gestanden hatten. Es war eine neue und zum Teil auch fremde Welt, in welche die Porsche-Ingenieure eintauchten: »Leitrad, Zahnkranz für Triebrad, Kette mit Mittelzahn, Kampfwagenkanone 7,5 cm, Kugelblende 80 mm, Fahrerklappe 80 mm, Einbau Fahreroptik, fester Sehschlitz, Glasblock, Einstieg Lukendeckel 80 mm, Fahrer- und Funker-Einstiegsklappen im Bugdach, M.G.-Gurtzuführung, Umriß für M.G., Turmanschluß, Funkgeräte mit Umformer, Antennen-Umlegevorrichtung, Schaltbild zur Funkausrüstung, Panzerscharniere«[29] – alle diese Normteile zeugen davon, dass das Porsche-Büro eben kein gewöhnliches Motorfahrzeug zu entwickeln hatte, sondern in erster Linie eine Angriffswaffe, so dass alles auf ein Optimum an Panzerung und Feuerkraft zugeschnitten sein musste. Speziell Oberingenieur Karl Rabe stand daher in engem Kontakt zu den

Motorisierungsexperten des Heereswaffenamtes.[30] Doch man kann sich des Eindrucks nicht erwehren, dass sich die Porsche KG lange Zeit nicht damit anfreunden konnte, diesmal ein kettengetriebenes Schlachtross statt eines edlen Hengstes zu entwerfen.

Ferdinand Porsche hatte sich mit seinem Entwurfsansatz zwei Probleme aufgeladen, deren Lösung erwartungsgemäß mehr Zeit verschlang als vorgesehen: Zum einen galt es, einen elektrischen Antrieb zu entwickeln, der nicht nur im Zusammenspiel mit einem Verbrennungsmotor eine innovative Kraftübertragung ermöglichte, sondern auch panzergerecht – und das bedeutete platzsparend – konzipiert wurde. Zum anderen hatte sich Porsche das ehrgeizige Ziel gesteckt, einen luftgekühlten Motor zu entwickeln, der nach Möglichkeit ein Dieselmotor sein sollte, was auf eine Abkehr von den bislang als Panzermotoren genutzten Hochleistungsmotoren der Firma Maybach hinauslief. Porsche forderte mit seiner Konzeption mithin die bisherigen Prinzipien der Panzerkonstruktion heraus – und daher war er auf Kooperationspartner angewiesen, die ihr Spezialwissen in das ambitionierte Projekt einbrachten.

Was den elektrischen Antrieb anlangt, konnte die Porsche KG auf die Expertise des führenden elektrotechnischen Anbieters, die Siemens-Schuckert AG, zurückgreifen. Außer bei Oberingenieur Rabe, der weiterhin die Oberaufsicht über das Projekt innehatte, lag die Kommunikation mit den Fachleuten von Siemens-Schuckert bei Otto Zadnik, dem Elektronikexperten unter den Porsche-Ingenieuren.[31] Strategischer Partner bei der Motorentwicklung war ein Unternehmen, das sich durch seine besondere Expertise beim Dieselmotor empfahl: Wenn es ein Unternehmen gab, das einen panzertauglichen und mit einem elektrischen Antrieb kompatiblen Dieselmotor bauen konnte, war es die in Steyr beheimatete Steyr-Daimler-Puch AG. Da Ferdinand Porsche bei gleich zwei Vorgängern dieses aus einer Fusion hervorgegangenen Unternehmens als technischer Direktor tätig gewesen war, bei Austro-Daimler wie bei Steyr, konnte er einschätzen, dass der Chefkonstrukteur des oberösterreichischen Antriebsexperten, Oskar Hacker, ein perfekter Partner sein würde. Von Juli 1940 an bildeten Ferdinand Porsche und Oskar Hacker, die beiden Altösterreicher, in der Panzerfrage ein symbiotisches Tandem, da Porsche dank seiner privilegierten Beziehung zu den höchsten Stellen in Politik und Wehrmacht ambitionierte Konstruktions- und Entwicklungsaufträge hereinholte, bei deren Erfüllung Hacker und sein Unternehmen unentbehrlich waren. Dies lag nicht nur an dem enormen Fachwissen im Bereich der Dieseltechnologie, sondern vor allen Dingen auch daran, dass die Steyr-Daimler-Puch AG die Fabrikationsstätte zur Verfügung stellte, in der die Serienfertigung von Porsche-Panzerkampfwagen erfolgen konnte: die »Nibelungenwerke« im oberösterreichischen Sankt Valentin, die 1941 in Betrieb genommen wurden.

Hacker begleitete Ferdinand Porsche auf allen wesentlichen Stationen der Entwicklung von »Typ 100« zu einem vorzeigbaren Versuchsfahrzeug, für das sich der eingängige Name »Leopard« einbürgerte. Am 30. Juli 1940 steckten Porsche und er in einer Besprechung mit dem Vertreter des Heereswaffenamtes in Stuttgart die Grundlinien der Entwicklung dieses Kampfpanzers ab.[32] Am 16. und 17. Januar 1941 wurde in Steyr bei einer »Besprechung im großen Kreis« unter Vorsitz von Hacker von den Experten beider Seiten ein Arbeitsprogramm vereinbart.[33] Man einigte sich auf ein koordiniertes Vorgehen und schuf die Grundlage dafür, dass Porsche seinem »Führer« exklusiv über die erzielten Fortschritte berichten konnte. Im Unterschied zum Volkswagen, Kübelwagen und Schwimmwagen, wo sich Hitler an einem originalgroßen und meistens auch fahrtauglichen Objekt einen Eindruck verschaffen konnte, musste beim Kampfpanzer »Leopard« ein Holzmodell herhalten. Als Porsche zu der von Hitler anberaumten Besprechung der Konstrukteure am 18. Februar 1941[34] auf den Berghof fuhr, hatte er ein Modell von Typ 100 im Gepäck,[35] das er aller Wahrscheinlichkeit nach Hitler noch vor Beginn der Konferenz zeigen konnte. Dieser scheint von dem Muster beeindruckt gewesen zu sein, so dass Porsche zwei Wochen danach mit Hacker den weiteren Ablauf absprechen konnte.[36] Wiederum zwei Wochen später wurde Rüstungsminister Todt, der als Patron seine schützende Hand über Porsche hielt, solange er den Eindruck hatte, dass sich die Entwicklung des »Leopard« auf einem guten Weg befand, in Berlin auf den neuesten Stand gebracht.[37]

Am 26. Mai 1941 schlug dann die Stunde der Wahrheit: Hitler hatte zehn Wochen nach der ersten Standortbestimmung in Sachen Panzerfertigung erneut zu einer Besprechung geladen. Diesmal ging es nicht um die Koordination zwischen Heereswaffenamt, Rüstungsministerium und Konstrukteuren, sondern es sollten die Bedenken des Heeres gegen den von Porsche eingeschlagenen Weg ausgeräumt werden. Das Heereswaffenamt machte keinen Hehl daraus, dass nach seiner Auffassung der Leistungssteigerung bereits produzierter Serienpanzer (Panzerkampfwagen IV) sowie der Entwicklung eines schweren Panzerkampfwagens, der bewährte technische Bahnen nicht verließ (das »Entwicklungsfahrzeug« der Firma Henschel), der Vorzug vor dem gewagten Porsche-Experiment zu geben sei.[38] Diese Bedenken prallten ab, weil Porsche und Hacker in einer Vorbesprechung mit Minister Todt[39] die Weichen bereits zu ihren Gunsten gestellt hatten. Zwar konnte neben Porsche auch die Firma Henschel ihr Modell eines schweren Panzerkampfwagens vorführen,[40] doch die Waage hatte sich längst zugunsten des Porsche-Panzers geneigt. Porsche hatte dabei für das perfekte politische Entree gesorgt; sein

Kompagnon Hacker hatte ihm das diffizile Problem des Dieselpanzermotors weitgehend abgenommen und stellte zudem eine perfekte Fabrikationsstätte für die Serienfertigung zur Verfügung.

Hitler glaubte sich eine kühne technische Lösung auf dem Gebiet der Panzerkampfwagen leisten zu können, weil diese neue Generation bei der Planung des Ostkriegs keine Rolle spielte. Da für ihn ein Zusammenbruch der Sowjetunion bis zum Herbst 1941 beschlossene Sache war, benötigte er die neuen schweren Panzerkampfwagen erst im Sommer 1942. Ihr Gegner sollte nicht die dann bereits geschlagene Rote Armee sein, sondern die britischen Streitkräfte.[41] Daher stellte Hitler einen Blankoscheck aus: Ohne die sonst übliche Erprobung durch die Heeresversuchsanstalt[42] würde Porsche einen Fertigungsauftrag erhalten, wenn er einen fahrtüchtigen und kampfbereiten »Leopard« vorführen konnte. Die dazu erforderlichen Hürden sollte der Typ 100 im Juni/Juli 1941 nehmen: Am 27. Juni 1941 fand die erste Vorführung eines fahrbereiten Exemplars in Anwesenheit von Porsche und Hacker auf einem Autobahnabschnitt bei Nürnberg statt.[43] Am 7. Juli 1941 traf der sehnsüchtig erwartete Panzermotor in Stuttgart ein, den Steyr-Daimler-Puch maßgerecht für den »Leopard« angefertigt hatte.[44]

Doch der »Leopard« ging wider Erwarten nicht in Serie, weil sich im Herbst 1941 die militärischen Rahmenbedingungen grundlegend wandelten. Die Rote Armee hielt dem deutschen Vorstoß stand, und die Wehrmacht wurde in einen Abnutzungskrieg verwickelt, der den technischen Rückstand gegenüber dem sowjetischen Panzerkampfwagen T 34 offenbarte. Die Wehrmacht musste bei ihrem vermeintlichen Prunkstück – der Panzerwaffe – nachrüsten, und damit stand sie vor einer enormen Herausforderung.[45] Der Ausgang des Wettstreits zwischen Porsche und Henschel hing plötzlich von Bedingungen ab, die Porsche nicht beeinflussen konnte. Hitler veränderte das Anforderungsprofil an den schweren Kampfpanzer in einem zentralen Punkt: der Kampfwagenkanone. Die Erfahrung der ersten Wochen des Ostkriegs hatte gelehrt, dass allein die eigentlich zur Flugabwehr bestimmte Flak 41 jene panzerbrechende Wirkung erzielte, die den sowjetischen T34-Panzer aus größerer Entfernung auszuschalten vermochte. Folgerichtig erwartete der Oberste Befehlshaber der Wehrmacht von den Konstrukteuren der schweren Kampfpanzer,[46] dass sie die Unterbringung einer Fliegerabwehrkanone vorsahen, ein gravierender Eingriff, der eine Fülle technischer Änderungen nach sich zog, vor allem weil der Durchmesser des Panzerturms vergrößert werden musste.[47]

Für Porsche kam dieser Eingriff von oben zu einem günstigen Zeitpunkt, denn noch befand sich sein »Typ 100« in einem Entwicklungsstadium, in dem grundlegende Modifikationen bei der Feuerkraft berücksichtigt werden konnten.[48] Er zog daraus allerdings eine auf den ersten Blick radikale Konsequenz, denn er konzentrierte seine Energien auf die Konstruktion und Entwicklung eines Panzerkampfwagens, der in puncto Gewicht, Panzerung und vor allem Feuerkraft das Vorläufermodell in den Schatten stellen sollte. Dieser neue, mindestens 45 Tonnen schwere Kampfpanzer erhielt den Namen »Tiger« – was insofern folgerichtig war, weil diese Raubkatze ihren kleinen Vetter, den Leoparden, hinsichtlich Masse deutlich übertrifft. Manches spricht allerdings dafür, dass ein im August 1941 zur Optimierung der Rüstungsproduktion aufgelegtes Programm, das »Tiger«-Programm,[49] dem neuen Superpanzer den Namen gab.

Indem er sich weniger auf den Panzer als Fahrzeug konzentrierte und erstmals dem Faktor Bewaffnung einen überragenden Stellenwert einräumte, ließ sich Porsche auf die Agenda Hitlers ein. Dies hieß auch, dass er bei der Umkonstruktion des Typs 100 in den neuen Typ 101 (den »Tiger«) nicht mehr dogmatisch auf seinen Lieblingsideen Hybridantrieb und luftgekühlter Dieselmotor bestand, falls Hitler in puncto Bewaffnung zufriedengestellt werden konnte. Die Erfahrungen mit dem Panzermotor des »Leopard«, der in entscheidenden Phasen des Entwicklungsprozesses immer wieder ausgefallen war,[50] ließen es ihm ratsam erscheinen, in der heiklen Motorfrage mehrgleisig zu fahren und nicht allein auf Steyr-Daimler-Puch als Motorlieferanten zu setzen. Daher kooperierte die Porsche KG von nun an mit zwei weiteren Unternehmen, die in Bezug auf den Antrieb besondere Expertise einbrachten: die im württembergischen Heidenheim ansässige Firma Voith, die sich mit hydraulischen und elektrischen Antriebs- und Bremssystemen einen Namen gemacht hatte, sowie die Simmering-Graz-Pauker AG aus Wien, die auf Schienenfahrzeuge spezialisiert war und daher über eine besondere Kompetenz bei vielseitig einsetzbaren Dieselmotoren verfügte.[51] Bis zur Jahreswende 1941/42 schaltete sich Ferdinand Porsche immer wieder persönlich in die Entwicklung ein und suchte in intensiver Zusammenarbeit mit Steyr, Voith sowie Simmering endlich eine optimale Antwort auf die Antriebsfrage zu finden, die sich immer mehr als Achillesferse des ganzen Vorhabens entpuppte. Um für alle Eventualitäten gerüstet zu sein, zog das Porsche-Team den Hydraulikspezialisten Voith hinzu, mit dem man alternativ die Konstruktion eines hydraulisch (statt elektrisch) angetriebenen Kampfpanzers erwog, um notfalls auch in diese Richtung Entwicklungsschritte unternehmen zu können. Die spezifische Expertise von Voith, einem Pionier auf dem Gebiet des an die Dieseltraktion angepassten Turbogetriebes,[52] half der Porsche KG, die anspruchsvolle Konstruktion der hydraulischen Kraftübertragung in den Griff zu bekommen.

Porsche plagte sich insgesamt fast neun Monate mit der Frage von Motor und Antrieb herum.[53] Erst am 9. März 1942[54] traf ein verbesserter Dieselmotor von Simmering-Graz-Pauker ein, der die erwarteten Fahrleistungen erzielte. Es war damit das eingetreten, was man befürchtet hatte: Trotz der in Typ 100 investierten Vorarbeiten lief Porsche im Wettbewerb mit Henschel die Zeit davon. Sollte Hitler nun noch aufs Tempo drücken, stand zu befürchten, dass man kein wirklich konkurrenzfähiges Versuchsfahrzeug in einen Vergleichswettbewerb mit Henschel schicken konnte.

Genau das trat im Frühjahr 1942 ein, nachdem sich die militärische Lage an der Ostfront im Winter 1941/42 dramatisch zugespitzt hatte. Die alarmierenden Nachrichten von der Front häuften sich: Die Panzertruppe kämpfte sich unter Aufbietung der letzten Kraftreserven vor, wobei im November 1941 offenbar wurde, dass sie auch wegen der qualitativen Unterlegenheit der Kampfpanzer die von der militärischen Führung gesetzten Ziele nicht erreichen würde. Der Hilferuf der Panzertruppe verhallte nicht ungehört. Unter Leitung von Rüstungsminister Todt besuchte eine hochrangige Delegation von Praktikern, darunter Ferdinand Porsche, vom 17. bis 22. November 1941 das Hauptquartier der Panzergruppe 2, das bereits im Einzugsgebiet von Moskau lag. Porsche betrat damit mehr als zehn Jahre nach seinem ersten Besuch der Sowjetunion wieder sowjetischen Boden, allerdings unter völlig anderen Umständen. Wir wissen nicht, ob er sich aufgrund seiner Kenntnisse der sowjetischen Rüstungswirtschaft zugetraut hatte, einen Panzer zu entwickeln, der dem russischen T34 an Kampfkraft gleichkam. Auf jeden Fall musste er sich nun anhören, was der Kommandeur der Panzergruppe 2, Generaloberst Heinz Guderian, den Abgesandten der Firmen zu sagen hatte, die an der Entwicklung und Herstellung der bis dahin so gerühmten deutschen Panzerwaffe beteiligt waren. Guderian war nicht irgendein hochrangiger Militär, sondern der geistige Vater der Panzertruppe und damit der unangefochtene Experte, was die technischen Anforderungen an den Kampfpanzer anlangte. Dieser General forderte von den Konstrukteuren eine Neukonstruktion, die ein besseres Laufwerk, eine durchschlagskräftigere Kanone und einen stärkeren Motor als die bisher gelieferten Panzer aufweisen sollte.[55]

Der Oberste Befehlshaber der Wehrmacht machte sich den Großteil der Anliegen zu eigen, die an der Front hinsichtlich der Ausstattung der künftigen Kampfpanzergeneration formuliert wurden. Am 29. November 1941 befahl er die Verantwortlichen aus Wehrmacht und Industrie zu einem »Panzergipfel« in die Reichskanzlei, um ihnen neue Instruktionen zu erteilen. Was er dort zu hören bekam, dürfte Porsche nicht unbedingt wie Musik in den Ohren geklungen haben. Hitler ließ nämlich keinen Zweifel aufkommen, dass die Erfordernisse der Herstellung von Kampfpanzern eindeutig vor denen der Konstruktion zu rangieren hätten: »Es muß also sehr viel weitgehender bei der Konstruktion auf die Produktion Rücksicht genommen werden.«[56] Dies bedeutete, dass der zu konstruierende schwere Kampfpanzer für die Massenfertigung geeignet sein musste und sowohl material- als auch personalsparend herzustellen war. Die Zeiten waren vorbei, in denen Porsche aus dem Vollen schöpfen und chancenreiche, aber zugleich riskante technische Lösungen um ihrer selbst willen anpeilen konnte. Hitler bekräftigte seine Botschaft vom Primat der Fertigung vor der Konstruktion noch einmal in einer Besprechung im kleinen Kreis mit Porsche und Vertretern des Heereswaffenamtes. Es war sein »Befehl, daß vor Beginn der Konstruktionsplanungen die Fertigungsmöglichkeiten der Firmen berücksichtigt werden sollen«.[57]

Bei der Konstruktion des »Leopard« wie des »Tiger« war Porsche bisher in genau entgegengesetzter Richtung marschiert: Er hatte einen Idealentwurf konstruktiv ausgearbeitet und dann geeignete Hersteller gesucht, mit deren Hilfe seine Planung in ein funktionstüchtiges Fahrzeug umgesetzt werden konnte. Beim Typ 100 hatte sich Porsche diese Vorgehensweise noch leisten können, weil dem »Leopard« als Gefechtsaufklärer kein erheblicher Einfluss auf den Kriegsverlauf beigemessen wurde. Doch seit dem Winter 1941/42 setzte der Oberste Befehlshaber alle Hoffnung darauf, mit einem Modernisierungsschub vor allem bei schweren Kampfpanzern eine kriegsentscheidende Wirkung zu erzielen.[58] Er war es, der nun aufs Tempo drückte. Im März 1942 verlangte er, die ersten schweren Kampfpanzer vom Typ »Tiger« »sofort an die Front zu bekommen«.[59] Hitler verzichtete auf die übliche Erprobungsphase und befahl, die »Tiger« gewissermaßen von der Fertigungsstätte an die Front zu bringen, wo sie dann ihre Feuertaufe zu bestehen hatten: »Die Erprobung könne gleichzeitig mit dem Fronteinsatz vorgenommen werden.« Der Einsatz eines noch nicht voll ausgereiften Kampfpanzers an der Front war eine äußerst waghalsige Operation, bot Porsche aber die Chance, seinen noch in der Endphase der Entwicklung steckenden Typ 101 ohne Abnahme durch das Heereswaffenamt an die Front zu bekommen. Allerdings musste der »Tiger« die vorherige Abnahme durch Hitler selbst überstehen und dabei zugleich seinen Konkurrenten aus dem Hause Henschel ausstechen. Wie ein Damoklesschwert hing von nun an die Präsentation vor dem »Führer« über den an der »Tiger«-Entwicklung Beteiligten.

Es begann ein Wettlauf mit der Zeit, der die strukturellen Verwerfungen des gesamten Entwicklungsprozesses schonungslos freilegte. Jetzt hätte Porsche die Früchte der in den »Leopard« investierten Entwicklungsarbeit ernten können, stattdessen musste er bangen, dass überhaupt ein Versuchsfahrzeug des »Tiger« rechtzeitig zur Vorführung fertig werden würde. Die Tagebücher von Chefingenieur Karl Rabe legen beredtes Zeugnis ab von diesem Auseinanderdriften: Der »Leopard« bereitete dem Porsche-Team im Frühjahr 1942 keine Schwierigkeiten mehr, weil die Motorfrage zur allseitigen

Zufriedenheit gelöst war. Am 27. März 1942 fand die Vorführung eines vorzeigbaren »Leopard« im Panzerwerk in Sankt Valentin statt.[60] Der Kontrast zum »Tiger« konnte demgegenüber kaum größer sein: Noch bis Anfang März 1942 blieb der Motor die Achillesferse dieses Projekts. Zwar wurde am 9. März 1942 erstmals ein einsatzfähiger Motor von Simmering-Graz-Pauker geliefert, doch dieser wies noch so viele technische Unzulänglichkeiten auf (die Kolben brannten regelmäßig durch, die Luftzufuhr zu den Motoren war ungenügend), dass bis Anfang April 1942 alles auf Messers Schneide stand. Erst am 17. April 1942 konnte der »Tiger« im »Nibelungenwerk« auf seine Fahrtüchtigkeit getestet werden. Direkt nach der Jungfernfahrt wurde dieser einzige Prototyp verladen und auf die weite Reise zum »Führerhauptquartier« in Ostpreußen geschickt, wo er an Hitlers Geburtstag vorgeführt werden sollte.[61] Angesichts dieser Vorgeschichte war die Erleichterung verständlich, die Porsche nach der Vorführung am 20. April 1942 erkennen ließ, als er Rabe telefonisch davon unterrichtete, dass die Vorführung »gut geklappt«[62] habe. Dies war mehr ein Stoßseufzer als ein Triumphschrei, aber angesichts der holprigen Vorbereitung hätte dieser erste Test auch mit einer totalen Blamage enden können.

Die Porsche KG war also weiterhin im Rennen um den begehrten Produktionsauftrag für den »Tiger«. Der »Leopard« starb indessen einen langsamen Tod, denn der mit einer wesentlich größeren Feuerkraft ausgestattete »Tiger« drängte ihn zunehmend in den Hintergrund, bis der »Leopard« im Januar 1943 schließlich ganz aus dem Produktionsprogramm gestrichen wurde[63] und folglich niemals zum Fronteinsatz gelangte. Beim »Tiger« hatte Porsche die erste Prüfung glücklich überstanden. Dass der Prototyp nur unter Aufbietung der letzten Kräfte den Weg zur Wolfsschanze geschafft hatte, danach fragte niemand. Der »Tiger« hatte diese Hürde genommen, und nun, so hoffte man bei Porsche, würde es so kommen wie immer: Nach dem ersten positiven Eindruck würde Hitler den Weg zur Serienproduktion bahnen, zumal er mit dem technischen Grundkonzept sympathisierte, das dem Porsche-»Tiger« zugrunde lag. Nach Hitlers Ansicht gehörte den luftgekühlten Dieselmotoren auch beim Panzerkampfwagen die Zukunft.[64]

Über das Porsche-Modell ließ Hitler sich immer wieder ausführlich mit Hilfe von Bildmaterial informieren; nur dieses Modell durchleuchtete er hinsichtlich der Bewaffnung.[65] Er schien willens, dem Porsche-»Tiger« einen riesengroßen Bonus einzuräumen: »Falls der Porsche-Tiger außerordentlich befriedigt«,[66] würde seiner Serienfertigung nichts mehr im Wege stehen. Doch bei der Vorführung am 20. April 1942 hatte der Porsche-»Tiger« seinen Konkurrenten keineswegs um Längen distanziert. Der elektrische Antrieb erwies sich als neuralgischer Punkt, weil der zur Stromerzeugung nötige Generator Platz- und Gewichtsprobleme verursachte und auch hinsichtlich der Beschleunigung hinter dem direktgetriebenen Henschel-Panzer zurückblieb.[67]

Das Rennen um die Serienfertigung eines schweren Kampfpanzers war also noch völlig offen. Im Konstruktionsbüro arbeitete man in den folgenden Monaten fieberhaft daran, die immer wieder auftretenden Schwierigkeiten beim Antrieb in den Griff zu bekommen. Porsche selbst hielt sich im Sommer 1942 häufiger denn je im »Nibelungenwerk« auf,[68] wo am Porsche-»Tiger« gearbeitet wurde. Wie schon beim P-Rennwagen im Jahr 1933 überwachte Porsche den komplexen Fertigungsprozess vor Ort, obgleich er 1942 sehr viel beschäftigter war als im Krisenjahr 1933. Er verschloss keineswegs die Augen vor dem Risiko, mit seinen technisch avancierten Lösungen an einem für seinen Konstruktionsstil eigentlich unzumutbaren Zeitdruck zu scheitern. Daher suchte er mit seinem Team nach Lösungen, bei denen Abstriche am ursprünglichen Konzept gemacht, aber immerhin die Grundideen gerettet wurden. Diese Pläne mündeten in den Typ 180, der eine Abwandlung des »Tigers« darstellte und daher als »Tiger« II bezeichnet wird. Porsche verabschiedete sich bei dieser Weiterentwicklung vom Dieselmotor, hielt aber am elektrischen Antrieb fest. Mit diesem Kompromiss ging er im August 1942 in den Entwicklungsprozess.[69]

Das Hauptaugenmerk galt aber weiterhin dem Typ 101. Doch man musste kein Prophet sein, um den Ausgang des Wettbewerbs mit dem zwar konventionellen, dafür aber in der Grundausstattung bewährten Henschel-»Tiger« vorherzusagen. Selbst Hitler machte in seinen regelmäßigen Besprechungen mit Rüstungsminister Speer keinen Hehl daraus, dass der militärische Nutzen des Porsche-»Tigers« im bisher erreichten Zustand limitiert sei. Anfang September 1942 bemängelte er, dass der spritschluckende Kampfwagen in der Reichweite nicht befriedige, da der Tank nicht geräumig genug ausfalle. Hitler hielt »es für taktisch untragbar, dass der Porsche-Tiger nur einen Treibstoff-Vorrat für 50 km besitzt; dieser müsste für mindestens 150 km ausreichen«.[70] Das war eine schallende Ohrfeige, weil die Gefechtstauglichkeit des Porsche-»Tigers« damit grundsätzlich in Frage gestellt wurde.

Nachteilig wirkte sich für Porsche auch aus, dass es einen Wechsel an der Spitze des Rüstungsministeriums gegeben hatte: Porsches Mentor Fritz Todt war im Februar 1942 bei einem Flugzeugabsturz ums Leben gekommen. Auf ihn war mit Albert Speer ein energischer Managertyp gefolgt, der über privilegierte Beziehungen zu Hitler verfügte, mit dem ihn die Passion für die Architektur verband.[71] Speer konnte daher mit seiner Künstlernatur für Sachentscheidungen auf dem Gebiet der Rüstung eintreten, die nicht zugunsten der Porsche KG ausfielen. Schon im Sommer 1942 musste Porsche einige unangenehme Examinationen durch Speer über sich ergehen lassen: Am

22. Juni 1942 hatte er zum Rapport anzutreten, um über eines der Hauptprobleme bei seinem Panzerkampfwagen – die Luftkühlung des Motors – zu berichten.[72] Die Tatsache, dass Speer ihm danach einen Stellvertreter und Geschäftsführer, Oberstleutnant Fritz Holzhäuer, für die Belange der Panzerkommission an die Seite stellte, spricht Bände: Speer stutzte Porsche, indem er einen Aufpasser aus dem Heereswaffenamt – und zwar den für das Panzerprüfwesen Verantwortlichen – mit der faktischen Leitung der Panzerkommission beauftragte, so dass der Vorsitzende Porsche lediglich noch Dekoration war.

Auch in technischer Hinsicht wollte Speer den Dingen auf den Grund gehen. Er hatte den Showcharakter bei der »Führer«-Präsentation am 20. April 1942 durchschaut und wollte beide »Tiger«-Modelle persönlich testen, indem er sie im Gelände fuhr und damit einen Praxiseinsatz simulierte.[73] Für den 27. August 1942 ordnete er in der Panzerschmiede in Sankt Valentin, wo der »Tiger« produziert wurde, einen Vergleichstest an, der so angelegt war, dass bei einem Fehlschlag die laufende Produktion für Typ 101 eingestellt werden würde.[74] An diesem Augusttag fand in Anwesenheit des Rüstungsministers ein Geländewettkampf zwischen dem »Tiger« und dem bisherigen Flaggschiff der deutschen Panzerkampfwagenflotte, dem Panzerkampfwagen IV, statt. Das Ergebnis war für Porsche desaströs: Speziell beim Erklimmen von Hindernissen – den sogenannten Kletterversuchen – schnitt der altgediente »Panzer IV« wesentlich besser ab als der hochgelobte »Tiger«. Die Neukonstruktion erwies sich also hinsichtlich der Einsatzfähigkeit im Gelände dem Veteranen unterlegen. Damit war die Einstellung der Produktion der Porsche-»Tiger« im »Nibelungenwerk« so gut wie beschlossen.

Ferdinand Porsche war es gewohnt, bei Gesprächspartnern, wenn er sie in einen Fachdialog verwickelte, mit seiner enormen Fachkompetenz einen nachhaltigen Eindruck zu hinterlassen. Bei Speer stieß diese Kommunikationsstrategie allerdings an Grenzen. Dies lag nicht nur an dessen managerhaft-kühlem Auftreten, sondern vor allem daran, dass er Porsche mit dessen eigenen Waffen schlagen konnte. Denn Speer hatte sich seit seinem Dienstantritt systematisch in die Materie der Panzerkampfwagen eingearbeitet und dabei ganz bewusst die Perspektive der Truppe eingenommen. Am 2. März 1942 hatte sich der Rüstungsminister im vertrauten Kreis hierzu wie folgt ausgelassen: »Bei der Panzerwaffe sei er nunmehr so weit, dass er alle Typen […] eingehend studiert habe. Er habe am letzten Sonntag vier Stunden lang den schweren russischen Panzer gefahren und habe schon verschiedene schwierige Geländestücke absolviert. Nur, daß man einen Panzer selbst steuern lerne und im übrigen im schwierigen Gelände bewegen könnte, würde einen mit den vielen Schwierigkeiten und Verbesserungen, die notwendig seien, vertraut machen. Die Gespräche mit den Frontoffizieren, den Konstrukteuren usw. hätten ihm sehr viel genützt und er glaubte, daß er aufgrund seiner Erfahrungen demnächst der Truppe einen Panzer stellen könne, der allen bisherigen Typen weit überlegen sei.«[75] Mit dieser praktischen Herangehensweise sicherte sich Speer gegenüber Ferdinand Porsche einen handfesten Vorteil im Ringen um die diskursive Hoheit über den Kampfpanzer. Speer wie Porsche hatten keine Fronterfahrung vorzuweisen; aber Speer kompensierte diesen Nachteil, indem er die Panzer persönlich testete, sie im Gelände fuhr und sich überhaupt das Erfahrungswissen der Panzertruppe aneignete. Porsche hingegen war ausgerechnet auf seiner Domäne, dem praktischen Erfahrungswissen im Gebrauch von Fahrzeugen, gegenüber Speer im Nachteil. Der Konstrukteur hat nach allem, was wir wissen, einen schweren Panzerkampfwagen nie eigenhändig gesteuert und konnte daher nicht mit eigenen praktischen Erfahrungen aufwarten. Ferdinand Porsche bewegte sich in Bezug auf das Panzerwesen letztlich auf fremdem Terrain, und dieses strukturelle Defizit ließ ihn gegenüber Speer ins Hintertreffen geraten. Da Speer zudem das Ohr Hitlers hatte,[76] konnte Porsche gegen Speer nicht ankommen, und so zeichnete sich bald ab, dass die politische Grundlage für auf Panzerkampfwagen bezogene Aufträge der Porsche KG allmählich schwand.

Allerdings war Speer bewusst, dass er sich nach allen Seiten absichern musste, wenn er ausgerechnet Hitlers Protegé zum Verlierer des Konstruktionswettbewerbs stempelte. Daher berief er eine Kommission ein, die das gewünschte Ergebnis liefern sollte. Die Fachleute sollten ein Gutachten nur über den Porsche-»Tiger« (bezeichnenderweise nicht über den Henschel-»Tiger«) erstellen, wobei die Tendenz des Gutachtens schon an der Begründung zur Einsetzung dieses Gremiums (»da die Entwicklung dieser Neukonstruktion nicht ohne Schwierigkeiten vor sich ging«[77]) abgelesen werden konnte. Speer hatte damit eine Struktur geschaffen, die den Fachleuten des Heereswaffenamtes wie des Oberkommandos des Heeres Mitsprache bei der Entscheidung über die Zukunft des Porsche-»Tigers« verschaffte. Damit war keineswegs eine »Remilitarisierung« der Rüstungspolitik verbunden, denn Speer hielt – in konsequenter Fortsetzung der Linie seines Vorgängers Todt – daran fest, dass das Rüstungsprogramm von den Erfordernissen der Produktion bestimmt wurde, womit dem Hersteller die Schlüsselposition zufiel. Nur beim Porsche-»Tiger« wich Speer von dieser Linie ab, indem er ihn unter Aufsicht des Militärs stellte. Dort war man, das wusste Speer, dem Porsche-»Tiger« nicht gerade wohlgesinnt.

Das Heereswaffenamt konnte nun seine Aversion gegen die Sonderstellung Porsches zum Ausdruck bringen, der seine Konstruktionsaufträge für die Panzerkampfwagen immer an der Behörde vorbei erhalten hatte. Zum anderen konnten sich die Panzerkommandeure Gehör verschaffen, die nicht an technisch ausgeklügelten Betriebssystemen, sondern an robusten Kampfpanzern interessiert waren und daran, dass die Fahrzeuge ihre qualitative Überlegenheit auf dem Kampffeld zuverlässig zur Geltung brachten. Als deren Sprecher kann Oberst Wolfgang Thomale gelten, der sich als Kommandeur eines Panzerregiments im Ostkrieg das Ritterkreuz verdient hatte, bevor er im Juni 1942 in den Stab der Heeresrüstung berufen wurde und dort das Gutachten über den Porsche-Hybridpanzer auf den Weg bringen sollte.

Porsche versuchte zu retten, was zu retten war. Als schwerer Panzerkampfwagen konnte sich der Typ 101 (»Tiger«) nicht gegen die Konkurrenz durchsetzen, und daher benötigte Porsche für ihn eine alternative Verwendung. Parallel wollte er sich ganz auf den Typ 180 (»Tiger« II) konzentrieren, um mit dieser verbesserten Version im zweiten Anlauf gegen seinen Rivalen Henschel die Oberhand zu behalten. Die unbestreitbaren und in der Kürze der Zeit nicht zu korrigierenden Reichweitendefizite machten den Porsche-»Tiger« als Panzerkampfwagen, der mit seiner Beweglichkeit für Raumgewinn sorgen sollte, untauglich. Die in den Porsche-»Tiger« investierten Entwicklungsarbeiten waren aber nicht nutzlos, wenn man diesen Typ zum Jagdpanzer umfunktionierte – und damit von einer Offensivwaffe zu einer in der Panzerbekämpfung einzusetzenden Defensivwaffe machte. Hitler stellte bereits Ende September 1942 die Weichen für entsprechende Entwicklungsarbeiten[78] und wies damit den Weg zu einem »ehrenvollen Rückzug«.[79] Am 9. Oktober 1942 erhielt Porsche dann die Zusage, drei Kampfwagen vom Typ 180 als Musterfahrzeuge bis Ende 1942 entwickeln und produzieren zu dürfen.[80] Am 11. November 1942[81] gab er schließlich folgende Order an seinen Mitarbeiterstab: Typ 101 (also der »Tiger« I) wurde eingestellt und sollte als Jagdpanzer Verwendung finden, was mit dem ursprünglichen Auftrag kaum noch etwas zu tun habe. Allerdings konnte Porsche vermelden, dass Typ 180 weiterhin als »Tiger« II im Rennen sei. Hier würde eine Vorführung darüber befinden, ob der Porsche-»Tiger« II statt des Rivalen aus dem Hause Henschel in Serienfertigung ging. Das Konstruktionsbüro war entschlossen, diese Chance beim Schopfe zu packen und alles dafür zu tun, dass Porsche im Wettbewerb mit Henschel bestehen konnte.

Allerdings hatte das Fiasko bei Typ 101 ein gravierendes strukturelles Problem offenbart, das um so schwerer ins Gewicht fiel, als es die Kernkompetenz des Konstruktionsbüros betraf – den Antrieb eines motorgetriebenen Fahrzeugs. Die Porsche AG hatte bei der Konstruktion und Entwicklung von Panzerkampfwagen unter Beweis gestellt, dass sie in der Lage war, eine innovative Gesamtlösung für ein komplexes technisches Vorhaben zu erarbeiten. Beim Typ 101 bestand die eigentliche Herausforderung darin, militärische

Komponenten in ein Fahrzeug zu integrieren, mit denen das Konstruktionsbüro bislang noch keine Erfahrung gesammelt hatte, wobei Drehturm und Kampfwagenkanone den Kern ausmachten. Die Panzerkampfwagenentwicklung war eine Komplettaufgabe und damit für die Porsche KG wie geschaffen, da eine ihrer Stärken darin bestand, Spezialkenntnisse unterschiedlicher Fabrikationszweige in das Gesamtvorhaben einzubringen. Die Achillesferse beim Porsche-»Tiger« war daher auch nicht die Integration der militärischen Basiselemente, sondern – und das ist höchst bemerkenswert – der Antrieb. Ausgerechnet beim Antrieb, seiner Domäne, war Porsche gegenüber Henschel ins Hintertreffen geraten.

Immer deutlicher zeichnete sich im Jahr 1942 ab, dass die Porsche KG zwar in der Lage war, technisch besonders innovative schwere Panzerkampfwagen zu entwickeln, die aber im Praxistest gegen die Henschel-Modelle den Kürzeren zogen. Wenn Hitler trotz dieser offenkundigen Defizite der Porsche-»Tiger« den Entwicklungsauftrag nicht stoppte, lag dies vor allem daran, dass der Oberste Befehlshaber der Wehrmacht bereits einen Schritt weiter dachte und die Porsche-»Tiger« als Zwischenlösung auf dem Weg zu einem ganz neuen Panzerkampfwagentypus einzusetzen gedachte. Was Hitler vorschwebte, war ein sogenannter überschwerer Kampfpanzer, für den andere Kriterien als für die schweren Panzerkampfwagen galten. Und auf diesem Gebiet sollte sich Porsche in konstruktiver Hinsicht so frei entfalten können wie bei keinem anderen militärisch nutzbaren Fahrzeug, das seine Handschrift trug. Der »Tiger« II sollte mithin lediglich die Lücke füllen »bis zum endgültigen Einsatz des schwersten Panzers«.[82] Für Porsche besaß diese Variante einen entscheidenden Vorteil: Er konnte hinsichtlich der drei Musterfahrzeuge experimentieren und besaß zugleich die Gewissheit, dass die Entwicklungsarbeit auch im Fall, dass der Porsche-»Tiger« im Wettbewerb gegen den Henschel-»Tiger« erneut den Kürzeren ziehen sollte, eine lohnende Investition in Hinsicht auf den überschweren Kampfpanzer bedeutete. Die drei Exemplare des Porsche-»Tigers« der zweiten Generation waren also gewissermaßen »Versuchsfahrzeuge«.[83] Darüber hinaus zeigte Hitler sich Porsches fast schon in den Rang eines Glaubensgrundsatzes erhobener Position zugeneigt, wonach dem luftgekühlten – und nicht dem wassergekühlten – Motor die Zukunft beim Panzerkampfwagen gehöre.[84] Bekanntlich hatte Hitler schon bei den ersten Überlegungen zur militärischen Nebennutzung des Volkswagens die Luftkühlung zur Prinzipienfrage gemacht – und daher rannte Porsche mit seinem Plädoyer für luftgekühlte Panzermotoren offene Türen ein.

Doch Porsches Experimentierfreude waren unter den Bedingungen des Krieges – anders als beim Volkswagen-Projekt – enge Grenzen gesetzt. Die Truppe benötigte keine Superkampfwagen, die alles bisher Dagewesene weit übertrafen, aber mitten im Gefecht aufgrund technischer Mängel reihenweise ausfielen. Sie verlangte betriebssichere Panzer, und Hitler selbst forderte »narrensichere Motoren«,[85] die nicht ausfielen und einfach zu bedienen waren. Aber die Anfälligkeit war nicht die einzige Crux des hochkomplexen dieselelektrischen Antriebs mit Luftkühlung, der Porsche als Ideallösung vorschwebte. Es galt auch den Material- und Fertigungsaufwand zu reduzieren und möglichst raumsparend zu konstruieren. Robert Eberan von Eberhorst, der bereits bei der Entwicklung des Auto-Union-Rennwagens eine wichtige Rolle gespielt hatte, schrieb aus der nüchternen Sicht eines akademischen Fahrzeugexperten den Panzerfachleuten als zentrales Kriterium ins Stammbuch: »Geringstmöglicher Raumbedarf der gesamten Antriebsmaschine, zu welcher Motorkühlanlage, Kraftstoffbehälter und Getriebe zu zählen sind.«[86] Dass der Einbau eines stromerzeugenden Generators mit dieser Maxime kaum zu vereinbaren war, lag auf der Hand. Aber auch die Luftkühlung des Motors war unter dieser Vorgabe problematisch. Selbst der von der Firma Maybach entwickelte Hochleistungsmotor HL 230, der hohe Leistung bei kleinstem Raumbedarf garantierte, wies aus Sicht der Praktiker hinsichtlich der »Betriebs- und Narrensicherheit« noch zu viele technische Extravaganzen auf. Der Generalinspekteur der Panzertruppen fand dafür einen prägnanten Vergleich aus dem Tierreich: »Dieser Motor ist und bleibt, um einen zoologischen Vergleich zu bemühen, ein hochwertiges ›Rennpferd‹, das gute Wartung und fachmännische Behandlung erfordert, während wir den ›Büffel‹ brauchen, der ohne Pflege und Wartung unentwegt trotz aller feldmäßigen klimatischen und sonstigen Schwierigkeiten seinen Dienst tut.«[87]

Wenn schon dem bewährten Maybach-Hochleistungsmotor von der Panzertruppe nicht geringe Defizite bescheinigt wurden, um wie viel vernichtender musste das Urteil ausfallen, wenn den Panzerbesatzungen nicht nur ein Vollblüter, sondern ein hochsensibler, pflegeintensiver Araber aus dem Hause Porsche überantwortet würde?

Porsche kapitulierte allerdings nicht vor dem voraussehbaren Votum der Truppe, sondern ging unbeirrt daran, den »Tiger« der zweiten Generation mit den technischen Markenzeichen eines Panzers aus dem Hause Porsche auszustatten. Reimspieß wurde als rechte Hand Porsches ins »Nibelungenwerk« abgeordnet, um dort die drei Prototypen des »Tigers« II zu entwickeln. Porsches Statthalter in Sankt Valentin hielt dabei auch Kontakt zum Lieferanten des begehrten luftgekühlten Fahrzeugdieselmotors, Simmering-Graz-Pauker, aufrecht. In der leidigen Antriebsfrage schien sich damit der lang ersehnte Durchbruch abzuzeichnen.[88] Porsche ergriff zudem die Chance, neue Wege zu gehen und zu testen, ob ein hydraulischer Antrieb in Kombination mit einem luftgekühlten Dieselmotor die technisch optimale Lösung darstellte. Daher wurde die Zusammenarbeit mit der Firma Voith in Heidenheim intensiviert. Dass die Porsche KG selbst unter immer härteren Wettbewerbsbedingungen ihre Experimentierfreude kaum bremsen konnte und erhebliche Anstrengungen unternahm, ein Voith-Turbogetriebe zur hydraulischen Kraftübertragung in den Porsche-»Tiger« einzubauen, spricht Bände.[89]

Wenn man diesen Weg konsequent zu Ende gehen wollte, war allerdings eine komplette Neukonstruktion des Panzerkampfwagens nötig. Porsche präsentierte diese Variante,[90] die er konsequent als »Tiger« P III bezeichnete, im Februar 1943 in der Panzerkommission. Damit reizte er die sich bietenden technischen Möglichkeiten vollkommen aus und betrat technisches Neuland. Einen Panzerkampfwagen mit hydraulischem Antrieb hatte es bis dahin nicht gegeben, und dazu einen luftgekühlten, etwa 900 PS starken Dieselmotor zu konstruieren, war ebenfalls eine technische Herausforderung ersten Grades. Porsche suchte sein Heil in einer technisch überaus avantgardistischen Lösung und verband auf diese Weise seinen grundsätzlichen Wagemut mit der aus der Not geborenen Bereitschaft, durch einen solchen Paukenschlag im Wettbewerb mit Henschel zu bestehen. Doch es stellte sich heraus, dass gegen den parallel entwickelten Maybach-Hochleistungsmotor HL 230[91] nicht anzukommen war. Immerhin genoss Porsche bei Hitler in der hochsensiblen Motorfrage weiterhin großes Renommee, so dass sein fachmännisches Urteil an höchster Stelle gefragt blieb. Am 27. November 1943 hatte ihn Hitler zum Gespräch ins Führerhauptquartier beordert,[92] wo Porsche in fairer Weise die Vorzüge des Maybach-Motors trotz Verbesserungsvorschlägen im Kleinen anerkannte.[93] Und als er sich Anfang Dezember 1943 im Maybach-Werk in Friedrichshafen vor Ort einen Eindruck verschaffte, ging es ihm vor allem um konstruktive Vorschläge »zur Behebung der Mängel am HL 230«.[94]

Dennoch saß der Stachel tief, weil Porsche ausgerechnet in der Motorfrage entscheidend gegen Henschel ins Hintertreffen geraten war. Doch er ließ sich weiterhin nicht von seiner Grundüberzeugung abbringen, dass der luftgekühlte Motor der perfekte Hochleistungsmotor sei. In einem Schreiben an den Generalinspekteur der Panzertruppen vom 1. Februar 1944 konnte er sich nicht den Ratschlag verkneifen, dass in dieser Lösung die Zukunft liege und es darauf ankomme, »mit aller Energie die Entwicklung der […] luftgekühlten Maschinen weiterzutreiben«.[95] Porsche blieb auch im vorletzten Kriegsjahr der technische Perfektionist, der Abstriche an seinem Gesamtentwurf als unsachgemäße Abkehr vom Pfad des technischen Fortschritts wertete. Ihm fehlte einfach das Verständnis dafür, dass sich eine Konstruktion unter kriegswirtschaftlichen Bedingungen den Luxus umfassender experimenteller Entwicklungsarbeit nicht leisten konnte. Damit geriet er in diametralen Gegensatz zu Rüstungsminister Speer, der auf den Primat der Produktion bereits funktionsfähiger Rüstungsgüter setzte, so dass nicht nur in der Frage der Weiterentwicklung luftgekühlter Dieselmotoren zwei Welten aufeinander prallten.[96]

Man muss auch die Frage aufwerfen, ob sich die Porsche KG im Laufe des Krieges nicht viel zu viele Projekte auflud und gar nicht imstande war, alle mit der erforderlichen Gründlichkeit und dem notwendigen Ressourceneinsatz zu bearbeiten. Ferdinand Porsche betätigte sich mehr denn je als Akquisiteur und erklärte alle wichtigen Aufträge zur Chefsache, so dass er kaum noch in seinem Stuttgarter Büro anzutreffen war. Gewiss verschlang auch die Arbeit im KdF-Werk ein gewisses Zeitkontingent. Doch das Volkswagen-Engagement war nicht der Grund dafür, dass Porsche sich verzettelte. Es war vielmehr sein Widerstreben, entschieden nein zu sagen, wenn die Anfragen überhand nahmen. Dabei lag es auf der Hand, dass er bestimmte Aufträge in jedem Fall übernehmen musste: Eine militärische Nutzung des Volkswagens als Kübelwagen und als Schwimmwagen war ohne den Konstrukteur des Originals nicht zu bewerkstelligen. Aber die Porsche KG befasste sich auch mit Projekten wie Konstruktion und Entwicklung eines »Radschleppers-Ost«, was gewiss nicht zum Kerngeschäft des Unternehmens zählte. Und selbst bei einem Fehlschlag wie dem »Tiger«-Projekt war das Unternehmen mit Abwicklungsarbeiten ausgelastet, die Porsche am Herzen lagen, weil er möglichst viel von seiner konstruktiven Grundidee retten und für andere Panzerfahrzeuge fruchtbar machen wollte. So wurde er immer mehr zum Getriebenen, der unternehmerische Schwerpunkte nicht mehr aus eigener Souveränität setzen konnte. Und wenn er ins Führerhauptquartier gerufen wurde, musste er damit rechnen, von Hitler einen führerunmittelbaren Auftrag zu erhalten, den er auf keinen Fall ablehnen konnte.

Porsche konnte in der strategisch entscheidenden Motorfrage also gar nicht die Kraft und Zeit aufbringen, die nötig gewesen wäre, um der Idee luftgekühlter Motoren zum Durchbruch zu verhelfen. Er verschenkte das Potenzial des Vorsitzes einer Arbeitsgemeinschaft für luftgekühlte Motoren, obgleich ein kundiger Experte das Büro in Berlin leitete und Porsche von den Aufgaben der Geschäftsführung entbunden war. Der Geschäftsführer wurde mehr als ein halbes Jahr im Unklaren gelassen über das weitere Vorgehen und schlichtweg nicht über den Stand der Dinge unterrichtet, weil Porsche »seit Monaten [...] die Besprechungen über die Motorenentwicklung auf Minuten beschränken«[97] wollte. Letztlich konnte Porsche seine institutionelle Stellung nicht nutzen, weil ihm im Grunde an einer strategisch und operativ weitsichtigen Einbindung unternehmensfremder Personen gar nicht gelegen war. Er vermochte derartige Gremien einfach nicht für eigene Zwecke einzuspannen – auch sein Vorsitz der Panzerkommission zeugt davon. In die Vor- und Nachbereitung von Sitzungen investierte er kaum Zeit, und so konnte er dieser wichtigen Schnittstelle von Konstrukteuren, Herstellern und militärischen Experten seinen Stempel kaum aufdrücken – und wollte es wohl auch nicht. Im Laufe des Jahres 1943 stellte Porsche stillschweigend alle Entwicklungsarbeiten am »Tiger« II ein. Das Gespann Henschel–Maybach hatte einen leichten Sieg über Porsche errungen, weil es an Waghalsigkeit grenzte, unter dem politisch gesetzten Primat der Fertigung in der zentralen Frage des Antriebs Experimente mit ungewissem Ausgang einzugehen, während die Konkurrenz die beiden kardinalen Anforderungen an den Motor eines schweren Panzerkampfwagens garantieren konnte: Frontreife und Betriebssicherheit.[98]

Der Oberste Befehlshaber der Wehrmacht trug die Entscheidung gegen Porsche uneingeschränkt mit, doch der Misserfolg in der »Tiger«-Frage änderte nichts an seiner Hochachtung für das technische Genie des Konstrukteurs. Wie Porsche hielt Hitler an der Überzeugung fest, »daß trotzdem mit aller Energie die Frage der Entwicklung eines luftgekühlten Diesels vorangetrieben werden muß«[99] und nur wegen des Diktats der Kriegsnotwendigkeiten die Porsche-Alternative nicht zum Zuge kommen könne. Für den Porsche-»Tiger« hatte es nicht gereicht, doch der in dieses Projekt hineingesteckte Aufwand war so beträchtlich gewesen, dass man über eine »Resteverwertung« nachdachte. Hitler selbst hatte schon im Herbst 1942 einen rettenden Ausweg gewiesen: Da er nie ein strikter Anwalt des raumgreifenden »Blitzkriegs« war, sondern im Kern immer ein Sympathisant einer Defensivstrategie,[100] lag für ihn die Umwandlung des schweren, auf Offensivaktionen zugeschnittenen Porsche-»Tigers« zu einer auf die Bekämpfung der gegnerischen Panzer ausgerichteten Waffe geradezu auf der Hand.

Hitler suchte Porsches »Tiger«-Konstruktion einer militärisch sinnvollen Verwendung zuzuführen, als sich abzeichnete, dass sie für den Frontgebrauch nicht tauglich war. Dem Obersten Befehlshaber der Wehrmacht schien an einer militärischen Ehrenrettung Porsches gelegen zu sein. Schon im September 1942 ordnete er an, dass eine solche Umwandlung in konstruktiver Hinsicht »sofort durchgearbeitet werden«[101] solle. Technisch handelte es sich um eine Lösung, bei der vom ursprünglichen Porsche-»Tiger« im Kern nur die Laufwerke übrig blieben,[102] die nun von der Firma Alkett in Berlin in aufwendiger Weise zu Sturmgeschützen umgebaut wurden.[103] Das Ergebnis dieser Umarbeitung war ein »Ferdinand« genanntes Fahrzeug, das mit einem Panzerkampfwagen keinerlei Ähnlichkeit mehr aufwies, da ihm der charakteristische Drehturm fehlte. In der sensiblen Motorfrage musste man auf einen Maybach-Ottomotor zurückgreifen; die Panzerung hatte Porsche ausgelagert; und die 8,8-Zentimeter-Sturmkanone als Hauptbewaffnung war ohnehin das ausschlaggebende Argument für die Nutzung des Porsche-»Tigers« als Sturmgeschütz. Der Oberste Befehlshaber der Wehrmacht hielt große Stücke auf die Feuerkraft dieser Sturmkanone, die auf sein Geheiß hin in den »Tiger« eingebaut worden war. Nun sollte sie sich als feuerspeiende Abwehrwaffe nicht zuletzt in den Häuserkämpfen von Stalingrad bewähren. Hitler erblickte »darin die einzige Möglichkeit, beschleunigt die lange 8.8 hinter schwerem Panzer an die Front zu bringen«,[104] und drängte darauf, dass dieser Umbau in weniger als sechs Monaten abgeschlossen sein müsse.

Die katastrophale Niederlage von Stalingrad und die Verlegung der Südostfront hinter den Don hatten zur Folge, dass der Porsche-»Tiger« in seiner Sturmgeschützvariante erst in der letzten offensiven Kraftanstrengung der Wehrmacht an der Ostfront, der als Operation »Zitadelle« bezeichneten Panzerschlacht bei Kursk, im Juli 1943 seine Feuertaufe zu bestehen hatte. Dies machte militärisch insofern einen nicht unerheblichen Unterschied, als die zunächst als »Tiger-Ferdinand« bezeichneten Fahrzeuge nicht in Sturmgeschützabteilungen, sondern in zwei schweren Panzerjägerabteilungen zum Einsatz kamen. Der neue Generalinspekteur der Panzertruppen, Generaloberst Heinz Guderian, hatte sich aus Ressortinteresse erfolgreich dafür eingesetzt, die umgebauten Porsche-»Tiger« seiner Waffengattung zuzuführen.[105] In technischer Hinsicht warf dies für Porsche den Vorteil ab, dass auf diese Weise der elektrische Fahrantrieb und damit ein technisches Markenzeichen der von Porsche entwickelten Panzerkampfwagen erhalten werden konnte.

Auch symbolisch konnte Porsche aus dieser Verwendung Nutzen ziehen, denn nur als Kampfpanzer blieb das Porsche-Fabrikat namensfähig. Allerdings wurde es im Laufe von sechs Monaten zweimal umbenannt – und jede dieser semantischen Neuetikettierungen war Ausdruck einer Entwicklung, bei der immer mehr vom ohnehin geringen Porsche-Anteil verloren ging. Als im Mai 1943 der Generalinspekteur der Panzertruppen eine Aufstellung der für die Sommeroffensive vorgesehenen Panzer aller Art vornahm, firmierte das im »Nibelungenwerk« produzierte Gefährt noch als »Tiger-Ferdinand«.[106] Diese Bezeichnung wies darauf hin, dass der Nukleus immer noch das »Tiger«-Fahrzeug war; mit dem zweiten Namensbestandteil »Ferdinand« war eine semantische Verbeugung vor seinem Schöpfer, also Ferdinand Porsche, verbunden: Das, was von der Konstruktion Porsches übrig geblieben war, ließ sich im zweiten Namensbestandteil wiederfinden und brachte zugleich zum Ausdruck, dass sich der neue Panzerjäger mit dieser Herkunft schmücken wollte. Schnell fiel der erste Namensbestandteil weg, so dass in den folgenden Monaten und erst recht beim Fronteinsatz nur noch vom »Ferdinand« und den »Ferdinand-Abteilungen« die Rede war.[107] Als dann nach dem nicht rundum zufriedenstellenden Einsatz bei Kursk eine gründliche Umrüstung des »Ferdinand« unausweichlich war, bei der dieser seiner elektrischen Antriebskomponente verlustig ging, war ein Porsche zuzurechnender Anteil kaum noch auszumachen – und daher war es nur konsequent, dem neuen Panzerjäger einen Namen zu geben, der überhaupt nicht mehr an den Ursprung erinnerte: »Elefant«.

Immerhin war Porsche die Demütigung erspart geblieben, dass ein von ihm entwickelter und unter seiner Regie produzierter Panzerkampfwagen eine artilleristische Resteverwertung (Sturmgeschütze kamen eigentlich bei der Artillerie zum Einsatz) erfuhr. Der »Ferdinand« wurde als Panzerjäger von der Truppe eingestuft, weil die Panzerabwehr seine alles überragende Funktion war.[108] Aus größerer Entfernung sollte er mit seiner Feuerkraft feindliche Panzer ausschalten – und dazu wurde er mit der besonders durchschlagskräftigen 8,8-Zentimeter-Kampfwagenkanone 43 L/71 ausgestattet. Die Umrüstung der Fahrzeuge fand in dem Werk statt, in dem bereits der Porsche-»Tiger« produziert worden war – im oberösterreichischen »Nibelungenwerk«.[109] Dies hieß für die Porsche KG, die personelle Besetzung ihres dortigen Büros aufzustocken, um bis zum 12. Mai 1943 die Umrüstung sämtlicher 90 Fahrzeuge als Jagdpanzer abschließen zu können. Dabei handelte es sich wieder einmal um einen jener Aufträge, die Porsche nicht behagen konnten, da sie unter extremem Zeitdruck standen. Zwar hatte Hitler akzeptiert, dass Porsche unter diesen Umständen – es standen lediglich sieben Wochen zur Verfügung – nur eine »beschränkte Einsatzfähigkeit«[110] des Jagdpanzers garantieren konnte. Aber er verbürgte sich dafür, dass der Einsatz seines Jagdpanzers kein Fiasko werden würde. Und darauf kam es an, denn bei der Anfang Juli 1943 vorgesehenen Offensive der Wehrmacht bei Kursk war die Panzerwaffe von entscheidender Bedeutung. Insofern stand Porsche beim Jagdpanzer stärker in der Pflicht, als ihm lieb war. Eigentlich wollte er lieber personelle und materielle Reserven horten und diese in ein Projekt investieren, bei dem er nicht von militärischen Notwendigkeiten zu – aus seiner Sicht – halbgaren technischen Lösungen gezwungen wurde: das von Hitler abgesegnete Projekt eines überschweren Kampfpanzers, das auf den verniedlichenden Namen »Maus« hörte.

Porsche blieb gar keine Wahl: Er musste sein Büro in Sankt Valentin aufstocken und mit Otto Zadnik einen seiner fähigsten Mitarbeiter nach Oberösterreich abordnen.[111] Zadnik arbeitete seit mehr als 30 Jahren vertrauensvoll mit Ferdinand Porsche zusammen.[112] Er hatte nun die direkte Verbindung zur schweren Panzerjägerabteilung 653 aufrechtzuerhalten, die im Burgenland stationiert war. Erstmals sandte die Porsche KG einen technischen Experten als Betreuer zur Panzertruppe, wo das Porsche-Team die Aufgabe hatte, sich »um die Fahrzeuge zu kümmern, überall, wo es nötig sei, helfend einzugreifen, die Einführung bei der Truppe zu erleichtern«.[113] Porsche selbst nahm am Fortgang des »Ferdinand« lebhaften Anteil. Obwohl die Termine in seinem Kalender dichter waren denn je und er mit der Betreuung der Peugeot-Werke eine weitere Aufgabe übernommen hatte, führte ihn sein Weg häufiger als bislang ins »Nibelungenwerk«.[114] Intern machte Porsche keinen Hehl aus seiner Skepsis, dass der benzinelektrische Antrieb in so kurzer Zeit so ausgereift sein würde, dass wenigstens eine bedingte Einsatzfähigkeit gesichert war. Gegenüber dem wichtigsten Kooperationspartner bei der Elektrik, der Firma Siemens-Schuckert, brachte er die weiterhin bestehenden erheblichen Mängel zur Sprache, für die »nur Notlösungen [...], die auf die Dauer nicht genügen«,[115] angeboten werden könnten. So war es für Porsche-Insider keine Überraschung, dass der Jagdpanzer – wenn man die Sache nüchtern betrachtete und der Wahrheit die Ehre gab – seine Bewährungsprobe in der größten Panzerschlacht der Weltgeschichte, der Schlacht von Kursk, nicht bestand. Porsche hatte der Schlacht von Kursk entgegengefiebert. Sein Sekretariat war zeitnah mit vertraulichen Berichten über die Einsatzbilanz versorgt worden, die Eingeweihte nicht verwundern konnte: Wenn der »Ferdinand« zum Einsatz kam, konnte er mit hohen Abschusszahlen aufwarten. Doch infolge seiner technischen Anfälligkeit kam kaum mehr als ein Drittel der insgesamt 90 »Ferdinande« zum Einsatz.[116] Nach drei Wochen an der Front konstatierte einer der Montageinstrukteure: »Leider liegt fast immer der größte Teil aller Fahrzeuge in Reparatur.«[117] Auf Dauer konnte der Truppe nicht mit einem Jagdpanzer gedient sein, der nur gelegentlich einsatzfähig war.

Erneut stellte sich die Frage, wie mit dem von Porsche hinterlassenen »Tiger«-Erbe umzugehen sei. Konnte man das Porsche-Laufwerk nicht verwenden, um einen richtigen Jagdpanzer zu konstruieren, der auch nahkampftauglich war? Dafür musste man sich zwar endgültig von Porsches Markenzeichen – dem elektrischen Antrieb – verabschieden, aber es wäre immerhin eine Konstruktion Porsches zur Serienreife gelangt.

Im Herbst 1943 wurden die Konstruktions- und Entwicklungsarbeiten für einen solchen – auch »Jagdtiger« genannten – Panzer in Angriff genommen. Ebenso wie beim »Ferdinand« fand die Herstellung im »Nibelungenwerk« statt, womit Porsche auf einen bewährten Kooperationspartner zurückgreifen konnte. Wie beim »Tiger« I und beim »Tiger« II hatte er sich auch beim »Jagdtiger« mit Henschel als Konkurrenten auseinanderzusetzen. Und die Geschichte wiederholte sich ein drittes Mal: Wieder zog Porsche den Kürzeren – und Henschel erhielt im Mai 1944 den Zuschlag.[118] Für Porsche war es nun eine Frage der Ehre, dass wenigstens das Porsche-Laufwerk weitere Verwendung fand, nachdem für die mit großem Entwicklungsaufwand hergestellten »Tiger«-Motoren überhaupt keine adäquate Nutzung möglich war und diese verschrottet wurden.[119] Reimspieß wurde daher beauftragt, das »Tiger«-Laufwerk so umzugestalten, dass es für den mit einer 12,8-Zentimeter-Kanone ausgestatteten »Jagdtiger« taugte.[120] Dass die Serienreife für das Porsche-Laufwerk durchaus eine Hürde darstellte, wurde Porsche vom Heereswaffenamt unmissverständlich deutlich gemacht.[121] Daher optierte Reimspieß nun für ein unaufwendiges und materialschonendes Laufwerk, was eine gewisse Abkehr von der herkömmlichen Porsche-Strategie bedeutete. Die Entwürfe von Reimspieß wurden im Stuttgarter Büro von Rabe geprüft und durchgerechnet,[122] so dass auch die Stuttgarter Zentrale Anteil hatte an der Realisierung des Projekts. Doch alle Mühen waren vergebens: Im Mai 1944 entschied die Panzerkommission, dass der »Jagdtiger« mit der Porsche-Laufkette »unbrauchbar« und »auch nicht als Ausbildungsgerät zu verwenden«[123] sei. Damit war der dritte und letzte Versuch Porsches gescheitert, unter Wettbewerbsbedingungen den Zuschlag für eine serienreife Panzerproduktion zu erhalten.

Alles in allem scheiterte das von Porsche geleitete Konstruktionsbüro nicht an der Bewältigung der anspruchsvollen Koordinationsaufgabe, mit den Herstellern wichtiger Panzerkomponenten (vor allem Turm und Kanone) wie Krupp und Rheinmetall-Borsig einen abgestimmten Gesamtentwurf vorzulegen und im Entwicklungsvorgang zu realisieren. Die Konstruktions- und Entwicklungsarbeiten aus dem Hause Porsche zeugen von einer beachtlichen Fähigkeit, solche maßgeblichen Komponenten in eine Komplettlösung so zu integrieren, dass die Porsche-»Tiger« sowie deren Abänderungen hinsichtlich Feuerkraft und Panzerung keinen Vergleich mit dem etablierten Panzerkampfwagenhersteller Henschel zu scheuen brauchten. Porsche scheiterte also nicht, weil er sich auf das unbekannte Terrain der Panzerkonstruktion begeben hatte, sondern weil er seiner Maxime treu blieb, bewährte Pfade zu verlassen und mit jedem Auftrag einen technischen Entwicklungssprung zu verbinden. Was im Falle des Rennwagens (für Auto Union) und des Volkswagens (als gewissermaßen führerunmittelbares Projekt) dank optimaler Startbedingungen glückte, misslang unter rigiden kriegswirtschaftlichen Vorgaben, auf deren Einhaltung Rüstungsminister Speer unerbittlich pochte. Das Renommee, das er beim Obersten Befehlshaber der Wehrmacht genoss, schützte Porsche letztlich nicht davor, im wirtschaftlichen Ausscheidungswettbewerb um einen technisch avancierten und zugleich betriebssicheren schweren Kampfpanzer für zu leicht befunden zu werden. Bei der Erfüllung der Aufträge zur Konstruktion und Entwicklung eines Rennwagens wie eines Volkswagens hatte Porsche die Freiheit des Konstrukteurs noch in vollen Zügen auskosten können – dies gehörte gewissermaßen zum verborgenen Ausschreibungsprofil. Als er die »Tiger«-Panzerkampfwagen nach genau diesem Erfolgsmuster – das Resultat seiner technischen Fantasien sollte ein dieselelektrischer Antrieb mit Luftkühlung sein – anging, bürdete er sich alle strukturellen Probleme auf, die sich aus dem Experimentieren mit einer noch nicht ausgereiften und niemals zuvor im Fronteinsatz erprobten Antriebstechnik ergaben. Porsche fehlte letztlich die Einsicht, dass ein Krieg der Experimentierlust enge Grenzen setzt – und daher war seine Ablösung als Leiter der Panzerkommission ein vorhersehbarer Schritt, den Rüstungsminister Speer im November 1943 vollzog.

Speer rief Porsche von einer Leitungsfunktion ab, die Porsche als Anerkennung seiner konstruktiven Kreativität und als Verbeugung vor seinem Renommee begriff. Sich in die damit verbundene Gremienarbeit wirklich zu vertiefen, hatte er wohl nie vorgehabt. Deswegen hatte er es einfach zugelassen, dass ihm die Führung der Panzerkommission praktisch schon Anfang 1943 entwunden wurde, als die rechte Hand Speers – Hauptstellendienstleiter Karl-Otto Saur – an ihm vorbei Unterkommissionen einrichtete, die sich als Kontrollorgane hinsichtlich der zu erfüllenden Produktionsziffern bei der Panzerkampfwagenfertigung verstanden.[124] Mitte 1942 wäre es noch ein politisch riskanter Affront gewesen, Porsche vom Vorsitz einer Kommission zu entfernen, die unter anderem die Entwicklung einer neuen Panzergeneration vorantreiben sollte. Doch mit der Herstellung und dem Fronteinsatz des »Tigers« war die Zeit eines reinen Konstrukteurs an der Spitze eines Gremiums abgelaufen, dessen Stärke das fantasievolle Pläneschmieden war und nicht die ressourcenschonende Produktion bereits entwickelter Panzerkampfwagen. Dies war das zentrale Argument, mit dem Speer Porsche zur Fehlbesetzung erklärte. Die Ablösung teilte er Porsche Ende Oktober in einem persönlichen Gespräch mit, wobei er nicht befürchten musste, seine eigene Stellung zu erschüttern. Speers Alter Ego Rudolf Wolters hielt in der Chronik der Aktivitäten Speers unter dem 19./20. Oktober 1943 fest,[125] der Minister habe die Entlassung Porsches damit begründet, dass »die Führung der Panzerkommission einem der Fertigung näher stehenden Manne übertragen werden solle«. Wolters ordnete die Bedeutsamkeit dieser Personalentscheidung sogleich ein: »Damit endete die Ära Porsche, ein Ereignis, das noch vor kurzem wesentlich mehr Aufsehen erregt hätte.«

Ferdinand Porsche hatte den Machtkampf mit Speer vor allem verloren, weil er für sein konstruktives Schaffen völlige Unabhängigkeit vom Auftraggeber reklamierte, wobei ihm die Konstruktion, Entwicklung und Fabrikation des Volkswagens als Vorbild diente. Es ist überaus bezeichnend, dass er Speer in einem Schreiben gerade diese einmalige Konstellation als Richtgröße seines Tuns vorhielt und den Rüstungsminister anklagte, ihm die erforderliche Unabhängigkeit nicht gewährt zu haben, weil sich einflussreiche Kräfte aus der Industrie – im Verein mit Vertretern des Heereswaffenamtes – gegen ihn verbündet hätten. Porsches Ideal war ein von ihm selbst beherrschtes rüstungswirtschaftliches Imperium nach dem Muster des Volkswagenwerkes, in dem er nur Hitler selbst rechenschaftspflichtig war.[126] Dabei blendete er aus, dass der »Führer« ihm zwar auch in der Rüstungsfrage komfortable Sonderkonditionen ermöglicht hatte, aber zugleich die Akzentverschiebung von der Konstruktion auf die Fabrikation uneingeschränkt unterstützte: Das rüstungswirtschaftlich vordringlichste Gebot bestand darin, die entwickelten Panzerwagentypen, die in qualitativer Hinsicht den gegnerischen Kontrahenten überlegen waren, unter immer schwierigeren Rahmenbedingungen in genügend großer Stückzahl zu produzieren und der Truppe zur Verfügung zu stellen. Der gesamte Prozess der Rüstungsgüterproduktion musste daher von den Erfordernissen der Fabrikation her gestaltet werden – und dieser Reihenfolge hatte sich der Konstrukteur unterzuordnen. Hitler selbst hatte den Primat des Produzenten in einer Ansprache vor Leitern der Rüstungsindustrie unmissverständlich postuliert, als er erklärte: »Es konstruiert am besten derjenige, der an sich die Massenfertigung zu übernehmen hat.«[127]

Dass der Nachfolger Porsches als Vorsitzender der Panzerkommission direkt aus der Produktion kommen würde, lag mithin auf der Hand. Gerd Stieler von Heydekampf löste Porsche am 1. Dezember 1943 ab. Es verlieh dieser Personalentscheidung eine gewisse Pikanterie, dass Stieler von Heydekampf ausgerechnet beim ärgsten Porsche-Konkurrenten, also der Firma Henschel, für die Produktion des erfolgreichen Henschel-»Tigers« zuständig gewesen war. Ihn qualifizierte schon der Umstand, dass sich der Henschel-»Tiger« gegen den Porsche-»Tiger« durchgesetzt hatte.[128] Mit Stieler wurde der Richtungswechsel – von der Konstruktion zur Produktion – nun auch in personeller Hinsicht eingelöst:[129] Der promovierte Ingenieurwissenschaftler hatte von 1930 bis 1933 in den USA modernste Fertigungstechniken kennengelernt und sich Verdienste erworben, indem er derartige Produktionsverfahren unter anderem bei Opel etablierte. Wenn Speer ihm als Maxime auf den Weg gab: »Ich glaube, dass Sie […] Ihre Aufgabe so auffassen, dass die Panzertypen so reif gemacht werden, dass sie für die Truppen ein brauchbares Instrument sind«,[130] dann implizierte dieser Auftrag auch einen Seitenhieb auf Porsche, welcher – obgleich seine Mitgliedschaft in der Panzerkommission nicht zur Disposition gestellt war – der Amtseinführung Stielers wie allen künftigen Sitzungen der Kommission wohlweislich fernblieb.

Im Herbst 1943 befand sich die Porsche KG in einer eigentümlichen Lage. Zwar wurde von höchster Stelle weiterhin das Loblied auf den führenden Kopf des Unternehmens gesungen, aber das Konstruktionsbüro beschäftigte sich unter den immer belastenderen Bedingungen des Bombenkrieges kaum noch mit wirklich kriegswichtigen Aufträgen. Bei der Konstruktion und Entwicklung von Kampfpanzern – der wichtigsten Aufgabe für einen Fahrzeugkonstrukteur in Kriegszeiten – war Porsche zu einer Nebenrolle verurteilt. Er versuchte zwar, dieses Desaster durch Hyperaktivität in Sonderbereichen zu kompensieren, aber seine Bemühungen konnten bei Weitem nicht den Anspruch des Unternehmens erfüllen, in Kernbereichen der Fahrzeugtechnik Avantgarde zu sein. Erstmals seit dem Durchbruch im Jahr 1933 ging Ferdinand Porsche als Akquisiteur profilbildender Aufträge leer aus. Man kann durchaus verstehen, dass er im Herbst 1943 abtauchte und sich tagelang vor allem in sein Feriendomizil in Kärnten und in sein Anwesen im Salzburger Land zurückzog. Sein engster Mitarbeiter am Stuttgarter Stammsitz, Oberingenieur Karl Rabe, bekam ihn im September, Oktober und November 1943 kaum zu Gesicht.[131]

Man könnte den Eindruck gewinnen, dass die Porsche KG die Konstruktion kriegswichtiger Fahrzeuge allmählich ausklingen ließ und sich organisatorisch und gedanklich schon auf die Nachkriegszeit einrichtete, wenn es nicht ein Projekt gegeben hätte, bei dem sich das Unternehmen und – in begrenztem Maße – auch der Firmenchef persönlich ohne Zurückhaltung einbrachten. Dieses Projekt firmierte unter der beschwichtigenden Marke »Maus«. Dahinter verbarg sich nicht weniger als die auf Hitler persönlich zurückgehende Absicht, einen überschweren Kampfpanzer einer noch nie dagewesenen Dimension zu entwickeln, der als eine Art rollende Festung ein entscheidender Trumpf im sich abzeichnenden Abwehrkampf der Wehrmacht werden sollte. Auf den ersten Blick ist man geneigt, Porsches Beschäftigung mit diesem monströs wirkenden Projekt für eine Konzession an einen unhintergehbaren »Führerwillen« einzustufen. Doch bei näherer Betrachtung offenbart sich, dass die Porsche KG weit davon entfernt war, lediglich pflichtschuldig einen politisch gewollten Auftrag abzuarbeiten. Vielmehr bildete die Realisierung der »Maus« den eigentlichen Schwerpunkt der in Stuttgart eingesetzten Belegschaft. Dies lag weniger an den damit verbundenen technischen Herausforderungen als daran, dass Porsche unter kriegswirtschaftlichen Bedingungen zum ersten und einzigen Mal ideale Voraussetzungen vorfand, sich innovativ in der Panzerkonstruktion zu entfalten. Er stand bei diesem – aber eben nur diesem – Projekt nicht unter dem Diktat einer zeitnahen Ablieferung von truppentauglichen Ergebnissen, weil die Truppe selbst nicht nach einem solchen Monstrum verlangte, von dessen operativer Bedeutsamkeit allein der Festungsfanatiker Hitler überzeugt war.[132]

Zudem musste sich Porsche nicht mit lästiger Konkurrenz auseinandersetzen. Zwar war ursprünglich vorgesehen, wie beim »Tiger«-Projekt zwei divergierende Entwürfe konkurrierender Konstrukteure und Entwickler vorzulegen, was auf eine anfängliche Verwendung als herkömmliche Panzerwaffe hindeutet. Das Auftauchen überschwerer sowjetischer Kampfpanzer hatte Hitler alarmiert. Wie der »Tiger« Hitlers Reaktion auf Defizite im Bereich schwerer Panzerkampfwagen darstellte, so verhielt es sich auch mit dem noch namenlosen Projekt eines 100-Tonnen-Panzers. Im Frühjahr 1942 ergingen entsprechende Konstruktionsaufträge an Porsche sowie an Krupp,[133] und im Dezember 1942 ließ sich Hitler über den Stand der Vorarbeiten Bericht erstatten – nicht nur von Porsche, sondern auch vom bei Krupp zuständigen Vorstand Erich Müller, einem ausgesprochenen Geschützexperten.[134] Der Umstand, dass Krupp die Fertigung des überschweren Gefährts übernehmen sollte, ist ein Indikator dafür, dass dieses Projekt für Hitler eine primär artilleristische Komponente besaß und es deswegen beim Geschützexperten Krupp anzusiedeln war.

Wieso gelang es Porsche, Krupp dieses Projekt zu entwinden und es zu einem Porsche-Projekt zu machen, womit zugleich das Schwergewicht von der artilleristischen Komponente hin zu den Grundproblemen eines Fahrzeugs (Antrieb und Motor) verschoben wurde?

Entscheidend ist, dass Hitler selbst ausnahmsweise allein über die Entwicklung dieses Panzerkampfwagens entschied. Der Porsche-»Tiger« hatte sich als Prototyp im Übungsgelände bewähren müssen – und war bei diesem Härtetest unterlegen. Beim überschweren Kampfpanzer entschied Hitler allein aufgrund der ihm vorgelegten Zeichnungen und ersparte Porsche somit den direkten Vergleich mit der Konkurrenz. Hitler machte eine Ausnahme vom üblichen Verfahren, weil es sich hier um die Entwicklung eines neuartigen Typs von Panzerkampfwagen handelte – und angesichts dieser anspruchsvollen Aufgabe räumte er dem Konstrukteur gestalterische Freiheiten ein, so dass dieser Auftrag auf Porsche perfekt zugeschnitten war. Hitler konnte Porsche diesen Auftrag zu Beginn des Jahres 1943[135] auch deswegen zusprechen, weil Krupp nicht leer ausging. Denn die Fertigung von Panzerwanne, Panzerturm und Aufbauten wurde der Essener Waffenschmiede anvertraut, so dass die Porsche KG ein weiteres Mal unter Beweis stellen musste, dass sie einen anspruchsvollen Fertigungsauftrag auszufüllen vermochte, indem sie die Kooperationspartner – das waren neben Krupp die Firma Alkett in Berlin, welche die Montage übernehmen sollte, und das Unternehmen Škoda, das bei der Fertigung des Laufwerks eine Rolle spielte – auf das komplexe Endprodukt ausrichtete.

Wie schon beim »Tiger« zeigte sich, dass die Porsche KG die Koordinationsaufgabe problemlos bewältigte. Otto Zadnik wurde die Federführung im komplexen Entwicklungsprozess übertragen, und dieser Experte verstand es, die beteiligten Partner und deren unterschiedliche Unternehmenskulturen auf das gemeinsame Ziel einzuschwören. Auch wenn der schließlich in Gemeinschaftsarbeit entwickelte und als Prototyp fertiggestellte Panzerkampfwagen nicht in Serienfertigung ging, sammelte das Unternehmen Porsche auf diesem Gebiet doch überaus wertvolle Erfahrungen, die ihm beim Neuanfang nach Kriegsende zugute kamen. Dass die Porsche KG in der Nachkriegszeit das Wagnis einging, die Fertigung der entwickelten Fahrzeuge selbst in die Hand zu nehmen, war möglich, weil das Unternehmen bei der Panzerentwicklung unter Beweis gestellt hatte, dass es die Hersteller unentbehrlicher Komponenten in den Entwicklungsprozess zu integrieren verstand.

Zu Beginn des Jahres 1943 hatte Hitler als Maßgabe formuliert, dass der überschwere Kampfpanzer Ende 1943 in Serie gehen solle.[136] Fakt war, dass die ersten Musterfahrzeuge erst im März 1944 fahrtauglich waren und damit eine Serienproduktion in weite Ferne rückte. Das war für das Unternehmen in der Zeit der Alleinherrschaft von Ferdinand Porsche typisch: Das Zeitbudget wurde überzogen, weil das Herz Porsches für technisch avancierte Lösungen schlug, bei denen von Anfang an abzusehen war, dass sie einen größeren Zeit-, Material- und Kostenaufwand verursachten, als dem Auftraggeber bei Erteilung des Auftrags vorgeschwebt hatte. Ferdinand Porsche konnte beim »Maus«-Projekt noch einmal in konstruktiver Hinsicht aus dem Vollen schöpfen, soweit das unter kriegswirtschaftlichen Bedingungen überhaupt möglich war. Das verleitete ihn, diejenigen seiner technischen Lieblingsideen bei der »Maus« auszuprobieren, die beim »Tiger« nicht zum Zuge gekommen waren. Beim »Tiger« hatte er sich in den beiden sensiblen Punkten – Motor und Fahrgestell – gegen Henschel nicht durchsetzen können. Daher war sein Ehrgeiz um so größer, unter Beweis zu stellen, dass die elektrische Leistungsübertragung bei einem Panzerkampfwagen funktionierte, der von einem Dieselmotor angetrieben wurde.

Porsches technisches Interesse an der »Maus« entsprang also vor allem dem Wunsch zu beweisen, dass sich seine Vorstellungen vom Panzerkampfwagen der Zukunft realisieren ließen und der konventionelle Weg, auf luftgekühlte Ottomotoren von Maybach zu setzen, sich am Ende als Sackgasse herausstellen würde. So verständlich Porsches Anliegen auch sein mochte – er bürdete dem »Maus«-Projekt damit eine enorme Zeit-, Material- und Ressourcenhypothek auf. Eigentlich hätte das Alleinstellungsmerkmal der »Maus« in einer einzigartigen Kombination aus Panzerung und Feuerkraft bestehen sollen. Doch dies waren keine Kernbereiche der Porsche KG. Indem er einem Fahrzeugkonstrukteur das »Maus«-Projekt anvertraute, hatte Hitler in Kauf genommen, dass dieser eine rollende Festung mit einem avancierten Antrieb entwickeln würde. Unter den privilegierten Bedingungen einer quasi führerunmittelbaren Beauftragung konnte Porsche kriegswirtschaftliche Restriktionen ignorieren – was aber faktisch den Verzicht auf das ursprüngliche Ziel, das Fahrzeug zur Serienreife zu bringen, bedeutete. Auf den Punkt gebracht heißt das, die Porsche KG konnte von ihr entwickelte Fahrzeuge erst dann in angemessener Zeit zur Serienreife führen, als der Patriarch am operativen Geschäft nicht mehr beteiligt war. So innovativ die auf Porsche zurückgehenden technischen Lösungen auch waren – sein Eifer und seine Besserwisserei in technischen Fragen prädestinierten das von ihm geführte Unternehmen nicht dazu, technische Innovationen in marktfähige Produkte umzusetzen. Insofern war Porsches unfreiwillige Passivität zwischen 1945 und 1947 letztlich die Voraussetzung dafür, dass sich das Unternehmen in der Nachkriegszeit als Produzent eigener Entwicklungen auf dem Markt bewähren konnte.

Bei der »Maus« war Porsche zum letzten Mal als Konstrukteur in seinem Element. In der Motorfrage setzte er auf eine Kooperation mit Daimler-Benz, dem Unternehmen, das schon Anfang 1942 seinen Einstieg in die Motorenfertigung für Kampfpanzer avisiert hatte und nun die Chance witterte, die Marktmacht Maybachs wenigstens über das »Maus«-Projekt anzugreifen.[137] Daimler-Benz konnte dazu einen dieselgetriebenen Flugzeugmotor anbieten. Der Rückgriff auf einen für die Luftwaffe entwickelten Motor lag nahe, da ein über 1000 PS starkes Gefährt von einer wahren Kraftmaschine in Bewegung gesetzt werden musste. Dass sich Porsche mit vollem Elan auf das »Maus«-Projekt stürzte, wird nicht zuletzt am Arbeitskräfteeinsatz erkennbar. Als im Januar 1943 die heiße Entwicklungsphase begann, setzte Porsche anfangs nicht weniger als 70 Konstrukteure bei dem neuen Projekt ein.[138] In wenigen Monaten verständigten sich die Beteiligten auf klare Vorgaben, so dass man im Spätsommer 1943 mit der Fertigung der Versuchstypen beginnen konnte.[139] Die Konstruktion der »Maus« hatte auch bei Krupp Vorrang vor anderen Projekten – und damit tauchten in der Konstruktionsphase keine zeitraubenden Schwierigkeiten auf.

Anders verhielt es sich in der Entwicklungsphase – und dafür war wieder einmal Porsche verantwortlich, der in der sensiblen Motorfrage die Ideallösung auch um den Preis erheblicher Verzögerungen durchzusetzen versuchte. Porsche konnte die Entwicklung der »Maus« als Experimentierfeld nutzen, weil er nicht unter dem Druck stand, Hitler nach kurzer Zeit ein fahrtüchtiges Modell vorführen zu müssen. Und Rüstungsminister Speer legte Porsche keine Hindernisse in den Weg, weil er Hitler gewissermaßen ruhigstellen wollte, indem er dessen Interventionen auf ein Spezialfahrzeug ablenkte.[140] Daher unterstützte der Rüstungsminister den Bau von Probefahrzeugen, stand aber der Serienfertigung der »Maus« ausgesprochen zurückhaltend gegenüber.[141] Die schiere Größe des Superpanzers befreite Porsche zudem von der sonst üblichen Vorführung, bei der Hitler über die jeweiligen Fortschritte informiert wurde und auch Fahreigenschaften zur Sprache kommen konnten. In diesem Sonderfall reichte ein Holzmodell der »Maus« im Maßstab 1 : 1, das am 14. Mai 1943 im Führerhauptquartier präsentiert wurde. Auch diese Präsentation war nicht ressourcenneutral, da die eigentliche Konstruktionsarbeit für drei Wochen unterbrochen werden musste, um ein maßstabsgetreues Holzmodell herzustellen und abrufbereit zu halten.[142] Immerhin hatte dieses Verfahren den Vorteil, dass der Antrieb nicht auf den Prüfstand kam. Damit konnten sich Auflagen Hitlers nur auf Kanone, Turm und Panzerung beziehen,[143] Bereiche, an denen das Herz des Konstrukteurs nicht hing.

Porsche konnte also viel Energie darauf verwenden, einen seinen Vorstellungen entsprechenden Motor für das alle Dimensionen sprengende Fahrzeug entwickeln zu lassen, wobei er zwei Motortypen erproben ließ, die beide aus dem Hause Daimler-Benz stammten: einen dieselgetriebenen Schiffsmotor (MB 517) sowie einen benzingetriebenen Motor (MB 509).[144] Fast ein halbes Jahr ließ Porsche beide Varianten parallel entwickeln und verwendete enorm viele Ressourcen seines Büros darauf, die Leistung insbesondere des Dieselmotors zu erhöhen.[145] Zugleich hielt er sich die Möglichkeit offen, sich für einen mechanischen Antrieb zu entscheiden, weil die Erfahrungen mit dem gescheiterten Porsche-»Tiger« gezeigt hatten, dass das Raumproblem nicht zu vernachlässigen war. Ein mechanischer Antrieb war schlichtweg platzsparender – und daher nahm Oberingenieur Karl Rabe Kontakt mit der Firma ZF in Friedrichshafen auf, die ein mechanisches Schalt- und Lenkgetriebe entworfen hatte. Auf Basis dieses Getriebes erarbeitete Rabe ein alternatives »Maus«-Projekt, dessen Weiterentwicklung erwägenswert schien, weil dafür ein 16-Zylinder-Dieselmotor als Kraftspender in Betracht kam.[146]

In der Motorfrage waren der Fantasie kaum Grenzen gesetzt, so dass noch im November 1943 mit dem Gedanken gespielt wurde, gegebenenfalls auf brandneue Motoren umzusteigen, wenn diese leistungsstark und platzsparend waren.[147] So konnten die ersten Fahrversuche mit der »Maus« erst zu Beginn des Jahres 1944 durchgeführt werden – in der dazu geeigneten Panzerkaserne in Böblingen nahe Stuttgart. Damit trat die Entwicklung der »Maus« in die heiße Phase ein, denn nur im Probebetrieb konnten Mängel erkannt und abgestellt werden. Bis Ende Februar 1944 war die Werkserprobung abgeschlossen.[148] Nachdem Porsche Hitler persönlich vom Stand der Dinge unterrichtet hatte,[149] konnten die Versuchsfahrten mit zwei Probefahrzeugen fortgeführt werden. Porsche lag dabei ganz besonders am Herzen, dass eine der zwei »Mäuse« von einem Dieselmotor angetrieben wurde. Zu einer Zeit, da der Luftkrieg die Waffenproduktion zunehmend erschwerte und mit der alliierten Invasion in der Normandie im Juni 1944 die Endphase des Krieges einsetzte, feilte das Konstruktionsbüro weiter an einem Hightechprodukt, dessen militärischer Einsatz immer unwahrscheinlicher wurde. Im Juli 1944 konnte Daimler-Benz endlich die Produktion des begehrten Dieselmotors in Aussicht stellen.[150] Die bombenkriegsbedingte Verlagerung des Konstruktionsbüros nach Gmünd in Kärnten bewirkte aber, dass die Entwicklungsarbeiten erst im Dezember 1944 abgeschlossen werden konnten. Beide Probefahrzeuge wurden nun zur Heeresversuchsstelle nach Kummersdorf überstellt.[151]

Porsches Bilanz hinsichtlich der Konstruktion und Entwicklung von Panzerkampfwagen fällt per Saldo ambivalent aus. Einerseits zeigte sich das Unternehmen der Herausforderung gewachsen, komplexe Koordinationsaufgaben zu übernehmen, die außerhalb des klassischen Kernbereichs eines Konstruktionsbüros für Fahrzeugtechnik lagen. Insofern erwarben die leitenden Mitarbeiter der Porsche KG Expertise bei der Steuerung und Optimierung von Konstruktions- und Entwicklungsaufgaben, die sie in die Lage versetzten, in der Nachkriegszeit eine qualitativ neue Herausforderung anzunehmen und das Wagnis der eigenverantwortlichen Produktion von Kraftfahrzeugen einzugehen. Andererseits offenbarten sich auf dem Feld der Panzerkampfwagenkonstruktion schonungslos strukturelle Defizite eines patriarchalisch geführten Familienunternehmens, in dem der Namensgeber kein Jota von seinen hochgesteckten Zielen abzuweichen bereit war. Das technisch Beste – sonst nichts, so lautete die Maxime Ferdinand Porsches. Für ihn kam überhaupt nicht in Frage, sich bei der Panzerkonstruktion und -entwicklung militärischen Erfordernissen zu beugen oder sich gar einem Primat der Herstellung zu unterwerfen. Porsches Panzerkampfwagen sollten sich nicht primär durch fabrikationsfreundliche Produktionsmethoden auszeichnen, sondern vielmehr durch ein Optimum an technischer Kreativität brillieren. Aus diesem Grund unterlag die Porsche KG der auf bewährte Verfahren setzenden Konkurrenz im Wettkampf um einen schweren Kampfpanzer. Es ist bezeichnend, dass das einzige Projekt, in dem sich Porsche technisch ohne Abstriche verwirklichen konnte, in der Konstruktion und Entwicklung eines Spezialfahrzeugs bestand, das bei der Truppe wie im Rüstungsministerium als Spielerei des Obersten Befehlshabers der Wehrmacht galt.

Volksschlepper mit Transportkasten und Greifer, Typ 111, 1939/40.

KAPITEL 11

Komplettierung des Portfolios – Porsche und die Entwicklung von Landmaschinen

Die Entwicklung von Panzerkampfwagen erwies sich für Porsche zwar als Misserfolg, doch auch dieses Projekt unterstrich die Vielseitigkeit der Porsche KG. Wo gab es schon einen Entwicklungsbetrieb, der motorgetriebene Fahrzeuge nahezu aller Sektoren anbot? Zur Abrundung des Portfolios gehörte die Übernahme eines Projekts, dessen Auswirkungen sich bis in die Nachkriegszeit bemerkbar machten: die Konstruktion und Entwicklung eines landwirtschaftlichen Nutzfahrzeugs. Es lohnt sich daher, dieses für das unternehmerische Profil überaus charakteristische Projekt näher zu verfolgen.

Im Jahr 1937 erhielt die Porsche KG eine Anfrage, die maßgeschneidert war für ihr Profil als Universalanbieter. Das Unternehmen sollte im Auftrag der DAF einen motorisierten Kleinschlepper entwickeln: eine landwirtschaftliche Zugmaschine, welche die Bewirtschaftung der landwirtschaftlichen Nutzflächen produktiver machte, indem sie die sonst von Pferden oder Kühen geleisteten Zugarbeiten übernahm. Zudem sollte es möglich sein, ohne aufwendige Montage landwirtschaftliche Arbeitsgeräte wie Mäheinrichtungen oder Hackgeräte so anzuschließen, dass eine »kombinierte Arbeitsmaschine«[1] entstand. Dieses Projekt sollte die Porsche KG über mehr als zehn Jahre begleiten – ein langer Zeitraum, der die Vorkriegs-, Kriegs- und Nachkriegszeit umfasst und damit auf einen ökonomischen Nutzen hinweist, der in unterschiedlichen politischen Systemen gleichermaßen zum Tragen kam. Das Schlepperprojekt besaß mithin ein reiches Potenzial – und dies erklärt auch die Beharrlichkeit, mit welcher die Porsche KG das Vorhaben verfolgte. Der Schlepper gehörte nicht zu den spektakulärsten Produkten des Unternehmens, aber zu den nachhaltigsten und per Saldo auch zu den wirtschaftlich erfolgreichsten. In ihm verdichten sich vier für die Geschichte der Porsche KG charakteristische Entwicklungen.

Erstens handelt es sich um ein von der Politik angestoßenes und in seinen Ausprägungen immer wieder verändertes Projekt. Wie die Porsche KG mit dieser politisch induzierten Dynamik umging, lässt nicht zuletzt das politische Geschick des Unternehmensleiters Ferdinand Porsche immer wieder aufscheinen. Zweitens war in diesem Auftrag von Anfang an angelegt, neben dem Haupttyp – dem landwirtschaftlichen Kleinschlepper – auch anderweitig verwendbare Sonderausführungen zu inkludieren. Wie der

Volkswagen sollte auch der Kleinschlepper eine polyvalente Nutzung gestatten, nicht zuletzt für militärische Zwecke. Drittens handelte es sich um eine technisch reizvolle Herausforderung. Die Porsche KG bewegte sich bei der Entwicklung eines Kleinschleppers nicht auf ausgetretenen Pfaden, sondern konnte eigene, unverwechselbare Akzente nicht zuletzt in ihrem Kernbereich – der Gestaltung des Antriebs – setzen. Schließlich besaß dieses Vorhaben trotz seiner politischen Initiierung ein selbsttragendes wirtschaftliches Potenzial. Mit der Entwicklung von Ackerschleppern betrat die Porsche KG ein aussichtsreiches neues Terrain, da die Motorisierung der Landwirtschaft erst in den Anfängen steckte und sich daher für ein technisch ausgereiftes und zugleich leicht bedienbares landwirtschaftliches Nutzfahrzeug Absatzchancen weit über den deutschsprachigen Raum hinaus ergaben. Genau dieser Umstand sollte dem Unternehmen helfen, in der schwierigen Phase der Neuorientierung nach Kriegsende wieder Fuß zu fassen.

Bei der Entwicklung des motorisierten Kleinschleppers handelte es sich mithin um die Bewältigung einer Vielseitigkeitsprüfung, die das Unternehmen als in jeder Hinsicht attraktiv einstufte. Noch hatte diese Schlüsselinnovation auf dem Gebiet der Technisierung der Landwirtschaft[2] längst nicht überall Einzug gehalten, so dass in der Motorisierung der Zugkraft ein erhebliches Wachstumspotenzial bestand. 1931 waren in Deutschland lediglich knapp 16 000 Schlepper in der Land- und Forstwirtschaft eingesetzt.[3] Hauptsächlich Großbetriebe mit mehr als 100 Hektar landwirtschaftlicher Nutzfläche setzten Ackerschlepper ein, weil sich hier der Einsatz leichter amortisierte als bei Klein- und Mittelbauern, die von den hohen Investitionskosten abgeschreckt wurden. So kostete für Betriebe mit einer Größe zwischen zehn und 25 Hektar ein Kleinschlepper in der Anschaffung ebenso viel wie das gesamte übrige Maschineninventar zusammen.[4] Das erklärt den erheblichen Rückstand Deutschlands gegenüber den USA, Großbritannien und Kanada. Im Jahr 1939 waren Ochse, Kuh und Pferd als Zugtiere in Deutschland noch ebenso üblich wie die Aussaat des Getreides von Hand.[5]

Der eklatante technische Rückstand rief die Politik auf den Plan und veranlasste sie, die technische Aufrüstung der Agrarbetriebe zu forcieren. Ungeachtet aller rassenideologischen Überhöhung des Bauerntums als »Quell des deutschen Volkstums« durch NS-Agrarpolitiker wie Richard Walther Darré war die NS-Agrarpolitik im Kern darauf ausgerichtet, den Selbstversorgungsgrad Deutschlands in Hinsicht auf die Produktion von Nahrungsmitteln zu steigern. Das NS-Regime strebte eine weitgehende Autarkie auch in diesem Bereich an, um den beabsichtigten Eroberungskrieg auf einer ausreichenden ernährungswirtschaftlichen Basis führen zu können. Dazu bedurfte es einer substanziellen Erhöhung der Bodenproduktivität und damit auch eines spürbaren Technisierungsschubs.[6] Es ist daher nicht verwunderlich, dass die Entwicklung eines Kleinschleppers auf die politische Tagesordnung geriet. Wollte man die Produktivitätsreserven der klein- und mittelbäuerlichen Landwirtschaft aktivieren, benötigte man einen auf die Bedürfnisse dieser Käuferschicht zugeschnittenen Traktor. Nachdem die Landwirtschaft mit Hitlers Denkschrift zum Vierjahresplan aus dem Jahr 1936 vergattert worden war, die ernährungswirtschaftliche Grundlage für den geplanten Eroberungskrieg zu schaffen, rückten effiziente Agrartechnokraten wie Staatssekretär Herbert Backe im Landwirtschaftsministerium in den Vordergrund und verdrängten Bremser wie den Chefideologen Darré. Als sogar Darré im Frühjahr 1937 einräumte, dass an der verstärkten Technisierung der Agrarwirtschaft kein Weg vorbeiführe, ging man in die agrartechnische Offensive.[7]

Im Herbst 1937 avancierte das Projekt eines mit Motorkraft getriebenen Kleinschleppers zu einem Kernelement agrartechnischer Modernisierung. Das Anforderungsprofil für einen solchen Traktor lag auf der Hand: Er musste preislich für bäuerliche Familienbetriebe erschwinglich sein, er durfte die in technischen Dingen wenig erfahrenen Landwirte nicht durch komplizierte Bedienung überfordern, und er musste vor allem ein wahrer Alleskönner sein. Die Kernarbeiten der Landwirtschaft (pflügen, säen, mähen, das Getreide einfahren und dreschen) musste er mit Hilfe entsprechender technischer Zusatzgeräte einwandfrei bewältigen und zudem als Kraftquelle und Transportmittel aller Art eingesetzt werden können. Bezüglich Ackerarbeit und Zugkraft genügte es, die Leistung von einem Paar schwerer Zugpferde zu substituieren. Einem solchen Kleinschlepper winkte ein riesiger Absatzmarkt, da sich im Segment von Schleppern unter 22 PS die Zahl der Anbieter in engen Grenzen hielt und der Nachholbedarf offensichtlich war. Im Jahr 1939 verzeichnete die offizielle Statistik aller Landesbauernschaften 36 761 betriebseigene Ackerschlepper mit mehr als 22 PS, während sich die Zahl der Kleinschlepper (8 PS bis einschließlich 22 PS) auf weniger als die Hälfte (18 255) belief.[8]

Der Ackerschlepper war dem Typ der Zugmaschinen zuzuordnen – und damit gehörte er einer auch militärisch nutzbaren Fahrzeuggattung an. Für den militärischen Einsatz hatte Ferdinand Porsche bereits im Ersten Weltkrieg als Technischer Direktor von Austro-Daimler innovative Zugmaschinen entwickelt, die der k.u.k.-Armee einen technischen Vorsprung beschert hatten, wobei der Mörserzugwagen die bekannteste und erfolgreichste Porsche-Entwicklung war. Zudem entstand der sogenannte Kraftprotz, auch »Daimler-Pferd« genannt, das kleinere Geschütze, Feldküchen, Munitionswagen und anderes mehr zog, also ein Schlepperfahrzeug für kleinere militärische Einheiten.[9] Als die Wehrmacht von 1936 an erwog, militärische Schlepper – sogenannte Radschlepper – in ihr Aufrüstungsprogramm aufzunehmen, warfen folgerichtig nicht nur das zuständige Heereswaffenamt, sondern auch Hersteller wie Daimler-Benz die Frage auf, ob sich die Porsche GmbH auf diesem Sektor nicht engagieren würde. Porsche galt in diesen Kreisen als natürlicher Anwärter – auch wegen der Verdienste Ferdinand Porsches um den österreichischen »Waffenbruder« im Ersten Weltkrieg.[10]

Es war schließlich wieder einmal der Volkswagen, der Pate stand bei der Beauftragung der Porsche GmbH. Gewünscht wurde die Konstruktion eines Ackerschleppers, der auf die Bedürfnisse des Gros der deutschen Landwirte zugeschnitten sein sollte und damit als »Volksschlepper« gelten durfte. Die lückenhafte Quellenüberlieferung erlaubt es nicht, den Startschuss für dieses Projekt exakt zu bestimmen. Immerhin wissen wir, dass im Oktober 1937 eine erste Vorbesprechung stattfand, die diesem Thema gewidmet war. Ferdinand Porsche machte die landwirtschaftliche Zugmaschine zur Chefsache, indem er mit seinem Sohn und mit Chefkonstrukteur Rabe »Herren aus Berlin« empfing. Für unseren Kontext ist entscheidend, dass Karl Rabe das am Horizont aufscheinende Konstruktionsprojekt als »Volkswagen-Pflug-Sache« bezeichnete.[11] Denn dass die Porsche GmbH mit einem Auftrag für in der Landwirtschaft zum Einsatz kommende Antriebsmaschinen bedacht wurde, war vor allem auf das Renommee zurückzuführen, das sich das Unternehmen und gerade sein Leiter in der Kleinwagenkonstruktion erworben hatten. Porsche hatte mit dem Volkswagen einen politischen Auftrag zur vollsten Zufriedenheit des »Führers« erfüllt – und so war es nur folgerichtig, dass ihm die Politik gewissermaßen in logischer Fortsetzung das Projekt Volksschlepper zuwies. Es gibt keine eindeutigen Quellenbelege dafür, dass auch in diesem Fall Hitler persönlich hinter der Beauftragung Porsches steckte. Hitler fehlte es hier an originärem Eigeninteresse, so dass er das Feld anderen Akteuren überließ.

Bezeichnenderweise wurde das zuständige Ministerium – in diesem Fall das Reichsministerium für Ernähung und Landwirtschaft – aus der gesamten Projektentwicklung völlig herausgehalten; damit zeigte sich auch hier ein Grundzug des NS-Systems, nämlich das Hinwegsetzen über klare administrative Zuständigkeiten. Stattdessen übernahm eine Organisation das Schlepperprojekt, die sich mit Hilfe preisgünstiger und zugleich vollwertiger Fahrzeuge sozialpolitisch profilierte: die »Deutsche Arbeitsfront«.[12] Damit hatte Ferdinand Porsche es wieder einmal mit seinem Wunschpartner zu tun. Denn die Organisation, mit der er im Jahr 1937 die Weichen für die Produktion »seines« Volkswagens gestellt hatte und die ihm die Erweiterungsbauten in Zuffenhausen und damit den Sprung zu einem Entwicklungsbetrieb finanziert hatte, bot der Porsche GmbH nun die Gelegenheit, den kompletten Konstruktions- und Entwicklungsprozess eines in vieler Hinsicht überaus reizvollen Projekts an der neuen Wirkungsstätte in Zuffenhausen abzuwickeln. Auftraggeber war wie beim Volkswagen die Volkswagenwerk GmbH – und auch in diesem Fall war es so, dass es zu einem förmlichen Vertragsabschluss erst sechs Jahre nach Aufnahme der Konstruktionsarbeiten kam. Wieder wurde das Unternehmen als Entwicklungsbetrieb für die anfallenden Arbeiten honoriert und erst viele Jahre später ein Vertrag unterzeichnet, der die bisher geübte Praxis fixierte. Erst im September 1943 setzten Ferdinand Porsche und sein Sohn ihre Unterschriften unter einen Vertrag, der das in vertragliche Formen goss, was bereits viele Jahre praktiziert wurde: »Entwicklung eines motorischen Kleinschleppers und der Bau einer noch zu vereinbarenden Anzahl von Versuchsaggregaten dieser Konstruktion«.[13]

Die Porsche GmbH/KG konnte dieses ambitionierte Projekt ohne jeden Zeitdruck angehen. Hinter ihr stand nicht wie beim Volkswagen-Projekt ein Interessenverband (RDA), der gelegentlich seine Muskeln spielen ließ und Porsche zur Eile drängte. Vor allem musste Porsche nicht Hitler – oder dessen Beauftragten Werlin – Bericht erstatten und durch regelmäßige Vorführungen des erreichten Standes bei Laune halten. Das Unternehmen konnte unter geradezu paradiesischen Bedingungen an die Arbeit gehen: ohne Controlling hinsichtlich des Zeitaufwands, ohne politischen Aufpasser und mit der Gewissheit, dass sämtliche entstehenden Kosten vom Auftraggeber mit einem komfortablen Regiesatz[14] entgolten werden würden. Dass solche Konditionen dazu verlocken konnten, sich in ständigem Experimentieren zu verlieren, ist nicht von der Hand zu weisen. Doch das Porsche-Team arbeitete energisch darauf hin, einen Traktor zu entwickeln, der mit den allerbesten auf dem internationalen Mark mithalten konnte und diese sogar auf dem Kerngebiet des Unternehmens – der Antriebstechnik – übertraf.

Die Orientierung an internationalen Standards hieß im Jahr 1937, dass ein Besuch der Traktorenfabrik der Ford Motor Company in Dagenham bei London unumgänglich war. Dort wurde von einer auf Traktoren spezialisierten Ford-Tochter das »Fordson«-Modell hergestellt, das in puncto Einsatzfähigkeit das darstellte, was Porsches Kleinschlepper werden sollte: ein unverwüstliches Arbeitsgerät, das sich für Feldarbeiten und Zugdienste aller Art eignete. Am 19. Oktober 1937 besuchte eine Porsche-Delegation das britische Unternehmen und wurde von dem dortigen leitenden Direktor durch das Werk geführt.[15] Noch interessierter zeigte sich Porsche, als Ford zwei Jahre später mit dem britischen Entwickler Ferguson einen Traktor auf den Markt brachte, der durch seinen Preis und sein geringes Gewicht bestach, vor allem aber durch die hydraulische Kontrolle der Ackergeräte neue Standards setzte. Damit bekamen Ford und Ferguson eines der größten Probleme beim

Pflügen in den Griff: Mit Hilfe der Hydraulik ließen sich die Pflüge auf den Widerstand des Bodens einstellen, das heißt, man konnte sie verschieden tief einsetzen, während herkömmliche Pflüge starr auf den Boden aufgesetzt wurden, was bei harten Böden nicht selten zum Pflugbruch führte. Die Porsche KG brachte sich in den Besitz eines solchen »Ford-Ferguson-Schleppers«, um diesen auf Herz und Nieren hinsichtlich Beschaffenheit der Werkstoffe und Leistung zu überprüfen.[16]

Nun stellte sich dringender denn je die Frage, welche Akzente die Porsche KG eigentlich bei der Entwicklung ihres Schleppers setzen wollte. Ferdinand Porsche hätte sich nie damit zufriedengegeben, lediglich bereits Bewährtes zu addieren und auf diese Weise einen soliden Kleinschlepper zu entwickeln. Doch in der Multifunktionalität des Geräts lag eine nicht zu unterschätzende technische Herausforderung: An den Schlepper mussten sämtliche Gerätschaften angeschlossen werden können, die bei der Boden- und Feldfrüchtebearbeitung zum Einsatz kamen (Sämaschine, Egge, Mähgerät, Heuwender, Heurechen, Drillmaschine, Kartoffelhackgerät, Kartoffelroder, Saatpflug, Schälpflug). Die präzise Abstimmung zwischen der Zugmaschine und den Bodenbearbeitungsgeräten stellte das größte Problem dar, zumal sich dafür etliche Lösungswege anboten. Aus Sicht des Bauern hing der Nutzeffekt vor allem davon ab, dass der Traktor mit dem anzuschließenden Gerät eine effiziente Ackerbaumaschine bildete. Letztlich gab also die Praktikabilität den Ausschlag: Wollte man traditionalistische und technikskeptische Bauern von der Anschaffung eines Kleinschleppers überzeugen, musste der Traktor vor allem leicht zu bedienen und wenig störungsanfällig sein. Da der Kleinbauer die Feldarbeiten alleine leistete, mussten der Anschluss und der Wechsel der Ackergeräte auch von ihm alleine zu bewerkstelligen sein. Zudem musste das Gerät extrem bodengängig sein; ein unebener Acker durfte den Traktor ebenso wenig überfordern wie morastiger Boden.[17]

Es stellte mithin kein unerhebliches technisches Problem dar, den Schlepper mit seinen Ackergeräten zu einer kompletten Funktionseinheit zu verbinden. Auf diesem Gebiet musste die Porsche KG sich erst noch einarbeiten. Denn ein motorgetriebenes Fahrzeug von der Nutzung durch landwirtschaftliche Gerätschaften her zu bestimmen und Geschwindigkeit, Radstand und Wendekreis von solchen Kriterien abhängig zu machen, erforderte ein gründliches Umdenken. Doch angesichts der Breite des technischen Spektrums der bei Porsche tätigen Ingenieure und der geradezu lustvollen Bereitschaft, sich in eine fremde Materie einzuarbeiten, konnte man getrost davon ausgehen, dass das Team praktikable Lösungswege finden würde.

Damit stellt sich die Frage, ob die Porsche KG ihre Kompetenz vor allem auf dem Sektor einbringen konnte, der insbesondere Ferdinand Porsche ein

Herzensanliegen war: dem Antrieb. Auf den ersten Blick schienen die technischen Möglichkeiten ausgereizt, da ein Traktor aufgrund seiner limitierten Geschwindigkeit und des eingeschränkten Einsatzes als Landmaschine kein ideales Experimentierfeld darstellte. Doch da Reichweite und Tempo im Unterschied zum Personenkraftwagen keine vorrangigen Größen waren, bot sich gerade hier die Möglichkeit, beim Antrieb mit festen Brennstoffen wie Torf, Braunkohle und Holz zu experimentieren. Solche Ersatzstoffe waren im Unterschied zum raren Erdöl in Deutschland überaus reichlich vorhanden, so dass unter dem Aspekt der Energiesicherheit eine Vergasung derartiger fossiler Stoffe reizvoll erschien. Ein solcher Kleinschlepper sollte mithin von einem Motor angetrieben werden, der als Treibstoff Gas verwendete. Dieses Generatorgas wurde beim Fahren erzeugt, indem der feste Brennstoff in einem dem Schlepper angeschlossenen Brennraum verfeuert wurde und das auf diese Weise entstehende Gas den Motor in Gang setzte.

Damit gewann die Antriebsfrage beim Ackerschlepper einen besonderen Reiz. Wenn als Betriebsmittel neben Benzin und Dieselöl auch Generatorgas – sogenanntes Holzgas – in Erwägung gezogen und Versuchsfahrzeuge entwickelt werden sollten, die von einem Gasgenerator angetrieben wurden,[18] nutzte Porsche die ganze Bandbreite der für Ackerschlepper in Frage kommenden Antriebsarten. Eine gasgeneratorgetriebene Zugmaschine besaß im Krieg den unschätzbaren Vorteil, dass sie keine kostbaren Rohstoffe auf Erdölbasis verbrauchte. Generatoren zur Vergasung fester Treibstoffe galten daher schon seit den 1920er Jahren als das geeignete Antriebsmittel für den Fall, dass eine Rohstoffverknappung eintrat. Insofern war ein mit Generatorgas betriebenes Fahrzeug für die Rohstoffbilanz des »Dritten Reiches« gerade in Hinblick auf den geplanten Krieg äußerst vorteilhaft.[19]

Ferdinand Porsche experimentierte mit dem Gasantrieb aber auch, um sich auf dem zukunftsträchtigen Feld der mit festen Brennstoffen betriebenen Fahrzeuge zu etablieren. Porsche dachte hierbei durchaus strategisch: Es galt, Alternativen zum klassischen Verbrennungsmotor bei solchen Fahrzeugen in Erwägung zu ziehen, die hinsichtlich der Reichweite, des Fahrkomforts und der Geschwindigkeit weit unterhalb der Bedürfnisse eines Personenkraftwagens lagen. Hierfür bot der Ackerschlepper ein ideales Experimentierfeld. Porsche war für ein solches Unterfangen auch deswegen gerüstet, weil er die Wahl des Betriebsstoffes immer leidenschaftslos betrachtet hatte. Dass er in seinen Anfangsjahren den elektrischen Antrieb favorisiert und entsprechende Antriebsvorrichtungen entwickelte hatte, zeugt davon, wie breit er auf diesem zentralen Gebiet der Fahrzeugtechnik aufgestellt war. Insofern war er bestens präpariert, wenn massive Veränderungen beim Einsatz der Betriebsmittel eine neue Antriebstechnik verlangten.

Beim Gasantrieb fand die Porsche KG zudem in Stuttgart einen Kooperationspartner, der sein komplexes Wissen auf diesem Gebiet dem Unternehmen zur Verfügung stellte. Dabei handelte es sich um Dr.-Ing. Hermann Meuth, einen Maschinenbauingenieur, der sich im Landesgewerbeamt, das dem württembergischen Wirtschaftsministerium unterstellt war, schon seit 1934 als Pionier auf dem Gebiet der Holzvergasung betätigte.[20] Kurz bevor die Porsche KG in das Schlepperprojekt einstieg, hatte Meuth sich auf die »Entwicklung eines Gaserzeugers für einen im Sitz gefahrenen Ackerschlepper«[21] verlegt. Dieser versierte Experte nahm an der ersten Unterredung teil, bei der Porsche-Ingenieure zusammen mit Vertretern der DAF die Grundzüge des Ackerschlepperprojekts absteckten.[22]

Dass sich das Schlepperprojekt zu einem wichtigen wirtschaftlichen Standbein der Porsche KG entwickelte, kann man nicht zuletzt auf das exzellente Umfeld zurückführen, das Porsche bei diesem Vorhaben in Stuttgart antraf. Während man bei der Panzerkampfwagenentwicklung mit Partnern kooperierte, die – wie die Firmen Rheinmetall und Krupp – weit von der württembergischen Landeshauptstadt entfernt ihren Stammsitz hatten, konnte man beim Ackerschlepper auf Expertise direkt vor Ort zurückgreifen. Dazu zählte nicht zuletzt die traditionsreiche landwirtschaftliche Hochschule in Hohenheim im Stuttgarter Süden, die auch auf dem Gebiet der Landmaschinentechnik erheblichen Sachverstand zu bieten hatte. Der Ordinarius für Landmaschinen an dieser Einrichtung, Professor Dr. Ing. Walther Fischer-Schlemm, galt speziell auf dem Gebiet des Ackerschleppers als Kapazität. Von ihm erhielt das Unternehmen wichtige Detailinformationen:[23] Schließlich sollte bei dem Traktor der Porsche KG der Mähbalken an der optimalen Stelle sitzen, der Pflug problemlos zu bedienen sein und die Sämaschine perfekt an das Zugfahrzeug angeschlossen werden können. Vorteilhaft war weiterhin, dass das Unternehmen zumindest in der Anfangsphase praktische Erprobungen auf dem dazu bestens geeigneten Gelände der Hohenheimer Hochschule vornehmen konnte. Hierbei kam es vor allem darauf an, dass sich der zu entwickelnde Schlepper in der Kerndisziplin der Landarbeit, dem Pflügen, als geeignet erwies – und dies bedeutete, dass die Geschwindigkeit des Traktors auf die Pflugführung abgestimmt sein musste.[24]

Das Porsche-Team war also bestens präpariert und konnte das Schlepperprojekt unter allerbesten Bedingungen im Herbst 1937 in Angriff nehmen. Die Finanzierung der Konstruktion war gesichert, so dass die Porsche KG im Entwicklungsprozess mit drei verschiedenen Betriebsmitteln (Benzin, Diesel, Generatorgas) experimentieren und dazu jeweils ein Versuchsfahrzeug bauen konnte. Daraus ergab sich von Anfang an eine besonders starke Dynamik, so dass dem Projekt die Tendenz innewohnte, Entwürfe nicht weiter zu verfolgen, sobald sie sich als unpraktisch herausstellten. So kann es nicht verwundern, dass der allererste Konstruktionsentwurf vom 24. November 1937 weit von dem späteren serienreifen Modell entfernt war. Man merkte diesem Entwurf noch die unmittelbare Nähe zum bäuerlichen Gespann an: Vorgesehen war ein zweirädriges Ackergerät, das wie beim Gespannpflug vom nachschreitenden Bauern bedient wird; erst für leichte Bodenarbeiten und für Straßenfahrten sollte der Schlepper durch Anschluss eines Radgestells zu einem vierrädrigen Fahrzeug werden.[25] Im nächsten halben Jahr offenbarte sich jedoch, dass dieser Typ 110 lediglich die Ausgangsbasis für einen Kleinschlepper darstellen konnte, der als vierrädrige Zugmaschine konzipiert war. In dieser Phase war der Input entscheidend, der vom »Reichskuratorium für die Technik in der Landwirtschaft« (RKTL) ausging – einer Einrichtung, die weit mehr war als eine Beratungsstelle für Landwirte, denen man die Vorzüge einer Technisierung althergebrachter Anbaumethoden vermitteln wollte. Das RKTL entwickelte sich zur wissenschaftlichen Speerspitze der agrartechnischen Modernisierung, indem es enge Kontakte zur Landwirtschaftlichen Hochschule Berlin unterhielt, die seit 1934 Teil der Berliner Friedrich-Wilhelms-Universität war.

Für die Porsche KG war die Zusammenarbeit mit dem RKTL enorm wichtig, weil über diese der Zugang zum Schlepper-Versuchsgelände in Potsdam-Bornim möglich war,[26] auf dem in der Anfangsphase des Schlepperprojekts die für den weiteren Fortgang unerlässlichen praktischen Erfahrungen auf dem fremden Gebiet der Landtechnik gesammelt werden konnten. Am 17. Januar 1938 kam es zu einem Spitzengespräch zwischen allen Beteiligten in Stuttgart. Dabei gewannen Josef Kales und Paul Biehl, die bei der Porsche KG im Schlepperprojekt eingesetzt waren, einen tiefen Einblick in eine ihnen bislang verschlossene Welt. Wo konnte man diese unbekannte Welt besser studieren als in der »Deutschen Landkraftführerschule« (DEULA-Kraft) in der Nähe von Berlin, die Landmaschinentechniker ausbildete? Dort lernten die Auszubildenden auf sämtlichen im Angebot befindlichen Ackerschleppern, und daher war es der perfekte Ort, um Kales und Biehl am 16. März 1938 insgesamt acht Ackerschlepper vorzuführen.[27]

Dank dieser Entwicklungshilfe arbeiteten sich die beiden Schlepperexperten der Porsche KG so gründlich in die Materie ein, dass daraus kreative Funken entstanden. Es war der frische, unverstellte Blick von außen, der innovative Ideen erzeugte, die im April 1938 Eingang in ein Patent fanden. Die Patentanmeldung in diesem frühen Stadium zeugt davon, dass die Porsche-Ingenieure imstande waren, nach kurzer Einarbeitungszeit die wichtigsten technischen Aufgaben zu definieren und sogar konstruktive, patentfähige Lösungsansätze zu formulieren. Im April 1938[28] meldete die Porsche KG eine

Innovation als Patent an, die nicht nur eine Verbesserung im Detail darstellte. Vielmehr hatte Josef Kales, der in der Patentschrift ausdrücklich als »Erfinder« genannt wurde, ein Kernproblem des Ackerschleppers angepackt. Der klassische Schlepper bestand aus zwei Fahrgestellteilen, einem mit einer Antriebseinheit versehenen treibenden sowie einem mit Lenkrädern ausgestatteten lenkbaren Fahrgestellteil. Kales fand nun einen Weg, die Verbindung zwischen beiden Fahrgestellteilen »möglichst widerstandsfähig, dabei aber gut zugänglich und leicht lösbar zu gestalten«, und steuerte damit eine technische Neuerung auf einem zentralen Feld der Schlepperkonstruktion bei, die durchaus das Potenzial für ein Durchgangspatent besaß.

In den folgenden Monaten durchlief der Typ 110 den normalen Entwicklungsprozess, was ohne größere Schwierigkeiten vonstatten ging, so dass am 8. Oktober 1938 das erste Versuchsfahrzeug von Typ 110 fertiggestellt war.[29] In den folgenden Monaten wurde dieser Prototyp dem üblichen Härtetest unterzogen. Es sollte der Beweis erbracht werden, dass der Schlepper sich für sämtliche anfallenden landwirtschaftlichen Tätigkeiten bestens eignete, für die ein Bauer ihn einzusetzen gedachte: Getreidemähen, Bodenfräsen, Pflügen, Furchenziehen, Langholztransport, Grasmähen, Rübenernte im Schlammboden, Säen mit Egge.[30] Wie der Volkswagen wurde auch der Volksschlepper in Versuchsfahrten eingehend getestet.[31] Wenn alles planmäßig verlief und am Ende der gründlichen Testphase die Serienreife konstatiert wurde, musste man sich im nächsten Schritt auf den Produktionsstandort verständigen. Dieses Problem schien aber leicht zu lösen, da die DAF wie beim Volkswagen Bereitschaft signalisiert hatte, einen Porsche-Schlepper zu produzieren.

Als diese Möglichkeit im Sommer 1939 immer näher rückte, wurden erstmals massive Bedenken aus der Privatwirtschaft laut. Die Geschichte wiederholte sich – allerdings mit einem wichtigen Unterschied: Während die Automobilhersteller, die in den Jahren 1934 bis 1937 erhebliche Einwände gegen einen zu einem politischen Kampfpreis angebotenen Volkswagen erhoben, sich vorhalten lassen mussten, über den RDA diese Konkurrenz finanziert und damit hochgezüchtet zu haben, hatten sich die privaten Schlepperhersteller in dieser Hinsicht nichts vorzuwerfen.

Um so pikierter reagierten sie auf den Eindringling Porsche. Besonders betroffen war der Kölner Anbieter Deutz, der im Jahr 1936 einen mit dem Anforderungsprofil der Schlepperprüfstelle perfekt in Einklang stehenden Kleinschlepper mit 11 PS auf den Markt gebracht hatte: geringe Anschaffungskosten von weniger als 4000 Reichsmark; günstiger Betrieb und Unterhalt; leichte Handhabung für ungeübte Bauernhände; Anbau eines Mähwerks, um Getreide ernten zu können.[32] Der Kölner Allzwecktraktor, der die Arbeit von zwei bis drei Pferden verrichtete, erfüllte alle diese Kriterien und wurde als »Bauern-Deutz« populär. Deutz fürchtete sich nicht vor fairer Konkurrenz, aber gegen einen politisch subventionierten Wettbewerber auf dem wachsenden Markt für Kleinschlepper konnte das Kölner Unternehmen nicht ankommen. Daher machten sich Direktor und Konstrukteur auf den Weg nach Stuttgart und versuchten die Verantwortlichen bei Porsche im persönlichen Gespräch für die Nöte ihres Unternehmens zu sensibilisieren. Sie wurden von Ferry Porsche empfangen, der sich nicht erweichen ließ und ungerührt entgegnete: »Ich erklärte den Herren, [...] dass man von uns verlangt hat, einen Traktor zu einem sehr niedrigen Preis – etwa RM 1000 – herzustellen und ich der Ansicht bin, dass bei einem solchen Auftrag, selbst wenn die große Stückzahl nur vorübergehend zu halten wäre, man damit den deutschen Bauern und somit die Unabhängigkeit gegenüber dem Ausland unterstützen würde, und es daher unbedingt nötig ist, diesen Auftrag hundertprozentig zu lösen.«[33]

Der Verweis auf das Wohl des deutschen Bauern war ein politisch unschlagbares Argument, das auch aus dem argumentativen Arsenal der DAF hätte stammen können. Man wusste in Zuffenhausen, dass das Volkstraktor-Projekt politisch unangreifbar war. Im Sommer 1939 schien es, als sei das Unternehmen in der Traktorfrage am Ziel angelangt. Denn nun wurden die Weichen für die Produktion des Kleinschleppers gestellt, wobei wie beim Volkswagen die Volkswagenwerk GmbH die Produktion übernehmen sollte[34] – allerdings nicht in der Stadt des KdF-Wagens (Fallersleben), sondern im Werk Braunschweig. Dieses seit Februar 1938 errichtete »Vorwerk« arbeitete hinsichtlich der Ausbildung des Personals und der Produktionsvorbereitung dem eigentlichen Stammbetrieb in Fallersleben zu. Zuvor hatte Ferdinand Porsche noch einen obligatorischen Vorführungstermin bei Hitler zu absolvieren – eine reine Pflichtübung, bei der, anders als beim Volkswagen, nicht die Fortführung des ganzen Projekts auf dem Spiel stand. Auch daran ist abzulesen, dass Hitler beim Volksschlepper nicht annähernd so engagiert war wie beim Volkswagen. Da Hitlers Geburtstag sich für eine solche Geste bestens eignete, verfiel man in Zuffenhausen auf die Idee, Hitler ein Holzmodell des Ackerschleppers als Geburtstagsgabe zu überreichen. Einen fahrbereiten Traktor konnte man noch nicht präsentieren, war aber auch der Notwendigkeit dazu enthoben. Karl Rabe sorgte dafür, dass in einer Kölner Spezialfirma ein solches Holzmodell gebaut, rechtzeitig zum »Führergeburtstag« nach Berlin gebracht und dort von Ferdinand Porsche übergeben werden konnte.[35] Die Hoffnung, an oberster Stelle einen günstigen Eindruck vom eigenen Schaffen zu hinterlassen, erfüllte sich. Rabe hielt die Resonanz auf das Schleppermodell fest: »Dr. P. ist in Berlin. Heute ist Führers 50. Geburtstag. Ich werde abends von Berlin angerufen, dann von Frau P. Die Modell-

Übergabe des Schleppers beim Führer hat geklappt, er hat sich sehr gefreut. Dr. P. ließ mir gratulieren.«[36]

Porsche konnte die Früchte seiner Arbeit jedoch noch nicht ernten, weil der Weltkrieg ausbrach. Die Umstellung auf die Kriegsproduktion machte die Fertigungspläne für den Volksschlepper in Braunschweig zunichte. Dies hielt die Porsche KG aber nicht davon ab, unverdrossen an der Weiterentwicklung des Ursprungsentwurfs zu arbeiten, so dass im Winter 1939/40 die Nachfolgeversion – Typ 111 – entstand. Am 2. Februar 1940 wurde der Kleinschlepper Pflugtraktor Typ 111 fertig und konnte am nächsten Tag erstmals in Anwesenheit von Porsche und Piëch eine Probefahrt absolvieren.[37] Da kurz danach der große Gönner Porsches, DAF-Leiter Robert Ley, seinen 50. Geburtstag beging, bot es sich an, Ley zu diesem Anlass das neue Modell zu verehren.

Als Ley am 15. Februar 1940 der Typ 111 im Beisein Porsches vorgeführt wurde,[38] hatte dies weitreichende Folgen, die keiner vorhergesehen hatte. Ley fand nämlich einen solchen Gefallen an diesem Traktor, den er auf seinem Gut Rottland im Oberbergischen ausprobiert hatte, dass er die Produktionsstätte dieses phänomenalen Volksschleppers kurzerhand in seine Heimatstadt Waldbröl zu verlagern gedachte. Hitler schlug seinem Reichsorganisationsleiter diesen Wunsch nicht aus, obgleich die Kleinstadt Waldbröl in keiner Weise als Standort taugte für das von Ley in Aussicht gestellte Volkstraktorenwerk mit einer Jahresproduktion von 100 000 Schleppern. Am 4. November 1940 ordnete der »Führer« an, die »Produktion des von Dr. Porsche erfundenen Traktors« in den noch zu errichtenden Fabrikanlagen in Waldbröl aufzunehmen. Der Volkstraktor sei für die Entwicklung der deutschen Landwirtschaft von »entscheidender Bedeutung«. Zudem erweiterte Hitler die Vollmachten des Generalbauinspektors Speer für den Neu- und Ausbau Waldbröls.[39] Porsche dürfte es wie Musik in den Ohren geklungen haben, dass ihm Hitler öffentlich die Erfinderrechte am Volkstraktor zuerkannt hatte. Ob er insgeheim darauf spekulierte, dass der Volkstraktor seinen Namen tragen würde, nachdem es mit dem Volkswagen nicht geklappt hatte, können wir nur vermuten. Doch auch hier lag die Namenshoheit allein bei der Politik.

Porsche konnte sich mit der beabsichtigten Verlagerung der Produktion in die oberbergische Provinz abfinden, denn solange der Krieg andauerte, konnte von einer Aufnahme der Fertigung ohnehin keine Rede sein. Während Ley in großen Plänen für seine Heimatstadt schwelgte und gigantische Stadtplanungen am Reißbrett vornehmen ließ,[40] arbeitete das Porsche-Team eifrig daran, für diesen Fall serienreife Traktoren mit verschiedenen Betriebsmitteln im Angebot zu haben. Durch die nochmalige Verschiebung der Produktion hatte das Unternehmen noch mehr Zeit gewonnen, um auf dem ursprünglich fremden Gebiet landwirtschaftlicher Zugmaschinen in jeder

Hinsicht ausgereifte Fahrzeuge zu entwickeln, die jederzeit in Vorserie gehen konnten. Das komfortable Zeitpolster erlaubte es, auf jeder Stufe der Entwicklung mehr als nur einen Prototyp anzufertigen. Auf diese Weise konnte man großzügige Erprobungen vornehmen und verschiedene Varianten unter Praxisbedingungen ausprobieren. Dank der ausgezeichneten Beziehungen zu Robert Ley konnte Ferdinand Porsche ein Kontingent von insgesamt 50 Traktoren aushandeln, die ausdrücklich als »Versuchsmaschinen« vorgesehen waren und »einige Jahre in der Landwirtschaft laufen« sollten, so dass man am Ende serienreife Ackerschlepper vorzuweisen hatte.[41] Aufgrund dieser einmaligen Erprobungsmöglichkeiten konnte sich die Porsche KG einen strukturellen Startvorteil sichern und in der Nachkriegszeit mit marktfähigen Produkten hervortreten.

Mit unternehmerischem Weitblick hatte Ferdinand Porsche in dem vermeintlichen Nischenprodukt »Ackerschlepper« eine strategische Bedeutsamkeit für sein Unternehmen entdeckt für den Fall, dass die Porsche KG in ihrem Kerngebiet, der Entwicklung von Personenkraftwagen, eine Durststrecke würde überstehen müssen. Er kalkulierte weiterhin damit, dass bei einer militärischen Niederlage alle in enger Allianz mit Wehrmacht und DAF produzierten Fahrzeuge für längere Zeit als ökonomisch gewinnbringende Faktoren ausfallen würden. Es gehörte sich für einen umsichtigen Unternehmer, dass er nicht alles auf die Karte des »Endsiegs« setzte, sondern zweigleisig fuhr. Unter diesem Aspekt war die Weiterentwicklung des Kleinschleppers auch eine Rückversicherung. Die DAF übernahm vertragsgemäß die Entwicklungskosten.[42]

Solange noch kein serienreifes Fahrzeug vorlag, das die DAF hätte herstellen sollen, war der künftige Porsche-Schlepper rechtlich wie politisch unbelastet. Insofern erwies es sich als wahrer Segen für die Porsche KG, dass die Entwicklungsarbeiten während des Weltkriegs nicht zum Abschluss gebracht werden konnten. Daher investierte die Geschäftsführung der Porsche KG erstaunlich viele personelle und materielle Ressourcen in ein Projekt, das auf den ersten Blick wie ein Fremdkörper im Unternehmensportfolio wirkte. Es musste schon allein deswegen erheblicher Aufwand betrieben werden, weil die Politik in der Frage des Antriebs immer massiver auf einen gasgetriebenen Motor drang. Hitler selbst machte in einem Gespräch mit Porsche keinen Hehl daraus, dass er den »Holzgasgenerator« favorisierte, da es darum ging, die Abhängigkeit vom Erdöl zu verringern.[43] Als das Unternehmen im Herbst 1942 schließlich den Auftrag erhielt, die Vorserie von 50 Schleppern zu bauen, war das mit der Auflage verbunden, dass es sich um generatorgetriebene Traktoren handeln müsse.[44] Die damit verbundenen technischen Probleme waren jedoch noch längst nicht gelöst. Dies betraf zum einen die

Unterbringung des schweren Generators, zum anderen den schlechteren Wirkungsgrad der Gasmotoren, der durch einen größeren Hubraum ausgeglichen werden musste. Befüllung, Entlüftung und Leerung des Gaserzeugers wirkten sich auf die Technik aus, was der Schlepperentwickler zu berücksichtigen hatte. Vor allem die eingesetzten Betriebsmittel erforderten jeweils spezifische technische Umsetzungen: Es gab keinen Gasgenerator, der Holz und Kohle zugleich in Antriebsenergie umwandeln konnte. Da geeignete Treibstoffe in Deutschland reichlich vorhanden waren – Holz, Holzkohle, Torf, Braunkohlebriketts, Koks, Anthrazit – und die zuständigen Behörden keinen dieser Betriebsstoffe massiv protegierten, sah sich die Porsche KG vor das gravierende Problem gestellt, aufgrund unklarer Vorgaben selbst einen Kooperationspartner zu suchen, mit dem man einen Kleingasgenerator konstruieren und entwickeln konnte.[45] Ohne dass ein leistungsfähiger Kleingasgenerator zur Verfügung stand, konnte also ein gasgetriebener Kleinschlepper nicht zur Serienreife gebracht werden. In der Tübinger Firma Zanker fand die Porsche KG schließlich einen geeigneten Partner, der leistungsfähige Generatoren für die Holzvergasung herstellte.[46] Doch der Kriegsverlauf ließ es nicht zu, dass die Entwicklung eines gasgetriebenen Ackerschleppers bis zur Vorserie gelangte.

Bei den vielen strukturellen Ähnlichkeiten der Projekte Volkswagen und Volksschlepper darf ein gravierender Unterschied nicht außer Acht gelassen werden: Der Volkswagen war komplett durchkonstruiert und hatte alle Entwicklungsstufen durchlaufen, während der Volksschlepper die Vorserie nicht erreichte. Damit gingen beide Fahrzeuge auch hinsichtlich ihrer militärischen Verwendbarkeit unterschiedliche Wege. Der zivile Volkswagen feierte in Gestalt des Kübelwagens in all seinen Variationen Absatzerfolge, weil lediglich ein bereits erprobtes Fahrzeug auf militärische Bedürfnisse umgestellt werden musste. Der militärische Mehrwert des Volksschleppers fiel demgegenüber wesentlich geringer aus – auch weil sich Porsche wie beim Panzerkampfwagen hier in einem Wettbewerb behaupten musste, dessen Regeln von der militärischen Nutzanwendung bestimmt wurden. Über die Serienreife einer militärischen Zwecken dienenden, neu entwickelten Zugmaschine befand letztlich das Militär – und so kann es nicht erstaunen, dass genau aus diesem Grund Porsches Abstecher ins Militärfahrzeugwesen ähnlich endete wie sein Vorstoß bei den Panzerkampfwagen: Es wurde eine Vorserie der Porsche-Fahrzeuge angefertigt, die sich aber im Fronteinsatz nicht bewährten, so dass die Serienreife verfehlt wurde.

Dass die Porsche KG überhaupt mit einem militärischen Schlepperfahrzeug betraut wurde, war auf die dramatische Entwicklung an der Ostfront im Winter 1941/42 zurückzuführen. Die deutsche Offensive war im Spätherbst

1941 auch deswegen zusammengebrochen, weil es an Zugmaschinen fehlte, die auf den morastigen Wegen Zentralrusslands das Vorankommen der motorisierten Heeresverbände und die ausreichende Versorgung mit Nachschub ermöglichten.[47] Hitler als Oberster Befehlshaber der Wehrmacht machte die ungelöste Transportfrage zur Chefsache. Am 12. Januar 1942 empfing er Ferdinand Porsche im Führerhauptquartier und erteilte ihm den Auftrag, eine Zugmaschine zu entwickeln, die unter den klimatischen Bedingungen des Ostens eine motorisierte Kriegführung erlaubte.[48] In der Porsche KG wurde dieser Auftrag als Typ 175 geführt und als »Radschlepper-Ost« bezeichnet.

Ferdinand Porsche wusste, dass der Konstruktions- und Entwicklungsauftrag auch zustande gekommen war, weil er sich bereits im Ersten Weltkrieg mit einer Radzugmaschine Anerkennung erworben hatte. Der Konstruktionsauftrag sah denn auch ausdrücklich vor, hinsichtlich der »Grundkonstruktionstendenzen« an dieses Erfolgsmodell anzuknüpfen. Darüber hinaus sollten zwei weitere Bedingungen erfüllt werden: Das Fahrzeug sollte einen luftgekühlten Motor haben und keine Gummiräder, was darauf hinauslief, dass man es mit Eisenrädern ausstattete.[49] Zudem brachte sich Hitler mit klaren Auflagen in die Konstruktionsarbeit ein, wobei er sich dezidiert »auf die beiden Weltkriegszugmaschinen« Porsches berief, die diesem das Renommee eines Zugmaschinenexperten verschafft hatten. Der Oberste Befehlshaber der Wehrmacht legte großen Wert auf eine Mindestbodenfreiheit von 60 bis 70 Zentimetern, weil nur ein hochbockiger Radschlepper mit den Schneemassen in den Weiten Russlands fertig werden könne.[50]

Das war für die Porsche KG eine komfortable Ausgangslage: Die oberste militärische Autorität wünschte, dass der »Radschlepper-Ost« in konstruktiver Hinsicht Porsches legendärer Zugmaschine aus dem Ersten Weltkrieg nachempfunden war. Man musste also keine neuen Wege beschreiten, sondern konnte an Bewährtes anknüpfen, was überdies den Vorteil hatte, dass zeitliche und personelle Kapazitäten eingespart werden konnten. Doch das bedeutete noch lange nicht, dass ein Porsche-Radschlepper in jedem Fall in Serie ging. Hitler blieb seiner bereits beim Panzerkampfwagen erkennbaren Linie treu, dass sich jede Fahrzeugkonstruktion im harten Wettbewerb durchsetzen müsse. Mit dem Radschlepper musste die Porsche KG antreten gegen den renommierten französischen Hersteller Latil, einen Pionier auf dem Gebiet der Zugmaschinenproduktion, bei dem der deutsche Lastkraftwagenhersteller MAN Regie führte.[51] Ungeachtet seiner Grundsympathie für Porsche-Fahrzeuge wollte sich der Oberste Befehlshaber der Wehrmacht ein faktengestütztes Urteil bilden.[52] Und so waren es letztlich objektive Richtgrößen, welche den Porsche-Schlepper in den sachlichen Vergleich mit dem Latil-Schlepper zwangen. 1942 war das Jahr, in dem die Porsche KG fahrbereite Versuchsfahrzeuge baute; doch im Jahr 1943 schlug die Stunde der Wahrheit. Bei den Testfahrten in der Heeresversuchsanstalt in Kummersdorf würden Mängel schonungslos offengelegt werden – und hier gab es im Unterschied zur Politik keinen Bonus für Porsche.

Das Drehbuch für den Einstieg in die Serienproduktion entsprach dabei dem des Panzerkampfwagens. Erster Akt: Präsentation des Fahrzeugs vor Hitler; zweiter Akt: Entscheidung Hitlers über den Bau einer Vorserie; dritter Akt: Erprobung der Vorserienfahrzeuge an der Front und gleichzeitige Testversuche in der Heeresversuchsanstalt Kummersdorf; vierter Akt: endgültige Entscheidung Hitlers über die Serienproduktion. Im Falle des »Radschleppers-Ost« dauerte es etwas mehr als drei Monate, bis aus einem hoffnungsvollen Beginn ein sang- und klangloser Abgang geworden war.

Dabei schien aus Sicht der Porsche KG anfänglich alles planmäßig zu verlaufen. Am 5. Januar 1943 wurde im Führerhauptquartier »Wolfsschanze« der Typ 175 in Anwesenheit Porsches erfolgreich vorgeführt.[53] Solche Präsentationen waren eher von symbolpolitischem Wert: Hitler sollte gezeigt werden, dass ein seinen Vorstellungen entsprechendes Fahrzeug fahrbereit war. Ein fachliches Urteil über die tatsächliche militärische Einsatzbereitschaft konnte – und dies war auch Hitler bewusst – auf einer solchen Vorführung nicht gefällt werden. Daher erteilte der »Führer« grünes Licht für eine »Nullserie«, also eine Testserie von insgesamt 100 Fahrzeugen, die für den »praktischen Versuch an der Front« bestimmt waren.[54] Damit lag – wie beim Porsche-»Tiger« – das weitere Schicksal des Radschleppers beim Heereswaffenamt, das ein Urteil abgab über die Bewährung im Fronteinsatz wie über die militärtechnische Erprobung. Nun kam es für die Porsche KG darauf an, eine erfahrene Rüstungsschmiede zu finden, die imstande war, die Vorserie von 100 Fahrzeugen zu produzieren, und auch für eine mögliche Serienproduktion zur Verfügung stand. Mit Auto-Škoda aus Jungbunzlau in Böhmen war ein ausgewiesener Rüstungsbetrieb gefunden, der außerdem noch in Porsches näherer Heimat angesiedelt war. Dort stellte man sich rasch auf den neuen Fertigungsauftrag ein, so dass bis März 1943 die gesamte Nullserie geliefert werden konnte.[55]

Hatte anfänglich aus Sicht der Porsche KG vieles auf eine erfolgreiche Aufnahme der Serienproduktion des Porsche-Radschleppers durch Auto-Škoda hingedeutet, so endete die Erprobung mit einem wahren Desaster. Bereits das Ergebnis der ersten Härtetests in Kummersdorf Anfang Februar 1943 war entmutigend, weil eine beachtliche Mängelliste[56] befürchten ließ, dass der Porsche-Radschlepper im Fronteinsatz durchfallen würde. Selbst Fahrzeuge, die anhand der Mängelliste noch einmal gründlich überarbeitet und bei denen Herstellungs- und Montagefehler beseitigt worden waren, schnitten kaum besser ab, wie man in der Porsche KG registrieren musste. Es haperte daran, dass grundlegende Fahrzeugteile schon nach wenigen Fahrkilometern Defekte zeigten und offenbarten, dass der Porsche-Radschlepper noch weit von der Truppentauglichkeit entfernt war.[57] In der Porsche KG räumte man unumwunden ein, dass diese gravierenden Mängel letztlich auf die »Konstruktionsrichtlinien« zurückzuführen waren. Bei einem eisenbereiften Fahrzeug müsse man damit rechnen, dass es geteerte Straßen beschädigen würde, aber dieser Aspekt sei von Hitler selbst als »unwichtig« bezeichnet worden.[58]

Das ruhmlose Ende des Porsche-Schleppers ließ sich nicht aufhalten. Hitler verfügte am 11. April 1943 die Einstellung der Produktion des Radschleppers.[59] Er konnte dies ohne Bedauern tun, weil mittlerweile ein leistungsfähiges Halbkettenfahrzeug als Zugmaschine zur Verfügung stand, das »Maultier«. Mit seinen beiden Vorderreifen nutzte das »Maultier« die Schnelligkeitsvorzüge der Luftbereifung, und die Kette anstelle der Hinterräder sorgte für eine hohe Zugleistung. Im Unterschied zum Porsche-»Tiger«, der immerhin als Sturmgeschütz »Ferdinand« noch eine Nachnutzung gefunden hatte, konnten die mehr als 100 bereits produzierten Porsche-Radschlepper keiner sinnvollen militärischen Verwendung zugeführt werden. Dies war eine ernüchternde Bilanz, die letztlich auf den Umstand zurückzuführen ist, dass sich Porsche und sein Unternehmen von den Erfolgen der Vergangenheit hatten blenden lassen. Eine Zugmaschine für einen Einsatz im Jahr 1943 nach denselben Grundprinzipien zu konstruieren wie eine Zugmaschine für den Ersten Weltkrieg, war eine Verbeugung vor dem eigenen Erfindergeist. Doch solche Selbstverliebtheit konnte dazu führen, dass man sich kreativ nicht weiterentwickelte und nur alte Lösungen für neue Herausforderungen parat hatte. In der Gesamtbilanz der Porsche KG nimmt sich der Radschlepper-Ost wie eine Episode aus, die offenbart, wohin es führt, wenn man seiner eigenen Linie untreu wird.

Die Vorarbeiten für den Ackerschlepper erwiesen sich dagegen am Ende als Glücksgriff. Hier zahlte sich die Weitsicht aus, ein Projekt mit ökonomischem Verwertungspotenzial vorangebracht zu haben, das ideal auf die Nachkriegszeit zugeschnitten war. Die angloamerikanischen Siegermächte erteilten der Porsche KG schon im August 1945 die Erlaubnis, zivile Gegenstände zu konstruieren, wobei ausdrücklich Traktoren genannt wurden.[60] Zudem erwies sich die Verlagerung der Konstruktions- und Entwicklungsabteilung nach Gmünd in Kärnten im Jahr 1944 als eine speziell für das Schleppergeschäft vorteilhafte Entscheidung. Österreich war im Bereich der Landmaschinen ein durchaus attraktiver Standort, von dem aus man auch ins Exportgeschäft gelangen konnte – vorausgesetzt, man ging das Wagnis ein, selbst in die Produktion eines Ackerschleppers einzusteigen. Näher lag da allerdings, Lizenznehmer zu finden, die aufgrund der bisher von der Porsche KG geleisteten Vorarbeiten mit einem Porsche-Traktor auf den Markt kommen wollten.

Dennoch erwies sich der Aufbau in den ersten vier Nachkriegjahren als äußerst mühsam. Der Krieg hatte viele Unterlagen zerstreut, und von den diversen Ausführungen des Typs 113 standen Ende 1945 nur noch zwei Probeschlepper zur Verfügung.[61] In den folgenden Jahren entwickelte man Typ 113 weiter, wobei der Gasgenerator keine große Rolle mehr spielte, weshalb man sich auf Benzin- wie Dieselmotor konzentrierte. Im Juli 1949 wurde der mittlerweile erreichte Entwicklungsstand auch im Ausland – in diesem Fall in Jugoslawien – angeboten mit einem Werbetext, der durchaus zutreffend die Geschichte dieses Fahrzeugs aus dem Hause Porsche wiedergab: Die Porsche KG »hat sich seit 1938 mit der Entwicklung verschiedener Typen von Traktoren befasst. Aus den praktischen Versuchsergebnissen ist der 17-PS-Traktor entstanden, welcher sämtlichen Anforderungen, die die Landwirtschaft auf dem Gebiete Arbeitseinsatz, Betriebssicherheit und geringsten Anschaffungs- und Betriebskosten an ein solches Fahrzeug stellt, entspricht.«[62]

Möglicherweise hätte die Porsche KG sich entschlossen, das von ihr entwickelte Fahrzeug selbst herzustellen, falls sich kein Lizenznehmer fand.[63] Denn von allen dem Unternehmen gehörenden und vor 1945 weitgehend abgeschlossenen Konstruktionen besaß der ehemalige Volkstraktor zweifellos den größten Marktwert. Doch im Jahr 1949 fiel eine Entscheidung, die in eine andere Richtung wies: Die Firma Allgaier in Uhingen bei Göppingen erkannte das Potenzial des Porsche-Schleppers und schloss im November 1949 einen Lizenzvertrag.[64] Die Porsche KG zog sich auf die Position des Konstruktionsbüros zurück und belieferte den Hersteller mit Detailzeichnungen; aus dieser bestens funktionierenden Arbeitsteilung ging der Allgaier-Traktor hervor, der auf der Ausstellung der Deutschen Landwirtschaftsgesellschaft im Juni 1950 vor allem mit seiner einzigartigen ölhydraulischen Kupplung und einem attraktiven Preis-Leistungs-Verhältnis Furore machte. Allgaier eroberte mit dem Porsche-Schlepper erhebliche Anteile auf einem wachsenden Markt. Die Porsche KG und sogar Ferdinand Porsche persönlich hatten – so lässt sich bilanzieren – daran mitgewirkt, dass die seit mehr als elf Jahren ausgebrüteten Ideen schließlich doch noch in ein Serienfahrzeug eingeflossen waren. Wäre die Geschichte der Porsche KG anders verlaufen, wenn sich das Unternehmen statt mit einem Sportwagen mit einem Ackerschlepper in die Dimension der Produktion vorgewagt und nicht den Weg der Lizenzerteilung gewählt hätte?

Ferdinand Porsche (ganz rechts) mit Hitler und Albert Speer (ganz links) am 19. März 1943 auf dem Schießplatz im pommerschen Rügenwalde.

KAPITEL 12

Die Politik holt das Unternehmen ein – Porsche im Zweiten Weltkrieg

War Ferdinand Porsche ein Nationalsozialist? Diese Frage drängt sich angesichts seiner engen Beziehungen zu führenden Vertretern des NS-Regimes – und speziell zu Hitler persönlich – förmlich auf. Die Antwort darauf hängt wesentlich davon ab, was mit dem Terminus »Nationalsozialist« gemeint ist, da die Verwendung des Begriffs (im pejorativen Sinne »Nazi«) von einer gewissen Willkür gekennzeichnet ist und vor allem in der Alltagssprache oft diffus bleibt.[1] Immer wieder hat sich die Forschung der Mühe unterzogen, die verschiedenen Merkmale eines Nationalsozialisten zu beschreiben, Kriterien aufzustellen oder Typologien zu entwickeln, um diese Bezeichnung auf eine solide definitorische Grundlage zu stellen.[2] Der synkretistische Charakter des Nationalsozialismus hat solche terminologischen Ordnungsversuche allerdings erheblich erschwert.[3] Formale Aspekte wie NSDAP-, SS- oder SA-Mitgliedschaften können zu Fehlschlüssen verleiten, da sie nicht zwangsläufig auf innere Überzeugung hinweisen müssen, sondern – zumal nach dem 30. Januar 1933 – ebenso opportunistischen Erwägungen oder anderen Motiven entstammen können.[4] Die empirisch gehaltvollsten Studien über die Mitglieder der NSDAP von Seiten der historischen Wahlforschung unterstreichen diesen Befund. Jürgen W. Falter, der im Jahr 1991 eine Pionierstudie über »Hitlers Wähler«[5] vorgelegt hat, gelangt in seinen Vorstudien zu einer Monographie über die NSDAP-Mitglieder auf der Basis von ungefähr 50 000 Stichproben aus den beiden erhaltenen Mitgliederkarteien der NSDAP zu folgender Zwischenbilanz: »Typische NSDAP-Mitglieder dürften folglich eher die opportunistischen Mitläufer als die weltanschaulich 150-prozentig Überzeugten gewesen sein.«[6]

Andererseits sagt die bloße Mitgliedschaft noch nichts über das Verhalten der jeweiligen Personen aus. Hinzu kommt, dass die Bezeichnung »Nationalsozialist« zu verschiedenen Zeiten auf unterschiedliche Akteure verweisen konnte, was schon durch zeitgenössische Differenzierungen wie »100%iger Nazi«, »ideologischer Fanatiker« usw. unterstrichen wird. Angesichts dieser komplexen Situation kann eine essenzialistische Definition kaum weiterhelfen, sondern nur eine konsequente Historisierung des Begriffs in dem Sinne, dass eigensinnige Verwendungsweisen und individuelle Aneignungen durch die Zeitgenossen rekonstruiert werden.[7] Bei einer solchen

Annäherung ist zu fragen, wie sich Porsche und seine engsten Mitarbeiter zur Ausbeutung von Fremdarbeitern, zur Judenvernichtung und generell zur Partei und ihren Gliederungen verhielten, ohne gleich Zuschreibungen darüber zu treffen, inwiefern sich alle ihre Handlungen unter dem Rubrum »nationalsozialistisch« subsumieren lassen. Dabei ist grundsätzlich in Rechnung zu stellen, dass sich niemand zwangsläufig als Nationalsozialist verstehen musste, um durch seine »vielfältigen Beziehungen zum NS-Regime zur nationalsozialistischen Herrschaft beizutragen«.[8] Das gilt auch für Porsche und seine engsten Mitarbeiter.

Nach einer betriebsinternen Aufstellung vom Juni 1945 befanden sich unter den 24 als »Leiter«, »Führungskräfte« oder »wertvolle Mitarbeiter« eingestuften Angehörigen der Firma 14 Personen, die der NSDAP angehörten, von denen wiederum acht nach 1938 der Partei beigetreten waren.[9] Zwei wurden als »NSDAP-Anwärter« geführt, während acht – unter ihnen Ferry Porsche – nicht der Partei angehört hatten.[10] Bei dieser internen Auflistung wurden die beiden eigentlichen Köpfe der Gesellschaft – Ferdinand Porsche und Anton Piëch – nicht berücksichtigt. Es bietet sich an, jene Gesellschafter der Porsche GmbH, die der NSDAP und/oder der SS angehörten, näher unter die Lupe zu nehmen: Hans Baron von Veyder-Malberg, Ferry Porsche, Anton Piëch sowie Ferdinand Porsche. Die Abstufungen und Schattierungen, die sich bei der Betrachtung dieser Mitgliedschaften zeigen, lassen das ganze Spektrum von Einstellungen und Verhaltensweisen der technischen Elite im »Dritten Reich« erkennen.

Der Fall des 1886 geborenen Hans von Veyder-Malberg ist ein eindrückliches Beispiel dafür, dass eine formale Mitgliedschaft in der NSDAP mit dem Eintreten für verfolgte Deutsche jüdischen Glaubens durchaus vereinbar sein konnte. Malberg hat in seinem Entnazifizierungsverfahren seine Mitgliedschaft in der NSDAP zu relativieren versucht, indem er diese auf dem betreffenden Fragebogen als Parteianwärterschaft deklarierte und damit den Anschein erweckte, er habe der Hitler-Partei nicht im vollgültigen Sinne angehört.[11] Zwar gab es für insgesamt zwei Jahre den Status des »Parteianwärters«,[12] aber Baron Malberg hatte ihn spätestens am 12. September 1939 hinter sich gelassen, als ihm seine Mitgliedskarte ausgestellt wurde. Die NSDAP-Mitgliederkartei registrierte ihn als Parteimitglied unter der Mitgliedsnummer 6 195 519 vom 1. Mai 1938 an.[13] Solche Schummeleien waren bei der Entnazifizierung nicht unüblich. Im Falle von Baron Malberg relativieren sich die Tricksereien durch den Umstand, dass er – wie berichtet – der Familie Rosenberger, und zwar seinem beruflichen Weggefährten Adolf Rosenberger und dessen Eltern, in bedrängter Lage half: Dank seiner Intervention kam Adolf Rosenberger im September 1935 aus KZ-Haft frei, und dessen Eltern ermöglichte der Baron durch finanzielles Engagement die Auswanderung aus Deutschland.[14] Malberg zählt zur Kategorie einer von adliger Noblesse geprägten technisch-kaufmännischen Berufsgruppe, die am »Dritten Reich« die für ihr eigenes Fortkommen begrüßenswerte Entwicklungen zu großen Teilen durchaus schätzte. Der Gesellschafter (bis 1937) und Geschäftsführer (bis 1944) der Porsche GmbH/KG identifizierte sich uneingeschränkt mit dem Lebenswerk Ferdinand Porsches und goutierte wie dieser die einmaligen Entfaltungsmöglichkeiten, die der Staat Hitlers dem Unternehmen bot. Auf der anderen Seite ließ er sich nicht davon abhalten, sich für befreundete jüdische Deutsche einzusetzen und ihnen in existenziellen Nöten lebensrettende Unterstützung angedeihen zu lassen. Adolf Rosenberger bestätigte im Übrigen – und zwar ohne dass er von Baron Malberg um eine solche Aussage ersucht worden war – den Einsatz Malbergs, indem er diesem unaufgefordert schrieb: »Ich werde Ihnen nie vergessen, wie freundschaftlich und aufopfernd Sie sich erfolgreich fuer mich bei der Gestapo verwandten, um mich aus dem Konzentrationslager heraus zu bekommen. Ich weiss aus unseren vielen Unterhaltungen her, wie sehr Sie viele der Taten der Nazis verdammten, ebenso ist es Ihrer Mithilfe zu verdanken, dass meine Eltern im Jahre 1939 Deutschland verlassen konnten.«[15]

Bei Baron Malberg handelt es sich mithin um einen NSDAP-»Parteigenossen«, der in Kernfragen der NS-Ideologie wie dem Rassenantisemitismus mit der Parteilinie nicht übereinstimmte und darüber hinaus rassisch Verfolgte unter erheblichem persönlichen Einsatz beschützte. Dazu trug gewiss auch ein unbeirrbarer moralischer Kompass des aus altösterreichischem Adel stammenden Freiherrn bei. Bemerkenswert ist, dass ihm sein offenes Eintreten für Rosenberger und dessen Familie allem Anschein nach keine Schwierigkeiten innerhalb der Porsche GmbH/KG eintrug. Sein Fall zeugt davon, was an Einsatz für bedrängte Hilfsbedürftige möglich war, ohne dass man berufliche Nachteile befürchten musste.

Vor diesem Hintergrund lohnt ein Blick auf die politischen Bindungen, die Ferry Porsche eingegangen war. Der 1909 geborene Junior hatte seine Berufserfahrung praktisch ausschließlich im Unternehmen seines Vaters gesammelt, an dem er allerdings bald als Gesellschafter beteiligt wurde. Er bewegte sich – durchaus mit Gespür für eigene Akzente – in den Spuren des Vaters, wobei er mehr Sinn für das Kaufmännische zeigte. Dass sich Ferry Porsche aus eigenem Antrieb im Dezember 1938 um eine Mitgliedschaft in der SS bewarb und am 1. August 1941 im Range eines Untersturmführers – des niedrigsten SS-Ranges – in die SS aufgenommen wurde, wird man nicht unbedingt als eindeutiges politisches Bekenntnis werten können. Denn Ferry Porsche trat nicht aus der römisch-katholischen Kirche aus und ließ seine

Kinder evangelisch taufen, da seine Ehefrau evangelischen Glaubens war. Für überzeugte SS-Männer, die in der SS eine kämpferische Weltanschauungstruppe erblickten und den Einfluss der christlichen Kirchen brechen wollten, wäre eine solche laue politische Einstellung nicht akzeptabel gewesen. Ferry Porsche vermied in den erhaltenen SS-Akten[16] jede politische Aussage, so dass sich der Eindruck aufdrängt, seine SS-Mitgliedschaft sei ein opportunistischer Akt gewesen, zumal die Waffen-SS im Laufe des Krieges zu einem wichtigen Geschäftspartner der Porsche KG wurde und sich zum Kooperationspartner für bestimmte Militärfahrzeuge entwickelte. Im Entnazifizierungsverfahren wählte er eine ähnliche Strategie wie Baron Malberg, indem er seine Mitgliedschaft als eine uneigentliche deklarierte. Ferry Porsche stellte seine SS-Zugehörigkeit als Ehrenmitgliedschaft dar und bestritt, dass ihr ein eigener Willensakt vorausgegangen sei. Im Sommer 1949 war die Spruchkammer gewillt, ihm darin zu folgen, da sie keine von ihm unterschriebenen Aufnahmeunterlagen auftreiben konnte.[17] Doch ein von ihm ausgefüllter und unterschriebener SS-Erbgesundheitsbogen,[18] in dem er als SS-Bewerber geführt wird, entlarvt die Abstreitung einer aktiv betriebenen SS-Mitgliedschaft als eine der weit verbreiteten Ausflüchte, die eigene Vergangenheit zu vernebeln.

Bei seinem Schwager Anton Piëch darf man hingegen eher ein gerüttelt Maß an politischer Überzeugung für die nationalsozialistische Sache vermuten. Denn dafür lassen sich gewichtige Indizien anführen. Dass Anton Piëch der NSDAP beitrat, lässt noch nicht auf eine entsprechend gefestigte politische Anschauung schließen. Dass er seine Aufnahme am 2. Juni 1938 beantragte,[19] wird man zunächst einmal mit dem Umstand in Verbindung bringen, dass einem österreichischen Staatsbürger wie ihm erst nach der Vereinigung Österreichs mit dem Deutschen Reich im März 1938 ein solcher Schritt möglich war. Freilich hätte sich der Wiener Rechtsanwalt auch der österreichischen NSDAP anschließen können, die allerdings im Juli 1933 verboten worden war. Piëch war viel zu gewieft, um sich in einer illegalen Partei politisch zu exponieren; sein Engagement in der NSDAP begann erst, als es für ihn ohne Risiko war. Seinem Gesuch um Aufnahme in die SS im Range eines Unterscharführers ist deutlich mehr Gewicht beizumessen.[20] Sich Ende Dezember 1941 für eine Aufnahme in Himmlers Truppe zu bewerben, ist angesichts der allgemeinen Kriegslage durchaus als politisches Signal zu werten, zumal Piëch ein für überzeugte SS-Leute störendes Hindernis beseitigte und – so wird man seine Angaben auf der SS-Ahnentafel interpretieren können – die römisch-katholische Kirche verließ. Der kühle Taktierer Anton Piëch hatte sich für seine Maßstäbe politisch weit aus der Deckung gewagt, indem er sich zur NSDAP wie zur SS bekannte. Opportunitätsgründe dürften hier wesentlich weniger im

Spiel gewesen sein als bei Porsche Vater und Sohn, da Piëch das nach seinem Schwiegervater benannte Unternehmen nicht repräsentierte und auch keine von seinem Schwiegervater unabhängigen politischen Kontakte zu wichtigen politischen Entscheidungsträgern pflegte. Wenn man in der NSDAP-Mitgliedschaft oder auch im Beitritt zur SS eine Art politische Morgengabe des Unternehmens erblickte, dann war diese durch das Verhalten der beiden Porsche abgegolten.

Auch Ferdinand Porsche trat der Hitler-Partei bei, und zwar am 1. Mai 1937.[21] Er zählte damit zu den Hunderttausenden neuer »Parteigenossen«, die von der Lockerung der am 30. April 1933 verhängten Mitgliederaufnahmesperre profitierten. Er nutzte dieses Zeitfenster, um in die Reihen der NSDAP aufgenommen zu werden, und gehörte damit zu der Flut von Neumitgliedern, von denen man mutmaßen kann, dass sie zumeist keine Gesinnungsnationalsozialisten waren, sondern sich von Opportunitätserwägungen leiten ließen.[22] Dabei darf allerdings nicht außer Acht gelassen werden, dass bei der vom 1. April 1937 bis 30. April 1939 geltenden Öffnung für Eintrittswillige jene bevorzugt wurden, die aus Sicht der NSDAP-Parteiorgane eine besondere Gewähr dafür boten, es nicht bei politischen Lippenbekenntnissen bewenden zu lassen.[23] Ferdinand Porsche hat in seinem Entnazifizierungsverfahren falsche Angaben hinsichtlich des Eintrittsdatums und des Umstands seines Beitritts gemacht, um seine Mitgliedschaft in der NSDAP zu bagatellisieren. Dieser Umstand spricht dafür, dass er bewusst Spuren verwischen wollte. Porsche griff dabei zu einem beliebten Exkulpationsargument: Ihm sei die Mitgliedschaft in der NSDAP ohne eigenes Zutun »verliehen« worden, also ohne dass es von seiner Seite eine aktive Bewerbung oder einen individuellen Aufnahmeantrag gegeben habe. Dafür musste er den Zeitpunkt seines Parteieintritts um ein Jahr nach hinten verschieben – auf das Jahr 1938. Das Parteibuch sei ihm »im Zusammenhang mit der Verleihung des Nationalpreises für die Konstruktion des Volkswagens im Jahre 1938 […] kurzerhand zugestellt«[24] worden. Die Parteimitgliedschaft sei also das lästige Abfallprodukt einer renommierten Auszeichnung, das man notgedrungen hatte in Kauf nehmen müssen. Porsche konstruierte überaus geschickt ein Narrativ, in dem seine unzweifelhaften Verdienste für die Technik ihn unbeabsichtigt in den Besitz des braunen Parteibuchs gebracht hatten. Damit verhielt er sich wie viele andere Prominente, die nach dem Krieg ihre Parteimitgliedschaft mit fantasievollen Begründungen zu beschönigen suchten.[25]

Ferdinand Porsche reiht sich also nahtlos ein in den Kreis derer, die in der Nachkriegszeit eifrig an der Version strickten, man sei ohne aktives Mitwirken in die Reihen der NSDAP berufen worden. Die Zeitgenossen haben solche Ausreden nicht selten durchgehen lassen. Die akademische Geschichtswissenschaft hat hingegen keinen Zweifel daran gelassen, dass der Aufnahme in die NSDAP ein individueller Willensakt und damit ein Aufnahmebegehren vorausging.[26] Erst ein unterschriebener Antrag auf Parteimitgliedschaft, der häufig bei der zuständigen NSDAP-Ortsgruppe ausgefüllt wurde, setzte zusammen mit dem beigefügten und ausgefüllten Fragebogen ein Verfahren in Gang, das im Regelfall in die förmliche Parteimitgliedschaft mündete.[27]

Warum hat Porsche beträchtliche Anstrengungen unternommen, seine politische Vita zurechtzubiegen? Vor allem fürchtete er wohl, bei der Entnazifizierung in eine Kategorie eingestuft zu werden, die ihm die unternehmerische Betätigung in Deutschland erschwert hätte. Das »Gesetz zur Befreiung von Nationalsozialismus und Militarismus« sah nämlich vor, dass Betroffene, die durch das Spruchkammerverfahren als »Hauptschuldige« oder »Belastete« eingestuft wurden, nicht frei über ihr unternehmerisches Vermögen verfügen konnten. Aber auch wer in die Kategorie III der »Minderbelasteten« eingestuft wurde, musste damit rechnen, während einer gewissen Bewährungszeit kein Unternehmen leiten zu dürfen. Und selbst bei Einordnung in die häufigste Kategorie, die der »Mitläufer«, war mit einer sogenannten Sühnestrafe zu rechnen, deren Höhe allerdings 2000 DM im Regelfall nicht überstieg. Hier fielen die Verfahrenskosten wesentlich stärker ins Gewicht, die sich am Streitwert bemaßen. Als Porsche am 10. Juni 1949 seinen Meldebogen für das Entnazifizierungsverfahren ausfüllte, war sein vordringlichstes Ziel, aus dem Verfahren ungeschoren herauszukommen – und dies bedeutete, Restriktionen hinsichtlich seiner unternehmerischen Betätigung sowie empfindliche Geldstrafen unbedingt abzuwenden. Immerhin hatte die zuständige Zentralspruchkammer Nord-Württemberg den Streitwert des Verfahrens auf eine Summe von 771 530 DM festgelegt, woraus sich Verfahrenskosten von 37 576,50 DM ergaben.[28]

Ferdinand Porsche profitierte zweifellos von dem Umstand, dass zum Zeitpunkt seines Spruchkammerverfahrens im Sommer 1949 der politische Eifer, Nutznießer des NS-Regimes durch dieses Verfahren politisch und ökonomisch zu sanktionieren, längst verpufft war.[29] Aber trotz solcher günstigen Umstände konnte Porsche kein Risiko eingehen, wollte er den unternehmerischen Neustart in Stuttgart nicht gefährden. Daher war er bestrebt, möglichst viele Entlastungszeugen aufzubieten, die eidesstattliche Erklärungen zu seinen Gunsten abgaben.[30] Es fällt allerdings auf, dass sich kein einziger wirklich Prominenter als Fürsprecher Porsches in diesem Verfahren betätigte. Die Zeugen stammten fast alle aus der zweiten Reihe, gaben zum Teil nichtssagende Erklärungen ab oder standen – wie der Prokurist Hans Kern – in einem Beschäftigungsverhältnis mit Porsche. Es war mithin nicht die Qualität und Quantität ihn entlastender Aussagen, die zu seinen Gunsten ausschlugen, sondern die allgemeine Trägheit, nicht mehr genau hinzuschauen und ein als lästig empfundenes Kapitel der deutschen Geschichte endlich abzuschließen. Außerdem fiel die Entlastungsstrategie seiner Rechtsanwälte, Porsche zum unpolitischen Techniker zu stempeln – »Professor Porsche war von jeher nur Techniker, Konstrukteur, Politik, politische Tagesfragen lagen und liegen ihm noch heute völlig außerhalb seines Gedankenkreises[31]« – auf fruchtbaren Boden. Am 12. Januar 1950 bekundete Porsche Erleichterung, da das Verfahren einen für ihn günstigen Ausgang genommen hatte: »Mein Verfahren ist seit einiger Zeit [seit dem 30. August 1949, d. Verf.] abgeschlossen. Ich wurde kostenlos entbräunt. Das ›kostenlos‹ war sehr bedeutend für mich.«[32] Porsche konnte damit von NS-Altlasten befreit die Weichen für den Neuanfang seines Unternehmens in Stuttgart stellen – und dazu trug maßgeblich bei, dass es ihm gelungen war, auch die zweite heikle Stelle im Entnazifizierungsverfahren zu umschiffen: seine SS-Zugehörigkeit.

Für seine SS-Mitgliedschaft fand Ferdinand Porsche eine ähnliche Erklärung wie für seine NSDAP-Zugehörigkeit. Er sei 1938 ohne Antrag oder Bewerbung »zum Ehrenführer der SS mit dem Range eines Standarten- bzw. Oberführers ernannt« worden.[33] Die Spruchkammer wertete diesen Umstand so stark, dass sie aufgrund dieser Verleihung der Mitgliedschaft deren mangelnde Rechtsgültigkeit konstatierte.[34] Vieles spricht dafür, dass sich Ferdinand Porsche in der Tat nicht aktiv um eine Aufnahme in die SS bemüht hatte, sondern ihm eine »Ehrenführerschaft« und ein damit verbundener hoher Dienstgrad von der SS-Führung angetragen worden war.[35] Porsche versuchte die damit verbundenen Verpflichtungen auf ein Minimum zu reduzieren und handelte sich dafür auch einen Tadel seitens des für Stuttgart zuständigen SS-Führers ein.[36] Die SS-Führung drängte Porsche, einen ihrer Ansicht nach überfälligen Schritt zu tun und nach der unverbindlicheren Ehrenführerschaft die Aufnahme in die Allgemeine SS zu beantragen. Porsche scheint zu der Ansicht gelangt zu sein, sich diesem Ansinnen nicht verweigern zu können, und ließ über einen seiner Mitarbeiter, der SS-Hauptsturmführer war, den ausgefüllten Fragebogen an das zuständige SS-Personalhauptamt weiterleiten.[37] Insofern spricht vieles für die Annahme, dass Porsche nach heftigem Drängen ein »auf ein Mindestmass«[38] beschränktes Aufnahmeverfahren durchlief. Er scheint die Verbindung zur SS als politischen Preis aufgefasst zu haben, den er entrichtete, um Verbindungen zum mächtigen Reichsführer SS, Heinrich Himmler, zu pflegen. Zwar konnte Himmler keine vergleichbaren technischen Projekte wie Robert Ley offerieren, aber es konnte nicht schaden, auch bei der SS Fürsprecher zu haben.

Es war also viel Opportunismus im Spiel, wenn sich Ferdinand Porsche und sein Sohn bei NSDAP und SS rückversicherten. Solche Aktionen gehörten zum Geschäftsgebaren eines Unternehmers, der seine verlockendsten Aufträge dank seiner engen politischen Kontakte akquirierte. Ferdinand Porsche wollte sich allerdings nur so weit auf das NS-Regime einlassen, wie es ihm und seinem Unternehmen zu nützen schien. Eine innere Bindung zu den Kernzielen des Regimes verspürte er nicht. Antisemitische Äußerungen von ihm aus der NS-Zeit sind nicht überliefert. Insofern berechtigt der Einblick in die parteipolitische »Karriere« von Ferdinand Porsche und seiner engsten Mitarbeiter zu der Einschätzung, dass auf sie die Kategorie »unpolitisch gerierender NS-Technokrat«[39] zutrifft: Es handelt sich um einen Personenkreis, der Kernelemente des Nationalsozialismus wie die sozialdarwinistisch fundierte Rassenideologie und den eliminatorischen Antisemitismus nicht internalisierte und sich aus pragmatischen, im Regelfall beruflichen Gründen der NSDAP anschloss.[40] Politische Kämpfer im Sinne der Idealvorstellung waren solche neuen »Parteigenossen« zweifellos nicht, und daher brach für sie mit dem Untergang des NS-Regimes nicht die Welt zusammen. Aber auch ohne ideologisches Eiferertum und gewalttätige Militanz gegen Andersdenkende leistete dieser Technokratenkreis einen erheblichen Beitrag zum Funktionieren des NS-Regimes speziell unter den Bedingungen des von ihm entfesselten Krieges, da seine profunde berufliche Expertise mittelbar oder unmittelbar der Rüstung zugutekam. Wenn wir also die Parteimitgliedschaft Ferdinand Porsches und mancher seiner langgedienten Mitarbeiter nicht als Ausdruck emphatischer Zustimmung zur NS-Ideologie und auch nicht als Manifestation einer blinden »Führerverehrung« und eines unerschütterlichen Glaubens an Hitlers »Genie« auffassen sollten, besteht andererseits doch kein Anlass, diese Art eines gedämpften Bekenntnisses zum Regime und dessen Führungsfigur kleinzureden und in die »apologetische Falle«[41] zu tappen, die vermeintliche Mitläufer nach 1945 aufstellten, um ihre Rolle innerhalb des »Dritten Reiches« zu verdunkeln.

Bei der Frage nach den politischen Überzeugungen ist wenig aussagekräftig, dass Porsche sowie Teile seines engen Umfeldes den »Anschluss« sowohl Österreichs als auch des Sudetenlandes gleichsam als natürliche und legitime Vereinigung von alter und neuer Heimat zu einem Großdeutschland stürmisch begrüßten. Der Angriff auf Polen und vor allem der damit verbundene Krieg wurden hingegen mit starker Zurückhaltung aufgenommen, obgleich das Unternehmen aufgrund der zahlreichen Rüstungsaufträge von den Feldzügen wirtschaftlich profitierte. Was die Verfolgung der Juden und grundsätzlich den auf Vernichtung angelegten Rassismus anlangt, der sich neben der Lebensraumdoktrin als Spezifikum der NS-Weltanschauung verstehen lässt,[42] gibt es keine Hinweise darauf, dass die untersuchten Akteure sie befürworteten.

Schon die Ereignisse um das Ausscheiden von Adolf Rosenberger aus dem Unternehmen deuten darauf hin, dass das Verhältnis zu Juden voller Ambivalenzen war: Auf der einen Seite gab es keine Scheu, einen wirtschaftlichen Vorteil aus Rosenbergers prekärer Lage zu ziehen, auf der anderen Seite wurde seine physische Verfolgung abgelehnt und einiges unternommen, um ihn aus der »Schutzhaft« zu befreien und in einer anderen Form an das Unternehmen zu binden. Die antisemitischen Pogrome und Maßnahmen wie beispielsweise der organisierte Boykott jüdischer Geschäfte am 1. April 1933 registrierte Rabe ebenso genau wie hetzerische Propagandafilme wie »Jud Süß«, der 1940 in die Lichtspieltheater kam und der von 20 Millionen Zuschauern gesehen wurde.[43] Wie aber Porsche und seine engsten Vertrauten darüber dachten, bleibt im Dunkeln, da sie sich anscheinend jeglichen (schriftlichen) Kommentars dazu enthielten.

Diese auffällige Zurückhaltung herrschte selbst dann vor, wenn die Verfolgungen einstige Wegbegleiter trafen, dadurch in den persönlichen Lebensbereich vordrangen und jene Abstraktheit verloren, die es erleichterte, sie möglichst weit vom eigenen Gewissen fernzuhalten. Am 19. Januar 1943 wandte sich Josef Herrmann in einem Brief an Ferdinand Porsche, den er aus der Zeit bei Austro-Daimler kannte. Darin berichtet er davon, dass er seit 1933 mit seiner ebenfalls unverheirateten Schwester Helene Herrmann in den Niederlanden lebe.[44] Nun sei am 13. Januar 1943 im Zuge der »Maßnahmen zum Arbeitseinsatz der Juden in Deutschland« die Schwester in seiner Abwesenheit »aus der Wohnung abgeholt und auf Transport nach dem Durchgangslager Westerbork gestellt« worden.[45] Hintergrund des Briefes war der im Juni 1942 gefasste Entschluss des NS-Regimes, zunächst rund 100 000 Juden aus Westeuropa, davon 40 000 aus den Niederlanden, in Vernichtungslager zu deportieren. Obwohl dies als »Arbeitseinsatz in Deutschland« getarnt wurde, kursierten unter den Betroffenen rasch Gerüchte, wonach sie nach Polen gebracht werden sollten. Viele versuchten daher, sich dem »Arbeitseinsatz« zu entziehen, aber die deutschen Besatzer trieben von Sommer 1942 an immer mehr Juden im Lager Westerbork zusammen. Von dort fuhren zwischen 15. Juli 1942 und 23. Februar 1943 insgesamt 52 Züge mit 46 455 Juden in Richtung Auschwitz. Von den 3540 männlichen Juden, welche die Züge in Kosel (etwa 80 Kilometer vor Auschwitz) verließen und dort in ein Arbeitslager gebracht wurden, überlebten nur 181 den Krieg, von den 42 915 anderen Deportierten lediglich 85.[46] Offenkundig ahnte Herrmann, dass die minimale Chance auf ein Überleben der festgesetzten Juden wesentlich davon abhing, ob sie bei der Selektion auf der Rampe des Konzentrationslagers als »arbeitsfähig« eingestuft wurden. Jedenfalls schrieb er in seinem Brief an Porsche, dass er über die Verschleppung seiner Schwester auch deshalb so schockiert sei, weil sie unter einer Gürtelrose, einer schweren Neuritis sowie einem lädierten Ischias leide und daher »selbst Pflege bedürftig« sei.[47] Und er richtete an den berühmten Konstrukteur »in Erinnerung an die jahrelange ersprießliche Zusammenarbeit in Wien die Bitte, mir, sofern Ihnen dies möglich ist, behilflich sein zu wollen, zu erreichen, dass meine Schwester wieder in unsere gemeinsame Wohnung in Amsterdam zurückkehren darf«.[48] Dass Porsche auf dieses Schreiben nicht persönlich antwortete, entsprach seinem Kommunikationsstil. Ferdinand Porsche hat an ihn persönlich gerichtete Briefe seit dem Aufschwung seines Unternehmens praktisch nie selbst beantwortet, sondern dies immer durch seinen Sekretär Ghislaine Kaes erledigen lassen – auch in diesem Fall. Über Ghislaine Kaes teilte er Herrmann am 8. Februar 1943 mit, »dass er sich noch Ihrer erinnerte und daher erwogen hat, ob und wie er Ihnen helfen könnte«. Leider sei es ihm »nicht möglich, Ihnen behilflich zu sein, um Ihre Schwester wieder in die gemeinsame Wohnung nach Amsterdam zurückzuholen«.[49]

Es gab allerdings einen Weg, um zumindest Josef Herrmann eine kleine Überlebenschance zu ermöglichen – und dies war die Überführung in das Konzentrationslager Theresienstadt im »Reichsprotektorat Böhmen und Mähren«. Dieses Lager erschien in der Propaganda als »jüdische Mustersiedlung« und ließ deshalb eine bessere Behandlung erhoffen.[50] Theresienstadt war für viele Insassen zwar nur ein Durchgangslager auf dem Weg in die Gaskammern von Treblinka und Auschwitz, andererseits war es ein Ghetto, in dem Juden unter schwierigsten Bedingungen für eine gewisse Zeit ihr Leben fristen konnten.[51] Josef Herrmann klammerte sich an diese letzte ihm verbliebene Hoffnung, der direkten Deportation in die Vernichtungslager zu entgehen. Dazu musste ihn allerdings der zuständige »Befehlshaber der Sicherheitspolizei und des SD« in den Niederlanden in eine Liste von Juden aufnehmen, die wegen besonderer Verdienste eine Ausnahmeregelung rechtfertigten und denen daher der direkte Weg in den Tod erspart werden sollte.[52] Obgleich der zuständige Befehlshaber, Dr. Wilhelm Harster, ein besonders rabiater Weltanschauungstäter war und maßgeblich dafür Verantwortung trug, dass sein Einzugsbereich von allen westeuropäischen Ländern die höchste Quote an ermordeten Juden zu verzeichnen hatte,[53] war es nicht ausgeschlossen, in den Niederlanden lebende Juden aufgrund von »Friedensverdiensten« auf diese Liste setzen zu lassen.[54] Etwa 5000 von ihnen gelangten auf diesem Weg seit Frühjahr 1943 nach Theresienstadt, darunter nicht wenige deutsche Juden, die in den Niederlanden nach 1933 Exil gefunden hatten und nach der deutschen Besatzung ihres Gastlands wieder unter NS-Herrschaft geraten waren.[55]

Josef Herrmann war bewusst, dass er ohne prominenten Fürsprecher keine Aussicht auf eine lebensverlängernde Ausnahmeregelung erhalten würde. Daher bat er am 27. Mai 1943 in einem bewusst nüchtern gehaltenen Schreiben, dem die Dramatik seiner persönlichen Lage nicht anzumerken war, Porsche um einen solchen Dienst. Er ersuchte diesen, eine »Bescheinigung direkt an den Herrn Befehlshaber der Sicherheitspolizei in den Haag« zu schreiben, in der unter anderem Herrmanns Verdienste »um die oesterreichische Volkswirtschaft und Industrie« hervorgehoben werden sollten.[56]

Dass der Hilferuf Herrmanns Ferdinand Porsche erreichte, ist gewiss, denn Porsche hielt sich Ende Mai/Anfang Juni für seine Verhältnisse häufig in seinem Stuttgarter Büro auf.[57] Dass er sich während seiner Anwesenheit dort mit einer Reaktion auf das Schreiben Herrmanns beschäftigte, belegt die am 5. Juni 1943 abgefasste Bescheinigung für den Befehlshaber der Sicherheitspolizei, also für Dr. Harster, die jene Aussagen enthält, um die Herrmann gebeten hatte.[58] Ob sie den gewünschten Effekt erzielt hätte, wenn der Adressat sie erhalten hätte, ist ungewiss. Immerhin war es selbst im Januar 1944 noch möglich, dass in das Sammellager Westerbork Verbrachte nach Theresienstadt überstellt wurden – und nicht in die Vernichtungslager –, wenn sie in die Kategorie »Juden mit Verdiensten um das Reich« eingeordnet wurden.[59] Doch die möglicherweise lebensverlängernde Bescheinigung Porsches wurde gar nicht abgesandt. Stattdessen erhielt Herrmann ein auf den 15. Juni 1943 datiertes Schreiben, in dem Ghislaine Kaes ohne Angabe von Gründen sein Bedauern darüber zum Ausdruck brachte, dass Porsche »sich nicht in der Lage sah, eine Bestätigung über Ihre seinerzeitlichen Zivilverdienste an den Herrn Befehlshaber der Sicherheitspolizei, Den Haag, zu senden«.[60]

Warum erfolgte dieser Rückzieher? Warum war Ferdinand Porsche nicht bereit, dem ersten Schritt – dem Ausstellen der erbetenen Testierung – auch den zweiten Schritt, deren Expedierung, folgen zu lassen? Gerade der Umstand, dass er die gewünschte Bestätigung hatte ausfertigen lassen, deutet darauf hin, dass ihm deren möglicherweise lebensverlängernde Wirkung durchaus klar gewesen sein dürfte. Doch warum verweigerte er sich dann dieser Hilfsaktion? War es Angst vor der eigenen Courage? War es das Unbehagen, sich durch ein solches Empfehlungsschreiben zu sehr zu exponieren und damit unangenehme Nachfragen zu provozieren? Aber welche Nachteile konnten ihn erwarten, wenn er eine Art Empfehlungsschreiben an einen SD-Mann sandte, der im fernen Den Haag residierte, wo doch auf Basis solcher Schreiben »arischer« Deutscher Dutzende von Hilfsbedürftigen auf die Liste der Theresienstädter Juden gesetzt wurden? In jedem Fall ist gewiss, dass Josef Herrmann dem Holocaust nicht entging. Er ist in der von Yad Vashem initiierten Zentralen Datenbank der Holocaustopfer registriert, ohne dass konkrete Angaben über sein Schicksal gemacht werden.

Es bleibt letztlich im Dunkeln, auf welchen Überlegungen Porsches Entscheidung in dieser Angelegenheit beruhte. Allerdings spricht viel dafür, dass sein Selbstverständnis als »unpolitischer« Technokrat ihn bewog, sich besser auf nichts einzulassen, was auch nur den Anschein politischer Brisanz besaß. Als Angehöriger einer technischen Elite hatte er sich eine selektive Weltwahrnehmung angeeignet mit dem Ergebnis, dass sein Wissen um den Holocaust nicht handlungsleitend wurde. Darin unterschied er sich kaum von der Mehrheit der deutschen Bevölkerung, die sich angesichts der Deportationen passiv verhielt und nur selten zumindest privat Kritik äußerte.[61] Dass Ferdinand Porsche davon wusste, welches Schicksal den in »den Osten deportierten« Juden drohte, kann angesichts seines Schriftwechsels mit Josef Herrmann als gesichert gelten. Selbst die »einfache« deutsche Bevölkerung hatte ja weitaus mehr Kenntnis von der Judenvernichtung, als sie nach dem Krieg eingestehen oder zugeben wollte.[62] Obwohl diese Kenntnisse in der Regel lückenhaft und wenig detailliert waren, so war doch die Tatsache, dass im Osten Juden ermordet wurden, erstaunlich weit verbreitet. Vor allem während der Verschärfung des Bombenkriegs im Jahr 1943 finden sich in den Quellen der breiten Bevölkerung deutliche Hinweise darauf, dass diese die Luftangriffe als Bestrafung für die Behandlung der europäischen Juden deutete. In diesen Wahrnehmungen verschränkten sich die propagandistischen Deutungsangebote einer jüdischen Weltverschwörung mit dem schlechten Gewissen der Bevölkerung – zumal die von Reichspropagandaminister Joseph Goebbels entsprechend instruierten Medien, die von Ende 1941 an immer wieder Informationen über die »Endlösung« durchsickern ließen, diese Verbindung bewusst herstellten, um durch Komplizenschaft die Kohäsion der Kriegsgesellschaft zu stärken. Aus diesem Grund sprachen seit 1943 immer mehr Menschen auch öffentlich über den Judenmord.[63]

Ferdinand Porsche gehörte im »Dritten Reich« zudem einem privilegierten Kreis von Fachleuten an, die sich auf der Suche nach zuverlässigen Informationen nicht auf staatliche Propaganda oder umlaufende Gerüchte verlassen mussten. Der Unternehmer hatte direkten Zugang zu exklusiven Quellen, die den meisten Deutschen verschlossen blieben. Er reiste durch einen Teil des besetzten Europas und pflegte regelmäßig Kontakt zu hohen Repräsentanten des NS-Regimes. Es ist daher schwer vorstellbar, dass er nicht über detailliertes Wissen darüber verfügte, warum Juden in seinem Umfeld allmählich verschwanden, weshalb sie sich an Sammelplätzen einzufinden hatten und was mit ihnen nach der Deportation geschah. Aber womöglich war Porsche und seinen engsten Mitarbeitern das quantitative Ausmaß des Massenmordes nicht bekannt. Darauf deutet zumindest ein Brief vom Februar 1946 hin, in dem Ghislaine Kaes über »die unschuldigen Juden« schrieb:

»Mehrere Millionen sollen es sein, die die Deutschen einfach liquidierten.«[64] Dann fügte er hinzu: »Diese Juden waren gewiss unschuldig [...] Die schuldigen Juden, die es gegeben haben mag, die großen, waren rechtzeitig dem deutschen Würgegriff entglitten.«[65] Hier wird jener »Normalantisemitismus« sichtbar, der sich in Deutschland ebenso wie in Frankreich im 19. Jahrhundert tief in der Gesellschaft eingenistet hatte und der unter anderem dadurch gekennzeichnet war, dass sich abträgliche Ansichten über Juden ohne tieferen Dogmatismus zumeist in beiläufig gesprochenen oder geschriebenen Sätzen äußerten.[66] Die Vorstellung, dass die Juden grundsätzlich anders seien und nicht zur eigenen Gruppe gehörten, bildete eine wichtige Voraussetzung dafür, dass es für die NS-Führung relativ leicht möglich war, sie aus den sozialen Zusammenhängen zu entfernen und schließlich zu ermorden. Alteingesessene Stereotype über »große, schuldige Juden« entfalteten hier ihre Wirksamkeit.

Ein weiteres wichtiges Kriterium für die innere Einstellung der Führungskräfte der Porsche KG zum NS-Staat bildet das Thema »Zwangsarbeit«. Dabei verdient vor allem das Spannungsfeld zwischen ökonomischen Motiven und moralischen Erwägungen Beachtung, auf dem sich bereits ein spezifisch unternehmerischer Diskurs hinsichtlich der Beurteilung der »Judendeportationen« Ausdruck verschafft hatte. In unternehmerischen Kreisen hatte man nicht nur gelegentlich mit Unverständnis darauf reagiert, dass fachlich qualifizierte Menschen, nur weil sie Juden waren, verfolgt wurden, während auf dem Arbeitsmarkt der Bedarf an Fachkräften stetig stieg.[67] Das ökonomische Argument, allein um der Erhaltung der Arbeitskraft willen der massenhaften Ermordung jüdischer Menschen mit Skepsis und verhaltener Ablehnung zu begegnen, war allerdings problematisch, wenn es um den sogenannten Arbeitseinsatz von Arbeitskräften aus den von Deutschland besetzten oder beherrschten Ländern ging. Denn aus solchen genuin volks- und betriebswirtschaftlichen Erwägungen heraus konnte ein Rückgriff auf die »Zwangsarbeiter« als eine ökonomisch bedingte Notwendigkeit erscheinen, der sich kein Unternehmen – auch nicht die Porsche KG – zu entziehen vermochte.

Der weite Begriff der Zwangsarbeit wird mit Blick auf das »Dritte Reich« auf eine Vielzahl von Personengruppen mit zum Teil sehr unterschiedlichen Arbeitsverhältnissen angewendet.[68] Als Hauptkriterien für »Zwangsarbeiter« können gelten: Die Betroffenen wurden unter mehr oder weniger starkem Zwang – bis hin zu regelrechten Entführungen von der Straße weg – rekrutiert, sie wurden erheblich unter dem üblichen Lohnniveau bezahlt, konnten ihre Arbeitsverhältnisse selbst nicht auflösen, allenfalls geringen Einfluss auf die Umstände ihres Arbeitseinsatzes nehmen und waren aufgrund der größeren Belastung sowie der schlechteren Versorgung insgesamt einem erhöhten Sterberisiko ausgesetzt. Die Gruppe der »Zwangsarbeiter« war insgesamt heterogen und umfasste unterschiedliche Kategorien. An erster Stelle rangieren die »ausländischen Zivilarbeiter« zumeist aus den besetzten Gebieten, die anfangs bisweilen noch freiwillig kamen, später unter der Parole des »Reichseinsatzes« gezwungen wurden. Dabei gab es erhebliche Abstufungen hinsichtlich des Herkunftslandes. Niederländer besaßen einen höheren Status als Russen, die im Laufe des Krieges im Zuge verschiedener Polizeiverordnungen und Erlasse unter besonderen Maßnahmen wie Kennzeichnungspflicht, Unterbringung in streng bewachten Lagern, Verbot des privaten Umgangs mit Deutschen, minderwertiger Verpflegung oder geringer Entlohnung zu leiden hatten. In dieser rassisch begründeten Hierarchie, die mitentscheidend für ihre Behandlung war, standen also Angehörige »germanischer« Länder wie die Niederlande, Dänemark und Norwegen oben, dann kamen die Süd- und Südosteuropäer, gefolgt von den Tschechen. Am Ende befanden sich Polen, Ukrainer und Russen. Bei der zweiten Kategorie, den ausländischen Kriegsgefangenen, handelte es sich zumeist um Polen, Russen, Ukrainer, Franzosen und Italiener. Nach ihrer Verpflichtung wurden sie oft in die Kategorie der ausländischen Zivilarbeiter mit der entsprechenden Hierarchisierung überführt – unter anderem weil sie dann nicht mehr unter die Genfer Konvention fielen, die den Umgang mit Kriegsgefangenen völkerrechtlich regelte. Eine weitere Personengruppe, die zur Zwangsarbeit herangezogen werden konnte, waren jüdische und nichtjüdische Häftlinge, die aus den Konzentrationslagern kamen. Und schließlich gab es noch die europäischen Juden, die nach ihrer Deportation zur Arbeit abkommandiert werden konnten.

Die Zahl der Zwangsarbeiter im Großdeutschen Reich während des Zweiten Weltkriegs ist schwer zu benennen. Wenn man die »ausländischen Zivilarbeiter«, die zur Zwangsarbeit abgestellten Kriegsgefangenen und die dazu eingesetzten KZ-Häftlinge addiert, erscheint eine Größenordnung von 13,5 Millionen plausibel, wobei der höchste Stand gleichzeitig beschäftigter Zwangsarbeiter mit etwa 8,9 Millionen im Herbst 1944 erreicht wurde.[69] In nahezu allen Branchen und Bereichen des Wirtschaftslebens – von der Rüstungsindustrie, dem Bergbau sowie der Land- und Forstwirtschaft über die Kommunalbetriebe, die Verwaltung und das Handwerk bis hin zu den Kirchen und Privathaushalten – waren sie zu finden. Während die Arbeitsämter sie auf unterer Ebene vermittelten, bemühten sich an der Spitze unter anderen Hermann Göring als Bevollmächtigter für den Vierjahresplan, Reichsarbeitsminister Franz Seldte und von 1942 an Fritz Sauckel als Generalbeauftragter für den Arbeitseinsatz um den ständigen Nachschub solcher Kräfte.

In Stuttgart trafen die ersten Zwangsarbeiter unmittelbar nach Kriegsausbruch ein. Allein hier gab es mehr als 100 Standorte, an denen sich Lager zu ihrer Unterbringung befanden,[70] die nun wie überall im Reich rasch und in zunehmender Zahl eingerichtet wurden.[71] Genaue Aussagen zu ihrer Größe und Ausstattung in Stuttgart lassen sich aufgrund der Überlieferungslage allerdings nur eingeschränkt treffen.[72] Immerhin gibt es ein Dokument aus dem Jahr 1945, aus dem zumindest die Unterkünfte und deren Anzahl hervorgehen, in denen die »Russen« untergebracht waren. Danach befanden sich am 30. Mai 1945 rund 21700 von ihnen in mindestens zehn verschiedenen Lagern: 10152 Männer, 7719 Frauen und 3715 Kinder unter 16 Jahren.[73] Schon diese Zahlen deuten bei aller gebotenen Vorsicht darauf hin, dass kursierende Schätzungen über das Ausmaß der Zwangsarbeit in Stuttgart – die Rede ist unter anderem von 25000 ausländischen Kräften im Jahr 1943[74] – eher zu niedrig angesetzt sind.

Wie viele dieser Zwangsarbeiter waren im Laufe des Krieges bei der Porsche KG beschäftigt? Bei dem Versuch, eine exakte Zahl zu ermitteln, stößt man auf erhebliche Quellenprobleme. Denn es reicht nicht aus, die Meldelisten auszuwerten,[75] welche die von der Porsche KG offiziell angemeldeten »Fremdarbeiter« aufführen. Bis 1945 hatte das Unternehmen insgesamt mindestens 214 »Fremdarbeiter« gemeldet, darunter 15 Frauen. Der größte Teil von ihnen stammte aus Frankreich (50), es folgten Polen (36), Italien (33) und die Niederlande (25). Aus Russland beziehungsweise der Ukraine kamen 18, aus Belgien 15 und aus Kroatien sieben Menschen. Bei den übrigen handelte es sich um andere Nationalitäten oder um Personen unbekannter Herkunft. Aber diese Anmeldungen umfassen nur einen Teil der ausländischen Arbeiter, die bei der Porsche KG beschäftigt waren. Denn zu den offiziell Angemeldeten gab es eine Kategorie von »Fremdarbeitern«, die sich die Porsche KG von anderen Unternehmen »auslieh« – in erster Linie »Facharbeiter«, die vom Volkswagenwerk auf Zeit »verborgt« wurden,[76] oder russische Kriegsgefangene, die sich das Konstruktionsbüro wohl von anderen Unternehmen in Stuttgart wie der Adolf Zaiser Maschinenfabrik GmbH, die in der Schwieberdinger Straße produzierte, ausgeliehen hat.[77] Es gibt mithin neben der relativ genau zu ermittelnden Zahl der bei der Porsche KG offiziell Gemeldeten zwei weitere Größen, die nicht einmal annähernd zu ermitteln sind: die Anzahl derjenigen, die das Unternehmen auf Zeit von anderen Betrieben übernahm, ohne dass sie über das Konstruktionsbüro registriert wurden, und zusätzlich solche, die sich aus eigenem Antrieb beworben hatten. Bei allem Vorbehalt wird man daher mutmaßen dürfen, dass sich die Gesamtzahl der bei der Porsche KG beschäftigten Zwangsarbeiter aller Kategorien in einem hohen dreistelligen Bereich bewegte. Damit erreichte sie nicht annähernd jene Dimension, die in anderen bekannten Unternehmen der Automobilindustrie zu verzeichnen war.[78] Dies lag allerdings nicht an einer aus Skrupeln erwachsenen Zurückhaltung, sondern daran, dass die Porsche KG ein vergleichsweise kleines Unternehmen blieb, dessen Schwerpunkt weiterhin auf der Konstruktion und Entwicklung und eben nicht auf der Herstellung lag. Daher war der Bedarf an Hilfskräften, die einfache Tätigkeiten verrichteten, nur schwach ausgeprägt.

Angesichts der überschaubaren Anzahl ausländischer Arbeiter wird man wohl davon ausgehen können, dass die insgesamt persönlich gefärbte Kultur des Umgangs zwischen Leitungsebene und Belegschaft bei der Porsche KG auf den Umgang mit ausländischen Arbeitern ausstrahlte. Dies hing auch damit zusammen, dass Fachkräfte immer rarer wurden, je mehr der Kriegseinsatz den Arbeitsmarkt leer fegte. Schon in der unmittelbaren Vorkriegszeit hatte die durch die Kriegsvorbereitung ausgelöste Sonderkonjunktur einen eklatanten Arbeitskräftemangel verursacht.[79] Mit der Einberufung von Männern zum Militärdienst wuchsen die Schwierigkeiten, in einigen Branchen kam es sogar bereits zu Produktionsstockungen. Der Bedarf erstreckte sich nicht nur auf Menschen, die einfache Tätigkeiten verrichten sollten, sondern auch – oder gerade – auf den Markt für Ingenieure. Aus diesem Grund suchte Ferdinand Porsche schon 1937 – damals noch vornehmlich für das Volkswagenwerk – in den USA nach qualifiziertem Personal. In den Kriegsjahren nahm das Problem auch im Konstruktionsbüro derart stark zu, dass gelegentlich Bewerber eine Chance erhielten, die zuvor als unqualifiziert eingestuft worden waren.[80] In einigen Abteilungen mussten sogar Schüler einspringen, die aber wegen mangelnder Zuverlässigkeit keine Dauerlösung darstellen konnten und entsprechend rasch wieder freigesetzt wurden.[81] Rüstungsaufträge wie zum Beispiel die Entwicklung eines Flugmotors oder einer neuen Ladeeinrichtung mussten aus Personalmangel abgelehnt oder zumindest zurückgestellt werden. Ferdinand Porsche machte im Februar 1944 die Lage auf dem Arbeitsmarkt dafür verantwortlich, versprochene Produktionszusagen sowohl des Volkswagenwerks als auch der Porsche KG nicht erfüllen zu können.[82] Bei ihm setzte sich in jenen Wochen die Erkenntnis durch, dass die Beschaffung ausländischen Personals allein nicht genügte, wollte man die ehrgeizigen Produktionspläne einhalten: »Es fehlen insbesondere gute deutsche Arbeitskräfte, um den Ausbau der Produktion mit ausländischen Hilfskräften tragen zu können.«[83]

Der anfängliche Glaube, mit Menschen, die aus allen Teilen Europas verschleppt worden waren, die eklatanten Lücken im Personalbestand schließen zu können, erwies sich schon deshalb als Illusion, weil ihnen aus Sicherheitserwägungen bestimmte Aufgaben nicht übertragen werden konnten. Im Juni 1941 forderte Ferdinand Porsche persönlich ein Kommando der SS für den Wachdienst auf dem Gelände der Porsche KG an.[84] Vorgesehen waren zwei Wachhabende und zwölf Mannschaftsdienstgrade, die sich im 24-Stunden-

Rhythmus abwechseln sollten.[85] Bezahlung und Versorgung dieser Kräfte wurden bis ins kleinste Detail geregelt. Die Wachkräfte fanden in der Polizeiunterkunft bei der Polizeiausbildungsabteilung in Zuffenhausen Quartier. Sie sollten vor allem ein scharfes Auge auf eine »Sonderwerkstätte« richten und darauf achten, dass nichts fotografiert wurde und sich kein Unbefugter dort »zu schaffen« machte.[86] Im Februar 1943 wurde nach einigen »Vorkommnissen«, wie es in einer Hausmitteilung nebulös hieß, angeordnet, »die ausländischen Arbeiter bei Betriebsbeginn und Betriebsschluss besonders zu überwachen«.[87] Es wurde bestimmt, »dass die Ausländer jeweils ihren Ausweis mit Fotografie vorzeigen müssen«.[88]

Solche Maßnahmen offenbarten Nervosität und sogar Angst, dass sich unter den Ausländern Saboteure oder Spione befinden könnten, die sensible Betriebsgeheimnisse auskundschaften und an den »Feind« weitergeben könnten. Vor allem Franzosen bereiteten in dieser Hinsicht Kopfzerbrechen. Die Angst vor Spionage war der wesentliche Grund dafür, dass es in »geschützten Betrieben« generell der Zustimmung übergeordneter Behörden bedurfte, Franzosen an wichtigen Positionen einzusetzen – selbst wenn sie im Hause »schon seit langem bekannt« waren.[89] So bekamen die allermeisten ausländischen Arbeiter – vor allem jene aus dem Osten – einfache Hilfstätigkeiten zugewiesen. Dies konnte vieles bedeuten, von harter körperlicher Arbeit bei der Umsetzung von Baumaßnahmen über simple Botengänge bis hin zum Einsatz im Hausfahrdienst, zu dem ein Pole im Januar 1943 abgestellt wurde, nachdem sein deutscher Vorgänger »zu unregelmäßig zur Arbeit« gekommen war.[90] Dies konnte aber auch heißen, der Familie Porsche im Haushalt zur Hand zu gehen. In einem Brief vom März 1943 schrieb Ghislaine Kaes an Louise Piëch: »Die Ukrainerin für Dodo, die gestern spät abends nach Stuttgart kam, ist allerliebst. Wenn sie so tüchtig ist, wie sie schön aussieht, dann kann Ferry zufrieden sein.«[91] Mit »Dodo« war Dorothea, Ferrys Frau, gemeint, und bei der attraktiven Gehilfin handelte es sich um die damals 16-jährige Sonja Abramenko. Obwohl sie bei den Ämtern in Stuttgart registriert war, wurde sie im Haushalt in Schüttgut eingesetzt, einem Gutshof in Zell am See, den die Familie Porsche 1941 erworben hatte. Abramenko musste auf Anweisung der Behörden anfangs wie alle anderen Zwangsarbeiter aus ihrer Heimat das »Ostarbeiter-Abzeichen« sichtbar angenäht am rechten Arm des äußersten Kleidungsstücks tragen.[92] Indes hegte die Familie Porsche Hoffnung, auf diese stigmatisierende Formalität bald verzichten zu können. Denn die Ukrainerin, die aus dem Kreis Kursk in der Zentralukraine stammte, schien deutsche Vorfahren zu haben. Jedenfalls bemühte man sich, bei der Höheren Polizei- und SS-Führung in Stuttgart möglichst rasch Formulare für einen sogenannten Eindeutschungsantrag einzureichen.[93]

Die dürftigen Quellenbestände zu den Lebens- und Arbeitsbedingungen der bei der Porsche KG eingesetzten Zwangsarbeiter bringen es mit sich, dass in der Regel Einzelfälle belegt sind, die vor allem Impressionen vermitteln. So vielfältig diese individuellen Zeugnisse auch sind, insgesamt schält sich der Eindruck heraus, dass die Arbeitskraft der eingesetzten Zwangsarbeiter durchaus geschätzt wurde und Schikanen und Drangsalierungen größeren Ausmaßes nicht vorkamen. Dies ist zum erheblichen Teil darauf zurückzuführen, dass der Umgang mit den Zwangsarbeitern in der Verantwortung des Stammpersonals der Porsche KG lag. Ghislaine Kaes als Porsches Passepartout kümmerte sich auch um Fragen, die in diesem Zusammenhang auftauchten; und bei den direkten Vorgesetzten der Zwangsarbeiter handelte es sich um altbewährte Porsche-Ingenieure: Oswald Kux war für die »Russen« zuständig und Karl Fröhlich bekleidete die Stelle eines Betriebsleiters für das gesamte Werk in Zuffenhausen.

Kann man qualitative Aussagen darüber treffen, ob der Umgang mit den bei der Porsche KG eingesetzten Zwangsarbeitern von einer rassistisch eingefärbten Hierarchisierung bestimmt war? Wenn es so gewesen sein sollte, hätte man die »Russen« im Arbeitsalltag ihre »rassische Minderwertigkeit« spüren lassen können. Denn die Ungerührtheit, mit der die 1941 in deutsche Kriegsgefangenschaft geratenen Angehörigen der Roten Armee einem barbarischen Tod durch Verhungern preisgegeben wurden, konnte als Ermunterung für eine solche Haltung verstanden werden. Zwar stieg der »Wert« der sowjetischen Kriegsgefangenen, als der nicht einkalkulierte Verlauf des Ostkriegs es erforderlich machte, die Arbeitskraft dieser Gruppe für die deutsche Kriegswirtschaft auszuschöpfen.[94] Aber das hieß nicht zwangsläufig, dass in den aufnehmenden Betrieben die Standards der Behandlung solcher Arbeitskräfte von den politisch propagierten Einschätzungen »minderwertiger Ostvölker« abwich.

Wie verhielt es sich damit bei der Porsche KG? Fest steht, dass es eine überaus kleine Gruppe von lediglich 18 registrierten »ausländischen Zivilarbeitern« gab, die als »Russen« oder »Ukrainer« galten. Ungleich größer war die Zahl der »Ostarbeiter«, die entweder als Kriegsgefangene oder als »Zivilarbeiter« bei der Porsche KG beschäftigt waren. Ihre Behandlung unterschied sich von der der übrigen Zwangsarbeiter dadurch, dass man ihnen mit strengsten Sicherheitsvorkehrungen begegnete und keinerlei Freizügigkeit gewährte. Insbesondere der Transport vom Kriegsgefangenenlager in Ludwigsburg zum Arbeitsort unterlag militärischer Bewachung. Aber auch die zivilen Zwangsarbeiter sowjetischer Herkunft, die in eigens eingerichteten Baracken in der Nähe ihrer Arbeitsstätte hausten, wurden streng bewacht. Die Zuständigkeit hierfür lag beim Porsche-Mitarbeiter Anton Huber, den allem Anschein nach seine SS-Mitgliedschaft – er bekleidete den Rang eines Obersturmführers – zum Sicherheitsbeauftragten des Werkes in Zuffenhausen beförderte.[95]

Die erste Wohnbaracke wurde bereits im Juli/August 1942 auf der sogenannten Schlotwiese in Zuffenhausen errichtet.[96] Die Anlage wurde in den folgenden Jahren aufgrund des steigenden Arbeitskräftebedarfs ständig erweitert, so dass dort kurz nach Kriegsende nicht weniger als 3030 »Russen« registriert waren.[97] Bei weitem nicht alle dort Untergebrachten waren allerdings bei der Porsche KG beschäftigt, da auch andere Unternehmen des produzierenden Gewerbes aus dem Stuttgarter Norden ihre Zwangsarbeiter dort einquartierten.[98] Es gab allerdings mindestens eine Unterkunft, die ausschließlich von der Porsche KG genutzt wurde und in der nur Zwangsarbeiter aus der Sowjetunion wohnten – die »Russenbaracke« in der nahe beim Werk gelegenen Schwieberdinger Straße. Auch hier waren die Insassen kaserniert, denn sie lebten auf einem eingezäunten und bewachten Gelände und durften ihre Baracke aus vermeintlichen Sicherheitsgründen nicht verlassen. Die für die sowjetischen Zwangsarbeiter Zuständigen im Unternehmen haben sich allem Anschein nach dafür eingesetzt, dass die drückenden Lebensbedingungen an der Schwieberdinger Straße ein wenig erleichtert wurden. So sollten die Bewohner unter Bewachung Spaziergänge unternehmen dürfen; und auch die Beschaffung von Tabak sollte möglich sein. Auf diese Weise sollte die Leistung im Arbeitsprozess gesteigert werden. Man schuf also ein System kleiner Anreize, von dem man sich den erhofften Effekt versprach. Die gegenteilige Strategie – durch erhöhten Zwang mehr Arbeitsleistungen aus sowjetischen Zwangsarbeitern herauszupressen – wurde im Porsche-Werk nicht verfolgt. Dies war vermutlich auch darauf zurückzuführen, dass der direkte Vorgesetzte der »Russen« am Arbeitsplatz, Ingenieur Oswald Kux, per Saldo mit dem Einsatz seiner Untergebenen überaus zufrieden war: Er »setzte sich auch sehr für seine Arbeitskräfte ein, die er sehr loben konnte«.[99]

Insgesamt wird man zu dem Eindruck gelangen, dass die sowjetischen Arbeitskräfte in ihrem Arbeitseinsatz nicht mit rassistischer Herablassung behandelt wurden. Sie genossen zwar keine Freizügigkeit, weil sie außerhalb des Arbeitsprozesses streng bewacht und kaserniert wurden, aber innerhalb des Betriebs scheint es keine rassistisch bedingten Herabstufungen gegeben zu haben. So wurden sie auch hinsichtlich der Badezeiten des Betriebs behandelt wie alle anderen Arbeitskräfte auch, denen ein fester Zeitraum für die Körperreinigung zugewiesen wurde.[100]

Im Vergleich zu den »Ostarbeitern« standen den »Westarbeitern« mehr Möglichkeiten offen. Auch hier bringt es die Quellenlage mit sich, dass nur ganz wenige abgesicherte Befunde vorliegen, aus denen belastbare Rückschlüsse zu ziehen sind. So muss man notgedrungen auf nachträgliche, oft

60 Jahre nach dem Geschehen festgehaltene Aussagen von Zeitzeugen zurückgreifen, deren Quellenwert – wie alle mit den Mitteln der Oral History erzielten Befunde – den strukturellen Einschränkungen von Erinnerungsfehlern und durch zeitgenössische Diskurse verformten Rückblenden unterliegen. Mit der erforderlichen quellenkritischen Vorsicht behandelt, werfen solche Selbstzeugnisse dennoch einen gewissen – wenn auch limitierten – heuristischen Ertrag ab. Hier sei ein Beispiel dafür angeführt: Der Niederländer Antonius Scholte wurde im Sommer 1943 mit nicht einmal 20 Jahren aus seiner Heimat Schiedam nach Stuttgart verfrachtet und arbeitete an einer Maschine, mit der unter anderem Gasgeneratoren hergestellt wurden. Jahrzehnte später erzählte er einem Journalisten seine Erinnerungen aus der Zeit bei der Porsche KG. Er berichtete davon, wie er sechs Tage in der Woche morgens früh in die Fabrik ging, mittags in der kurzen Pause Sauerkraut und Pellkartoffeln erhielt und zusätzlich pro Woche ein Kilo Brot sowie einen Kasten Bier, wenn die Baracke, in der er untergebracht war, »besonders gut aufgeräumt war«.[101] In der spärlich bemessenen Freizeit saß er mit Freunden und Kollegen auf der Pritsche, sang mit ihnen Lieder oder kochte etwas aus jenen Dingen, die man irgendwo organisiert hatte. In dieser »heilen Welt« konnte er allerdings nur »für kurze Zeit« seine Sorgen vergessen. Spätestens wenn der Fliegeralarm ertönte, war es mit dem Traum vorbei, »ein richtiges Leben« zu führen. Dann rannte Scholte zum Stollen, um dort Schutz vor den Bomben zu finden. Allerdings erhielt er den nur bei Vorlage eines Ausweises: »Plötzlich waren wir keine Arbeiter, sondern Gefangene, die Angst vor den Fliegerangriffen hatten. Und so flüchteten wir in einen selbst gegrabenen Stollen, immer mit dem Dokument, das uns den Zutritt erlaubte. Da saßen wir dann und waren wieder nur Nummern, bis das Bombardement ein vorläufiges Ende hatte und wir wieder hinaus mussten, um die Brände zu löschen. Als Teil der Porsche-Welt waren wir eben nicht nur Arbeiter und Gefangene. Wir waren auch Feuerwehrleute und Stollengräber, immer mit einer Nummer versehen.« Immerhin genoss Scholte ein gewisses Maß an Freizügigkeit und konnte problemlos einen Rummelplatz aufsuchen, wo er sich als Boxer ein paar Reichsmark zu seinem monatlichen Lohn in Höhe von 100 Reichsmark hinzuverdiente (der monatliche Durchschnittslohn eines regulären Angestellten lag 1943 bei etwa 180 Reichsmark).

Auch andere »Westarbeiter« hatten es vergleichsweise gut. So konnte ein Italiener aus der Tischlerei »auf viele Monate« in seine Heimat »zurückkehren«, so dass sich die Personalabteilung der Porsche KG schließlich Gedanken machen musste, ob er überhaupt noch einmal in Stuttgart auftauchen würde.[102] Aus der Tatsache, dass allem Anschein nach solche Urlaubsüberschreitungen auf wenige Einzelfälle beschränkt blieben, lässt sich schließen, dass bei Porsche beschäftigte »ausländische Zivilarbeiter« vor allem aus Frankreich und Italien ihre Arbeitsbedingungen nicht als so bedrückend empfanden, dass sie ihnen auf diese Weise zu entfliehen suchten. Immerhin stand ihnen nach Ablauf von sechs Monaten Arbeitseinsatz eine Heimfahrt mit Erholungsurlaub zu. Im Vergleich mit anderen rüstungswichtigen Branchen, in denen bis zu 60 Prozent der Heimfahrer ihren Urlaub überschritten oder gar nicht mehr zurückkehrten,[103] war die Ausfallquote bei Porsche jedenfalls überaus niedrig.

Im Großen und Ganzen kann man feststellen, dass die bei Porsche eingesetzten Zwangsarbeiter für die Aufrechterhaltung des Betriebs unentbehrlich waren und sich ohne größere Konflikte in den Betriebsablauf einordneten. Allem Anschein nach achtete die Betriebsführung in Stuttgart-Zuffenhausen darauf, den Zwangsverpflichteten ohne größere Repressionen zu begegnen. Diese Grundhaltung wirkte sich insofern aus, als offene Widersetzlichkeiten von Seiten der Zwangsarbeiter ausblieben und Fluchtversuche nicht vorkamen. So schält sich der Eindruck heraus, dass im Vergleich zur Behandlung der Zwangsarbeiter im Volkswagenwerk ein erheblicher qualitativer Unterschied bestand. Denn in der »Stadt des KdF-Wagens« herrschte ein Klima der Einschüchterung, Erniedrigung und gewalttätigen Repression im Umgang mit den ausländischen Arbeitskräften[104] – Verhaltensweisen, die nach den vorliegenden Quellenbefunden nicht einmal im Ansatz im Porsche-Werk in Stuttgart-Zuffenhausen nachzuweisen sind. Dort scheint man sich ernsthaft bemüht zu haben, die innerbetrieblichen Abläufe so umzustellen, dass es zu einem vergleichsweise reibungslosen Miteinander kam. Das geschah durch eine ganze Reihe von Maßnahmen: Spezielle Fahrdienste, welche die Arbeiter von den Lagern zu den Arbeitsstätten brachten, mussten organisiert[105] und die immer kompliziertere Versorgung mit Nahrungsmitteln und Brennstoff geplant und koordiniert werden.[106] Zur Überwachung der Zwangsarbeiter, generell zur Sicherung des Betriebes, bedurfte es zahlreicher polizeilicher oder militärischer Einheiten, die – zumindest zum Teil – vom Unternehmen zu bezahlen waren.[107] Immer wieder waren neue infrastrukturelle Investitionen, beispielsweise die Installation einer Telefonverbindung zu den Lagern, zu tätigen.[108] Hygienische Maßnahmen wie die Entwanzung der Lager konnten den gewohnten Arbeitsablauf durcheinanderbringen,[109] und wollte man den ausländischen Kräften ein paar Vergünstigungen – etwa ein Rundfunkgerät – zukommen lassen, waren bei den zuständigen Ämtern besondere Genehmigungen einzuholen.[110]

Ein halbes Jahr, nachdem die Porsche KG das erste Lager für Zwangsarbeiter in Zuffenhausen errichtet hatte, zeichnete sich ab, dass das Unternehmen möglicherweise nur noch eingeschränkt in Stuttgart produzieren würde. Wegen der zunehmenden alliierten Bombenangriffe auf industrielle Ziele mussten Maßnahmen getroffen werden, um eine fortschreitende Zerstörung rüstungsrelevanter Betriebe zu verhindern. Im Dezember 1942 gab es einen ersten Erlass des Reichsministers für Rüstung und Kriegsproduktion, in dem die Verlagerung von wichtigen Bereichen der Rüstungsindustrie in weniger gefährdete Gebiete angedeutet wurde.[111] Im Laufe des Jahres 1943, mit zunehmender Intensität des Luftkrieges über dem Deutschen Reich, wurden die Pläne konkreter. Wie notwendig es für die rüstungsrelevanten Unternehmen in Stuttgart war, sich mit der Suche nach Ausweichmöglichkeiten zu beschäftigen, offenbarte ein Luftangriff vom 15. April 1943. Das bis dahin heftigste Bombardement hatte unter anderem die Betriebe von Bosch und der Daimler-Benz AG zum Ziel, traf aber – wahrscheinlich wegen einer Verwechslung der Neckarufer – unter anderem ein Lager in Gaisburg, wo rund 400 Kriegsgefangene (Russen, Franzosen und Belgier) ums Leben kamen.[112] Im Monat darauf wurde die Porsche KG aufgefordert, das Konstruktionsbüro möglichst schnell zu verlagern.[113]

Damit zeichnete sich ein Standortwechsel ab, der nach offizieller Lesart nur eine vorübergehende Ausquartierung sein sollte. Allerdings stellten einige Unternehmen Überlegungen an, ob der durch den Bombenkrieg erzwungene Standortwechsel nicht dazu genutzt werden sollte, die Produktionsstätten an einen Ort zu verlagern, der als politisch vorteilhaft galt. Nach den verheerenden militärischen Rückschlägen an der Ostfront (Stalingrad) und in Nordafrika (Gefangennahme des kompletten Afrikakorps im Mai 1943) beschlichen immer mehr Unternehmer leise Zweifel an dem offiziell proklamierten »Endsieg«. Ihnen schien es geboten, die luftkriegsgefährdeten Betriebe nicht in den Osten des Reiches auszulagern, wo sie von der vorrückenden Roten Armee überrollt zu werden drohten. Bei einer möglichen Kriegsniederlage sollten die Fabriken im Einzugsbereich der kapitalistischen Westmächte USA und Großbritannien liegen und nicht in dem der kommunistischen Sowjetunion. Auf jeden Fall war es nicht überraschend, dass in Unternehmen, die geradezu seismographisch die Erschütterungen des Kriegsverlaufs registrierten, Vorsorgemaßnahmen für den schlimmsten Fall getroffen wurden.[114]

Eine nüchterne Betrachtung der Standortverlagerungsentscheidungen der Porsche KG berechtigt zu der Annahme, dass auch hier die Unternehmensleitung Vorkehrungen treffen wollte für den Fall eines Untergangs des »Großdeutschen Reiches«. Dabei erwies sich die österreichische Herkunft der Eigentümer geradezu als Segen. Die Verlagerung von Teilen des Betriebs nach Österreich war gewissermaßen die Rückkehr in ein »gelobtes Land«, das gleich zwei unschätzbare Vorteile bot: Zum einen blieben die ländlichen Gebiete der zu Österreich gehörenden Alpenregion vom Luftkrieg weitgehend verschont; zum anderen war vorauszusehen, dass Österreich nach der Zerschlagung des »Großdeutschen Reiches« wieder eigene politische Wege gehen würde, was Altösterreichern wie der Familie Porsche-Piëch verlockende Perspektiven eröffnete.

Bereits im Sommer 1943 war das seit 1938 als »Ostmark« firmierende Österreich in den Fokus der Verlagerungsüberlegungen geraten.[115] Eine solche Lösung war zum einen attraktiv, weil viele der Porsche-Ingenieure damit wieder in der alten Heimat ansässig werden würden; zum anderen winkte die Option, in einem wieder souveränen Österreich einen Neuanfang zu starten. Die Wiederherstellung der österreichischen Souveränität war just zu dem Zeitpunkt, an dem das Führungspersonal der Porsche KG konkreten Verlagerungsplänen nachging, auf die Agenda der alliierten Politik gerückt. Die erste Außenministerkonferenz der Hauptkriegsgegner des nationalsozialistischen »Großdeutschland« hatte im Oktober 1943 in Moskau ihre Arbeit aufgenommen und als Ergebnis unter anderem als eindeutiges Kriegsziel formuliert, dass Österreich als das erste von Hitler-Deutschland okkupierte Land zu betrachten und ihm daher nach einem Sieg über das NS-Regime die innere und äußere Freiheit zurückzugeben sei.[116] Diese Aussicht musste auf Altösterreicher verlockend wirken, die bei der sich rapide verschlechternden Kriegslage nicht zuletzt den ökonomischen Wert ihrer Herkunft zu schätzen wussten, nachdem sie die sich bietenden wirtschaftlichen Möglichkeiten im Staate Hitlers mit mehr als verhaltenem Applaus begrüßt hatten.

Mangels eindeutiger Egodokumente lässt sich nicht mit Bestimmtheit sagen, ob Ferdinand Porsche, sein Sohn Ferry und Anton Piëch solche Nebenabsichten hegten, als im Herbst 1943 die Auslagerung des Stuttgarter Betriebs zur Debatte stand. Aber es würde der Logik der Erhaltung des Familienunternehmens Porsche KG widersprechen, wenn dieses Argument nicht erwogen worden wäre. Alle vier Kommanditisten der Porsche KG – also Ferdinand Porsche, sein Sohn Ferry, seine Tochter Louise Piëch sowie Schwiegersohn Anton Piëch – waren noch in der k.u.k-Monarchie geboren und hatten teilweise bis zum »Anschluss« im Jahr 1938 die Staatsbürgerschaft der Republik Österreich besessen. Einen genuin österreichischen Patriotismus ließen sie zwar nicht erkennen, aber die österreichische Karte war eben seit Herbst 1943 ein im Familiensinn werthaltiges Atout geworden. Was lag da näher, als die ohnehin unvermeidliche Betriebsverlagerung mit der insgeheimen Absicht zu verknüpfen, dass die Familie Porsche-Piëch dank ihrer lupenreinen österreichischen Herkunft bei einer militärischen Niederlage des Großdeutschen Reiches nicht zu den Kriegsverlierern zählte?

Als Erstes wurde ein Standort erwogen, der den Vorzug besaß, nur 50 Kilometer vom privaten Domizil der Familie im Salzburgischen, Zell am See, entfernt zu liegen: die Versuchsanstalt des Heeres in St. Johann in Tirol. Doch dort war nicht genug Platz, und zudem herrschte Nahrungsmittelmangel in der Region, so dass dieser Plan erst einmal verworfen wurde.[117] Die zweite Möglichkeit, welche die Verantwortlichen der Porsche KG in Betracht zogen, war die Kraftfahrtechnische Lehranstalt der SS in Wien. Durch die Zusammenlegung zweier Gebäude wollte die SS eine etwa 1500 Quadratmeter große Halle zur Verfügung stellen. Eine Verlagerung dorthin hätte vor allem für den Versuchsbetrieb des Unternehmens einen gewaltigen Vorteil gehabt, da sämtliche Prüfeinrichtungen und Fertigungsmaschinen vorhanden waren, die zur Durchführung von Versuchen an Motoren und Fahrzeugen gebraucht wurden.[118] Letztlich musste man aber auch von diesen Plänen Abstand nehmen, da das Gelände ebenfalls zu klein war und die unterschiedlichen Abteilungen unter den geplanten Bedingungen nicht mehr effizient hätten zusammenarbeiten können.[119] Dass man sich nicht mit irgendeinem Standort zufriedengab, sondern bis in das Jahr 1944 eine intensive Standortsuche betrieb, spricht dafür, dass die Verantwortlichen eine wohlüberlegte Entscheidung treffen wollten: Aus einem vermeintlichen Provisorium konnte bei entsprechendem Kriegsverlauf leicht eine dauerhaftere Lösung werden. Es kam also darauf an, dass das Herz des Unternehmens – die Entwicklungsabteilung – zusammenblieb. Mit diesem Argument warb man letztlich erfolgreich bei den zuständigen Stellen: »Wir müssen das gesamte Entwicklungspersonal, welches aus erfahrenen Konstrukteuren, Monteuren und Facharbeitern besteht, mitnehmen, um die Leistungskapazität unseres Entwicklungsbetriebes aufrecht zu erhalten.«[120]

So verstrich die Zeit ohne konkrete Ergebnisse. Allmählich entwickelte sich die Planung der Betriebsverlagerung zu einem Wettlauf mit der Zeit, da sich die Luftangriffe auf Stuttgart häuften und abzusehen war, dass irgendwann auch das Porsche-Gelände in Schutt und Asche gelegt werden würde. Im Frühjahr 1944 konnte endlich in der kleinen Ortschaft Gmünd in Kärnten eine Firma aus der Holzindustrie aufgetan werden, die der Porsche KG 5100 Quadratmeter Fläche zuzüglich 1100 Quadratmeter für Wohnbaracken zur Verfügung stellte.[121] Die Verlagerung war dann am 9. Mai 1944 »nahezu perfekt«, wie Rabe vermerkte.[122] Zudem tat sich praktischerweise die Möglichkeit auf, in Zell am See, also dem österreichischen Wohnort der Großfamilie Porsche-Piëch, ebenfalls freie Flächen zu erhalten, so dass von Mai 1944 an zwei Ausweichquartiere in Österreich bezogen werden konnten. Im Jahr 1945 verteilte sich die Tätigkeit der Porsche KG mithin auf drei Standorte: Ein Teil, vor allem die Administration, war in Stuttgart verblieben, Fertigung und Entwicklung befanden sich überwiegend in Gmünd, und die Fliegerschule Zell am See bot Platz für andere Bereiche des Betriebs.[123]

Im Grunde genommen wurde mit dem Umzug nicht allein eine geographische Verteilung des Unternehmensbesitzes auf drei verschiedene Standorte vorgenommen, was sich unter den Bedingungen eines sich verschärfenden Krieges mit immer unsichererem Ausgang vernünftigerweise anbot, weil dadurch die Aussichten stiegen, wenigstens einen Teil des Unternehmens zu retten.[124] Der eigentliche Clou bestand darin, dass mit dem Umzug eine neue Eigentümerstruktur innerhalb der Familie vorbereitet werden sollte: Anton Piëch und seine Ehefrau Louise, die Tochter von Ferdinand Porsche, sollten die »Dr. Ing. h.c. F. Porsche KG« verlassen und unter Übernahme bestimmter Vermögenswerte eine neue Gesellschaft bilden. Auf den ersten Blick mochte dieser am 15. Oktober 1943 vereinbarte Schritt[125] wie ein fundamentaler Bruch mit dem geheiligten Prinzip des geschlossenen Familienverbunds als Eigentümer der Porsche KG erscheinen, wenn der Piëch-Stamm aus der alten Gesellschaft austrat und eine eigene Gesellschaft gründete. Aber hinsichtlich des übergreifenden Ziels, den Wirren des Krieges nicht das komplette Familienvermögen auszuliefern, war diese Maßnahme nur konsequent. Es handelte sich mithin um eine Vorsorgemaßnahme, deren Rationalität sich dadurch erschließt, dass beide Familienstämme – die Porsches wie die Piëchs – in einer eigentumsrechtlichen Separation den geeigneten Weg erblickten, um der Gesamtfamilie ein sicheres unternehmerisches Standbein zu erhalten, so dass der andere Familienzweig im ungünstigsten Fall des Vermögensverlustes bei einem Neuanfang unterstützt werden konnte.

Dass die Großfamilie Porsche-Piëch als Solidarverband weiter existierte, wird nicht nur daran ersichtlich, dass die Trennung des Gesellschaftsvermögens erst nach Kriegsende[126] vollzogen werden sollte. Denn erst danach würde eine Lage entstehen, bei der es für beide Familienstämme vorteilhaft war, getrennt zu marschieren, aber vereint zu schlagen. Außerdem fällt ins Auge, dass die beiden Kommanditisten der alten Porsche KG aus dem Hause Piëch, die zusammen mit 15 Prozent der Vermögensanteile lediglich einen genauso bescheidenen Anteil wie Ferry Porsche in den Händen hielten, bei ihrem Austritt einen weit darüber hinausreichenden Anteil am Gesellschaftervermögen der Porsche KG erhalten sollten – nämlich sämtliche nach Österreich zu verlagernden Werte sowie insgesamt 68 Patente.

Die künftige Aufgabenverteilung zwischen der alten Porsche KG und der neuen Piëch-Gesellschaft lässt sich daran ablesen, welche Patente welche Seite erhalten sollte: Porsche behielt sämtliche Schutzrechte auf Erfindungen, die für Militärfahrzeuge aller Art unmittelbar relevant waren. Sollte also entgegen der sich abzeichnenden Entwicklung die Wehrmacht auf dem Kriegsschauplatz die Oberhand behalten, hätten Porsches im Zusammenhang mit seinem Panzerkampfwagen und der militärischen Variante des Volkswagens angefallene Schutzrechte an ökonomischem Wert gewonnen – und ihre sinnvolle Nutzung ließ sich von Stuttgart aus am besten bewerkstelligen. Sollte allerdings zivilen Nutzfahrzeugen die Zukunft gehören, dann waren die von Porsche gehaltenen Patente auf den Ackerschlepper besonders werthaltig – und da bot es sich an, dass eine im agrarisch geprägten Kärnten beheimatete Piëch-Gesellschaft den alleinigen Zugriff auf solche Schutzrechte erhielt.[127]

Es lässt sich also festhalten, dass die avisierte eigentumsrechtliche Separation, deren integraler Bestandteil die Verlagerung eines beträchtlichen Teils der Vermögenswerte nach Österreich und damit ihre spätere Übertragung auf eine neue Piëch-Gesellschaft darstellte, als Rückversicherung gegen einen Totalverlust des Familienbesitzes gedacht war. Die Familienhierarchie wurde dadurch nicht angetastet, weil die innerfamiliale Struktur keinen Ansatz dafür bot, dass sich eine unabhängige Piëch-Gesellschaft auf Kosten der Porsche KG profilierte. Dies ließ schon der Umstand nicht zu, dass Louise Piëch als eine von zwei Gesellschaftern des österreichischen Unternehmens ihren Vater nie frontal herausgefordert und dessen Führungsrolle angefochten hätte. Um mögliche Konflikte im Keim zu ersticken, hatte man im Übrigen die Generalvertretungen innerhalb Europas geographisch sauber aufgeteilt.[128]

Wichtige unternehmerische Entscheidungen der Piëch-Gesellschaft wären nie gegen den Willen des Unternehmensgründers Ferdinand Porsche erfolgt, so dass mit der beabsichtigten eigentumsrechtlichen Trennung der beiden Familienstämme kein Kontrollverlust Porsches verbunden war. Die Bewährungsprobe hinsichtlich der Tragfähigkeit der neuen Struktur sollte allerdings früher als erwartet kommen, als Ferdinand Porsche im Dezember 1945 für fast zwei Jahre in französisches Gewahrsam genommen wurde und damit die innerfamiliäre Balance neu tariert werden musste. Da aber mit Ferdinand Porsche zugleich auch Anton Piëch von den französischen Behörden aus dem Verkehr gezogen wurde, konnte es nicht zu einer Emanzipation des Piëch-Stammes vom Übervater Porsche kommen.

Wir haben der Entwicklung hier vorgegriffen, um die strategische Bedeutsamkeit der im Oktober 1943 vereinbarten Vorkehrung herauszustellen. Der Familie Porsche-Piëch war bewusst, dass diese Vereinbarung möglicherweise unangenehme Nachfragen von offizieller Seite provozieren würde, wenn sie vor einem Anwalt geschlossen oder gar notariell besiegelt worden wäre. Um zu verhindern, dass von dritter Seite Zweifel an dem festen Glauben an den »Endsieg« aufkamen, begnügte man sich damit, dass auf dem Schriftstück die treuen Seelen Karl Rabe und Hans Kern die Vereinbarung bezeugten.[129]

In dem Bewusstsein, sich zumindest auf unternehmerischer Ebene gut auf das Ende des Krieges vorbereitet zu haben, konnte die Porsche KG mit einer gewissen Gelassenheit die Zerstörungen betrachten, die das Werk in Stuttgart in der Nacht vom 19. auf den 20. Oktober 1944 bei alliierten Luftangriffen mit Schwerpunkten Bad Cannstatt, Zuffenhausen und Feuerbach erlitt. »Unser Betrieb in Zuffenhausen wurde getroffen, Volltreffer auf den Shedbau, schwere Glasschäden, die Arbeit ruht«, notierte Rabe in sein Tagebuch.[130] Da aber die Konstruktions- und Entwicklungsabteilungen mittlerweile in die österreichische Provinz umgesiedelt worden waren, hielt sich der angerichtete Schaden für das Unternehmen in Grenzen. Die letzten Kriegsmonate waren von dem Bestreben geprägt, die Substanz des Unternehmens zu konservieren und zu verhindern, dass man in der Endphase des Krieges bewährte Mitarbeiter verlor. Ghislaine Kaes war zum Entsetzen der Familie noch im Februar 1944 zum Militärdienst eingezogen worden, doch er kam wie alle anderen Mitarbeiter der Kernbelegschaft heil aus dem Krieg zurück. Allem Anschein nach fiel dem Krieg kein einziger treuer Mitarbeiter zum Opfer, so dass der Neustart nach Kriegsende mit dem Stammpersonal durchgeführt werden konnte. Diese niedrige Verlustrate zeugt auch davon, dass es unter den leitenden Angestellten der Porsche KG keinen weltanschaulichen Fanatismus gab, der dazu geführt hätte, das eigene Leben für den Glauben an die nationalsozialistische Weltanschauung oder den »Führer« zu opfern.

Nüchterner Pragmatismus bestimmte die letzten Wochen und Monate. Mit dem Untergang des »Dritten Reiches« brach für keines der Mitglieder im Führungskreis die Welt zusammen. Die Tagebücher von Karl Rabe vermitteln einen lebendigen Eindruck vom Alltag der nach Gmünd verlagerten Porsche-Mannschaft. Pflichtschuldig absolvierte Rabe die militärische Ausbildung zum »Volkssturm«-Mann, ohne dass es ihn ernsthaft drängte, seine frisch erworbenen Fähigkeiten im militärischen Einsatz unter Beweis zu stellen.[131] Ansonsten erwiesen sich die Dependancen in Kärnten und im Salzburgischen als perfektes Rückzugsgebiet für Ferdinand Porsche. Im Februar 1945 begab er sich in seine »Alpenfestung«, wo er das Ende des Krieges in aller Ruhe abzuwarten suchte und durch gelegentliche Besuche beim Kärntner Gauleiter Friedrich Rainer politische Landschaftspflege betrieb, um nicht noch im letzten Moment aus seinem Alpendomizil herausgerissen zu werden.[132]

Anton Piëch schaffte Mitte April 1945 zum letztmöglichen Zeitpunkt den Absprung von Ostniedersachsen ins Salzburger Land. Am 14. April 1945 setzte er sich nach Zell am See ab.[133] Ob er bei dieser Gelegenheit größere Bargeldbeträge im Reisegepäck führte und ob damit der Vermögenstransfer zwischen den verschiedenen Unternehmensteilen ein erstes Mal praktiziert wurde, ist nicht eindeutig zu belegen.[134] Anton Piëch hätte sich jedenfalls zeittypisch verhalten, da es in der Endphase des Krieges eine weitverbreitete unternehmerische Gewohnheit war, eine hektische Reisetätigkeit zu entwickeln und dabei flüssige Mittel im Reisegepäck zu transferieren.[135] In seinem Fall ging es nicht nur darum, sich möglicherweise ein ansehnliches Startkapital zu verschaffen. Denn alle Vermögenswerte, die bis Kriegsende nach Österreich gelangten – auf welchen Wegen auch immer –, sollten laut Vereinbarung vom 15. Oktober 1943 seiner noch zu begründenden Gesellschaft zufallen. Insofern wirtschaftete Piëch primär in die eigene Tasche, wenn er Bargeld von Fallersleben nach Zell am See geschafft haben sollte. Jedenfalls ging das Kalkül auf der ganzen Linie auf, die Standorte Gmünd und Zell am See ohne große personelle und materielle Verluste über die unberechenbare Endphase des Kriegs hinaus zu retten.

Während die ersten Amerikaner Zell am See am 6. Mai 1945 erreichten,[136] tauchten die Engländer drei Tage später in Gmünd auf, weil Kärnten zur britischen Besatzungszone gehörte. Am 14. Mai 1945 besetzten sie das Werk. Damit war der Krieg überstanden und die personelle und materielle Substanz der nach Österreich ausgelagerten Betriebe erhalten worden, so dass das Unternehmen loslegen konnte, sobald die politischen und ökonomischen Bedingungen dafür vorhanden waren. Wie weitsichtig der Rückzug nach Österreich gewesen war, offenbarten die Ereignisse am Stuttgarter Stammsitz im April und Mai 1945.

Porsche vor seinem Wohnhaus in Gmünd/Kärnten, vermutlich im Herbst 1945.

KAPITEL 13

Ein französischer Volkswagen? Chancen und Risiken des Neuanfangs nach 1945

Die Nachkriegszeit verlangte den deutschen Unternehmen ein Höchstmaß an Improvisationsbereitschaft ab. Nicht wenige mussten ganz von vorne anfangen, weil bisherige Produktionsstätten entweder in den verlorenen Ostgebieten oder in der sowjetischen Besatzungszone lagen beziehungsweise von den Siegermächten beschlagnahmt wurden. In vielen Fällen musste das Geschäftsmodell umgestellt werden, oder man musste damit zurechtkommen, dass Eigentümer und Unternehmensleiter für eine gewisse Zeit ausfielen, weil sie sich durch ihre Nähe zum NS-Regime kompromittiert hatten. Die Porsche KG war von solchen Faktoren betroffen, und so lohnt ein intensiver Blick auf das Beziehungsgeflecht, das diese Themenfelder miteinander verwob.

Beginnen wir mit dem Herzstück unternehmerischen Handelns, der uneingeschränkten Verfügung über das Betriebsvermögen. Hier war die Porsche KG erheblich betroffen, denn die Alliierten hatten über das gesamte Betriebsvermögen des Unternehmens sowie über das Privatvermögen von Ferdinand Porsche die sogenannte Property Control verhängt. Das bedeutete, dass Ferdinand Porsche weder als Komplementär der Porsche KG noch als Privatperson frei über sein Eigentum verfügen konnte – und damit war er als Unternehmer lahmgelegt. Allerdings galt dies nicht in diesem Ausmaß für die nach Österreich verbrachten Vermögenswerte. Die Betriebsstätten der Porsche KG in Gmünd in Kärnten und das Privatvermögen Porsches in Zell am See standen dem Unternehmen und der Familie schon nach relativ kurzer Zeit fast ohne Einschränkungen zur Verfügung. Man musste daher mit dem Manko leben, dass das Werksgelände in Stuttgart-Zuffenhausen – wie sich herausstellen sollte, bis zum Tod Porsches im Januar 1951 – mittelfristig nicht genutzt werden konnte. Doch das Unternehmen blieb aktionsfähig, da es von seinem österreichischen Ausweichquartier aus die Konstruktions- und Entwicklungstätigkeit weiterführen konnte.

Die Schwerpunktverlagerung vom mittleren Neckarraum, einem bevorzugten Standort der europäischen Fahrzeugtechnik, in die österreichische Provinz wirkte sich in den mühsamen Anfängen, als die Wiederbelebung des Unternehmens im Vordergrund stand, ganz erheblich auf die Geschäftsfelder aus. Es ist bereits darauf hingewiesen worden, dass der Standort in der Provinz für die nun ins Zentrum rückende Entwicklung von Ackerschleppern nicht unbedingt von Nachteil war. Anders sah es hingegen in dem Bereich aus, der nach eigenem Selbstverständnis den Dreh- und Angelpunkt der Porsche KG bildete und untrennbar mit dem Namen des Unternehmensgründers verbunden war: bei der Konstruktion und Entwicklung von Personenkraftwagen. In Stuttgart-Zuffenhausen hatte das Unternehmen einen auf Expansion angelegten Entwicklungsbetrieb geschaffen, der in produktionstechnischer Hinsicht so ausgebaut werden konnte, dass die Porsche KG den letzten Schritt wagen konnte, der noch ausstand: den Schritt zum Fertigungsbetrieb für Serienfahrzeuge. Vorerst musste man ohne diesen Standort planen, und schlimmer noch: Man musste zunächst auch ohne den Haupteigentümer und Unternehmenslenker auskommen. Denn Ferdinand Porsche fiel von Dezember 1945 bis August 1947 aus, weil er sich im Gewahrsam französischer Militärbehörden befand. Man bezichtigte ihn, Kriegsverbrechen begangen zu haben – und damit stand sowohl seine bürgerliche als auch seine wirtschaftliche Existenz auf dem Spiel. Dass die Porsche KG diese existenzielle Krise überdauerte und in der Zeit der Absenz des Übervaters sogar die Weichen für die Erfolgsstory des Sportwagenherstellers Porsche gestellt wurden, spricht dafür, dass dieses Familienunternehmen interne Strukturen gebildet hatte, die es zum produktiven Umgang mit dieser Lage befähigten. Zugleich zeigt diese Entwicklung, dass es nicht selten Krisen sind, die kreative Dynamik innerhalb von Familienunternehmen freisetzen.

In der Zeit von Mai 1945 bis Herbst 1949 fehlte der Porsche KG eine Leitzentrale; das Unternehmen zerfiel in zwei wirtschaftlich unabhängige Einheiten in Stuttgart und in Gmünd. Während der Militärhaft von Ferdinand Porsche herrschte darüber hinaus ein Führungsvakuum an der Spitze des Unternehmens, zumal sich auch sein Schwiegersohn und Mitgesellschafter Anton Piëch in Haft befand. Die unübersichtliche Dezentralisierung des Unternehmens, zu der ungeklärte Eigentumsverhältnisse hinzutraten, ließ den deutschen und den österreichischen Zweig des Familienbetriebs immer weiter auseinanderdriften.

Schauen wir zunächst nach Stuttgart-Zuffenhausen. Bereits die Kriegsfolgen hatten das dortige Stammwerk stärker in Mitleidenschaft gezogen als die vom Bombenkrieg verschonte österreichische Provinz. Dennoch gelang es dem Stuttgarter Betriebsleiter Karl Fröhlich innerhalb kurzer Zeit, die Arbeitsfähigkeit des Zuffenhausener Werks wieder herzustellen.[1] Doch woher sollten die Aufträge kommen? Der überaus komfortable Vertrag mit der Volkswagenwerk GmbH, der dem Stammwerk die Weiterentwicklung des Volkswagens samt Aggregaten sowie die Entwicklung des Kleinschleppers sicherte, war aufgrund der politischen Umwälzungen zunächst nichts weiter als ein Stück Papier. Da überdies die Aufträge für das Heer wegfielen, stand das Werk in Zuffenhausen vor einer grundlegenden Neuausrichtung. Doch die in Stuttgart verbliebene Stammbelegschaft erhielt gar nicht die Gelegenheit, die ökonomischen Weichen neu zu stellen, da US-amerikanische Behörden das Werk in Zuffenhausen beschlagnahmten, wobei die rechtlichen Begründungen für diese faktische Inbesitznahme variierten. Vom 1. September 1945 an war in Zuffenhausen zunächst eine Autoreparaturwerkstatt für die US-Armee untergebracht, wobei die treuhänderische Verwaltung dem ehemaligen Betriebsleiter Karl Fröhlich oblag. Im November 1945 verhängten die Besatzungsbehörden erstmals eine Vermögenskontrolle über das Geschäftsvermögen der Porsche KG und ebenso über das Privatvermögen von Ferdinand Porsche. Als dann im Februar 1946 Karl Fröhlich als Treuhänder von seinen Aufgaben entbunden wurde, war auch die personelle Kontinuität in der Betriebsleitung unterbrochen.

In Kärnten hingegen konnte das Unternehmen unter britischer Militärverwaltung seine Tätigkeit nahezu ungehindert aufnehmen. Bereits im August 1945 erhielt es dort eine provisorische Betriebserlaubnis.[2] Zwar unterlag auch das Betriebsvermögen der Porsche KG in Gmünd einer Vermögenskontrolle, aber die britische Besatzungsmacht bestellte im Mai 1946 mit Karl Rabe den wichtigsten leitenden Mitarbeiter der Porsche KG zum vorläufigen Vermögensverwalter.[3] Damit wurde die Betriebsleitung in bewährte, treue Hände gelegt und im Geiste Porsches ausgeübt. Es lässt sich mithin ein massiver qualitativer Unterschied hinsichtlich der Verfügungsgewalt über das Betriebsvermögen konstatieren: Während das Stammwerk in Stuttgart-Zuffenhausen noch über viele Jahre hinweg fremdbestimmt blieb, konnte der nach Österreich übersiedelte Familienstamm die Kärntner Dependance nach eigenen Vorstellungen ausbauen.[4] Anders in Deutschland: Dort hatte die Abwesenheit der Eigentümerfamilie – vor allem Porsches – den Amerikanern als Begründung dafür gedient, das Firmen- wie das Privateigentum Porsches gewissermaßen als herrenloses Gut zu behandeln und es unter Property Control zu stellen. Der Stuttgarter Betrieb wurde einer überaus scharfen Eigentumskontrolle unterzogen, während in Gmünd bald Mittel und Wege gefunden waren, im Einklang sowohl mit der Besatzungsmacht als auch mit den österreichischen Behörden die Vermögenskontrolle aufzuweichen und schließlich ganz aufzuheben.[5]

Immer deutlicher offenbarte sich, dass der Rückzug der Familie in die Idylle der Salzburger und Kärntner Alpen die Aufrechterhaltung der Eigentumsansprüche über die in Stuttgart ansässige Porsche KG gefährdete. Denn den US-Behörden war nicht verborgen geblieben, dass neben den Eigentümern auch nahezu alle technischen Angestellten Zuffenhausen verlassen hatten, um in Gmünd ihre Tätigkeit fortzusetzen. So erschien das Werk in

Zuffenhausen als leere Hülle, in der mangels Personal gar keine anspruchsvollen Entwicklungsaufgaben mehr durchgeführt werden konnten. Damit war die Liquidierung der Porsche KG nicht mehr ausgeschlossen. Im Februar 1946 wurde diese Option erstmals ernsthaft erwogen.[6] Vermutlich hatten es die US-Behörden dabei auch auf Porsche-Patente abgesehen. Dass sie brennend daran interessiert waren, in den Besitz wertvoller deutscher Patente zu gelangen, hat der amerikanische Historiker John Gimbel in einer Pionierstudie bereits im Jahr 1990 akzentuiert. Die Beschlagnahme von geistigem Privateigentum – und dies waren technische Schutzrechte – wurde als eine Art inoffizielle Reparationsleistung deklariert.[7] Allem Anschein nach fügt sich auch der Umgang mit der Porsche KG in diese Generallinie ein: Wenn man das Unternehmen abwickelte, würden die Patente der Liquidationsmasse zugeschlagen und damit gerade US-Firmen verfügbar gemacht. Es spricht daher Bände, dass am 24. Juli 1946 die Property Control eigens über die »Patente der Fa. Ing. h.c. Ferd. Porsche K.G., Stuttgart-Zuffenhausen«, verhängt wurde.[8]

Die Absetzbewegung nach Österreich war zwar ökonomisch sinnvoll gewesen, aber nun wuchs die Gefahr, das bisherige Standbein in Stuttgart und letztlich die Grundlage des gesamten Unternehmens zu verlieren. Ob Österreich ein gleichwertiger Ersatz war, ob also eine österreichische Porsche-Gesellschaft an die Erfolge des Stuttgarter Unternehmens würde anknüpfen können, war bereits im Jahr 1945/46 eine Frage, auf die sich ein spontanes Ja als Antwort nicht aufdrängte. Dies lässt sich einem Exposé entnehmen, das die mittlerweile von Gmünd aus operierende Porsche KG im Februar 1946 zur ökonomischen Standortbestimmung anfertigte. Auf den ersten Blick schien es so, als habe das Unternehmen mit der Betriebsverlagerung nach Kärnten endlich den ersehnten Sprung zu einem Produktionsbetrieb vollzogen. Doch bei genauerem Hinsehen war dies eine aus der Not geborene Maßnahme. Zwar war das Herzstück der Porsche KG – das Konstruktionsbüro – in personeller wie materieller Hinsicht gerüstet, um von Gmünd aus vor allem das aussichtsreiche Geschäftsfeld landwirtschaftlicher Maschinen und Geräte zu betreiben. Auch waren die erforderlichen mechanischen Werkstätten vorhanden, um die im Konstruktionsbüro entwickelten Maschinen und Anlagen zu erproben und damit für eine serienmäßige Fertigung reif zu machen. Doch es mangelte an Abnehmern für solche serienreifen Produkte, so dass der Gmünder Betrieb, »sollte er seine Tätigkeit fortsetzen können«, sich gezwungen sah, »die Herstellung der von ihm entwickelten Erzeugnisse zum Teil selbst zu übernehmen«.[9] Das Gmünder Werk spekulierte also darauf, dass sich schon Abnehmer für Seilwinden und Skilifte finden würden, die das Unternehmen auf eigenes Risiko produzierte. Damit richteten sich – und dies war ein Grundzug der bisherigen Unternehmensgeschichte – Erwartungen an die öffentliche Hand, einzuspringen und einem Unternehmen, das bewiesen habe, dass es »nicht nur als Entwicklungsbüro und Versuchsbetrieb, sondern auch als Fertigungsstätte für maschinelle Spezialerzeugnisse wertvolle Aufbauarbeit leisten kann«,[10] zu Aufträgen zu verhelfen.

Mit diesem Appell rannte die Porsche KG bei der Kärntner Landesregierung offene Türen ein. Kärnten war das ärmste Land der Republik Österreich, und daher war die Kärntner Landesregierung lebhaft daran interessiert, Industriebetriebe im südlichsten Bundesland anzusiedeln. Zudem zeigte sich die dominierende politische Kaft im Nachkriegskärnten, die Sozialistische Partei Österreichs (SPÖ), durchaus aufgeschlossen, ehemalige NS-Parteigänger zu integrieren.[11] Der erste Landeshauptmann Kärntens in der Zweiten Republik, Hans Piesch (SPÖ), hatte sich mit großer Wahrscheinlichkeit auf mittlerer Ebene für die NSDAP in Kärnten politisch betätigt. Letztlich verdankte die Kärntner SPÖ ihre hegemoniale Stellung in den ersten beiden Nachkriegsjahrzehnten nicht zuletzt dem offensiven Werben um ehemalige Nationalsozialisten. Während in Deutschland Porsches Beziehungen zur NS-Führung als politisch heikel eingestuft wurden und man ihn in Frankreich deswegen sogar in Haft nahm, ließ die sozialistisch geführte Kärntner Landesregierung keine Berührungsängste gegenüber der Porsche KG erkennen. Landeshauptmann Piesch empfing am 26. Februar 1946 Repräsentanten des Unternehmens, weil man sich von diesem aufstrebenden Betrieb eine Belebung der industriellen Struktur des südlichsten Bundeslandes erhoffte. Man war bereit, der Porsche KG weit entgegenzukommen: Die Errichtung einer Maschinenfabrik in Villach, Kärntens wichtigstem Industriestandort, hätte die Expansion zu einem Fertigungsbetrieb vollendet.[12] Allerdings fragten sich die Porsche-Verantwortlichen, ob ein Unternehmen mit solchen technischen Möglichkeiten und Visionen gut beraten war, sich in einem strukturschwachen und verkehrsmäßig abgelegenen Ort in der österreichischen Provinz dauerhaft niederzulassen. Konnte man von Gmünd oder Villach aus den europäischen Markt mit anspruchsvollen Erzeugnissen der Fahrzeugindustrie erobern?

Politisch sollten sich für Ferdinand Porsche die in seiner Abwesenheit – er befand sich zum Zeitpunkt der Verhandlungen mit der Kärntner Landesregierung bereits in französischem Gewahrsam – geknüpften Kontakte zur Landesregierung Kärntens jedoch auszahlen. Als er im Zuge seines in Deutschland anhängigen Entnazifizierungsverfahrens nach Zeugen mit gutem Leumund Ausschau hielt, die seine politische Integrität bestätigen konnten, hatte der stellvertretende Landeshauptmann Hans Herke (SPÖ) keine Bedenken, dem inzwischen in Gmünd in Kärnten wohnhaften Ferdinand Porsche zu attestieren, »dass Herr Prof. Porsche nach den hier geltenden

Gesetzen politisch nicht belastet erscheint und auch kein Verfahren in diesem Zusammenhang hieramts gegen ihn anhängig ist«.[13] Überdies rühmte er Porsches Verdienste um den industriellen Wiederaufbau Österreichs.

Kärnten im Besonderen war in politischer Hinsicht ein wahres Refugium für den Unternehmensgründer, der in Frankreich eingesperrt worden war und in Deutschland bis zu seinem Lebensende nicht uneingeschränkt über sein Betriebsvermögen verfügen durfte. Auch hinsichtlich der freien Verfügungsgewalt über sein Privatvermögen zeigten sich die US-amerikanischen Militärbehörden in Salzburg sehr viel großzügiger als ihre Kollegen in Nordwürttemberg. Bereits am 17. Dezember 1945 hatte die Militärregierung Ferdinand Porsche, seiner Tochter und seinem Sohn die uneingeschränkte eigentumsrechtliche Verfügung über das »Schüttgut«, ein stattliches Anwesen in der Nähe von Zell am See, eingeräumt. Auch das beträchtliche Vermögen, das im November 1945 bei der Salzburger Sparkasse angelegt war (mehr als 214 000 Reichsmark), fiel unter diese Freigabe.[14] Gleiches galt für das Betriebsvermögen der nach Österreich ausgelagerten Teile der Porsche KG. Hier zahlte sich der rechtzeitige Geldtransfer aus, der den Grundstock für eine nicht von alliierter Vermögenskontrolle beeinträchtigte unternehmerische Entfaltung bildete. Für das Werk in Gmünd standen Bankguthaben von 1 635 000 Schilling zur Verfügung,[15] so dass die finanzielle Eigenständigkeit des österreichischen Zweigbetriebs in jedem Fall gesichert war. Es ist viel darüber spekuliert worden, auf welchem Wege die österreichischen Dependancen mit einem so ansehnlichen Finanzpolster ausgestattet wurden. Ein Blick in das Gesellschaftsrecht zeigt,[16] dass dem Komplementär – also Ferdinand Porsche – hier viele Möglichkeiten offenstanden. Er konnte jederzeit bis zu vier Prozent seines Kapitalanteils (dieser belief sich auf knapp 860 000 Reichsmark) entnehmen und sich auch aus den laufenden Gewinnen bedienen. Zudem waren sonstige Entnahmen dann zulässig, wenn sie die anderen Gesellschafter nicht schädigten. Auf diese Weise ergab sich ein breites Spektrum legaler Möglichkeiten für Vermögenstransfers, was vor allem der handelsrechtlichen Form der KG zuzuschreiben ist. Strafbar macht sich ein Gesellschafter eigentlich nur, wenn die übrigen Gesellschafter ihm Untreue vorhalten können. Solange eine KG zahlungsfähig ist, wird dieser Vorwurf kaum zu erhärten sein – abgesehen davon, dass die Mitglieder der Kernfamilie Porsche-Piëch wie Pech und Schwefel zusammenhielten und sich nie rechtlich über Vermögensentnahmen gestritten hätten.

In der österreichischen Nische konnte sich die Familie Porsche-Piëch wie die Porsche KG also zunächst einrichten und der Zukunft ohne Bangen um Sicherheit und Vermögen entgegenblicken. Aber in unternehmerischer Hinsicht führte dieser Zustand mittelfristig in eine Sackgasse. Wollte das

Unternehmen seinen selbstgesteckten Zielen treu bleiben, wollte es nicht nur im Bereich von Konstruktion und Entwicklung weiterhin Avantgarde sein, sondern endlich auch in die Produktion einsteigen, dann musste es die selbstgenügsame Provinz verlassen.

Um wirtschaftlich durchstarten zu können, musste man aber zunächst die politischen Altlasten entsorgen. Was hatten die Führungskräfte der Porsche KG noch zu befürchten, nachdem sie sich wohlweislich nach Österreich zurückgezogen hatten?

Es war zu erwarten, dass Briten und US-Amerikaner sich für das Engagement des Unternehmens im Bereich der Rüstungsproduktion interessierten. Dass die Porsche KG für die Wehrmacht Panzerkampfwagen konstruiert hatte, war kein Geheimnis. Darüber verlangten britische wie US-amerikanische Militärs von Porsche und seinem Team eine möglichst umfassende Auskunft. Mitte Mai 1945 begann ein gemischtes Team beider Nationen, das auch Techniker umfasste, mit Nachforschungen in Zell am See und Gmünd, wobei sich Porsche und sein Mitarbeiterstab als überaus kooperativ erwiesen und alle gewünschten Informationen einschließlich entsprechender technischer Zeichnungen lieferten. Die Westalliierten wurden dadurch umfassend ins Bild gesetzt, was der ausführliche Abschlussbericht vom August 1945 dokumentierte, der den Stand der technischen Entwicklungen der Porsche KG beim Panzerkampfwagenbau auf das Genaueste erfasste.[17] Zwar wurde der Umgangston im Verlauf der Verhöre rauer,[18] doch Ferdinand Porsche wollte die Briten und Amerikaner nicht unnötig reizen. Da seine Expertise im Bereich des Panzerkampfwagenbaus als Ressource für den Neuanfang nach Kriegsende unerheblich war, konnte er es sich leisten, durch Auskunftsfreude die Gegenseite zufriedenzustellen.

Ungemach drohte im Sommer 1945 von anderer Seite. Es war nicht der originäre Beitrag der Porsche KG zur Rüstungsproduktion, sondern die Beteiligung der Führungsriege des Unternehmens an der Leitung des Volkswagenwerks, die nun zur Belastung wurde. Am 29. Juli 1945 wurden Ferry Porsche und Anton Piëch in Salzburg festgenommen,[19] am 3. August 1945 schließlich Ferdinand Porsche selbst, der im Internierungslager Dustbin auf Schloss Kransberg bei Bad Nauheim »for exploitation by specialists« einsitzen musste.[20] Die gegen die Porsche-Gesellschafter gerichteten Vorwürfe betrafen allerdings im Kern nicht ihre Tätigkeit für die Porsche KG – und das bedeutete, dass das Herzstück des Porsche-Imperiums nicht berührt war. Es ging vielmehr um die Rolle, die sie beim Volkswagenwerk gespielt hatten. Man warf ihnen vor, Eigentum des Volkswagenwerkes entwendet zu haben.[21] Diese Vorwürfe konnten allerdings bald entkräftet werden, so dass Ferdinand Porsche bereits am 13. September 1945 freigelassen wurde und wenige Tage später nach Zell am See zurückkehren konnte. Damit schien er das Schlimmste überstanden zu haben: Er hatte sein Wissen hinsichtlich der Panzerkonstruktionen bereitwillig preisgegeben und Briten und Amerikanern seinen guten Willen demonstriert. Seine Internierung auf Schloss Kransberg war ein folgenloses Intermezzo, das seiner Reputation nicht schadete. Porsche hatte sich dort lediglich fünf Wochen aufgehalten, während die meisten anderen Insassen, die wie er der technischen Funktionselite des »Dritten Reiches« angehört hatten, monatelang festgehalten wurden. Briten und Amerikaner hatten ihn gründlich durchleuchtet und damit auch rehabilitiert. Damit konnte er ohne alle Belastungen zu neuen Ufern aufbrechen und seine ungebrochene Tatkraft unter Beweis stellen.

Dazu hatte er nur zu bald Gelegenheit, denn ausgerechnet die Republik Frankreich interessierte sich brennend für seine Expertise. Porsche geriet ins Visier französischer Stellen als Folge des Wettlaufs der westlichen Siegermächte um deutsche Wissenschaftler und Techniker. Die Forschung hat bislang diesbezügliche Anstrengungen der Briten und vor allem der US-Amerikaner untersucht, wobei insbesondere das als »Project Paperclip« bezeichnete Vorhaben vom März 1946 im Zentrum stand.[22] Vergleichbaren Bemühungen der französischen Besatzungsmacht in Deutschland und Österreich hat man erstaunlicherweise wenig Beachtung geschenkt. Dabei schielten die Franzosen mit mehr als einem Auge auf Experten, die sich in der US-amerikanischen und britischen Besatzungszone aufhielten, weil der eigene Herrschaftsbereich aufgrund seiner schwachen Industrialisierung nur wenige geeignete Kandidaten aufwies.[23] Zudem besaßen sie ein wesentlich präziseres Suchraster als Briten und Amerikaner, schließlich hatten die französische Wirtschaft und weite Teile der französischen Gesellschaft unter dem Vichy-Regime mit den Behörden des NS-Staates notgedrungen kooperiert. Daraus hatten sich als Nebenprodukt tiefe Einblicke in die Struktur und den Stand der deutschen Technik wie Industrie ergeben. Verständlicherweise war das befreite Frankreich lebhaft daran interessiert, dieses Arkanwissen im Wettlauf mit den beiden anderen Westalliierten einzusetzen, die mit Hitler-Deutschland immer nur auf Kriegsfuß gestanden hatten. So war es nicht verwunderlich, dass französische Emissäre schon im Sommer und Herbst 1945 mit dem Headhunting begannen und dabei auch in britisches und US-amerikanisches Terrain vorstießen[24] – wie im November 1945, als sie in Porsches Wohnort in Zell am See auftauchten, der zur amerikanischen Zone gehörte.[25]

Porsche hatte keine Scheu, sich mit ausländischen Vertretern über eine mögliche Verwendung auszutauschen. Schließlich hatte er sich ja bereits im Jahr 1931 – und das im Lande Stalins – eine Tätigkeit auf fremdem Boden vorstellen können. Wenn ihn nach dem Krieg, bei dem er seine Tatkraft und seinen Erfindungsreichtum bereitwillig in den Dienst der Wehrmacht und des »Dritten Reiches« gestellt hatte, ein Ruf von Seiten einer der Siegermächte erreichte, bedeutete dies für ihn zunächst eine außerordentliche Anerkennung seiner technischen Leistungen. Dass die Offerte aus Frankreich und nicht aus London oder Washington kam, wertete sie in seinen Augen noch auf. Denn mit Frankreich verband Porsche eine ganz besondere Beziehung. Das Automobilland Nummer 1 in Europa war schon immer das heimliche Vorbild Porsches gewesen. Der Besuch des Pariser Autosalons hatte zu seinem jährlichen Pflichtprogramm gehört. An Frankreich hatte sich Porsche orientiert, als er im Frühjahr 1934 seine Denkschrift zur Konstruktion und zum Bau eines deutschen Volkswagens verfassen ließ.[26] Die Früchte seiner diesbezüglichen Bemühungen sollte er nun insofern ernten, als sein Volkswagen von französischer Seite offenbar besonders geschätzt wurde. Dies kam in einer überaus ehrenvollen offiziellen Anfrage wenige Monate nach Kriegsende zum Ausdruck, die Porsches Herz höher schlagen ließ: Sein »Volkswagen« sollte in Frankreich in Serie gehen und als »voiture populaire« den europäischen Markt für Kleinwagen erobern.

Als Porsche im Oktober 1945 über Mittelsmänner erfuhr, dass sich die Franzosen für den Volkswagen interessierten,[27] war er Feuer und Flamme. Er empfing den französischen Kontaktmann in Zell und zeigte sich überaus kommunikationsfreudig – nicht nur, was Details des Volkswagens anlangte. Porsche versorgte die französische Seite bereitwillig mit Unterlagen über sein Konstruktionsbüro[28] und geizte auch nicht mit technischen Daten und einer realistischen Kalkulation der Herstellungskosten des Volkswagens. Vor allem wollte er den möglichen künftigen Partner durch einen Praxistest von den Qualitäten seiner Konstruktion überzeugen. Daher ließ er einen der vorhandenen Versuchswagen am 21. November 1945 nach Baden-Baden schaffen,[29] wo die Militärverwaltung für die französische Zone residierte. Ferdinand Porsche war sicher, dass er durch eine Vorführung seines Fabrikats letzte Bedenken auf französischer Seite ausräumen konnte. Denn es lag auf der Hand, dass überaus starke Argumente vorhanden sein mussten, damit auf französischem Boden ausgerechnet ein von Hitler protegiertes Fahrzeug in Serienproduktion gehen sollte. Letztlich konnte es überhaupt nur so weit kommen, weil der Zweite Weltkrieg eine Aufnahme der Massenproduktion im eigens dafür geschaffenen Volkswagenwerk in Fallersleben verhindert hatte. So erhielt nun Frankreich die Chance, auf Porsches Fabrikat zuzugreifen, falls es die einheimische Konkurrenz bei allen entscheidenden technischen Kriterien in den Schatten stellte.

Die hochrangige französische Delegation, die in Baden-Baden eintraf, brachte deutlich zum Ausdruck, wie ernsthaft Frankreich eine Zusammenarbeit mit dem Schöpfer des KdF-Wagens erwog. Der vierköpfigen Équipe gehörten Vertreter der beiden Einrichtungen an, die eine staatliche Lenkung der französischen Automobilindustrie zum Ziel hatten und deren Vorläufereinrichtungen bereits von der Vichy-Regierung ins Leben gerufen worden waren. In dieser interventionistischen Tradition standen sowohl das »Ministère de la production industrielle« (MPI), dessen »Direction des industries mécaniques et électriques« sich der Steuerung der Automobilproduktion verschrieben hatte, als auch das »Office professionnel de l'automobile«, in dem Vertreter der französischen Automobilwirtschaft versammelt waren.[30] Der technische Direktor dieser Einrichtung, Jean Angeli, machte denn auch die Kontaktaufnahme mit Ferdinand Porsche zum Anlass für eine Bestandsaufnahme, die 30 Seiten umfasste und Zeugnis ablegt, wie beeindruckt die französische Expertenkommission von Ferdinand Porsche und seinem KdF-Wagen war.[31] Das war nicht zuletzt darauf zurückzuführen, dass die Experten Gelegenheit erhielten, den Porsche-Volkswagen auf Herz und Nieren zu prüfen. Die Vorführung in Baden-Baden und die anschließenden Belastungsfahrten waren ein voller Erfolg.[32] Der Bericht Angelis war eine regelrechte Lobeshymne auf das Porsche-Erzeugnis: Der Volkswagen steche alle vier französischen Kleinwagenmodelle (dabei handelte es sich um noch nicht serienreife Prototypen der Firmen Renault, Peugeot, Simca und Grégoire) aus. Daher rieten die Automobilexperten nachdrücklich, Porsche in einer in Verhandlungen noch zu klärenden Weise zu engagieren. Denn mit Hilfe des Porsche-Volkswagens könne sich die französische Automobilindustrie an die Spitze der Kleinwagenproduktion Europas setzen.[33]

Die Industriepolitik der provisorischen französischen Regierung zeichnete sich mithin durch einen dirigistischen Pragmatismus aus, der für ein mögliches Engagement Porsches ein perfektes Entree schuf. Frankreich strebte in der Schlüsselbranche Automobilindustrie die europäische Führungsrolle an – und dazu visierte die Regierung nicht nur eine Konzentration der Hersteller auf sieben große Anbieter (von bislang 22 Pkw- und 28 Lkw-Herstellern) an, sondern auch eine Abrundung der Produktpalette.[34] Gemäß den Vorgaben der staatlichen Wirtschaftsplanung sollten im nächsten Fünfjahresplan insgesamt eine Million Kraftfahrzeuge vom Band gehen, darunter 400 000 der noch in den Kinderschuhen steckenden Kleinwagen. Diese Planungsziffern waren allerdings nicht aus eigener Kraft zu erreichen – auch nicht durch den für diesen Bereich vorgesehenen Hersteller Renault, der seit Januar 1945 unter direkter staatlicher Kontrolle stand, weil das Unternehmen als Sanktion für vermeintliche Kollaboration während der deutschen Besatzungszeit[35] von der provisorischen Regierung de Gaulle verstaatlicht worden war.[36] Das zuständige MPI konstatierte nüchtern, dass Renault hinsichtlich des Maschinenparks und der Fabrikationsmethoden noch viel aufzuholen habe. Vor allem aber mangele es an Konstruktionsexperten auf dem Gebiet des Kleinwagens, so dass wohl kein Weg daran vorbeiführe, externe Fachleute heranzuziehen. Die händeringende Suche nach vertraglich ungebundenen Spezialisten lief auf ein Stellenprofil hinaus, das perfekt auf Ferdinand Porsche zugeschnitten war: Suchte man in Europa einen erfahrenen und nicht in einem festen Vertragsverhältnis stehenden Konstrukteur, dann war er allererste Wahl. In jedem Fall hielt Renault im Herbst 1945 auch außerhalb der Landesgrenzen Ausschau nach Fachleuten, die für Innovationen bekannt waren. Das Lebensalter spielte dabei keine ausschlaggebende Rolle. Es konnte sich durchaus um einen altersmäßig schon fortgeschrittenen Spezialisten handeln.[37]

Damit zeichnete sich für die Porsche KG eine Perspektive ab, von der die Verantwortlichen im Mai 1945 nicht zu träumen gewagt hatten. Statt im beschaulichen Österreich über die Entwicklung und Produktion von Ackerschleppern wieder Fuß zu fassen, winkte nun eine Herausforderung ganz anderen Kalibers: in einer noch zu bestimmenden Kooperation mit dem wichtigsten Autoland der Alten Welt das profilbildende »Markenprodukt« Porsches, den KdF-Wagen, so aufzustellen, dass er den europäischen Markt für Kleinwagen eroberte. Die Porsche KG würde dabei zwar nicht als Hersteller in Erscheinung treten, da die Produktion in Frankreich durch einen etablierten französischen Hersteller erfolgen sollte. Aber als Lizenzgeber würde sie am Erfolg der »voiture populaire« beteiligt sein. Darüber hinaus ließ die französische Seite durchblicken, dass dies nur der Einstieg in eine großangelegte Zusammenarbeit sein könne, die neben der Konstruktion von Ackerschleppern zwei Projekte umfasste, die Porsche auch am Herzen lagen: die Konstruktion von Rennwagen wie von Sportwagen.[38] Damit wäre eine für die Porsche KG überaus vertraute Konstellation entstanden: Sie hätte attraktive Konstruktionsaufträge von staatlicher Seite erhalten, wobei das Deutsche Reich durch die Französische Republik abgelöst worden wäre. Für Porsche eröffnete die offizielle französische Anfrage mithin eine faszinierende Perspektive: Statt in Österreich am Wiederaufbau der Industrie eines Kleinstaates mitzuwirken, konnte er in den Diensten der französischen Industriepolitik am ganz großen Rad drehen.

Das Werben französischer Stellen um Ferdinand Porsche war ernst gemeint und kann als eine vorbehaltlose Anerkennung der technischen Qualität seiner Fahrzeuge gewertet werden. Bei jedem anderen deutschen Spezialisten, dessen persönliche Nähe zu Hitler unstrittig war, wären französische Stellen vor der Vorstellung zurückgeschreckt, ausgerechnet einen Günstling Hitlers zu engagieren. Aber bei Ferdinand Porsche machte man eine Ausnahme, weil sein Konstruktionsbüro durch die Qualität und die Vielfalt der dort getätigten

Arbeiten eine Preziose darstellte, deren Dienste man sich unbedingt sichern wollte.[39] Dass Porsche als technischer Entwicklungshelfer in die engere Wahl gezogen wurde, war vor allem der nachdrückliche Wunsch des für die Automobilproduktion zuständigen MPI. Es spricht Bände, dass es zu dem Zeitpunkt, an dem dieses Ministerium erste Kontakte mit Porsche knüpfte, vom ehemaligen Buchenwald-Häftling Marcel Paul geleitet wurde, einem Repräsentanten der Résistance wie des französischen Kommunismus.[40]

Ausgerechnet ein kommunistisch geführtes Ministerium setzte sich mithin energisch für die Einbindung der Porsche KG in die französische Industriepolitik ein. Dies lag nicht zuletzt daran, dass ein in Frankreich hergestelltes »Volksauto« für die französische Industriearbeiterschaft und damit die Kernklientel der zweitgrößten kommunistischen Partei Westeuropas erschwinglich war. Zudem verstand sich Industrieminister Paul als Anwalt der Verstaatlichung von Schlüsselindustrien, was erklärt, warum die Automobilexperten in der französischen Administration mit Renault ein Werk zur Fabrikation eines französischen Volkswagens favorisierten, das sich mittlerweile in Staatsbesitz befand.[41] Wie im deutschen Fall wäre das politisch gewünschte Projekt »Volksauto« von einem Hersteller angeboten worden, dessen wirtschaftliches Kalkül sich nicht nach privatwirtschaftlichen Maßstäben ausrichtete. Aber gerade diese Favorisierung Renaults[42] rief bei privaten französischen Automobilherstellern Bedenken hervor, die im Kern jenen glichen, welche die deutsche Automobilindustrie gegen das Volkswagen-Projekt angemeldet hatte. Doch im Unterschied zur NS-Diktatur verfügte die Privatindustrie Frankreichs über Mittel und Wege, Porsche auszuschalten.

Man male sich an dieser Stelle einmal aus, wie sich der europäische Automobilmarkt entwickelt hätte, wenn Frankreich mit Hilfe der Porsche KG einen Volkswagen à la française hergestellt hätte. Ob sich dann das Volkswagenwerk und mit ihm die Marke VW so erfolgreich auf dem europäischen Markt etabliert hätten, ist zu bezweifeln. Insofern kann es als Weichenstellung mit Folgen bis in die Gegenwart gelten, dass Porsche und die französische Seite nicht handelseinig wurden. Denn als Ferdinand Porsche, sein Sohn Ferry und Anton Piëch am 12. Dezember 1945 hoffnungsfroh zur zweiten Verhandlungsrunde mit der französischen Kommission in Baden-Baden eintrafen, erlebten sie dort eine böse Überraschung: Zur Verblüffung ihrer Gastgeber wurden sie von französischen Sicherheitskräften verhaftet[43] – und damit nahm das Frankreichkapitel in der Geschichte der Porsche KG eine geradezu abenteuerliche Wendung.

Die Porsche-Führungsriege wurde in einen innerfranzösischen Konflikt hineingezogen, bei dem neben handfesten ökonomischen Interessen auch politische Gegensätze ausgetragen wurden. Politisch geriet Porsche zwischen die Fronten, weil sich das von einem Bürgerlichen geführte »Ministère des armées« im Unterschied zum »Ministère de la production industrielle« eine möglichst harte Bestrafung potenzieller deutscher Kriegsverbrecher auf die Fahnen geschrieben hatte. Porsche und Piëch gerieten allerdings nicht durch gezielte Nachforschungen französischer Behörden in den Verdacht, sich Kriegsverbrechen schuldig gemacht zu haben. Es war vielmehr ein Vorstoß des Automobilherstellers Peugeot, der eine politische Eigendynamik erzeugte, die den beiden Köpfen der Porsche KG zum Verhängnis wurde. Peugeot hatte Wind davon bekommen, dass Porsche von der französischen Militärregierung in Baden-Baden hofiert worden war und man dort ernsthaft mit dem Gedanken spielte, den technischen Direktor des Volkswagenwerkes zu verpflichten. Peugeot legte dagegen umgehend Einspruch ein und fuhr scharfe Geschütze auf: Porsche habe eine enge persönliche Beziehung zu Hitler unterhalten und vor allem von seiner Position im Volkswagenwerk aus nach Peugeot gegriffen. Überdies sei er für Kriegsverbrechen wie die Deportation und Hinrichtung von Peugeot-Mitarbeitern verantwortlich gewesen.[44]

Dieser Vorwurf genügte, um die französischen Behörden zu alarmieren und das Porsche-Trio am 15. Dezember 1945 zu arretieren. Es war aber nicht allein die moralische Empörung darüber, dass ein vermeintlicher Kriegsverbrecher kurz davor stand, von französischen Dienststellen engagiert zu werden, der den Vertrag mit den Franzosen zum Platzen brachte. Das vermutliche Hauptmotiv Peugeots war ein anderes: Aus Sicht des renommierten französischen Familienunternehmens bestand die Gefahr, dass der Staatsbetrieb Renault auf dem lukrativen Markt für Kleinwagen einen uneinholbaren Vorsprung erzielen würde, wenn der KdF-Wagen bei Renault in Serie ging. Insofern kam es Peugeot letztlich darauf an, den KdF-Wagen zu diskreditieren und den Weg für eine französische Eigenproduktion zu ebnen, denn nur dann war Peugeot mit im Spiel. Diese eigentlichen Motive kamen deutlich zum Vorschein in einem Schreiben vom 21. Dezember 1945, das der Firmenchef Jean-Pierre Peugeot höchstpersönlich an den zuständigen Abteilungsdirektor der französischen Besatzungsmacht in Baden-Baden richtete. Der traditionsreiche Automobilhersteller aus dem ostfranzösischen Sochaux spielte darin die patriotische Karte: Die französischen Automobilingenieure seien in jedem Fall in der Lage, einen den KdF-Wagen übertreffenden Kleinwagen herzustellen. Peugeot bringe hierzu eine besondere Kompetenz mit, da man durch die erzwungene Zusammenarbeit mit dem Volkswagenwerk um die Schwächen des KdF-Wagens wisse. Es war ein pathetischer Appell an die »grandeur« Frankreichs, der die Partikularinteressen Peugeots verschleiern sollte: Es würde dem Prestige Frankreichs schwerer Schaden zugefügt, wenn man ein NS-Auto herstelle.[45]

Mit dieser Attacke zielte Peugeot im Grunde vor allem darauf ab, dass dem Konkurrenten Renault keine vermeintlich unlauteren Wettbewerbsvorteile zufielen. Die französische Automobilindustrie hatte einen erheblichen Rückstand bei der Entwicklung des Kleinwagens zu verzeichnen, und nur Renault hatte sich im Herbst 1945 entschlossen, der Produktion eines Kleinwagens Priorität einzuräumen.[46] Damit drohte dieser unter staatlicher Regie stehende Hersteller dem ostfranzösischen Familienunternehmen zu enteilen, das sich auf diesem Wachstumssektor noch nicht positioniert hatte. Aber selbst wenn der Vorstoß Peugeots gegen Porsche in erster Linie von der Absicht bestimmt war, den Konkurrenten Renault auszubremsen, ist zu fragen, ob die Vorwürfe gegen Porsche und Piëch im Kern zutrafen. Hatten sich die beiden Führungsfiguren der Porsche KG etwas zuschulden kommen lassen, was die gegen sie erhobenen Vorwürfe bestätigte? Zwar gerieten Porsche wie Piëch nicht in ihrer Eigenschaft als Gesellschafter der Porsche KG ins Fadenkreuz der französischen Militärjustiz, sondern als Führungsfiguren des Volkswagenwerkes. Aber diese beiden Funktionen lassen sich nicht vollkommen trennen, so dass die Stichhaltigkeit der Vorhaltungen zu prüfen ist. Außerdem ist das Verhalten Porsches gegenüber Peugeot ein wichtiger Indikator für die grundsätzliche Einstellung Porsches zu politisch und moralisch so bedeutsamen Themen wie Kriegswirtschaft und Zwangsarbeit.

Im März 1943 hatte das Volkswagenwerk die technische Steuerung der renommierten Peugeot-Werke in Sochaux-Montbéliard im Norden der Franche-Comté übernommen.[47] Damit endete ein zähes Ringen deutscher Automobilhersteller: Seit der französischen Niederlage vom Sommer 1940 hatten namhafte Produzenten wie Daimler-Benz ihre Hand nach den Peugeot-Werken ausgestreckt,[48] und im Frühjahr 1943 waren immer noch die Junkers Flugzeug- und Motorenwerke aussichtsreich im Rennen darum, das Know-how und die Produktionsanlagen von Peugeot für ihre unternehmerischen Interessen einzuspannen.[49] Dass das Volkswagenwerk schließlich den Sieg davontrug und damit die beiden wichtigsten Führungsfiguren der Porsche KG – Ferdinand Porsche und Anton Piëch –, war aus Sicht des Präsidenten der Peugeot-Gruppe, Jean-Pierre Peugeot, die bestmögliche Lösung. Denn die Übernahme durch einen reinen Rüstungsbetrieb, wie es die auf den Flugzeugbau spezialisierten Junkers-Werke nun einmal waren, hätte die Peugeot-Werke unweigerlich zu einer bevorzugten Zielscheibe für britische und US-amerikanische Bombenangriffe gemacht.[50]

Gewiss sollte Peugeot auch unter der Direktion des Volkswagenwerks vor allem rüstungswirtschaftliche Aufgaben übernehmen, doch diese Aufgabenfelder – Beteiligung an der Kübelwagenfertigung, Produktion von Teilen für die Panzerfertigung – fielen in die automobiltechnische Kernkompetenz des

Werkes. Vor allem wirkte sich diese von Porsche und Piëch maßgeblich festgelegte Aufgabenverteilung günstig auf einen der wichtigsten Vorzüge des Familienunternehmens aus: den Zusammenhalt der Stammbelegschaft. Die vom Volkswagenwerk definierte Agenda konnte nur erfüllt werden, wenn Peugeot seinen bewährten Mitarbeiterstamm halten konnte. Diese Maxime hatte zur Folge, dass sich vor allem Porsche persönlich in zwei politisch sensiblen Fragen für die Peugeot-Arbeiter verwandte: Zum einen musste er verhindern, dass die Arbeiterverschleppung des Beauftragten für den Arbeitseinsatz, Sauckel, die Peugeot-Belegschaft weiter dezimierte. Darüber hinaus hatte die Geschäftsführung des Volkswagenwerks erhebliche Anstrengungen zu unternehmen, damit zum Arbeitseinsatz nach Deutschland verbrachte Peugeot-Arbeiter an ihre alte Wirkungsstätte zurückkehren konnten.[51] Indem Peugeot unter die Obhut eines Werkes schlüpfte, in dem mit Ferdinand Porsche ein Automobilkonstrukteur die technische Grundausrichtung bestimmte, der zudem mit den Peugeot-Fabrikaten seit seiner automechanischen Ausbildung verbunden war,[52] kam das französische Familienunternehmen angesichts der äußeren Umstände glimpflich davon. Zwar war mehr als fraglich, ob die Beziehung zwischen dem Volkswagenwerk und dem Werk Sochaux der Firma Peugeot als »Arbeitsgemeinschaft«[53] gelten kann, weil die rüstungswirtschaftliche Indienstnahme des Peugeot-Werks die Autonomie des Eigentümers erheblich einschränkte. Aber unter den obwaltenden Bedingungen bot diese Konstruktion für Peugeot immerhin die Aussicht, das eigene Fertigungsprogramm ohne erhebliche Abstriche durchführen zu können.

Der Umgang mit den Peugeot-Beschäftigten kann als Indikator hinsichtlich der prinzipiellen Einstellung von Ferdinand Porsche zu französischen Arbeitskräften gelten und lässt auch Rückschlüsse zu auf die Behandlung der französischen »Zivilarbeiter« im Porsche-Stammwerk in Stuttgart-Zuffenhausen. Es kann kein Zweifel daran bestehen, dass Porsche und Piëch ernsthafte Anstrengungen unternahmen, um vereinbarungsgemäß möglichst viele nach Deutschland verbrachte Peugeot-Facharbeiter ihrer alten Arbeitsstätte zurückzugeben. Eine solche Rückholaktion konnte gegenüber den deutschen Behörden damit begründet werden, dass die Peugeot-Stammbelegschaft fachfremd verwendet werde. Denn die Unternehmen, bei denen sie eingesetzt wurden, hatten ihre Pkw-Fertigung kriegsbedingt eingestellt.[54]

Porsche war sich der Sensibilität dieses Themas durchaus bewusst. Daher suchte er durch vertrauensbildende Maßnahmen die Zusammenarbeit mit dem Peugeot-Werk zu stabilisieren. Im März 1943 exponierte er sich mit der Zusage, »sich für die Freigabe von 10 für das Werk sehr wichtigen Kriegsgefangenen einzusetzen«,[55] in einer für seine Verhältnisse erstaunlichen Weise. Denn eigentlich suchte er persönliche Interventionen zu vermeiden, wenn sie die Gefahr politischen Aneckens in sich bargen. Es war daher keine pure Selbstverständlichkeit, dass er seine Zusage einlöste und sogar 13 Kriegsgefangene freibekam. Porsche profitierte dabei von seiner dienstlich bedingten Zusammenarbeit mit dem Rüstungsministerium. Mit Hilfe des Speer-Ministeriums konnte die Freilassung sämtlicher von Peugeot namentlich benannter Kriegsgefangener erreicht werden, wobei Porsche sogar den direkten Kontakt zum »Generalbevollmächtigten für den Arbeitseinsatz« suchte, um sein Versprechen einzulösen.[56]

Im Herbst 1943 zeigte sich, dass die ursprüngliche Grundlage der Kooperation zwischen dem Volkswagenwerk und Peugeot erschüttert war. Denn das Werk in Sochaux wurde immer stärker in die fabrikationsfremde Flugzeugfertigung eingespannt, der rüstungswirtschaftliche Priorität galt.[57] Damit konnte die Aufrechterhaltung der Kernkompetenz im Bereich der Kraftfahrzeugherstellung – Teilefertigung für den Kübelwagen – nicht mehr als Schutzschild gegen eine immer rücksichtslosere Unterwerfung unter die kriegswirtschaftlichen Erfordernisse der Wehrmacht dienen. Bezeichnend ist, dass Ferdinand Porsche diese neue Agenda zusammen mit Adolf Meurer, dem Beauftragten des Volkswagenwerks für das Peugeot-Werk, ohne großes Widerstreben exekutierte.[58] Peugeot war für ihn angesichts der vielen gleichzeitig auf ihn einströmenden Aufgaben zu einem lästigen Randthema geworden. Um seine politische Reputation nicht zu beschädigen, legte er großen Wert darauf, dass das Peugeot-Werk die ihm zugewiesenen neuen Aufgaben erfüllte. Als die Résistance von Februar 1944 an daranging, die Produktion in Sochaux durch gezielte Sabotagemaßnahmen lahmzulegen und es zu Arbeitsniederlegungen größeren Stils kam,[59] war Porsche mit der Situation konfrontiert, dass ein unter seiner Mitregie stehender Betrieb das Plansoll bei weitem nicht erfüllte. Porsche reagierte, indem er eine härtere Gangart als Gegenmaßnahme empfahl: Sollten die Sabotageakte anhalten, sah er in der Schließung des Werkes in Sochaux »bei gleichzeitigem Abtransport der Maschinen und Arbeiter« den einzigen Ausweg.[60]

Die Entscheidungsbefugnis, wie man gegen die Resistenz im Peugeot-Werk vorgehen sollte, lag aber nicht beim technischen Direktor des Volkswagenwerks. Es war vor allem der Leiter der Sicherheitspolizei in Dijon, Wilhelm Hulf, der in Sachen »Gegnerbekämpfung« zuständig war. Zu dessen Maßnahmenkatalog zählte nicht nur eine scharfe Überwachung des Betriebs, sondern vor allem die Deportation von Werksdirektoren in deutsche Konzentrationslager. Eine solche Reaktion zielte auf Vergeltung und Abschreckung, während Porsche eher im Sinn hatte, durch eine Betriebsverlagerung die Ressourcen besser zu nutzen. Am 23. März 1944 holte der Sicherheitsdienst (SD) zum großen Schlag aus, verhaftete im März und Mai 1944 sieben

Führungskräfte des Peugeot-Werks und überführte sie in deutsche Konzentrationslager, um durch diese Geiseln die Belegschaft zu Wohlverhalten zu nötigen.[61] Drei dieser Inhaftierten verloren in den Lagern ihr Leben.[62]

Hatten Porsche und Piëch einen Anteil an dieser brutalen Behandlung ihrer Standeskollegen? Hatten sie die Aktion des SD-Befehlshabers gutgeheißen, gar initiiert? Die französische Militärgerichtsbarkeit, in deren Zuständigkeit die Verurteilung deutscher Kriegsverbrecher fiel,[63] hat sich bis zum Sommer 1947 mit diesen Fragen intensiv beschäftigt. Es fällt auf, dass im Anfangsstadium des juristischen Verfahrens zu diesen Deportationen von Seiten der französischen Ankläger und Zeugen die Person Porsche mit keinem Wort erwähnt wurde. Als treibende Kraft machten die Betroffenen Adolf Meurer aus, den Statthalter des Volkswagenwerks in Sochaux.[64] Als Peugeot-Direktor Vincent am 24. Oktober 1945 bei der eigens dafür eingerichteten französischen Dienststelle vorstellig wurde,[65] war allein von Meurer die Rede. Erst als Jean-Pierre Peugeot durch seine Intervention im Dezember 1945 schwere Anschuldigungen gegen Porsche und Piëch erhob, gerieten die beiden Gesellschafter der Porsche KG ins Fadenkreuz der französischen Militärjustiz. Dabei schälten sich zwei Hauptanklagepunkte heraus: Beteiligung an der Deportation der Chefetage des Peugeot-Werks sowie Abtransport von Material.

Bis das Militärtribunal Dijon am 5. Mai 1948 offiziell sein Urteil fällte, sollten Porsche und Piëch eine wechselvolle Bekanntschaft mit französischen Dienststellen machen, auf die noch einzugehen ist. Die gegen Porsche wie Piëch erhobenen Vorwürfe fielen indes in sich zusammen, was auch daran lag, dass französische Zeugen zugunsten der beiden aussagten. Der Militärrichter konstatierte, dass Porsche wie Piëch keinen Anteil an der Inhaftierung und Deportierung des Führungspersonals von Peugeot hatten. Er hob zudem hervor, dass sich beide mehrfach für die Freilassung der Inhaftierten eingesetzt hatten.[66] Auch in der historischen Forschung hat sich der Eindruck verfestigt, Porsche habe in der besonders sensiblen Frage der Verhaftungen zur Mäßigung gemahnt.[67] So wird man konstatieren können, dass sich die Einreihung Porsches und Piëchs in die Kategorie der »criminels de guerre« als unzutreffend erwiesen hatte und damit alle von Seiten Peugeots gegen die beiden erhobenen Vorwürfe keiner unbefangenen juristischen wie geschichtswissenschaftlichen Prüfung standhalten. Der als Zeuge vernommene Henri Lecomte, der für das MPI den ersten Kontakt zu Porsche hergestellt hatte, konnte sich nicht des Eindrucks erwehren, dass Porsche nicht wegen seiner Rolle bei Peugeot während der Zeit der Okkupation ins Visier der französischen Militärjustiz geraten war, sondern weil »une partie de l'industrie française« lebhaftes Interesse gezeigt hatte, die Porsche KG in den Aufbau der französischen Automobilproduktion einzubinden.[68]

Ferdinand Porsche war zum Zankapfel zwischen widerstreitenden industriepolitischen Interessen geworden, wobei seine Fürsprecher im MPI nicht aufgaben und im Mai 1946 eine Aussetzung des Haftbefehls erreichten. Dies bedeutete, dass Porsche für unbestimmte Zeit aus der Obhut des zuständigen Armeeministeriums entlassen und in die Zuständigkeit des Industrieministeriums überführt wurde.[69] Er war damit kein freier Mann – denn es schwebte weiterhin die Gefahr der Überstellung in ein Militärgefängnis über ihm. Aber er erhielt die Chance, die französische Seite von dem Wert seiner Expertise so zu überzeugen, dass ihm zumindest die Untersuchungshaft erspart blieb. Porsche wurde gewissermaßen auf Bewährung freigelassen, weil er der französischen Automobilindustrie noch nützlich sein konnte.[70] Doch ließ sich in dieser Lage seine zweifellos noch vorhandene Schaffenskraft überhaupt aktivieren? Konnte er unter solchen Umständen sein Potenzial abrufen? Seit 1931 sollte er zum ersten Mal wieder fremdbestimmt agieren und in einer noch genau zu regelnden Weise für einen Auftraggeber tätig sein ohne jede Aussicht, die Früchte dieser Tätigkeit selbst ernten zu können. Wie würde die Organisation der Aufgaben für Renault aussehen, wenn er doch weitgehend auf die Rolle eines technischen Beraters reduziert war? Porsche war Unternehmer geworden, weil er die letzte Entscheidungsgewalt über den Konstruktionsprozess ausüben wollte – und nun sah er sich auf die Rolle eines bloßen Ideenzulieferers reduziert.

Immerhin bedeutete es eine enorme Wertschätzung seiner Fähigkeiten, dass Industrieminister Marcel Paul persönlich auf seinen adäquaten Einsatz drängte. Nach den Vorstellungen des Ministers sollte Ferdinand Porsche nicht mit einem besseren Beschäftigungsprogramm bei Renault abgespeist werden, sondern sein Sachverstand sollte eingesetzt werden bei der Begutachtung der Konstruktionspläne des Kleinwagens, dessen Planung gerade auf Hochtouren lief: des 4CV. Renault wollte mit diesem in manchem dem Volkswagen ähnlichen Fahrzeugtyp den europäischen Markt für Kleinwagen erobern.[71] Porsche hätte seine Expertise genau zum richtigen Zeitpunkt einbringen können, da das neue Fabrikat noch nicht auf dem Pariser Automobilsalon vorgeführt worden war, also noch Zeit zum Nachbessern blieb. Generell war der französische Industrieminister daran interessiert, dass Renault das Wissen Porsches so weit wie möglich abschöpfte.[72] Dazu zählte prinzipiell auch der Einsatz auf dem Gebiet der Konstruktion von Grand-Prix-Rennwagen. Ein Bericht aus dem Juni 1946 wies auf die Chancen hin, die sich aus einer Wiederbelebung des französischen Engagements im Motorrennsport ergaben. Französische Unternehmen und französische Fahrer hatten sich in den 1930er Jahren aus diesem Bereich immer mehr zurückgezogen, obgleich der Ursprung des Grand-Prix-Formats in Frankreich lag und der Sieger des ersten Grand-Prix-Rennens ein Gefährt aus dem Hause Renault gefahren hatte. An solche Traditionen konnte man – so die nüchterne Analyse – am besten anknüpfen, wenn man Wissen nutzte, das die erfolgreichsten Rennsportteams der Vorkriegszeit (Auto Union und Mercedes) zusammengetragen hatten.[73] Auch unter diesem Aspekt konnte sich eine Beratertätigkeit von Ferdinand Porsche für Renault auszahlen.

Alles deutet darauf hin, dass Porsche sich einer solchen breitgefächerten Aufgabe nicht verweigert und seine Expertise bereitwillig eingebracht hätte. Das strukturelle Problem lag allerdings darin, dass die Leitung des Traditionsunternehmens Renault alles andere als erbaut war von dem Umstand, dass ihr ausgerechnet Porsche als eine Art Lehrmeister vorgesetzt werden sollte. Die »Affaire Porsche«, wie sie in französischen Quellen genannt wird, offenbart einen massiven Interessenkonflikt zwischen der gesamtstaatlichen Industriepolitik und den Ansprüchen der Automobilindustrie, die Mittel und Wege zur Erreichung der im »Plan Pons«, dem französischen Vierjahresplan für die Kraftfahrzeugproduktion, festgelegten Ziele aus eigener Verantwortung bestimmen zu können. Renault stand zwar mittlerweile unter staatlicher Kontrolle, aber mit dem professionellen Selbstverständnis des dortigen Präsidenten, Pierre Lefaucheux, war es kaum vereinbar, dass das MPI dem Unternehmen einen Berater schickte, den es sich nicht selbst ausgesucht hatte.[74] Zudem kam das exklusive »Engagement« Porsches für Renault insofern überraschend, als nach dortigem Informationsstand vom Herbst 1945 davon auszugehen war, dass Ferdinand Porsche und sein Büro – vielleicht sogar von Deutschland aus – der gesamten französischen Automobilindustrie zur Verfügung stehen sollten.[75]

Der mächtige Patron von Renault, Pierre Lefaucheux, beugte sich nur widerwillig der ministeriellen Direktive, wobei er zugleich Porsches Expertise in Frage stellte mit zum Teil fadenscheinig anmutenden Behauptungen.[76] Lefaucheux betrachtete Porsche als einen Eindringling, der ihm von Seiten des Ministeriums aufgenötigt worden war. Und dieser Fremdkörper sollte auf keinen Fall Einblicke in die Entwicklungsphase des 4CV erhalten, sondern aus den Fabriken und Werkstätten verbannt und von den Erprobungen der Musterfahrzeuge ausgeschlossen werden. Der Präsident von Renault wollte Porsche mithin komplett lahmlegen, denn in den Konstruktionsprozess konnte sich dieser nur einbringen, wenn er in den Werkstätten anwesend war und im Umgang mit den insgesamt fünf Versuchswagen, die im Mai 1946 zur Verfügung standen, eigene Ideen erprobte. Wenn man hingegen seine Tätigkeit so rationierte, dass sie sich auf das Lesen fremder und das Verfassen eigener Dossiers beschränkte, tötete man seine technische Fantasie ab.

Die zweite Aufgabe, mit der Porsche nach den Vorstellungen des MPI betraut werden sollte, erledigte sich gleichsam von selbst. Das Ministerium hatte aus Porsches Beteiligung am Bau des Volkswagenwerks den Schluss gezogen, dass Porsche mit der Errichtung einer US-amerikanische Fertigungsmethoden übernehmenden Automobilfabrik bestens vertraut sei. Da Renault mit dem Gedanken spielte, eine solche neue Fertigungsstätte zu errichten, war Porsches Expertise willkommen. Da sich Porsche allerdings nie intensiv mit fertigungstechnischen Fragen beschäftigt hatte, fiel er auf diesem Feld aus. Allerdings hätte er sehr wohl seinen konstruktiven Sachverstand in das Prestigeprojekt des ersten französischen Kleinwagens einbringen können, wenn man dafür geeignete Bedingungen geschaffen hätte. Gewiss ist in Rechnung zu stellen, dass Porsche durch die Haftbedingungen gezeichnet war, da die damit verbundenen physischen und psychischen Belastungen nicht spurlos an dem fast 71-Jährigen vorübergegangen waren.[77] Aber gerade weil die Konstruktion das Lebenselixier Porsches war, stellte eine wie immer geartete konstruktive Tätigkeit – auch wenn sie nur in der Beurteilung der technischen Leistungen Dritter bestand – für ihn ein Remedium dar.

Ob und wie Porsche sich nützlich machen konnte, hing also davon ab, ob der Renault-Präsident ein adäquates Format bereitstellte. Die politische Seite drängte jedenfalls darauf, dass Porsches Fähigkeiten genutzt wurden. Im MPI wurde ihm eine Wertschätzung entgegengebracht, die in seinem Heimatland nicht größer hätte sein können. Er galt als ein technischer Alleskönner, der auch wertvolles Wissen in den noch nicht abgeschlossenen Konstruktions- und Entwicklungsprozess hinsichtlich des Renault 4CV einspeisen konnte. Porsche agiere bei Renault natürlich nicht als Oberaufseher, aber als Element der Reflexion sei seine Einschätzung überaus ernst zu nehmen. Daher dürfe er nicht von den in den Fabriken und Werkstätten stattfindenden technischen Entwicklungsprozessen abgeschnitten werden.[78] Die Ausführung dieser Direktive lag allerdings in den Händen von Lefaucheux, und der tat alles, um Porsche an die Kette zu legen. Diese Obstruktionspolitik war im Sommer des Jahres 1946 nicht mehr zu übersehen. So wurde beispielsweise die vom MPI konkret formulierte Bitte, den Konstrukteur zu Windkanalversuchen beim 4CV hinzuzuziehen, mit der Begründung unterbunden, dass an dieser Stelle des Unternehmens auch ehemalige Kollaborateure ihrer Arbeit nachgehen würden, denen der Umgang mit Porsche verboten worden sei.[79] Unter diesen Umständen war es nicht verwunderlich, dass sich Porsche Mitte Juli darüber beklagte, nichts zu tun zu bekommen.[80]

Indes drängten einige französische Ingenieure darauf, in einen fachlichen Austausch mit Porsche zu treten.[81] Das fachliche Renommee Porsches war bei nicht wenigen Automobilkonstrukteuren von Renault so ausgeprägt, dass sich diese die Möglichkeit nicht entgehen lassen wollten, eine fachkundige Einschätzung des Altmeisters bezüglich des 4CV einzuholen. Daraufhin gestattete Lefaucheux, dass Porsche zwei der Versuchswagen vorgeführt wurden. Am 3. Oktober 1946 konnte er diese beiden Prototypen des 4CV im Großraum Paris auf Herz und Nieren testen[82] und war damit in seinem Element. Danach erteilte er einige fachliche Ratschläge – etwa hinsichtlich der Anbringung des Benzintanks –, die von seinen Kontaktpersonen bei Renault auch aufgegriffen wurden.[83] Es zeigte sich, dass die Konstrukteure des 4CV für Anregungen Porsches durchaus aufgeschlossen waren – gerade weil die Generallinie feststand und es nur um Korrekturen im Detail ging. Da der 4CV – wie der KdF-Wagen – einen Heckantrieb hatte, konnte Porsche an vielen Stellen ansetzen und den Entwicklungsprozess mit seinen Erfahrungen bereichern.[84] Doch gerade der Umstand, dass er sich in die Endphase des Konstruktionsprozesses am 4CV einzubringen vermochte, machte Porsche für den Renault-Präsidenten untragbar. Lefaucheux wollte den ersten französischen Kleinwagen als Prunkstück französischer Ingenieurskunst präsentieren – und dieses schöne Bild drohte nachhaltig ramponiert zu werden, wenn Porsche in irgendeiner Weise ein Mitwirkungsrecht reklamieren konnte. Das emotional anrührende Narrativ von einem rein französischen Kleinwagen ließ sich nicht aufrechterhalten, wenn im Zusammenhang mit dem 4CV der Name des vermeintlichen Alleskönners Porsche fiel, dem alle Welt zutraute, insgeheim der geistige Vater dieses Vorzeigewagens zu sein. Der Mythos Porsche war mithin beim Präsidenten von Renault so mächtig, dass dieser technische Magier so schnell wie möglich aus dem Dunstkreis von Renault verschwinden musste. Es durfte einfach nicht sein, dass sich das Diktum verbreitete, der 4CV sei von einem Deutschen erfunden worden.[85]

Da passte es gut, dass Peugeot ausreichend Munition gegen Porsche geliefert hatte. Lefaucheux machte keinen Hehl daraus, wie willkommen ihm die Beschuldigungen des Konkurrenten aus Sochaux waren, die ihm halfen, Porsche loszuwerden[86] und ihn wieder in die Obhut der Militärjustiz zu befördern. Als Ende November 1946 Industrieminister Marcel Paul demissionierte und Porsche damit der wichtigste politische Protektor abhanden kam, nutzte der Renault-Präsident dies zu einem gezielten Vorstoß. Am 23. Dezember 1946 wandte er sich direkt an das Ministerium, das bislang seine schützende Hand über Porsche gehalten hatte. Indem er der Arbeit Porsches ein miserables Zeugnis ausstellte, suchte er das wichtigste Argument zu entkräften, das Porsche bislang vor der Rückkehr in die Obhut der Militärjustiz bewahrt hatte. Lefaucheux ließ nichts unversucht, um Porsches siebenmonatiges Intermezzo bei Renault als Fehlschlag darzustellen: Der in die Jahre gekommene Konstrukteur sei den Erwartungen nicht gerecht geworden, weil er längst seinen Zenit überschritten habe.[87] Im MPI teilte man die Auffassung, mit Porsche einen Fehlgriff getan zu haben, zwar nicht, aber angesichts der offenkundigen Renitenz der Renault-Spitze schien es dem industriepolitischen Steuerungszentrum geraten, das Experiment abzubrechen.[88] Damit wurden Porsche und Piëch wieder der französischen Militärjustiz übergeben.

Letztlich konnte Renault seine Version der Entstehungsgeschichte des legendären 4CV durchsetzen,[89] was auch daran lag, dass die Beratertätigkeit Porsches für Renault nicht nach außen drang und im Grunde bis heute kaum bekannt ist. Gewiss war der europaweit erfolgreichste Kleinwagen der 1950er Jahre ein genuines Erzeugnis aus dem Hause Renault. Aber dass der von Porsche konstruierte KdF-Wagen für den 4CV Pate gestanden hatte, war Eingeweihten durchaus bekannt. In internen Berichten verschwieg man nicht, dass die wichtigsten Konstruktionsprinzipien des 4CV wie der Vierzylinder-Heckmotor vom KdF-Wagen abgeleitet worden waren.[90] Ungeachtet dessen arbeiteten die Beteiligten geradezu verbissen daran, jeglichen Anschein deutscher Inspiration zu tilgen. Alle Dossiers, die zu diesem Thema in Regierungskreisen herumgereicht wurden, hoben hervor, dass der 4CV etwas grundsätzlich Neues und Frankreich als Avantgarde damit stilbildend für die Weiterentwicklung des Kleinwagens gewesen sei.[91]

Die Deklarierung des 4CV als originäres französisches Eigenprodukt ohne geistige Anleihen beim KdF-Wagen und schon gar ohne Beraterdienste des geistigen Vaters des Volkswagens entsprang durchaus auch der Überlegung, auf diese Weise den Export besser ankurbeln zu können. Angesichts leidvoller Erfahrungen mit dem nationalsozialistischen Deutschland diente diese Art der Darstellung auch der Exportförderung, zumal absehbar war, dass eines Tages die deutschen Automobilhersteller den Franzosen ihren Führungsanspruch auf diesem Gebiet wieder streitig machen würden. Befürchtungen solcher Art hatte im Januar 1945 der US-amerikanische Finanzfachmann Henry A. Fowler geschürt, der in einem Memorandum, das unter allen wichtigen Repräsentanten der französischen Industrie kursierte, die außergewöhnliche Stärke und Innovationsfähigkeit dieser Branche vom Standpunkt der strategischen Sicherheit in Europa betrachtete.[92] Damit schien es geboten, das Erstgeburtsrecht für einen europaweit zu vertreibenden Kleinwagen für die französische Automobilindustrie zu reklamieren und sich so einen Vorsprung vor der strukturell besser ausgestatteten deutschen Automobilindustrie zu sichern.

Ob Ferdinand Porsche bei einer auf Dauer nicht zu verhindernden Rückkehr der deutschen Automobilwirtschaft auf dem europäischen Markt noch eine Rolle spielen würde, stand nach seinem wenig glücklichen Zwischenspiel bei Renault in den Sternen. Er war ja nur für unbestimmte Zeit aus der Obhut der Militärjustiz entlassen worden. Als er nicht zuletzt auf Betreiben des Renault-Präsidenten in die Zuständigkeit der Militärjustiz zurückgegeben wurde,[93] hing noch immer der Vorwurf, ein Kriegsverbrecher zu sein, wie ein Damoklesschwert über ihm und seinem Schwiegersohn, der ihm bei der Beratertätigkeit für Renault zur Seite gestanden hatte. Auf jeden Fall mussten die beiden ihre Unterkunft in der Renault-Niederlassung Meudon bei Paris verlassen. Damit standen ihnen viele Monate Gefängnishaft bevor. Am 17. Februar 1947 wurde Porsche in das Untersuchungsgefängnis in Dijon eingeliefert, wo der fast 72-Jährige harte Haftbedingungen erfuhr. Bei nüchterner Betrachtung der Lage sprach fast alles dafür, dass damit die Unternehmerkarriere von Ferdinand Porsche ein wenig rühmliches Ende gefunden hatte. Über ihm lastete die drückende Unsicherheit einer Verurteilung wegen Kriegsverbrechen. Und selbst wenn er irgendwann wieder freikommen sollte, war nicht gewiss, ob ihm nach fast zwei Jahren in französischem Gewahrsam nicht jene Tatkraft abhanden gekommen war, die ihn immer ausgezeichnet hatte. War eine Porsche KG ohne ihren Gründer und Spiritus rector denkbar? Konnte es einen Wiederaufbau – in Österreich oder vielleicht doch in Deutschland – geben, ohne dass der alte Leitwolf die Richtung vorgab?

Fünf Monate verbrachten Porsche und Piëch im Militärgefängnis von Dijon. Dort herrschte ein derartig strenges Regiment, dass sich die Haft in Baden-Baden und Meudon fast wie ein Kuraufenthalt ausnahm. In Dijon wurden beide wie potenzielle Kriegsverbrecher behandelt, denen bei der Ankunft neben dem Bargeld, das sie bei sich trugen, auch alle persönlichen Wertgegenstände und Erinnerungsstücke wie Briefe und Uhren abgenommen wurden.[94] Insbesondere Ferdinand Porsches Gesundheit setzten die Haftbedingungen (unzureichende Ernährung, autoritäre Wachsoldaten, Isolation) zu, was bei seinem Alter nicht verwunderlich war. In Klagebriefen, die er an seine Familie und nähere Bekannte richtete,[95] spiegelt sich aber auch sein Hadern mit dem Schicksal wider, das ausgerechnet ihm so übel mitgespielt hatte. Der Absturz vom gefeierten Nationalpreisträger zum Insassen eines Militärgefängnisses war so tief, dass Porsche ins Grübeln geriet und seine nie gänzlich verloschene religiöse Ader wiederbelebte.[96]

Dass Porsche und Piëch freigesprochen wurden, war keine wirkliche Überraschung. Denn die gegen sie erhobenen Beschuldigungen standen auf so tönernen Füßen, dass sich bei einem Verfahren, das rechtsstaatlichen Maßstäben genügte, ein solcher Ausgang aufdrängte. Doch nutzte es wenig, dass ein Freispruch winkte, wenn bis dahin Porsches Gesundheit noch mehr Schaden nahm und vor allem seine unternehmerischen Potenzen brachlagen. Daher war es die vorrangige Strategie der französischen Anwälte, angesichts des absehbaren Ausgangs eine vorzeitige Haftentlassung zu erreichen,[97] was nur gegen Leistung einer Kaution erfolgen konnte. Das ließ sich überraschend schnell regeln: Am 31. Juli 1947 wurden die beiden Inhaftierten gegen eine Kaution von insgesamt einer Million Franc auf freien Fuß gesetzt[98] – eine Summe, die in etwa dem vorgesehenen Preis von acht Wagen des Typs 4CV entsprach. Dem endgültigen Abschluss des Verfahrens konnten beide gelassen entgegensehen: Am 5. Mai 1948 erfolgte der formelle Freispruch, womit Porsche wie Piëch hinsichtlich der gegen sie erhobenen Vorwürfe strafrechtlich vollkommen rehabilitiert waren.[99]

Was sollte Porsche mit der ihm wiedergeschenkten Freiheit anfangen? Es stand fest, dass sein Lebensmittelpunkt wieder Zell am See beziehungsweise Gmünd sein würde, da seine Stuttgarter Immobilie und das dortige Werk weiterhin wegen der alliierten Property Control seinem Zugriff entzogen waren. Auch wenn ihn der Weg mithin nicht nach Stuttgart führte – Porsche kehrte immerhin in den Schoß der Familie zurück, die sich längst im Salzburgischen ein neues Heim geschaffen hatte. Doch damit war noch lange nicht besiegelt, dass die Zukunft der Porsche KG ausschließlich in Österreich liegen würde. Vor allem aber stellt sich die Frage, ob der zurückgekehrte Unternehmensgründer wieder die Position einnehmen würde, die er bis zu seinem unfreiwilligen Aufenthalt in Frankreich innegehabt hatte: die des beherrschenden Eigentümers wie des unangefochtenen unternehmerischen Leiters.

Ferry Porsche, Ferdinand Porsche und Erwin Komenda (v.r.n.l.) begutachten 1950 eine neue 356-Karosserie bei der Firma Reutter in der Augustenstraße 82 in Stuttgart-West.

KAPITEL 14

Emanzipation vom Übervater

Eine reibungslose Regelung der Nachfolge zählt bei Familienunternehmen zu den am schwersten zu bewältigenden Problemen.[1] Überaus zahlreich sind die Fälle, in denen der Unternehmensgründer den richtigen Zeitpunkt für die familieninterne Übergabe verpasst. Durfte man ausgerechnet von Ferdinand Porsche erwarten, dass er aus freien Stücken loslassen würde? War er nicht vielmehr der geradezu klassische Unternehmenspatriarch, der zwar Familienangehörige schon frühzeitig in unternehmerische Praktiken eingebunden hatte, der aber nicht daran dachte, das Steuer aus der Hand zu legen? Bis Dezember 1945 hat er jedenfalls keine Anzeichen erkennen lassen, dass er den Stab an die nächste Generation weiterreichen würde. Letztlich hat dann ein unerwarteter Eingriff von außen die familieninterne Sukzession beschleunigt. Beim beratungsresistenten Ferdinand Porsche bedurfte es wohl eines Schicksalsschlags, um die Bahn für andere Familienangehörige freizumachen. Ein solcher Schicksalsschlag war Porsches Aufenthalt in französischer Militärhaft von Dezember 1945 bis August 1947. Für die Porsche KG erwies sich diese Ausschaltung Ferdinand Porsches und seines Schwagers Anton Piëch per Saldo als vorteilhaft. In dieser Zeit stellte nämlich vor allem Ferry Porsche die Weichen dafür, dass das Unternehmen zu einem Hersteller von Personenkraftwagen avancierte. Die Keimzelle der heutigen Porsche AG geht mithin auf unternehmerische Entscheidungen zurück, die nicht Ferdinand Porsche, sondern sein Sohn traf.

Es ist fraglich, ob Ferdinand Porsche mit seinem Hang zur wenig kostenbewussten Konstruktion die Herausforderungen eines unreglementierten Wettbewerbs auf dem Sektor der Automobilproduktion so erfolgreich gemeistert hätte wie der Sohn. Wir dürfen nicht ausblenden, dass der Unternehmensgründer seine großen technischen Leistungen – an erster Stelle den Volkswagen – unter politisch günstigen Voraussetzungen erbracht und nie unter Beweis gestellt hatte, dass er sich in einem nichtregulierten Wettbewerb durchsetzen konnte. Seine Bilanz beim Panzerkampfwagenbau stimmt hier eher skeptisch. Insofern war die erzwungene Inaktivität Ferdinand Porsches ein entscheidender Faktor, der zur Emanzipation vom Übervater und zugleich zur Ausweitung des Geschäftsmodells auf die Automobilherstellung führte.

Ferry Porsche bestand die Bewährungsprobe mit Bravour. Er setzte seine Prioritäten klug und zog aus einer nüchternen Analyse der eigentumsrechtlichen Situation weitreichende Schlüsse. Seine Erkundungen beim Stuttgarter Statthalter Karl Kirn, »ob wir dies alles auf der alten Basis neu aufbauen oder neu beginnen müssen«,[2] hatten zu der realistischen Einschätzung geführt, dass die Familie Porsche auf absehbare Zeit keinen Zugriff auf das Stammwerk in Zuffenhausen erhalten würde. Zwar war die Politik der US-Militärregierung sowie der US-Armee kaum zu durchschauen. Tatsache war aber, dass das Werksgelände im Jahr 1946 von der amerikanischen Armee beschlagnahmt worden war und die Rückgabe in den Sternen stand.[3] Auch wenn man die Besitzansprüche an dem Stuttgarter Betriebsvermögen nicht abschrieb, gebot die pragmatische Einsicht, dem schmerzlichen Verlust nicht zu lange nachzutrauern und energisch einen Neustart dort in Angriff zu nehmen, wo die alliierten Siegermächte nicht derart massiv in die Eigentumsverhältnisse eingriffen: in Österreich.

Das Einfachste und aus Sicht der Familie Natürlichste wäre es gewesen, wenn Ferdinand Porsche selbst das Steuer der Porsche KG von Österreich aus in die Hand genommen hätte. Dass der Unternehmenspatriarch fest dazu entschlossen war, lässt sich daran ablesen, dass er den wichtigsten Makel beseitigen wollte, der dem im Wege stand: seine deutsche Staatsangehörigkeit. Diese erwies sich nach Kriegsende als äußerst hinderlich bei der uneingeschränkten Nutzung von auf österreichischem Boden befindlichem Privateigentum an Produktionsmitteln, weil hier alliierten wie österreichischen Behörden Eingriffsmöglichkeiten geboten wurden, die bis zur Konfiszierung reichen konnten.[4] Ferdinand Porsche hatte also gute Gründe, möglichst schnell die österreichische Staatsbürgerschaft zu erwerben. Am 22. November 1945 richtete er an die Landesregierung in Salzburg ein entsprechendes Einbürgerungsgesuch,[5] in dem er sich als durch und durch heimatliebenden Österreicher darstellte und dabei dick auftrug: Er beließ es nicht bei dem Bekenntnis: »Ich habe Oesterreich immer als meine wahre Heimat betrachtet«, sondern garnierte dieses Statement mit zwei an den Haaren herbeigezogenen Behauptungen: Er habe schon vor 1938 die österreichische Staatsbürgerschaft erwerben und »auch das Volkswagen-Werk in Oesterreich erstehen lassen« wollen. Wie erfindungsreich sich Ferdinand Porsche zeigen konnte, wenn er auf staatlicher Seite Maßnahmen zum eigenen ökonomischen Vorteil erstrebte, verblüfft doch immer wieder.

Zunächst lief alles darauf hinaus, dass diesem Gesuch anstandslos stattgegeben werden würde. Die für Kärnten und damit das Gmünder Werk zuständige britische Militärbehörde begleitete den Vorgang mit Wohlwollen, da Porsche dort »als hervorragender Wissenschaftler von internationalem Ruf«[6]

eingeschätzt wurde, der eine Zierde für den österreichischen Wiederaufbau darstellte. Auch eine österreichische Bundesbehörde befürwortete das Einbürgerungsersuchen.[7] Welche politische Bedeutsamkeit dem Fall beigemessen wurde, lässt sich daran ablesen, dass er bis vor das höchste Gremium, den Ministerrat der Republik Österreich, gelangte. Und genau das wurde Ferdinand Porsche zum Verhängnis: Denn als die Angelegenheit von einer landespolitischen zu einer bundespolitischen wurde, kamen Aspekte ins Spiel, die eine Einbürgerung Porsches als nicht opportun erscheinen ließen.

Am 28. Mai 1946 lehnte der Ministerrat der Republik Österreich die Einbürgerung Porsches ab.[8] Porsches Inhaftierung in Frankreich war ein ausschlaggebender Grund für dieses abschlägige Votum. Porsche war wegen der gegen ihn in Frankreich erhobenen Vorwürfe zu einer politischen Belastung geworden. Der Republik Österreich erschien es unter diesen Umständen geboten,[9] ihn nicht einzubürgern. Die NS-Vergangenheit suchte die Republik ohnehin exklusiv an die Bundesrepublik Deutschland abzutreten, und daher wollte sie einen in Frankreich als Kriegsverbrecher Angeklagten nicht in die Reihen ihrer Staatsbürger aufnehmen. Doch entscheidend war, dass die österreichischen Bundespolitiker im Unterschied zu den überaus entgegenkommenden Landespolitikern speziell in Kärnten Porsche die Haltung zum NS-Regime nicht durchgehen lassen wollten. Zwar wurden dessen Verdienste um den Aufbau einer Automobilindustrie in Kärnten durchaus anerkannt, doch letztlich wogen genuin politische Bedenken schwerer. Darin war sich die große Koalition aus Konservativen und Sozialdemokraten in Wien einig: Man wollte den politischen Neustart nicht dadurch belasten, dass man einen vom NS-System hoch Dekorierten, der zudem mit 72 Jahren den Zenit seiner Leistungskraft längst überschritten hatte, mit offenen Armen aufnahm.

Der zuständige Bundesminister des Innern, der Sozialdemokrat Oskar Helmer, hielt Porsches Einbürgerung daher für ausgeschlossen, denn dieser habe »viel beigetragen, um Hitlerei zu festigen«.[10] Bundeskanzler Leopold Figl von der konservativen Österreichischen Volkspartei (ÖVP) wollte nicht darüber hinwegsehen, dass Porsche und einige seiner Familienangehörigen Parteimitglieder gewesen waren.[11] Am rigorosesten argumentierte der den Arbeiterflügel der ÖVP repräsentierende Bundesminister Peter Krauland, der das Ministerium für Vermögenssicherung und Wirtschaftsplanung leitete und ressortmäßig für alle Fragen des Vermögenstransfers zuständig war. Krauland war prinzipiell dagegen, den ökonomischen Wert einer mit der Einbürgerung Porsches verbundenen Stärkung für den Wirtschaftsstandort Österreich mit der politischen Belastung Porsches zu verrechnen: »Die Erschütterung des Gerechtigkeitsgefühls schätze ich höher ein als Verlust.«[12] Minister Krauland neigte generell dazu, den Umgang mit der NS-Vergangenheit nicht allein nach politischen Nützlichkeitserwägungen, sondern auch nach moralischen Kriterien zu handhaben.[13] Innerhalb seiner Partei und innerhalb seines Ministeriums war er mit dieser Haltung nicht selten isoliert. Doch im Fall Porsche stach das von Krauland akzentuierte Gerechtigkeitsargument, weil Porsche sich nach Auffassung des Bundeskabinetts[14] politisch derartig exponiert hatte, dass die Wiener Regierung nicht die Augen davor verschließen wollte.

Wenn den Verantwortlichen in Wien klar gewesen wäre, dass sie mit der Ablehnung der Einbürgerung Porsches letztlich die Weichen für die wirtschaftliche Zukunft der Familie Porsche in Deutschland stellten, wo diese von Stuttgart aus mit einem in Kärnten konstruierten und entwickelten Sportwagen den Weltmarkt erobern würde, hätte man die Entscheidung womöglich noch einmal überdacht. So versperrte man Ferdinand Porsche und seinem Sohn Ferry, der ebenfalls die deutsche Staatsbürgerschaft beibehalten sollte, die Wiederaufnahme einer Geschäftstätigkeit, bei der sich die beiden in eigentumsrechtlicher Hinsicht unternehmerisch entfalten konnten. Der nach der fehlgeschlagenen Einbürgerung zum Tragen gekommene »Plan B« – die Gründung einer handelsrechtlich selbstständigen österreichischen Gesellschaft – ermöglichte zwar die Austrifizierung des auf österreichischem Boden angesiedelten Betriebsvermögens der in Stuttgart ansässigen Porsche KG. Davon profitierte aber allein der Piëch-Zweig, der sich nun der segensreichen Wirkungen seiner österreichischen Staatsbürgerschaft erfreute. Ferdinand Porsche und vor allem der tatendurstige Ferry Porsche konnten dagegen als Unternehmer in einer austrifizierten Porsche-Gesellschaft, die den Gründungsvater und dessen präsumtiven Nachfolger in eigentumsrechtlicher Hinsicht ausschloss, nicht reüssieren. Daher liegt die strukturelle Ursache dafür, dass der Aufstieg Porsches als Sportwagenhersteller nicht in Österreich stattfand, im Kern in der zu Lasten der beiden Porsches gehenden Abspaltung der österreichischen Porsche-Niederlassung von der in Stuttgart ansässigen Porsche KG.

Familienintern war eine solche Abnabelung bereits im Oktober 1943 besprochen worden, wobei es vor allem um eine Sicherungsmaßnahme in Hinblick auf das Betriebsvermögen der Porsche KG gegangen war.[15] Als man unter den rechtlichen Bedingungen im Nachkriegsösterreich von 1947 an erneut in dieser Richtung aktiv wurde, hatten sich die Akzente verschoben. Nun ging es darum, einen Königsweg zu finden, auf dem das Eigentum der Porsche KG in österreichischen Besitz überführt werden konnte. Dabei bot sich eine saubere Trennung des auf österreichischem Boden befindlichen Betriebsvermögens der Porsche KG von der Muttergesellschaft an, die möglich war, wenn diese Vermögenswerte in eine neue Gesellschaft eingebracht wurden, an der nur österreichische Staatsbürger Gesellschafteranteile besaßen.[16] Damit der Betrieb reibungslos weiterlief, waren Angehörige der Familie Piëch sowie leitende Mitarbeiter des Unternehmens Wunschkandidaten für diese Funktion. Glückte die Neugründung mit rein österreichischen Gesellschaftern, dann erwuchs daraus ein neuer eigentumsrechtlicher Status. Mit der Austrifizierung entfiel nämlich das Interesse der Westalliierten an der öffentlichen Verwaltung des Unternehmens, so dass eine neue Porsche-Gesellschaft unbehelligt von öffentlicher Vermögenskontrolle agieren könnte. Diese eigentumsrechtliche Freizügigkeit sollte den wirtschaftlichen Neuanfang einer österreichischen Porsche-Gesellschaft ermöglichen.

Wer aus dem Kreis der Familie kam dafür in Frage? Der österreichische Staatsangehörige Anton Piëch schied aus, weil er sich wie sein Schwiegervater in französischem Gewahrsam befand, ebenso Ferry Porsche, der deutscher Staatsangehöriger blieb – auch weil er nicht illoyal gegenüber seinem Vater handeln wollte. Immerhin stand mit der österreichischen Staatsbürgerin Louise Piëch eine Kommanditistin der Porsche KG zur Verfügung, die perfekt in das Anforderungsprofil passte. Um sie herum wurde eine komplexe Transaktion abgewickelt. Dieser Vorgang erfolgte im Februar und April 1947 und spielte sich in zwei Schritten ab. Im ersten Schritt musste sichergestellt werden, dass man auf sämtliche nach Gmünd verlagerten Vermögenswerte der Porsche KG zugreifen konnte. Dies erforderte die Zustimmung aller Kommanditisten, die durch Vollmachten eingeholt wurden. Louise Piëch musste ihren Geschäftsanteil an der Porsche KG so stark mobilisieren, dass sie Forderungen gegen diese Gesellschaft geltend machen konnte, die wiederum als Starthilfe für eine eigene österreichische Gesellschaft dienen sollten. Im zweiten Schritt wurden dann die übernommenen Vermögenswerte der Porsche KG in eine neue österreichische Gesellschaft transferiert. So kam es, dass am 20. Februar 1947 per Vertrag[17] die Gmünder Vermögenswerte der Porsche KG mit den Forderungen der Kommanditistin Louise Piëch verrechnet wurden. Bei Betrachtung dieser Rechnung kann man den Eindruck gewinnen, dass der Kommanditanteil von Louise Piëch mit Duldung der österreichischen Behörden hochgerechnet und der wahre Wert des Gmünder Betriebsvermögens heruntergerechnet wurde. Aus einer für das Jahr 1938 durchgeführten Aufteilung der Anteile an der Porsche KG geht nämlich hervor, dass zu diesem Zeitpunkt die Tochter Porsches lediglich mit einem Anteil von 29 791,19 Reichsmark zu Buche stand[18] – ein Bruchteil des Betrags von 608 439,85 Schilling, der im Vertrag vom Februar 1947 ausgewiesen und von den Behörden akzeptiert wurde. Jedenfalls reichte diese wundersame Kapitalvermehrung aus, damit Louise Piëch auf einen Schlag die komplette Produktionsstätte in Gmünd samt allen Maschinen und Prüfanlagen übernehmen konnte.

Der zweite Schritt bestand darin, eine neue Gesellschaft nach österreichischem Recht – die »Porsche-Konstruktionen Ges.m.b.H.« – zu gründen,[19] die das Werk in Gmünd nutzen sollte. Es verstand sich von selbst, dass Louise Piëch dabei den weitaus größten Gesellschafteranteil beisteuerte, und zwar 18 000 von 20 000 Schilling Stammkapital. Der zweite Gesellschafter mit einem Anteil von 2000 Schilling war kein Familienmitglied, sondern der treue Oberingenieur Karl Rabe, der von den Briten bestellte öffentliche Verwalter des in Österreich befindlichen Betriebsvermögens der Porsche KG. Dass man den wichtigsten Angestellten auch zum Gesellschafter machte, hatte es in der Geschichte des Unternehmens Porsche schon einmal im Jahr 1933 gegeben, als Hans Baron von Veyder-Malberg Gesellschafteranteile übernommen hatte. 1947 lag die Sache insofern anders, als Rabe nicht aus Finanzmangel zum Gesellschafter befördert wurde, sondern ausgewählt wurde, weil er im Auftrag der britischen Besatzungsmacht als öffentlicher Verwalter der Porsche KG fungierte und zudem als österreichischer Staatsbürger in das Anforderungsschema passte. So lässt sich bilanzierend festhalten, dass die Überführung des nach Gmünd ausgelagerten Betriebsvermögens der Porsche KG in das Eigentum einer neuen, rein österreichischen Gesellschaft letztlich nichts anderes war als eine raffinierte Enteignung deutscher Staatsbürger.[20] Um auf die Vermögenswerte einer deutschen KG zugreifen zu können, mussten sowohl die österreichischen Behörden als auch die britische Besatzungsmacht mitspielen. Daher gingen dem ersten Schritt – der Übertragung des Gmünder Betriebs auf Louise Piëch – intensive Gespräche mit Major Morris voraus, dem in Kärnten bei der britischen Besatzungsmacht für die Property Control Zuständigen.[21]

Die Gründung der Porsche-Konstruktionen Ges.m.b.H. am 1. April 1947 stellt für die Geschichte des auf den Namen Porsche lautenden Unternehmens eine an Bedeutung kaum zu überschätzende Zäsur dar. Denn mit der strategischen Entscheidung, einen österreichischen Sonderweg zu gehen, verstießen die neuen Gesellschafter gegen bislang geheiligte Prinzipien des Familienunternehmens, nach denen Ferdinand Porsche und sein präsumtiver Nachfolger Ferry Porsche als Eigentümer wie als unternehmerische Leiter die Geschicke des Unternehmens bestimmten. Gewiss war die Entscheidung, mit der nach Österreich verbrachten Vermögensmasse eine neue Porsche-Gesellschaft zu gründen, vor allem aus der Not geboren mit dem Ziel, die lästige alliierte Vermögenskontrolle elegant abzuschütteln. Aber damit stellte man Ferdinand Porsche senior wie junior den Stuhl vor die Tür, da sie die erforderliche politische Eintrittskarte – die österreichische Staatsbürgerschaft – nicht vorweisen konnten. Letztlich blieb Ferry Porsche damit gar nichts anderes übrig, als sein Glück außerhalb Österreichs zu versuchen. Auch wenn er drei Jahre lang im Gmünder Betrieb Verantwortung übernahm, galt sein Bestreben doch in erster Linie einer Reaktivierung der Stuttgarter Porsche KG, an der er und sein Vater immer noch die Hauptanteile hielten. Insofern sollte letztlich der Standort Stuttgart davon profitieren, dass sich dieser strategisch denkende Unternehmer in Österreich nicht in gewohnter Weise entfalten und nur eine dienende Funktion übernehmen konnte. Ferry Porsche gelang der Absprung an seine alte Wirkungsstätte in dem Moment, als er mit dem Sportwagen 356 ein Erfolgsmodell vorzuweisen hatte, das der Stuttgarter Porsche KG zum Durchbruch als Sportwagenhersteller verhelfen sollte.

Die Ursprünge dieser Erfolgsgeschichte lagen in Gmünd, wo die Ausgangslage hinsichtlich der Qualität der Mitarbeiter als durchaus gut zu bezeichnen war. Schließlich war fast das komplette Team von Konstrukteuren und Entwicklungsingenieuren von Stuttgart nach Gmünd gewechselt. Zunächst eröffneten die Porsche-Patente vor allem bei der Weiterentwicklung des Ackerschleppers[22] aussichtsreiche ökonomische Perspektiven. Doch es stand von Anfang an fest, dass die Mittel aus der »Verwertung von Porschekonstruktionen«[23] nur für eine Übergangszeit reichen würden. Damit lautete die Kardinalfrage, wo ein in der tiefsten österreichischen Provinz angesiedeltes Unternehmen eine ideale Nische finden und seine spezifische Expertise so zur Geltung bringen konnte, dass es sich mit begehrten Produkten ohne staatliche Unterstützung auf dem Markt zu behaupten vermochte. Die fetten Jahre, als man die Porsche KG mit Entwicklungsaufträgen von staatlichen (Wehrmacht) oder semistaatlichen (DAF) Auftraggebern geradezu überhäuft hatte, waren endgültig vorbei. Das bedeutete nicht zwangsläufig, dass nun magere Jahre anbrachen. Um das zu verhindern, musste die Porsche-Konstruktionen Ges.m.b.H. ein innovatives Produkt anbieten, das die typische Porsche-Handschrift verriet und zugleich erhebliches Wachstumspotenzial in sich barg. Eine Imitation des Volkswagens schied aus, da das Volkswagenwerk in neuer Rechtsform diese Porsche-Entwicklung vertragskonform auf den Markt bringen würde. Da bei der Entwicklung des Volkswagens aber eine Reihe von Nebentypen angefallen waren, lag es nahe, dort anzuknüpfen und technische Vorarbeiten aufzugreifen, die vor dem Jahr 1945 geleistet worden waren. Nun erwiesen sich vor allem die bis dahin in die Entwicklung eines Sportwagens investierten Bemühungen als besonders perspektivenreich. Bereits im Vertrag mit dem Volkswagenwerk vom Jahr 1943 war diese Entwicklungsrichtung ausdrücklich erwähnt worden.[24]

Doch vorerst versuchte Ferry Porsche, die Erfolgsgeschichte des väterlichen Unternehmens zu imitieren. Die Dr. Ing. h.c. F. Porsche GmbH hatte bekanntlich ihren eigentlichen Durchbruch der Konstruktion eines Rennwagens zu verdanken gehabt. Die Geschichte schien sich zu wiederholen, als im Herbst 1946 über italienische Beziehungen ein Kontakt zum Turiner Motorsportenthusiasten Piero Dusio hergestellt wurde, der ins Grand-Prix-Geschäft einsteigen wollte und die Neukonstruktion eines Rennwagens bei der österreichischen Porsche-Gesellschaft bestellte.

Auf den ersten Blick glich die Konstellation der aus dem Jahr 1934, als mit Auto Union ein Newcomer die Welt des Grand-Prix-Rennsports erobern wollte. Es gab allerdings einen erheblichen strukturellen Unterschied: Bei Auto Union hatte es sich um eine Firma gehandelt, deren Vorläufer schon seit geraumer Zeit Automobile unterschiedlicher Kategorien – allerdings keine Rennwagen – hergestellt hatten. Dusio hingegen war ein Einzelkämpfer, der vom Automobilrennsport kam und sich erst im Jahr 1943 mit der Manifatture Bosco-Compagnia Industriale Sportiva Italia selbstständig gemacht hatte, die sich dann seit 1946 nur noch bündig Cisitalia nannte. Der verwegene Dusio wollte nach den Sternen greifen und neben einem Grand-Prix-Wagen auch noch einen schnittigen Sportwagen mit 1,5-Liter-Hubraum konstruieren und entwickeln lassen.

Dusio und der österreichische Ableger von Porsche kamen schließlich ins Geschäft, wobei Ferry Porsche eine zentrale Rolle spielte. Der Vertrag vom 3. Februar 1947 umfasste nicht nur die Konstruktion eines Rennwagens, der dem neuen Grand-Prix-Reglement entsprach, sondern auch die eines Tourenwagens als Zweitverwertung, was als Einstieg in das Sportwagengeschäft einen unternehmensstrategischen Effekt besaß. In dieser Hinsicht wurde der Cisitalia-Vertrag Ferry Porsches Gesellenstück. Er agierte bei diesem Geschäft zunächst auf Rechnung einer von seiner Schwester und Karl Rabe geleiteten Firma, an der er keinerlei Eigentumsrechte geltend machen konnte. Aber er konnte erstmals eigenständig ein ambitioniertes Entwicklungsprojekt mit Zukunftspotenzial durchführen. Die erfolgreiche Bewältigung dieser Aufgabe befähigte ihn dazu, ein Jahr später mit dem in Eigenregie entwickelten Sportwagen Typ 356 sein Meisterstück zu machen. Wie unverzichtbar Ferry Porsche bei der Kooperation mit Cisitalia war, wird allein daran ersichtlich, dass er im Vertrag vom 3. Februar 1947 namentlich erwähnt wurde, als es um die Zusammenarbeit mit »Herrn Ing. Porsche jun. und dem derzeitigen Konstruktionsstab von Porsche«[25] ging.

Wie aber stand es um den Anteil des Patriarchen an diesem ersten prestigeträchtigen Nachkriegsauftrag? Nach der Rückkehr aus französischer Haft hat Ferdinand Porsche senior sich zwar gelegentlich mit Ratschlägen in die Entwicklung des Cisitalia-Rennwagens eingebracht und den Entwicklungsprozess aus nächster Nähe verfolgt.[26] Doch er gebärdete sich nicht als Lehrmeister – schon weil er keine unternehmerische Verantwortung in dieser Angelegenheit trug. Entscheidend für das Stillhalten Ferdinand Porsches war mithin, dass er in Österreich als deutscher Staatsbürger in der Rolle des interessierten Beobachters verharrte, weil er sich dort nicht unternehmerisch entfalten konnte. Sein Lebenswerk befand sich in Stuttgart und war auch nach seiner Haftentlassung immer noch unerreichbar, weil es unter öffentlicher Vermögenskontrolle stand. Jeder weitere Monat, den die US-Armee das Zuffenhausener Werk nicht freigab, und jedes Quartal, das verstrich, ohne dass die Property Control über sein Stuttgarter Betriebsvermögen aufgehoben wurde, schmerzte den gesundheitlich Angeschlagenen. Die Lebenszeit des fast 72-Jährigen verrann im Wartestand darauf, dass er irgendwann einmal den ungehinderten Zugriff auf das Stuttgarter Betriebsvermögen der Porsche KG wiedererlangte.

Auch Ferry Porsche gehörte zu den Betroffenen – doch im Unterschied zum Vater nutzte der noch nicht 40-Jährige energisch die sich bietenden Möglichkeiten, um von Kärnten aus die Rückkehr nach Stuttgart als Hersteller in die Wege zu leiten. Wenn das Stammwerk auf absehbare Zeit nicht zur Verfügung stand, dann musste man eben einen völligen Neuanfang wagen und in Stuttgart einen ganz neuen Produktionsbetrieb aufbauen. Da Ferry Porsche damit das unternehmerische Lebensziel seines Vaters verfolgte, konnte dieser solchen Plänen nur seinen Segen erteilen. Diese Konstellation begünstigte den gleitenden Übergang vom Vater auf den Sohn. Damit blieb dem Familienunternehmen Porsche das Schicksal vergleichbarer Gesellschaften erspart, die durch familieninterne Nachfolgekonflikte in schwere Krisen gerieten.[27]

In konstruktiver Hinsicht erfüllte die Porsche-Konstruktionen Ges.m.b.H. die in sie gesetzten Erwartungen. Beim Grand-Prix-Rennwagen ging sie neue Wege, indem sie einen Vierradantrieb vorsah.[28] Doch im Entwicklungsprozess tauchten erhebliche Schwierigkeiten auf, die den Bau des Versuchswagens so in die Länge zogen, dass das gesamte Projekt irreparablen Schaden erlitt. Dabei hatte Ferry Porsche alles in seiner Macht Stehende getan, die Rennwagenentwicklung zu optimieren, wobei ihm die mit Auto Union gesammelten Erfahrungen zugute kamen. Aus der Zeit gemeinsamer Geschäftsbeziehungen mit dem sächsischen Rennwagenhersteller war dem Porsche-Team eine Schlüsselfigur auf Seiten von Auto Union bestens vertraut: Rudolf Eberan von Eberhorst. Als Versuchsingenieur und seit 1937 als Leiter der Rennabteilung hatte der aus Österreich stammende Adlige Geburt und Einsatz des von Porsche konstruierten Auto-Union-Rennwagens aus nächster Nähe verfolgt. Dass die Porsche-Leute ihren italienischen Geschäftspartner Dusio geradezu drängten, Eberan von Eberhorst in die Entwicklung des Tipo-360-Rennwagens einzubinden, war allerdings nicht allein der Expertise Eberans geschuldet. Dieser hatte nach seiner Zeit bei Auto Union eine akademische Laufbahn eingeschlagen und den Lehrstuhl für Kraftfahrwesen an der

Technischen Hochschule Dresden bekleidet. Nach der sowjetischen Besetzung seiner sächsischen Wahlheimat war er auf der Suche nach neuen Aufgaben, und da kam die Entwicklung eines neuen Rennwagens an der Seite des Porsche-Konstruktionsteams gerade recht.

Cisitalia erkannte die Kompetenz des ordentlichen Professors gerade auf dem Gebiet der Rennwagenentwicklung ohne Vorbehalte an. Doch man war sich mit der Porsche-Mannschaft uneinig, wo Eberan eingesetzt werden sollte. Ferry Porsche bestand darauf, dass Eberan in Gmünd tätig wurde, weil nur so Konstruktion und Entwicklung ohne Reibungsverluste ineinandergreifen könnten. Das Unternehmen hatte über viele Jahre die Erfahrung gemacht, dass ein Projekt nur dann optimal durchzuführen war, wenn Konstruktion und Entwicklung in einer Hand lagen. Cisitalia beharrte aber darauf, dass der Entwicklungsprozess in Turin stattfinden müsse, weil man befürchtete, sonst die Hoheit über dieses Prestigeprojekt zu verlieren, von dem für Dusio so viel abhing. In diesem Konflikt um die Optimierung des Entwicklungsprozesses wurden viel Zeit und Ressourcen verschwendet, so dass der Fehlschlag des Projekts nicht zuletzt auf die mangelhaften Abstimmungsprozesse zwischen der österreichischen und der italienischen Seite zurückzuführen war. Als man sich im Februar 1948 endlich darauf verständigte, alle Versuche in Turin durchzuführen und Eberan dorthin zu beordern, war ein kostbares Jahr verstrichen, ohne dass ein Versuchsfahrzeug das Licht der Welt erblickt hatte.[29]

Als eigentliche Achillesferse erwies sich jedoch die unzureichende finanzielle Ausstattung des Auftraggebers. Cisitalia lebte sozusagen von der Hand in den Mund, hatte bei Zulieferern erhebliche Rückstände angehäuft und musste sich nicht wundern, wenn bestellte Teile nicht oder mit Verspätung geliefert wurden.[30] Aus Sicht der Porsche-Konstruktionen Ges.m.b.H. entpuppte sich der Auftraggeber zunehmend als unseriöser Geschäftspartner. Das Ende kam abrupt: Dusio setzte sich mit einem halbfertigen Rennwagen nach Argentinien ab. Als sich die letzten Hoffnungen zerschlugen, in Südamerika für die geleisteten Vorarbeiten eine adäquate Verwendung zu finden, stand fest, dass der zweite Abstecher einer Porsche-Gesellschaft in die Rennwagenkonstruktion ein Flop war.[31] Ferry Porsche hatte Lehrgeld bezahlt und zog daraus die Konsequenz, künftig Geschäftspartner auszusuchen, die keine unverbindlichen Zusagen und haltlosen Versprechungen machten.

Aber auf welchem Gebiet sollte die Porsche-Konstruktionen Ges.m.b.H. überhaupt nach Partnern suchen? Die letztlich gescheiterte Kooperation mit Cisitalia hatte eine Vorstellung belebt, die im Hause Porsche schon lange eine Herzensangelegenheit war: die Entwicklung eines serienreifen Sportwagens. Dass sich aus dem ehrgeizigen Gmünder Vorhaben eine Erfolgsgeschichte entwickeln würde, die das Unternehmen in schwindelnde Höhen katapultieren sollte, war nicht absehbar, als Ferry Porsche und sein Team im Sommer 1947 ans Werk gingen. Man konnte dabei an Vorarbeiten der Porsche KG nahtlos anknüpfen. Schon in der Ägide von Ferdinand Porsche senior hatte das Unternehmen mit einem aus dem Volkswagen-Grundmodell hervorgegangenen Sportwagen nicht nur geliebäugelt. In der Vorkriegszeit waren mit den Typen 64, 114 und 116 überaus sportliche Wagen konstruiert worden, wobei der Typ 64, der es in den Entwürfen bis zu einer Höchstgeschwindigkeit von 190 Kilometern pro Stunde brachte, in Gestalt von mindestens drei Versuchsfahrzeugen seine Fahrtüchtigkeit auf deutschen Straßen unter Beweis gestellt hatte.[32] Dass man den Urvolkswagen so frisieren konnte, dass er fast die doppelte Geschwindigkeit des KdF-Wagens erreichte, spricht für die Vielseitigkeit der Konstruktion. Auf dieser Grundlage ließ sich 1947 in Kärnten ein neuer Anlauf starten. Man darf dabei aber nicht den zentralen Unterschied zwischen den Vorkriegsentwürfen der Porsche KG und den schließlich in den Typ 356 mündenden Arbeiten der Porsche-Konstruktionen Ges.m.b.H. außer Acht lassen:[33] Der Typ 64 war als Wettbewerbswagen gedacht, der motorsportliche Meriten einheimsen und darüber hinaus für den normalen Straßenverkehr tauglich sein sollte. Der Typ 356 hingegen war von Anfang an als Straßenfahrzeug konzipiert und mithin auf den Alltagsbetrieb ausgerichtet. Aus der unterschiedlichen Nutzung ergab sich zugleich das zweite Unterscheidungsmerkmal: Der Porsche-Tourenwagen gehörte zur Kategorie der Sonderfahrzeuge, bei denen das Ingenieurteam seine Kreativität und seine Freude am hohen Tempo ausleben konnte; daher musste er sich nicht an Verkaufszahlen messen lassen. Der in Kärnten entwickelte Typ 356 hingegen sollte den Durchbruch des Unternehmens als Automobilhersteller bringen – und daher war die Höhe seines Absatzes die alles entscheidende Größe.

Warum gelang es, ausgerechnet im beschaulichen Örtchen Gmünd, das nur knapp 2000 Einwohner zählte, einen Straßenwagen aus der Taufe zu heben, der derartig Furore machen sollte? Nicht Stuttgart wurde die Geburtsstätte des Porsche-Nachkriegserfolgsmodells, sondern ein kleiner Flecken in Kärnten, wo sich die Malta in die Lieser ergießt. Das wichtigste Erfolgsgeheimnis war personelle Kontinuität: Die Stuttgarter Porsche KG war bis zur kriegsbedingten Verlagerung ein Laboratorium gewesen, in dem sich kreative Ideen entfalten konnten. Die beiden Träger des Namens Porsche hatten eine Unternehmenskultur etabliert, die von einer durch landsmannschaftliche Bande verstärkten betrieblichen Identität bestimmt war. Die Porsche-Ingenieure schätzten zudem, dass Ferdinand Porsche – und allmählich auch sein Sohn Ferry – jedes in Arbeit befindliche Projekt fachlich präzise zu beurteilen vermochten und die Ingenieure in ihrem Tatendrang nicht bremsten. Ein

Ausufern der Fantasie wurde dadurch verhindert, dass die Porsches kreative Gedankenflüge stets auf ihren praktischen Nutzen abklopften. So entstand eine Arbeitsatmosphäre, die eine kluge Balance zwischen den individuellen Entfaltungsmöglichkeiten der leitenden Ingenieure und der Steuerung des Gesamtprozesses durch die Unternehmensführung garantierte. Das Konstruktions- und Entwicklungsteam wusste es sehr zu schätzen, unter solchen Bedingungen ans Werk zu gehen; und daher hatte das Unternehmen praktisch keine Abgänge von Führungskräften zu verzeichnen. Auch die Verlagerung in das Liesertal machte das Gros der Entwicklungsingenieure mit und selbstverständlich auch die beiden Schlüsselfiguren des Sportwagenprojekts, die bereits am Typ 64 maßgeblich mitgewirkt hatten: Karl Rabe und Erwin Komenda.

Ohne Nachfrage und Auftraggeber wären die Qualitäten der Porsche-Mannschaft allerdings nicht so ohne weiteres in Richtung Sportwagenbau gelenkt worden. Daher wird man den ersten Auftrag als Initialzündung für den späteren Typ 356 werten dürfen. Den Stein ins Rollen brachte der Schweizer Geschäftsmann und Automobilenthusiast Rupprecht von Senger, der im Sommer 1946 eine viersitzige sportliche Limousine bestellte. Dabei ist zu beachten, dass es sich noch um einen herkömmlichen Konstruktionsauftrag handelte, mithin von einer Fabrikation keine Rede war. Auch wenn der daraus erwachsende Typ 352 nicht das Stadium eines Versuchswagens erreichte,[34] sollten sich die in dieses Projekt investierten konstruktiven Energien auszahlen. Im Juni 1947[35] entschloss sich die Porsche-Führungsmannschaft in Gmünd nämlich, die leidige Auftragsfrage elegant zu lösen und auf eigene Faust das Sportwagenprojekt anzugehen. Wenn man – gewissermaßen in Handarbeit – die Fabrikation eines selbst entwickelten Fahrzeugs übernahm, war man schließlich nicht von Konstruktionsaufträgen Dritter abhängig; allein der Verkaufserfolg entschied. Damit löste sich das Unternehmen erstmals aus der Abhängigkeit von staatlichen oder privaten Auftraggebern. Dass Rupprecht von Senger der Porsche-Konstruktionen Ges.m.b.H. verbunden blieb und vertraglich 50 Sportwagen abnahm, verhalf dem Unternehmen zu einer ersten Verkaufsgarantie und minimierte das finanzielle Risiko des Einstiegs in die Produktion.[36]

Die Konstruktion, Entwicklung und Herstellung eines serienreifen Sportwagens war kein leichtes Unterfangen, was auch daran abzulesen ist, dass die Porsche-Konstruktionen Ges.m.b.H. ein Jahr benötigte – von Juni 1947 bis Juni 1948 –, um die zwei größten Herausforderungen zu meistern:[37] Zum einen benötigte der Sportwagen ein neues Fahrgestell, da die Vorkriegsarbeiten für einen Straßenwagen nicht zu verwenden waren. Mit dem Volkswagenmotor ließen sich zwar mehr PS unter die Kühlerhaube bringen, aber dieses Trimmen auf Sportlichkeit musste mit der Entwicklung eines passenden

Fahrgestells einhergehen. Darüber hinaus sollte sich die Sportlichkeit in einer entsprechenden Karosserie niederschlagen. Hier galt es, völlig neue Wege zu beschreiten und ein Design zu entwickeln, das dem Käufer ästhetische Angebote unterbreitete, die mit bloßer Technik allein nicht zu erzielen waren.

Die Gmünder Ingenieure verwendeten einen Viertaktvergasermotor, der vom originalen Volkswagenmotor nur geringfügig abwich und hinter der Hinterachse angebracht wurde. Da es sich um einen Ableger des Volkswagens handelte, ließen sich trotz aller Bemühungen bei Hubraum und Leistung keine allzu großen Sprünge machen. Mit 1131 Kubikzentimetern Hubraum und 35 PS erreichte der Wagen eine Spitzengeschwindigkeit von 135 Kilometern pro Stunde. Um ihm ein sportliches und damit verkaufsförderndes Image zu geben, kam es daher vor allem auf die äußere Erscheinung an. Hier war das Werk in Gmünd auf fremde Hilfe angewiesen, vor allem bei der Produktion von Cabriolets, die bei einem Sportwagen einfach unverzichtbar war. Die Karosserien wurden zumeist vom Wiener Karosseriebauer Austro-Tatra hergestellt, so dass viele der vermutlich insgesamt 52 in Gmünd hergestellten Porsche 356 in Wien auslieferungsfertig gemacht wurden.[38]

Dass der unter beengten Bedingungen in Kärnten vollzogene Einstieg in die Herstellung von Personenkraftwagen den entscheidenden Wendepunkt in der Geschichte der Porsche KG markierte, ist den Beteiligten erst im Nachhinein bewusst geworden. Allerdings wäre es unangemessen, die Produktionsaufnahme lediglich als einen Testlauf anzusehen, den man abbrechen konnte, wenn er sich als Fehlschlag herausstellte. Vielmehr arbeitete Ferry Porsche als treibende Kraft zielstrebig darauf hin, endlich diesen schon lange auf der Unternehmensagenda stehenden Schritt zu vollziehen und die Früchte des Erfolges in Stuttgart zu ernten. Daher kam es existenziell darauf an, dass sich der Sportwagen über eine rege Käufernachfrage selbst trug. Wie also konnte man ein Fahrzeug auf den Markt bringen, der bei einer Nachkriegsbelebung der europäischen Wirtschaft zwar als Wachstumsmarkt einzuschätzen war, auf dem sich aber viele Hersteller tummelten? Die technische Qualität allein würde nicht ausreichen, um sich zu etablieren. Daher setzte die Porsche-Konstruktionen Ges.m.b.H. auf einen einzigartigen immateriellen Wert, über den man verfügte: auf den Namen »Porsche«.

Den Sportwagen mit dem Namenszug »Porsche« auf der Motorhaube zu schmücken, drängte sich geradezu auf. Wir haben gesehen, dass Ferdinand Porsche immer wieder davon geträumt hatte, seinen Namen auf von ihm konstruierten und entwickelten Fahrzeugen zu verewigen. Dazu kam es allerdings nie, weil die Hoheit über die Herstellung nicht bei ihm und seinem Unternehmen lag. Da dies nun der Fall war, konnte man diesen längst überfälligen Schritt endlich vollziehen. Man wird nicht fehlgehen in der

Annahme, dass sich dahinter durchaus mehr verbarg als eine pflichtschuldige Respektsbezeugung gegenüber dem Unternehmensgründer, der sich aus dem operativen Geschäft nach seiner Entlassung aus französischer Haft weitgehend heraushielt. Der Name Porsche hatte sich seit 1934 als Markenname für technisch innovative Fahrzeuge aller Art eingebürgert. Vom Klang dieses Namens wollte die Gmünder Gesellschaft bei der Markteinführung profitieren.

Als die ersten in Gmünd gefertigten Fahrzeuge der Öffentlichkeit vorgestellt wurden, zeigte sich, dass das Kalkül aufging und der Name Porsche die erhoffte Anziehungskraft ausübte. Mit ihm verband der Betrachter herausragende Qualität, da die Assoziation geweckt wurde, dass der berühmte »Professor Porsche« selbst den Sportwagen konstruiert habe. Insofern nährte man in Gmünd bewusst Spekulationen, dass es sich bei dem schnittigen Sportwagen um das Alterswerk des Unternehmensgründers handle. Da die Presse über die Genese der Entstehung des Wagens nicht infomiert war, trieb die Fantasie der Journalisten zum Teil seltsame Blüten. In der Automobilzeitschrift *Motorsport* etwa verortete man Ferdinand Porsche in seinem ehemaligen Feriendomizil am Wörther See in Kärnten, wo er seine neueste Schöpfung hervorgebracht habe. Letztlich zahlte sich die Genieerzählung für die Gmünder Porsche-Gesellschaft aus: Ein Genie altert nicht und kann auch noch mit knapp 75 Jahren zu kreativer Höchstform auflaufen: »So sind wir dem genialen Konstrukteur und Schöpfer dieses Wagens um so dankbarer, dass er in der Beschaulichkeit seines Heims am Wörther See Zeit und Muße genug gefunden hat, um dem europäischen Sport etwas zu bieten, was große Zukunft verspricht.«[39] Zumindest im deutschsprachigen Raum war der Geniediskurs auch im Jahr 1948 abrufbar und führte dazu, dass das Produkt einer Gesellschaft, an der Ferdinand Porsche keinen wirklichen Anteil nahm, seiner Schaffenskraft zugerechnet wurde.[40]

Porsche setzte mithin Imaginationen frei, deren verkaufsfördernde Wirkung außer Frage stand. Allerdings ruhte sich die Gmünder Unternehmensleitung nicht auf dem symbolischen Mehrwert ihres Produktes aus. Wenn man den europäischen Markt erobern wollte, dann durfte man nicht allein auf den Namen Porsche vertrauen und glauben, dass dies ein Selbstläufer sei. Man musste die Kundschaft auch durch ein die Sinne ansprechendes Design umwerben – und daher kam es darauf an, dass sich der Porsche-Sportwagen auf den internationalen Automobilausstellungen in einem Festkleid präsentierte. Schon der 19. Schweizer Automobilsalon im März 1949 sollte dafür genutzt werden. Dort wollte das Unternehmen seine internationale Premiere feiern und auf dem so wichtigen Schweizer Markt gehörig Eindruck machen. Die Schweiz war in den Anfangsjahren der Gmünder Automobilherstellung der wichtigste Abnehmer für das neue Fabrikat; ohne die Abnahmegarantie durch den Zürcher Rupprecht von Senger wäre der Anfang noch viel mühsamer gewesen.[41] Als einziges Land in Kerneuropa war die Schweiz vom Weltkrieg verschont geblieben; hier konzentrierte sich eine Schar wohlhabender Automobilliebhaber, denen der Name Porsche ein Begriff war und die so viel Vertrauen in Fabrikate dieses Namens hatten, dass sie einen in Gmünd gefertigten Sportwagen erwerben wollten.

Die engen Verbindungen in die Schweiz erwiesen sich in dreifacher Hinsicht als Glücksfall für das Gmünder Unternehmen: Zum einen bot diese Oase des Wohlstands mit dem Genfer Autosalon einen perfekten Laufsteg für ein Fahrzeug, das von Anfang an durch seinen Verkaufspreis ein Distinktionsmerkmal besaß. Zweitens war in der Eidgenossenschaft die nötige technisch-kaufmännische Infrastruktur vorhanden, um die in Handarbeit gefertigten Gmünder Sportwagen so aufzupolieren, dass sie ein kaufkräftiges Publikum ansprachen. Schließlich existierte in der Schweiz eine Automobilpresselandschaft, die potenzielle Käufer auf den neuen Sportwagen aus dem Hause Porsche aufmerksam machen konnte. Pointiert formuliert konnte man über den Schweizer Umweg die Defizite im Bereich professioneller Kommunikation kompensieren, die trotz aller Anstrengungen Ferry Porsches nicht auf einen Schlag behoben werden konnten.

Thun, Zürich und Genf waren die Stationen, auf denen der Ur-356er veredelt, ausgestellt und in die Fachwelt eingeführt wurde. Am Thuner See residierte die Karosseriefabrik Beutler, die bis Ende 1948 zwei angelieferte Ur-Porsches in zwei ansehnliche Cabriolets verwandelte, ein Blickfang, der die Aufmerksamkeit auf die Neuerscheinung im Sportwagensektor lenken sollte.[42] Und in Zürich wurde ein ungewöhnlicher Distributionskanal eröffnet, über den die auf Vordermann gebrachten Exemplare potenziellen Käufern angeboten wurden. Schlüsselfigur war der Zürcher Hotelbesitzer Bernhard Blank, der drei Porsche-Sportwagen im Foyer seines Hotels präsentierte, so dass Sportwageninteressierte bereits vor dem im März 1949 stattfindenden Genfer Autosalon einen Vorgeschmack von diesem Modell erhielten.[43]

Auf dem Laufsteg des Genfer Salons präsentierten sich am 17. März 1949 ein adrettes Cabriolet und ein ebenso ansehnliches Coupé[44] inmitten vieler anderer Novitäten. Es kam nun darauf an, mit diesem ersten Auftritt mediale Wellen zu erzeugen. Darauf verstand sich die in Zürich erscheinende *Illustrierte Automobil Revue* bestens. Man nahm dort wohlwollend Notiz vom »Porsche 356 Sport-Coupé«.[45] Auch das führende deutsche Fachorgan, *Das Auto*, zeigte sich angetan. Dass der in Genf ausgestellte Sportwagen wieder einmal Ferdinand Porsche zugerechnet wurde, sprach für die Hartlebigkeit des Narrativs vom genialen Erfinder: »Professor Porsche, der, wie bekannt, in Gmund [sic; gemeint ist Gmünd] den von ihm damals konstruierten und heute als ›Porsche‹ verbesserten Volkswagen herstellt, zeigt diesen als Coupé und in einer Ausführung als entzückendes, von der Schweizer Karosseriefabrik Beutler karossiertes Cabriolet. [...] Das Interesse für dieses Fahrzeug war besonders groß, doch kostet das spezialkarossierte Cabriolet fast das dreifache des normalen Volkswagens.«[46] Der Hinweis auf den hohen Preis mochte für westdeutsche Käufer eine Warnung sein, nicht aber für wohlstandsverwöhnte Schweizer.

Der gelungene Auftritt in Genf und die Rührigkeit des Hoteliers Blank sorgten dafür, dass sich der dem Schweizer Publikumsgeschmack angepasste Porsche 356 gut verkaufte. Der stolze Preis – 14500 Schweizer Franken für das Coupé, gar 16500 Franken für das Cabriolet; in Deutschland kostete der Sportwagen weniger als 10000 DM – schreckte den vermögenden Kundenkreis nicht ab.[47] Der relativ komfortable Absatz in der Schweiz spülte kostbare Devisen in die anfangs notorisch klammen Kassen der Porsche-Konstruktionen Ges.m.b.H. Mit Hilfe dieser Hartwährung konnte sich das Gmünder Unternehmen in Deutschland mit dringend benötigten Volkswagen-Aggregaten eindecken, die für die weitere Produktion von großem Wert waren, weil der 356er zu erheblichen Teilen aus Volkswagen-Elementen bestand.[48]

Dass der Auftakt in Genf gelungen war, ließ sich auch daran ablesen, dass die Porsche-Konstruktionen Ges.m.b.H. im Frühjahr 1949 die Fabrikation des 356er von Gmünd nach Salzburg verlagerte. Ein solcher Standortwechsel war überfällig, falls sich – und dies zeichnete sich immer deutlicher ab – die Sportwagenproduktion auszahlte. Die Konstruktionsabteilung konnte in Gmünd bleiben, doch für Entwicklung und Produktion musste ein Standort gefunden werden, der eine wesentlich bessere Verkehrsanbindung bot.

Da ein Umzug aus Kärnten auf jeden Fall erfolgen musste, drängte sich die Überlegung auf, ob man nicht gleich an die alte Wirkungsstätte in Stuttgart zurückkehren sollte. Verständlicherweise war Ferdinand Porsche besonders daran gelegen. Zwar hatte er sich auf eine wohlmeinende Beobachterrolle zurückgezogen und nahm am operativen Geschehen keinen wesentlichen Anteil, aber die Wehmut – »Meinem Stuttgarter Werk [...] trauere ich täglich nach«[49] – war mehr als bloße Nostalgie, weil die Rückkehr nach Stuttgart einen rationalen ökonomischen Hintergrund hatte. Wenn man den europäischen Markt, ja auch Amerika und Asien mit einem Porsche-Sportwagen erobern wollte, war das sich allmählich wieder politisch konsolidierende Westdeutschland ein wesentlich geeigneteres Sprungbrett als das kleine und politisch isolierte Österreich. Und wenn zudem noch die Kontrolle über das Geschäftsvermögen der Porsche KG beendet werden sollte, war die Verlagerung nach Stuttgart-Zuffenhausen geradezu ein Akt der Notwendigkeit.

Als am 2. März 1949 die mehr als zwei Jahre währende Property Control über das Geschäftsvermögen der Porsche KG aufgehoben wurde,[50] schien einem raschen Ende des österreichischen Provisoriums nichts mehr im Wege zu stehen. Die sich anbahnende Erfolgsgeschichte des Unternehmens sollte dort fortgesetzt werden, wo alles seinen Ursprung gehabt hatte: in Stuttgart.

Um in Stuttgart die Fabrikation des 356er unter wesentlich günstigeren Bedingungen aufnehmen zu können, mussten sich die beiden im Familienbesitz befindlichen Gesellschaften vertragsrechtlich auf die neue Konstellation einstellen. Die österreichische Porsche-Konstruktionen Ges.m.b.H. sollte zwar nicht aufgelöst werden, aber »sämtliche Rechte [...] an dem von ihr entwickelten Sportwagen-Typ Nr. 356 an die Porsche K.G. Stuttgart« übertragen.[51] Die Abtretung sämtlicher Rechte, insbesondere auch des Rechts auf »den Namen Porsche als Firmen- und Typenbezeichnung«, sollte gegen eine moderate Lizenzgebühr erfolgen. Der Vertrag lief mithin auf eine freiwillige Expropriierung der österreichischen Gesellschaft zugunsten der Stuttgarter KG hinaus. Damit war die Strategie von Ferry Porsche perfekt aufgegangen: Er hatte in Gmünd mit der altbewährten Mannschaft ein marktfähiges Fahrzeug entwickelt, das er nun nach Stuttgart zurückbrachte. In gewisser Weise war dies auch eine Kompensation dafür, dass sich der österreichische Teil der Familie das nach Österreich verlagerte Betriebsvermögen der Porsche KG einverleibt hatte. Nachdem die Porsche KG gegen eine einmalige Zahlung von einer Million Schilling im Jahr 1950 alle Rechte der Porsche-Konstruktionen Ges.m.b.H. am Sportwagen 356 abgegolten hatte,[52] herrschte definitive Rechtssicherheit. Die Porsche KG konnte das Erfolgsmodell in vollkommen eigener Regie vermarkten und die Exportchancen wagemutig nutzen. Dies war ganz nach dem Geschmack Ludwig Erhards, des überzeugten Marktwirtschaftlers an der Spitze des Bundeswirtschaftsministeriums. Die Galionsfigur der Marktwirtschaft setzte sich in einem Schreiben an den württembergischen Wirtschaftsminister Hermann Veit ausdrücklich dafür ein, die für den Rückfluss von Devisen nach Österreich erforderliche Genehmigung zu erteilen.[53] Das Unternehmen war dank seines Erfolgsmodells und des beherzt die Marktchancen ergreifenden Ferry Porsche erstmals in der Marktwirtschaft angekommen.

Damit schienen die Weichen für das Vorhaben gestellt, Zuffenhausen als Produktionsstätte für ein Serienfahrzeug zu etablieren. Doch die Freigabe des Geschäftsvermögens am 2. März 1949 war noch nicht das letzte Wort des Amtes für Vermögenskontrolle. Immerhin mussten die Gesellschafter der Porsche KG nun nicht mehr befürchten, dass wegen politischer Belastung oder aus wirtschaftlichen Erwägungen ihr Geschäftsvermögen auf Geheiß der alliierten Militärverwaltungen erneut gesperrt wurde.

Doch kaum war diese Baustelle geschlossen, tat sich in Gestalt ungeklärter Wiedergutmachungsansprüche eine neue auf. Hier schleppte die Porsche KG als Hypothek den schwelenden Rechtsstreit mit dem ehemaligen Gesellschafter der Porsche GmbH Adolf Rosenberger mit sich herum. Seit Sommer 1948 lieferten sich Rosenberger und sein Anwalt vor Gericht eine heftige Auseinandersetzung mit der Porsche KG, die sich zu einer wahren Lawine auswuchs. Da die Porsche-Seite sich dem von Rosenbergers Anwalt beharrlich geforderten Vergleich verweigerte, griff dieser schließlich zu einem in diesem Kontext durchaus probaten Mittel: Er stellte im August 1949 einen Antrag auf Vermögenssperre über das Gesamtvermögen der Porsche KG, dem am 24. Oktober 1949 entsprochen wurde.[54] Eigentlich hatte Rosenberger damit nur seine Rückerstattungsansprüche gegen die Porsche KG mit allen zur Verfügung stehenden Rechtsmitteln durchsetzen wollen. Doch im Ergebnis legte seine erfolgreiche Intervention die Porsche KG in Stuttgart für nahezu ein weiteres Jahr lahm. Zwar konnte man im Privathaus Porsches am Feuerbacher Weg eine Stuttgarter Dependance beziehen, doch an eine Wiederaufnahme der Produktion in Zuffenhausen war vorerst nicht zu denken. Damit hatte sich zum zweiten Mal gezeigt, dass das Geschäftsvermögen der Porsche KG einen politisch prekären Status besaß. Solange nicht die letzten politischen Altlasten entsorgt waren, konnte das Unternehmen nicht wie geplant durchstarten. Insofern ist die sich über viele Jahre hinschleppende Vermögenskontrolle auch ein Beleg dafür, dass die Instrumente zur wirtschaftlichen Denazifizierung in Deutschland nicht so stumpf waren, wie häufig insinuiert wird. Erst wenn ein Unternehmen keinerlei politische Angriffsflächen mehr bot, konnten die Gesellschafter frei über ihr Vermögen verfügen und die sich reichlich bietenden ökonomischen Chancen ohne Einschränkung ergreifen.

Hauptbetroffener dieser Entwicklung war Ferdinand Porsche – und genau deswegen hemmte die erneute Vermögenskontrolle den Take-off des Sportwagenherstellers Porsche im Grunde nicht. Denn allein die Porsche KG mit Ferdinand Porsche als Hauptgesellschafter blieb wirtschaftlich handlungsunfähig, nicht aber die österreichische Porsche-Konstruktionen Ges.m.b.H. Diese Gesellschaft konnte weiterhin Aufbauhilfe für Stuttgart leisten, sofern Folgendes erfüllt war: Die Unterstützung musste einem nach deutschem Handelsrecht gebildeten Unternehmen zukommen, in dem die Familie Porsche den Ton angab und das in Stuttgart seinen Sitz hatte. Diese Bedingungen waren erfüllt, als am 26. November 1949 die »Porsche-Konstruktionen Gesellschaft mit beschränkter Haftung« in Stuttgart errichtet wurde, an der Ferry Porsche drei Viertel der Anteile des Stammkapitals von 20 000 DM übernahm und für die er zunächst als alleinvertretungsberechtigter Geschäftsführer zeichnete.[55] Von Anfang an war klar, dass die in Stuttgart gegründete GmbH eine Ersatzkonstruktion darstellte, die nur so lange überdauern würde, wie die Porsche KG unter Vermögenskontrolle stand. Sie stellte eine praktikable Lösung dar, weil sie es ermöglichte, »die Auswertung der technischen Erfahrungen, Konstruktionen, Schutzrechte und Erfindungen des Herrn Professor Dr. ing. h.c. Ferdinand Porsche und Ing. Ferdinand Porsche jun.«[56] von Stuttgart aus vorzunehmen. Damit erhielt man Zugriff auf das geistige Eigentum von Vater und Sohn Porsche und konnte »die Herstellung von Kraftfahrzeugen« als Gesellschaftszweck deklarieren.

Doch damit war die Frage nach einem geeigneten Stuttgarter Produktionsstandort noch nicht gelöst. Als geeignetes Ausweichquartier bot sich die Karosseriefirma Reutter an, mit der es bereits vor 1945 eine vertrauensvolle Zusammenarbeit gegeben hatte. In deren Fabrikationsstätte in der Augustenstraße im Stuttgarter Westen nahm die Produktion des Typs 356 auf Stuttgarter Rechnung im November 1949 ihren Ausgang; fast anderthalb Jahre später, im März 1951, verließ der 500. Sportwagen die Werkshalle.[57] Diese überschaubare Stückzahl zeugt davon, dass die Stuttgarter Konstruktionen GmbH klein anfing, aber dank des Absatzerfolges schnell wuchs, so dass das Ende des Provisoriums abzusehen war. Die Porsche-Villa im Feuerbacher Weg diente derweil als Bürogebäude, von dem aus Ferry Porsche und sein Kompagnon Albert Prinzing die Geschicke der Firma lenkten.[58] Dass Ferry Porsche die Familienvilla als provisorische Unterbringung für seine eigene Gesellschaft gewählt hatte und sein Vater nicht von dort, sondern weiterhin aus der Kärntner Provinz die Aktivitäten des Sohnes verfolgte, bildet die innerfamiliäre Verschiebung der Gewichte ab. Ferry Porsche war der Erbe, der das Familienunternehmen zu neuen Ufern führte, während dem Vater nur die Rolle des wohlwollenden Kommentators blieb, der allerdings insofern wertvolle Dienste leistete, als ihn weite Teile der Öffentlichkeit für den eigentlichen Vater des Porsche 356 hielten. Auf diese Weise verlieh er dem Erfolgsprodukt des Sohnes ein Gütesiegel, dessen Marktwert kaum zu überschätzen war.

Mit dem klangvollen Namen Porsche allein ließ sich allerdings kein Unternehmen auf Wachstumskurs bringen. Ferry Porsche gebührt zweifellos das Verdienst, das Familienunternehmen markttauglich gemacht zu haben, indem er die bahnbrechende Geschäftsidee, den Porsche-Sportwagen, verwirklichte. Als Ingenieur war ihm die technische Komplexität dieses Unterfangens vertraut; als Kronprinz genoss er hohes Ansehen unter seiner Stammbelegschaft, welche die Treue zum Senior ohne Einschränkungen auf den Junior übertrug. Vor allem gelang es ihm, fähige Köpfe von außerhalb der Familie in die Unternehmensführung einzubinden und den Piëch-Stamm auf Distanz zu halten. Zwar blieb die Familie Piëch über die Schwester Louise und den Schwager Anton der Porsche KG als Gesellschafter verbunden, aber

Ferry Porsche band Anton Piëch nicht mehr wie sein Vater in unternehmerische Entscheidungen ein. Dies war ein weiterer Schritt der Emanzipation vom Stil des Vaters, der trotz nicht nur gelegentlicher Meinungsverschiedenheiten seinem Schwiegersohn wichtige und gelegentlich auch heikle Missionen wie etwa die Trennung von Adolf Rosenberger überantwortet hatte.[59] Ferry Porsche entschied sich für eine klare Trennung zwischen den beiden unternehmerischen Standorten der Familie Porsche-Piëch: Der Neuanfang in Stuttgart war allein Sache des Porsche-Stamms; Anton Piëch wurde in Österreich zurückgelassen. Dort konnte er sich zwar an der Seite seiner Ehefrau in der österreichischen Porsche-Konstruktionen Ges.m.b.H. entfalten, aber eben nicht auf dem Gebiet der Sportwagenproduktion, die für Stuttgart reserviert blieb.

Der Verzicht auf die Dienste von Anton Piëch war leicht zu verschmerzen, da es an fähigem Rechtsbeistand nicht mangelte. Hingegen bedurfte es stärker denn je wirtschaftlichen Sachverstandes, der bislang unterrepräsentiert war. Es war daher eine unternehmensstrategische Entscheidung, den habilitierten Volkswirt und Experten für italienische Landeskunde Albert Prinzing als Mitgesellschafter mit einer Einlage von 5000 DM auf das Stammkapital von 20 000 DM in die im November 1949 gegründete Porsche-Konstruktionen GmbH aufzunehmen. Prinzing war der Herr der Zahlen, der detaillierte Kostenkalkulationen für den Produktionsstandort Stuttgart erstellen ließ. Sie ergaben, dass sich bei einem Verkaufspreis des Porsche 356 von 9800 DM ein Gewinn je verkauftem Wagen von rund 970 DM ergab[60] – also eine ordentliche Gewinnmarge vor Steuern und Zinsen von fast zehn Prozent. Der Volkswirt Prinzing ergänzte die unternehmerischen Stärken Ferry Porsches in idealer Weise, so dass die beiden ein geradezu perfektes Gespann bildeten, um die Stuttgarter Gesellschaft reif für die Eroberung des Weltmarkts zu machen. Prinzings Stellung innerhalb der Porsche-Konstruktionen GmbH wurde im Januar 1950 aufgewertet, indem er neben Ferry Porsche zum alleinvertretungsberechtigten Geschäftsführer bestimmt wurde.[61]

Ferry Porsche und Albert Prinzing kannten sich seit ihrer Jugendzeit. Der 1911 in Stuttgart geborene Prinzing hatte Fähigkeiten vorzuweisen, die ihn für die kaufmännische Leitung der Porsche-Konstruktionen GmbH prädestinierten. Er beherrschte die englische und italienische Sprache, da er in London und Rom studiert hatte. Sein akademisches Standbein – 1934 promoviert, 1938 habilitiert – war insofern nützlich, als er Fragen internationaler Wirtschaftsbeziehungen vertieft hatte.[62] Prinzing verfügte mithin über eine Weltläufigkeit und ein Wissen weltwirtschaftlicher Zusammenhänge, das für die geplante Expansion des Unternehmens überaus nützlich war. Dass er im Unterschied zu Ferry Porsche NSDAP-Mitglied – und zwar zu einem relativ frühen Zeitpunkt am 1. Mai 1934 – geworden war, dass er schon im Juni 1933 als SS-Anwärter registriert war, dass er überdies als Präsident des deutschen Kulturinstituts in Italien von 1943 an eng mit dem Auswärtigen Amt kooperiert und dabei auch Verbindungen zur faschistischen Partei Italiens gepflegt hatte,[63] bekümmerte Ferry Porsche nicht. Denn aus seiner Sicht war dieser Makel – wenn diese nationalsozialistische Vergangenheit von ihm überhaupt als Makel eingeschätzt wurde – dadurch getilgt, dass Prinzing, nachdem er drei Jahre, von Mai 1945 bis Mai 1948, in alliierter Internierungshaft verbracht hatte, am 11. Mai 1948 von der Spruchkammer des Internierungslagers Ludwigsburg als Minderbelasteter eingestuft worden war.[64] Prinzings Einstieg bei Porsche stand nun nichts mehr im Weg. Ferry Porsche wusste damit einen Gesellschafter und kaufmännischen Leiter an seiner Seite, der auch politische Klippen sicher zu umschiffen verstand.

Zunächst stellte Prinzing seine Entnazifizierungsexpertise zur Verfügung, damit das noch offene Entnazifizierungsverfahren gegen Ferdinand Porsche den von der Familie gewünschten Ausgang nahm. Offensichtlich verstand er sich darauf, da es ihm gelungen war, als Minderbelasteter eingestuft zu werden, obgleich man wegen seiner Mitgliedschaften in NSDAP, SS und SD zunächst wohl davon ausgehen musste, dass er der Rubrik der Belasteten zugeordnet würde. Prinzing hatte das abwenden können, weil er eine Reihe von Entlastungszeugen auftrieb, darunter auch einen wegen seiner kommunistischen Einstellung während der NS-Zeit Verurteilten.[65] Aus Sicht der Familie Porsche war er jedenfalls bestens geeignet, für das noch ausstehende Entnazifizierungsverfahren gegen Ferdinand Porsche Entlastungszeugen ausfindig zu machen. Dazu nannte ihm Porsches Privatsekretär etwa ein Dutzend Namen von Personen, die größtenteils im Großraum Stuttgart lebten und als potenzielle Bürgen in Frage kamen.[66] Prinzing hat das in ihn gesetzte Vertrauen nicht enttäuscht. Das gesammelte Entlastungsmaterial[67] leistete gute Dienste, war letztlich aber nicht ausschlaggebend dafür, dass Ferdinand Porsche am 30. August 1949 von der Zentralspruchkammer Nord-Württemberg[68] einen Freispruch erster Klasse erhielt. Dennoch bedankte sich Ferdinand Porsche in einem der raren Schreiben, in denen er heikle Themen in schriftlicher Form zumindest streifte, für die geleisteten Dienste. Er wisse, »wie stark Sie sich für uns eingesetzt haben und wie sehr auch Sie Anteil haben an allem, was erreicht wurde«.[69] Damit bezog er sich auf ein Schreiben Prinzings, in dem dieser seiner Befriedigung Ausdruck verliehen hatte, dass »wir das unbequeme Kapitel der Entnazifizierung gut abschliessen konnten«.[70]

Prinzing war jedoch weit mehr als der Mann der Porsche-Konstruktionen GmbH, der heikle Themen, die dem Aufbruch zu neuen wirtschaftlichen Ufern im Wege standen, geräuschlos beseitigte. Er begleitete maßgeblich eine der wichtigsten strategischen Unternehmensentscheidungen – nämlich den Entschluss, eine Version des Typs 356 aufzulegen, die speziell für den US-amerikanischen Markt geeignet war. Um im wichtigsten Autoland der Welt Fuß zu fassen, musste die Modellpalette erweitert werden. Anfang Januar 1951 ebnete die Gesellschaft den Weg dorthin, indem sie für das Jahr 1951 drei Modelle unterschiedlicher Leistungsstärke vom Typ 356 in ihr Programm aufnahm.[71] Dass diese Expansionsstrategie aufging und dass die Absatzerfolge in den USA der ökonomische Treibstoff waren, der das Unternehmen über viele Jahre auf Wachstumskurs hielt, war nicht zuletzt darauf zurückzuführen, dass Porsche alles mitbrachte, was man brauchte, um sich in den USA als Markenprodukt zu etablieren. Es war die »power of personality«,[72] die auf dem amerikanischen Markt die Güte eines Produkts verbürgte – und hier brachte das Stuttgarter Unternehmen mit Ferdinand Porsche eine Persönlichkeit ein, deren technische Exzellenz kaum zu überbieten war.

Es war ein unternehmerisches Wagnis, nur auf ein einziges Produkt zu setzen und mit dem Porsche 356 auch den internationalen Markt erobern zu wollen. Doch Ende 1950 sprachen alle Indikatoren dafür, dass die kühnsten Vorstellungen noch übertroffen werden würden. Die Umsatzkurven wiesen steil nach oben: Bei Wiederaufnahme der Aktivitäten in Stuttgart hatte der monatliche Umsatz der Porsche KG noch bei 24 000 DM gelegen; im ersten Halbjahr 1951 hatte er sich auf 680 000 DM vervielfacht.[73] Speziell der Export boomte. Die Vorbestellungen aus dem Ausland deuteten darauf hin, dass die Porsche KG im Jahr 1951 einen neuen Absatzrekord ihrer Sportwagen im Ausland erzielen würde.[74] Dabei gewährte man anders als andere am Export interessierte Hersteller im Ausland keine Preisnachlässe. Das Premiumprodukt wurde im Inland für 8350 DM netto verkauft, während der Exportpreis sich auf 2000 US-Dollar belief.

Um die rege Nachfrage befriedigen zu können, sollte die Produktion auf 100 Stück pro Monat gesteigert werden.[75] Doch dieses stürmische Wachstum überforderte die bescheidenen Kapazitäten. Die eigenen Produktionsstätten bestanden ja nur aus behelfsmäßigen Baracken, und das angemietete Karosseriewerk Reutter platzte bereits aus allen Nähten.[76] Alle Hoffnungen richteten sich daher auf die Rückgabe des von US-Truppen besetzten Stammwerks in Zuffenhausen. Als dann gewiss wurde, dass die eigentlich für Herbst 1950 annoncierte Räumung[77] nicht erfolgen würde, stand die Firma vor der Wahl, entweder den Produktionsstandort Stuttgart zu verlassen und nach einer alternativen Produktionsstätte zu suchen oder eine Ersatzfabrik in Stuttgart zu errichten. Die Entscheidung war nicht mehr aufzuschieben, als sich im Frühjahr 1951 abzeichnete, dass wegen der erhöhten US-Truppenpräsenz in Westdeutschland das Zuffenhausener Stammwerk auf unabsehbare Zeit als

Kaserne für durchziehende US-Soldaten nicht zur Verfügung stehen würde.[78] Die Porsche KG konnte solche Baumaßnahmen nicht aus eigener Kraft finanzieren – und damit wiederholte sich in gewisser Weise die Konstellation des Jahres 1937. Damals war der qualitative Sprung zu einem kompletten Entwicklungsbetrieb mit großzügiger finanzieller Hilfe der »Deutschen Arbeitsfront« gelungen. In der jungen bundesdeutschen Demokratie war ausgeschlossen, dass die Porsche KG zum Nutznießer nach Gutsherrenart verteilter Gaben werden würde. Sie musste sich daher um Kredite bewerben, die im Rahmen von Wirtschaftsföderungsmaßnahmen vergeben wurden. Die Konkurrenz um diese Mittel war groß, doch es blieb der Porsche KG nichts anderes übrig, als sich dem harten Wettbewerb um die begehrten Finanzmittel zu stellen. Auch bei den Sondermitteln, die der Bund Firmen gewährte, die infolge des von den alliierten Streitkräften angemeldeten Raumbedarfs ihre bisherigen Betriebsstätten räumen mussten oder ihre alten Fabriken nicht wieder beziehen konnten, musste das Unternehmen ein Verfahren durchlaufen, bei dem seine wirtschaftliche Leistungsfähigkeit im Zentrum stand.[79]

Dass die Porsche KG mit öffentlichen Mitteln bedacht wurde, ist ein untrüglicher Indikator dafür, dass das Unternehmen in der Marktwirtschaft angekommen war. Die Porsche KG erhielt im Jahr 1951 ein Bundesdarlehen in Höhe von 250 000 DM zu marktüblichen Konditionen (Zinssatz sechs Prozent, Tilgung ab 1. August 1953, Sicherung des Darlehens durch Eintrag einer erstrangigen Hypothek auf dem zur Bebauung vorgesehenen Grundstück)[80] sowie weitere staatsverbürgte Kredite in Höhe von 300 000 DM,[81] um eine Ersatzbetriebsstätte errichten zu können. Hinzu kam noch eine Stundung der Einkommen- und Körperschaftsteuer für die Jahre 1950/51, die dem Unternehmen weiteren Spielraum für die erforderlichen Investitionen verschaffte.[82] Was die durchaus zögerlichen Behörden im Land Württemberg-Baden wie beim Bundesministerium der Finanzen[83] überzeugte, der Porsche KG diese Darlehen zu gewähren, war deren wirtschaftliche Dynamik, die sich vor allem beim Export in so eindrucksvollen Zahlen niederschlug, dass kaum ein anderer westdeutscher Automobilhersteller mithalten konnte.[84] Die staatlichen Kredite waren dem Unternehmen nicht in den Schoß gefallen. Noch im Mai 1950 war ein entsprechender Kreditantrag abgelehnt worden, weil das Geschäftsmodell als zu eng eingestuft wurde. Konnte man wirklich eine ökonomische Erfolgsgeschichte auf nur einem Produkt aufbauen? Im Herbst 1951 hatte sich dann angesichts der Absatzerfolge beim Wirtschaftsministerium von Württemberg-Baden ein Sinneswandel vollzogen: »Die Firma Porsche hat […] die Bedenken gegen die alleinige Sportwagen-Fabrikation zerstreut und gezeigt, daß der Porschewagen auch in Zukunft im In- und Ausland eine bedeutende Rolle spielen wird.«[85]

Erstmals erhielt das Unternehmen staatliche Unterstützung aufgrund seiner ökonomischen Leistungsbilanz und nicht aufgrund eines Vertrauensvorschusses, bei dem das vermeintliche Genie von Ferdinand Porsche als wichtigste Bürgschaft galt. Bei der rasanten Expansion der frühen 1950er Jahre schwebte der Geist von Ferdinand Porsche nicht mehr wie eine Art Schutzengel über dem Unternehmen. Nur gelegentlich nahm man ihn bei der Porsche KG in Anspruch, indem man den Mythos eifrig nährte, »Professor Porsche« sei es, »der sich mit seinen Mitarbeitern […] mit provisorischen Arbeitsräumen begnügen musste« – und daher sei eine adäquate Fabrikationsstätte längst überfällig, damit der Vater des Volkswagens »endlich wieder festen Fuss fassen könne«.[86] Diese nostalgische Reminiszenz hinterließ bei den nüchternen Entscheidern in den westdeutschen Administrationen keinen nachweisbaren Eindruck. Dass die Porsche KG aus Sicht von Landes- und Bundesbehörden kreditwürdig war, stellte eine Anerkennung für die Leistungen von Ferry Porsche dar und eben keine respektvolle Verbeugung vor dem Genius seines Vaters.

Ferry Porsche war die Schlüsselfigur bei der erfolgreichen Neupositionierung der Porsche KG als Sportwagenhersteller. Er verfügte über das nötige technische Wissen und widerstand – anders als sein Vater – der Versuchung, technisch attraktive Ideen ungeachtet ihrer ökonomischen Rentabilität zu verwirklichen. Während Ferdinand Porsche zur Welt der betrieblichen Zahlen und Bilanzen stets auf Abstand geblieben war, bildeten sie für seinen Sohn die entscheidende Orientierungsmarke. Erst mit Ferry Porsche internalisierte die Porsche KG die Regeln einer Wettbewerbsordnung, bei der man nicht wie zu Zeiten des Patriarchen damit rechnen konnte, Aufträge durch politische Protektion zu erhalten. Zugleich bewies Ferry Porsche ein ausgesprochenes Geschick, die auf den Namen Porsche lautenden Schutzrechte zu vermarkten. So generierte er Lizenzeinnahmen, mit denen er wiederum das Wachstum der Porsche KG und ihrer Schwester, der Porsche-Konstruktionen GmbH, finanzieren konnte. Denn für die Kreditwürdigkeit insbesondere der Porsche KG waren die regelmäßig fließenden Lizenzeinnahmen eine unerlässliche Voraussetzung. Dabei kam dem Junior zustatten, dass er zwei unternehmerische Standbeine besaß: Er war das einzige Mitglied der Familie, das an beiden nach deutschem Handelsrecht geführten Unternehmen auf den Namen Porsche als Gesellschafter und unternehmerischer Leiter zugleich beteiligt war: der Porsche KG und an der von ihm im November 1949 zusammen mit Albert Prinzing gegründeten Porsche-Konstruktionen GmbH. Ferry Porsche hatte somit zwei Hüte auf, wobei er diese Doppelrolle zum Nutzen der Familie so ausübte, dass sich beide Funktionen symbiotisch ergänzten.

Die Einnahmen der Porsche-Konstruktionen GmbH sprudelten vorwiegend aus zwei Quellen: den Lizenzeinnahmen für den von der Firma Allgaier produzierten Ackerschlepper AP 17 sowie den Konstruktionsleistungen für das Volkswagenwerk. In beiden Fällen hatte Ferry Porsche maßgeblich dazu beigetragen, das Erbe seines Vaters auszubauen und vor allen Dingen unter marktwirtschaftlichen Bedingungen profitabel zu gestalten. Wir haben bereits gesehen, dass das vom Vater in Angriff genommene Projekt eines Ackerschleppers erst nach Kriegsende in ein marktfähiges Fahrzeug einmündete. Unter der Ägide von Ferry Porsche wurde der Vertrag mit der Firma Allgaier abgeschlossen, der Ferrys Unternehmen eine Lizenzgebühr von 50 DM für jeden verkauften Schlepper sicherte. Auf diese Weise wurden regelmäßige Einnahmen erzielt, die sich im Jahr 1950 auf knapp 137 000 DM beliefen und im Jahr darauf mit 480 000 DM veranschlagt wurden. Das zweite Standbein waren Konstruktionsleistungen für das Volkswagenwerk. Hier stieg die Konstruktionen GmbH gewissermaßen in den 1943 zwischen der Porsche KG und der Volkswagenwerk GmbH abgeschlossenen Vertrag ein und stellte die Expertise ihrer Konstrukteure für die Weiterentwicklung des Volkswagens zur Verfügung. Diese Leistungen wurden als »Entwicklungsarbeiten«[87] deklariert, womit sich auch eine semantische Nähe zum alten Vertrag ergab. Auf diese Weise gingen im Jahr 1951 monatliche Zahlungen in Höhe von 40 000 DM von Volkswagen ein. Wegen dieser beiden sicheren Einnahmequellen war die Konstruktionen GmbH ein hochprofitables Unternehmen, dessen Gewinn sich im Jahr 1950 auf etwa 185 000 DM belief.[88] Das machte sie geeignet, für die Porsche KG Dienstleistungen zu Sonderkonditionen zu erbringen. Sämtliche Konstruktionsarbeiten, die bei der Porsche KG anfielen, wurden über die Schwestergesellschaft Konstruktionen GmbH abgewickelt.[89]

Ferry Porsche benötigte eine gehörige Portion Verhandlungsgeschick und Durchsetzungsvermögen, um beim Volkswagenwerk Lizenzeinnahmen herauszuhandeln. Im Dezember 1947 reiste er noch als Bittsteller zum Volkswagenwerk, da der Vertrag zwischen der Porsche KG und der Volkswagenwerk GmbH so unklar war, dass sich daraus keine Ansprüche begründen ließen. Er kehrte aber nicht mit leeren Händen zurück: Mit einer Abschrift des am 5. Oktober 1943 in Kraft getretenen Vertrags gelang der Porsche KG der Nachweis, dass ihr eine Vergütung von einer Reichsmark je Volkswagen zustand, der nach Vertragsende hergestellt werden würde.[90] Nach längerem Hin und Her gestand das Volkswagenwerk zu, dass es gegenüber der Porsche KG lizenzpflichtig war. Und so war es ein Ergebnis der geschickten Verhandlungsführung von Ferry Porsche, dass Volkswagen mit der Porsche KG im Dezember 1949 eine Vereinbarung abschloss, in der sogar höhere Lizenzgebühren als die 1943 ausgehandelten fixiert wurden.[91] Auf diese Weise profitierte das Unternehmen von den steigenden Absatzzahlen des von Ferdinand Porsche entwickelten Kleinwagens, der als Käfer eine rasante Nachkriegskarriere machte. Für das Geschäftsjahr 1950 wies die Bilanz der Porsche KG Erträge aus Lizenzgebühren von fast 377 000 DM aus – ein Posten, der als zumindest gleichbleibend hoch bis zum Jahr 1954 erwartet werden konnte.[92] Dieser verlässliche Mittelzufluss erlaubte es dem Unternehmen, bei neuen Modellen des Sportwagens investitionsfreudig zu agieren. Insofern ist der Verwertung des Volkswagens ein gewisser Anteil am Erfolg des Porsche-Sportwagens zu bescheinigen.

Per Saldo kann man Ferry Porsche attestieren, dass er in einer entscheidenden Phase der richtige Mann am richtigen Platz war. Er gab dem Unternehmen eine klare Strategie vor, indem er sich auf ein Kernprodukt konzentrierte und dieses mit Methoden auf dem Weltmarkt plazierte, die einen Vorgeschmack auf die sich rasant entwickelnde Konsumgesellschaft vermittelten.[93] Die Fixierung auf ein einziges Produkt machte das Unternehmen zwar verletzlich, weil es Einbrüche im Sportwagengeschäft kaum hätte kompensieren können. Aber Ferry Porsche wollte damit allem Anschein nach auch in Kontrast zu seinem technikbesessenen Vater treten, der nach jedem technisch anspruchsvollen Auftrag die Hand ausgestreckt und sich dabei hoffnungslos verzettelt hatte. Unter marktwirtschaftlichen Bedingungen konnte sich die Porsche KG einen solchen Wildwuchs nicht mehr leisten. Aber immerhin wurden Schutzrechte aus dem ersten Leben der Porsche KG zu einem investitionsfördernden Treibstoff für den Sportwagenhersteller. Ferry Porsche gewann mit seiner zielstrebigen, dabei immer verbindlichen Unternehmensführung rasch den Respekt seiner Geschäftspartner. Es war keine billige Lobhudelei, wenn sein Kompagnon Albert Prinzing das Verhalten des Generaldirektors Heinrich Nordhoff vom Volkswagenwerk als Beleg anführte: Am Anfang des Jahres 1949 »empfing uns Herr Nordhoff manchmal nicht, und jetzt ist Ihr Sohn der geachtetste Besucher im Werk«.[94] Der Umgang des Volkswagen-Generaldirektors mit der unternehmerischen Seele der Porsche KG war so etwas wie ein Ritterschlag für Ferry Porsche.

Ferdinand Porsche senior verfolgte derweil die dynamische Entwicklung in Stuttgart von seinem offiziellen Wohnsitz im fernen Gmünd in Kärnten, Liesergries 28, oder von Zell am See und Unterdellach in Kärnten. Nach seiner Entlassung aus französischer Militärhaft hatte er sich zunächst regelrecht auf die Arbeit geworfen – und fast schien es so, als habe sich nichts geändert im Vergleich zu den Jahren 1933 und 1934, als »Prof. P«, wie ihn der treue Karl Rabe immer noch titulierte, nahezu täglich im Büro anzutreffen war. Etwa ein halbes Jahr pflegte Porsche diesen alten Arbeitsrhythmus.[95] Seine Unrast war mehr als eine Beschäftigungstherapie, da er sich in gewohnter Weise vor allem mit Chefkonstrukteur Karl Rabe austauschte. Dabei investierte Ferdinand Porsche seine Energie vor allem in den nie realisierten Tourensportwagen Cisitalia – Bemühungen, die letztlich in einer Sackgasse endeten. Und als die für die Zukunft des Unternehmens entscheidende Frage anstand, ob, wo und wie man den neuen Porsche-Sportwagen vom Typ 356 in Serie produzieren würde, fiel Ferdinand Porsche aus. Nach einer schweren Erkrankung Ende Juni 1948, als bei ihm eine Herzmuskelschwäche diagnostiziert und ihm strengste Ruhe verordnet worden war, hielt er sich nicht mehr wie gewohnt im Konstruktionsbüro von Karl Rabe auf und stattete dem Gmünder Betrieb nur noch gelegentlich Besuche ab.[96] An der strategischen Weichenstellung des Unternehmens hatte er praktisch keinen Anteil. Da er aus politischen Gründen keine Reisen nach Deutschland unternahm, war es ganz allein Ferry Porsche, der in energischen Verhandlungen im Volkswagenwerk und bei häufigen Besuchen in Stuttgart[97] die Voraussetzungen dafür schuf, dass das neue Geschäftsmodell eines Sportwagenherstellers konsequent umgesetzt wurde.

Ferdinand Porsche lebte nicht nur in räumlicher Entfernung zu Stuttgart, dem Ort, an dem das von ihm begründete Unternehmen ein neues Kapitel seiner Geschichte aufschlug. Er ging auch auf Distanz zu seinem Sohn, der sein Unternehmen den entscheidenden Schritt nach vorn brachte. Wir können dies einer für Ferdinand Porsche ungewöhnlichen Quelle entnehmen, nämlich sehr offenen schriftlichen Äußerungen, in denen er Selbstreflexion betrieb und mehr als nur einen Zipfel seines Innersten preisgab. Es war nicht nur die uneingestandene Einsicht, dass am Ende seiner Tage ein offenes Wort angebracht war, die ihn antrieb; es war auch das besondere Verhältnis, das ihn mit dem Korrespondenzpartner verband, dem er sich so frank und frei mitteilte: General Helmut Hipp – ein Schicksalsgefährte, mit dem er viele Wochen gemeinsamer Haft im Militärgefängnis in Dijon geteilt hatte. Auch Hipp war kein wirklicher Freund – Freunde hat Ferdinand Porsche nie gehabt –, wohl aber ein Kamerad.[98] Was den dezidierten Nichtmilitär Porsche mit dem General verband, waren die gemeinsame Hafterfahrung und die von beiden geteilte Überzeugung, zu Unrecht eingesperrt worden zu sein. Folglich versäumten sie es nur selten, sich gegenseitig darin zu bestätigen, was sie dort »mitmachen mussten«:[99] So entstand das Narrativ einer gemeinsam durchgestandenen Leidenszeit, und das führte dazu, dass Ferdinand Porsche dem General die Anrede »Kamerad« schenkte, die er wohl nie zuvor gebraucht hatte, die daher wohl kalkuliert war und die den Weg öffnete für einen Austausch, in dem sich Porsche Dinge von der Seele schrieb, die er ansonsten für sich behielt.

Dass sich Ferdinand Porsche überhaupt Zeit für eine immerhin über 20 Monate währende Korrespondenz nahm, ist ein eindeutiger Indikator dafür, dass er beruflich nicht ausgelastet war. Nun hatte er die Muße, an der es in seinem rastlosen Berufsleben gemangelt hatte; und so kam es zu dem freimütigen Austausch mit »Kamerad« Hipp. Porsche, der immer nur nach vorne geschaut hatte, ließ nun erstmals eine Neigung erkennen, »die Vergangenheit, die ich sonst an sich bewenden ließ, zu betrachten«.[100]

Besonders aufschlussreich sind die Passagen, in denen Porsche die Gegenwart behandelt. Denn er bemühte sich, die Fassade aufrecht zu erhalten, dass er weiterhin der Entscheider im unternehmerischen Familienverbund sei. Auch die in Gmünd wie in Stuttgart produzierten Erzeugnisse nahm er für sich in Beschlag: Er sprach von »meinen Wagen«, »meinem Schlepper«, »meinem Ingenieur«.[101] Wer nicht über Hintergrundwissen verfügte, musste in der Tat glauben, dass Ferdinand Porsche in seine alte Position eingerückt war und immer noch die Unternehmensregie innehatte. Über den eigentlichen Kopf des Unternehmens, Ferry Porsche, verlor der Senior praktisch kein Wort. Er erteilte dem Sohn sogar schlechte Zensuren, wenn er den Eindruck erweckte, er müsse nun einen kongenialen Nachfolger an der Unternehmensspitze aufbauen. In diesem Zusammenhang wurde auch Anton Piëch in die Nähe einer Altlast gerückt: »Mein Schwiegersohn kann und soll nicht nach Wien zurück. Er ist vorläufig bei mir tätig. […] Viele drängen sich heran, doch noch immer ist der Richtige, der Große, nicht gekommen. Auch ich bin überzeugt, er wird kommen, denn er muß kommen. Die edlen Kräfte werden doch nicht dauernd ohne Entfaltung sein. Dann sollen sie uns alle wieder kennenlernen.«[102]

Porsche haderte mit dem Schicksal – und daher neigte er wohl auch zum Selbstbetrug, indem er nach außen die Botschaft verbreitete, er gebe weiter den Ton an und sei dabei, die Weichen des Unternehmens für die Zukunft zu stellen. Dies war längst ohne sein aktives Zutun geschehen, doch Ferdinand Porsche nahm die Leistungen seines Sohnes ganz selbstverständlich für sich in Anspruch und gab sie in nuce als die eigenen aus. Dabei war er im Grunde Kostgänger seines Sohnes, solange er nicht auf sein Geschäftsvermögen in Stuttgart zurückgreifen konnte und sein dortiges Privatvermögen – seine Villa am Feuerbacher Weg in Stuttgart – nur Mieteinnahmen abwarf. Es war keine Vortäuschung falscher Tatsachen, wenn sein Steuerberater dem zuständigen Finanzamt kundtat, dass Ferdinand Porsche im Jahr 1948 nur Einkünfte aus Verpachtung und Vermietung erzielt habe und ansonsten »für seine Lebenshaltung […] vorläufig von seinen Kindern gesorgt« werde.[103]

In der Korrespondenz mit »Kamerad Hipp« konnte Porsche der von diesem gestellten Nachfrage nicht ausweichen, warum er nicht wie sein Sohn längst wieder in Stuttgart sei und dort das Kommando übernommen habe. Die Gründe hierfür waren offenkundig: Ferdinand Porsche hatte keinen Zugriff auf sein Betriebsvermögen, solange dies der Property Control unterstand. Für das Familienunternehmen erwies sich die Ausschaltung des Unternehmensgründers als vorteilhaft, weil nur so neue Marktchancen energisch ergriffen werden konnten. Ferdinand Porsche nahm seine Ausschaltung mit ohnmächtigem Grimm hin. Als unter der Leitung seines Sohnes die Stuttgarter Erfolgsgeschichte des Sportwagens begann, befand sich das Geschäftsvermögen der Porsche KG gerade wieder unter Vermögenskontrolle. Erst nach dem Vergleich mit Adolf Rosenberger war der Weg frei für deren Aufhebung.[104] Es spricht Bände, dass Ferdinand Porsche auch in der Beilegung der Rückerstattungssache Rosenberger nicht in Erscheinung trat. Ein kompletter Rollentausch zwischen Vater und Sohn war zu verzeichnen: Während beim Konstruktionsauftrag für den Volkswagen aus dem Jahr 1934 Ferdinand Porsche als Vertragspartner unterzeichnete, trat bei der Beseitigung des letzten juristischen Hindernisses sein Sohn in den Vordergrund. Denn für die Aufbringung der Entschädigungssumme an Adolf Rosenberger – 50 000 DM – erklärten sich die Porsche KG und »Herr Ferdinand Porsche jun.« verantwortlich. Dies lag vor allem daran, dass Adolf Rosenberger den zweiten Teil seiner Entschädigung nicht bar, sondern in Gestalt eines Automobils erhalten sollte, wobei eine Option einer der in Stuttgart hergestellten Porsche-Sportwagen mit einem Verkaufswert von 9850 DM war.[105] Es war Ferry Porsche, der gewissermaßen die juristischen Aufräumarbeiten erledigte, damit sein Vater irgendwann einmal uneingeschränkt in seine Eigentümerrechte an der Porsche KG eintreten konnte.

In der Zwischenzeit war auch das letzte Hindernis ausgeräumt, das einer Rückkehr Ferdinand Porsches nach Stuttgart im Wege stand: die Entnazifizierung. Ferdinand Porsche hatte sich nach seiner Rückkehr aus französischer Haft wohlweislich nach Österreich begeben, weil in der Alpenrepublik ein überaus großzügiger Umgang mit NS-Belasteten üblich war. Vom sicheren Hafen Österreich aus konnte er in Ruhe beobachten, wie in Westdeutschland der ohnehin gebremste Entnazifizierungseifer immer weiter abklang. Im Sommer 1949 schien ihm der richtige Zeitpunkt gekommen, den erforderlichen Meldebogen auszufüllen, und er wies seinen Privatsekretär Kaes an, über Albert Prinzing nach geeigneten Entlastungszeugen Ausschau zu halten.[106] Allzu viel Aufwand musste dieser im Sommer 1949 gar nicht mehr betreiben, da die Spruchkammer bereits nach wenigen Wochen das für Porsche bestmögliche Urteil sprach. Die am 30. August 1949 vorgenommene Einstellung des Verfahrens war nicht zuletzt in pekuniärer Hinsicht von Belang, weil dadurch die Verfahrenskosten von der Staatskasse übernommen wurden und Porsche ungefähr 39 000 DM sparte.[107] Der so vollkommen Entlastete kommentierte den günstigen Ausgang des Verfahrens später mit den Worten: »Ich wurde kostenlos entbräunt. Das ›kostenlos‹ war sehr bedeutend für mich.«[108]

Nicht zufällig kehrte Ferdinand Porsche erst nach Stuttgart zurück, als er wieder in die vollgültige Position des über seine Geschäftsanteile verfügenden persönlich haftenden Gesellschafters der Porsche KG einrücken konnte und auch hinsichtlich seiner Vergangenheit kein Ungemach drohte. Es sollte ihm allerdings nicht mehr viel Zeit bleiben, um an alter Wirkungsstätte noch einmal zu großer Form aufzulaufen. Anfang Januar 1951 wurde er todkrank in eine Stuttgarter Klinik eingeliefert. Als er am 30. Januar 1951 starb, geschah das mit dem Beistand der katholischen Kirche, denn er wurde wenige Tage zuvor mit der Letzten Ölung versehen. Ferdinand Porsche hatte auf seine alten Tage eine nie ganz verschüttete Religiosität wiederentdeckt, wozu die geistliche Betreuung im Militärgefängnis Dijon durch den Benediktinerpater Johannes Kraus beigetragen hatte. Der nun in der Abtei Neresheim tätige Ordensgeistliche hatte Ferdinand Porsche das Sterbesakrament gespendet und hielt auch die Trauerrede.[109] Der Tod des Unternehmensgründers stürzte die Porsche KG nicht in Existenznöte, weil der Sohn längst das Ruder übernommen und das Unternehmen mit strategischem Weitblick vorbereitet hatte für den nationalen und internationalen Wettbewerb. Insofern war der Generationenwechsel längst vollzogen, als Ferdinand Porsche endgültig loslassen musste.

Resümee und Ausblick

Welche zentralen Ergebnisse schälen sich heraus, wenn man die in dieser Studie versammelten Befunde einer nochmaligen systematischen Betrachtung unterzieht? Welche Anschlüsse und weitergehenden heuristischen Perspektiven eröffnen diese Resultate? In gebotener Knappheit seien an dieser Stelle insgesamt drei Hauptthemenfelder benannt, welche die hier präsentierten Erträge erweitern, ohne das vorhandene Erkenntnispotenzial voll auszuschöpfen.

Erstens: Die Geschichte der Dr. Ing. h.c. F. Porsche GmbH/KG gewährt tiefe Einblicke in den Strukturwandel eines erfolgreichen Familienunternehmens. Der geglückte generationelle Übergang von Ferdinand Porsche senior zu Ferdinand Porsche junior (Ferry Porsche) ist gleichbedeutend mit einem Wandel des Unternehmertypus: An die Stelle des Patriarchen, der in seiner Eigenschaft als politischer Unternehmer seine größten Erfolge feierte, trat ein Entrepreneur, der sich ausschließlich unter marktwirtschaftlichen Bedingungen zu bewähren hatte.

Aus diesem Befund lässt sich ablesen, dass die enge Beziehung Ferdinand Porsches zur großen Politik sein Unternehmen auf die Erfolgsspur brachte. Ohne politische Rückendeckung wäre der rasante Aufstieg eines kleinen Anbieters von Konstruktionsleistungen zu einem kompletten Entwicklungsbetrieb für Fahrzeugtechnik nicht möglich gewesen. Aus eigener Kraft hätte die Porsche GmbH das Volkswagen-Projekt nicht zu ihrem profilbildenden Markenzeichen machen und den unternehmerischen Durchbruch schaffen können. Insofern ist die These gewiss nicht übertrieben, dass Ferdinand Porsche ein politischer Konjunkturritter war, der die Nähe zur Politik suchte, um sich unter ungewöhnlich opulenten Bedingungen als Konstrukteur, Entwickler und Hersteller von Versuchsfahrzeugen zu betätigen. Dabei bewies er erhebliches Geschick darin, bei der politischen Spitze – vor allem Hitler und Robert Ley – Sonderaufträge zu akquirieren. Insofern war er keineswegs der völlig unpolitische Ingenieur, der nur in der Welt der Technik zu Hause war und sich nicht um Politik scherte. Im Gegenteil: Ferdinand Porsche stellte sich perfekt auf die Strukturen »neuer Staatlichkeit« (Rüdiger Hachtmann) im NS-Regime ein, die es ihm erlaubten, an eingefahrenen administrativen Strukturen vorbei den direkten Weg zu politischen Entscheidungsträgern einzuschlagen. Dazu war keine vertiefte weltanschauliche Übereinstimmung mit den Kernzielen des Nationalsozialismus erforderlich. Ferdinand Porsche war kein Nationalsozialist in dem Sinne, dass er sich zu den Ideologiekernen des Nationalsozialismus bekannt und/oder eine emotionale Treuebeziehung zu Hitler entwickelt hätte.

Ferdinand Porsche agierte wie ein Opportunist reinsten Wassers, der instinktsicher wie skrupellos die sich bietenden ökonomischen Gelegenheiten zum Ausbau seines Familienunternehmens ergriff. Dezidiert nationalsozialistische Überzeugungen waren für seinen unternehmerischen Erfolg auch gar nicht nötig. Denn die NS-Diktatur bot einer technokratischen Elite, zu der Porsche unzweifelhaft zählte, privilegierte Entfaltungsmöglichkeiten. Ferdinand Porsche revanchierte sich dafür mit Gegenleistungen, die das NS-Regime in propagandistischer Hinsicht (Volkswagen und dessen Derivate) für sich ausschlachtete. Insofern ist man in Anlehnung an ein bekanntes Diktum von Gustav Radbruch geneigt zu formulieren, dass die Behauptung vom unpolitischen Technokratentum, mit dem Porsche und seine Anwälte in der Nachkriegszeit das politische Verhalten Porsches zu erklären versuchten, als Lebenslüge solcher vermeintlichen Nur-Techniker einzuschätzen ist.

Das politische Unternehmertum stieß allerdings selbst unter den privilegierten Bedingungen des Hitler-Regimes an seine Grenzen. Die Studie schärft den Blick dafür, dass Porsche dank einer außergewöhnlichen Konstellation politische Anschubhilfen empfing, die sein Unternehmen in eine neue Dimension katapultierten. Hier liegen Parallelen zu den Bayreuther Festspielen auf der Hand: Im Falle des Wagnerclans wie der Familie Porsche hat die Protektion durch Hitler Strukturen eines erfolgreichen Familienunternehmens geschaffen, das sich nach 1945 neu erfinden musste, um den Anschluss an fundamental andere politische und wirtschaftliche Entwicklungen zu finden. Für das Volkswagen-Projekt stand Ferdinand Porsche nur ein enges Zeitfenster zur Verfügung, das sein Unternehmen allerdings perfekt nutzte, um ein nachhaltiges und selbsttragendes Produkt zu entwickeln, das den Grundstock legte für den wirtschaftlichen Neuanfang unter seinem Sohn. Nachdem der Zweite Weltkrieg die Voraussetzungen, unter denen ein Unternehmer seine Aufträge abwickelte, fundamental verändert hatte, war Ferdinand Porsche mit seinem ressourcenverschlingenden technischen Perfektionismus als Unternehmer aus der Zeit gefallen.

Die Studie vermag weiterhin zu zeigen, dass die heikle Phase der Nachfolgeregelung in diesem jungen Familienunternehmen vor allem dank ungewöhnlicher äußerer Umstände gemeistert wurde. Da der Unternehmenspatriarch durch französische Militärbehörden aus dem Verkehr gezogen wurde, wurde der Wechsel auf der Leitungsebene der Porsche KG unumgänglich.

Kronprinz Ferry Porsche, der sich schon seit längerem darauf vorbereitet hatte, übernahm nun die Verantwortung für die strategische Gesamtausrichtung des Unternehmens. Entscheidend ist, dass mit dem Generationenwechsel ein Wechsel des Unternehmertypus verbunden war. Ferry Porsche emanzipierte sich sowohl vom patriarchalischen Führungsstil seines Vaters als auch von dessen Vorliebe für staatsnahe und damit politikaffine Aufträge. Der Sohn setzte – erstmals in der Unternehmensgeschichte – auf familienexternen Sachverstand auf der Führungsebene (Albert Prinzing) und auf Produkte, über deren Erfolg allein der in- und ausländische Markt entschied. Damit hielt ein neuer unternehmerischer Geist Einzug, der mit der respektvollen Pflege der Familientradition einherging und dem Gründervater die Illusion erhielt, weiterhin am operativen Geschehen beteiligt zu sein.

Zweitens: Das Beispiel Porsche zeigt, dass Familienunternehmen immer wieder neue Formen finden müssen, um die Familieninteressen mit denen des Unternehmens zu synchronisieren. Politische Umbrüche bedeuten für die innerfamiliär ausgebildeten Kommunikationsstrukturen und Hierarchien dabei besondere Bewährungsproben, wenn sie mit tiefen Eingriffen in Eigentumsrechte einhergehen.

Die Familie Porsche-Piëch verband lange Zeit eine symbiotische Beziehung mit der Porsche GmbH/KG: Familie und Unternehmen verschmolzen von 1931 bis 1944 zu einer Einheit – und dieser Prozess wird nirgendwo so sinnfällig wie in Porsches Privathaus am Feuerbacher Weg 48 in Stuttgart. Diese Immobilie diente als Leitzentrale des Unternehmens, beherbergte als Mehrfamilienhaus den Familienkern und bot zugleich noch Platz für die Herstellung erster Versuchsfahrzeuge des legendären Volkswagens in Heimarbeit. Doch die Unternehmensverlagerung nach Österreich hinterließ tiefe Risse im Familienverbund. Es entstand ein »Kreis ohne Meister« (Ulrich Raulff), ohne unternehmerischen Leitstern. Dies lag nicht allein daran, dass Ferdinand Porsche fast zwei Jahre lang in Frankreich inhaftiert und damit sozusagen aus dem Verkehr gezogen war. Entscheidender ist das Faktum, dass die beiden Porsches – Vater und Sohn – nach Kriegsende in ihren Eigentumsrechten hinsichtlich des Betriebsvermögens der Porsche KG eingeschränkt waren und sich die innerfamiliäre Balance zugunsten des Piëch-Zweigs zu verschieben drohte – und zwar hauptsächlich, weil Ferdinand Porsche die Einbürgerung nach Österreich verwehrt wurde.

Systematisch ist diese Beobachtung deswegen ertragreich, weil sie erkennen lässt, wie eng in Familienverbünden handelsrechtliche, eigentumsrechtliche und staatsrechtliche Fragen miteinander verwoben sein können. Dass ein Familienunternehmen passende handelsrechtliche Strukturen sucht, um die familieninterne Unternehmenskontrolle besser ausüben und

Steuern sparen zu können, macht die Umwandlung der Porsche GmbH in eine Porsche KG im Dezember 1937 deutlich. Dieser Übergang von einer Kapital- zu einer Personengesellschaft bildet die unumkehrbar erscheinende Option für ein reines Familienunternehmen ab, das nur Familienmitglieder als Gesellschafter akzeptierte. Die eigentliche Belastungsprobe für diese Rechtsform ergab sich durch den Zugriff der amerikanischen Besatzungsmacht auf das in Stuttgart verbliebene Betriebsvermögen der Porsche KG, während das nach Kärnten verbrachte Gesellschaftsvermögen bald freigegeben wurde. Dass die alliierte Property Control eine überaus scharfe Waffe bei der Entnazifizierung und Neuordnung der deutschen Wirtschaft war, wird an diesem Beispiel offensichtlich und sollte durch künftige Forschungen akzentuiert werden. Durch diese Kontrolle entstand eine eigentumsrechtliche Schieflage zugunsten des österreichischen Betriebsvermögens der Porsche KG, was den österreichischen Standort nicht nur wirtschaftlich aufwertete, sondern auch dazu beitrug, dass sich der österreichische Zweig gesellschaftsrechtlich von der Mutter Porsche KG separierte. Allem Anschein nach ging diese Trennung mit einer die Porsche KG letztlich schädigenden Vermögensübertragung auf eine neue Porsche GmbH österreichischen Rechts einher. Damit zerfiel der Familienverbund in zwei Hälften. Dass es dazu kam, hing wesentlich damit zusammen, dass die staatsbürgerschaftliche Einheit der Familie Porsche-Piëch durch politische Umstände zerschlagen worden war. Der Umstand, dass die Piëchs die österreichische Staatsbürgerschaft erhielten, während die Porsches trotz entsprechender Ersuchen nicht eingebürgert wurden, bildet einen tiefen Einschnitt in der Unternehmensgeschichte. Denn daraus ergab sich, dass Ferdinand Porsche und seinem Sohn die Unternehmensführung einer Porsche-Gesellschaft in Österreich nicht übertragen werden konnte, da diese allein österreichischen Staatsbürgern vorbehalten war. In der Konsequenz bedeutete das die Vertreibung Ferry Porsches aus Österreich: Da er in Kärnten oder Salzburg in unternehmerischen Führungspositionen nicht tätig werden konnte, wandte er sich der alten Wirkungsstätte in Stuttgart zu. Die Verweigerung der Einbürgerung wurde damit zur wirtschaftshistorischen Weichenstellung, von der letztlich kein Standort so sehr profitierte wie Stuttgart.

Insgesamt empfiehlt es sich, rechtshistorische Themen stärker in die Unternehmensgeschichte zu integrieren. Dabei geht es nicht nur um die Frage, wie bestimmte Unternehmensformen in optimale handelsrechtliche Konstruktionen überführt werden. Das Beispiel Porsche führt deutlich vor Augen, welches Erkenntnispotenzial eine unternehmens- und kulturgeschichtliche Erweiterung des Patentrechts birgt. Patente stecken zum einen wirtschaftliche Kampfzonen ab, weil deren Anfechtung, Ignorierung und

Aushebelung zumindest im Untersuchungszeitraum dieser Studie zum wirtschaftlichen Alltag zählte. Unternehmen konkurrierten nicht zuletzt an der Patentfront miteinander. Gerade hier wurden besonders heftige Schlachten geschlagen. Die Auseinandersetzungen der Porsche GmbH/KG auf diesem Sektor mit Daimler-Benz wie mit der DAF verdeutlichen, welche Allianzen geschmiedet wurden, wenn es darum ging, vom materiellen Wert derartiger Schutzrechte zu profitieren. Insofern ermöglichen Patentstreitigkeiten einen Seiteneinstieg in ein Geschäftsgebaren, in dem immer auch gesellschaftliche Regeln beim Umgang mit solchen Normverletzungen verhandelt werden. Änderungen im Patentrecht lassen sich daher nie lösen von Verschiebungen des Diskurses darüber, was als innovativ gilt und welche Rolle der Figur des Erfinders zukommt bei der rechtlichen Sicherung geistigen Eigentums. Für ein aussichtsreiches Forschungsfeld namens Innovationskulturen sollten Entstehung, rechtliche Absicherung und kämpferische Verteidigung von Patenten einen geradezu idealen Untersuchungsgegenstand abgeben. Das hier präsentierte Exempel weist darauf hin, wie stark eine kreativitätsfördernde Unternehmenskultur die Anmeldung von Patenten begünstigt. Zugleich sensibilisiert es hinsichtlich der erfinderischen Fallhöhe bewilligter Patente: Masse ist nicht gleich Klasse; und ein rein quantifizierender Zugriff auf technische Schutzrechte wird der technikhistorischen wie unternehmensgeschichtlichen Dimension dieses Querschnittsthemas nicht gerecht.

Drittens: Eine der Hauptursachen für den rasanten ökonomischen Erfolg des ersten in Eigenregie hergestellten Kraftfahrzeugs – des Porsche 356 – liegt in dessen kultureller Veredelung. Die Porsche KG profitierte bei ihrem riskanten Einstieg in die Sportwagenproduktion von einer einzigartigen Konstellation, nämlich einer absatzfördernden Dynamik von Erfahrung und Erwartung, die durch die bisherige Produktpalette der Porsche GmbH erzeugt wurde.

Dass hochwertige Güter – und damit auch Personenkraftwagen – nicht allein aufgrund ihrer Qualität abgesetzt werden, bedarf keiner ausführlichen Erläuterung. Wenn sie den begehrten Status eines Markenartikels erhalten, sind in diese Produkte neben dem reinen Gebrauchswert Imaginationen eingeflossen, deren ökonomische Werthaltigkeit sich im Verkaufspreis widerspiegelt. Die Erfolgsgeschichte des einzigen Produkts der Porsche KG in ihren frühen Jahren als Automobilhersteller – des Typs 356 – beruht mithin nicht zuletzt darauf, dass dieser Sportwagen ungeachtet seiner technischen Perfektion mit Vorstellungen kultureller Art aufgeladen werden konnte, die maßgeblich für seinen Siegeszug im In- und Ausland waren – und zwar deswegen, weil an bereits vorhandene und deswegen abrufbare imaginative Muster eines »Porsche« angeknüpft werden konnte.

Es lässt sich daher pointiert und bildhaft formulieren, dass der »Porsche 356« den Rahm abschöpfte, der sich durch die Vielzahl der mit dem Namen Porsche verbundenen Produkte gebildet hatte. Der Sportwagen krönte die stolze Ahnengalerie der von der Porsche GmbH/KG entwickelten und mit ihr kommunikativ verwobenen Fahrzeuge: der für Auto Union konstruierten P-Rennwagen; der »Volkswagen« als eigentliches Prunkstück; die auf den Kriegsschauplätzen omnipräsenten Varianten Kübelwagen und Schwimmwagen und auch der von Porsche entwickelte Ackerschlepper. Alle diese Fabrikate häuften ein über ihren puren technischen Nutzen hinausreichendes Imaginationspotenzial an, das bis zum Einstieg in die Sportwagenproduktion aber noch nicht mit dem Produktnamen »Porsche« belegt worden war. Der Porsche-Sportwagen war mithin das erste legitimierte Kind aus dem Hause Porsche, das den Namen seiner Schöpfer weitertrug – und darin liegt ein entscheidender Grund für die diskursive Karriere des Typs 356.

Es lohnt sich, in diesem Zusammenhang zwei vom Großmeister der Geisteswissenschaften, Reinhart Koselleck, in die Debatte geworfene Begriffe für eine begriffs- und kulturgeschichtlich sensible Wirtschaftsgeschichte fruchtbar zu machen: Erfahrungsraum und Erwartungshorizont.[1] Im Anschluss an luzide Überlegungen von Werner Plumpe[2] und unter Rekurs auf jüngste Forschungen, die Kosellecks Ansatz produktiv weiterdenken,[3] führt ein Transfer dieser anregenden Vorüberlegungen zum Befund, dass die Porsche KG in der Ägide Ferry Porsches das schwierige Problem des Erwartungsmanagements optimal bewältigte und dass darin eine Hauptursache für den rasanten wirtschaftlichen Aufstieg der frühen 1950er Jahre lag. Nicht nur in der Politikgeschichte stößt man auf Konstellationen, in denen nicht gezügelte Erwartungen eine Eigendynamik erzeugen, die mit realen Erfahrungen kollidiert. Die analytische Kategorie, die das jähe Auseinanderklaffen von positiver Erwartung und negativer Erfahrung markiert, ist der Begriff »Enttäuschung«. Überträgt man diesen Zugriff auf die frühen Jahre der Porsche KG als Sportwagenhersteller, kann man konstatieren, dass das Unternehmen – eine herausragende technische Qualität seines Sportwagens veranschlagt – gegen eine solche für den Absatzerfolg verheerende Enttäuschung strukturell gefeit war. Einerseits hatten die bisherigen, mit dem Namen »Porsche« assoziierten Fahrzeuge einen für das Unternehmen günstigen Erwartungshorizont etabliert. Wenn nun ausgerechnet ein Sportwagen erstmals das Adelsprädikat »Porsche« trug, verdichteten sich darin die bisher angesammelten Erwartungen. Die Konfrontation mit dem Erfahrungsraum der praktischen Bewährung des Typs 356 konnte andererseits nur sanft ausfallen. Denn es war erwartungsvolle Neugier, mit der Käufer und Nutzer des Typs 356 das erste Fahrzeug musterten, mit dem sich die Porsche KG als Serienhersteller versuchte. Es gab mithin noch keinen festen Maßstab für einen Porsche-Sportwagen, als das Unternehmen an der Jahreswende 1949/50 von Stuttgart aus den Weltmarkt für Sportwagen mit einem unverwechselbaren Produkt zu erobern begann. Das Enttäuschungspotenzial wächst allerdings mit Dauer und Ausmaß der Eigengeschichte von hochwertigen Markenprodukten. Erfolgen ausgerechnet in einer solchen Phase massive Verstöße gegen selbstgesetzte Maßstäbe[4] und werbewirksam vorgetragene Selbstverpflichtungen, und werden diese von der Medienlandschaft intensiv debattiert, kann eine Produktenttäuschung leicht in einen veritablen Skandal umschlagen.[5] Vor dem Hintergrund dieser Überlegungen zeigt die vorliegende Studie auch den Beginn eines Erwartungsmanagements auf, der unternehmerische Handlungsspielräume in je spezifischer Weise sowohl eröffnen als auch begrenzen kann. Damit steigt die Bedeutung professioneller unternehmerischer Kommunikation geradezu exponenziell an. Die Geschichte der Porsche GmbH/KG im Zeitraum von 1931 bis 1951 spielt sich in einer davon noch unberührten Zeitspanne ab, als sich das Familienunternehmen auf familiäre Binnenkommunikation beschränken wollte und konnte. Man wird allerdings mit guten Gründen annehmen dürfen, dass unternehmerisches Handeln gerade im Schoße von Familienunternehmen, deren Leitbilder aus der eigenen Familiengeschichte erwachsen sind, zunehmend strategisch auf Erwartungen und Enttäuschungen reagieren muss. Damit erschließen sich für eine kultur- und kommunikationsgeschichtlich orientierte Unternehmensgeschichte heuristisch ergiebige neue Forschungsfelder.

ANHANG

Dank

Die Verfasser der vorliegenden Studie möchten an dieser Stelle mehr als nur pflichtschuldigen Dank all denen abstatten, welche dieses Opus in statu nascendi begleitet haben.

Dr. Carolin Lange hat das Projekt in seiner Anfangsphase unterstützt; Dr. Christoph Raichle hat seine reichhaltige Expertise in die Endphase des Projekts intensiv eingebracht; Dr. Sebastian Rojek hat kreative Ideen zur Einordnung und Konfiguration beigesteuert. Ulf von Malberg hat bereitwillig wichtige Auskünfte gewährt; PD Dr. Martin Cüppers hat in Detailfragen sein Expertenwissen zur Verfügung gestellt. Die Mitarbeiter der konsultierten Archive haben das Projekt engagiert unterstützt; dies gilt vor allem für Wolfgang Rabus. Das gesamte Team des Porsche-Archivs hat es ermöglicht, dass die archivalischen Hinterlassenschaften der Porsche GmbH/KG den Verfassern auf unbürokratische Weise zugänglich gemacht wurden. Als organisatorische Schaltstelle fungierte von Anfang an Doina Pyta, bei der alle Fäden zusammenliefen und die mit strategischem Weitblick und unermüdlichem Engagement alle Projektphasen koordinierte. Schließlich haben auch die studentischen Mitarbeiter der Abteilung Neuere Geschichte der Universität Stuttgart in vielfältiger Weise ihren Teil zum Abschluss des Projekts beigetragen, besonders gedankt sei hier Arne Kolb, Dominic Götz und Markus Jung.

Anmerkungen

Einleitung

1 Vgl. Dr. Ing. h.c. F. Porsche AG: *Geschäfts- und Nachhaltigkeitsbericht der Porsche AG 2016*, Stuttgart 2016.

2 Pars pro toto sei hier genannt die Studie von Dirk-Michael Conradt: *Porsche 356. Fahren in seiner schönsten Form*, Stuttgart 2000.

3 Dies gilt auch für die umfangreichen Arbeiten von Karl Ludvigsen, eines US-amerikanischen Motorsportjournalisten, der mit großem Eifer verschiedene Etappen der Geschichte Ferdinand Porsches und seines Unternehmens untersucht hat, siehe vor allem Karl Ludvigsen: *Ferdinand Porsche – Genesis des Genies*, Bielefeld 2010, sowie ders.: *Professor Porsche's Wars: The Secret Life of Legendary Engineer Ferdinand Porsche Who Armed Two Belligerents Through Four Decades*, South Yorkshire 2014.

4 Hier ist besonders ergiebig die bemerkenswerte Untersuchung von Chris Barber: *Der Käfer. Ferdinand Porsche und die Entwicklung des Volkswagens*, Bielefeld 2003.

5 Zum Verhältnis von wirtschaftlichem und sportlichem Wettbewerb vgl. Wolfram Pyta: »Der Beitrag von Leistung und Wettbewerb zur Karriere des Sports in Deutschland«, in Markus Denzel (Hg.): *Wirtschaftlicher und sportlicher Wettbewerb*, Stuttgart 2009, S. 239–256; grundsätzliche Ausführungen bei Wolfram Pyta: »Geschichtswissenschaft und Sport – Fragestellungen und Perspektiven«, in *Geschichte in Wissenschaft und Unterricht* 61 (2010), S. 388–401.

6 Vgl. dazu die vorzügliche Darstellung von Rüdiger Hachtmann: *Das Wirtschaftsimperium der Deutschen Arbeitsfront 1933–1945*, Göttingen 2012.

7 Vgl. Neil Gregor: »Wissenschaft, Politik, Hegemonie. Zum Boom der NS-Unternehmensgeschichte«, in Norbert Frei/Tim Schanetzky (Hg.): *Unternehmen im Nationalsozialismus. Zur Historisierung einer Forschungskonjunktur*, Göttingen 2010, S. 79–93.

8 Aus der Fülle seien exemplarisch herausgegriffen Peter Hayes: *Die Degussa im Dritten Reich*, München 2004; Jürgen Finger/Sven Keller/Andreas Wirsching: *Dr. Oetker und der Nationalsozialismus*, München 2013; Joachim Scholtyseck: *Der Aufstieg der Quandts*, München 2011.

9 Dazu Johannes Bähr/Paul Erker: *Bosch. Geschichte eines Weltunternehmens*, München 2013, vor allem S. 193–235.

10 Vgl. Joachim Scholtyseck: *Robert Bosch und der liberale Widerstand gegen Hitler 1933 bis 1945*, München 1999.

11 »Die Grundfarben der Geschichte sind nicht Schwarz und Weiß, ihr Grundmuster nicht der Kontrast eines Schachbretts; die Grundfarbe der Geschichte ist grau, in unendlichen Schattierungen.« Thomas Nipperdey: *Deutsche Geschichte 1866–1918*, Bd. 2, München 1992, S. 905.

12 Dieses Thema ist in der Forschung bislang unterbelichtet; erste Ansätze bei Matthias Pape: *Ungleiche Brüder*, Köln 2000; zur zentralen Rolle des österreichischen Bundes-

ministeriums für Vermögenssicherung und Wirtschaftsplanung vgl. als ersten Einstieg die gehaltvolle Studie von Peter Böhmer: *Wer konnte, griff zu. »Arisierte« Güter und NS-Vermögen im Krauland-Ministerium (1945–1949)*, Wien/Köln 1999.

13 Vgl. hierzu die empirisch wie methodisch vorbildliche Studie von Christina Lubinski: *Familienunternehmen in Westdeutschland*, München 2010.

14 Siehe vor allem das Plädoyer von Werner Plumpe: »Unternehmer – Fakten und Fiktionen«, in ders. (Hg.): *Unternehmer – Fakten und Fiktionen. Historisch-biografische Studien*, München 2014, S. 1–26; monographisch eingelöst hat Plumpe den in diesem Aufsatz skizzierten Ansatz in Werner Plumpe: *Carl Duisberg 1861–1935. Anatomie eines Industriellen*, München 2016.

15 Ein vergleichbarer Ansatz findet sich auch bei Lubinski, *Familienunternehmen*, S. 26.

16 Zum Faktor Unternehmenskultur vgl. die ergiebigen Ausführungen von Clemens Wischermann: »Kultur«, in Clemens Wischermann/Katja Patzel-Mattern/Martin Lutz/Thilo Jungkind (Hg.): *Studienbuch institutionelle Wirtschafts- und Unternehmensgeschichte*, Stuttgart 2015, S. 166–179; siehe auch Hartmut Berghoff: »Unternehmenskultur und Herrschaftstechnik. Industrieller Paternalismus: Hohner von 1857 bis 1918«, in *Geschichte und Gesellschaft* 23 (1997), S. 167–204; zu den heuristischen Potenzialen des Cultural turn für die Wirtschaftsgeschichte vgl. generell Hartmut Berghoff/Jakob Vogel (Hg.): *Wirtschaftsgeschichte als Kulturgeschichte. Dimensionen eines Perspektivenwechsels*, Frankfurt am Main/New York 2004.

17 Vgl. dazu Peter Theiner: *Robert Bosch*, München 2017.

18 Zu Treue als gemeinschaftsstiftende Beziehung vgl. die anschlussfähigen Ausführungen bei Nikolaus Buschmann/Karl Borromäus Murr: *Treue. Politische Loyalität und militärische Gefolgschaft in der Moderne*, Göttingen 2008.

19 Vgl. exemplarisch Ludvigsen, *Porsche*.

20 Schreiben Ferdinand Porsches an General Helmut Hipp, 1. April 1949, PA. F.F1.3.1/22.

21 »Jacob Lohner & Co. K.u.k. Hof-Wagen- & Automobil-Fabrik. Erstes Elektromobil, System Lohner-Porsche«, in *Allgemeine Automobil-Zeitung. Officielle Mitteilungen des Oesterreichischen Automobil-Club*, Nr. 19, Bd. I, Wien und Berlin, 13. Mai 1900.

22 Vgl. dazu u. a. Reinhard Osterroth: *Ferdinand Porsche. Der Pionier und seine Welt*, Hamburg 2004.

Kapitel 1

1 Die gründlichste und materialreichste Studie zu Porsche folgt ganz explizit diesem Narrativ und soll hier pars pro toto herangezogen werden: Ludvigsen, *Porsche*.

2 Ferdinand Porsche, Lebenslauf, Anfang Mai 1943, »Vom ›Schwarzhörer‹ zum Dr. h.c.«, in PA. M.K1.5.48/9.

3 Die wichtigsten geschichts- und literaturwissenschaftlichen deutschsprachigen Beiträge zur historischen Memorik und Autobiographieforschung sind Johannes Fried: *Der Schleier der Erinnerung. Grundzüge einer historischen Memorik*, München 2004; Volker Depkat: *Lebenswenden und Zeitwenden. Deutsche Politiker und die Erinnerungen des 20. Jahrhunderts*, München 2007; Michaela Holdenried: *Autobiographie*, Stuttgart 2000; Martina Wagner-Egelhaaf: *Autobiographie*, Stuttgart/Weimar 2005.

4 Grundlegend zu Castiglioni ist die materialreiche Studie von Dieter Stiefel: *Camillo Castiglioni oder Die Metaphysik der Haifische*, Wien 2012.

5 Zum Grafen Kolowrat-Krakowsky fehlen eingehende wissenschaftliche Studien; erste Einblicke bei Martin Pfundner: *Austro Daimler und Steyr*, Wien 2007, S. 82–87, sowie Ludvigsen, *Porsche*, S. 327–361.

6 Vgl. hierzu Gregor Gatscher-Riedl: »Hollywood an der Donau. Zum 120. Geburtstag des böhmisch-österreichischen Filmpioniers und Bonvivants Alexander Kolowrat-Krakowsky (1886–1927)«, in *Wiener Geschichtsblätter* 61 (2006), S. 60.

7 Vgl. Ludvigsen, *Porsche*, S. 386.

8 1924 betrug Porsches Jahressalär die vergleichsweise geringe Summe von 1250 Reichsmark; allerdings wurde ihm eine jährliche Tantieme von 20 000 Reichsmark garantiert, vgl. den Dienstvertrag zwischen der DMG und Porsche vom März 1924, der rückwirkend zum 1. Januar 1924 in Kraft trat, Historisches Archiv der Deutschen Bank (HADB), PO 3264.

9 Schreiben Porsches an den Aufsichtsratsvorsitzenden der Daimler-Benz AG, Emil Georg von Stauß, 7. März 1928, ebd.

10 Undatierter Vertragsentwurf Porsches, Frühjahr 1928, ebd.

11 Diese Angaben im Schreiben von Carl Jahr an von Stauß, 23. August 1928, ebd.

12 Schreiben von Stauß an Porsche, 18. August 1928, ebd.

13 Aktennotiz für von Stauß, 29. November 1928, ebd.

14 Vgl. das Urteil des Landgerichts Stuttgart vom 22. November 1929, abschriftlich überliefert ebd.

15 Vgl. das Schreiben Porsches an von Stauß, 1. April 1930, ebd.

16 Vgl. das Schreiben von Stauß an Porsche, 18. August 1928, ebd.

17 Vgl. den instruktiven Beitrag von Adelheid von Saldern: »Rauminszenierungen. Bürgerliche Selbstrepräsentation im Zeitenumbruch (1880–1930)«, in Werner Plumpe/Jörg Lesczenski (Hg.): *Bürgertum und Bürgerlichkeit zwischen Kaiserreich und Nationalsozialismus*, Mainz 2009, S. 39–55.

18 Diese Definition von »Bürgerlichkeit« erfolgt in Anlehnung an die Ausführungen von Manfred Hettling: »Bürgerliche Lebensführung in der Moderne«, in Wolfram Pyta/Carsten Kretschmann (Hg.): *Bürgerlichkeit. Spurensuche in Vergangenheit und Gegenwart*, Stuttgart 2016, S. 11–36.

19 Dieser Lebensstil Porsches wird vor allem aus den Tagebüchern seines geistesverwandten Oberingenieurs Karl Rabe ersichtlich – vgl. exemplarisch die Eintragungen vom 3., 11. und 25. Dezember 1932. Bezeichnend ist, dass Porsches Oberingenieur mit seiner Frau am 26. Dezember 1932 einer *Tannhäuser*-Aufführung in der Stuttgarter Oper beiwohnte, die Porsche in seiner Stuttgarter Zeit allem Anschein nach nie zu Vorstellungen betreten hat; alle Angaben nach den Tagebüchern von Karl Rabe, Porsche-Archiv.

20 Vgl. dazu die Abbildung bei Ludvigsen, *Porsche*, S. 387.

21 Die Stuttgarter Hochschule verzichtete auf die lateinische Bezeichnung und vergab am 4. Juni 1924 stattdessen die Würde eines »Dr.-Ing. e. H.« in Anerkennung von Porsches »hervorragenden Leistungen beim Kraftwagenbau im allgemeinen und insbesondere als Konstrukteur des siegreichen Wagens im Targa-Florio 1924«; diese Urkunde findet sich in PA. F.F1.6.1/10.

22 Einer seiner engsten Mitarbeiter, Oberingenieur Karl Rabe, hat in allen seinen Tagebucheintragungen von 1931 an Ferdinand Porsche nie anders als »Dr. P« bezeichnet.

23 Zu den strukturellen Problemen innerfamilialen Verhaltens vgl. die vorzügliche

Studie von Simone Derix: *Die Thyssens. Familie und Vermögen*, Paderborn 2016, vor allem S. 54–61.

24 Zu Ferry Porsche vgl. John Bentley/Ferry Porsche: *Porsche. Ein Traum wird Wirklichkeit*, Düsseldorf 1980, vor allem S. 30–67.

25 In der protestantischen Waldkirche am Kräherwald in der Nähe von Porsches Villa, vgl. dazu die Eintragung im Tagebuch Rabe, 10. Januar 1935, Porsche-Archiv.

26 Vgl. Derix, *Thyssens*, vor allem S. 90–97.

27 Vgl. Bentley/Porsche, *Porsche*, vor allem S. 66–74.

28 Die Definition eines Familienunternehmens erfolgt hier unter Rekurs auf folgende, im Kern übereinstimmende Begriffsofferten: Derix, *Thyssens*, S. 12f.; Susanne Hilger: »›Under Reconstruction‹ – Familienunternehmen als Gegenstand der jüngeren wirtschaftshistorischen Forschung«, in Susanne Hilger/Ulrich S. Soénius (Hg.): *Netzwerke – Nachfolge – Soziales Kapital. Familienunternehmen im Rheinland im 19. und 20. Jahrhundert*, Köln 2009, S. 9–22, hier vor allem S. 17f.; Sabine B. Klein: *Familienunternehmen. Theoretische und empirische Grundlagen*, Wiesbaden 2004, vor allem S. 2–5; Christina Lubinski: *Familienunternehmen in Westdeutschland*, München 2010, vor allem S. 18–20; ergiebig ist ebenfalls die aus Sicht von Praktikern und Rechtswissenschaftlern verfasste Schrift: Barbara Dauner-Lieb/Götz Freudenberg/Götz W. Werner (Hg.): *Familienunternehmen im Fokus von Wirtschaft und Wissenschaft*, München 2014.

29 Zur Definition von Unternehmertum vgl. die analytisch tiefschürfenden Ausführungen von Plumpe, »Unternehmer«, S. 1–26, vor allem S. 8.

30 Zu dieser Koppelung vgl. in methodischer Hinsicht die Ausführungen bei Derix, *Thyssens*, vor allem S. 17–27.

31 Hierzu nähere Ausführungen bei Steffen Großmann: *Konflikte und Krisen in Familienunternehmen*, Göttingen 2014, vor allem S. 37f.

32 So in einer für den Aufsichtsratsvorsitzenden von Stauß angefertigten Aktennotiz, 29. November 1928, HADB, PO 3264.

33 Zur narrativen Konstitution von Unternehmerfamilien vgl. Mirko Zwack: *Die Macht der Geschichten. Erzählungen als Form der Wertevermittlung in Familienunternehmen*, Heidelberg 2011, vor allem S. 79–100.

34 Vgl. die versammelten Aussagen der Kinder- und Enkelgeneration über Ferdinand Porsche in der Studie von Stefan Aust/Thomas Ammann: *Die Porsche-Saga. Eine Familiengeschichte des Automobils*, Köln 2012.

35 Dazu überaus ergiebig Lubinski, *Familienunternehmen*, vor allem S. 130–139; siehe auch Kim Christian Priemel: »Heldenepos und bürgerliches Trauerspiel. Unternehmensgeschichte im generationellen Paradigma«, in Björn Bohnenkamp/Till Manning/Eva-Maria Silies (Hg.): *Generation als Erzählung*, Göttingen 2009, S. 107–128.

36 Der Journalist und Automobilfunktionär Hans Bretz hatte sich vergeblich bemüht, die Zustimmung Porsches zu einer Biographie zu gewinnen, vgl. dazu sein Schreiben an Porsche vom 26. September 1938, in dem er zu Recht mutmaßte, dass Porsche »diese Idee vielleicht widerstrebt«, PA. F.F1.3.1/6.

37 Herbert A. Quint: *Porsche. Der Weg eines Zeitalters*, Stuttgart 1951.

38 Vgl. die biographisch ergiebige Darstellung seines Sohnes Donald von Frankenberg: *Richard von Frankenberg – Mit Vollgas durchs Leben*, Bielefeld 2009. Der 1922 geborene Frankenberg hatte über seine Großmutter mütterlicherseits jüdische Wurzeln

und stand dem Nationalsozialismus so ablehnend gegenüber, dass er Ende 1944 zu britischen Truppen überlief, ebd., S. 29–33.

39 Vgl. insbesondere seine Erinnerungen: Ferry Porsche/Günther Molter: *Ferry Porsche. Mein Leben*, Stuttgart 1989.

40 Vgl. die für den journalistischen Arbeitsstil – Verzicht auf Archivstudien und Rückgriff auf auskunftsfreudige »Zeitzeugen« – bezeichnende Studie von Georg Meck: *Auto – Macht – Geld. Die Geschichte der Familie Porsche-Piëch*, Berlin 2016.

41 Vgl. dazu das Opus des Journalisten und Autors Gunter Haug: *Ferdinand Porsche – Ein Mythos wird geboren*, Schwaigern 2012, in dem sich der Autor (S. 443) ausdrücklich für die redaktionelle Arbeit des Sohnes von Karl Rabe, Dr. Heinz Rabe, bedankt.

42 Zu Porsches Engagement bei Steyr vgl. Pfundner, *Austro Daimler und Steyr*, vor allem S. 56–58, 70–75 und 133–142, sowie Ludvigsen, *Porsche*, S. 428–451.

43 Vgl. dazu generell Adam Tooze, *Sintflut. Die Neuordnung der Welt 1916–1931*, München 2015, S. 607ff., sowie Reiner Flik: *Von Ford lernen? Automobilbau und Motorisierung in Deutschland bis 1933*, Köln 2001, S. 197 und 294.

44 So die bei Ludvigsen, *Porsche*, S. 428, aufgeführte Stimme.

45 Vgl. hierzu und zum Folgenden Sergej V. Žuravlev: *»Ich bitte um Arbeit in der Sowjetunion«: Das Schicksal deutscher Facharbeiter im Moskau der 30er Jahre*, Berlin 2003, S. 38ff.

46 Vgl. zu den deutsch-sowjetischen Beziehungen dieser Zeit die aus reichem archivalischen Material geschöpfte Studie von Jörn Happel: *Die Sowjetunion erklären. Gustav Hilger im deutsch-sowjetischen Jahrhundert*, Habilitationsschrift, Basel 2015, vor allem S. 168–178.

47 Die wichtigte Quelle über die Reise Porsches in die Sowjetunion sind die Eintragungen im Tagebuch Karl Rabe vom 22. Mai 1931 sowie 1. Juni 1931, Porsche-Archiv; siehe auch die Eintragungen im Itinerar Porsches, 23. Mai 1931 bis 5. Juni 1931, PA. M.K1.1.1/27.

48 Vgl. dazu Hilger, *Reconstruction*, S. 16, sowie Derix, *Thyssens*, S. 36–38.

49 Eine begriffs- und theoriestarke Annäherung liegt vor in der interdisziplinär anschlussfähigen Studie von Sebastian Hösch: *Heimat als kulturelle Praxis*, Diss. Phil., Stuttgart 2015, vor allem S. 11–80; ergiebig auch die philosophische Habilitationsschrift von Karin Joisten: *Philosophie der Heimat – Heimat der Philosophie*, Berlin 2003.

50 Emil Matzig hatte Anfang März 1952 eine handschriftliche, 28 Seiten starke Ausarbeitung über Porsches »Jugenderinnerungen aus Maffersdorf« verfasst, in der er auch das Schreiben Porsches an ihn vom 19. März 1937 wörtlich wiedergab; Fundort PA. F.F1.1.1/20; alle Zitate Bl. 9f.

51 Eintragung im Tagebuch Rabe, 11. Februar 1932; Porsche hatte beruflich im nahegelegenen Zittau zu tun; vgl. als Auswahl auch weitere Tagebucheintragungen vom 2. November 1931, 18. Mai 1932, 25. September 1932, 12. und 13. Februar 1937 sowie 19. und 21. Dezember 1937, Porsche-Archiv.

52 Porsche an den Maffersdorfer Bürgermeister Alfred Wünsch, 1. Februar 1943, PA. M.K1.4.2/67.

53 Kales kam 1901 in der Nähe des böhmischen Leitmeritz zur Welt; vgl. dessen Kurzlebenslauf aus dem Jahr 1961, PA. M.K4.1.1/1.

54 Fröhlich wurde 1898 im oberösterreichischen Steyr geboren, vgl. seinen Heimatschein, PA. M.F1.1.1/10.

55 Zahradnik erblickte im Jahr 1900 in Niederösterreich das Licht der Welt und sam-

melte seine beruflichen Erfahrungen bei Austro-Daimler und Steyr, ehe er Porsche auf dem Weg in die Selbstständigkeit begleitete, vgl. seinen Lebenslauf aus dem Jahr 1974, PA. M.Z2.1.1/1.

56 Dies zeigt das Beispiel der Industriellenfamilie Thyssen; siehe dazu Derix, *Thyssens*, S. 36–38.

57 So auch im Fall der Thyssens, vgl. ebd., S. 219–232.

58 Vgl. hierzu Stephan D. Prym: *Die Bedeutung von Sozialkapital beim Internationalisierungsprozeß von Familienunternehmen*, Lohmar 2014, vor allem S. 16f.

59 Dazu der instruktive Band von Plumpe/Lesczenski (Hg.), *Bürgertum und Bürgerlichkeit*.

60 Vgl. Plumpe, *Duisberg*, S. 12.

61 Schreiben von Ghislaine Kaes an Major von Wißen, Reichsluftfahrtministerium, 22. März 1943, PA. M.K1.4.3/87.

62 Vgl. Plumpe, *Duisberg*, S. 14.

63 Ebd., S. 257.

64 Vgl. ebd., S. 255–269.

65 Dazu die anregenden Ausführungen bei Plumpe, »Unternehmer«, S. 8f.; siehe auch den Klassiker von Joseph Schumpeter: *Theorie der wirtschaftlichen Entwicklung*, Nachdruck der ersten Auflage von 1912, Berlin 2006.

66 Vgl. Zwack, *Macht der Geschichten*, S. 19f.

67 So notierte Rabe in seinem Tagebuch am 31. März 1932 lakonisch, dass er für den Monat März 1932 kein Gehalt erhalten habe; am 18. Mai 1932 nahm er von einer 20-prozentigen Gehaltskürzung Kenntnis; am 31. August 1932 hielt er fest, dass er für den August kein Gehalt bekommen habe. Dies tat seinem Arbeitseifer offensichtlich keinen Abbruch, da er im selben Tagebucheintrag mitteilte, dass er für den nächsten Samstag und Sonntag aufgrund der Auftragslage Arbeit angeordnet habe. Auch im November und Dezember 1932 floss das Gehalt unpünktlich (Tagebucheintrag vom 30. November, 1., 15. und 16. Dezember 1932). Im Januar 1933 setzte sich diese Auszahlungspraxis fort (14. Januar 1933). Erst mit dem Einstieg in das Rennsportgeschäft durch den Vertrag mit Auto Union im Frühjahr 1933 konnten die Beschäftigten pünktlich und vollständig entlohnt werden.

68 Vgl. die Bestätigung der Vermögensaufstellung durch Kirn, 22.Oktober 1947, PA. Fa.F1.1.2/18.

69 Vgl. Wirtschaftsarchiv Baden-Württemberg, Stuttgart, A16 2001/290, Bericht des Diplomkaufmanns Dieter Niethammer über die Gründungsprüfung für die Dr. Ing. h.c. F. Porsche Aktiengesellschaft (1972). Notariell besiegelt wurde der Gesellschaftsvertrag am 23. März 1931.

70 Vgl. das Schreiben der Treuhand-Aktiengesellschaft vom 16. Juni 1937 an die Porsche GmbH, PA. Fa.F1.1.2/10.

71 Vgl. Christian Förster, *Die Dimension des Unternehmens. Ein Kapitel der deutschen und japanischen Rechtsgeschichte*, München 2003, S. 178.

72 Vgl. die Eintragung im Tagebuch Karl Rabe, 3. Januar 1931, Porsche-Archiv.

73 Robert, Alan A., Schwamberger/Lichtenstein am 26. Juli 1950 an das Landgericht, Staatsarchiv Ludwigsburg (StAL), FL 300-33 I Bü 14649.

74 Vgl. dazu auch die Reportage bei Irmtraud Ubbens: *Moritz Goldstein »Künden, was geschieht …«. Berlin der Weimarer Republik – Feuilletons, Reportagen und Gerichtsberichte*, München 2012, S. 96ff.

75 Vgl. Robert, Alan A., Schwamberger/Lichtenstein am 4. Januar 1950 an das Amtsgericht Stuttgart, StAL, FL 300-33 I Bü 14649.
76 Baron Veyder-Malberg am 19. September 1957 (»Entschädigung Ad. Rosenberger«), GLAK, 480-11122-1.
77 Vertrag zwischen der Porsche GmbH und Rosenberger vom 20. Oktober 1931, GLAK, 480-11122-1.
78 Vgl. Pander/Schippert am 30. November 1949 an das Amtsgericht Stuttgart, StAL, FL 300-33 I Bü 14649.
79 Notiz für von Stauß vom 9. Januar 1931, HADB, PO 3264.
80 »Ebenso wie deren Frauen« wurde handschriftlich in runde Klammern gestellt.
81 Notiz für von Stauß vom 9. Januar 1931, HADB, PO 3264.
82 Vgl. Kukowski, *Auto Union AG*, S. 114.
83 Vgl. den Vertrag der Dr. Porsche G.m.b.H. vom 24. November 1930, Sächsisches Staatsarchiv Chemnitz (SStAC), Auto Union AG, Nr. 969.
84 Vgl. eineAktennotiz vom 23. Januar 1936, SStAC, Auto Union AG, Nr. 969.
85 Vgl. dazu Leonhard Dingwerth: *Die Geschichte der deutschen Schreibmaschinen-Fabriken*, 2 Bde., Kassel 2008, S. 37f.
86 Vgl. Peter Lombard: *Von der Historie zur Moderne – Entwicklungen zum Thema Motoren*, Norderstedt 2015, S. 56.
87 Vgl. den 10-Jahres-Bericht, PA. M.K1.1.7/10.
88 Vgl. ebd.
89 Vgl. Schwamberger/Lichtenstein am 4. Januar 1950 an das Amtsgericht Stuttgart, StAL, FL 300-33 I Bü 14649.
90 Ebd.
91 Vgl. Christiane Stoye-Benk/Vladimir Cutura: *Handbuch Umwandlungsrecht für die rechtsberatende und notarielle Praxis*, 3. Aufl. Heidelberg 2012, S. 44f.
92 Vgl. den Bericht über die bei der Firma Porsche vorgenommene Betriebsprüfung vom 15. Juli 1936, PA. Fa.F1.1.2/6.
93 Vgl. das Schreiben des Finanzamts Stuttgart-Nord am 17. Februar 1933 an Porsche, PA. M.K1.1.15/19.

Kapitel 2

1 Zum Vertragsabschluss vgl. die quellengesättigte Darstellung von Peter Kirchberg: *Grand-Prix-Report. Auto Union 1934 bis 1939*, Stuttgart 1982, vor allem S. 10–17.
2 Zum kulturellen Mehrwert des Sports vgl. Wolfram Pyta: »Geschichtswissenschaftliche Annäherungen an die historische Dimension des Sports«, in *Sportwissenschaft. The German Journal of Sports Science* 4 (2009), S. 339–346, sowie Wolfram Pyta/Nils Havemann (Hg.): *European Football and Collective Memory*, Houndmills u.a. 2015.
3 Allgemein Wolfgang Emmerich/Carl Wege (Hg.): *Der Technikdiskurs in der Hitler-Stalin-Ära*, Stuttgart/Weimar 1995; zum Tempodiskurs Peter Borscheid: *Das Tempovirus. Eine Kulturgeschichte der Beschleunigung*, Bonn 2004; mit Blick auf die Fahrzeugindustrie Rüdiger Hachtmann: »›Die Begründer der amerikanischen Technik sind fast lauter schwäbisch-alemannische Menschen‹: Nazi-Deutschland, der Blick auf die USA und die ›Amerikanisierung‹ der industriellen Produktionsstrukturen im ›Dritten Reich‹«, in Alf Lüdtke/Inge Marßolek/Adelheid von Saldern (Hg.): *Amerikanisierung. Traum und Alptraum im Deutschland des 20. Jahrhunderts*, Stuttgart

1996, S. 37–66; zum deutschen Rennsport Uwe Day: *Silberpfeil und Hakenkreuz. Autorennsport im Nationalsozialismus*, Berlin 2006.

4 Vgl. hierzu u. a. Joachim Kurz: *Bugatti. Der Mythos – Die Familie – Das Unternehmen*, Berlin 2005; Philippe Aubert: *Les Bugatti. Splendeurs et passions d'une dynastie 1880–1947*, Paris 1981; Roberto Petrini: *Maserati, una grande storia sportiva*, Spoleto 2011.

5 Bericht Kissels über eine Unterredung mit Porsche auf der Vorstandssitzung der Daimler-Benz AG, 8. März 1938, gemäß einer Niederschrift vom 23. März 1938, in DBA, 1 X 01/0026, Vorstand 1938 Kissel.

6 Der Technikhistoriker Peter Kirchberg merkt hierzu an: »Porsche hatte schon frühzeitig – vermutlich als erster der Konstrukteure – erkannt, dass das Schlüsselproblem der neuen Formel nicht so sehr im Leistungsanstieg der hubraumgrößeren Motoren lag, denn der würde auch bei den Konkurrenten möglich sein. Er sah vielmehr die Übertragung dieser bärigen Kräfte auf die Straße, ihre Umsetzung in Beschleunigung und Geschwindigkeit als springenden Punkt an. Dies führte ihn bei seiner Konstruktion zur Schwerpunktverlagerung nach hinten, damit zur möglichst hohen Belastung der angetriebenen Räder, zu kürzesten Kraftübertragungswegen – also zur Anordnung des Motors und des Getriebes hinter dem Fahrer. Die Verwirklichung dieses Grundgedankens hat, wenngleich sie auch erst über zahllose Detailverbesserungen zu bewältigen war, der betreffenden Rennwagenkonstruktion mit einem Riesenschritt vom Punkte Null zu einer Spitzenposition unter jahrzehntelang herangezüchteten Konkurrenzwagen verholfen; dem tragenden Unternehmen aus der motorsportlichen Anonymität mit einem Schlag Weltruf verschafft.« Kirchberg: *Grand-Prix-Report*, S. 22f. In technikhistorischer Perspektive ist die besondere Leistung Ferdinand Porsches dahin gehend gewürdigt worden, dass er mit seiner »zukunftsweisenden Leichtbauweise und seinem revolutionären Mittelmotor« zu Beginn der 1930er Jahre für Auto Union einen Rennwagen konstruierte, der bis heute »als Urvater aller moderner Formel-1-Boliden« gilt, so Michael Eichhammer: *Silberpfeile und Kanonen. Die Geschichte der Auto Union Rennwagen und ihrer Fahrer*, Bruckmühl 2004, S. 3.

7 So die Einschätzung von Peter Kirchberg: »Die Entwicklung der Rennwagentechnik von den Anfängen bis 1939«, in Harry Niemann/Wilfried Feldenkirchen/Armin Hermann (Hg.): *Die Geschichte des Rennsports*, Bielefeld 2002, S. 31–48, hier S. 40; zu den Vorläufern gehörte vor allem der »Benz-Tropfenwagen« aus dem Jahr 1923, vgl. Eberhard Reuß: *Hitlers Rennschlachten. Die Silberpfeile unterm Hakenkreuz*, Berlin 2006, S. 30.

8 Robert Bosch: »Vom Erfinden«, in *Stuttgarter Neues Tagblatt*, Abendausgabe vom 22. September 1931.

9 Ebd.

10 Zu Boschs antigenialischem Habitus vgl. Theiner, *Bosch*, passim.

11 »Zum Start der deutschen Rennwagen«, in *Motor-Kritik* 14 (1934), Nr. 12, Mitte Juni 1934, S. 274.

12 Ganz im Bann einer unkritischen Genieerzählung steht die Studie von Ludvigsen, *Porsche*.

13 Vgl. die Bildunterschrift in der *Allgemeinen Automobil-Zeitung* Nr. 15 aus dem Jahr 1926, dort S. 13; siehe auch einen Bericht über die Targa Florio, in dem der Erfolg der Mercedes-Wagen dem Ergebnis »seines so genialen technischen Denkens« zugeschrieben wurde. *Allgemeine Automobil-Zeitung* Nr. 10, 15. Mai 1924.

14 Hindenburgs aktive Rolle als Produzent von symbolisch verwertbaren Diskursen ist einer der Hauptaspekte der Studie von Wolfram Pyta: *Hindenburg. Herrschaft zwischen Hohenzollern und Hitler*, München 2007.
15 Vgl. Ludvigsen, *Porsche*, S. 174–183.
16 Wiedergegeben im Bericht »Die österreichischen Daimler-Sieger in der Prinz-Heinrich-Fahrt«, in *Allgemeine Automobil-Zeitung* Nr. 25, 19. Juni 1910, dort S. 4.
17 Handschriftliches Schreiben Porsches an Emil Jellinek, Wiener Neustadt, 24. Mai 1910, DBA, Werksangehörige: Ferdinand Porsche.
18 Vgl. das Schreiben von Ghislaine Kaes an das Luftfahrtministerium, 22. März 1943, PA. M.K1.4.3/87.
19 Schreiben der Auto Union an die Porsche GmbH, 19. September 1934, in SStAC, Bestand Auto Union, Nr. 969, Bl. 56.
20 Vgl. die auf den 24. August, 11. Oktober und 25. Oktober 1938 datierten Lebensläufe Porsches, in DBA, Werksangehörige: Ferdinand Porsche.
21 Vgl. Reuß, *Rennschlachten*, S. 34.
22 Hans-Rüdiger Etzold/Ewald Rother/Thomas Erdmann: *Auto Union. Im Zeichen der vier Ringe 1873–1945*, Bd. 1, Ingolstadt 1992.
23 Vgl. die kontroversen Ansichten u. a. bei Werner Abelshauser: »Kriegswirtschaft und Wirtschaftswunder. Deutschlands wirtschaftliche Mobilisierung für den Zweiten Weltkrieg und die Folgen für die Nachkriegszeit«, in *VfZ* 47 (1999), S. 503–538; Christoph Buchheim: »Die Wirtschaftsentwicklung im Dritten Reich – mehr Desaster als Wunder«, in *VfZ* 49 (2001), S. 653-664; Albrecht Ritschl: »Hat das Dritte Reich wirklich eine ordentliche Beschäftigungspolitik betrieben?«, in *Jahrbuch für Weltgeschichte* (44) 2003, S. 125–142, hier S. 133 und 138; Wilfried Feldenkirchen: *Die deutsche Wirtschaft im 20. Jahrhundert*, München 1998, S. 24.
24 Zu seiner Person und den Begleitumständen seiner Ernennung vgl. u. a. Christiane Kuller, *Bürokratie und Verbrechen. Antisemitische Finanzpolitik und Verwaltungspraxis im nationalsozalistischen Deuschland*, München 2013, S. 46f.
25 Vgl. hierzu und zum Folgenden u. a. Mark Spoerer/Jochen Streb: *Neue deutsche Wirtschaftsgeschichte des 20. Jahrhunderts*, München 2013, S. 106f.; Detlev Humann: *»Arbeitsschlacht« – Arbeitsbeschaffung und Propaganda in der NS-Zeit 1933–1939*, Göttingen 2011, S. 82ff. und 110ff.; Guido Golla: *Nationalsozialistische Arbeitsbeschaffung 1933 bis 1936*, Aachen 2008, S. 114ff.
26 Günter Schmölders: *Finanzpolitik*, Berlin/Heidelberg 2007, S. 166.
27 Vgl. hierzu Hyeoung-Jin Kwon: *Deutsche Arbeitsbeschaffungs- und Konjunkturpolitik in der Weltwirtschaftskrise: die »Deutsche Gesellschaft für Öffentliche Arbeiten AG (Öffa)« als Instrument der Konjunkturpolitik von 1930 bis 1937*, Osnabrück 2002, S. 68ff.
28 Vgl. Werner Ehrlicher: »Finanzwirtschaft, öffentliche II: Die Finanzwirtschaft der Bundesrepublik Deutschland«, in Willi Albers (Hg.): *Handwörterbuch der Wirtschaftswissenschaft*, Bd. 3: *Finanzen bis Handelshemmnisse, nicht-tarifäre*, Stuttgart/Tübingen/Göttingen 1981, S. 164–195, hier S. 171.
29 Dazu grundlegend Avraham Barkai: *Das Wirtschaftssystem des Nationalsozialismus. Ideologie, Theorie, Politik 1933–1945*, Frankfurt am Main 1995, S. 129ff.
30 Vgl. Henry A. Turner: *Die Großunternehmer und der Aufstieg Hitlers*, Berlin 1985, passim; vgl. auch ders.: »Unternehmen unter dem Hakenkreuz«, in Lothar Gall/Manfred Pohl (Hg.): *Unternehmen im Nationalsozialismus*, München 1998, S. 15–23, hier S. 15ff.

31 Vgl. hierzu und zum Folgenden Fritz Blaich: »Staatsverständnis und politische Haltung der deutschen Unternehmer 1918–1930«, in Karl Dietrich Bracher/Manfred Funke/Hans-Adolf Jacobsen (Hg.): *Die Weimarer Republik 1918–1933. Politik, Wirtschaft, Gesellschaft*, Bonn 1987, S. 158–178, hier S. 161ff.

32 Vgl. dazu Ingo Köhler: *Die »Arisierung« der Privatbanken im Dritten Reich. Verdängungen, Ausschaltung und die Frage der Wiedergutmachung*, 2. Aufl. München 2008, S. 60f.

33 Vgl. Reinhard Neebe: *Großindustrie, Staat und NSDAP 1930–1933. Paul Silverberg und der Reichsverband der Deutschen Industrie in der Krise der Weimarer Republik*, Göttingen 1981, S. 174; Boris Gehlen: *Paul Silverberg (1876–1959). Ein Unternehmer*, Stuttgart 2007, S. 507.

34 Vgl. dazu die Synthese der boomenden Unternehmensgeschichte von Christoph Buchheim: »*Unternehmen in Deutschland und NS-Regime 1933–1945. Versuch einer Synthese*«, in *HZ 282* (2006), S. 351–390, hier S. 356ff., in Abgrenzung zu Michael von Prollius: *Das Wirtschaftssystem der Nationalsozialisten 1933–1939. Steuerung durch emergente Organisation und politische Prozesse*, Paderborn/München/Wien/Zürich 2003, S. 229ff.

35 Vgl. hierzu Klaus Hildebrand: *Das Dritte Reich*, 6. Aufl. München 2003, S. 12.

36 Vgl. Rainer Karlsch/Raymond G. Stokes: *Faktor Öl. Die Mineralölwirtschaft in Deutschland 1859–1974*, München 2003, S. 157f.; Rainer Wernsmann: *Verhaltenslenkung in einem rationalen Steuersystem*, Tübingen 2005, S. 38f.; Reiner Flik: *Von Ford lernen? Automobilbau und Motorisierung in Deutschland bis 1933*, Köln/Weimar/Wien 2001, S. 94.

37 Vgl. Flik, *Von Ford lernen?*, S. 94; Reuß, *Rennschlachten*, S. 54–56.

38 Schwamberger/Lichtenstein am 4. August 1949 an die Zentralspruchkammer Nord-Württemberg, StAL, EL 905/2II, Bü 757.

39 Vgl. Pyta, *Hitler*, vor allem S. 450f.

40 Zu den Auswirkungen der Grand-Prix-Formel vgl. Quint, *Porsche*, vor allem S. 154f.; Kirchberg, »Entwicklung der Rennwagentechnik«, S. 39ff.; Porsche selbst verfasste eine längere Erläuterung: »Einige Ideen zur Rennwagen-Konstruktion der Vergangenheit, Gegenwart und Zukunft. Ein Blick auf die kommende Grand Prix Formel aus dem Jahr 1932. Von Dr. Ferdinand Porsche«, abgedruckt in Ludvigsen, *Porsche*, S. 462.

41 Vgl. dazu undatierte handschriftliche Notizen von G. Kaes, PA. M.K1.1.31/12.

42 So die undatierten handschriftlichen Notizen von G. Kaes, ebd.

43 Vgl. die handschriftliche Notiz Rabes über eine diesbezügliche Besprechung vom 15. November 1932, PA. M.R1.4.2/149; in Faksimile bei Quint, *Porsche*, S. 156.

44 Vgl. hierzu auch Henry Ashby Turner: *General Motors und die Nazis. Das Ringen um Opel*, Berlin 2006, S. 67ff.

45 Vgl. hierzu die vielsagende und ausführliche Aktennotiz vom 1. Oktober 1932 über eine Besprechung vom 29. September 1932 in Berlin, an welcher Vertreter des A.v.D, des ADAC und der Daimler-Benz AG teilnahmen, in DBA, 1 V 01/0323 Kissel 12.24.

46 Eine quellengestützte Darstellung der vergeblichen Bemühungen der Sammlungsbewegung der Automobilindustrie findet sich bei Reuß, *Rennschlachten*; Wilfried Feldenkirchen: »Unternehmenspolitische Aspekte in der Geschichte des Motorsports bei der Daimler-Benz AG«, in Niemann/Feldenkirchen/Hermann (Hg.), *Die Geschichte des Rennsports*, S. 49–61; Hans Bretz: *50 Jahre ADAC. Im Dienste der Kraftfahrt*, München/Frankfurt am Main 1953; Hans Christoph Graf von Seherr-Thoss:

Die deutsche Automobilindustrie. Eine Dokumentation von 1886 bis heute, Stuttgart 1974.

47 Die Rede Hitlers wird zitiert nach der Wiedergabe im *Völkischen Beobachter*, Ausgabe A, 43./44. Ausgabe, 12./13. Februar 1933, der Abdruck bei Max Domarus: *Hitler. Reden und Proklamationen. Kommentiert von einem Zeitgenossen*, München 1965, S. 208f., ist damit nicht immer wortgleich.

48 Ebd.

49 Ebd.

50 Vgl. die knappe Notiz in der überaus gut informierten *Motor-Kritik* 12 (1932), S. 478.

51 Tagebuch Karl Rabe, Eintrag vom 11. Februar 1933, Porsche-Archiv.

52 Telegramm Porsches an Reichskanzler Hitler, Stuttgart, 11. Februar 1933, Bundesarchiv Berlin, R 43 II/748.

53 Ebd.

54 Der Staatssekretär in der Reichskanzlei an Ferdinand Porsche bzw. an die Hochleistungsfahrzeugbau GmbH, 11. Februar 1933, ebd.

Kapitel 3

1 Schreiben Kissels an Dr. von Lewinski, Deutsche Bank, 7. April 1933, in DBA, Bestand Kissel 9.51.

2 Ebd.

3 Eidesstattliche Erklärung von Hans Heinrich Lammers, o.D., in Spruchkammerakte Jakob Werlin, StAL EL 903/4, Bü 63.

4 Schreiben Werlins an den Aufsichtsratsvorsitzenden der Daimler-Benz AG, Emil Georg von Stauß, 25. Februar 1938, DBA, 1 V 02/004. Werlin hatte diese Einmalzahlung allerdings abgelehnt, »weil ich mich nicht für meine Einstellung zur Partei bezahlen lasse«.

5 Vgl. die entsprechenden Dokumente in Peter Fleischmann: *Hitler als Häftling in Landsberg am Lech 1923/24*, Neustadt/Aisch 2015, S. 134–137 sowie 371; vgl. auch Volker Ullrich: *Adolf Hitler*, Bd. 1, Frankfurt am Main 2013, S. 206.

6 Vgl. dazu die beiden Schreiben der Daimler-Motoren Gesellschaft, Stuttgart-Untertürkheim, an die Mercedes-Vertretung in München, 7. Juli 1925, DBA, Akte Werlin 7/81.

7 Hans H. Keil an Kissel, 23. August 1933, abschriftlich in DBA Kissel 9.51; es entbehrt nicht der Ironie, dass Hitler bei der Realisierung des Volkswagen-Projekts vier Jahre später eine Orientierung an US-amerikanischen Fertigungsmethoden unterstützte.

8 Darüber informierte Kissel den Daimler-Benz-Vorstand auf einer Vorstandssitzung vom 15. März 1933 gemäß dem Sitzungsprotokoll, DBA, 1 X01/0016, Kissel: Vorstandsprotokolle 1933/34.

9 Direktion der Daimler-Benz AG, vertreten durch Kissel und Nibel, an Reichskanzler Hitler, 15. März 1933, BAB, R 43 II/748, Bd. 1, Bl. 20–23, Zitat Bl. 23.

10 Schreiben Kissels an Ministerialdirektor Brandenburger vom Reichsverkehrsministerium, 6. April 1933, DBA, 1 V01/0323 Kissel 12.24.

11 Ebd.

12 Hierzu grundlegend Karl Dietrich Bracher/Wolfgang Sauer/Gerhard Schulz: *Die nationalsozialistische Machtergreifung. Studien zur Errichtung des totalitären Herrschaftssystems in Deutschland 1933/34*, Wiesbaden 1960; Ulrich von Hehl: *Nationalsozialistische Herrschaft*, 2. Aufl. München 2001, S. 10f.; Hildebrand, *Das Dritte Reich*, S. 6.

13 Auto Union an Reichskanzler Hitler, 27. März 1933, BAB, R 43 II/748, Bl. 26–28, Zitat Bl. 27.

14 Ebd., Bl. 27.

15 Der Wortlaut dieses Vertrags vom 17. März 1933 findet sich bei Kirchberg, *Grand-Prix-Report*, S. 16f.

16 Schreiben des Reichsverkehrsministers an den Staatssekretär in der Reichskanzlei, 28. April 1933, BAB, R 43 II/748, Bl. 49–51, Zitat Bl. 49f.

17 Vgl. dazu u. a. Rüdiger Hachtmann: »Elastisch, dynamisch und von katastrophaler Effizienz – zur Struktur der Neuen Staatlichkeit des Nationalsozialismus«, in Sven Reichardt/Wolfgang Seibel (Hg.): *Der prekäre Staat*, Frankfurt am Main/New York 2011, S. 29–73.

18 Staatssekretär der Reichskanzlei Lammers an den Reichsverkehrsminister, 8. Mai 1933, BAB, R 43 II/748, Bl. 53.

19 Die wichtigste Quelle über diesen Empfang bildet ein Vermerk von Staatssekretär Lammers vom 11. Mai 1933, ebd., Bl. 54f.

20 Darauf deuten die allerdings in manchen Einzelheiten unzuverlässigen Erinnerungen Oertzens an besagtes Gespräch hin, wiedergegeben bei Etzold/Rother/Erdmann, *Im Zeichen der vier Ringe*, S. 339.

21 So Hitler zu seinem Vertrauten Rudolf Heß in der Landsberger Festungshaft, mitgeteilt im Schreiben von Heß an Ilse Pröhl, 16. Juni 1924, Schweizerisches Bundesarchiv Bern, J 1. 211, 1989/148, Nr. 33.

22 Vgl. die einschlägigen Belege bei Ullrich, *Hitler*, S. 449–451.

23 Vgl. etwa Hitlers Ausführungen auf der Reichsstatthalterkonferenz, 1. November 1934, BAB, R 43 II/1392, Bd. 1, Bl. 51.

24 Vgl. Hitlers viel beachtetes Interview, welches der französische Journalist Bertrand de Jouvenel am 21. Februar 1936 mit ihm führte: Bertrand de Jouvenel: *Un voyageur dans le siècle: 1903–1945*, Paris 1979, S. 253.

25 Vgl. Etzold/Rother/Erdmann, *Im Zeichen der vier Ringe*, S. 339.

26 In Stucks Erinnerungen wird die überaus zweifelhafte Information kolportiert, wonach Hitler nach seiner Ernennung zum Reichskanzler persönlich Stuck angerufen und diesen darum gebeten habe, ihm Vorschläge für die Konstruktion eines deutschen Rennwagens zu unterbreiten. Es sei Stuck gewesen, der daraufhin Porsche ins Spiel gebracht habe – und in einem nächsten Schritt hätten die beiden Hitler in einem persönlichen Gespräch von ihren Plänen überzeugt; diese bezeichnende Vermengung von blühender Fantasie, Halbwahrheiten und Fragmenten zutreffender Informationen findet sich in Hans Stuck: *Zweimal Hans Stuck*, Stuttgart 1972, S. 95–97. Baron von Oertzen gegenüber räumte Stuck nachträglich ein, dass speziell diese Episode auf die Erfindungsgabe seines Ghostwriters zurückzuführen sei, vgl. dazu ein Schreiben von Oertzens an den Redakteur der Porsche-Zeitschrift *Christophorus*, Reichert, vom 6. Juni 1980, in PA. M.K1.1.31/12.

27 Zweiseitiger Vermerk von Lammers »betrifft: Empfang von Vertretern der Auto-Union«, 11. Mai 1933, BAB, R 43 II/748, Bd. 1, Bl. 54f.

28 Tagebuch Karl Rabe, Eintrag vom 10. Mai 1933, Porsche-Archiv.

29 Vermerk Lammers, 11. Mai 1933, BAB, R 43 II/748, Bd. 1, Bl. 54.

30 Ebd., Bl. 54f.

31 Goebbels' Begeisterung für die Marke »Horch« ist aus seinen Tagebüchern herauszulesen. So berichtet er unter dem 15. Februar 1933 nach einem Besuch der Automobil-

Ausstellung, auf der Hitler seine programmatische Rede zur Motorisierung gehalten hatte: »Schöner neuer Horch. Unsere Technik arbeitet wundervoll«. *Die Tagebücher von Joseph Goebbels*, Teil I, Bd. 2/III, München 2006, S. 129.

32 Porsche in der Besprechung vom 10. Mai 1933 gemäß dem Vermerk von Lammers, BAB, R 43 II/748, Bd. 1, Bl. 55.

33 Tagebucheintragung Karl Rabe, 10. Mai 1933, Porsche-Archiv.

34 Ebd.

35 Schreiben des Vorstands von Daimler-Benz an den Reichsverkehrsminister, 15. März 1933, DBA, 1 V01/0323, Kissel 12.24; vgl. auch den ähnlich gehaltenen Entwurf eines Antwortschreibens aus dem Hause Daimler-Benz an Ministerialrat Brandenburg vom Reichsverkehrsministerium, 6. April 1933, ebd.

36 Reichsverkehrsminister Eltz von Rübenach an den Staatssekretär in der Reichskanzlei, 24. Mai 1933, BAB, R 43 II/748, Bl. 67.

37 Schreiben der Porsche GmbH an den Vorstand der Auto Union, 2. Juni 1933, SStAC, Bestand Auto Union, Nr. 754, Bl. 152.

38 Von März 1933 bis November 1934 war Ferdinand Porsche knapp vierzigmal in Zwickau, vgl. die entsprechenden Angaben in den Tagebüchern Karl Rabes aus diesem Zeitraum, Porsche-Archiv; siehe auch die Angaben im Itinerar Porsches für die Jahre 1933 und 1934, PA. M.K1.1.1/27.

39 Vgl. den bei Kirchberg, *Grand-Prix-Report*, S. 16f., in Faksimile wiedergegebenen Vertrag vom 17. März 1933.

40 Ebd., S. 16.

41 Vgl. dazu das überaus aufschlussreiche Protokoll einer Besprechung in Zwickau vom 7. März 1933, in der beide Seiten sich über Grundlinien der Arbeitsvorbereitung verständigten, wiedergegeben ebd., S. 13f.

42 Eine entsprechende Begebenheit aus dem Jahr 1934 wird geschildert bei Stuck, *Zweimal Hans Stuck*, S. 109f.

43 Das Werk von Kirchberg über die Auto Union ist nachweislich sehr akkurat aus den dem Autor damals zur Verfügung stehenden Akten gearbeitet und primär technikhistorisch orientiert. Allerdings ist es möglich, dass gemäß der DDR-üblichen ideologischen Überhöhung der Arbeiterschaft hier auch eine leichte Heroisierung des Zwickauer Werksteams vorliegen könnte – was aber nicht ausschließt, dass die wiedergegebenen Fakten korrekt sind.

44 Kirchberg, *Grand-Prix-Report*, S. 16.

45 Vgl. ebd., S. 16–20.

46 Vgl. das Schreiben Robert Eberan von Eberhorst an Dr. sc. Peter Kirchberg, Wien, 17. September 1980, PA. Pressedokumentation Typ 22.

47 Vgl. die Angaben bei Kirchberg, *Grand-Prix-Report*, S. 22.

48 Vgl. die Eintragung im Tagebuch Karl Rabe, 17. August 1933, Porsche-Archiv.

49 Tagebucheintragung Rabes vom 15. und 19. November 1933, Porsche-Archiv; vgl. auch die lebendige Schilderung des in der Rennabteilung der Auto Union beschäftigten Motorenschlossers Ludwig Sebastian: *Hinter dröhnenden Motoren*, Wien/Heidelberg 1952, S. 13–15.

50 Eine monographische Studie zu den Stucks ist ein dringendes Desiderat; als erster Einstieg nützlich ist Franz Bokel: »Das Unternehmen Stuck: *stars* und *public relations* in Hitlers Deutschland«, in *montage/av. Zeitschrift für Theorie und Geschichte audiovisueller Kommunikation*, 6. Februar 1997, S. 93–112.

51 Vgl. Sebastian, *Hinter dröhnenden Motoren*, S. 15.
52 Burghard von Reznicek, »Die Rennwagen – Probe auf der Avus«, in *BZ am Mittag*, Nr. 12, 13. Januar 1934.
53 »›Erstlingsfahrt‹ mit dem P-Wagen« in *BZ am Mittag*, Nr. 12, 13. Januar 1934, S. 12.
54 Schreiben Werlins an Reichspressechef Dietrich, 2. Februar 1934, DBA, Rennwagen, 347: Hans Stuck.
55 Schreiben des Führers des Sportpresseverbands, Bollmann, an Dietrich, 9. Februar 1934, ebd.
56 Vgl. das Schreiben von Rechtsanwalt Siebert an Werlin, 15. März 1934, sowie das Schreiben von Paula Stuck an Kissel, 2. April 1934, ebd.
57 Vgl. Tagebucheintragungen von Karl Rabe vom 3. und 4. März 1934, Porsche-Archiv.
58 Vertrag vom 17. März 1933, bei Kirchberg, *Grand-Prix-Report*, S. 16.
59 Vgl. ebd., S. 24, sowie Michael Eichhammer: *Silberpfeile und Kanonen. Die Geschichte der Auto Union-Rennwagen und ihrer Fahrer*, Bruckmühl 2004, S. 137f.
60 Vgl. eine entsprechende Aktennotiz von Auto Union, 22. März 1934, abgedruckt bei Kirchberg, *Grand-Prix-Report*, S. 24.
61 Hans Stuck: »Siebenmal Weltrekord«, in *Bergisch Märkische Zeitung*, 14. März 1934, Fundort DBA, Rennwagen, 347: Hans Stuck.
62 Burghard von Reznicek: »Der ›silberne Vogel‹. Wie Hans Stuck Weltrekord fuhr«, in *Kölnische Zeitung* Nr. 1224 vom 8. März 1934.
63 Dieses Exposé Porsches ist abgedruckt bei Hans-Rüdiger Etzold: *Der Käfer. Eine Dokumentation*, Bd. 2, Stuttgart 1984, S. 32–38.
64 Zwar ist das Unternehmen im Elsass gelegen, doch stammt der Firmengründer Ettore Bugatti aus Mailand.
65 Vgl. Harald Oelrich: *»Sportgeltung – Weltgeltung«. Sport im Spannungsfeld der deutsch-italienischen Außenpolitik von 1918 bis 1945*, Münster 2003, S. 409.
66 Vgl. Reuß, *Rennschlachten*, S. 129–131.
67 Tagebucheintragung von Goebbels, 28. Mai 1934, in *Die Tagebücher von Joseph Goebbels*, Teil I, Bd. 3/I, München 2005, S. 54.
68 Tagebucheintragung Karl Rabe, 28. Mai 1934, Porsche-Archiv.
69 Vgl. zu den Herausforderungen des Nürburgrings Ernst Rosemann: *Hans Stuck*, Berlin 1935, S. 74–80.
70 Zur medialen Resonanz vgl. Rosemann, *Stuck*, S. 79; *Allgemeine Automobil-Zeitung*, August 1934, S. 19–21. Zum Großen Preis von Deutschland für Rennwagen siehe »Deutscher Fahrer – Deutscher Wagen«, in *BZ am Mittag* Nr. 169 vom 16. Juli 1934; »Deutscher Sieg auf dem Nürburg-Ring«, in *Deutsche Allgemeine Zeitung* Nr. 326 vom 16. Juli 1934.
71 E. Hundt: »Der deutsche Sieg im ›Großen Preis von Deutschland‹«, in *Motor-Kritik* 14 (1934), S. 348–351, Zitat S. 348.
72 Vgl. die streng vertrauliche Aktennotiz Kissels über telefonische Besprechungen mit Stuck in dieser Causa, 27. Oktober 1934, DBA, Rennwagen, 347: Hans Stuck; siehe auch Reuß, *Rennschlachten*, S. 199.
73 Kissel an Werlin, 29. März 1934, DBA, 1 V01/0281: Kissel 11.2.
74 Vgl. u.a. Dorothee Hochstetter: *Motorisierung und »Volksgemeinschaft«: Das Nationalsozialistische Kraftfahrkorps (NSKK) 1931–1945*, München 2005, S. 408.
75 Schreiben der Porsche GmbH (Porsche und Malberg) an den Vorstand von Auto

Union, 4. Januar 1934, vollständig wiedergegeben bei Kirchberg, *Grand-Prix-Report*, S. 27–29.

76 Ebd., S. 28.

77 Vertrag zwischen Auto Union und Porsche, 17. März 1933, ebd., S. 16.

78 Vgl. den entsprechenden Schriftverkehr zwischen Porsche und Auto Union vom April/Mai 1934, ebd., S. 30–32.

79 Von Oertzen an Bruhn, 28. Oktober 1934, wörtlich abgedruckt ebd., S. 32.

80 Zur Vorbereitung auf die Besprechung vom 22. und 23. November 1934 hatte die Patentabteilung von Auto Union am 19. November 1934 ein Positionspapier erarbeitet (ebd., S. 33f.); das Ergebnis der Besprechung ist in einem Protokoll vom 5. Dezember 1934 festgehalten, ebd., S. 35f.; vgl. auch die Eintragung im Tagebuch Karl Rabe, 23. November 1934, Porsche-Archiv.

81 Vgl. den Bericht von Burghard von Reznicek: »Ferdinand Porsche, ein sudetendeutscher Erfinder«, 29. April 1934, Porsche-Archiv.

82 So der britische Berichterstatter Adrian Conan Doyle: »Nurburg Notes«, in *Motor Sport*, September 1935, S. 18ff.

83 Dazu Kirchberg, *Grand-Prix-Report*, S. 71.

84 In den Tagebüchern von Karl Rabe findet sich kein einziger Hinweis, dass Porsche die Erfolge der Rennsportsaison 1936 in Hochstimmung versetzt hätten.

85 Vgl. die Niederschrift einer Rennwagenbesprechung von Auto Union, 16. Oktober 1935, in welcher ausdrücklich ein solcher Brief Porsches Erwähnung findet, abgedruckt bei Kirchberg, *Grand-Prix-Report*, S. 70.

86 Vgl. ebd., S. 80.

87 Vgl. das Einschreiben des Reichsverkehrsministeriums an den Vorstand der Auto Union, 16. Mai 1936, SStAC, Bestand Auto Union Nr. 790.

Kapitel 4

1 Zur zeichnerischen Umsetzung von Porsches Ideen vgl. die aus dem Jahr 1984 stammenden Ausführungen von Porsches Privatsekretär Kaes über »Beschreibung des Werdegangs eines Auftrags bei Porsche«, PA. M.K1.1.2/1.

2 Vgl. eine typische Abbildung Porsches bei Stefan Aust/Thomas Ammann: *Die Porsche-Saga. Eine Familiengeschichte des Automobils*, Berlin 2012, S. 77.

3 Vgl. ebd., S. 13.

4 Vgl. den Bericht über die bei der Firma Porsche vorgenommene Betriebsprüfung vom 15. Juli 1936, PA. Fa.F1.1.2/6.

5 Vgl. den Zehnjahres-Bericht, PA. Fa.F1.1.2/6.

6 Vgl. ebd.

7 Vgl. das Schreiben des Treuhänders Kirn am 15. März 1948 an das württembergische Wirtschaftsministerium, HStASt, EA 6/003 Bü 5528.

8 Vgl. ebd.

9 Vgl. Tagebuch Rabe, Eintrag vom 1. Januar 1938, Porsche-Archiv.

10 Vgl. Jan Thiessen: »Wirtschaftsrecht und Wirtschaftsrechtler im Schatten der NS-Vergangenheit«, in Manfred Görtemaker/Christoph Safferling (Hg.): *Die Rosenburg. Das Bundesministerium der Justiz und die NS-Vergangenheit – eine Bestandsaufnahme*, Göttingen 2013, S. 268; Karl Ferdinand Bussmann: *Die Prüfung der Unternehmungen*, 2. Aufl. Wiesbaden 1972, S. 109; Peter Beham: *Das deutsche Pflichtprüfungswesen*, Berlin/Heidelberg 1940, S. 157ff.

11 Vgl. das Schreiben der Treuhand-Aktiengesellschaft an die Porsche GmbH, 16. Juni 1937, PA. Fa.F1.1.2/10.

12 Zur Entstehung und frühen Entwicklung dieser Gesellschaften in Deutschland siehe den Überblick u. a. von Karl-Heinz Forster: »Staatliche Kontrolle und private Wirtschaftsprüfung«, in Heinz Günter Zavelberg (Hg.): *Die Kontrolle der Staatsfinanzen. Geschichte und Gegenwart. 1714–1789*. Festschrift zur 275. Wiederkehr der Errichtung der Preußischen General-Rechen-Kammer, Berlin 1989, S. 115ff., und Hugh Brian Markus: *The History of the German Public Accounting Profession*, New York/London 1997, S. 40ff.

13 Vgl. hierzu und zum Folgenden u. a. Frank Pega: *Die Tätigkeit der Deutsche Revisions- und Treuhand AG von 1925 bis 1945*, Diss. München 2010, insbes. S. 212ff. und 272ff.; Ute Pothmann: *Wirtschaftsprüfung im Nationalsozialismus. Die Deutsche Revisions- und Treuhand AG (Treuarbeit) 1933 bis 1945*, Essen 2013, passim.

14 Vgl. ebd.

15 Vgl. das Schreiben der Treuhand-Aktiengesellschaft an die Porsche GmbH, 16. Juni 1937, PA. Fa.F1.1.2/10.

16 Vgl. ebd.

17 Vgl. dazu den erhellenden Beitrag von Johannes Bähr: »›Corporate Governance‹ im Dritten Reich. Leitungs- und Kontrollstrukturen deutscher Großunternehmer während der nationalsozialistischen Diktatur«, in Werner Abelshauser/Jan Otmar Hesse/Werner Plumpe (Hg.): *Wirtschaftsordnung, Staat und Unternehmen*, Essen 2003, S. 61–80, vor allem S. 66f.

18 So ist ein wichtiges Kapitel überschrieben in der rechtsgeschichtlichen Studie von Matthias Stupp: *GmbH-Recht im Nationalsozialismus*, Berlin 2002, S. 98–125.

19 Hier ist u. a. das »Gesetz über Steuererleichterungen bei der Umwandlung und Auflösung von Kapitalgesellschaften« vom 5. Juli 1934 einschlägig: Reichsgesetzblatt, Jahrgang 1934, Teil I, S. 572.

20 Vgl. hierzu Joachim Scholtyseck: *Freudenberg. Ein Familienunternehmen in Kaiserreich, Demokratie und Diktatur*, München 2016, vor allem S. 181–184.

21 Alle Angaben nach der notariell beglaubigten Niederschrift der Gesellschafterbeschlüsse betreffend die Umwandlung der Firma Porsche G.m.b.H. in die Porsche K.-G. vom 14. Dezember 1937, PA. Fa.G3.1.1/9.

22 Vgl. das Schreiben der Treuhand-Aktiengesellschaft an Porsche GmbH, 16. Juni 1937, PA. Fa.F1.1.2/10.

23 Vgl. die Urkunde betreffend Beschlüsse einer Gesellschafterversammlung vom 14. Dezember 1937, PA. Fa.G3.1.1/9.

24 Vgl. das Schreiben der Treuhand-Aktiengesellschaft an die Porsche GmbH, 16. Juni 1937, PA. Fa.F1.1.2/10.

25 Vgl. ebd.

26 Zum zeitgenössischen Geniediskurs allgemein die Ausführungen bei Wolfram Pyta: *Hitler. Der Künstler als Politiker und Feldherr*, München 2015, vor allem S. 241–251; maßgebend die Grundlagenstudie von Jochen Schmidt: *Die Geschichte des Genie-Gedankens in der deutschen Literatur, Philosophie und Politik 1750–1945*, 2 Bde., Heidelberg 2004; siehe auch Carolin Lange: *Genies im Reichstag. Führerbilder des republikanischen Bürgertums in der Weimarer Republik*, Hannover 2012.

27 Vgl. dazu Karl Holdermann: *Im Banne der Chemie: Carl Bosch*, Düsseldorf 1953, vor

allem S. 95. Carl Bosch erhielt 1931 den Nobelpreis für Chemie für die Entstehung und Entwicklung chemischer Hochdrucköfen.

28 Vgl. die überaus instruktive Studie von Kees Gispen: *Poems in Steel. National Socialism and the Politics of Inventing from Weimar to Bonn*, New York/Oxford 2002, vor allem S. 44f.

29 Gispen bezeichnet diese Leistungen als »radical inventions«, ebd., S. 35.

30 Vgl. ebd., S. 41–43.

31 Walter Eucken: »Staatliche Strukturwandlungen und die Krisis des Kapitalismus«, in *Weltwirtschaftliches Archiv* 36 (1932), S. 297–321, Zitat S. 300.

32 Für eine literarische Veredelung der Erfinder siehe die Hommage des Ingenieurs und Schriftstellers Max Eyth: »Zur Philosophie des Erfindens«, in Adolf Reitz: *Max Eyth*, Heidelberg 1956, S. 241–265.

33 Interessante Anregungen hierzu bei Wilhelm Treue: »Ingenieur und Erfinder«, in *Vierteljahrsschrift für Sozial- und Wirtschaftsgeschichte* 54 (1967), S. 456–476.

34 Dieses und alle folgenden Zitate in dem Schreiben der Treuhand-Aktiengesellschaft an das Finanzamt Stuttgart, 25. Juni 1937, PA. M.K1.1.15/9, dort auch alle folgenden Zitate.

35 Vgl. hierzu u. a. Christian Hantschk: »Freiheit mit 100 PS? Sicherheitstechnikgeschichte im Automobilbau 1894–1990«, in Gerhard A. Stadler/Anita Kuisle (Hg.): *Technik zwischen Akzeptanz und Widerstand. Gesprächskreis Technikgeschichte 1982–1996*, Münster u. a. 1999, S. 153; Andrea Hiott: *Thinking Small. The Long, Strange Trip of the Volkswagen Beetle*, New York 2012, S. 62; Ernst Fiala: *Mensch und Fahrzeug. Fahrzeugführung und sanfte Technik*, Wiesbaden 2006, S. 242.

36 Vgl. hierzu die Ausbreitung repräsentativer Genienarrative bei Albert Reibmayr: *Die Entwicklungsgeschichte des Talentes und Genies*, München 1908, vor allem S. 355–360.

37 Vgl. u. a. Rudolf Eger: *Genie ohne Erfolg. Schicksale großer Erfinder*, Einsiedeln u. a. 1957.

38 Von systematischem Nutzen bei der Strukturierung von Konstruktionsprozessen ist u. a. die VDI-Richtlinie 2221. Verein deutscher Ingenieure: *Methodik zum Entwickeln und Konstruieren technischer Systeme und Produkte* (VDI 2221), Düsseldorf 1983, vor allem S. 3–6.

39 Vgl. dazu die anregenden Beiträge aus germanistischer Perspektive in David E. Wellbery/Christian Begemann (Hg.): *Kunst – Zeugung – Geburt. Theorien und Metaphern ästhetischer Produktion in der Neuzeit*, Freiburg 2002.

40 So auch die fachkundige Würdigung Porsches von der Warte des Fahrzeugingenieurs und Ordinarius für Kraftfahrzeugwesen Ulf Esser: *100 Jahre Professor Ferdinand Porsche 1875–1975*, Stuttgart 1975, vor allem S. 27–29.

41 Vgl. dazu eine aus dem Jahr 1984 stammende Tonbandniederschrift, welche mündliche Ausführungen von Porsches Intimus Ghislaine Kaes festhielt, über »Beschreibung des Werdegangs eines Auftrages bei Porsche«, PA. M.K1.1.2/1.

42 Die im Banne des Geniekults stehende Arbeit von Quint, *Porsche*, S. 24–27, erweckt den Eindruck, dass der Konstruktionsvorgang im Kern eine Kopfgeburt durch das Genie Porsches gewesen sei.

43 Über diese Konstruktionsabläufe informiert auch ein überaus erhellender zeitgenössischer Bericht von Hellmut B. Hellmut: »Beim Vater von 60 Autotypen«, in *Allgemeine Automobil-Zeitung* 34 (1933), Heft 1, S. 8f.

44 Vgl. dazu die auch mit derartigen Zeichnungen bestückte Studie von Barber, *Käfer*, vor allem S. 20–27.

45 Josef Mickl brachte für seine anspruchsvolle Aufgabe beste Referenzen mit, da er fast 20 Jahre lang Flugzeuge konstruiert hatte und daher auf dem Gebiet der Aerodynamik zu Hause war; vgl. zu ihm seinen vermutlich 1931 entstandenen Lebenslauf, PA. M.M1.1.1/3.

46 Dieses Exposé ist abgedruckt bei Etzold, *Der Käfer*, Bd. II, S. 32–38; der archivalische Fundort ist PA. Fa.VW1.2.1/13.

47 Vgl. ebd., S. 36f.

48 Alle drei Skizzen finden sich abgedruckt bei Barber, *Käfer*, S. 11 und 13; der archivalische Fundort ist PA. Fa.VW1.2.1/3.

49 Vgl. den handschriftlichen Entwurf einer Art Werbebroschüre für das Konstruktionsbüro, der vermutlich Ende 1933 entstanden sein dürfte, PA. T.60.1.1.2/6.

50 Das Original des Vertrags mit Auto Union vom 17. März 1933 ist in Faksimile abgedruckt bei Kirchberg, *Grand-Prix-Report*, S. 16f., Zitat S. 16.

51 Vgl. die grundlegende Studie von Martin Otto/Diethelm Klippel (Hg.): *Geschichte des deutschen Patentrechts*, Tübingen 2015.

52 Vgl. hierzu u. a. Annika Halder: *Innovationsfähigkeit und Entrepreneurial Orientation in Familienunternehmen. Der Familieneinfluss und die Rolle des Familienunternehmers*, Wiesbaden 2016, S. 156ff.; Ingrid Schneider: *Das Europäische Patentsystem: Wandel von Governance durch Parlamente und Zivilgesellschaft*, Frankfurt am Main/New York 2010, S. 197ff.

53 Daraus ergibt sich, dass eine kulturgeschichtlich erweiterte Patentrechtsgeschichte ein spannendes interdisziplinäres Feld darstellt, wichtige Anregungen hierzu bei Martin Otto: »Perspektiven der Patentrechtsgeschichte«, in Otto/Klippel, *Geschichte des deutschen Patentrechts*, S. 1–11, vor allem S. 1–3.

54 Siehe dazu Margrit Seckelmann: »Das Patentrecht als »Reaktionsbeschleuniger«. Die Entwicklung des Patentrechts im zweiten deutschen Kaiserreich (1871–1914)«, in ebd., S. 37–70.

55 Vgl. dazu die Ausführungen von Louis Pahlow: »Das Patent als Waffe im Wirtschaftskampf«, in ebd., S. 109–127, vor allem S. 110–115.

56 Typisch für dieses Narrativ ist Quint, *Porsche*, S. 24.

57 Vgl. Johannes Bähr: *Werner von Siemens 1816–1892*, München 2016, vor allem S. 313–321.

58 Dieses Kriterium nahm vor allem seit einer Entscheidung des Patentamts aus dem Jahr 1930 an Gewicht zu; vgl. Bruno Hilliger: *Neuere Anschauungen im Patentrecht*, Berlin 1933, S. 31, siehe auch Hugo Erich von Boehmer: *Patentrechtliches Beurteilen von Erfindungen*, Berlin 1931, vor allem S. 46–59.

59 Vgl. dazu den erhellenden Bericht: »Patente – Pioniere – Piraten«, in *Motor und Sport* 1932, Heft 51 vom 18. Dezember 1932, S. 8f.

60 Vgl. dazu die »Bemerkungen« zum Porsche-Buch Quints, welche der ausgewiesene Fahrzeugingenieur Erwin Aders (Henschel) am 22. Februar 1952 niederschrieb, PA. M.K1.1.38/5.

61 Vgl. Hilliger, *Neuere Anschauungen*, S. 91.

62 Zu der Tätigkeit des »Patenthasen« vgl. Hellmut, »Beim Vater von 60 Autotypen«, S. 9.

63 Zur Bedeutung der Schnürle-Patente vgl. das Schreiben des Direktors von Zündapp,

Neumeyer, an Porsche, 6. April 1943, PA. M.K1.4.4/101; zur zeitgenössischen Rezeption seiner patentierten Erfindungen als »Kolumbus-Ei« vgl. den Bericht »Berliner Eindrücke«, in *Motor-Kritik* 13 (1933), S. 132–135, Zitat S. 133.

64 Das Patent auf den Drehfederstab wurde am 20. Dezember eingetragen (DE 658518A): Reichspatentamt. Patentschrift Nr. 658 518, ausgegeben am 2. April 1938. Zur zeitgenössischen Rezeption dieses technischen Fortschritts vgl. u. a. den Bericht »Die Berliner Automobil-Ausstellung«, in *Allgemeine Automobil-Zeitung* 1933, S. 21–36, vor allem S. 22.

65 Beide Angaben gemäß den in der Datenbank des Deutschen Patent- und Markenamts vorhandenen Angaben, wobei in allen Fällen die Patentschriften vorlagen.

66 Vgl. etwa Komendas am 3. Juli 1938 patentierte Erfindung eines Wagenkastens: Reichspatentamt Patentschrift Nr. 716 895, ausgegeben am 31. Januar 1942.

67 Reichspatentamt Patentschrift Nr. 691 520 »Kraftfahrzeug«, ausgegeben am 29. Mai 1940.

68 Reichspatentamt Patentschrift Nr. 709 303, ausgegeben am 13. August 1941.

69 Vgl. dazu den engagierten Artikel »Patente – Pioniere – Piraten«, in *Motor und Sport*, Heft 51 vom 18. Dezember 1932, S. 8; zu Porsches Haltung gegenüber »Wegelagererpatenten« vgl. Hellmut, »Beim Vater von 60 Autotypen«, S. 9.

70 Zu einer in diesem Kontext aufschlussreichen Patentklage gegen BMW vgl. Paul Schilperoord: *Die wahre Geschichte des VW-Käfers*, Frauenfeld 2011, S. 128f.

71 Herzstück war das neue Patentgesetz vom 5. Mai 1936, abgedruckt in *Reichsgesetzblatt* Teil II, Berlin 1936, S. 117–130.

72 Grundlegend zur gesetzlichen Neuordnung des Patentschutzes im Jahr 1936 ist Alexander K. Schmidt: »Die Patentrechtsreform von 1936«, in Otto/Klippel, *Geschichte des Patentrechts*, S. 129–153; vgl. auch die instruktive Studie von Gispen, *Poems*.

73 Vgl. Schmidt, ebd., S. 137f.

74 Dazu die ausführliche Untersuchung von Margit Seckelmann: »Der ›Dienst am schöpferischen Ingenium der Nation‹. Die Entwicklung des Patentrechts im Nationalsozialismus«, in Johannes Bähr/Rolf Banken (Hg.): *Wirtschaftssteuerung durch Recht im Nationalsozialismus*, Frankfurt am Main 2006, S. 237–279, vor allem S. 247–250.

75 Hachtmann, *Wirtschaftsimperium*, S. 14.

76 Vgl. dazu Gispen, *Poems*, vor allem S. 181–215.

77 Gesamtplan Leys zur »Verwirklichung des Volkswagens«, 7. Dezember 1937, PA. Fa.VW1.3.2/9.

78 Aussage Porsches in einer Besprechung vom 4. Dezember 1947, PA. M.K1.1.14/44.

79 Vgl. zu solchen Strategien in der Unternehmenspolitik allgemein Veronica Lange: *Technologische Konkurrenzanalyse. Zur Früherkennung von Wettbewerberinnovationen bei deutschen Großunternehmen*, Wiesbaden 1994, S. 54f.

80 Vgl. das Tagebuch Rabe, u. a. Eintragungen vom 23. Dezember 1931, 29. Mai 1933, 8. September 1933, 22. Mai 1934, Porsche-Archiv.

81 Vgl. dazu eine Aktennotiz von Walter Boxan für die Porsche-Gesellschafter, 5. Januar 1935, PA. Fa.P1.1.1/4.

82 Die Vereinbarung vom 2. Mai 1935 findet sich in PA. Fa.P1.1.1/2.

83 So der genaue Patentanspruch in der entsprechenden Patentschrift des Reichspatentamts Nr. 481 463 vom 22. August 1929; ein Exemplar befindet sich in PA. Fa.P1.1.1/3.

84 Eine wissenschaftliche Studie zu diesem Technikpionier ist ein dringendes Desiderat; vgl. als ersten Einstieg die materialreiche, aber im Deskriptiven verharrende Arbeit

von Alain Cerf: *Dimitri Sensaud de Lavaud. Un ingénieur extraordinaire*, Nîmes 2009; siehe auch die von einem Praktiker stammenden Angaben bei J. A. Grégoire: *50 ans d'automobile*, Paris 1974, S. 301–305.

85 Angaben bei Reuß, *Rennschlachten*, S. 34.

86 Näheres zum Vertrag Daimler-Benz/de Lavaud in den für den Aufsichtsratsvorsitzenden von Stauß zusammengestellten Details zur Aufsichtsratssitzung vom 6. Juni 1932, HADB, P 03187.

87 Vgl. hierzu eine »Denkschrift über das Rechtsverhältnis in Patentangelegenheiten zwischen der Porsche KG und Daimler-Benz«, 16. April 1942, PA. Fa.P1.1.1/3.

88 Vgl. eine Aktennotiz des Porsche-Geschäftsführers Malberg, 31. Januar 1935, sowie den Entwurf einer Vereinbarung zwischen Porsche und Daimler-Benz, 29. März 1935, PA. Fa.Z1.1.1/4.

89 Vereinbarung zwischen Porsche und Daimler-Benz, 2. Mai 1935, PA. Fa.P1.1.1/2; fast gleichlautende Vereinbarungen wurden mit den übrigen Anfechtern geschlossen, vgl. dazu das Schreiben Kissels an von Lewinski, 7. Juni 1935, HADB, P 03249.

90 In beiden Fällen lautete der zweite Passus des ersten Punktes der Vereinbarung: »Ausgenommen ist die Konstruktion eines Volkswagens, welchen Porsche im Auftrag des RDA ausführt« – sowohl in der Erklärung der Porsche GmbH vom 2. Mai 1935 als auch in der Erklärung der Daimler-Benz Aktiengesellschaft vom 2. August 1937; beide Vereinbarungen finden sich in PA. Fa.P1.1.1/2.

91 Vgl. dazu eine grundsätzliche Stellungnahme der Friedrich Krupp AG, die im Januar 1940 in Gestalt einer Denkschrift »Die Enteignung geistigen Eigentums« entwickelt wurde: Historisches Archiv Krupp, Essen, WA 40 B 1369.

92 Zur Einschätzung der Rechtslage im Haus Porsche vgl. u.a. eine Aktennotiz vom 7. April 1942, PA. Fa.P1.1.1/1.

93 Schreiben der Porsche KG an die Daimler-Benz AG, 28. Mai 1938, PA. Fa.P1.1.1/3.

94 Schreiben Daimler-Benz AG an Porsche KG, 25. November 1940, ebd.

95 Vgl. eine Aktennotiz der Porsche-Patentabteilung, 12. Mai 1949, ebd.

96 Porsches Patentexperte Walter Boxan deutete in seiner Aktennotiz vom 3. Januar 1935 an, dass »eine Firma mit 25 Mann Belegschaft« es schlecht mit Daimler-Benz aufnehmen könne, PA. Fa.P1.1.1/4.

Kapitel 5

1 Vgl. das Schreiben der Porsche-Rechtsanwälte Schwamberger/Lichtenstein am 4. Januar 1950 an das Amtsgericht Stuttgart, StAL, FL 300/33 I, Bü 14649.

2 Vgl. das Schreiben der Rechtsbeistände Rosenbergers Pander/Schippert am 3. April 1950 an das Amtsgericht Stuttgart, StAL, FL 300/33 I, Bü 14649.

3 Vgl. hierzu und zum Folgenden die grundlegende Arbeit von Martin Münzel: »Die jüdischen Mitglieder der ökonomischen Elite Frankfurts nach 1933«, in Jörg Osterloh/ Harald Wixforth (Hg.): *Unternehmer und NS-Verbrechen. Wirtschaftseliten im »Dritten Reich« und in der Bundesrepublik Deutschland*, Frankfurt am Main/New York 2014, S. 33–64.

4 Vgl. Martin Münzel: *Die jüdischen Mitglieder der deutschen Wirtschaftselite 1927–1955. Verdrängung – Emigration – Rückkehr*, Paderborn u.a. 2006, S. 110ff.; Turner, *Großunternehmer*, S. 401.

5 Vgl. zu der Fülle an Forschungsliteratur über die Rolle von Unternehmen beim systematischen Raub an Juden den Überblick von Jürgen Lillteicher: »Der NS-Staat und

die Unternehmen. Die Wechselwirkung zwischen historischer Forschung und der Bewertung der NS-Vergangenheit in Öffentlichkeit, Justiz und Politik von 1945 bis heute«, in ders. (Hg.): *Profiteure des NS-Systems? Deutsche Unternehmen und das »Dritte Reich«*, Berlin 2006, S. 10–29.

6 Vgl. Münzel, »Die jüdischen Mitglieder der ökonomischen Elite Frankfurts«, S. 48.

7 Am 28. Februar 1931 vermerkt Rabe in seinem Tagebuch: »Rosenberger requiriert für Gehaltszahlung an das Büro aus Pforzheim 3000 RM«, Tagebuch Rabe, Porsche-Archiv; am 30. Januar 1932 erhielt Oberingenieur Rabe eine Abschlagszahlung auf die noch ausstehenden Gehälter, nachdem Rosenberger in Pforzheim Geld beschafft hatte (ebd.).

8 So die lapidare Charakterisierung Rosenbergers im Schreiben Wilhelm Kissels an den Aufsichtsratsvorsitzenden der Daimler-Benz AG von Stauß, 10. September 1932, DBA, Kissel 11.13, 1 V01/0292.

9 Der diesbezügliche Arbeitsvertrag zwischen Rosenberger und der Porsche GmbH vom 20. Oktober 1931 findet sich in GLAK, Abteilung 480, Nr. 11222-1, Bl. 118.

10 Vgl. die eidesstattliche Erklärung Rosenbergers vom 28. August 1951, ebd., Bl. 39; siehe auch einen entsprechenden Schriftverkehr in den Entschädigungsakten des Stadtarchivs Pforzheim, Ausgleichsamt, Nr. 7219, dort vor allem den Aktenvermerk vom 19. März 1962.

11 Beide Metzger-Brüder waren im Pforzheimer Schmuckwarenhandel tätig, vgl. u. a. die Schreiben von Rosenbergers Ehefrau Anne, die unter ihrem Mädchennamen Junkert bis zum 28. Februar 1933 als Sekretärin im Konstruktionsbüro Porsche beschäftigt gewesen war, an ihre Schwester Meta Junkert, 6. und 17. Januar 1962 (Restnachlass Anne Robert, geborene Junkert; Privatbesitz); siehe dort auch den Anstellungsvertrag der Porsche GmbH von Anne Junkert. Diese hatte Berthold Metzger im April 1933 geheiratet und nach dessen Tod im Januar 1950 in den USA Adolf Rosenberger, der zu diesem Zeitpunkt schon den Namen Alan Robert trug.

12 Vgl. dazu das Schreiben des Präsidenten des Rotary Club Karlsruhe Betz an den Sekretär des Rotary Club Stuttgart Haussmann, 5. Mai 1933, Geheimes Staatsarchiv Preußischer Kulturbesitz Berlin-Dahlem, I. HA, Rep. 228, Nr. 1798, sowie das Schreiben des Präsidenten des Rotary Club Pforzheim an den Klubsekretär Furler, 5. April 1933, ebd., I. HA, Rep. 228, Nr. 1542; siehe auch die unpublizierte, mehr als 500 Seiten starke Darstellung von Paul Erdmann: *Rotarier unterm Hakenkreuz. Anpassung und Widerstand in Stuttgart und München*, Stuttgart 2016, S. 69.

13 Vgl. Ian Kershaw: *Hitler. 1889–1936*, Bd. 1, München 1998, S. 548f.

14 Tagebucheintragung Rabes, 2. Januar 1933, Porsche-Archiv.

15 Vgl. das Schreiben Rosenbergers an Piëch, 26. September 1932, enthalten in der Stellungnahme des Rechtsbeistands der Porsche KG im Rechtsstreit gegen Alan Robert, 4. Januar 1950, StAL, FL 300/33 I, Bü 14649, Bl. 36f.

16 Vgl. Rosenbergers Schreiben an Piëch, 26. September 1932, ebd.; zur Auseinandersetzung Rosenbergers mit Porsche vgl. die Eintragung im Tagebuch Rabe, 9. Januar 1933, Porsche-Archiv.

17 Vgl. die Aktennotiz Piëchs über die Unterredung mit Rosenberger, 10. Dezember 1932, ebd., Bl. 40.

18 Aktennotiz Piëchs über die Unterredung mit Rosenberger, 10. Dezember 1932, ebd., Bl. 41.

19 Rosenberger an Piëch, 26. September 1932, ebd., Bl. 37.

20 Vgl. die Stellungnahme des Rechtsbeistands von Porsche, 4. Januar 1950, ebd., Bl. 44.

21 Vgl. Martin Pfundner: *Die Alpenfahrt 1910–1973*, Wien 2005, S. 30f.

22 Vgl. ebd., S. 42.

23 Zum gemeinsamen Immobilienbesitz vgl. die Schriftstücke in GLAK, Abteilung 237, Zugang 1967-19, Nr. 1511.

24 Vgl. die im Rahmen des Genehmigungsverfahrens für den Kaufvertrag angefertigte Vermögensübersicht des Ehepaars Veyder-Malberg, GLAK, Abteilung 237, Zugang 1967-19, Nr. 1511, Bl. 117.

25 Kaufvertrag vom 10. Dezember 1938 zwischen dem Ehepaar Rosenberger und Hans Freiherr von Veyder-Malberg, abschriftlich ebd., Bl. 41.

26 Schreiben Elisabeth von Veyder-Malbergs an den badischen Finanz- und Wirtschaftsminister, 8. Dezember 1939, ebd.

27 Diese einleuchtende Begründung findet sich im Schreiben von Baron Malberg an die Spruchkammer Rosenheim-Land, 25. Juni 1947, Staatsarchiv München, SpkA K 3955 Veyder-Malberg, Hans.

28 Vgl. dazu einen Aktenvermerk der Oberfinanzdirektion Karlsruhe, 3. Oktober 1959, GLAK, Abteilung 508, Zugang 2004-60, Nr. 3365, Bl. 46.

29 Rosenberger an Baron Malberg, 22. Februar 1947, Staatsarchiv München, SpkA 3955 Veyder-Malberg, Hans.

30 So die eindeutige Formulierung in der von Anton Piëch angefertigten Aktennotiz über die am 30. Januar 1933, 10 Uhr, in den Büroräumen der Porsche GmbH getroffene Übereinkunft zwischen Malberg, Rosenberger, Ferdinand Porsche und Anton Piëch, Archiv Prototyp Museum Hamburg, Nachlass Veyder-Malberg.

31 So die Formulierung aus der erwähnten Aktennotiz vom 30. Januar 1933, ebd.

32 Ebd.

33 Vgl. dazu eine detallierte Aufstellung der Kreditoren und Debitoren der Porsche GmbH zum 31. Dezember 1933, PA. Fa.F1.1.2/6.

34 Aktennotiz vom 30. Januar 1933 über die Übereinkunft zwischen Ferdinand Porsche, Baron Malberg, Rosenberger und Piëch, Archiv Prototyp Museum Hamburg, Nachlass Veyder-Malberg.

35 Vgl. das Protokoll über die zwischen der Porsche GmbH und Fanny an der Lan getroffene Vereinbarung, 16. April 1933, ebd.

36 Eintragung im Tagebuch Rabe, 10. Mai 1934, Porsche-Archiv.

37 Dies lässt sich sinngemäß der Tagebucheintragung Rabes vom 12. Januar 1935 entnehmen, ebd.

38 Vgl. dazu die Patentschrift des österreichischen Patentamts Nr. 145 481 unter https://depatisnet.dpma.de/DepatisNet/depatisnet?action=bibdat&docid=AT000000145481B, zuletzt abgerufen am 30. 8. 2016.

39 Zum technischen Nutzen des »Planimeters« vgl. die Unterlagen im PA. M.R1.5.54/484.

40 Vgl. die entsprechenden Patentschriften Nr. 646 380, 647 682 sowie 648 697.

41 Am 29. November 1933 fuhr Rosenberger mit Ferry Porsche zu Citroën nach Paris; am 16. Februar 1934 hielt er sich mit Porsche und Baron Malberg bei der Firma Mathis in Straßburg auf; am 22. Mai 1934 war er wiederum in Frankreich anzutreffen; am 17. Januar 1935 fuhr er zusammen mit Rabe in seinem Wagen zu Mathis nach Straßburg; alles gemäß den Tagebucheintragungen von Karl Rabe, Porsche-Archiv.

42 Vgl. dazu die Tagebucheintragungen Rabes vom 3. und 5. Juli 1933, Porsche-Archiv, sowie den Brief Rosenbergers an Piëch, 29. Juni 1933, abschriftlich aufgeführt in der

Stellungnahme der Rechtsanwälte Porsches, 4. Januar 1950, StAL, FL 300/33 I, Bü 14649, Bl. 47f.

43 Vgl. das Schreiben Rosenbergers an Piëch, 5. September 1933, wörtlich wiedergegeben ebd., Bl. 51f.; dazu auch die Tagebucheintragung Rabes vom 5. September 1933: »Von Rosenberger trifft ein wichtiger Brief aus England ein«, Porsche-Archiv.

44 Schreiben der Rechtsanwälte Schwamberger/Lichtenstein am 4. Januar 1950 an das Amtsgericht Stuttgart, StAL, FL 300/33 I, Bü 14649, Bl. 47.

45 Vgl. den von Anton Piëch am 21. November 1934 ausgearbeiteten Vertragsentwurf, der allem Anschein nach weitgehend identisch mit dem abgeschlossenen Vertrag ist, enthalten in der Stellungnahme der Rechtsanwälte Porsches, 4. Januar 1950, ebd., Bl. 54–57. Die Existenz dieses Vertrags war auch Daimler-Benz bekannt, denn als das Unternehmen im Juli 1935 daranging, einen ersten Vertragsentwurf auszuarbeiten, in dem die künftigen Geschäftsbeziehungen zur Porsche GmbH geregelt sein sollten, musste dem Umstand, dass Porsche aufgrund des Vertrags mit Rosenberger konstruktive Hilfsarbeiten für die Verwertung von Schutzrechten erbrachte, Rechnung getragen werden; siehe dazu u. a. »lose Betrachtungen zum Vertragsentwurf«, Juli 1935, DBA, Bestand Werlin 3/27.

46 Vgl. die Abschrift des Entwurfs einer entsprechenden Vereinbarung, Juli 1935, DBA, Werlin 3/27.

47 Vgl. die aus dem Juli 1935 stammenden »losen Betrachtungen zum Vertragsentwurf«, ebd.

48 Vgl. das Schreiben Rosenbergers an die Firma Porsche, 23. Juli 1938, abschriftlich in StAL, FL 300/33 I, Bü 14649, Bl. 65f.

49 Dabei handelte es sich um zwei aus dem Oktober 1933 stammende Patente über Vorrichtungen zur Regelung der Spannung von Drehfederungen.

50 Siehe dazu ein Schreiben Piëchs an die Porsche GmbH, 4. Juli 1935, PA. Fa. Z1.1.1/4.

51 Neben »Rassenschande« konnten Juden nach einem Geheimerlass vom 30. März 1937 auch schon wegen Verstößen gegen Steuer-, Devisen- und Strafgesetze ausgewiesen werden oder aufgrund des Vorwurfs, die »Volksgemeinschaft« zu »schädigen«, vgl. Christiane Kuller: *Bürokratie und Verbrechen. Antisemitische Finanzpolitik und Verwaltungspraxis im nationalsozialistischen Deutschland*, München 2013, S. 344f., und Cornelia Essner: *Die »Nürnberger Gesetze« oder die Verwaltung des Rassenwahns 1933–1945*, Paderborn/München 2002, S. 276.

52 Von Juli 1936 bis Oktober 1937 reiste Rosenberger mindestens achtmal nach Stuttgart, vgl. die Einträge im Tagebuch Rabe vom 20. Juli 1936, 23. September 1936, 15. Oktober 1936, 26. Februar 1937, 26. Mai 1937, 1. September 1937, 25. und 30. Oktober 1937, Porsche-Archiv.

53 Schreiben der Geheimen Staatspolizei, Staatspolizeistelle Karlsruhe, an Abteilung II B 3 des Geheimen Staatspolizeiamts Berlin, 16. August 1938, Politisches Archiv des Auswärtigen Amts, Berlin, R 99891, Bl. 247.

54 Rosenberger an Piëch, 23. Juli 1938, StAL, FL 300/33 I, Bü 14649, Bl. 65–68.

55 Piëch an Rosenberger, 24. August 1938, ebd., Bl. 72.

56 Rosenberger an die Porsche KG, 23. Juli 1938, ebd., Bl. 67f.

57 Ebd., Bl. 66.

58 Vgl. Wolfram Pyta/Christoph Raichle: *Die Finanzbehörden in Baden und Württemberg im Nationalsozialismus*, Stuttgart 2017, Kapitel zu Ernst Niemann (im Erscheinen begriffen).

59 Vgl. StAL, EL 905/2 II, Bü 199, Bl. 45 und 368.

60 Vgl. StAL, EL 905/2 II, Bü 199, Bl. 472.

61 Hierzu vgl. das überaus erkenntnisreiche Schreiben Rosenbergers an Baron Malberg, 22. Februar 1947, Staatsarchiv München SpkA K 3955 Veyder-Malberg, Hans.

62 Schreiben der Porsche-Anwälte an das Landgericht Stuttgart, 26. Juli 1950, StAL, FL 300-33 I Bü 14649, Bl. 106–108.

63 Dies geht eindeutig hervor aus der von Piëch angefertigten Aktennotiz über seine Besprechung mit Rosenberger, 10. Dezember 1932, ebd., Bl. 40f.

64 Alle Informationen gemäß der durch die Notare Gänßle & Kettnaker ausgestellten Urkunde zum Schenkungsvertrag, 14. Dezember 1937, PA. M.K1.1.15/12.

65 Wichtigste Quelle sind die Prozessakten zum Rechtsstreit Rosenberger versus Porsche KG, vgl. u. a. das Schreiben der Rechtsanwälte Rosenbergers an das Amtsgericht Stuttgart, 30. November 1949, StaL, FL 300-33I, Büschel 14649, Bl. 22f., sowie die Antwort der Rechtsanwälte der Porsche KG an das Amtsgericht Stuttgart vom 4. Januar 1950, ebd., Bl. 30.

66 Vgl. die von den Notaren Gänßle & Kettnaker ausgestellte Urkunde zum Schenkungsvertrag, 14. Dezember 1937, PA. M.K1.1.15/12.

67 Diese prägnante Bezeichnung findet sich bei Christian Lubinski: »Kapitalismusformen: Familienunternehmen in Deutschland und in den USA«, in Clemens Wischermann u. a. (Hg.): *Studienbuch institutionelle Wirtschafts- und Unternehmensgeschichte*, Stuttgart 2015, S. 180–191, Zitat S. 183.

68 Vgl. das Schreiben Piëchs an Rosenberger, 24. August 1938, StAL, FL 300/33 I, Bü 14649, Bl. 72–74.

69 Dieser Wert ergibt sich, wenn man ein als Kaufpreis in österreichischen Schillingen entrichtetes, zunächst von Baronin Malberg erworbenes und wenige Monate später an die Firma Porsche weiterveräußertes Grundstück mit einbezieht; siehe dazu den Rückerstattungsantrag von Walter Wolf u. a. gegen die Porsche KG, 18. Dezember 1948, PA. M.K1.1.16/15.

70 Vgl. http://www.wirtemberg.de/wolf-und-soehne-1929.htm, zuletzt aufgerufen am 24. 3. 2017, sowie Maria Zelzer: *Weg und Schicksal der Stuttgarter Juden*, Stuttgart 1964, S. 59 und 75.

71 Vgl. dazu Avraham Barkai: *Vom Boykott zur ›Entjudung‹. Der wirtschaftliche Existenzkampf der Juden im Dritten Reich*, Frankfurt am Main 1987, S. 80–88, und Raul Hilberg: *Die Vernichtung der europäischen Juden*, Bd. 1, Frankfurt am Main 1990, S. 97–139.

72 Zur diffizilen Einschätzung des Grundstückserwerbs von der Familie Wolf vgl. vor allem den Rückerstattungsantrag von Walter Wolf, 18. Dezember 1948, das Schreiben seiner Stuttgarter Rechtsanwälte an den Schlichter für Wiedergutmachung beim Amtsgericht Stuttgart, 12. Dezember 1949, und eine Mitteilung von Albert Prinzing an den Rechtsbeistand Porsches, Dr. Lichtenstein, 4. Februar 1950, PA. M.K1.1.16/15.

73 Vgl. den angenommenen Vergleichsvorschlag der Wiedergutmachungskammer des Landgerichts Stuttgart in Sachen Rückerstattung Wolf gegen Porsche, 29. Juni 1950, ebd.

74 Vgl. Dieter Stiefel: »›Gold gab ich für Eisen‹«, in ders./Karl Bachinger u. a. (Hg.): *Abschied vom Schilling. Eine österreichische Wirtschaftsgeschichte*, Graz u. a. 2001, S. 135–154, hier S. 136; Josef Moser: *Oberösterreichs Wirtschaft 1938 bis 1945*, Wien u. a. 1995, S. 44.

75 Vgl. StAL, FL 300/33 I, Bü 16931, Bl. 3.

76 Dies beinhaltete § 10 des Kaufvertrags zwischen dem Ehepaar Rosenberger und Karla von Veyder-Malberg; auf diesen Vertrag wird Bezug genommen im Kaufvertrag zwischen dem Ehepaar Rosenberger und Elisabeth Freifrau von Veyder-Malberg, 10. Dezember 1938, GLAK, Abteilung 237, Zugang 1967-19, Nr. 1511, Bl. 39–41.

77 Die wichtigsten Unterlagen zu diesem komplexen Vermögenstransfer sind: Schreiben Baron Malbergs an die Porsche Konstruktionen GmbH, 22. September 1949, Schreiben der Rechtsanwälte Wolfs an den Schlichter für Wiedergutmachung, 12. Dezember 1949, sowie das Schreiben der Porsche-Rechtsanwälte an Ferry Porsche, 29. Juni 1950, PA. M.K1.1.16/15.

78 Vgl. Paul Sauer (Bearb.): *Dokumente über die Verfolgung der jüdischen Bürger in Baden-Württemberg durch das nationalsozialistische Regime. 1933–1945*, I. Teil, Stuttgart 1966, S. 22, Dok. 10.

79 Schreiben der Polizeidirektion Pforzheim an den Leiter des Konzentrationslagers Kislau, 23. September 1935, GLAK, Abteilung 480, Nr. 11122-3, Bl. 1.

80 Vgl. die Einträge im Tagebuch Karl Rabe, 17. bis 24. September 1935, Porsche-Archiv; die Rückkehr Porsches am 24. September 1935 ist auch in Porsches Itinerar vermerkt, PA. M.R1.2.3/27.

81 Vgl. das Schreiben Rosenbergers an Baron Malberg, 22. Februar 1947, Staatsarchiv München, SpkA K 3955 Veyder-Malberg, Hans.

82 Vgl. die Tagebucheintragung Rabes, 20. September 1935, Porsche-Archiv.

83 Vgl. die Aktennotiz aus dem Konzentrationslager Kislau, 24. September 1935, GLAK, Abteilung 480, Nr. 11122-3, Bl. 13.

84 Vgl. die Weisung des Geheimen Staatspolizeiamts Karlsruhe an das Konzentrationslager Kislau, 27. September 1935, ebd., Bl. 21.

85 Vgl. die Tagebucheintragungen Rabes, 7. bis 9. sowie 20. bis 23. Oktober 1935, Porsche-Archiv.

86 Vgl. das Schreiben des Geheimen Polizeiamts Karlsruhe an die Gestapo-Zentrale in Berlin, 16. August 1938, Politisches Archiv des Auswärtigen Amts, Berlin, R 99891, Bl. 248.

87 Ebd., Bl. 247.

88 Dies belegen zahllose briefliche Äußerungen von ihm und seiner Ehefrau Anne, geborene Junkert, verwitwete Metzger, Teilnachlass Anne Junkert/Robert, Privatbesitz.

89 Vgl. Martin Walter: »Adolf Rosenberger – Zur Geschichte eines deutschen Juden. Vom erfolgreichen Rennfahrer zum Mitbegründer der Porsche AG«, in Martin Furtwängler (Hg.): *Nicht nur Sieg und Niederlage. Sport im deutschen Südwesten im 19. und 20. Jahrhundert*, Ostfildern 2011, S. 193–212.

Kapitel 6

1 Vgl. dazu den Schriftverkehr vom Juli 1935 mit den entsprechenden Vertragsentwürfen in DBA, Werlin 3.27.

2 Protokoll der Vorstandssitzung von Daimler-Benz, 16. und 17. Juli 1935, DBA, 1 X01/0017, Kissel: Vorstand 1934/35.

3 So die Äußerung von Vorstand Röhr auf der Vorstandssitzung vom 17. Juni 1936 (Bl. 12 des Protokolls). Röhr fasste dies am Ende der Sitzung als Communis opinio des Vorstands zusammen. Insgesamt sind vier von zwölf Seiten des Sitzungsprotokolls – eines Verlaufsprotokolls – der Causa Porsche gewidmet (DBA, 1 X 01/0018, Kissel: Vorstand 1936).

4 Werlin an den Vorstand von Daimler-Benz, 30. September 1936, DBA, Werlin 3/27.
5 Werlin an den Aufsichtsratsvorsitzenden von Daimler-Benz, Emil Georg von Stauß, 30. September 1936, DBA, 1 V002/004.
6 Vgl. das Schreiben des Emil von Stauß vom 3. Oktober 1936, ebd.
7 Vgl. das in dieser Hinsicht decouvrierende Schreiben von Werlin an Stauß, 25. Februar 1938, ebd.
8 Dies räumte Werlin in seinem Schreiben an Stauß vom 25. Februar 1938 unumwunden ein, ebd.
9 Vertrag vom 11. März 1937 zwischen der Porsche GmbH und der Daimler-Benz AG, PA. Fa.P1.1.1/3.
10 Ebd.
11 Ebd.
12 Ebd.
13 Vgl. die Angaben, die zum Vertrag mit Porsche auf der Vorstandssitzung von Daimler-Benz am 10. Februar 1939 gemacht wurden gemäß dem streng vertraulichen Protokoll vom 20. Februar 1939, DBA, 1 X01/027, Kissel: Vorstand 1939.
14 So die freimütige Darlegung in einem Schreiben Kissels an das Vorstandsmitglied der Deutschen Bank, Hans Rummel, 25. November 1936, DBA, Kissel 11.13, 1 V01/0292.
15 Vgl. hierzu u.a. Marius Lissautzki: *Kundenwertorientierte Unternehmenssteuerung. Voraussetzungen, Aufgaben, Werttreiberanalysen*, Wiesbaden 2007, S. 280ff.; Jörg Freiling: »Kundenwert aus ressourcentheoretischer Sicht«, in Bernd Günter/Sabrina Helm (Hg.): *Kundenwert. Grundlagen – innovative Konzepte – praktische Umsetzungen*, Wiesbaden 2006, S. 83–102, hier S. 89ff.
16 Vertrag zwischen der Daimler-Benz AG und der Porsche GmbH, 11. März 1937, PA. Fa.P1.1.1/3.
17 Schreiben Piëchs an die Porsche GmbH, 4. Juli 1935, PA. Fa.P1.1.1/3.
18 Tagebucheintrag Rabe vom 11. März 1937, Porsche-Archiv.
19 Hierzu sehr ausführlich Peter Kirchberg: *Grand-Prix-Report. Auto Union 1934 bis 1939*, Stuttgart 1982, S. 95f.; Michael Eichhammer: *Silberpfeile und Kanonen. Die Geschichte der Auto Union Rennwagen und ihrer Fahrer*, Bruckmühl 2004, S. 123.
20 So Daimler-Vorstandsmitglied Werlin auf einer Besprechung vom 27. Juli 1937 im Werk Untertürkheim nach dem sehr detaillierten Verlaufsprotokoll, DBA, Werlin 3/27.
21 Porsche auf der Besprechung vom 27. Juli 1937, ebd.
22 Vgl. die »Anlage zum Protokoll der Sitzung am 27.7.1937«, DBA, Werlin 3/27.
23 Dabei handelt es sich um den Typ 90, vgl. den entsprechenden Entwurf im Porsche-Archiv, Konstruktionen, Bd. 7.
24 Die Sondervergütung für das erste, von März 1937 bis März 1938 laufenden Vertragsjahr hatte die Porsche KG vertragsgemäß erhalten, vgl. dazu ein Schreiben Kissels an Werlin, 6. Mai 1939, DBA, Werlin 3/27.
25 Schreiben des Vorstands von Daimler-Benz an Porsche, 5. Mai 1938, ebd.
26 Vgl. dazu auch die Aktennotiz über eine Besprechung zwischen Vertretern von Daimler-Benz und Porsche, 15. April 1939, DBA, 1 V02/004.
27 Protokoll der Vorstandssitzung der Daimler-Benz AG am 10. Februar 1939, DBA, 1 X01/0027.
28 Vgl. zu diesem Projekt auch Reuß, *Rennschlachten*, S. 196–222.
29 Zur Schaffung einheitlicher Vergleichsbedingungen und Regelvereinheitlichungen

als Signum des modernen Sports vgl. Tobias Werron: *Der Weltsport und sein Publikum. Zur Autonomie und Entstehung des modernen Sports*, Weilerswist 2010.

30 Vgl. Reuß, *Rennschlachten*, S. 196.

31 Stuck an Kissel, 17. August 1936, DBA, 1 V01/0327.

32 Vgl. das streng vertrauliche Schreiben der Direktion von Daimler-Benz an die Porsche GmbH, 13. Januar 1937, PA. Fa.P1.1/3.

33 Vgl. das streng vertrauliche Protokoll über eine Besprechung am 22. März 1937 zwischen der Daimler-Benz AG und der Porsche GmbH, DBA, 1 V01/0324.

34 Reichspatentamt, Patentschrift Nr. 698 052, ausgegeben am 30. Oktober 1940 über: »Rennwagen, insbesondere Rekordwagen«; die Patentierung erfolgte am 8. Mai 1937.

35 Vgl. dazu Neubauers Schreiben an Kissel, 6. April 1937, DBA, 1 V01/0327; siehe auch Reuß, *Rennschlachten*, S. 208–210.

36 Beschluss der Besprechung zwischen Porsche und Daimler-Benz, 27. Juli 1937, gemäß der Protokollanlage, DBA, Werlin 3/27; vgl. auch eine entsprechende Information auf der Sitzung des Vorstands von Daimler-Benz, 24. September 1937, gemäß dem Verlaufsprotokoll vom 5. Oktober 1937, DBA, Kissel: Vorstandsprotokolle 1937.

37 Rabe auf der Besprechung vom 27. Juli 1937, ebd.

38 Streng vertrauliches Einschreiben des Vorstands von Daimler-Benz an die Porsche GmbH, 13. Januar 1937, DBA, 1 V01/0324.

39 So der Einwand von Daimler-Benz-Vorstand Sailer in einer Aufzeichnung für Kissel, 18. November 1936, ebd.

40 Vgl. die Einträge im Tagebuch Karl Rabe, 24. November sowie 29. Dezember 1937, Porsche-Archiv.

41 Tagebucheintragung Rabes vom 1. Oktober 1938, ebd.

42 Vgl. die »Aufteilung der auf Konto 95 (P) stehenden Kosten bis einschließlich September 1938«, DBA, 1 V01/0324.

43 Streng vertrauliches Schreiben von Daimler-Benz an Adolf Hühnlein, 24. Dezember 1938, ebd.

44 Vgl. eine für Kissel bestimmte Übersicht der Rennwagenabteilung über den Stand des Weltrekordwagens, 3. Juni 1939, ebd.

45 Vgl. die erwähnte Übersicht, 3. Juni 1939, sowie das auf den 21. Juni 1940 datierte Schreiben des Daimler-Vorstands an Hühnlein mit der offiziellen Bitte um eine »möglichst umfangreiche finanzielle Unterstützung«, ebd.

46 Vgl. dazu eine vom 30. November 1938 stammende Aufstellung der Daimler-Benz AG über die auf das Porsche-Konto entfallenden Kosten, DBA, 1 V01/0324.

47 Vgl. ebd.

48 Der Wert des Cabriolets geht hervor aus der erwähnten Aufstellung, ebd.; zu den Sondervergütungen für das erste Vertragsjahr vgl. das Protokoll über die Vorstandssitzung der Daimler-Benz AG vom 24. März 1939, DBA, 1X01/ 0027.

49 Vgl. das Protokoll der Vorstandssitzung vom 5. Dezember 1939, ebd.

50 Vgl. das Schreiben des Vorstands der Daimler-Benz AG an die Porsche KG, 18. Oktober 1940, PA. Fa.Z1.1.1/4.

51 Vgl. das Schreiben der Porsche KG an Daimler-Benz, 2. Dezember 1941, sowie das Schreiben von Daimler-Benz an die Porsche KG, 31. März 1942, ebd.

Kapitel 7

1 Zu Ganz vgl. die materialreiche Studie von Paul Schilperoord: *Die wahre Geschichte des VW-Käfers*, Frauenfeld 2011, vor allem S. 50f., 66–73, 108–119 und 130–152.

2 Dieser Zusammenhang wird in der ansonsten verdienstvollen Studie von Schilperoord nicht beachtet. Der Verfasser lässt sich von der kühnen These leiten, dass ingeniöser Erfindergeist – an dem es Ganz gewiss nicht fehlte – ausgereicht habe, Ganz die geistigen Urheberrechte am Volkswagen posthum zu sichern, und verkennt dabei die Komplexität des Zusammenspiels von Konstruktion, Entwicklung und Fertigung. In nuce steht Schilperoord im Banne des Mythos vom Erfindergenie, auf das in Kapitel 4 Bezug genommen wurde. Gemäß diesem Narrativ gilt der geistige Vater des »Grundentwurfs« als wahrer Schöpfer des Volkswagens. Von einer solchen Fixierung auf den Entwurfsakt als eigentlichem schöpferischen Ursprungsakt profitiert auch Ferdinand Porsche, wenn diesem genialische Erfindereigenschaften zugeschrieben werden; insofern lassen sich auch die Erstgeburtsrechte Porsches am Volkswagen auf die verklärte Vorstellung eines Erfindergenies zurückführen, vgl. dazu Ludvigsen, *Genesis*, passim.

3 Vgl. Anette Gudjons: *Die Entwicklung des »Volksautomobils« von 1904 bis 1945 unter besonderer Berücksichtigung des »Volkswagens«*, Diss. Phil., Hannover 1988, vor allem S. 42–47.

4 »Der Konstrukteure Meinung zur Fahrmaschine«, in *Allgemeine Automobil-Zeitung* 32 (1931), Nr. 6, 7. Februar 1931, S. 9–11.

5 So der Chefkonstrukteur von Daimler-Benz, Hans Nibel, ebd., S. 9.

6 Vgl. den Beitrag Porsches, ebd., S. 10; siehe auch den Eintrag »Kleinwagen-Projekt« in PA. Porsche-Skizzenbuch, Eintrag vom 15. Januar 1931.

7 Siehe den Beitrag von Röhr, Chefkonstrukteur Dauben, ebd., S. 9.

8 Vgl. Werner Schollenberger: *Röhr. Ein Kapitel deutscher Automobilgeschichte*, Darmstadt 1996, S. 93–95.

9 Vgl. dazu Erhard Schütz: Der Volkswagen, in Étienne François/Hagen Schulze (Hg.): *Deutsche Erinnerungsorte,* Bd. 1, München 2005, S. 352–369.

10 Vgl. dazu Schilperoord, *Die wahre Geschichte des VW-Käfers*, S. 121–140.

11 Das Original des Vertrags findet sich in Stiftung Deutsches Technikmuseum Berlin, FA Zündapp GmbH: I.2.002 B. TO 0080, Bl. 2–5 (dort auch die Zitate); siehe auch die Eintragung im Tagebuch Karl Rabe, 28. September 1931, Porsche-Archiv, generell vgl. Etzold, *Der Käfer,* S. 74f.

12 Stiftung Deutsches Technikmuseum Berlin, FA Zündapp GmbH: I.2.002 B. TO 0080, Bl. 3.

13 Vgl. hierzu das überaus erhellende Schreiben der Porsche GmbH an die Direktion der Zündapp GmbH, 28. Oktober 1931, ebd., Bl. 21f.

14 Vgl. den Vertrag vom 28. September 1931, ebd., Bl. 4.

15 Schreiben Porsches an den Schweizer Ingenieur Max Troesch vom 2. Mai 1932, PA. F.F1.3.1/36.

16 Dazu siehe die Tagebucheintragungen von Karl Rabe vom 17. November und 30. November 1933, Porsche-Archiv.

17 Hierzu Etzold, *Der Käfer*, S. 76–79.

18 Vgl. die Ausführungen Falkenhayns anlässlich einer Sitzung der Vertreter der Automobilindustrie mit Porsche, 24. Februar 1936, DBA, 1 V02/005 (Werlin), Bl. 6 der Niederschrift.

19 Für die innere Quellenkritik der Denkschrift wird eine im Porsche-Archiv erhaltene

Abschrift herangezogen, auf deren Vorderseite mit Bleistift »17.1.34« als Datum notiert ist, PA. Fa.VW1.2.1/3.

20 Die erste dieser Abhandlungen, welche inhaltlich eine Fortsetzung der Denkschrift vom 17. Januar 1934 darstellt, wurde laut handschriftlichem Vermerk auf der Vorderseite am 8. April 1934 verbessert; das zweite Papier enthält eine präzise Kostenkalkulation eines Volkswagens und wurde am 17. April 1934 überarbeitet; Fundort PA. T.60.1.1.2/8 bzw. PA. T.60.1.1.2/7.

21 Darauf deuten auch Schriftproben aus der Privatkorrespondenz von Baron Malberg hin, die dessen Sohn Ulf Baron von Veyder-Malberg den Verfassern freundlicherweise am 28. November 2016 zur Verfügung stellte.

22 Vgl. dazu grundlegend Wolfgang König: *Volkswagen, Volksempfänger, Volksgemeinschaft*, Paderborn 2004.

23 Das Exposé ist auch abgedruckt bei Etzold, *Der Käfer*, S. 32–35; die folgenden Zitate beziehen sich auf diesen Abdruck.

24 Ebd., S. 33.

25 Ebd., S. 34.

26 Ebd.

27 Ebd.

28 Ebd., S. 35.

29 Ebd., S. 34.

30 Ebd., S. 35.

31 Ebd.

32 Insofern ließ es sich Porsche nicht nehmen, ausdrücklich auf die »ersten vielbesprochenen Probefahrten« hinzuweisen, ebd.

33 Ebd.

34 Die besagten Schriftstücke finden sich in dem Akt »betreffend Kraftfahrwesen allgemein«, BAB, R 43 II/748, Bd. 1.

35 Vgl. hierzu grundsätzlich Dorothee Hochstetter: *Motorisierung und »Volksgemeinschaft«. Das Nationalsozialistische Kraftfahrkorps (NSKK) 1931–1945*, München 2005; Michael Makropoulos: »Die infrastrukturelle Konstruktion der ›Volksgemeinschaft‹. Aspekte des Autobahnbaus im nationalsozialistischen Deutschland«, in Ulrich Bröckling/Axel T. Paul/Stefan Kaufmann (Hg.): *Vernunft, Entwicklung, Leben. Schlüsselbegriffe der Moderne. Festschrift für Wolfgang Essbach*, München 2004, S. 185–204.

36 Hitlers Rede ist auszugsweise wiedergegeben bei Max Domarus: *Hitler. Reden und Proklamationen 1932–1945*, Bd. 1/Erster Halbband, München 1965, S. 369–371, Zitat S. 370.

37 Ebd.

38 Die Wiedergabe der Rede Hitlers vom 7. März 1934 bei Domarus entspricht in dem hier zitierten Passus nicht vollständig dem in diesem Fall heranzuziehenden Abdruck der Rede Hitlers in *Völkischer Beobachter* 47 (1934), 68. Ausgabe, 9. März 1934: »Das Auto soll für jeden Volksgenossen erschwinglich sein«. Die Rede des Führers in den Ausstellungshallen.

39 Dies berichtet Werlin in seinen 1964 entstandenen, ungedruckten Erinnerungen: Jakob Werlin, Ein Leben für das Auto, Bl. 190, DBA, 1 V02/0009.

40 Ebd.

41 Ausführlich dazu und zum künstlerischen Selbstverständnis Hitlers Pyta, *Hitler*, S. 17 und 83f.

42 Es gibt sowohl in den Tagebüchern Karl Rabes als auch in den sonstigen im Porsche-Archiv vorhandenen Unterlagen keinen Hinweis darauf, dass Ferdinand Porsche in dem uns interessierenden Zeitraum anspruchsvolle Literatur las, gehobenes Schauspiel und/oder Musiktheater schätzte oder sich lebhaft für bildende Kunst interessierte.

43 In den im Daimler-Benz-Archiv vorhandenen Unterlagen zu Werlin finden sich zwei handschriftliche Skizzen, die als Entwurf des Volkswagens gelten können und die Hitler zugeschrieben wurden; Werlin hat diese und andere Unterlagen in einer Volkswagen-Dokumentation für archivalische Zwecke hinterlassen, DBA, Bestand Werlin 3.27; Abbildung dieser Skizzen auch bei Schilperoord, *Die wahre Geschichte des VW-Käfers*, S. 216f.

44 Mit Schreiben vom 18. September 1934 sandte er Werlin zur Weitergabe an Hitler neben einem kurzen schriftlichen Bericht eine »perspektivische Schnittskizze« seiner bisherigen Entwurfsplanungen, DBA, 1 V02/005 (Werlin).

45 Vgl. die Erinnerungen Werlins, Ein Leben für das Auto, Bl. 191f., DBA, 1 V02/0009.

46 Hitler hielt sich vom 10. bis zum 13. März 1934 in München auf; dazu siehe Harald Sandner: *Hitler – Das Itinerar*, Bd. 3, Berlin 2016, S. 1166f.

47 Zu diesem Gespräch vgl. die stark ausgeschmückte Schilderung bei Werlin, Ein Leben für das Auto, Bl. 194f., DBA, 1 V02/0009.

48 Der 15. und 16. März 1934 sind die beiden einzigen Tage, an denen sich nach dem Bewegungsprofil der beiden sowohl Hitler als auch Porsche in Berlin aufgehalten haben; zu Hitler vgl. Sandner, *Itinerar*, S. 1167; der Terminkalender Porsches lässt sich rekonstruieren aus den absolut zuverlässigen Angaben im Tagebuch von Karl Rabe, 15. und 16. März 1934, Porsche-Archiv, sowie aus dem Itinerar von Porsches Fahrer Goldinger, PA. M.K1.1.1/27.

49 Über dieses Gespräch sind wir durch zum Teil sehr zeitnah entstandene Aufzeichnungen Werlins relativ gut unterrichtet. Am 5. April 1934 zeichnete Werlin die »Gedankengänge« Hitlers auf, auf welche auch eine undatierte »zusammenfassende Übersicht aus den verschiedenen Berichten, den Volkswagenakten entnommen« verweist, DBA, 1 V02/005 (Werlin). Auch Werlins Erinnerungen orientieren sich strikt an seinen »Gedankengängen«; Werlin, Ein Leben für das Auto, Bl. 196f., DBA, 1 V02/009.

50 Bernd Stöver: *Volksgemeinschaft im Dritten Reich. Die Konsensbereitschaft der Deutschen aus der Sicht sozialistischer Exilberichte*, Düsseldorf 1993, S. 290, spricht davon, dass »die NB-Publikationen […] den KdF-Wagen bereits im August 1938 als ›Kriegsprojekt‹ bezeichneten«.

51 Vgl. Pyta, *Hitler*, S. 210 und 390.

52 Vgl. die »Gedankengänge« Werlins vom 5. April 1934, DBA, 1 V02/005, die inhaltlich völlig übereinstimmen mit Werlin, Ein Leben für das Auto, Bl. 196f., DBA, 1 V02/009.

53 »Gedankengänge« Werlins, 5. April 1934, ebd.

54 Porsche äußerte sich nach dem Gespräch mit Hitler wie folgt: »Jetzt weiß ich, was er will«, nach Werlin, Ein Leben für das Auto, Bl. 197, DBA, 1V01/009.

55 »Gedankengänge« Werlins, 5. April 1934, DBA, 1 V02/005.

56 Erhalten hat sich im Porsche-Archiv der Entwurf dieser Denkschrift, welche auf der ersten Seite den handschriftlichen, mit der Paraphe Malbergs abgezeichneten Hinweis trägt, dass sie am 8. April 1934 »ausgebessert« worden sei, PA. T.60.1.1.2/8.

57 Im Archiv der Daimler-Benz AG hat sich ein komplettes Exemplar dieser »Denkschrift zum deutschen Volkswagen« erhalten, DBA, 1 V02/005 Werlin 62.

58 Bl. 8 des Entwurfs vom 8. April 1934, PA. T.60.1.1.2/8; die fertiggestellte Denkschrift übernahm diesen Passus wortwörtlich, DBA, 1 V02/005 Werlin 62, Bl. 10.

59 Vgl. das bei Etzold, *Der Käfer*, S. 34f., abgedruckte Exposé.

60 Grundlegend hierzu die instruktive Studie von König, *Volkswagen*, hier vor allem S. 156f.

61 Vgl. das Exposé Malbergs in der Version vom 8. April 1934, PA. T.60.1.1.2/8, Einschub V zu Bl. 11 sowie Bl. 15, und die fertige Denkschrift, Bl. 17f., DBA, 1 V02/005 Werlin 62.

62 Exposé vom 8. April 1934, PA. T.60.1.1.2/8, Einschub auf Bl. 11 des Exposés; im Endprodukt – der an wichtige Hersteller gelangten »Denkschrift« – taucht der Schlüsselbegriff »Erzeugungsgemeinschaft« gleich dreimal auf, nämlich auf den Seiten 12 bis 14, DBA, 1 V02/005, Werlin 62.

63 Ebd., Bl. 4 des Exposés.

64 Auch diese Kalkulation dürfte in erheblicher Weise auf Malberg zurückgehen, der am 18. April 1934 handschriftlich auf der ersten Seite festhielt: »korrigiert, gleichlautend dem Original«, PA. T.60.1.1.2/7; der fertigen »Denkschrift« wurden diese Überlegungen beigegeben als »Versuch zweier Kalkulationen zum deutschen Volkswagen«, DBA, 1 V02/005, Werlin 62.

65 Vgl. die überaus aufschlussreiche Aktennotiz vom 14. Mai 1934, die ein Vertreter von Auto Union über die Besprechung zum Volkswagen vom 8. Mai 1934 anfertigte, SStAC, Bestand Auto Union, Nr. 866, Bl. 183–186, Zitat Bl. 183.

66 Ebd., Bl. 183.

67 Ebd., Bl. 184.

68 Diese »im vertraulichen Kreis« getätigte Äußerung Hitlers gab der Geschäftsführer des RDA, Scholz, auf besagter Sitzung wieder, ebd., Bl. 184.

69 Ebd., Bl. 184 (dort beide Zitate).

70 Ebd., Bl. 185.

71 Ebd., Bl. 186.

72 Ein Aktenvermerk über diese Sitzung ist in Faksimile abgedruckt bei Etzold, *Der Käfer*, S. 63f.

73 Vgl. Hans Mommsen/Manfred Grieger: *Das Volkswagenwerk und seine Arbeiter im Dritten Reich*, Düsseldorf 1996, S. 59. Die Verfasser berufen sich hierbei auf nachträgliche Erinnerungen des Generaldirektors von BMW, die in einem Werk der Sekundärliteratur aus dem Jahr 1983 (!) aufgegriffen wurden. Es ist aber bislang keine einzige Überrestquelle aufgetaucht, die eindeutig belegen würde, dass Hitler bis zum Frühjahr 1934 eine Preisobergrenze von 1000 Reichsmark autoritativ festgelegt hätte.

74 So die Wiedergabe der Position Hühnleins in der Aktennotiz von Auto Union über die Besprechung vom 8. Mai 1934, SStAC, Bestand Auto Union, Nr. 886, Bl. 186.

75 Vgl. die Wiedergabe des Exposés bei Etzold, *Der Käfer*, S. 34.

76 Alle technischen Angaben zu den mit dem Porsche-Volkswagen vergleichbaren Kleinwagen, die im Januar 1934 auf dem deutschen Markt erhältlich waren, finden sich in einer Tabelle, die dem »Anhang zum Exposé betreffend den Bau eines deutschen Volkswagens« vom 17. Januar 1934 beigefügt ist, PA. Fa.VW1.2.1/3.

77 Vgl. den Vermerk über die Besprechung am 11. April 1934, in Faksimile bei Etzold, *Der Käfer*, S. 63f.

78 SStAC, Bestand Auto Union, Nr. 886, Bl. 183.

79 Vgl. den entsprechenden Aktenvermerk aus dem Verkehrministerium vom 5. Mai 1934 mit Ergänzung vom 9. Mai 1934, in Faksimile bei Etzold, *Der Käfer*, S. 65.

80 Dazu grundlegend Henry Ashby Tuner: *General Motors und die Nazis*, Düsseldorf 2006, vor allem S. 17–21.

81 Streng vertrauliche Niederschrift vom 1. Juni 1934 über die Fabrikantensitzung im RDA, 28. Mai 1934, SStAC, Bestand Auto Union, Nr. 866, Bl. 176–180.

82 Vgl. Turner, *General Motors*, S. 62–64.

83 Wilhelm von Opel hatte diese Information über das am 2. Mai 1934 stattgefundene Gespräch zwischen Mooney und Hitler durch einen Einspruch gegen die ursprüngliche Sitzungsniederschrift aktenkundig gemacht und bestand daher auf einem entsprechenden Nachtrag, der am 7. Juni 1934 dem Protokoll beigefügt und deklariert wurde als »streng vertraulich (wir bitten, die Niederschrift unter Verschluss zu nehmen)«, SStAC, Bestand Auto Union, Nr. 866, Bl. 174.

84 Protokoll der Fabrikantensitzung vom 28. Mai 1934, ebd., Bl. 178f. (beide Zitate).

85 So Geheimrat Scholz vom RDA, ebd., Bl. 177.

86 Ebd., Bl. 178f.

87 Dies geht hervor aus dem vierten Entwurf eines Abkommens zwischen Porsche und dem RDA, Anfang Juni 1934, in den drei vorhergehende Entwürfe eingegangen sind, PA. Fa.VW1.2.1/43, Zitat Bl. 2 des vierten Entwurfs.

88 Dieser Vertragsentwurf des RDA wurde der Porsche GmbH mit Schreiben vom 9. Juni 1934 zugeleitet, Fundort PA. Fa.VW1.2.1/34.

89 Schreiben der Porsche GmbH an den RDA, 11. Juni 1934 (Entwurf), PA. Fa.VW1.2.1/35, Zitat Bl. 5.

90 Eine Abschrift des Vertrags findet sich bei Etzold, *Der Käfer*, S. 70–73, Zitat S. 70, das Original des Vertrags befindet sich im PA. Fa.VW1.2.1/42.

91 Ebd., S. 72.

92 Ebd., S. 70.

93 In einem vertraulichen Anhang zur Kalkulation eines »Volkswagens« hatte Malberg den Begriff der »Gemeinschaftserzeugung« eingeführt, um damit die ungewöhnliche Organisationsform zu beschreiben, mit deren Hilfe die Fabrikation des Volkswagens bewerkstelligt werden sollte, PA. T.60.1.1.2/7, Bl. 4 des Anhangs vom 17. April 1934.

94 Niederschrift der Fabrikantensitzung vom 28. Mai 1934, SStAC, Bestand Auto Union, Nr. 866, Bl. 180.

95 Vertrag zwischen RDA und Porsche, 22. Juni 1934, bei Etzold, *Der Käfer*, S. 71.

96 Ebd., S. 70.

97 Ebd., S. 72.

98 Ebd.

99 Vgl. den dritten und vierten Vertragsentwurf des Konstruktionsbüros, Anfang Juni 1934, PA. Fa.VW1.2.1/43.

100 Vgl. den mit Schreiben des RDA vom 9. Juni 1934 an die Porsche GmbH versandten Vertragsentwurf, PA. Fa.VW1.2.1/34.

101 Der RDA verpflichtete sich im Vertrag vom 22. Juni 1934, mit den »Inhabern der Schutzrechte wegen deren Freigabe« zu verhandeln, falls die Porsche GmbH bei der Konstruktion des »Volkswagens« Schutzrechte von Mitgliedsfirmen des RDA in Anspruch nahm, vgl. Etzold, *Der Käfer*, S. 71. Da aber diese Firmen über den RDA Konstruktion und Entwicklung des Volkswagens mittrugen, erhielt Porsche einen

Freibrief zur Verwertung sämtlicher Schutzrechte, die von den im RDA vereinigten Herstellern gehalten wurden, sofern dies für seine Arbeit erforderlich war.

102 Der übliche Weg ist plastisch geschildert bei Hellmut B. Hellmut: »Beim Vater von 60 Autotypen«, in: *Allgemeine Automobil-Zeitung* 34 (1933), Bd. I, S. 8–10.

103 So lautete der letzte Satz in Teil II des Vertrags vom 22. Juni 1934, bei Etzold, *Der Käfer*, S. 71; unter ausdrücklichem Bezug darauf siehe die Mitteilung der Patentabteilung von Auto Union an den Vorstand, 18. Dezember 1934, SStAC, Bestand Auto Union, Nr. 866, Bl. 162.

104 Niederschrift über die Besprechung Porsches mit Vertretern des Volkswagenwerkes, 4. Dezember 1947, PA. M.K1.1.14/44 (dort alle Zitate).

105 Eine Übersicht über die Interventionen des RDA findet sich in einer Aktennotiz der Porsche GmbH vom 13. Dezember 1935, in Faksimile wiedergegeben bei Etzold, *Der Käfer*, S. 68f.

106 Vgl. dazu die Niederschrift über die 1. Sitzung der technischen Kommission zur Behandlung des Volkswagens, 3. Juli 1935, DBA, 1 V02/005 (Werlin).

107 Vgl. Etzold, *Der Käfer*, S. 80.

108 Vgl. die Niederschrift über die Besprechung vom 3. Juli 1935, DBA, 1 V02/005 (Werlin).

109 Ebd.

110 Ebd.

111 Ebd.

112 Besonders bezeichnend ist, dass einer der Skeptiker – der Vorsitzende der »Wirtschaftsgruppe Fahrzeugindustrie«, Hagemeier – diese Finanzierungszusage am Schluss der Besprechung als deren Ergebnis verkündete, ebd.

113 Ein Verkaufspreis von 1200 Reichsmark wird als übereinstimmende Position der RDA-Vertreter im Protokoll festgehalten, ebd.

114 Vgl. Mommsen/Grieger, *Volkswagenwerk*, S. 92f. Das NS-Regime hatte nach 1933 die großzügigen Kartellregelungen der Weimarer Zeit beibehalten. Vor allem in der eisenschaffenden Industrie gab es kartellähnliche Zusammenschlüsse, welche die Mechanismen einer auf Angebot und Nachfrage beruhenden Preisbildung außer Kraft setzten. Zu den wichtigsten »Verkaufsverbänden« zählten der Röhrenverband, der Roheisenverband, der Walzdrahtverband und vor allem der Stahlwerksverband mit seinen verschiedenen Unterverbänden für Halbzeug, Formeisen, Universaleisen und andere Produkte. Die Aufgabe dieser Zusammenschlüsse, die nach 1933 ihre Arbeit nahezu ungehindert fortsetzen konnten, bestand darin, Erzeugungs- und Absatzquoten zu vereinbaren sowie die Verkaufspreise festzulegen, die von Mitte der 1930er Jahre an von einem Preiskommissar zu genehmigen waren; vgl. hierzu u. a. die zeitgenössische Arbeit von Martin Lohmann: *Das Rechnungswesen der Kartell- und Gruppen-Wirtschaft*, Berlin/Heidelberg 1937; mit Blick auf die Stahlindustrie Alfred Reckendrees: *Das »Stahltrust«-Projekt. Die Gründung der Vereinigte Stahlwerke A.G. und ihre Unternehmensentwicklung 1926–33/34*, München 2000, sowie Alexander Donges: *Die Vereinigte Stahlwerke AG im Nationalsozialismus*, Paderborn 2014, vor allem S. 98–102.

115 So das Ergebnis einer vertraulichen Niederschrift über die 2. Sitzung der technischen Kommission für den Volkswagen, 20. bis 25. August 1935, SStAC, Bestand Auto Union, Nr. 866, Bl. 124–129, Zitat Bl. 129.

116 Vgl. Mommsen/Grieger, *Volkswagenwerk*, S. 96.

117 Porsche an Werlin, 18. September 1934, DBA, 1 V02/005 (Werlin).

118 »Aktennotiz über den gegenwärtigen Stand der Arbeiten am deutschen Volkswagen«, 3. September 1934 (fälschlich – wohl durch einen Fehler bei der Abschrift – auf 1935 datiert), ebd.; alle folgenden Zitate entstammen diesem Bericht Porsches; inhaltlich übereinstimmend ist eine wohl Ende 1935 entstandene »zusammenfassende Übersicht aus den verschiedenen Berichten den Volkswagenakten entnommen«, ebd.

119 Hitlers Rede gemäß dem zuverlässigen Abdruck in *Völkischer Beobachter*, Münchener Ausgabe, 15. Februar 1935: »Die Rede des Führers«.

120 Tagebucheintragung Karl Rabe, 14. Februar 1935, Porsche-Archiv.

121 Hitler hatte nach dem Lob für Porsche und dessen Team erklärt, dass man auf Basis der Vorentwürfe so weit sei, »um die ersten Exemplare ab Mitte dieses Jahres endlich erproben zu können«, *Völkischer Beobachter*, Münchener Ausgabe, 15. Februar 1935.

122 Ausführungen Hitlers anlässlich einer Unterredung mit Werlin vom 10. Oktober 1934 gemäß einer Aktennotiz Werlins für den Vorstand von Daimler-Benz, 11. Oktober 1934, DBA, 1 V02/005, Werlin 62.

123 Ebd.

124 Werlin geht in seinen ungedruckten Erinnerungen, in denen er sich als politischer Mentor Porsches hinstellte, jedenfalls mit keinem Wort auf ein Treffen im Februar 1935 ein. Dabei hätte Werlin keinen Anlass gehabt, eine solche unter seiner Vermittlung zustande gekommene Begegnung mit Hitler und Porsche zu verschweigen. Werlin, Ein Leben für das Auto, DBA, 1V02/009.

125 Vom 21. bis zum 26. Februar 1935, Angaben gemäß dem Tagebuch Karl Rabe, Porsche-Archiv; siehe auch das Itinerar des Porsche-Chauffeurs Goldinger, PA. M.K1.1.1/27.

126 Tagebuch Karl Rabe, 26. Februar 1935, ebd.

127 Der Notizzettel Hitlers findet sich u.a. im DBA, Werlin 3.27, ist dort allerdings falsch datiert – nämlich auf den Sommer 1936 (ein typisches Beispiel für Erinnerungsfehler in Memoiren oder vergleichbaren schriftlichen Zeugnissen).

128 Zu diesem für Hitler ungewohnten Zwang zum Schreibmodus vgl. u.a. die Hinweise aus den Erinnerungen seines persönlichen Adjutanten Julius Schaub: *In Hitlers Schatten*, Stegen 2010, S. 116; am 26. Mai 1935 – also an dem Tag, an dem er vermutlich Werlin traf – teilte sich Hitler auch gegenüber Goebbels auf diese Weise mit: Hitler »schreibt mir, was er sagen will, auf Papier auf«, in *Die Tagebücher von Joseph Goebbels*, Teil I, Bd. 3/I, München 2005, S. 238: Eintrag vom 27. Mai 1935 über die Geschehnisse vom Vortag.

129 Vgl. eine Aktennotiz Werlins, 8. Oktober 1935, sowie eine wohl im Auftrag Werlins entstandene »zusammenfassende Übersicht aus den verschiedenen Berichten, den Volkswagenakten entnommen«, Ende 1935; auch in seinem »Bericht und Arbeitsprogramm Volkswagen« vom 20. August 1935, der an den RDA gerichtet war, räumte Porsche ein, dass »die Motorfrage noch nicht genügend geklärt ist«; Fundort für alle Dokumente, DBA, 1 V02/005 (Werlin).

130 Allmers an Porsche, 3. Februar 1936, PA. Fa.VW1.2.1/32.

131 Ebd.

132 Vgl. dazu ein Schreiben Kissels an Werlin, 6. Februar 1936, DBA, 1 V01/0295 Kissel 11.16.

133 Werlin an Porsche, 2. September 1935, DBA, 1 V02/005 (Werlin).

134 Dass Hitler im Herbst 1935 den Wunsch zur Besichtigung des Volkswagens geäußert hat, geht u.a. aus einer Mitteilung Werlins auf einer Sitzung der Wirtschaftsgruppe Fahrzeugindustrie vom 21. November 1935 hervor; vgl. dazu eine vertrauliche Akten-

notiz vom 28. November 1935, Unternehmensarchiv der Volkswagen Aktiengesellschaft (UVW), Zugang (Z) 73, Nr. 35.

135 Eintrag im Tagebuch Karl Rabe, 20. November 1935, Porsche-Archiv.

136 Eintrag im Tagebuch Rabe, 21. Dezember 1935, ebd.

137 Eintrag im Tagebuch Karl Rabe, 29. Dezember 1935 (Rabe hatte dies aus zweiter Hand erfahren); vgl. auch seinen Eintrag vom 30. Dezember 1935 mit weiteren Einzelheiten aus dem Munde Porsches, Porsche-Archiv.

138 So äußerte sich Allmers in einem streng vertraulichen internen Bericht an den Vorstand des RDA, 5. Februar 1936, Archiv des IfZ, Fa 199-23-23.

Kapitel 8

1 Interner Bericht Allmers an den Vorstand des RDA, 5. Februar 1936, Fundort BAB, R 43 II/753, Bl. 33–35, Zitat Bl. 35.

2 Allmers an die Porsche GmbH, 3. Februar 1936, PA. Fa.VW1.2.1/32.

3 Hitler hatte in seiner Rede am 15. Februar 1935 verkündet, dass das Volksauto nur das kosten solle, »was früher ein mittleres Motorrad« an Kosten verursacht habe; diese Äußerung wurde von Allmers in seinem internen Bericht für den RDA-Vorstand am 5. Februar 1936 als Beleg dafür herangezogen, dass Porsche auch in kalkulatorischer Hinsicht den vorgegebenen Rahmen gesprengt habe, BAB, R 43 II/753, Bl. 34.

4 Dies gemäß einer »zusammenfassenden Übersicht aus den verschiedenen Berichten«, die hier auch das Ergebnis der Unterredung zwischen Hitler und Porsche im März 1934 wiedergibt, vermutlich Ende 1935 entstanden, DBA, 1 V02/005 (Werlin).

5 So die Angabe des Verkehrsministers Freiherr Eltz von Rübenach über einen Vortrag, den er im Mai 1934 Hitler gehalten hatte; enthalten in Rübenachs vertraulichem Schreiben an den Chef der Reichskanzlei Lammers, 25. Juli 1936, BAB, R 43 II/753, Bl. 41 Rückseite.

6 Vgl. das Schreiben von Allmers an Staatssekretär Lammers, 8. Februar 1936, BAB, R 43 II/775, Bl. 29; laut handschriftlichem Vermerk von Lammers händigte dieser Hitler am 13. Februar 1936 besagten internen Bericht aus; dieser befindet sich in einem Exemplar ebd., Bl. 33–35.

7 Die Rede Hitlers wird zitiert nach dem wörtlichen Abdruck in *Völkischer Beobachter* Nr. 47 vom 16. Februar 1936.

8 Zur politischen Bedeutung des Geniediskurses für Hitler vgl. umfassend Pyta, *Hitler*, dort S. 451 zum Stellenwert Porsches in diesem Geniediskurs.

9 Eröffnungsrede Hitlers, 15. Februar 1936, gemäß der Wiedergabe in *Völkischer Beobachter* Nr. 47 vom 16. Februar 1936.

10 Der in Berlin anwesende Karl Rabe kommentierte die Rede Hitlers in seiner Tagebucheintragung vom 15. Februar 1936 wie folgt: »sehr gut für uns«, Porsche-Archiv.

11 »Bericht von Dr. Porsche über den Stand der Arbeiten am deutschen Volkswagen, 24.II.1936«, SStAC, Bestand Auto Union, Nr. 866, Bl. 85.

12 Ebd.

13 Ebd.

14 Rudolf Fleischer, Finanzvorstand von Opel, gab dazu eine längere Erklärung ab, die keinen Zweifel an den Bedenken seines Unternehmens ließ und in der er unter anderem ausführte: »Wir sind Konkurrenz des Volkswagens«, enthalten in der Niederschrift über die Sitzung vom 24. Februar 1936, SStAC, Bestand Auto Union, Nr. 866, Bl. 61.

15 Allerdings scheute Auto-Union-Vorstand Bruhn eine so eindeutige Exponierung wie durch Opel; er trug die in dieselbe Richtung weisenden Bedenken in einem persönlichen Schreiben an Allmers vom 6. März 1936 vor: Man müsse »sich restlos darüber klar sein, dass das Ergebnis der Porsche-Konstruktion damit nur die Schaffung einer verstärkten Konkurrenz auf dem bereits von zwei großen und leistungsfähigen Fabriken [Auto Union und Opel, d. Verf.] bearbeiteten Marktgebiet bedeuten würde«, ebd., Bl. 80f.

16 Rede Hitlers, 15. Februar 1936, gemäß dem Abdruck in *Völkischer Beobachter*, Nr. 47, 16. Februar 1936.

17 Vgl. vor allem Porsches »Bericht und Arbeitsprogramm Volkswagen«, 20. August 1935, sowie seinen Situationsbericht über den deutschen Volkswagen, 15. Oktober 1935, die beide an den RDA gerichtet waren, DBA, 1 V02/005 (Werlin).

18 In diese Richtung argumentierten vor allem die Vertreter des Berliner Karosseriebauers Ambi-Budd und des Stuttgarter Zulieferers Robert Bosch, Niederschrift über die Sitzung vom 24. Februar 1936, SStAC, Bestand Auto Union, Nr. 866, Bl. 59 und Bl. 62.

19 Interner Bericht an den RDA-Vorstand, 5. Februar 1936, BAB, R 43 II/753, Bl. 33–35.

20 Niederschrift über die Sitzung vom 24. Februar 1936, SStAC, Bestand Auto Union, Nr. 866, Bl. 64.

21 Ebd.

22 Interner Bericht Allmers, 5. Februar 1936, BAB, R 43 II/753, Bl. 34.

23 Dazu eingehend Mommsen/Grieger, *Volkswagenwerk*, S. 100f.

24 Vgl. ebd., S. 100f.

25 Dazu die grundlegende Studie von Matt Bera: *Lobbying Hitler. Industrial Associations between Democracy and Dictatorship*, New York/Oxford 2016.

26 Vgl. Mommsen/Grieger, *Volkswagenwerk*, S. 101f.

27 Vgl. dazu das vertrauliche Schreiben von Otto Schirz an Kissel, 16. Mai 1936, DBA, 1 V01/0295, Kissel 11.16.

28 So die klaren Worte Kissels auf einer Besprechung am 5. Juli 1936 mit Vertretern der Stahlindustrie und der Wirtschaftsgruppe »Eisen schaffende Industrie« gemäß der Niederschrift Reicherts, ebd.

29 Detaillierte Ausführungen zur Lösung des Antriebsproblems bei Barber, *Käfer*, S. 54–61.

30 Zum Stand der Motorenentwicklung einschlägig sind zwei Aktennotizen über die Arbeiten beim Volkswagen vom 27. März 1936 und 18. April 1936, vermutlich von Otto Schirz verfasst, der im Auftrag des RDA die technische Entwicklung des Volkswagens verfolgte, DBA, 1 V01/0295, Kissel 11.16.

31 Am 9. Juli 1936 informierte Werlin die Porsche GmbH über den Vorführtermin, Tagebucheintragung Karl Rabe, 9. Juli 1936, Porsche-Archiv.

32 Vgl. zur Vorführung Mommsen/Grieger, *Volkswagenwerk*, S. 104f.

33 Dies geschah am 26. Februar 1936, siehe die Angabe im Tagebuch Rabe, 26. Februar 1936, Porsche-Archiv.

34 So auch die Kernaussage von Mommsen/Grieger, *Volkswagenwerk*, etwa S. 104.

35 »Vorführung ist sehr gut verlaufen«, Tagebucheintragung Karl Rabe, 11. Juli 1936 (telefonische Mitteilung Porsches).

36 Die wichtigste Quelle zur Vorführung vom 11. Juli 1936 ist die Niederschrift über eine Besprechung vom 21. Juli 1936, auf welcher Werlin und Porsche RDA-Vertreter über

besagte Präsentation unterrichteten; die Niederschrift wurde von Otto Schirz (RDA) am selben Tag angefertigt, UVW, Z 73, Nr. 806/23/1.

37 Ausführlich hierzu Barber, *Käfer*, S. 54–68.

38 Zu Hitlers Beziehung zur Familie Wagner vgl. Pyta, *Hitler*, vor allem S. 51f. und 102–104.

39 Vgl. die Niederschrift über die Besprechung in Sachen Volkswagenangelegenheit im RDA, 21. Juli 1936, UVW, Z 73, Nr. 806/23/1.; siehe auch Mommsen/Grieger, *Volkswagenwerk*, S. 105f.

40 Das Vorstandsmitglied von Auto Union, Carl Hahn, berichtete in dieser Weise am 28. Juli 1936 brieflich seinem Vorstandskollegen Richard Bruhn, der bei der RDA-Plenartagung verhindert war, SStAC, Bestand Auto Union, Nr. 866, Bl. 38.

41 Vgl. u.a. Michael von Prollius: *Das Wirtschaftssystem der Nationalsozialisten 1933–1939*, Paderborn 2003, sowie Richard J. Overy: *Göring. The Ironman*, London 1984.

42 Überaus bezeichnend ist in diesem Zusammenhang das Schreiben Werlins an Görings persönlichen Adjutanten Bodenschatz, 26. August 1936, in welchem speziell der Leiter der »Fachgruppe Fahrzeugindustrie«, Hagemeier (der Generaldirektor der Adler-Werke war), als politisch unzuverlässig und judenfreundlich denunziert wurde, DBA, Werlin 3/22.

43 Vgl. dazu die Niederschrift über die Besprechung vom 21. Juli 1936 in der Volkswagen-Angelegenheit, die überaus zuverlässig über die sich an die Präsentation der Versuchswagen anschließenden Gespräche vom 11. Juli 1936 informiert, UVW, Z 73, Nr. 806/23/1.

44 Auch Mommsen/Grieger, *Volkswagenwerk*, S. 105, nennen unter Heranziehung der in Anm. 43 erwähnten Niederschrift Hitlers Preisvorstellungen, ohne dass sie die Bedeutsamkeit dieser erstmaligen Preisintervention Hitlers thematisieren.

45 Die Komplettfinanzierung des Volkswagens war das Hauptergebnis der RDA-Besprechung am 27. Juli 1936 in Koblenz, vgl. die darüber informierende Notiz für Allmers, 7. August 1936, UVW, Z 73, Nr. 22.

46 Vgl. die Niederschrift über die RDA-Besprechung über die Volkswagenangelegenheit vom 21. Juli 1936, UVW, Z 73, Nr. 806/23/1.

47 So Punkt 3 der Ergebnisse der RDA-Sitzung vom 27. Juli 1936 in Koblenz, vgl. die entsprechende Notiz vom 7. August 1936, UVW, Z 73, Nr. 22.

48 Vgl. zu den Langstreckentests Barber, *Käfer*, S. 70–91.

49 So der vom RDA verfasste Bericht: »Dauer-Versuchsfahrt mit 3 Probeausführungen der von der Dr. ing. h.c. F. Porsche G.m.b.H. für den Volkswagen entwickelten Bauart«, Zitat Bl. 96; PA. T.60.1.1.1/12.

50 Vgl. hierzu Rainer Flik: *Von Ford lernen? Automobilindustrie und Motorisierung in Deutschland bis 1933*, Köln 2001.

51 Der Porsche begleitende Privatsekretär Ghislaine Kaes hielt die wichtigsten Etappen der ersten USA-Reise Porsches fest in einem umfänglichen, 68-seitigen Manuskript über die »Nordamerikareise des Herrn Dr. Ing. h.c. Ferdinand Porsche im Jahre 1936« (Stadtarchiv Stuttgart, Kc 321), welches als Grundlage diente für seinen Vortrag vor den Mitarbeitern des Konstruktionsbüros am 29. Januar 1937, dazu vgl. die Tagebucheintragung Rabes vom 29. Januar 1937, Porsche-Archiv.

52 Vgl. zum W 30 Barber, *Käfer*, S. 92–107.

53 Vgl. die vom 7. August 1936 stammende, für Geheimrat Allmers bestimmte Notiz über die RDA-Besprechung in Koblenz vom 27. Juli 1936, UVW, Z 73, Nr. 22.

54 Über diese Begegnung im Zug vgl. die Eintragung im Tagebuch Karl Rabe, 16. Januar 1937, Porsche-Archiv; siehe auch eine vom 18. Januar 1937 stammende Aktennotiz aus der RDA-Geschäftsstelle über ein Telefonat Porsches, in dem dieser über seine Unterredung mit Hitler informierte, UVW, Z 73, Nr. 30.

55 So die telefonische Mitteilung Porsches gegenüber Karl Rabe, Tagebuch Karl Rabe, 18. Februar 1937, Porsche-Archiv.

56 »Es ist nunmehr notwendig, die letzten Voraussetzungen für die Produktion des neuen Volkswagens sicherzustellen und mit dieser dann zu beginnen«; Abdruck der Rede Hitlers in *Völkischer Beobachter*, Ausgabe A, 21. Februar 1937.

57 Ebd., vgl. auch den auszugsweisen Abdruck der Rede Hitlers bei Domarus, *Hitler*, Bd. I, Zweiter Halbband, S. 681.

58 *Die Tagebücher von Joseph Goebbels*. Teil I/Bd. 4, München 2000, S. 298: Eintragung vom 7. September 1937; vgl. auch die Eintragung im Tagebuch Karl Rabe, 6. September 1937, Porsche-Archiv.

59 »Aber muß man ihn [den Volkswagen, d. Verf.] äußerlich so schmucklos machen? Ich gebe Porsche da einige Ratschläge«, ebd.

60 Am 8. Dezember 1937 hatte ihm Porsche in Berlin das neueste Modell vorgeführt, worüber Goebbels am 9. Dezember seinem Tagebuch besagte Passage anvertraute, ebd., Teil I/Bd. 5, S. 43.

61 »Fast nur Techniker. Aber in der Kunst ist es eben sehr rar bestellt«, Tagebucheintragung Goebbels, 10. August 1938, ebd., Teil I/Bd. 6, S. 39.

62 Vgl. den vom »Beauftragten des Führers für die gesamte geistige und weltanschauliche Erziehung der NSDAP«, Rosenberg, an das Goebbels-Ministerium weitergeleiteten »Lebenslauf des Auto-Ingenieurs und Konstrukteurs Dr. ing. Ferdinand Porsche«, Juni/Juli 1938, Archiv des Instituts für Zeitgeschichte, München, MA 332/1.

63 »Dr. Fritz Todt und Dr. Ferdinand Porsche Nationalpreisträger«, in *Deutsche Kraftfahrt*, Oktober 1938, S. 15.

64 Interner Bericht von Allmers an den Vorstand des RDA, 5. Februar 1936, BAB, R 43 II/753, Bl. 34.

65 Heinz Sautter, Ein Besuch im Konstruktionsbüro Dr. Porsche, in *Stuttgarter NS-Kurier*, Abendausgabe, 4./5. Juni 1938.

66 Vgl. Pyta, *Hitler*, vor allem S. 241–254.

67 Vgl. die bezeichnende Abbildung Porsches in *Neue Illustrierte Zeitung* 11 (1935), Ausgabe Nr. 18 vom 2. Mai 1935, S. 410: »Dr. Porsche beim Betrachten einer in der Ausführung begriffenen Anregung«.

68 Walter Ostwald, »Ferdinand Porsche 65 Jahre alt. Der Kraftfahrbau als Kunst«, in *Rundschau Deutscher Technik* Nr. 36 (1940), S. 3.

69 Zu diesem Komplex vgl. den Entwurf eines Glückwunschschreibens, 8. September 1938; die Reaktion Werlins, 13. September 1938, sowie die abgeschickte Fassung des Glückwunschschreibens vom 14. September 1938, DBA, Kissel 11.13, 1 V01/0292.

70 Hachtmann, *Wirtschaftsimperium*, S. 14.

71 Ein Durchschlag dieser Denkschrift Leys findet sich im Porsche-Archiv PA. Fa.VW1.3.2/9, Zitat Bl. 2 der Denkschrift; die Forschung hat von dieser Denkschrift Leys bislang keine Notiz genommen.

72 Vgl. dazu einen »Situationsbericht per 1.8.1937« der GezuVor, 4. August 1937, ebd.; siehe auch die Eintragung im Tagebuch Karl Rabe, 27. und 28. April 1937, Porsche-Archiv.

73 Vgl. das Schreiben der Porsche KG an DAF-Stabsleiter Simon, 11. November 1940, UVW, Z 61, Nr. 100010.

74 Dieser Aufgabenkatalog war im Entwurf Werlins enthalten, der als persönlicher Beauftragter Hitlers direkt in die Vertragsverhandlungen eingebunden war; diese prägnante Wiedergabe gemäß einer auf den 30. November 1940 datierten Dokumentation zur Geschichte der Vertragsverhandlungen zwischen der DAF und der Porsche KG, verfasst vom Chef des Rechtsamts der DAF, Carl August Redlich, UVW, Z 61, Nr. 100009, Zitat unter II, 4: »Inhalt des Werlinschen Entwurfs«.

75 Bereits ein aus dem Sommer 1937 stammender Vertragsentwurf (von Werlin) hatte diese Berechtigung festgeschrieben, vgl. dazu die Dokumentation Redlichs, 30. November 1940, II, Punkt 4 (dort das Zitat), ebd.; vgl. auch das Protokoll über eine am 30. Juli 1937 in München stattgefundene Sitzung über den Stand des Volkswagen-Projekts, S. 4, PA. Fa.VW1.3.2/9.

76 Vgl. hierzu den Vertragsentwurf Werlins, ebd. (hier auch das Zitat); in der Dokumentation Redlichs nimmt der Zusammenhang zwischen dem Baudarlehen und dem Modus der Rückzahlung breiten Raum ein; vgl. die Punkte II. 1 und 2, ebd.; siehe auch das Protokoll der Sitzung vom 30. Juli 1937, PA. Fa.VW1.3.2/9.

77 Vgl. dazu ein Memorandum über die Rechtsbeziehungen des Volkswagenwerks zur Porsche KG vom 4. Juli 1946, UVW, Z 1158, Nr. 21/1.

78 Vgl. dazu das Dankesschreiben Porsches an Ley, 15. Juli 1943, PA. M.K1.4.7/164, sowie ein weiteres Schreiben Porsches an Ley, 9. August 1943, PA. M.K1.4.8/185.

79 Von einem »formell vertragslosen Zustand« spricht auch Porsche in seinem Schreiben vom 11. November 1940 an Stabsleiter Simon von der DAF, UVW, Z 61, Nr. 100010.

80 Wörtliche Ausführungen Leys anlässlich einer Besprechung mit Porsche vom 13. November 1940 gemäß einem Aktenvermerk des dabei anwesenden DAF-Geschäftsführers Marrenbach, UVW, Z 61, Nr. 100010.

81 Vgl. den »Situationsbericht per 1.8.1937« des Geschäftsführers der »Gesellschaft zur Vorbereitung des Deutschen Volkswagens mbH«, Dyckhoff, PA. Fa.VW1.3.2/9.

82 Siehe dazu den schriftlich festgehaltenen »Beschluss« vom 14. Mai 1937 mehrerer Besprechungen zwischen Porsche, Werlin und DAF-Vertreter Lafferentz aus dem April und Mai 1937, ebd.

83 Vgl. den Vertrag zwischen Porsche und dem RDA vom 22. Juni 1934, abgedruckt bei Etzold, *Käfer*, Bd. II, S. 72.

84 Vgl. dazu die detaillierte Aufstellung der einzelnen Vertragsentwürfe in der Dokumentation des Leiters des DAF-Rechtsamts, Redlich, 30. November 1940, UVW, Z 61, Nr. 100009, sowie den endgültigen Vertrag vom 15. September/5. Oktober 1943, UVW, Z 1158, Nr. 21/1.

85 Vgl. die Aufstellung Redlichs sowie den rechtskräftigen Vertrag aus dem Jahre 1943, ebd.

86 Vgl. dazu ein Schreiben Porsches an Stabsleiter Simon (DAF), 11. November 1940, UVW, Z 61, Nr. 100010, sowie den rechtskräftigen Vertrag vom 15. September/5. Oktober 1943, UVW, Z 1158, Nr. 21/1.

87 Vgl. Etzold, *Käfer*, Bd. II, S. 72.

88 Vgl. die Dokumentation Redlichs, 30. November 1940, UVW, Z 61, Nr. 100009, sowie den rechtsgültigen Vertrag zwischen dem Volkswagenwerk und der Porsche KG vom 15. September/5. Oktober 1943.

89 Der schließlich abgeschlossene Vertrag datiert vom 15. September 1943 (an diesem

Tag unterschrieb ihn Porsche) beziehungsweise vom 5. Oktober 1943 (an diesem Tag leistete die Volkswagen GmbH ihre Unterschrift); eine Abschrift vom 5. Dezember 1947 findet sich im UVW, Z 1158, Nr. 21/1.

90 Die Dokumentation Redlichs vom November 1940 lässt bereits in der Einleitung keinen Zweifel darüber aufkommen, dass der Vertragsabschluss durch »grundsätzlich verschiedene Auffassungen« verzögert worden sei, UVW, Z 61, Nr. 100009.

91 Vgl. hierzu eine aus dem Jahr 1946 stammende Aktennotiz des DAF-Justitiars Schoefer, der die Konfliktlage präzise darlegt, UVW, Z 1158, Nr. 21/1.

92 So die klare Positionierung von Porsche, Malberg und Piëch anlässlich einer Besprechung mit DAF-Vetretern in München am 30. Juli 1937 gemäß dem Protokoll dieser Besprechung, PA. Fa.VW1.3.2/9.

93 Vgl. ein Schreiben der Wirtschaftsgruppe Fahrzeugindustrie an das Reichswirtschaftsministerium vom 7. Oktober 1937, UVW, Z 73, Nr. 28.

94 Vgl. eine Aktennotiz vom 27. September 1937 aus dem Reichswirtschaftsministerium über »Patente«, ebd.

95 Vgl. den Vertragsentwurf der DAF mit der Porsche KG aus dem Jahr 1940, VW-Archiv, 61.10.0010.

96 Vgl. dazu den auf den 19. Februar 1940 datierten Vermerk Redlichs über eine Besprechung der mit den Porsche-Vertragsangelegenheiten vertrauten Personen der DAF, ebd.

97 So die Passage im Vertragsentwurf Redlichs vom September 1940, ebd.

98 Vgl. den rechtskräftigen Vertrag zwischen der DAF und der Porsche KG vom 15. September/5. Oktober 1943, UVW, Z 1158, Nr. 21/1.

99 Eine Abschrift des von Piëch ausgearbeiteten Entwurfs eines geänderten Vertrags findet sich im UVW, Z 1158, Nr. 21/1.

100 Vgl. dazu die aus dem Jahre 1946 stammende Aktennotiz des DAF-Justitiars Schoefer zum Porsche-Vertrag, UVW, Z 1158, Nr. 21/1.

101 Zu Dyckhoff siehe auch Mommsen/Grieger, *Volkswagenwerk*, S. 170–172.

102 Alle Zugänge trugen deutsche Namen; und die Korrespondenz mit ihnen führte Dyckhoff noch von den USA aus daher in deutscher Sprache; vgl. die entsprechenden Schreiben Dyckhoffs aus New York vom 15. beziehungsweise 17. Juli 1937, abschriftlich in PA. Fa.VW1.3.1/31.

103 Zu Dyckhoff und dessen Anteil an der Abwerbung von Fertigungsexperten vgl. den »Beschluss« der Besprechungen zwischen Porsche, Lafferentz und Werlin auf dem KdF-Dampfer »Sierra Cordoba«, 14. Mai 1937, das Protokoll der Sitzung aller drei Geschäftsführer am 30. Juli 1937 in München sowie »Situationsbericht« der Gezuvor vom 4. August 1937; Fundort PA. Fa.VW1.3.2/9.

104 Bericht Dyckhoff über die »maschinelle Ausrüstung des Volkswagenwerkes«, 16. August 1937, ebd.

105 Eine plastische Schilderung des Rennverlaufs durch Rosemeyers Monteur Sebastian, *Hinter dröhnenden Motoren*, S. 108–114.

106 Diese Bezeichnung fiel im Artikel von Harold Parrott: »Germans Are Expected to Explode New Silver Bullet at Indianapolis«, in *Brooklyn Daily Eagle*, 6. Juli 1937, S. 18.

107 Vgl. das Telegramm von Botschafter Hans Heinrich Dieckhoff vom 6. Juli 1937, BAB, R 43 II/753, Bl. 102.

108 Vgl. das in deutscher Sprache abgefasste Schreiben des Ford-Repräsentanten Fischer an Porsche, 2. Juni 1937, PA. F.F1.3.1/39.

109 Hitlers Rede vom 26. Mai 1938 ist abgedruckt in *Völkischer Beobachter* Nr. 147 vom 27. Mai 1938; vgl. Mommsen/Grieger, *Volkswagenwerk*, S. 184.

110 Rede Hitlers, ebd.

111 Ebd.

112 Vgl. die Unterredung zwischen Ley und Porsche am 13. November 1940 gemäß dem Aktenvermerk Marrenbachs, UVW, Z 61, Nr. 100010.

113 Vgl. das Schreiben des Leiters der Parteikanzlei, Bormann, an den Chef der Reichskanzlei, Lammers, 13. Januar 1943, BAB, R 43 II/1024, Bl. 96.

Kapitel 9

1 Kurt Möser: *Fahren und Fliegen in Frieden und Krieg. Kulturen individueller Mobilitätsmaschinen 1880–1930*, Heidelberg 2009, S. 481ff.

2 Vgl. ebd., S. 504–509.

3 Vgl. Reinhard Frank: *Personenkraftwagen der Wehrmacht*, Egolsheim 1993, S. 14.

4 Exposé betreffend den Bau eines deutschen Volkswagens, 17. Januar 1934. PA. M.K1.2.21/21. Zu den Porsche-Militärfahrzeugen vgl. allgemein Barber, *Käfer*; Karl Ludvigsen: *Professor Porsche's Wars: The Secret Life of Legendary Engineer Ferdinand Porsche Who Armed Two Belligerents Through Four Decades*, South Yorkshire 2014; Blaine Taylor: *Volkswagen Military Vehicles of the Third Reich*, Cambridge, Mass., 2004.

5 Vgl. das vertrauliche Schreiben Kissels an Werlin, 18. Juni 1934, DBA, Kissel 11.13, V01/0292; siehe auch den geheimen Vermerk von RDA-Geschäftsführer Scholz vom 14. Juni 1934 über eine Besprechung vom 13. Juni, an der auch Porsche und Generalleutnant Lutz vom Reichswehrministerium teilgenommen hatten, DBA, Kissel 11.15, 1 V01/0294.

6 Dies geht hervor aus einer vertraulichen Aktennotiz des RDA vom 21. März 1935 über eine Besprechung Porsches im Heereswaffenamt am 15. März 1935, UVW, Z 73, Nr. 30; zu den konstruktiven Merkmalen des Fahrgestells vgl. den Abdruck des Exposés vom 17. Januar 1934 bei Hans-Rüdiger Etzold: *Der Käfer. Eine Dokumentation*, Bd. 2, Stuttgart 1984, S. 34–38.

7 So das vertrauliche Schreiben Werlins an Kissel, 7. Oktober 1935, DBA, 1 V02/002 Werlin 19.

8 Aktennotiz über den Besuch Porsches beim Heereswaffenamt, 15. März 1935, UVW, Z 73, Nr. 30.

9 Vgl. Mommsen/Grieger, *Volkswagenwerk*, S. 327f.; Barber, *Käfer*, S. 220.

10 In diesem Segment war Daimler-Benz ein wichtiger Anbieter; zur dortigen Ausgangslage vgl. u.a. einen Bericht über ein Treffen des Daimler-Vorstands mit Vertretern des Heereswaffenamts, 19. Oktober 1935, DBA, 1 V002/001, Werlin 3.

11 Vgl. den entsprechenden Aktenvermerk über die Besprechung vom 14. Januar 1938 im Heereswaffenamt, welche der dafür zuständige Porsche-Ingenieur, Albert Liese, am 17. Januar 1938 anfertigte. PA. Fa.VW1.2.1/12.

12 So der Aktenvermerk der Porsche KG vom 28. Januar 1938 über eine Besprechung im Heereswaffenamt, 26. Januar 1938, ebd.; vgl. auch Barber, *Käfer*, S. 218–220.

13 Vgl. den Aktenvermerk von Albert Liese, 17. Mai 1938, PA. Fa.VW1.2.1/11.

14 Vgl. die bei Barber, *Käfer*, S. 225, abgebildete Konstruktionszeichnung, die Reimspieß am 15. Mai 1938 anfertigte.

15 Vgl. dazu einen Aktenvermerk Lieses vom 4. November 1938 über die Vorführung des Kübelwagens am 3. November 1938 beim Heereswaffenamt, PA. M.K1.1.9/45.

16 Vgl. die von Werlin verfassten »Gedankengänge« über den Inhalt dieser Unterredung, 5. April 1934, DBA, 1V02/001, Werlin 8.

17 Vgl. hierzu Peter Kirchberg: »Heeresmotorisierung, Schell-Programm und die Auto Union-AG«, in ders./Bunke, *Vom Horch zum Munga*, S. 44–111, sowie Bernhard R. Kroener: *»Der starke Mann im Heimatkriegsgebiet«. Generaloberst Friedrich Fromm*, Paderborn 2005, S. 250f. und 267f.

18 Vgl. Barber, *Käfer*, S. 235–238.

19 Vgl. ebd., S. 232–235 und 242.

20 Vgl. die entsprechenden Eintragungen im Tagebuch Karl Rabes vom 12. und 13. September 1939, Porsche-Archiv.

21 Der Kübelwagen profitierte dabei nicht zuletzt von der medialen Omnipräsenz des »Wüstenfuchses« Erwin Rommel in den Jahren 1941 und 1943, da auf Rommel-Bildern des Nordafrika-Feldzugs immer wieder auch der Kübelwagen abgebildet war, vgl. dazu Haus der Geschichte Baden-Württemberg (Hg.): *Mythos Rommel*, Stuttgart 2008, u.a. S. 73f.; siehe hierzu auch Ludvigsen, *Professor Porsche's Wars*, S. 142f.

22 »Antrieb auf vier Rädern« hatte Werlin als Ergebnis der ersten Besprechung zwischen Hitler und Porsche in Sachen Volkswagen im März 1934 am 5. April 1934 notiert, DBA, 1 V02/001 Werlin 8.

23 Hitler hatte sich beim Abendessen mit seinen Vertrauten am 22. Juni 1942 so anerkennend geäußert, vgl. dazu die zuverlässige Gesprächswiedergabe in Henry Picker: *Hitlers Tischgespräche im Führerhauptquartier*, Wiesbaden 1983, S. 374.

24 Ebd.

25 Vgl. Barber, *Käfer*, S. 240f.

26 Vgl. die Aufstellung der Prüfstelle des Heeresamts, 4. Oktober 1939, PA. M.R1.6.8/2.

27 Vgl. die (allerdings offenkundig unvollständige) Aufstellung »Wehrmachtsaufträge und Kennziffern«, die u.a. als Posten festhält: »Typ 82: 600 Wagen, 6.11 1939«; PA. M.R1.6.8/2; siehe auch Mommsen/Grieger, *Volkswagenwerk*, S. 389.

28 Peter Kirchberg: »Typisierung in der Kraftfahrzeugindustrie und der Generalbevollmächtigte für das Kraftfahrwesen«, in *Jahrbuch für Wirtschaftsgeschichte* 2 (1969), S. 117–142.

29 Zu dem Wechselspiel aus Interessenpolitik und Dirigismus vgl. ausführlich Kirchberg, *Heeresmotorisierung*, S. 94ff.

30 Bericht über die Erprobungsfahrt der Geländewagen Typ 82 und Typ 86 vom 15. bis 27. Januar 1940, PA. M.R1.6.7/3.

31 Vgl. die geheime Aktennotiz über den Besuch von Direktor Werlin beim Daimler-Benz-Werk in Berlin-Marienfelde, 30. Juni 1939; hinsichtlich der Panzerkampfwagen meldeten die Ingenieure des Heereswaffenamts allerdings weiterhin deutliche Konstruktionswünsche an, DBA, 1 V02/002 Werlin 19.

32 Vgl. den Fahrtbericht und Beanstandungen der beiden Typen 86/I und 86/II bei der Fahrt vom 11. Februar bis 24. Februar 1940, PA. M.R1.6.7/4.

33 Vgl. den Bericht über die Vorführungen und Erprobungsfahrten des mit Geländegang und provisorischer Wagenheizung ausgestatteten, vierradgetriebenen Typ 87 in St. Johann, Tirol, vom 15.2.–8.3.1941, PA. M.R1.6.7/4.

34 Siehe den Besprechungsbericht vom 15. Mai 1941, PA. M.R1.6.7/4.

35 Barber, *Käfer*, S. 245ff.

36 Ley hatte während des Polenfeldzugs den Kübelwagen Typ 62 propagiert, vgl. Walter

Kiehl: »Mit Dr. Ley nach Warschau und Posen«, in *Arbeitertum* (1939), Folge 15, S. 4; siehe auch Mommsen/Grieger, *Volkswagenwerk*, S. 388.

37 »Der geländegängige Volkswagen im Einsatz«, in *Ascher Zeitung* vom 9. August 1941, Fundort: PA. T.62.1.1.1/1.

38 So die überaus treffende Bezeichnung von Hachtmann, *Wirtschaftsimperium*, S. 591.

39 Hierzu die grundlegende Studie von Thomas Kühne: *Kameradschaft. Die Soldaten des nationalsozialistischen Krieges und das 20. Jahrhundert*, Göttingen 2006.

40 »Der geländegängige Volkswagen im Einsatz«, in *Ascher Zeitung* vom 9. August 1941, Fundort: PA.T.62.1.1.1/1.

41 Ebd.

42 Hitler traf diese Entscheidung auf einer Konferenz mit Rüstungsminister Speer gemäß dessen protokollartiger Niederschrift vom 19. März 1942, abgedruckt bei Willi A. Boelcke (Hg.): *Deutschlands Rüstung im Zweiten Weltkrieg*, Frankfurt am Main 1969, S. 75.

43 Vgl. dazu Peter Kirchberg: »Typisierung in der deutschen Kraftfahrzeugindustrie und der Generalbevollmächtigte für das Kraftfahrwesen«, in *Jahrbuch für Wirtschaftsgeschichte* 2 (1969), S. 117–142, vor allem S. 137–140.

44 Vgl. Kirchberg, *Heeresmotorisierung*, S. 70.

45 Vgl. Mommsen/Grieger, *Volkswagenwerk*, S. 624.

46 So das Protokoll Speers über seine »Führer-Besprechung« vom 19./20. April 1942, BAB R 3/1503, Bl. 110.

47 Alle Zahlenangaben gemäß Barber, *Käfer*, S. 248.

48 Übersicht mit Abbildungen ebd., S. 252–265.

49 Vgl. Ewin Rommel: *Krieg ohne Hass*, Heidenheim 1950, S. 17.

50 Vgl. die Aktennotiz über Besprechung mit Herrn Direktor Dyckhoff in Stuttgart am 6. Januar 1941, PA. M.K1.1.33/6.

51 Niederschrift über die Besprechung Hitlers mit dem Oberbefehlshaber des Heeres, 9. Januar 1941, abgedruckt in Percy Ernst Schramm (Hg.): *Kriegstagebuch des Oberkommandos der Wehrmacht (Wehrmachtführungsstab)*, Bd. I/1, München 1982, S. 254.

52 So die Niederschrift der Ausführungen Hitlers an der Mittagstafel, 22. Juni 1942, abgedruckt in Picker, *Tischgespräche*, S. 374.

53 Vgl. Barber, *Käfer*, S. 267.

54 Vorkalkulation der Porsche KG vom 24. Juli 1940, PA. M.R1.6.8/3.

55 Schreiben des Oberkommandos des Heeres an Porsche, 18. Juni 1940, PA. Kaes-Ordner.

56 Die in Wien ansässige Firma Rauch war führend auf dem Gebiet des Schraubenantriebs; das Porsche-Team suchte sie am 8. Juli 1940 auf; vgl. die entsprechende Aktennotiz, PA. M.K1.1.33/10.

57 Eine Abbildung einer Versuchsfahrt im Feuerlöschteich im Werk 1 in Zuffenhausen bei Barber, *Käfer*, S. 267; siehe auch die Eintragungen im Tagebuch Karl Rabes, 30. September und 19. Oktober 1940, Porsche-Archiv.

58 Vgl. die Eintragungen im Tagebuch Karl Rabe, 22. November 1940, 5. bis 7. Dezember 1940 und 26. Januar 1941.

59 Vgl. das Telegramm der Abteilung Inlandsvertrieb der Volkswagenwerk GmbH an die Porsche KG über eine Besprechung mit dem Heereswaffenamt am 16. Januar 1941, PA. M.R1.6.8/3.

60 Vgl. die Führerweisung Nr. 20 »Unternehmen Marita« vom 13. Dezember 1940, bei Hubatsch, *Hitlers Weisungen*, S. 81–83.

61 Vgl. die Ausführungen des Chefs des Wehrmachtführungsstabs, General Jodl, vom 4. Februar 1941, *Kriegstagebuch*, Bd. I/1, S. 303.

62 Eintragung im Kriegstagebuch des OKW vom 26. Februar 1941, ebd., S. 336.

63 Vgl. das Gedächtnisprotokoll Porsches vom 26. Februar 1941 über die Vorführung des Schwimmwagens Typ 128 in der Reichskanzlei, PA. M.R1.6.8/3.

64 Vgl. die Angaben bei Mommsen/Grieger, *Volkswagenwerk*, S. 1032.

65 Vgl. dazu Charles W. Syndor: *Soldaten des Todes. Die 3. SS-Division »Totenkopf« 1933–1945*, Paderborn 2002, S. 114f.

66 Vgl. den Aktenvermerk Lieses vom 17. Januar 1938 über seinen kurz zuvor absolvierten Besuch beim Chef des Heereswaffenamts, PA. Fa.VW1.2.1/12.

67 Vgl. dazu Jens Westemeier: *Himmlers Krieger. Joachim Peiper und die Waffen-SS in Krieg und Nachkriegszeit*, Paderborn 2014, S. 540f.

68 Vgl. dazu eine Aktennotiz vom 29. November 1940 über eine Unterredung zwischen SS-Obersturmbannführer Dr.-Ing. Brandt mit Porsche-Vertretern in Stuttgart, PA. M.K1.1.33/9; vgl. auch Mommsen/Grieger, *Volkswagenwerk*, S. 492–494.

69 So die Aktennotiz Hubers vom 3. Dezember 1940 über eine Besprechung mit SS-Sturmbannführer Karl Hoffmann vom Kommando der Waffen-SS, UVW, Z 61, Nr. 7051.

70 Das Kommando der Waffen-SS im SS-Führungshauptamt erteilte der Porsche KG am 8. Januar 1941 diesen Entwicklungsauftrag, UVW, Z 61, Nr. 10006; vgl. auch Mommsen/Grieger, *Volkswagenwerk*, S. 494.

71 Vgl. die Aktennotiz Hubers vom 3. Dezember 1940, UVW, Z 61, Nr. 7051; siehe auch Mommsen/Grieger, *Volkswagenwerk*, S. 494.

72 Vgl. eine Aktennotiz Hubers über eine Besprechung beim Kradschützenersatzbataillon Ellwangen, 14. Januar 1941, UVW, Z 61, Nr. 7051.

73 Dass die Vorführung bei Hitler die eigentliche Bewährungsprobe für den Kradersatzwagen darstellte, wird u. a. erkennbar aus folgenden Korrespondenzen: Aktennotiz Hubers über eine Besprechung beim Kradschützenersatzbataillon Ellwangen, 3. und 4. Januar 1941, PA. M.K1.1.33/8, sowie eine weitere Aktennotiz Hubers vom 1. September 1941, PA. M.K1.1.33/7.

74 Zwei Fotografien dieser Vorführung sind abgedruckt bei Ludvigsen, *Professor Porsche's Wars*, S. 151f.

75 Vgl. dazu den Aktenvermerk Hubers, 29. August 1941, PA. M.K1.1.33/7.

76 Barber, *Käfer*, S. 276f., handelt Typ 166 unter »Schwimmwagen« ab.

77 Vgl. die Aktennotiz Hubers vom 15. September 1941, ebd.

78 Siehe Barber, *Käfer*, S. 281.

79 1942 und 1943 flossen auf diese Weise jeweils 330 950 Reichsmark als unverzinsliches Darlehen an die Porsche KG, vgl. dazu ein Memorandum vom 4. Juli 1946 über die Rechtsbeziehungen des Volkswagenwerks zur Porsche KG, UVW, Z 1158, Nr. 21/1.

80 Vgl. dazu das Schreiben des Chefs der Heeresrüstung an die Firma Volkswagenwerk, 18. Mai 1943, UVW, Z 61, Nr. 10006.

81 Vgl. die von Reichsminister Speer festgehaltene Entscheidung Hitlers auf einer »Führerbesprechung« vom 19. März 1942: »Alle Krafträder müssen durch Volkswagen ersetzt werden«; abgedruckt bei Boelcke, *Deutschlands Rüstung*, S. 75.

82 Vgl. Mommsen/Grieger, *Volkswagenwerk*, S. 502.

83 Siehe hierzu den instruktiven Überblick bei Markus Pöhlmann: *Der Panzer und die Mechanisierung des Krieges*, Paderborn 2016, vor allem S. 388f. und 407.

84 Vgl. die Anleitung des Generalkommandos SS-Panzer-Korps vom 1. November 1942 zur Notwendigkeit einer Aufklärungsabteilung und eines Schwimmwagenbataillons, BAB, NS 19/375, Bl. 4–7.

85 Vgl. den Gesamtbericht des Porsche-Mitarbeiters Schnitzler, der vier Monate in den Werkstätten eines SS-Panzerkorps tätig war, 6. August 1943, PA. M.K1.4.8/187 (dort auch beide Zitate).

86 Vgl. eine Aktennotiz vom 24. März 1943 über eine Vergleichsmessung zwischen dem Typ 166 und einem erbeuteten Ford-Pigmy, der von den USA an die Rote Armee geliefert worden war, PA. M.K1.4.3/79.

87 Zahlenangabe bei Barber, *Käfer*, S. 281.

88 Die Rede Speers auf der Gau- und Reichsleitertagung am 24. Februar 1942 wird hier zitiert nach dem Manuskript in BAB, R 3/4004; beide folgenden Zitate finden sich dort auf S. 16.

Kapitel 10

1 Generell zu dieser Vorgeschichte Ludvigsen, *Porsche's Wars*, S. 45–59.

2 Vgl. hierzu Pöhlmann, *Panzer*, vor allem S. 263–267.

3 Aufschlussreich ist in diesem Kontext eine geheime Aktennotiz über den Besuch von Daimler-Direktor Werlin im Daimlerwerk Berlin-Marienfelde, 30. Juni 1939, DBA, 1 V02/002 Werlin 19.

4 Grundlegend hierzu sind die Ausführungen von Rolf-Dieter Müller: »Die Mobilisierung der deutschen Wirtschaft für Hitlers Rüstung«, in *Das Deutsche Reich und der Zweite Weltkrieg*, Bd. 5/Erster Halbband, Stuttgart 1988, hier S. 504–517; vgl. auch Pöhlmann, *Panzer*, S. 334.

5 So auch Adam Tooze: *Ökonomie der Zerstörung. Die Geschichte der Wirtschaft im Nationalsozialismus*, München 2007, S. 500.

6 Ebd., S. 541–547.

7 Schreiben des OKW-Chefs Keitel an den Oberbefehlshaber des Heeres, Brauchitsch, 19. Februar 1941, abgedruckt in *Kriegstagebuch des Oberkommandos der Wehrmacht (Wehrmachtführungsstab) 1940–1945*, Bd. I/2, München 1982, S. 1004f., Zitat S. 1004.

8 Grundlegend hierzu ist Hartmut H. Knittel: *Panzerfertigung im Zweiten Weltkrieg*, Herford 1988, S. 30–35.

9 Vgl. eine entsprechende Verfügung des Reichsministers für Bewaffnung und Munition vom 21. Juni 1941, BA-MA Freiburg, RW 19/1924, Bl. 134–137.

10 Vgl. dazu Pöhlmann, *Panzer*, S. 264f.

11 Ebd., S. 336.

12 So eine Aufzeichnung des Wehrwirtschafts- und Rüstungsamts für das Kriegstagebuch, 15. Februar 1941, BA-MA Freiburg, RW 19/560, Bl. 201.

13 Vgl. das Schreiben Keitels an Brauchitsch über besagte Besprechung, 19. Februar 1941, *Kriegstagebuch des Oberkommandos der Wehrmacht*, Bd I/2, S. 1004f., sowie die zuverlässigen Angaben in Walter Rohland: *Bewegte Zeiten*, Stuttgart 1978, S. 69–71.

14 Die Vorführung der Militärfahrzeuge fand am 4. April 1941 in Gegenwart von Jakob Werlin statt, der in seiner Eigenschaft als Daimler-Vorstandsmitglied darüber am 26. Mai 1941 in einem geheimen Bericht seinen Vorstandsvorsitzenden Kissel informierte; der Bericht findet sich in DBA, 1 V02/004 Werlin 47.

15 Zur Genese des Auftrags zur Konstruktion eines schweren Panzerkampfwagens vgl. die Meldung von Oberst Fichtner (Heereswaffenamt) an seinen Amtschef, 27. September 1941, BA-MA Freiburg, RW 19/822, Bl. 111–115.
16 Siehe Karl-Heinz Frieser: *Blitzkrieg – Legende. Der Westfeldzug 1940*, München 2012, S. 46–52.
17 Vgl. Pöhlmann, *Panzer*, S. 334.
18 Vgl. eine aus der Nachkriegszeit stammende Übersicht: »Typ 100 (Leopard)«, PA. T.100.1.1.1/2.
19 Dazu siehe Ludvigsen, *Porsche's Wars*, S. 9–12.
20 Die Besprechung Hitlers mit den Experten für Panzerrüstung am 26. Mai 1941 auf dem Berghof stand ganz im Zeichen der Steigerung der Durchschlagsleistung der Panzerkampfwagen, vgl. dazu die von Hitlers Luftwaffenadjutanten Nicolaus von Below stammende Aktennotiz, BA-MA Freiburg, RW 19/822, Bl. 240–247.
21 Vgl. die Meldung von Oberst Fichtner (Heereswaffenamt), 27. September 1941, ebd., Bl. 111f.
22 Aktennotiz von Belows über die Besprechung bei Hitler auf dem Berghof, 26. Mai 1941, ebd., Bl. 246.
23 Ebd.
24 Ebd., Bl. 244.
25 Abbildung dieses Entwurfs bei Ludvigsen, *Porsches War's*, S. 162.
26 Vgl. die Eintragung im Tagebuch Rabe, 6. Januar 1940, Porsche-Archiv.
27 Im Juli 1940 waren die Zeichnungen von »Typ 100« so weit fertiggestellt, dass sie mit den Kooperationspartnern besprochen werden konnten, vgl. die Eintragungen im Tagebuch Rabe vom 11. und 12. Juli 1940, Porsche-Archiv.
28 Dazu und zum Folgenden vgl. die Meldung von Oberst Fichtner an seinen Amtschef im Heereswaffenamt, 27. September 1941, BA-MA Freiburg, RW 19/822, Bl. 112f.
29 Ebd., Bl. 113; vgl. auch die Eintragung im Tagebuch Rabe, 11. September 1940, Porsche-Archiv.
30 Ebd., Bl. 113, das Tagebuch Rabes vermeldet Treffen mit Vertretern des Heereswaffenamts wegen »Typ 100« u. a. am 5. Juni 1940, 30. Juli 1940, 10. September 1940 und 7. März 1941, Porsche-Archiv.
31 Vgl. dazu die Eintragungen im Tagebuch Rabe vom 11. September 1940, 27. Mai 1941 sowie 25. Juni 1941, Porsche-Archiv.
32 Vgl. die Eintragung im Tagebuch Rabe, 30. Juli 1940, Porsche-Archiv.
33 Vgl. die Eintragungen im Tagebuch Rabe, 15., 16. und 17. Januar 1941, Porsche-Archiv.
34 Vgl. dazu Rohland, *Bewegte Zeiten*, S. 73.
35 Vgl. die Eintragung im Tagebuch Rabe, 18. Februar 1941, Porsche-Archiv.
36 Vgl. die Eintragung im Tagebuch Rabe, 1. März 1941, ebd.
37 Vgl. die Eintragung im Tagebuch Rabe, 13. März 1941, ebd.
38 Vgl. die kritische Stellungnahme des Beauftragten des Heereswaffenamts zu der von Hitlers Adjutanten von Below stammenden Aktennotiz der Besprechung vom 26. Mai 1941, 9. Juni 1941, BA-MA Freiburg, RW 19/822, Bl. 238f.
39 Porsche und Hacker hatten Minister Todt am 26. Mai 1941 um 10 Uhr gesprochen; um 13 Uhr fand die Besprechung im größeren Kreis in Anwesenheit der Militärs statt; vgl. die Angaben im Tagebuch Rabe, 26. Mai 1941, Porsche-Archiv.
40 Vgl. die Aktennotiz von Belows über die Besprechung vom 26. Mai 1941, BA-MA Freiburg, RW 19/822, Bl. 245.

41 Vgl. die Aktennotiz von Belows, ebd., Bl. 240 und Bl. 244.
42 Vgl. dazu ein Schreiben des OKW-Chefs vom 3. Juli 1941, auszugsweise abgedruckt bei Michael Winninger: *Das Nibelungenwerk*, Andelfingen 2011, S. 186.
43 Vgl. die Eintragung im Tagebuch Rabe, 27. Juni 1941, Porsche-Archiv.
44 Vgl. die Eintragung im Tagebuch Rabe, 7. Juli 1941, ebd.
45 Dazu u. a. Tooze, *Ökonomie der Zerstörung*, S. 530f. und 561.
46 Vgl. dazu das Schreiben von Rüstungsminister Todt an General von Leeb vom Heereswaffenamt, 23. September 1941, BA-MA Freiburg, RW 19/822, Bl. 100f.
47 Vgl. dazu Wolfgang Fleischer: *Deutsche Panzer 1933–1945*, Podzun-Pallas 1995, S. 122.
48 Vgl. dazu auch das Schreiben Todts an Ritter von Leeb, 23. September 1941, BA-MA Freiburg, RW 19/822, Bl. 101.
49 Vgl. hierzu ein geheimes Schreiben des Rüstungsministeriums an alle Wehrkreisbeauftragten, 6. August 1941, BA-MA Freiburg, RW 19/1924, Bl. 111.
50 Vgl. die Eintragungen im Tagebuch Rabe, 25. August 1941, 18. November 1941 sowie 1. Januar 1942, Porsche-Archiv.
51 Vgl. hierzu Heinrich Haustein: »Der österreichische Schienen-Triebfahrzeug-Dieselmotor und seine wesentliche Entwicklung bei der Simmering-Graz-Pauker A.G. Wien«, in *Blätter für Technikgeschichte* 32 (1972), S. 81–100.
52 Vgl. hier ein Telegramm des Nibelungen-Werks an die Voithwerke, in dem auf eine bei Porsche stattfindende »Turbo-Getriebe-Besprechung« verwiesen wird, 7. Juli 1941, sowie das Schreiben des Voith-Zweigwerks in Sankt Pölten an die Zentrale in Heidenheim, 28. Januar 1941, WABW, Stuttgart, Bestand B 80 Bü 1346I.
53 Das Auf und Ab sowie die Kooperation mit Steyr, Voith sowie Simmering schlagen sich in gehäuften Eintragungen im Tagebuch von Karl Rabe nieder, vgl. vor allem seine Einträge vom 5. September 1941, 10. Oktober 1941, 17. Oktober 1941, 3. November 1941 sowie 23. November 1941, Porsche-Archiv.
54 Vgl. den Eintrag im Tagebuch Rabe, 9. März 1942, ebd.
55 Guderians Ausführungen finden sich im Kriegstagebuch des Armeeoberkommandos der Panzergruppe 2, Eintrag vom 18. November 1941, BA-MA Freiburg, RH 21-2/244, Bl. 100f.; dort auf Bl. 99 auch eine Übersicht über die Teilnehmer; vgl. auch Christian Hartmann: *Wehrmacht im Ostkrieg*, München 2009, S. 58, sowie Rohland, *Bewegte Zeiten*, S. 76f.
56 Protokoll vom 7. Dezember 1941 der Besprechung vom 29. November 1941, BA-MA Freiburg, RW 19/822, Bl. 15–22, Zitat Bl. 20, vgl. knapp zu dieser Besprechung auch *Das Deutsche Reich und der Zweite Weltkrieg*, Bd. 5/I, S. 616.
57 Die Besprechung fand am 28. November 1941 statt; vgl. dazu die Eintragung im Diensttagebuch des Chefs des Stabs im Allgemeinen Heeresamt, hierin auch das Zitat; dieser Tagebuchauszug wurde den Verfassern freundlicherweise von Universitätsprofessor Dr. Bernhard R. Kroener zugänglich gemacht, dessen Edition dieses Diensttagebuchs kurz vor dem Abschluss steht.
58 Vgl. das Protokoll der Besprechung vom 29. November 1941, BA-MA Freiburg, RW 19/822, Bl. 15–22.
59 So Hitlers Weisung anlässlich einer seiner regelmäßig stattfindenden Besprechungen mit Rüstungsminister Speer, 5. März 1942, abgedruckt bei Boelcke, *Deutschlands Rüstung*, S. 69 (hier auch das nachfolgende Zitat).
60 Zur technischen Entwicklung des »Leopard« vgl. die Eintragungen im Tagebuch Rabe vom 13. Januar, 8. Februar, 24. Februar sowie 27. März 1942, Porsche-Archiv.

61 Vgl. zu den Motorenproblemen beim »Tiger« die Eintragungen im Tagebuch Rabe vom 17. Januar, 17. Februar, 9., 15., 21., 22., 23. und 28. März, 2., 5., 10. bis 14. sowie 17. April 1942, ebd.

62 Vgl. die Eintragung im Tagebuch Rabe, 20. April 1942, ebd.

63 Vgl. das Ergebnisprotokoll der Besprechungen Hitlers mit Speer, 3. bis 5. Januar 1943, bei Boelcke, *Deutschlands Rüstung*, S. 210.

64 Vgl. dazu das geheime Schreiben Kissels an den Prokuristen der Daimler-Benz AG, 16. März 1942, DBA, 1 V01/0289 Kissel 11.10.

65 Vgl. die Punkte 14 und 15 aus der Besprechung von Rüstungsminister Speer mit Hitler, 16. März 1942, BAB, R 3/1503, Bl. 30.

66 Besprechung Speers mit Hitler am 19. März 1942, abgedruckt bei Boelcke, *Deutschlands Rüstung*, S. 75.

67 Über die Vorführung am 20. April 1942 scheint sich keine Niederschrift erhalten zu haben, so dass sich viele Gerüchte um dieses Ereignis ranken; als zuverlässige Einschätzung eignet sich Rohland, *Bewegte Zeiten*, S. 84f.

68 Vgl. die Eintragungen im Tagebuch Rabe, 2., 9., 10., 16., 27., 28. Juli und 13. August 1942, Porsche-Archiv.

69 Vgl. die Eintragungen im Tagebuch Rabe, 3. und 5. August 1942, ebd.

70 So das Ergebnisprotokoll der Besprechungen Speers mit Hitler aus dem Zeitraum 7. bis 9. September 1942, BAB, R 3/1505, Bl. 84.

71 Diese künstlerische Gemeinsamkeit und die sich daraus ergebenden politischen Wirkungsmöglichkeiten für Speer werden kursorisch gestreift in der Monografie von Magnus Brechtken: *Albert Speer. Eine deutsche Karriere*, München 2017, vor allem S. 34–69.

72 Dazu eine vom Speer-Vertrauten Rudolf Wolters erstellte Chronik über Speers Wirken im Jahr 1942, BAB, R 3/1736, Bl. 56; vgl. auch eine Übersicht über »Aufträge aus den Besprechungen bei Reichsminister Speer«, 13. Juni 1942, BA-MA Freiburg, RW 19/1919, Bl. 153.

73 Speer probierte bei Regen und Dunkelheit am 14. Juli 1942 zwei »Tiger«-Modelle auf dem Truppenübungsgelände in Kummersdorf aus, Wolters-Chronik, ebd., Bl. 62.

74 Zur Visite Speers und den Vergleichsfahrten in St. Valentin vgl. Winninger, *Nibelungenwerk*, S. 204–206.

75 Tagebuchaufzeichnung von Speers Vertrautem Rudolf Wolters über ein Gespräch mit Speer, 2. März 1942, BAK, N 1318/75.

76 »Aus zahlreichen Gesprächen, die er auch früher mit dem Führer hatte, sind im übrigen die Auffassungen des Führers, der sich im einzelnen viel mit Panzerwaffe befaßt hat, bekannt«, ebd.

77 So die Speer-Chronik Wolters' vom 7. Oktober 1942, BAB, R 3/1736, Bl. 88; die Leitung dieser Kommission hatte Oberst Thomale inne.

78 Ergebnisprotokoll der Besprechung mit Speer, 20. bis 22. September 1942, abgedruckt bei Boelcke, *Deutschlands Rüstung*, S. 186.

79 So die treffende Einschätzung von Henschel-Chefkonstrukteur Erwin Aders in einem Schreiben an Herbert Quint, 22. Februar 1952, PA. M.K1.1.38/5.

80 Vgl. den Eintrag in der Chronik Wolters' zum 8./9. Oktober 1942, BAB, R 3/1736, Bl. 89; siehe auch die Eintragung im Tagebuch Rabe, 9. Oktober 1942, Porsche-Archiv.

81 Vgl. die Eintragung im Tagebuch Rabe, 11. November 1942, ebd.

82 So Hitler anlässlich der Besprechung mit Speer, 18. Januar 1943, gemäß den vom Rüs-

tungsminister festgehaltenen »Besprechungspunkten«, BAB, R 3/1507, Bl. 30 (dort auch beide Zitate); vgl. auch von Speer festgehaltene Ausführungen Hitlers aus dem Zeitraum 3. bis 5. Januar 1943, ebd., Bl. 7.

83 So Porsches Position auf der Sitzung der Panzerkommission vom 17. Februar 1943 gemäß der Niederschrift vom 19. Februar 1943, PA. M. K1.4.2/59.

84 Vgl. Hitlers Positionierung bei den Besprechungen vom 20. bis 22. September 1942, abgedruckt bei Boelcke, *Deutschlands Rüstung*, S. 185.

85 Ebd., S. 185.

86 Eberan war als ordentlicher Professor am Institut für Kraftfahrzeugwesen an der TH Dresden tätig und hielt 1944 einen programmatischen Vortrag im Reichsministerium für Rüstung über »Otto- oder Dieselmotor im Panzerkampfwagen?«, BAB, R 3/3188, Zitat Bl. 1f. des Vortrags.

87 So die programmatischen »Allgemeinen Forderungen an einen Panzerkampfwagenmotor«, ausgearbeitet vom leitenden Kraftfahrtoffizier des Generalinspekteurs der Panzertruppen, Januar 1944, Fundort DB Archiv, 2 M-B.

88 Zum 16-Zylinder-Dieselmotor vgl. das Schreiben des Vorstandsmitglieds von Simmering-Graz-Pauker, Rudolf Walker, an Porsche, 15. April 1943, PA. M.K1.4.4/115, sowie ein Schreiben von Simmering-Graz-Pauker an Porsche, 17. August 1943, PA. M. K1.4.8/192; siehe auch die Eintragung im Tagebuch Karl Rabes vom 30. August 1943, Porsche-Archiv.

89 Vgl. dazu das geheime Schreiben der Firma Voith an die Friedrich Krupp AG, 2. Juni 1942, sowie das geheime Schreiben Voiths an das Heereswaffenamt, 23. Oktober 1942, WABW, Stuttgart, Bestand B 80, Bü 1346; siehe auch eine Aktennotiz vom 27. April 1943 über eine Besprechung zwischen Reimspieß und Porsche über die Ausführung von Typ 180, PA. M.K1.4.4/102.

90 Vgl. Porsches Bericht in der Sitzung der Panzerkommission vom 17. Februar 1943, PA. M.K1.4.2/59.

91 Zur Entwicklung der Maybach-Hochleistungsmotoren vgl. Wilhelm Treue/Stefan Zima: *Hochleistungsmotoren. Karl Maybach und sein Werk*, Düsseldorf 1992, S. 317–339.

92 Vgl. die Eintragungen im Tagebuch Rabe, 27. November und 5. Dezember 1943, Porsche-Archiv.

93 Vgl. Hitlers Wiedergabe der diesen Punkt betreffenden Unterredung mit Porsche anlässlich seiner Zusammenkunft mit Speer gemäß dessen Besprechungspunkten, 16./17. Dezember 1943, bei Boelcke, *Deutschlands Rüstung*, S. 321.

94 Vgl. einen Bericht vom 13. Dezember 1943 über die Visite bei Maybach, 7. bis 9. Dezember 1943, PA. M.R1.5.54/455.

95 Schreiben Porsches an Generaloberst Guderian, 1. Februar 1944, PA. M.K1.4.15/302.

96 Vgl. das Schreiben Porsches an Guderian, 1. Februar 1944, ebd.

97 Schreiben des Leiters des Berliner Büros der Arbeitsgemeinschaft luftgekühlter Motoren, Oberregierungsbaurat Augustin, an Porsche, 6. März 1943, PA. M.K1.4.2/68.

98 Vgl. dazu den abschriftlich der Firma Porsche übermittelten Auszug eines Schreibens des Generalinspektors für Panzerkampfwagen, 24. Januar 1944, PA. M.R1.5.54/455.

99 So Hitler bei den Besprechungen mit Speer, 6./7. Dezember 1943, bei Boelcke, *Deutschlands Rüstung*, S. 321.

100 Dazu ausführlich Pyta, *Hitler*, vor allem S. 385–421.

101 Vgl. das Ergebnis der von Speer festgehaltenen Besprechungen im Zeitraum 20. bis 22. September 1942, bei Boelcke, *Deutschlands Rüstung*, S. 186.

102 Die technischen Einzelheiten zu »Typ 130«, wie das Sturmgeschütz betriebsintern bei der Porsche KG hieß, finden sich in PA. T.131.1.1.1/7.

103 Vgl. Winninger, *Nibelungenwerk*, S. 207f.

104 Vgl. die von Speer notierten »Besprechungspunkte aus der Führerbesprechung am 22.11.1942«, BAB, R 3/1506; zum Einsatz schwerer Waffen im Häuserkampf von Stalingrad vgl. Pyta, *Hitler*, S. 420f.

105 Vgl. Guderians Plädoyer auf der Sitzung der Panzerkommission vom 4. März 1943 gemäß einer vom 17. März 1943 stammenden Niederschrift, PA. M.K1.4.3/86.

106 Hierzu geben russische Beuteakten deutscher Heeresbestände Auskunft, die im russischen Militärarchiv in Podolsk aufbewahrt werden und zu erheblichen Teilen online gestellt sind, hier: Bestand 500 (OKH), Findbuch 12451, Akte 448, Auflistung vom 3. Mai 1943.

107 Vgl. die Vortragsnotiz des Generalinspekteurs der Panzertruppen für die Führerbesprechung vom 3. Mai 1943, ebd., sowie eine Ausarbeitung desselben Verfassers vom 13. August 1943, ebd., Akte 449.

108 In funktionaler Hinsicht verwischte der Unterschied zwischen dem klassischen Sturmgeschütz (wurde von ausgebildeten Artilleristen bedient) und Jagdpanzern (wurden von Panzerbesatzungen gesteuert) immer mehr, je mehr die Panzerabwehr die militärische Agenda bestimmte, vgl. dazu Pöhlmann, *Panzer*, S. 406.

109 Vgl. dazu Josef Reisinger: *Codename: Spielwarenfabrik. Die Nibelungenwerke in St. Valentin und die deutsche Panzerfertigung*, Wien 2010, S. 66–79; vgl. vor allem Winninger, *Nibelungenwerk*, S. 207–217.

110 Protokoll über die Besprechung der Panzerkommission im Nibelungenwerk, 23. März 1943, PA. M.K1.4.3/86.

111 Vgl. ebd. sowie die Eintragungen im Tagebuch Rabe, 16. und 18. Februar 1943, Porsche-Archiv.

112 Vgl. dazu das Schreiben von Oberst Holzhäuer (Heereswaffenamt) an Ferry Porsche, 2. Dezember 1943, PA. M.K1.4.13/262.

113 So der Bericht Zadniks vom 27. Mai 1943 über einen Besuch Guderians bei der schweren Panzerjägerabteilung 653 vom 24. Mai 1943, PA. M.K1.4.5/124.

114 Vgl. die Eintragungen im Tagebuch Rabe, 4., 13., 14., 20. bis 23. April 1943, Porsche-Archiv.

115 Schreiben Porsches an die Firma Siemens-Schuckert, 23. April 1943, PA. M.K1.4.4/102.

116 Vgl. die vertrauliche Hausmitteilung des Sekretariats Porsche, 13. Juli 1943, PA. M.K1.4.7/171; siehe auch Roman Töppel: *Kursk 1943*, Paderborn 2017, S. 128f. und 240.

117 Schreiben des Montageinstrukteurs Gröschl an die Porsche KG, 26. Juli 1943, PA. T.205.1.1.1/9.

118 Vgl. Winninger, *Nibelungenwerk*, S. 281f.

119 Vgl. die Meldung Porsches an Hauptamtsleiter Saur, 11. Oktober 1943, sowie das Schreiben von Simmering-Graz-Pauker an Porsche, 15. Oktober 1943, PA. M.K1.4.10/231.

120 Vgl. das Fernschreiben von Otto Hacker an Porsche, 24. September 1943, PA. M.K1.4.9/212.

121 Vgl. ein Fernschreiben von G. Kaes an Porsche, 26. November 1943, PA. M.K1.4.11/244.

122 Vgl. die Eintragungen im Tagebuch Rabes, 21. Februar 1944, 21. März 1944, Porsche-Archiv.

123 Vgl. eine undatierte Übersicht über die Entwicklung des »Jagdtigers«, BA-MA Freiburg, RW 19/5571.

124 Vgl. das Schreiben des für die Panzerfertigung zuständigen Abteilungschefs im OKH, Oberstleutnant Holzhäuer, an Speer, 25. Februar 1943, abschriftlich in: PA. M.K1.4.2/47.

125 BAB, R 3/1738, Bl. 57 (dort auch beide nachfolgenden Zitate).

126 Dies ist der Tenor des Schreibens von Porsche an Speer, 24. November 1943, PA. M.K1.4.12/249.

127 Hitlers Ausführungen gemäß der stenographischen Niederschrift seiner Rede, abgedruckt in Hildegard von Kotze (Hg.): *»Es spricht der Führer«. 7 exemplarische Hitler-Reden*, Gütersloh 1970, S. 329–368, Zitat S. 348f.

128 Chronik der Aktivitäten Speers zum 21. Dezember 1943, BAB, R 3/1738, Bl. 95.

129 So auch Pöhlmann, *Panzer*, S. 412f.

130 So der Bericht des Rüstungsministeriums über die Panzerkommissionssitzung vom 21. Dezember 1943, BAB, R 3/1549, Zitat Bl. 5137.

131 Vgl. die Eintragungen im Tagebuch Rabe, September bis November 1943, sowie die vertrauliche Aufstellung von Porsches Privatsekretär Ghislaine Kaes über Porsches Aufenthaltsort in besagtem Zeitraum, PA. M.K1.4.12/243.

132 Vgl. Pyta, *Hitler*, vor allem S. 536–539.

133 Vgl. die von Speer zusammengetragenen Besprechungspunkte für den 21. und 22. März 1942, bei Boelcke, *Deutschlands Rüstung*, S. 85.

134 Vgl. die Besprechungspunkte Speers, 1. bis 3. Dezember 1942, ebd., S. 205.

135 Dies geht aus den Besprechungspunkten Speers aus dem Zeitraum 3. bis 5. Januar 1943 hervor, ebd., S. 211.

136 Ebd.

137 Dazu Knittel, *Panzerfertigung*, S. 102.

138 Dieser erstaunliche Ressourceneinsatz war dem nach Stuttgart abgeordneten Krupp-Vertreter Bankwitz am 23. Januar 1943 eine eigene Aktennotiz wert,. BA-MA Freiburg, RH 8/2854; vgl. auch eine »Aktennotiz über die Beschaffung von Arbeitskräften für die Konstruktion des Mäuschens«, 15. Februar 1943, PA. M.K1.4.2/55.

139 Vgl. einen Aktenvermerk über eine Besprechung zur »Maus«, 10. Februar 1943, ebd., sowie einen Bericht vom 6. März 1943 über Zeichnungsanfertigungen für die »Maus«, PA. M.K1.4.3/82.

140 So auch die Vermutung bei Pöhlmann, *Panzer*, S. 482.

141 Vgl. die Eintragung im Tagebuch Rabe, 27. Oktober 1943, Porsche-Archiv.

142 Vgl. die telegraphische Mitteilung der Porsche KG an Speer, 4. Mai 1943, PA. M.K.1.4.5/120.

143 Vgl. hierzu die Besprechungspunkte Speers, 13. bis 15. Mai 1943, bei Boelcke, *Deutschlands Rüstung*, S. 258, siehe auch die Eintragungen im Tagebuch Rabe, 28. März, 6. April sowie 14. Mai 1943, Porsche-Archiv.

144 Vgl. die Eintragungen im Tagebuch Rabe, 14. Juli sowie 12. August 1943, ebd.

145 Vgl. eine vertrauliche Aktennotiz über eine Besprechung am 22. und 23. August 1943, PA. M.K1.4.8/186.

146 Vgl. Rabes Aktenvermerk über eine Besprechung mit der Firma ZF in Stuttgart, 13. Juli 1943, PA. M.K1.4.7/166.

147 Vgl. das handschriftliche Schreiben Zadniks an Ferdinand Porsche, 4. November 1943, PA. M.K1.4.12/255.

148 Siehe zwei entsprechende Berichte über die Werkserprobungen für die Zeit vom 11. Januar bis 3. Februar 1944 beziehungsweise 4. Februar bis 25. Februar 1944, PA. M.K1.2.12/44 beziehungsweise PA. M.K1.2.12/41.

149 Am 4. März 1944 auf dem Obersalzberg, vgl. die Eintragung im Tagebuch Rabe, 5. März 1944, Porsche-Archiv.
150 Vgl. die Eintragung im Tagebuch Rabe, 7. Juli 1944, ebd.
151 Vgl. Pöhlmann, *Panzer*, S. 482.

Kapitel 11

1 Walther Müller-Schlemm/W. Gommel: »Schlepper«, in: *Die Maschine in der Landwirtschaft*, Stuttgart 1950, S. 1–85, Zitat S. 3; siehe auch C. H. Dencker/L. W. Riess: *Bedeutung und Aussichten des Kleinschleppers in der bäuerlichen Familienwirtschaft*, Berlin 1933.
2 Vgl. Frank Uekötter: *Die Wahrheit ist auf dem Feld. Eine Wissensgeschichte der deutschen Landwirtschaft*, Göttingen 2010, S. 277f.
3 Vgl. ebd., S. 278–281.
4 A. Köstlin: »Zum Einsatz von Schleppern in bäuerlichen Betrieben«, in *Die Technik in der Landwirtschaft* 20 (1939), S. 63–65.
5 Vgl. Gustavo Corni/Horst Gies: *Brot – Butter – Kanonen. Die Ernährungswirtschaft in Deutschland unter der Diktatur Hitlers*, Berlin 1997, S. 308.
6 Generell zur NS-Agrarpolitik und zum Spannungsverhältnis zwischen »Blut-und-Boden«-Ideologie und agrartechnischer Modernisierung Wolfram Pyta: »›Menschenökonomie‹. Das Ineinandergreifen von ländlicher Sozialraumgestaltung und rassenbiologischer Bevölkerungspolitik im NS-Staat«, in *Historische Zeitschrift* 273 (2001), S. 31–94; Jochen Streb/Wolfram Pyta: »Von der Bodenproduktivität zur Arbeitsproduktivität. Der agrarökonomische Paradigmenwechsel im ›Dritten Reich‹«, in *Zeitschrift für Agrargeschichte und Agrarsoziologie* 53 (2005), S. 56–78; Corni/Gies, *Brot – Butter – Kanonen*; Daniela Münkel: *Nationalsozialistische Agrarpolitik und Bauernalltag*, Frankfurt am Main 1996.
7 Hierzu siehe Corni/Gies, *Brot – Butter – Kanonen*, S. 273–296.
8 Alle Angaben für das »Altreich« gemäß der detaillierten Auflistung in *Die Landesbauernschaften in Zahlen*, Folge 3: *1939–1940*, Berlin 1941, S. 259.
9 Siehe Ludvigsen, *Porsche's Wars*, S. 45–59, sowie Ghislaine Kaes: Professor Porsche, Dr. techn. E.h. Dr.-Ing. E.h. und die Technik in der Landwirtschaft, Ausarbeitung vom 10. Dezember 1975, PA. M.K1.2.11/45.
10 Vgl. dazu eine Aktennotiz Werlins über seine Besprechung mit Kniekamp (Heereswaffenamt), 10. Februar 1936, sowie eine Aktennotiz Kissels über eine Besprechung im Heereswaffenamt, 23. Dezember 1935, DBA, 1 V02/001 Werlin 3.
11 Eintragung im Tagebuch Rabe, 10. Oktober 1937, Porsche-Archiv.
12 Vgl. Hachtmann, *Wirtschaftsimperium*, S. 512f.
13 Der Schleppervertrag hat sich in einer Abschrift vom 5. Dezember 1947 im Volkswagen-Archiv erhalten, UVW, Z 1158, Nr. 21/1.
14 Laut Vertrag vom 3. September 1943 belief sich der abzurechnende Regiesatz auf 300 Prozent hinsichtlich der erfassten direkten Projektkosten, ebd.
15 Vgl. die Eintragung im Tagebuch Rabe, 19. Oktober 1937, Porsche-Archiv.
16 Vgl. eine Hausmitteilung der Porsche KG an Kales, PA. M.R1.5.56/635.
17 Vgl. dazu ausführlich Fischer-Schlemm/Gommel, »Schlepper«, vor allem S. 79–82.
18 Vgl. dazu den Schlepper-Vertrag vom 3. September 1943, UVW, Z 1158, Nr. 21/1.
19 Vgl. dazu auch Armin Bauer: *Porsche Schlepper. 1937–1966*, Obershagen 2003, vor allem S. 22f.
20 Zu Beuths Versuchen auf dem Gebiet der Holzvergasung vgl. das Schreiben des würt-

tembergischen Wirtschaftsministers an den Reichsstatthalter in Württemberg, 15. Dezember 1936, HStAS Q1/58 Bü 27, sowie ein weiteres Schreiben des Wirtschaftsministeriums an den Reichsstatthalter vom 3. Oktober 1934, HstAS E 130b Bü 175.

21 Für diese Versuche hatte Meuth einen Zuschuss von 4000 Reichsmark vom Landesgewerbeamt mobilisiert, vgl. dazu den entsprechenden Eintrag in der Kartei für Gewerbeförderung, wobei auf einen Erlass vom 2. Juni 1937 Bezug genommen wird, HStAS E 384 Bü 55.

22 Über diese Unterredung vom 10. Oktober 1937 informiert das Rabe-Tagebuch, Porsche-Archiv.

23 Hierbei berieten sich Porsche und Fischer-Schlemm über technische Einzelheiten wie die Anordnung der Mähbalken, die Bedienung des Pflugs und die geeignete Geschwindigkeit des Fahrzeugs; vgl. eine Besprechung Porsches mit Prof. Fischer-Schlemm vom 19. April 1938, PA. M.R1.4.6/644.

24 Einer der ersten Pflugversuche auf dem Hohenheimer Gelände endete damit, dass der Pflug brach, vgl. dazu das Tagebuch Rabe, 27. November 1937, Porsche-Archiv.

25 Vgl. die betriebsinterne Mitteilung zum Entwurf eines Kleinschleppers vom 24. November 1937, PA. M.R.1.4.6./644.

26 Vgl. Landwirtschaftlich-Gärtnerische Fakultät der HUB: *Carl Heinrich Dencker und das Landmaschinen-Institut 1932–1945*, Berlin 2005, sowie Institut für Agrartechnik Bornim (Hg.): *Preußische Versuchs- und Forschungsanstalt für Landarbeit und das Schlepperprüffeld in Bornim 1927 bis 1945*, Potsdam 1995.

27 Vgl. dazu die Eintragungen im Tagebuch Rabe vom 17. Januar 1938, 16. und 17. März 1938, Porsche-Archiv; über das Ergebnis der Schleppervorführung informiert ein Bericht, den Kales am 17. März 1938 verfasste, PA. M.R1.4.6/644.

28 Reichspatentamt Patentschrift Nr. 70783, ausgegeben am 5. Juli 1941, dort auch das folgende Zitat; die Patentierung erfolgte im Deutschen Reich vom 21. April 1938 an.

29 Vgl. die Eintragung im Tagebuch Rabe, 8. Oktober 1938, Porsche-Archiv.

30 Vgl. dazu auch Richard von Frankenberg: *Porsche-Wagen – Porsche-Schlepper*, Darmstadt o. J., S. 44.

31 Vgl. die Versuchsberichte Bihls aus dem Jahr 1939, PA. M.R1.4.6/644.

32 Albert Mößmer: *Deutz-Bauernschlepper. Typengeschichte und Technik des Elfer-Deutz und der luftgekühlten Einzylinderversionen*, München 2014, S. 47.

33 So der Aktenvermerk Ferry Porsches über den Besuch des Direktors und Konstrukteurs des 11-PS-Deutz-Traktors der Humboldt-Deutz-Motoren AG, 13. Juni 1939, PA. M.R1.4.6/644.

34 Vgl. die Richtlinien für die Fertigung eines Pflug-Schleppers im Volkswagen-Vorwerk. Braunschweig, 27. Juli 1939, UVW, Z 61, Nr. 7058.

35 Hierbei arbeitete man eng mit der Firma Peter Koch in Köln zusammen, einem Spezialbetrieb für den Bau von Modellen. Diese wurden naturgetreu nach Originalzeichnungen in verkleinertem Maßstab zu Werbezwecken, Messen und Ausstellungen hergestellt – und eben auch für die obligatorische Präsentation beim »Führer«. Am 17. April 1939 suchte Rabe persönlich die Firma Koch auf, in der »fieberhafte Arbeit am Modell« herrschte, das noch am selben Tag um 21 Uhr fertiggestellt wurde, so dass Rabe es im Zug nach Stuttgart mitnehmen konnte. Am nächsten Tag wurde das Vorzeigestück nach Berlin gebracht, wo Porsche sich bereits aufhielt. Tagebuch Karl Rabe, 17. März, 17. und 18. April 1939, Porsche-Archiv.

36 Tagebuch Karl Rabe, 20. April 1939, ebd.

37 Tagebuch Karl Rabe, 2. und 3. Februar 1939, ebd.

38 Tagebuch Karl Rabe, 15. und 16. Februar 1940, ebd.

39 Dieser Führererlass vom 4. November 1940 findet sich im BAB, R 43 II/1024; zu den Plänen Leys siehe Bauer, *Porsche Schlepper*, S. 30.

40 Dazu siehe Birgit Rosendahl-Krass: *Die Stadt der Volkswagenwerke – Eine Stadtutopie im Dritten Reich*, Wiehl 1999.

41 Schreiben Porsches an Reichsminister Speer, 23. Mai 1944, BAB, R 3/1594, Bl. 126f. (dort auch beide Zitate).

42 Vgl. den Schlepper-Vertrag zwischen der Porsche KG und der Volkswagen GmbH, 3. September 1943, UVW, Z 1158, Nr. 21/1.

43 Hitler äußerte sich in diesem Sinne bei der Mittagstafel im Führerhauptquarier am 12. Januar 1942, als Porsche sein Gast war. Werner Jochmann (Hg.): *Adolf Hitler: Monologe im Führerhauptquartier 1941–1944. Aufgezeichnet von Heinrich Heim*, Hamburg 1980, S. 194.

44 Vgl. eine Aktennotiz über eine firmeninterne Besprechung bei Porsche am 20. Oktober 1942, PA. M.R1.4.6/644.

45 Die technischen Schwierigkeiten bei der Entwicklung leistungsfähiger Gasgeneratoren, mit denen ein Ackerschlepper angetrieben werden konnte, spiegeln sich u. a. in der Korrespondez wider, die gesammelt ist in PA. M.R1.4.6/628, vgl. dort vor allem eine neunseitige Instruktion der Porsche KG »Die Generatorgas-Prüfung für unsere Werksangehörigen«, vermutlich aus dem Jahr 1943.

46 Vgl. dazu eine Aktennotiz der Porsche KG über eine Unterredung mit Vertretern der Firma Zanker am 31. Mai 1944, PA. M.R1.4.6/632.

47 Vgl. Fred Koch: *Kettenschlepper der Wehrmacht 1935–1945*, Wölfersheim-Berstadt o. J., S. 30.

48 Die Anwesenheit Porsches im Führerhauptquartier ist belegt in den Aufzeichnungen der sogenannten Tischgespräche Hitlers, Jochmann, *Monologe*, S. 194; vgl. auch die Eintragung im Tagebuch Rabe, 14. Januar 1942, Porsche-Archiv.

49 Die Konstruktionsaufgabe der Porsche KG wird aufgegriffen in dem Schreiben der Porsche KG an die Wehrmachtprüfungsstelle im Oberkommando des Heeres, 3. März 1943, PA. M.K1.4.3/77.

50 So hielt Rüstungsminister Speer Hitlers Ausführungen anlässlich einer Besprechung zwischen beiden vom 4. April 1942 fest, BAB, R 3/1503, Bl. 80–82, Zitat Bl. 81.

51 Vgl. die Ausführungen Hitlers anlässlich einer Serie von Besprechungen mit Rüstungsminister Speer, 20. bis 22. September 1942, BAB, R 3/1505, Bl. 89.

52 Vgl. dazu Hitlers Ausführungen auf einer Besprechung mit Speer am 6./7. Mai 1942, abgedruckt bei Boelcke, *Deutschlands Rüstung*, S. 114.

53 Vgl. die Eintragung im Tagebuch Karl Rabe, 5. Januar 1943, Porsche-Archiv.

54 So die Entscheidung Hitlers anlässlich der Besprechungen mit Speer, 3. bis 5. Januar 1943, BAB, R3/1507, Bl. 17.

55 Vgl. dazu den Bericht des Leiters des Sonderausschusses Räderschlepper-Ost beim Reichsminister für Bewaffnung und Munition, Streit, über seinen Besuch bei Auto-Škoda am 25. Januar 1943, BAB, R 3/499, Bl. 15f.

56 Vgl. dazu den firmeninternen Zwischenbericht über die Erprobung des Ostradschleppers, 12. Februar 1943, PA. M.K1.4.2/55.

57 Vgl. den firmeninternen Aktenvermerk vom 28. Mai 1943 über den Fronteinsatz des Radschleppers Ost, PA. M.K1.4.5/124.

58 Schreiben der Porsche KG an die Prüfstelle beim Heereswaffenamt, 3. März 1943, PA. M.K1.4.3/77.

59 Hitlers Entscheidung fiel auf einer Besprechung mit Rüstungsminister Speer am 11. April 1943, vgl. dessen Niederschrift der »Punkte aus der Führerbesprechung«, 15. April 1943, BAB, R3/ 1507, Bl. 96.

60 Vgl. das Schreiben von O. R. Pigott vom Joint Technical Pool, 8. August 1945, PA. M.K1.1.13/45.

61 Vgl. dazu die Aktennotiz vom 19. November 1945 zum gegenwärtigen Stand des Schlepperprojekts, PA. M.R1.5.57/656A.

62 So das von Kaes am 7. Juli 1949 verfasste Exposé über den Porsche-Traktor, PA. M.K1.1.42/8.

63 Vgl. dazu ein Exposé zum Typ 113 vom 15. Juni 1949, PA. M.K1.1.42/8.

64 Vgl. dazu Bauer, *Porsche Schlepper*, S. 70–80.

Kapitel 12

1 Vgl. Ute Mank: *Zwischen Trauma und Rechtfertigung. Wie sich ehemalige Wehrmachtssoldaten an den Krieg erinnern*, Frankfurt am Main/New York 2011, S. 291. Grundlegend zum Definitionsproblem und für das Folgende Janosch Steuwer/Hanne Leßau: »›Wer ist ein Nazi? Woran erkennt man ihn?‹ Zur Unterscheidung von Nationalsozialisten und anderen Deutschen«, in *Mittelweg 36*, 23 (2014), S. 30–51.

2 Vgl. u. a. Ulrich Herbert: »Wer waren die Nationalsozialisten? Typologien des politischen Verhaltens im NS-Staat«, in Gerhard Hirschfeld/Tobias Jersak (Hg.): *Karrieren im Nationalsozialismus. Funktionseliten zwischen Mitwirkung und Distanz*, Frankfurt am Main 2004, S. 17–42; Rüdiger Hachtmann: *Wissenschaftsmanagement im »Dritten Reich«. Geschichte der Generalverwaltung der Kaiser-Wilhelm-Gesellschaft*, Bd. 1, Göttingen 2007, S. 318ff.; Stanley G. Payne: *A History of Fascism 1914–1945*, Wisconsin 1995, S. 3ff.

3 Vgl. Dina Brandt: »›Und die Welt sah, was deutscher Geist geschaffen.‹ Der deutsche Zukunftsroman im ›Dritten Reich‹«, in Carsten Würmann/Ansgar Warner (Hg.): *Im Pausenraum des »Dritten Reiches«. Zur Populärkultur im nationalsozialistischen Deutschland*, Bern u. a. 2008, S. 125–138, hier S. 130.

4 Vgl. Wolfgang Benz (Hg.): *Wie wurde man Parteigenosse? Die NSDAP und ihre Mitglieder*, Frankfurt am Main 2009.

5 Jürgen W. Falter: *Hitlers Wähler*, München 1991.

6 Jürgen W. Falter/Kristine Khachatryan: »Wie viele NSDAP-Mitglieder gab es überhaupt und wie viele davon waren überzeugte Nationalsozialisten?«, in Jürgen W. Falter (Hg.): *Junge Kämpfer, alte Opportunisten. Die Mitglieder der NSDAP 1919–1945*, Frankfurt am Main 2016, S. 177–195, Zitat S. 194.

7 Vgl. Steuwer/Leßau, »Wer ist ein Nazi?«.

8 Ebd., S. 51.

9 Vgl. die kurze Übersicht über Aufbau, Entwicklung und Tätigkeit des Forschungsinstitutes Firma Porsche KG vom 25. Juni 1945, PA. M.R1.2.3/27.

10 Vgl. ebd.

11 Vgl. den »Meldebogen« Malbergs mit Datum vom 29. April 1946, Staatsarchiv München, SpkA K 3955 Veyder-Malberg, Hans.

12 Vom 1. Mai 1937 bis 1. Mai 1939 vergab die NSDAP den Status »Parteianwärter«, vgl. dazu Juliane Wetzel: »Die NSDAP zwischen Öffnung und Mitgliedersperre«, in Wolf-

gang Benz (Hg.): *Wie wurde man Parteigenosse? Die NSDAP und ihre Mitglieder*, Frankfurt am Main 2009, S. 74–90, hier S. 77f.

13 Beide Angaben gemäß der erhaltenen Mitgliederkarteikarte Baron Malbergs in BAB, BDC MPK 2 80087.

14 Diese beiden Sachverhalte machte Baron Malberg denn auch in seinem Schreiben vom 25. Juni 1947 an die Spruchkammer Rosenheim-Land geltend, Staatsarchiv München, SpkA K 3955 Veyder-Malberg, Hans.

15 Schreiben Rosenbergers an Baron Malberg, 22. Februar 1947, ebd.

16 Aus dem am 22. Februar 1939 eigenhändig ausgefüllten Fragebogen Ferry Porsches für das Rasse- und Siedlungshauptamt geht hervor, dass er sich am 17. Dezember 1938 als SS-Bewerber hatte registrieren lassen, womit zweifelsfrei feststeht, dass er auf Grund eines eigenen Willensakts die Aufnahme in die SS anstrebte, BAB, R 9361 III/154286; außerdem taucht in der SS-Akte seines Vaters ein wohl versehentlich dorthin gelangter Bogen über Ferrys aktuellen Mitgliedsstatus auf: BAB, R 9361 III/548234; hieraus wird ersichtlich, dass Ferry Porsche unter der Nummer 346167 vom 1. August 1941 als förmliches SS-Mitglied im Range eines Untersturmführers geführt wurde. Ferry Porsche wurde also nach einer Wartezeit von mehr als zwei Jahren in die SS aufgenommen und erhielt dort zunächst den niedrigsten Rang, den eines Untersturmführers.

17 Vgl. den Einstellungsbeschluss der Zentralspruchkammer Nord-Württemberg, 5. August 1949, StAL EL905 Bü 204.

18 Dieser am 22. Februar 1939 von Ferry Porsche unterschriebene SS-Erbgesundheitsbogen findet sich in BAB, R 9361 III/154286.

19 Vgl. die beiden Mitgliedskarten Piëchs in der NSDAP-Gaukartei und NSDAP-Zentralkartei, BAB, R 9361 IX/32410698 sowie R 9361 IX/15560916.

20 Von Piëch liegen vor seine Einträge in die SS-Ahnentafel sowie der von ihm am 27. Dezember 1941 ausgefüllte SS-Erbgesundheitsbogen, BAB, R 9361 III/151392.

21 Von Ferdinand Porsche liegt die Mitgliederkarte aus der NSDAP-Zentralkartei vor, BAB, R 9361 VIII/16211167.

22 Vgl. Falter/Khachatryan, *Mitglieder*, S. 192f., sowie Jürgen Falter: »Wer durfte NSDAP-Mitglied werden und wer mußte draußen bleiben?«, in ebd., S. 15–39.

23 Vgl. Falter, »Wer durfte«, S. 27f.

24 Anlage zum Meldebogen Ferdinand Porsches vom 10. Juni 1949, auf dem er seine Angaben im Rahmen der »Entnazifizierung« machte, StAL, EL 905/2 II, Bü 757.

25 Siehe dazu Sven Felix Kellerhoff: »Die Erfindung des Karteimitglieds«, in Benz (Hg.), *Wie wurde man Parteigenosse?*, S. 167–180.

26 Vgl. dazu die unzweideutigen Befunde bei Falter, »Wer durfte NSDAP-Mitglied werden«, S. 16, sowie ders., »Alte Gewissheiten – neue Erkenntnisse. Ein Resümee«, in ebd., S. 463–475, hier S. 468.

27 Vgl. dazu auch das Gutachten von Michael Buddrus: »›War es möglich, ohne eigenes Zutun Mitglied der NSDAP zu werden?‹ Gutachten des Instituts für Zeitgeschichte München-Berlin«, in *Geschichte der Germanistik* 23/24 (2003), S. 21–26.

28 Vgl. dazu den Einstellungsbeschluss der Zentralspruchkammer Nord-Württemberg im Verfahren gegen Ferdinand Porsche, 30. August 1949, StaL EL 905/ 2II, Büschel 757.

29 Vgl. dazu u.a. Bertold Kamm/Wolfgang Mayer: *Der Befreiungsminister. Gottlob Kamm und die Entnazifizierung in Württemberg-Baden*, Tübingen 2005.

30 Vgl. dazu das Schreiben seines Sekretärs Kaes an Albert Prinzing, 7. Juli 1949, PA. M.P1.1.1/7.

31 Schreiben des Rechtsanwalts Lichtenstein an die Zentralspruchkammer Nord-Württemberg, 4. August 1949, StAL El 905/2 II Büschel 757, Bl. 7 des Schreibens; in dieser Akte finden sich auch die erwähnten eidesstattlichen Erklärungen von insgesamt sechs Privatpersonen zugunsten Porsches.

32 Schreiben Porsches vom 12. Januar 1950 an den als »Lieber Kamerad« bezeichneten General Hipp; vgl. zu diesem Komplex weiterhin die Schreiben Porsches an Hipp vom 12. Juli 1948, 17. August 1948 sowie 1. April 1949, PA. F.F1.3.1/22.

33 StAL, EL 905/2 II, Bü 757, Erklärung Porsches in der Anlage zum Meldebogen vom 10. Juni 1949.

34 Einstellungsbeschluss der Zentralspruchkammer Nord-Württemberg, 30. August 1949, StAL EL 905/2II, Büschel 757.

35 Zu den SS-Ehrenführern vgl. die Angaben bei Bastian Hein: *Elite für Volk und Führer*, München 2012, S. 164–178.

36 Vgl. das Schreiben des zuständigen Führers des SS-Oberabschnitts Südwest, SS-Gruppenführer Hofmann, an Porsche, 4. Februar 1944, StAL EL 905/2 II, Büschel 757.

37 Vgl. das Schreiben von SS-Hauptsturmführer Huber an das SS-Personalhauptamt, 3. April 1944, BAB, R 9361 III/548234. Der Personalfragebogen Porsches wurde per Einschreiben übersandt, er hat sich nicht in Porsches SSO-Akte erhalten.

38 Diesen goldenen Ausweg hatte SS-Gruppenführer Hofmann Porsche in seinem Schreiben vom 4. Februar 1944 gewiesen, StAL EL 905/2 II, Büschel 757.

39 So Hachtmann, *Wissenschaftsmanagement*, S. 322.

40 So auch Falter/Khachatryan, »Wie viele NSDAP-Mitglieder gab es«, S. 194.

41 Hachtmann, *Wissenschaftsmanagement*, S. 323.

42 Vgl. klassisch Andreas Hillgruber: »Die ›Endlösung‹ und das deutsche Ostimperium als Kernstück des rassenideologischen Programms des Nationalsozialismus«, in *Vierteljahrshefte für Zeitgeschichte* 20 (1972), S. 133–153; Hans-Ulrich Thamer: *Der Nationalsozialismus*, Stuttgart 2002, S. 46 und 56.

43 Vgl. das Tagebuch Karl Rabe, Eintrag vom 1. April 1933 und 13. Oktober 1940. Vgl. zum Film Moritz Föllmer: *»Ein Leben wie im Traum«. Kultur im Dritten Reich*, München 2016, S. 175–177.

44 Herrmann am 19. Januar 1942 [sic., gemeint war 1943] an Ferdinand Porsche, PA. M.K1.4.1/12.

45 Ebd.

46 Vgl. Angelika Königseder: »Polizeihaftlager«, in: Wolfgang Benz/Barbara Distel (Hg.): *Der Ort des Terrors. Geschichte der nationalsozialistischen Konzentrationslager*, Bd. 9: *Arbeitserziehungslager, Ghettos, Jugendschutzlager, Polizeihaftlager, Sonderlager, Zigeunerlager, Zwangsarbeiterlager*, München 2009, S. 19–52, hier S. 24–30, Zahlenangaben S. 26; *Die Verfolgung und Ermordung der europäischen Juden durch das nationalsozialistische Deutschland 1933–1945*, Bd. 12: *West- und Nordeuropa. Juni 1942–1945*, bearb. v. Katja Happe, Barbara Lambauer u. Clemens Maier-Wolthausen, Mitarbeit Maja Peers, Berlin/München/Boston 2015, S. 31–36.

47 Herrmann an Porsche, 19. Januar 1942, PA. M.K1.4.1/12.

48 Ebd.

49 Kaes an Herrmann, 4. Februar 1943, PA. M.K1.4.2/47.

50 Vgl. zum Ghetto und seinem »Image« Ruth Bondy: »Theresienstadt/Terezin«, in Guy Miron/Shlomit Shulhani (Hg.): *Die Yad Vashem Enzyklopädie der Ghettos während des Holocaust*, Göttingen/Jerusalem 2014, S. 841–851; Wolfgang Benz: »Theresienstadt«, in ders./Barbara Distel (Hg.): *Der Ort des Terrors. Geschichte der nationalsozialistischen Konzentrationslager*, Bd. 9, München 2009, S. 449–496, hier zu Propaganda und öffentlichem Bild S. 457–458, 471–478 und 483–484; in erweiterter Form ders.: *Theresienstadt. Eine Geschichte von Täuschung und Vernichtung*, München 2013.

51 Vgl. Saul Friedländer: *Die Jahre der Vernichtung. Das Dritte Reich und die Juden*, Bd. 2, München 2006, S. 379–382.

52 Vgl. Hans Günther Adler: *Theresienstadt 1941–1945. Das Antlitz einer Zwangsgemeinschaft*, Göttingen 2012, S. 826.

53 Einzelheiten zu den Aktivitäten und zum Profil Harsters bei Martin Cüppers: *Walther Rauff – In deutschen Diensten*, Darmstadt 2013, S. 183–187.

54 Vgl. dazu ein Schreiben Harsters an den Reichskommissar für die besetzten niederländischen Gebiete, Seyß-Inquart, vom 19. August 1943, abgedruckt bei Adler, *Theresienstadt*, S. 826.

55 Vgl. Benz, *Theresienstadt*, S. 40f.

56 Herrmann an Porsche, 27. Mai 1943, PA. M.K1.4.5/120.

57 Vgl. die Tagebucheintragungen Rabes vom 30. und 31. Mai sowie 1. und 5. Juni 1943, Porsche-Archiv.

58 Porsche an die Sicherheitspolizei in Den Haag (unsigniert und nicht abgeschickt), 5. Juni 1943, PA. M.K1.4.6/136.

59 Vgl. ein Schreiben des Befehlshabers der Sicherheitspolizei, Den Haag, an die Kommandantur des Lagers Theresienstadt, 24. Januar 1944, abgedruckt bei Hans Günther Adler: *Die verheimlichte Wahrheit. Theresienstädter Dokumente*, Tübingen 1958, S. 31–33, Zitat S. 31.

60 Kaes an Herrmann, 15. Juni 1943, PA. M.K1.4.6/140.

61 Vgl. Christian Gerlach: *Der Mord an den europäischen Juden. Ursachen, Ereignisse, Dimensionen*, München 2017, S. 87.

62 Vgl. dazu grundlegend Peter Longerich: *»Davon haben wir nichts gewusst!« Die Deutschen und die Judenverfolgung 1933–1945*, München 2006; Frank Bajohr/Dieter Pohl: *Der Holocaust als offenes Geheimnis. Die Deutschen, die NS-Führung und die Alliierten*, München 2006.

63 Vgl. Nicholas Stargardt: *Der Deutsche Krieg 1939–1945*, Frankfurt am Main 2015, S. 18–22, 285–323, 429–435 und 446–453.

64 Kaes an Anton Porsche, 22. Februar 1946, PA. M.K1.1.12/1.

65 Ebd.

66 Vgl. hierzu u.a. Magnus Brechtken: *»Madagaskar für die Juden«. Antisemitische Idee und politische Praxis 1885–1945*, 2. Aufl. München 1998, S. 26; Markus Bernauer: *Heinrich von Stein*, Berlin/New York 1998, S. 25.

67 Vgl. dazu auch Longerich, *»Davon haben wir nichts gewusst!«*, S. 195; Burleigh, *Die Zeit*, S. 731.

68 Vgl. hierzu und zum Folgenden u.a. Ulrich Herbert: »Zwangsarbeiter im ›Dritten Reich‹. Ein Überblick«, in Klaus Barwig/Günter Saathoff/Nicole Weyde (Hg.): *Entschädigung für NS-Zwangsarbeit. Rechtliche, historische und politische Aspekte*, Baden-Baden 1998, S. 17–32; Ulrich Herbert: *Geschichte der Ausländerpolitik in Deutschland.*

Saisonarbeiter, Zwangsarbeiter, Gastarbeiter, Flüchtlinge, München 2001, S. 129ff.; Mark Spoerer: *Zwangsarbeit unter dem Hakenkreuz*, Stuttgart 2001, S. 11ff.; Fabian Lemmes: *Zwangsarbeit in Saarbrücken. Stadtverwaltung, lokale Wirtschaft und der Einsatz ausländischer Zivilarbeiter und Kriegsgefangener 1940–1945*, St. Ingbert 2004, S. VIIff.; Rolf-Dieter Müller: »Menschenjagd. Die Rekrutierung von Zwangsarbeitern in der besetzten Sowjetunion«, in Hannes Heer/Klaus Naumann (Hg.): *Vernichtungskrieg. Verbrechen der Wehrmacht 1941–1944*, Hamburg 1995, S. 92–103.

69 Alle Zahlenangaben gemäß den präzisen Berechnungen bei Spoerer, *Zwangsarbeit unter dem Hakenkreuz*, S. 89 und 223.

70 Vgl. Dokumentation »Zwangsarbeiter in Stuttgart«, 8, Standorte Zwangsarbeiterlager in Stuttgart, StASt, 140/1 Stadtarchiv.

71 Vgl. Carina Baganz: »Lager für ausländische zivile Zwangsarbeiter«, in Benz/Distel (Hg.), *Der Ort des Terrors*, Bd. 9, S. 248–270.

72 Vgl. Dokumentation »Zwangsarbeiter in Stuttgart«, 8, Standorte Zwangsarbeiterlager in Stuttgart, StASt, 140/1 Stadtarchiv.

73 Vgl. die Aufstellung »Hauptrussisches Büro« vom 30. Mai 1945, PA. Fa.DR1.4.1/4,

74 Vgl. Stiftunggeisstraßesieben: »Zwangsarbeit in Stuttgart 1939–1945, ein Gedenkblatt« (http://www.geissstrasse.de/files/denkblatt_zwangsarbeit.pdf).

75 An dieser Stelle sei Dipl.-Ing. Hans-Georg Knorr gedankt, der im Auftrag der Porsche AG die Kärrnerarbeit leistete, offizielle Listen nach ausländischen Arbeitern, die im Zweiten Weltkrieg bei der Porsche KG beschäftigt waren, akribisch zu durchforsten.

76 Vgl. das Schreiben Kaes' an Porsche jun., 22. September 1943, PA. M.K1.4.9/208.

77 Vgl. das Schreiben Kaes' vom 4. Februar 1944 an Adolf Zaiser Maschinenfabrik GmbH, PA. M.K1.4.15/318.

78 Vgl. hierzu u. a. Hans Pohl (Hg.): *Zwangsarbeit bei Daimler-Benz*, Stuttgart 1994; Martin Kukowski/Rudolf Boch: *Kriegswirtschaft und Arbeitseinsatz bei der Auto Union AG. Chemnitz im Zweiten Weltkrieg*, Stuttgart 2014.

79 Vgl. Timothy W. Mason: *Arbeiterklasse und Volksgemeinschaft. Dokumente und Materialien zur deutschen Arbeiterpolitik 1936–1939*, Opladen 1975, S. 104ff.

80 Vgl. das Schreiben Kaes' an Spieß, 13. November 1943, PA. M.K1.4.12/247.

81 Vgl. Kaes' an Kern, 17. Mai 1943, PA. M.K1.4.5/129.

82 Vgl. das Schreiben Porsches an Feldmarschall Milch, PA. M.K1.4.5/129.

83 Ebd.

84 Vgl. das Schreiben Hubers an Kern, 24. Juni 1941, PA. M.K1.1.15/11.

85 Ebd.

86 Vgl. das Schreiben Hubers an Kern, 30. Juni 1941, PA. M.K1.1.15/11.

87 Vgl. die Hausmitteilung von Kaes vom 4. Februar 1943, PA. M.K1.4.2/57.

88 Ebd.

89 Vgl. das Schreiben der Porsche KG an den Rüstungsbereich Stuttgart, 10. März 1943, PA. M.K1.4.3/68.

90 Vgl. das Schreiben Kaes' an Kern, 18. Januar 1943, PA. M.K1.4.1/28.

91 Vgl. das Schreiben Kaes' an Louise Piëch, 6. März 1943, PA. M.K1.4.3/77.

92 Vgl. das Schreiben Kerns an Dorothea Porsche, 11. November 1943, PA. M.K1.4.12/247, vgl. zur Kennzeichnungspflicht für »Ostarbeiter« Baganz, »Lager«, S. 251.

93 Ebd.

94 Vgl. Spoerer, *Zwangsarbeit*, S. 72–75, sowie Herbert, *Geschichte der Ausländerpolitik*, S. 136f.

95 Vgl. hierzu zwei Hausmitteilungen Hubers an Kaes vom 15. und 21. Januar 1943, PA. Fa.DR1.4.1/3.

96 Vgl. den entsprechenden Baubericht vom 6. August 1942, PA. Fa.DR1.4.1/2.

97 Vgl. dazu die Unterlagen des hauptrussischen Büros vom 30. Mai 1945, PA. Fa.DR1.4.1/4.

98 Vgl. Dokumentation »Zwangsarbeiter in Stuttgart«, 8, Standorte Zwangsarbeiterlager in Stuttgart, StASt, 140/1 Stadtarchiv.

99 So der Bericht von Kaes vom 17. Juli 1943 über eine Inspektion der »Russenbaracke« am 14. Juli 1943, PA. M.K1.4.7/170.

100 Vgl. eine Aufstellung über die »Badezeiten des Betriebs« vom 27. März 1943, PA. Fa.DR1.4.2/5.

101 Vgl. hierzu und zum Folgenden »100 Jahre ›Ferry‹ Porsche: Ein Zwangsarbeiter erinnert sich«, in SZ-Magazin.de vom 16.9.2009 (http://sz-magazin.sueddeutsche.de/texte/anzeigen/30862/100-Jahre-Ferry-Porsche-Ein-Zwangsarbeiter-erinnert-sich).

102 Vgl. das Schreiben Kaes' an Kern, 17. März 1943, PA. M.K1.4.3/84.

103 Dazu siehe ein Schreiben des Hauptausschusses Panzerwagen und Zugmaschinen an alle Panzerfirmen vom 3. Juni 1943, BAB, R 3/3903.

104 Dazu ausführlich Mommsen/Grieger, *Volkswagenwerk*, S. 713–739.

105 Vgl. das Schreiben von Kaes vom 23. Januar 1943 an Skulik, 23. Januar 1943, PA. M.K1.4.1/26.

106 Vgl. ebd.

107 Vgl. das Schreiben Hubers an Kern, 24. Juni 1941, PA. M.K1.1.15/11.

108 Vgl. eine Hausmitteilung vom 14. Januar 1943 an Kaes, PA. M.K1.4.1/29.

109 Vgl. eine Hausmitteilung vom 7. Februar 1944 an Fröhlich und Kern, PA. M.K1.4.15/309.

110 Vgl. eine Hausmitteilung vom 4. Februar 1943 an Häusler, PA. M.K1.4.2/57.

111 Vgl. Dietrich Eichholtz: *Geschichte der deutschen Kriegswirtschaft 1939–1945*, Bd. I: *1939–1941*, München 2003 (ND), S. 153.

112 Vgl. Peter Poguntke: *Stuttgart und Umgebung 1933–1945*, Berlin 2013, S. 5; Elmar Blessing: *Die Kriegsgefangenen in Stuttgart. Das städtische Kriegsgefangenenlager in der Ulmer Straße und die »Katastrophe von Gaisburg«*, Stuttgart 1999, passim.

113 Vgl. das Schreiben der Porsche KG vom 21. Oktober 1943 an das OKH, PA. BW.G1.1.1/4.

114 Vgl. hierzu vor allem Klaus-Dietmar Henke: *Die amerikanische Besetzung Deutschlands*, München 1995, vor allem S. 455, 463 und 472f., sowie Tim Schanetzky: *»Kanonen statt Butter«. Wirtschaft und Konsum im Dritten Reich*, München 2015, S. 239f.

115 Vgl. die Aktennotiz vom 9. Juni 1943, PA. BW.G1.1.1/4.

116 Vgl. Peter Ruggenthaler: *The Concept of Neutrality in Stalin's Foreign Policy, 1945–1953*, London 2015, S. 31–33.

117 Vgl. das Schreiben Malbergs vom 21. Oktober 1943 an das OKH, PA. BW.G1.1.1/4.

118 Vgl. ebd.

119 Vgl. ebd.

120 Ebd.

121 Vgl. das Schreiben der Porsche KG vom 3. April 1945 an den Reichsminister für Rüstung und Kriegsproduktion, PA. BW.G1.1.1/4.

122 Tagebuch Rabe, Eintrag vom 9. Mai 1944, Porsche-Archiv.

123 Vgl. die kurze Übersicht über Aufbau, Entwicklung und Tätigkeit des Forschungsinstitutes Firma Dr. Ing. h.c. F. Porsche KG vom 25. Juni 1945, PA. M.R1.2.3/27.

124 Vgl. dazu Henke, *Besetzung*, S. 455.

125 Ein Exemplar der Vereinbarung vom 15. Oktober 1943 findet sich im HStASt, EA 6/201 Bü 1214.

126 Vgl. ebd.

127 Insgesamt behielt sich Porsche den Zugriff auf 253 Schutzrechte vor, während Piëch 68 Patente erhielt, vgl. die 17 Seiten zählende Anlage zur Vereinbarung vom 15. Oktober 1943, ebd.

128 Vgl. die Vereinbarung vom 15. Oktober 1943, ebd.

129 Vgl.die Vereinbarung vom 15. Oktober 1943, HStASt, EA 6/ 201 Bü 1214.

130 Vgl. das Tagebuch Rabe, Eintrag vom 20. Oktober 1944, Porsche-Archiv.

131 Vgl. die Eintragungen im Tagebuch Rabe, 28. Januar 1945 und 4., 18., 24. und 25. Februar 1945, 11. März 1945, 18. März 1945, 8. April 1945, ebd.

132 Vgl. die Eintragung im Tagebuch Rabe, 22. März 1945 und 3. April 1945, ebd.

133 Vgl. die Eintragung im Tagebuch Rabe, 14. April 1945, ebd.

134 Die bei Mommsen/Grieger, *Volkswagenwerk*, S. 927, angeführten Belege sind für sich genommen nicht evident.

135 Vgl. Rolf-Dieter Müller: »Der Zusammenbruch des Wirtschaftslebens und die Anfänge des Wiederaufbaus«, in: *Das Deutsche Reich und der Zweite Weltkrieg*, Bd. 10/2, München 2008, S. 65f.

136 Vgl. Aufzeichnung von Herbert Kaes, dem Bruder von Ghislaine Kaes, PA. M.K1.1.13/20.

Kapitel 13

1 Vgl. dazu den aus dem Juni 1945 stammenden Bericht über die Entwicklung der Porsche KG, PA. M.R1.2.3/27, sowie einen Bericht über die Ereignisse seit Besetzung des Betriebs, PA.Fa.DR1.1.1/6.

2 Vgl. dazu eine Aktennotiz des Porsche-Ingenieurs Roth über eine Besprechung der Porsche KG mit britischen Militärbehörden, 31. Oktober 1945, Archiv der Republik Wien (AdR), BMF.-VS., Abt. 35 1962, 202.361–202.362.

3 Vgl. dazu die Anzeige der vorläufigen Verwalterbestellung durch die Vermögensverwaltungsabteilung in Spittal/Drau, 16. Mai 1946, ebd.

4 Zu den komplexen vermögensrechtlichen Bedingungen der Betriebe in Stuttgart und Gmünd vgl. vor allem folgende Dokumente: Anfangsvermögenskontrollbericht des Treuhänders der Porsche KG Kirn an das Amt für Vermögenskontrolle, 22. Oktober 1947; Schreiben von Herbert Lemisic an Rechtsanwalt Beck, 20. Mai 1948, StAL EL 402/25 Bü 668; Schreiben des Amts für Vermögenskontrolle an das Finanzministerium Stuttgart, 28. März 1949; Schreiben von Karl Fröhlich an die Landesanstalt für landwirtschaftliches Maschinenwesen, 7. April 1946, StAL EL 402/25 Bü 1475.

5 Vgl. dazu die »Notice of Custody« vom 9. November 1945, StAL EL 402/25, Bü 1475; siehe auch die eindeutige Angabe »Abandoned Property« auf dem Property Record vom 8. November 1945, ebd.

6 Schreiben von Dr. Gerhard Kochert (des in Aussicht genommenen Liquidators), 20. Februar 1946, StAL EL 402/25, Bü 1475.

7 John Gimbel: *Science, Technology, and Reparations*, Stanford 1990, vor allem S. 89, 129 und 176f.

8 Vgl. dazu die Meldung über das unter Kontrolle gestellte Vermögen des Leiters des Amts für Vermögenskontrolle sowie das Schreiben des bestellten Treuhänders Willy Herrmann, 30. August 1946, beides in StAL, EL 402/25, Bü 1474.

9 Exposé über das Arbeitsprogramm und Produktionsmöglichkeiten der Porsche KG, 25. Februar 1946, PA M.R.1.2.3/32.

10 Ebd.

11 Vgl. dazu Robert Knight: »Denazification and Integration in the Austrian Province of Carinthia«, in *The Journal of Modern History* 79 (2007), S. 572–612.

12 Vgl. dazu die Aktennotiz über eine Besprechung mit der Porsche KG bezüglich »Maschinenindustrie« vom 1. März 1946, Kärntner Landesarchiv, Klagenfurt, Österreichisches Wirtschaftskomitee, Schachtel 3, Nr. 37b, sowie die Eintragung im Tagebuch Karl Rabe vom 26. Februar 1946, Porsche-Archiv.

13 Bestätigung des Landeshauptmann-Stellvertreters Herke, 21. Dezember 1948, StAL EL 402/25 Bü 1474.

14 Vgl. dazu das »property register« vom 10. November 1945 bezüglich der Immobilie Schüttgut sowie das Schreiben der property control section im Land Salzburg an die Bank für Oberösterreich und Salzburg, 17. Dezember 1945, alles in: National Archives, Washington, 5686305, S7 1027 Ze Ferdinand Porsche.

15 Dazu ein aus dem Februar 1946 stammendes Exposé über die Gesellschafter- und Besitzverhältnisse der Porsche KG, PA. M.R1.2.3/33.

16 Hier seien vor allem angeführt David Bartlitz: *Die Haftung des Kommanditisten auf der Grundlage kapitalgesellschaftsrechtlicher Prinzipien*, Tübingen 2016, sowie Christian Brand: *Untreue und Bankrott in der KG und GmbH & Co KG*, Diss. Konstanz 2009.

17 Dieser auf den August 1945 datierte Bericht »The War – Time Activities of Dr. ing. h.c. F. Porsche, K. G« wurde vom »combined intelligence objectives sub-committee« erstellt und umfasst ohne den Appendix D 174 Seiten, Fundort: PA. Fa.DR1.2.1/7.

18 Vgl. die Eintragungen im Tagebuch Rabe, 7., 18. und 19. Juni 1945, Porsche-Archiv.

19 Vgl. Tagebuch Rabe, Eintrag vom 29. Juli 1945, ebd.

20 Vgl. die Bescheinigung des US Group Control Council vom 11. September 1945, StAL, EL 402/25, Bü 1475.

21 Vgl. hierzu und zum Folgenden Mommsen/Grieger, *Volkswagenwerk*, S. 940f.

22 Vgl. dazu u. a. John Gimbel: »Project Paperclip: German Scientists, American Policy, and the Cold War«, in *Diplomatic History* 14 (1990), S. 343–366; ders.: »Deutsche Wissenschaftler in britischem Gewahrsam«, in *VfZ* 38 (1990), S. 459–483, vor allem S. 466; sowie Tom Bower: *The Paperclip Conspiracy. The Battle for the Spoils and Secrets of Nazi Germany*, London 1987.

23 Vgl. auch die perspektivreichen Ausführungen von Manfred Herrmann: *Project Paperclip: Deutsche Wissenschaftler in Diensten der U.S. Streitkräfte nach 1945*, Diss. 1999, vor allem S. 359–365.

24 Vgl. dazu wichtige Hinweise bei Gimbel, »Paperclip«, S. 354f., sowie vor allem Bower, *Paperclip Conspiracy*, S. 140–145 und 225f.

25 Vgl. dazu ein Schreiben des französischen Offiziers und Ingenieurs Henri Lecomte vom 18. Dezember 1945, der in offizieller Mission Ferdinand Porsche in Zell am See aufgesucht hatte, Dépôt central des archives de la justice militaire, Le Blanc (DC), 219/10264; Lecomte verfügte über eine Vollmacht des französischen Industrieministers, mit der er seiner Mission eine offizielle Qualität verlieh, vgl. einen Bericht Porsches für britische Stellen, 12. November 1947, UVW, Z 67, Nr. 27/1. Eine direkte Legitimation des Ministers vom 23. Januar 1946, die Lecomte zur Kontaktpflege mit Porsche berechtigte, hat sich abschriftlich erhalten, DC, 219/10264.

26 Der Volkswagen sollte auch den Zweck verfolgen, »die Motorisierung Deutschlands auf jenen Stand zu bringen, den unser westliches Nachbarland schon lange erreicht hat«: »Denkschrift zum deutschen Volkswagen«, April 1934, Zitat S. 18; Fundort DBA, 1 V02/005 Werlin 62.

27 Vgl. dazu das Schreiben des französischen Offiziers und Ingenieurs Henri Lecomte vom 18. Dezember 1945, der als erster Kontakt mit Porsche aufgenommen hatte, DC, 219/10264.

28 Die Unterlagen stellte vor allem Oberingenieur Karl Rabe in Gmünd zusammen, vgl. dazu dessen Tagebucheintragung vom 14. November 1945, Porsche-Archiv; siehe auch Porsches in den Details meistens zutreffender Bericht für britische Stellen, 12. November 1947, UVW, Z 67, Nr. 27/1.

29 Das Probefahrzeug überführte der geübte Probefahrer Herbert Kaes, vgl. dazu Auszüge aus seinen Tagebüchern vom 16., 19., 21. und 26. November sowie 1. Dezember 1945, aus denen auch der enge Kontakt zu Lecomte hervorgeht, PA. M.K1.2.12/50.

30 Neben Angeli handelte es sich um drei Ingenieure (Leven, Cycler und Kuntz), die in den erwähnten Einrichtungen beschäftigt waren; zur Zusammensetzung dieses Kreises vgl. das Schreiben Lecomtes an Raymond (Militärtribunal Dijon), 25. Februar 1947, DC, 219/10264; generell zur Struktur der staatlichen Automobilsteuerung siehe das Standardwerk von Jean-Louis Loubet: *L'industrie automobile 1905–1971*, Genf 1999, vor allem S. 268–269 und 296–297.

31 Das 30-seitige Exposé Angelis stammt vom 23. November 1945 (»note sur la société Porsche KG et sur la voiture populaire allemande KDF«), DC, 219/10264.

32 Vgl. dazu die »note« von J. Angeli, 23. November 1945, vor allem Bl. 17–19 und Bl. 26, ebd.

33 »Il en résulte que si l'industrie automobile française pouvait construire immédiatement la VOLKSWAGEN, elle serait la première en Europe à produire une voiture légère, impeccable à un prix permettant d'aborder avec succès les marchés étrangers«, Bl. 27 der »note«, ebd.

34 Vgl. hierzu und zum Folgenden u.a. Loubet, *L'industrie automobile*, S. 291ff.; Patrick Fridenson: »La question de la voiture populaire en France de 1930 à 1950«, in *Culture & Technique* 19 (1989), S. 205–210, hier S. 208.

35 Vgl. hierzu grundlegend Monika Riess: *Die deutsch-französische industrielle Kollaboration während des Zweiten Weltkrieges am Beispiel der Renault-Werke (1940–1944)*, Frankfurt am Main 2002.

36 Zur Kontroverse in der französischen Historiographie, inwieweit der Vorwurf der Kollaboration berechtigt ist, vgl. Renaud de Rochebrune/Jean Claude Hazera: *Les patrons sous l'occupation*, Paris 2013, S. 26f.

37 Vgl. einen undatierten, vermutlich aus dem Herbst 1945 stammenden Bericht der »Régie nationale des usines Renault«, in dem ausdrücklich von einem »vieux technicien« die Rede war, Archives Nationales (AN), F/12/10103.

38 »Note« Angelis, 23. November 1945, DC, 219/10264, Bl. 30.

39 Bei der Einschätzung des Œuvres der Porsche KG sprach die »note« vom 25. November 1945 von der »classe internationale«, welche die Arbeiten des Unternehmens auszeichne, ebd.

40 Vgl. Pierre Durand: *Marcel Paul. Vie d'un »pitau«*, Paris 1983.

41 Vgl. die »note« Angelis, 25. November 1945, DC, 219/10264, Bl. 28.

42 Dazu grundlegend Cyrille Sardais: *Patron de Renault. Pierre Lefaucheux (1944–1955)*,

Paris 2009, vor allem S. 46–53, sowie Jean-Louis Loubet: »L'industrie automobile française. Un cas original?«, in *Histoire, économie et société* 18 (1999), S. 419–433.

43 Eine lebhafte Schilderung der Umstände der Verhaftung findet sich im Schreiben Lecomtes vom 18. Dezember 1945, DC, 219/10264; vgl. auch die Eintragungen im Tagebuch Rabe, 12. bis 15. Dezember 1945, Porsche-Archiv.

44 Vgl. das Schreiben des Peugeot-Direktors P. Vincent an das »Ministère de la production industrielle« in Baden-Baden, 4. Dezember 1945, DC, 219/10264.

45 Der hier paraphrasierte Kernsatz aus dem Schreiben von Jean-Pierre Peugeot an den »Directeur des services de la production industrielle« in Baden-Baden vom 21. Dezember 1945 lautet: »Le prestige français a tout à perdre, aux points de vue national et international, à choisir ses modèles parmi les conceptions officielles du national-socialisme«, ebd.

46 Vgl. dazu den quellengestützten Überblick von Fridenson, »La question de la voiture populaire«.

47 Zum Verhältnis zwischen Peugeot und dem Volkswagenwerk vgl. im Detail Peter Lessmann: »Industriebeziehungen zwischen Deutschland und Frankreich während der deutschen Besatzung 1940–1944. Das Beispiel Peugeot–Volkswagenwerk«, in *Francia* 17 (1990), S. 120–153, sowie Mommsen/Grieger, *Volkswagenwerk*, S. 650–665.

48 Vgl. dazu ein entsprechendes Schreiben des Vorstands von Daimler-Benz an den für das besetzte Elsass zuständigen badischen Staatsminister Pflaumer, 18. September 1940, DBA, 1 V01/0292, Kissel 11.13.

49 Vgl. dazu einen Aktenvermerk Piëchs über eine Besprechung vom 3. März 1943 betreffend »Übernahme Steuerung Peugeots«, PA. M.K1.4.3/94.

50 Vgl. dazu die Erklärung von Ferdinand Porsche vom 27. Februar 1947 gegenüber dem Militärtribunal von Dijon, DC, 219/10264.

51 Vgl. zu dieser Absicht die Aktennotiz der Besprechung vom 3. März 1943, PA. M.K1.4.3/4, sowie Mommsen/Grieger, *Volkswagenwerk*, S. 663f.

52 Ferdinand Porsche hatte seine ersten autotechnischen Erfahrungen mit einem Peugeot-Wagen, dem allerersten in der österreichisch-ungarischen Monarchie vorhandenen, gesammelt und seitdem eine gewisse Vorliebe für Fabrikate aus Sochaux an den Tag gelegt, vgl. dazu das Schreiben Porsches an das Militärtribunal von Dijon, 27. Februar 1947, DC, 219/10264.

53 So bezeichnete das offizielle, von Porsche, Piëch sowie Peugeot persönlich unterzeichnete Protokoll einer Besprechung vom 27. März 1943 das Binnenverhältnis zwischen beiden Seiten, PA. M.K1.4.3/91; vgl. dazu auch Mommsen/Grieger, *Volkswagenwerk*, S. 664f.

54 Vgl. die Aktennotiz des kaufmännischen Leiters des Volkswagenwerks, Praetorius, vom 3. Juni 1943, PA. M.K1.4.6/160.

55 Dies geht hervor aus der von Adolf Meurer, dem Beauftragten des Volkswagenwerks für Peugeot, angefertigten Aktennotiz über eine Besprechung mit der Peugeot-Betriebsleitung, 19. August 1943, PA. M.K1.4.8/197.

56 Vgl. das Schreiben des Reichsministers für Bewaffnung und Munition an Porsche, 19. Juli 1943, PA. M.K1.4.7/174, sowie das Schreiben Rabes an Porsche, 13. August 1943, PA. M.K1.4.8/192; vgl. auch das Schreiben Peugeots an das Militärtribunal Dijon vom 3. Mai 1947, DC, 219/10264.

57 Vgl. Mommsen/Grieger, *Volkswagenwerk*, S. 669–672.

58 So auch ebd., S. 672.

59 Vgl. ebd., S. 674f.; siehe in Hinblick auf die Aktivitäten der Résistance bei Renault einen Bericht »sur l'acivité du groupe OCM des usines Renault« vom 15. Februar 1944, in AN, 72AJ/35-72AJ/89.

60 Diese mündliche Äußerung Porsches wird wiedergegeben in einer Aktennotiz Meurers vom 22. Februar 1944 über seine Besprechung mit zuständigen Behörden zwecks »Maßnahmen wegen der andauernden Sabotageakte«, PA. M.K.1.4.15/316.

61 Vgl. Lessmann, »Industriebeziehungen zwischen Deutschland und Frankreich«, S. 150.

62 Vgl. eine entsprechende Aufstellung des Peugeot-Direktors Godard, 10. Mai 1946, DC, 219/10264.

63 Dazu Claudia Moisel: *Frankreich und die deutschen Kriegsverbrecher. Politik und Praxis der Strafverfolgung nach dem Zweiten Weltkrieg*, Göttingen 2004, vor allem S. 68–70.

64 Vgl. dazu die Bescheinigung des deportierten Werksdirektors Godard vom 15. Oktober 1945, DC, 219/10264, sowie eine aus dem Peugeot-Werk stammende Aufzeichnung vom 20. Mai 1945 über die »culpabilité de Meurer«, ebd.

65 Vgl. das Schreiben Vincents an den Direktor des »Service des recherches des criminels de guerre«, 24. Oktober 1945, ebd.

66 Vgl. die entsprechende »ordonnance« des »juge d'instruction militaire« des Militärtribunals Lyon, Sektion Dijon, 5. Mai 1948, in der es u.a. heißt, Porsche und Piëch »sont intervenus personellement à plusieurs reprises pour obtenir la libération des personnes arrêtées«, ebd. Das Militärtribunal schloss sich damit der Argumentation der französischen Verteidiger an, vgl. deren »note« an den Militärrichter in Dijon vom November 1947, ebd.

67 Vgl. Alain Frèrejean: *Les Peugeot: deux siècles d'aventure*, Paris 2006, S. 201; François Marcot: »La direction de Peugeot sous l'occupation: pétainisme, réticence, opposition et résistance«, in *Le mouvement social* 189 (1999), S. 27–46, hier S. 39; zu Porsches Verhalten auch Jean-Louis Loubet: *La Maison Peugeot*, Paris 2009, S. 251f.

68 Protokoll über die Vernehmung von Lecomte am 24. Februar 1947, DC, 219/10264.

69 Vgl. das Schreiben des Armeeministeriums an die zuständige Stelle der französischen Militärverwaltung in Deutschland, 17. Mai 1946, ebd.

70 Vgl. das Schreiben des Armeeministeriums an die Direktion der Militärjustiz, 8. März 1946, ebd.

71 Vgl. dazu Sardais, *Patron*, S. 61ff.

72 Vgl. dazu ein Dossier vom 8. März 1951 über die »Affaire Porsche«, in Nachlass Picard, Archiv Renault Histoire (ARH).

73 Vgl. einen an das »Ministère de la production industrielle« gerichteten Bericht über »La voiture de course française« vom 26. Juni 1946, AN, 19771523/10-12.

74 Zu diesen Spannungen vgl. die Studie von Philippe Mioche: *Le Plan Monnet. Genèse et élaboration 1941–1947*, Paris 1987, S. 223.

75 Vgl. eine Notiz vom 8. November 1945 über die »Affaire Porsche« für das Comité de Directeur von Renault, ARH, Nachlass Picard.

76 Vgl. hierzu als besonders aussagekräftige Quelle das Schreiben von Lefaucheux am 14. Mai 1946 an Minister Marcel Paul, 14. Mai 1946, in ARH, Nachlass Picard: »Affaire Porsche«, Dossier vom 8. März 1951.

77 Darauf weist auch Lefaucheux in seinem Schreiben an Paul vom 14. Mai 1946 hin, ebd.

78 Vgl. dazu ein Schreiben des Produktionsministers an Renault, 5. Juli 1946, ebd.

79 Vgl. dazu eine Aufstellung aus dem Haus Renault vom 28. Juni 1946, Réunion du Courrier, ARH.
80 Vgl. Réunion du Courrier vom 12. Juli 1946, ebd.
81 Vgl. Réunion du Courrier vom 3. September 1946, ebd.
82 Vgl. dazu den in quellenkritischer Hinsicht nicht unproblematischen, aber in diesem Punkt zutreffenden Bericht des Ansprechpartners Porsches bei Renault, Fernand Picard: »Naissance de la 4 CV«, in *Bulletin de la section d'histoire des usines Renault* 10 (Juni 1975), S. 118–140, hier S. 130.
83 Vgl. Réunion du Courrier vom 18. September 1946, ARH.
84 Vgl. dazu u.a. eine von Piëch verfasste Zusammenfassung einer Besprechung vom 21. September 1946, im Dossier Picard vom 8. März 1951 über die »Affaire Porsche«, ebd., sowie die Réunion Courrier vom 4. Oktober 1946, ebd.
85 Es heißt in der Réunion du Courrier vom 17. September 1946 in bemerkenswerter Klarheit: »Il ne faudrait pas qu'on dise que la 4 cv a été faite par un allemand«, ebd.
86 Vgl. die Réunion du Courrier vom 17. September 1946, ebd.
87 Schreiben von Lefaucheux an das MPI, 23. Dezember 1946, Réunion du Courrier, ebd.
88 Vgl. das Schreiben der »Direction des industrie mécaniques et électriques« an den Kabinettsdirektor im MPI, 7. März 1947, AN, 19771523/39-41.
89 Vgl. die Studie von Sardais, *Patron*, der in diesem Punkt der Selbstdarstellung von Lefaucheux kritiklos folgt.
90 Vgl. die »Note« der staatlichen »Direction des industrie mécaniques et électriques« an den »chef du service financier« vom 29. Januar 1947, AN, 19771523/39-41, wo klar formuliert wird, das Prinzip des 4CV »semble dérivé de la VOLKSWAGEN (K.D.F.) allemande«.
91 Vgl. das Schreiben des »Centre d'études techniques de l'automobile et du cycle« vom 17. Januar 1947 an die »Direction des industries mécaniques et électriques«, AN, 19771523/39-41. Allerdings fungiert auch in dieser Erfolgsmeldung der KdF-Wagen als wichtigste Bezugsgröße für den 4CV; zur Entstehungsgeschichte des 4CV siehe u.a. Roger Guyot/Christophe Bonnaud: *50 ans de petites et secrètes Renault*, Paris 1994, S. 12ff.; Sardais, *Patron*, S. 41ff.
92 Henry Fowler, Rapport préparatoire sur les projets d'études relatif au désarmement économique et industriel de l'Allemagne, Januar 1945, AN, F/12/10103.
93 Die Inhaftierung Porsches und Piëchs ordnete die »Direction de la justice militaire« des zuständigen »Ministère de la guerre« (vormals »Ministère des armées«) am 13. Februar 1947 durch eine Anweisung an die Gendarmerie in Meudon an, DC, 219/10264.
94 Vgl. die Protokolle der Gendarmerie Nationale vom 17. Februar 1947 über die Verhaftung von Porsche und Piëch, ebd.
95 Vgl. einen übersetzten Brief Porsches an seine Familie vom 12. April 1947, ebd.; siehe auch das Schreiben Porsches an Christ, 13. Juni 1947, PA. F.F1.3.1/16.
96 Darüber hat sein Mitgefangener General Helmut Hipp nach Porsches Tod eine glaubwürdige Darstellung verfasst. Helmut Hipp: »Mit Porsche im Gefängnis«, in *Volksbote. Unabhängige Wochenzeitung der Vertriebenen*, Ausgaben vom 28. April 1951 sowie 5., 12. und 26. Mai 1951.
97 Vgl. das Schreiben der französischen Rechtsanwälte Porsches und Piëchs an den zuständigen »juge d'instruction« des Militärtribunals von Dijon, 3. Juli 1947, DC, 219/10264.

98 Vgl. die »ordonnance de mise en liberté provisoire« des Militärtribunals von Dijon, 31. Juli 1947, ebd.
99 Das Urteil des Militärtribunals vom 5. Mai 1948 findet sich ebd.

Kapitel 14

1 Vgl. hierzu die ergiebigen Ausführungen bei Lubinski, *Familienunternehmen*, vor allem S. 170–224.
2 Vgl. das Schreiben Ferry Porsches an Kirn, 9. August 1946, PA. M.K3.1.2/3.
3 Vgl. dazu das Schreiben von Herbert Lemisic, Leiter des Amts für Vermögenskontrolle, vom 13. November 1946, StAL, EL 402/25, Bü 1475.
4 Siehe Matthias Pape: *Ungleiche Brüder*, Köln 2000, vor allem S. 139–143.
5 Ferdinand Porsches Gesuch vom 22. November 1945 findet sich in AdR, BMF.-VS, Abt. 35 1962, 202.361–202.362; dort auch die beiden folgenden Zitate.
6 Vgl. dazu die vom 31. Oktober 1945 stammende Aktennotiz des Porsche-Ingenieurs Roth über eine in Anwesenheit Porsches durchgeführte Besprechung mit der britischen Militärregierung in Klagenfurt, ebd.
7 Vgl. das Schreiben des Staatsamts für Industrie, Gewerbe, Handel und Verkehr an die Landesregierung von Salzburg, 8. Dezember 1945, ebd.
8 Der Beschluss des österreichischen Ministerrats vom 28. Mai 1946 wird ausdrücklich angesprochen im Schreiben der Landeshauptmannschaft Kärnten an Porsche, 30. November 1946, ebd.
9 Vgl. dazu den Auszug eines Schreibens Dr. Reséguiers an Dr. Schöner, 3. Januar 1947, AdR, AA, 2. Rep., Politische Angelegenheiten.
10 Helmers Stellungnahme auf der Ministerratssitzung vom 28. Mai 1946 gemäß der stenographischen Mitschrift des Leiters der Präsidialsektion des Bundeskanzleramtes, Sommer, abgedruckt in *Protokolle des Ministerrats der Zweiten Republik. Kabinett Leopold Figl 1*, Wien 2005, S. 178.
11 Ebd.
12 Ebd.
13 Vgl. dazu die überaus instruktive Studie von Böhmer, *Wer konnte*, vor allem S. 37 und S. 143.
14 Insgesamt existieren drei Niederschriften über die Ministerratssitzung vom 28. Mai 1946, die hinsichtlich der Handhabung der Causa Porsche inhaltlich vollkommen übereinstimmen, vgl. dazu die entsprechenden Passagen in *Protokolle des Ministerrats. Kabinett Figl 1*, S. 162, 170 und 178.
15 Vgl. die Vereinbarung der vier Gesellschafter der Porsche KG vom 15. Oktober 1943, HStA Stuttgart, EA 6/201 Bü 1214.
16 Vgl. dazu eine Stellungnahme der Abteilung 6 des Bundesministeriums für Vermögenssicherung und Wirtschaftsplanung vom 26. Juni 1947, AdR, BMF.-VS., Abt. 35 1962, 202.361–202.362.
17 Vgl. den Vertrag zwischen der Porsche KG und Louise Piëch, 20. Februar 1947, PA. M.K3.1.2/3.
18 Vgl. dazu den überaus detailgenauen Prüfbericht des Betriebsprüfers Hager vom 19. Juni 1951, der akribisch die Eigentumsverhältnisse der Porsche KG durchleuchtete, HStAS EA 6/301 Bü 1583; siehe auch die Abschrift aus dem Handelsregister über die Firma Porsche KG beim Amtsgericht Stuttgart, StAL EL 402/25 Bü 668.
19 Vgl. dazu den Notariatsakt über den Gesellschaftsvertrag zwischen Louise Piëch und

Karl Rabe, 1. April 1947, Landesgericht Salzburg, HRA 1.572 45 NC 51/17g; vgl. auch die Eintragung im Tagebuch Karl Rabe vom 1. April 1947, Porsche-Archiv.

20 Vgl. generell zum österreichischen Zugriff auf reichsdeutsches Vermögen die Studie von Pape, *Ungleiche Brüder*.

21 Vgl. die Eintragungen im Tagebuch Karl Rabe, 20. und 21. Februar 1947, Porsche-Archiv; siehe auch ein Schreiben der Porsche KG Gmünd an die Vermögensverwaltungsstelle des Amtes der Kärntner Landesregierung, AdR, BMF.-VS., Abt. 35 1962, 202.361–202.362.

22 Vgl. dazu die Ausführungen in Kapitel 11, S. 301f.

23 So lautete die Beschreibung des Gegenstandes der »Porsche Konstruktionen Ges.m.b.H.« gemäß dem Notariatsakt vom 1. April 1947, Landesgericht Salzburg, HRA 1.572 45 NC 51/17g.

24 Vgl. den Vertrag zwischen der Porsche KG und der Volkswagenwerk GmbH, 15. September 1943, gemäß einer Abschrift vom 5. Dezember 1947, UVW, Z 1158, Nr. 21/1.

25 Vgl. den Vertrag zwischen Cisitalia und Porsche vom 3. Februar 1947, PA. T.360.1.1.2/1.

26 Vgl. das Schreiben der Porsche-Konstruktionen Ges.m.b.H. an Cisitalia, 27. Dezember 1947, PA. T.360.1.1.1/1.

27 Vgl. u. a. Philipp Pirmanschegg: *Die Nachfolge in Familienunternehmen. Aus Konflikten lernen*, Wiesbaden 2016, S. 92ff.; Bernhard Baumgartner: *Familienunternehmen und Zukunftsgestaltung. Schlüsselfaktoren zur erfolgreichen Unternehmensnachfolge*, Wiesbaden 2009, S. 68ff.; Petra Stephan: *Nachfolge in mittelständischen Familienunternehmen. Handlungsempfehlungen aus Sicht der Unternehmensführung*, Wiesbaden 2002, S. 68ff.

28 Vgl. dazu Gianfranco Fagiuoli/Guido Gerosa: *Carlo Abarth und seine Autos*, Stuttgart 1971, S. 61.

29 Vgl. hierzu folgende Schreiben: Cisitalia an Porsche, 31. Januar 1947; Porsche an Cisitalia, 14. Februar 1947, PA. T.360.1.3.1/7, sowie die Aktennotiz über eine Besprechung mit Cisitalia am 2. Februar 1948 in Gmünd und das Schreiben Cisitalia an Porsche, 12. Juli 1948, PA. T.360.1.3.1/6.

30 Vgl. den Reisebericht Ferry Porsches und Karl Rabes über ihre Reise nach Turin, 8. bis 16. Dezember 1948, PA. T.360.1.1.3/3.

31 Vgl. das Schreiben Eberans von Eberhorst an Cisitalia, 4. April 1949, PA. T.360.1.3.1/4, sowie sein Schreiben an die Porsche-Konstruktionen Ges.m.b.H., 18. November 1948, PA. T.360.1.3.1/17.

32 Vgl. dazu die Ausführungen bei Barber, *Käfer*, S. 290–305.

33 Vgl. ebd., S. 307f.

34 Die Geschäftsbeziehungen mit Senger spiegeln sich vor allem im Tagebuch von Karl Rabe wider, vgl. dort die Eintragungen vom 25. Juni 1946, 29. Juli 1946, 7., 15., 23. und 29. August 1946, Porsche-Archiv.

35 Vgl. dazu Dirk-Michael Conradt: *Porsche 356*, Stuttgart 2000, S. 17.

36 Vgl. dazu die Eintragungen im Tagebuch Karl Rabe, 31. Dezember 1947, 10. Januar 1948, 8., 9. und 22. Juni 1948, Porsche-Archiv.

37 Vgl. Conradt, *Porsche 356*, S. 17f., sowie Barber, *Käfer*, S. 307f.

38 Vgl. Conradt, *Porsche 356*, S. 30–35.

39 O. V.: »Ein neuer Porsche-Sportwagen«, in *Der Motorsport*, Heft 15, 1948, ein Exemplar in PA M.K.1.1.14/5.

40 Vgl. Martin Rosam: »Ein Kärntner Industriewerk im Werden«, in *Die neue Zeit*, 20. Juli 1948; vgl. auch A. Vodopivec: »Billig, robust, bequem und sparsam«, in *Die Wochenpost*, 2. Oktober 1948, beide Exemplare in PA. M.K1.1.14/15.

41 Eine Übersicht über die frühen Porsche-Kunden bei Conradt, *Porsche 356*, S. 35; vgl. auch Achim Kubiak: *Mythos 356*, Bielefeld 2012, S. 28f.

42 Vgl. Conradt, *Porsche 356*, S. 30.

43 Vgl. Randy Leffingwell: *Porsche. Sixty Years. A History of Excellence*, Minneapolis 2008, S. 20.

44 Vgl. Conradt, *Porsche 356*, S. 29; eine Abbildung der beiden ausgestellten Fahrzeuge in *Porsche 356. Der erste Sportwagen aus Zuffenhausen*, Königswinter 2008, S. 24.

45 Vgl. *Illustrierte Automobil Revue*, Katalognummer 1950, Zürich 1950, S. 143.

46 Paul Pietsch: »Genf – Treffpunkt der Motoren«, in *Das Auto* 4 (1949), Heft 4, S. 6–11, Zitat S. 9.

47 Vgl. Ammann/Aust, *Porsche-Saga*, S. 219.

48 Vgl. dazu das Schreiben von Ferdinand Porsche an General Helmut Hipp, 17. August 1948, PA. F.F1.3.1/22.

49 Porsche an Hipp, 17. August 1948, ebd.

50 Vgl. die Freigabebescheinigung vom 2. März 1949, PA. M.K3.1.2/3, sowie das Schreiben des Finanzministeriums von Württemberg-Baden an das Stuttgarter Amt für Vermögenskontrolle, 2. März 1949, StAL, EL 402/25 Bü 1474.

51 So der von der Porsche KG in Stuttgart formulierte Entwurf eines Lizenzvertrags zwischen der Porsche-Konstruktionen Ges.m.b.H. Gmünd und der Porsche KG Stuttgart, 27. September 1949, PA. Fa.F1.1.3/4, hier auch das folgende Zitat.

52 Vgl. dazu das Schreiben der Porsche KG an die Abteilung Außenhandel im württembergischen Wirtschaftsministerium, 23. November 1949, sowie ein weiteres Schreiben an denselben Adressaten vom 8. Februar 1950, HStAS, EA 6/201 Bü 1214.

53 Vgl. das Schreiben von Ludwig Erhard an Wirtschaftsminister Veit, 18. Januar 1950, ebd.

54 Vgl. den Antrag des Rosenberger-Anwalts Bienstock an das Amt für Vermögenskontrolle Stuttgart, 15. August 1949, sowie die Meldung über das unter Kontrolle gestellte Vermögen, 24. Oktober 1949, StAL EL 402/25 Bü 668.

55 Vgl. die notariell beglaubigte Vereinbarung über die Errichtung einer Gesellschaft mit beschränkter Haftung »Porsche-Konstruktionen Ges.m.b.H.« vom 26. November 1949 sowie die von Ferry Porsche vorgenommene Anmeldung dieser Gesellschaft in das Handelsregister, 26. November 1949, StAL FL 300/31 I, Bü 2858.

56 Vgl. die Vereinbarung vom 26. November 1949, hierin auch das folgende Zitat, ebd.

57 Vgl. Conradt, *Porsche 356*, S. 38–42, sowie Frank Jung: *Porsche 356 made by Reutter*, Bielefeld 2011, S. 66–77.

58 Vgl. die Eintragungen im Tagebuch Karl Rabe, 17. Oktober 1949 und 25. März 1950, Porsche-Archiv, sowie Karl Ludvigsen: *Porsche. Excellence was expected 1900–1971*, Königswinter 2008, S. 58.

59 Noch in einem Schreiben an General Hipp vom 27. Oktober 1948 erweckte Ferdinand Porsche den Eindruck, dass Anton Piëch bei ihm tätig sei, PA. F.F1.3.1/22.

60 Vgl. die Monats-Finanz-Präliminare Erzeugung Sportwagen Stuttgart (o.D.). PA. G.V1.1.1/007.

61 Dies hatte die aus Ferry Porsche und Albert Prinzing bestehende Gesellschafter-

versammlung am 24. Januar 1950 beschlossen, vgl. dazu das notariell beglaubigte Protokoll vom 24. Januar 1950, StAL FL 300/31 I, Bü 2858.

62 Vgl. vor allem Albert Prinzing: *Wirtschaftslenkung. Das australische Beispiel*, Berlin 1937, sowie ders.: *Der politische Gehalt internationaler Kartelle*, Stuttgart 1938.

63 Vgl. dazu die Personalunterlagen Prinzings im Politischen Archiv des Auswärtigen Amtes, Berlin, P1, 11469 sowie P1, 11470.

64 Zur Person Prinzings sind vor allem die Unterlagen seines Entnazifizierungsverfahrens relevant, insbesondere der Urteilsspruch der Spruchkammer vom 11. Mai 1948, in StAL El 903/2 Bü 948; Prinzings Mitgliedschaft in der NSDAP geht aus der entsprechenden Eintragung in der Mitgliederkartei hervor, BAB, BDC MFOK R0027; wie eng die persönlichen Beziehungen zwischen Ferry Porsche und Albert Prinzing waren, lässt sich einem Schreiben von Ferry Porsche an diesen vom 2. Januar 1943 entnehmen, PA. M.K1.4.1/34.

65 Vgl. die eidesstattlichen Erklärungen der Entlastungszeugen Eugen Widmaier vom 23. Juli 1947, Emil Maier vom 14. Juli 1947 und des angesehenen Wirtschaftsprofessors Carl Brinkmann vom 6. Juni 1947; siehe auch das Urteil der Spruchkammer des Internierungslagers Ludwigsburg, 11. Mai 1948, alles in StAL EL 903/2 Bü 948.

66 Vgl. das Schreiben von Ghislaine Kaes an Prinzing, 7. Juli 1949, PA. M.P1.1.1/7.

67 Das Entlastungsmaterial findet sich im StAL EL 905/2 Bü 757.

68 Vgl. den Einstellungsbeschluss der Zentralspruchkammer Nord-Württemberg, 30. August 1949, ebd.

69 Schreiben Ferdinand Porsches an Albert Prinzing, 12. Januar 1950, PA. M.P1.1.1/6.

70 Prinzing an Ferdinand Porsche, 21. Dezember 1949, ebd.

71 Vgl. Conradt, *Porsche 356*, S. 43–49.

72 Vgl. hierzu die Überlegungen von Ute Mehnert: »›My Golden Gut‹ and other Stories: How Lillian Vernon Built Her Brand«, in Hartmut Berghoff/Uwe Spiekermann (Hg.): *Immigrant Entrepreneurship: The German-American Experience Since 1700*, Washington 2016, S. 309–331, hier S. 318f.

73 Vgl. den Aktenvermerk aus dem Wirtschaftsministerium Wüttemberg-Baden für die Vorlage an den interministeriellen Ausschuss des Landes, 30. Juni 1951, HStAS EA6/301 Bü 1583.

74 Im ersten Halbjahr 1951 erzielte die Porsche KG knapp 20 Prozent ihrer Sportwagenerlöse im Auslandsgeschäft, das im Jahr 1952 deutliche Wachstumsraten aufwies, vgl. das Schreiben der Porsche KG an das Wirtschaftsministerium von Württemberg-Baden, 26. Juli 1951, HstAS EA6/301 Bü 1581.

75 Zu den Absatzerfolgen vor allen Dingen im Ausland vgl. den Ende 1950 von Albert Prinzing verfassten »Bericht über Bedeutung und Aufgabenstellung der Porsche KG und der Porsche Konstruktionen GmbH«, HStAS EA 6/002 Bü 521; siehe auch das Schreiben von Ferry Porsche an das Bundeswirtschaftsministerium vom 13. April 1951, PA. BW.Z1.3.1/8.

76 Vgl. dazu u. a. den Antrag der Porsche KG an das Wirtschaftsministerium Württemberg-Baden, 13. April 1951, HStAS EA 6/ 301 Bü 1583.

77 Vgl. dazu einen Vermerk des Stuttgarter Oberbürgermeisters Klett, 4. Oktober 1950, HStAS EA 6/002 Bü 521.

78 Vgl. das Schreiben des US-Commissioner für das Land Württemberg-Baden an den dortigen Wirtschaftsminister Veit, 6. April 1951, ebd.; sowie das Schreiben der Porsche KG an Wirtschaftsminister Veit, 19. Januar 1951.

79 Vgl. dazu die dokumentierten Fälle im BA Koblenz, B 102/45115.

80 Vgl. das entsprechende Schreiben des Bundesministers der Finanzen an das Finanzministerium Württemberg-Baden, 3. August 1951, HStAS EA 6/002 Bü 521.

81 Dabei handelte es sich um einen Kredit des Bankvereins für Württemberg-Baden, bei dem das Land Württemberg-Baden eine Ausfallbürgschaft von bis zu 90 Prozent übernahm, vgl. das Bewilligungsschreiben des Wirtschaftsministeriums an die Porsche KG, 4. Oktober 1951, PA. BW.Z1.3.1./19.

82 Der gestundete Betrag belief sich auf 360 000 DM, vgl. dazu das Schreiben des Wirtschaftsministeriums von Württemberg-Baden an die Oberfinanzdirektion Stuttgart, 17. Juli 1951, sowie den Stundungsbescheid der Oberfinanzdirektion Stuttgart, 15. August 1951, HStAS EA6/301 Bü 1585.

83 Im Bewilligungsschreiben vom 3. August 1951 wies das Bundesfinanzministerium darauf hin, dass es »ausnahmsweise bereit« sei, »im Hinblick auf die besonderen Umstände« das Bundesdarlehen zu gewähren, HStAS EA6 002/521.

84 Vgl. den Entwurf eines Schreibens des Wirtschaftsministeriums von Württemberg-Baden an den interministeriellen Ausschuss der Bundesregierung, Juli 1951, ebd.

85 Schreiben des Wirtschaftsministeriums von Württemberg-Baden an das Bundeswirtschaftsministerium, 18. Oktober 1951, HstAS EA6/ 301 Bü1581; vgl. auch eine 19-seitige Aktennotiz aus dem Wirtschaftsministerium zur Vorlage für den interministeriellen Ausschuss des Landes, 30. Juni 1951, HstAS EA6/ 301 Bü 1583.

86 Zu diesen Formulierungen griff Albert Prinzing in seinem Ende 1950 verfassten Bericht über die Bedeutung der Porsche KG, HStAS EA 6/002 Bü 21.

87 Vgl. dazu das Schreiben Ferry Porsches in seiner Eigenschaft als Geschäftsführer der Porsche-Konstruktionen Ges.m.b.H. an die Generaldirektion des Volkswagenwerks, 2. Juni 1950, PA. M.K2.1.1.

88 Alle Angaben gemäß einem 19-seitigen Prüfbericht, der von Diplomkaufmann Hager im Auftrag des Wirtschaftsministeriums Württemberg-Baden am 19. Juni 1951 erstellt wurde, HStAS EA6/301 Bü 1583.

89 Vgl. den Prüfbericht, dort S. 2f.

90 Vgl. dazu eine Aktennotiz über die Besprechungen Ferry Porsches im Volkswagenwerk, 4. und 5. Dezember 1947, UVW, Z 1158, Nr. 21/1; dort auch eine Abschrift vom 5. Dezember 1947 des Vertrags zwischen der Porsche KG und der Volkswagenwerk GmbH.

91 Vgl. Mommsen/Grieger, *Volkswagenwerk*, S. 939.

92 Vgl. dazu den Prüfbericht Hagers vom 19. Juni 1951, dem als Anlage auch eine vorläufige Ertragsrechnung für das Geschäftsjahr 1950 beigefügt ist; vgl. auch einen Vermerk aus dem Wirtschaftsministerium Württemberg-Baden über ein Gespräch mit Prinzing vom 2. März 1951, der von 380 000 DM Lizenzgebühren des Volkswagenwerks für das Jahr 1951 ausging, HStAS EA6/ 002 Bü 521.

93 Vgl. dazu Werbeprospekte für den Sportwagen aus den Jahren 1948 und 1954, PA BK1578 und BK1597.

94 Schreiben Prinzings an Ferdinand Porsche, 21. Dezember 1949, PA. M.P1.1.1/6.

95 Vgl. dazu exemplarisch folgende Eintragungen im Tagebuch von Karl Rabe: 28. und 30. September 1947, 8. und 31. Oktober 1947, 3. und 19. November 1947, 8., 19. und 30. Januar 1948, 10. und 23. Februar 1948, Porsche-Archiv.

96 Vgl. die Eintragungen im Tagebuch von Karl Rabe vom 26. Juni 1948, 3. und 5. September 1948 sowie 2. November 1948, ebd.

97 Siehe dazu auch die Eintragungen im Tagebuch Karl Rabe vom 12. April 1948, 18. sowie 24. Mai 1948, ebd.

98 Porsche wählte als Anrede im ersten Brief, den er nach der Haftzeit an Hipp schickte: »Lieber Kamerad!«, Porsche an Hipp, 12. Juli 1948, PA. F.F1.3.1/2.

99 Ebd.

100 Ebd.

101 Diese Bezeichnungen finden sich u. a. in seinem Schreiben an Hipp vom 27. Oktober 1948, ebd.

102 Ebd.

103 So die vom Steuerberater Straub erstellte Beilage zur Einkommensteuererklärung Porsches für 1948, 10. November 1949. Porsches Stuttgarter Villa warf für die Monate April bis Juni 1948 genau 2622 DM an Mieteinnahmen ab, die aber auf das Konto des Treuhänders gingen, vgl. dazu die Abrechnung von Treuhänder Karl Kirn, Juli 1948; alle Quellen in PA. F.F1.4.1/11.

104 Die letzte Phase der Kontrolle über das Geschäftsvermögen der Porsche KG dauerte vom 24. Oktober 1949 bis 26. Oktober 1950, vgl. dazu die Übergabebescheinigung vom 26. Oktober 1950, bei der nicht Ferdinand Porsche, sondern sein Sohn in seiner Eigenschaft als Kommanditist als Übernehmender in Funktion trat, sowie den Report of Property Transactions vom 26. Oktober 1950, alle Unterlagen in StAL EL 402/25, Bü 668.

105 Vgl. den Wortlaut des vor dem Landgericht Stuttgart am 26. September 1950 geschlossenen Vergleichs, ebd.

106 Vgl. das Schreiben von Ghislaine Kaes an Prinzing, 7. Juli 1949, PA. M.P1.1.1/7.

107 Vgl. den Einstellungsbeschluss der Zentralspruchkammer Nord-Württemberg vom 30. August 1949, StAL El 905/2II Büschel 757. Die Verfahrenskosten machten im Regelfall fünf Prozent des Streitwertes aus, der auf 771 530 DM taxiert worden war.

108 Porsche an Hipp, 12. Januar 1950, PA. F.F1.3.1/22.

109 Zu den letzten Tagen Porsches vgl. die Aufzeichnungen von Ghislaine Kaes vom 19. April 1951, PA. M.K1.1.6/22.

Resümee und Ausblick

1 Reinhart Koselleck: »Erfahrungsraum und Erwartungshorizont – zwei historische Kategorien«, in: ders., *Vergangene Zukunft. Zur Semantik geschichtlicher Zeiten*, Frankfurt am Main 1989, S. 349–375.

2 Vgl. Plumpe, *Unternehmer*, vor allem S. 17.

3 Vgl. zum Folgenden die methodisch grundlegenden Ausführungen zu den analytischen Konzepten Enttäuschung und Erwartungsmanagement in der Studie von Sebastian Rojek: *Versunkene Hoffnungen. Die Deutsche Marine im Umgang mit Erwartungen und Enttäuschungen 1871–1930*, Berlin/Boston 2017; für eine stärker emotionsgeschichtlich ausgerichtete Perspektive auf Enttäuschung und ihre Potenziale für die Erforschung sozialer Bewegungen siehe auch Bernhard Gotto: »Enttäuschung als Politikressource. Zur Kohäsion der westdeutschen Friedensbewegung in den 1980er Jahren«, in: *Vierteljahrshefte für Zeitgeschichte* 62 (2014), S. 1–33, bes. S. 6–9.

4 Anregungen bezüglich der Historisierung verschiedener Formen des wirtschaftlichen Fehlverhaltens bietet der Sammelband von Jens Ivo Engels/Andreas Fahrmeir/Frédéric Monier/Olivier Dard (Hg.): *Krumme Touren in der Wirtschaft. Zur Geschichte ethischen Fehlverhaltens und seiner Bekämpfung*, Köln/Weimar/Wien 2015.

5 Vgl. zu den inzwischen eingehend erprobten Potenzialen einer Skandalgeschichte etwa Martin Kohlrausch: *Der Monarch im Skandal. Die Logik der Massenmedien und die Transformation der wilhelminischen Monarchie*, Berlin 2005; Frank Bösch: *Öffentliche Geheimnisse. Skandale, Politik und Medien in Deutschland und Großbritannien 1880–1914*, München 2009; Norman Domeier: *Der Eulenburg-Skandal. Eine politische Kulturgeschichte des Kaiserreichs*, Frankfurt am Main/New York 2010.

Abkürzungen

ADAC	Allgemeiner Deutscher Automobil-Club
AdR	Archiv der Republik, Wien
AG	Aktiengesellschaft
AIACR	Association Internationale des Automobile Clubs Reconnus
AN	Archives Nationales, Paris
ARH	Archiv Renault Histoire, Billancourt
AvD	Automobilclub von Deutschland
AVUS	Automobil-Verkehrs- und Übungsstraße
BA	Bundesarchiv Koblenz
BAB	Bundesarchiv Berlin
BA-MA Freiburg	Bundesarchiv-Militärarchiv Freiburg
BDC	Berlin Document Center
BMW	Bayerische Motorenwerke AG
B.Z.	Berliner Zeitung
CV	Cheval fiscal
DAF	Deutsche Arbeitsfront
DBA	Daimler-Benz-Archiv, Stuttgart
DC	Dépôt central des archives de la justice militaire, Le Blanc
DEULA-Kraft	Deutsche Landkraftführerschule
DKW	Dampf-Kraft-Wagen
DM	Deutsche Mark
DMG	Daimler-Motoren-Gesellschaft
DNVP	Deutschnationale Volkspartei
DRT	Deutsche Revisions- und Treuhand AG
Gestapo	Geheime Staatspolizei
Gezuvor	Gesellschaft zur Vorbereitung des deutschen Volkswagens mbH
HADB	Historisches Archiv der Deutschen Bank
Hanomag	Hannoversche Maschinenbau AG
HFB	Hochleistungs-Fahrzeug-Bau GmbH
HStAS	Hauptstaatsarchiv Stuttgart
HWA	Heereswaffenamt
HZ	Historische Zeitschrift
IAMA	Internationale Automobil- und Motorradausstellung
IfZ	Institut für Zeitgeschichte München
KdF	Kraft durch Freude
KG	Kommanditgesellschaft
KHD	Klöckner-Humboldt-Deutz A.G.
KZ	Konzentrationslager
Lkw	Lastkraftwagen
Mefo	Metallurgische Forschungsgesellschaft

MPI	Ministère de la production industrielle
NS	Nationalsozialismus
NSDAP	Nationalsozialistische Deutsche Arbeiterpartei
NSKK	Nationalsozialistisches Kraftfahrkorps
NSU	Vereinigte Fahrzeugwerke AG Neckarsulm
Öffa	Deutsche Gesellschaft für Öffentliche Arbeiten AG
OKH	Oberkommando des Heeres
OKW	Oberkommando der Wehrmacht
ÖVP	Österreichische Volkspartei
PA	Historisches Archiv der Dr. Ing. h.c. F. Porsche AG
Pkw	Personenkraftwagen
PS	Pferdestärke
P-Wagen	Porsche-Wagen *(Rennfahrzeug)*
RDA	Reichsverband der Deutschen Automobilindustrie
RKTL	Reichskuratorium für die Technik in der Landwirtschaft
RM	Reichsmark
SA	Sturmabteilung
SD	Sicherheitsdienst
SPÖ	Sozialistische Partei Österreichs
SS	Schutzstaffel
SStAC	Sächsisches Staatsarchiv Chemnitz
StAL	Staatsarchiv Ludwigsburg
StAS	Stadtarchiv Stuttgart
UVW	Unternehmensarchiv der Volkswagen Aktiengesellschaft
VDA	Verband der Automobilindustrie
VDI	Verein Deutscher Ingenieure
VfZ	Vierteljahrshefte für Zeitgeschichte
VW	Volkswagen

Quellen- und Literaturverzeichnis

Archive

Archiv der Republik, Wien
BMF.-VS
Archiv des Instituts für Zeitgeschichte, München
Fa 199; MA 332
Archiv Prototyp Museum, Hamburg
Nachlass Veyder-Malberg
Archiv Renault Histoire, Billancourt (ARH)
Nachlass Picard; Réunion du Courrier
Archives Nationales, Paris
72AJ; F/12
Bundesarchiv Berlin (BAB)
NS 19; R 3; R 43 II; R 9361
Bundesarchiv Koblenz (BA)
B 102; N 1318
Bundesarchiv-Militärarchiv Freiburg (BA-MA Freiburg)
RH 8; RH 21-2; RW 19
Daimler-Benz-Archiv, Stuttgart
1 V01 (Bestand Kissel); 1 V02 (Bestand Werlin); 1 X01; 2 M–B
Dépôt central des archives de la justice militaire, Le Blanc (DC)
219/10264
Generallandesarchiv Karlsruhe
Abteilung 237; Abteilung 480; Abteilung 508
Hauptstaatsarchiv Stuttgart
E 130b; E 384; EA 6; Q1, Rep. 228
Historic Racecar Association, Frankfurt am Main
NC 51
Historisches Archiv der Deutschen Bank, Frankfurt am Main
P 03
Historisches Archiv Krupp, Essen
WA 40
Kärntner Landesarchiv, Klagenfurt
Schachtel 3, Nr. 37b
Landesarchiv Salzburg
Handelsregisterarchiv
National Archives Washington
5686305, S7 1027 Ze Ferdinand Porsche
Politisches Archiv des Auswärtigen Amts, Berlin
P1 (Prinzing); R 99891

Porsche-Archiv, Stuttgart (PA)
BW.G1; BW.Z1; Fa.F1; Fa.DR1; Fa.G3; Fa.P1; Fa.VW1; Fa.Z1; F.F1; M.F1; M.K1; M.K2; M.K3; M.M1; M.P1; M.R1; M.Z2; R1.4; T.60; T.62; T.100; T.131; T.205; T.360; Tagebuch Karl Rabe
Russisches Militärarchiv, Podolsk
Bestand 500 (OKH)
Schweizerisches Bundesarchiv, Bern
J 1. 211
Staatsarchiv Chemnitz
Bestand Auto Union AG
Staatsarchiv Ludwigsburg (StAL)
EL 402/25; EL 903; EL 905; FL 300
Staatsarchiv München
SpkA K 3955 (Veyder-Malberg)
Stadtarchiv Stuttgart (StASt)
Kc 321, 140/1 (Dokumentation »Zwangsarbeiter in Stuttgart«)
Stiftung Deutsches Technikmuseum, Berlin
FA Zündapp GmbH: I.2.002 B; TO 0080
Unternehmensarchiv der Volkswagen Aktiengesellschaft, Wolfsburg
Zugang 61, 67, 73, 1158
Wirtschaftsarchiv Baden-Württemberg, Stuttgart
A16; B 80

Gedruckte Quellen

Adler, Hans Günther, *Die verheimlichte Wahrheit. Theresienstädter Dokumente*, Tübingen 1958.
Adler, Hans Günther, *Theresienstadt 1941–1945*, Tübingen 1960.
Akten zur deutschen auswärtigen Politik 1918–1945, Serie D (1937–1945), Bd. 1, Göttingen1950.
Boelcke, Willi A. (Hg.), *Deutschlands Rüstung im Zweiten Weltkrieg*, Frankfurt am Main 1969.
Brändle, Gerhard (Hg.), *Gurs – Vorhölle von Auschwitz. Antisemitismus in Pforzheim 1920–1980. Dokumente – Fotos – Berichte*, Pforzheim 1980.
Die Landesbauernschaften in Zahlen, Folge 3: *1939–1940*, Berlin 1941.
Die Verfolgung und Ermordung der europäischen Juden durch das nationalsozialistische Deutschland 1933–1945, Bd. 2: *Deutsches Reich 1938–August 1939*, bearbeitet von Susanne Heim, München 2009.
Die Verfolgung und Ermordung der europäischen Juden durch das nationalsozialistische Deutschland 1933–1945, Bd. 12: *West- und Nordeuropa. Juni 1942–1945*, bearbeitet von Katja Happe, Barbara Lambauer und Clemens Maier-Wolthausen, Berlin/München/Boston 2015.
Domarus, Max, *Hitler. Reden und Proklamationen 1932–1945*, Bd. 1/Erster Halbband, München 1965.
Entscheidungen des Reichsgerichts in Strafsachen, Bd. 78, Berlin 2008.
Etzold, Hans-Rüdiger, *Der Käfer. Eine Dokumentation*, Bd. 2, Stuttgart 1984.
Fleischmann, Peter, *Hitler als Häftling in Landsberg am Lech 1923/24*, Neustadt/Aisch 2015.

Hubatsch, Walther (Hg.), *Hitlers Weisungen für die Kriegführung 1939–1945. Dokumente des Oberkommandos der Wehrmacht*, Frankfurt am Main 1962.
Jochmann, Werner (Hg.), *Adolf Hitler: Monologe im Führer-Hauptquartier. 1941–1944. Aufgezeichnet von Heinrich Heim*, Hamburg 1980.
Kaes, Ghislaine, *Ferdinand Porsche. 100 Jahre*, o. O, o. J. (1975).
Kotze, Hildegard von (Hg.), *»Es spricht der Führer«. 7 exemplarische Hitler-Reden*, Gütersloh 1970.
Leidinger, Hannes/Moritz, Verena (Hg.), *In russischer Gefangenschaft. Erlebnisse österreichischer Soldaten im Ersten Weltkrieg*, Wien/Köln/Weimar 2008.
Picker, Henry, *Hitlers Tischgespräche im Führerhauptquartier*, Wiesbaden 1983.
Dr. Ing. h.c. F. Porsche AG, *Geschäfts- und Nachhaltigkeitsbericht der Porsche AG 2016*, Stuttgart 2016.
Porsche, Ferry/Molter, Günther, *Ferry Porsche. Mein Leben*, Stuttgart 1989.
Prinzing, Albert, *Wirtschaftslenkung. Das australische Beispiel*, Berlin 1937.
Prinzing, Albert, *Der politische Gehalt internationaler Kartelle*, Stuttgart 1938.
Reichsgesetzblatt Teil II, Berlin 1936.
Reiter, Ilse (Hg.), *Texte zur österreichischen Verfassungsentwicklung 1848–1955*, Wien 1997.
Rommel, Ewin, *Krieg ohne Hass*, Heidenheim 1950.
Sauer, Paul (Bearb.), *Dokumente über die Verfolgung der jüdischen Bürger in Baden-Württemberg durch das nationalsozialistische Regime. 1933–1945*, I. Teil, Stuttgart 1966.
Schaub, Julius, *In Hitlers Schatten*, Stegen 2010.
Schramm, Percy Ernst (Hg.), *Kriegstagebuch des Oberkommandos der Wehrmacht (Wehrmachtführungsstab)*, Bd. I/1, München 1982.
Stuck, Hans, *Zweimal Hans Stuck*, Stuttgart 1972.
Die Tagebücher von Joseph Goebbels, Teil I: *Aufzeichnungen 1923–1941*, hg. von Elke Fröhlich, 14 Bde., München 1997–2005.
Ubbens, Irmtraud/Goldstein, Moritz (Hg.), *»Künden, was geschieht …«. Berlin der Weimarer Republik – Feuilletons, Reportagen und Gerichtsberichte*, Berlin/Boston 2012.

Monographien und Sammelbände

Adler, Hans Günther, *Theresienstadt 1941–1945. Das Antlitz einer Zwangsgemeinschaft*, Göttingen 2012.
Ambrosius, Gerold, *Staat und Wirtschaft im 20. Jahrhundert*, München 1990.
Andel, Norbert, *Finanzwissenschaft*, Tübingen ^{4}1998.
Arnauld, Andreas von, *Völkerrecht*, Heidelberg 2012.
Arndt, H. W., *The Economic Lessons of the Nineteen-Thirties*, New York/London 2013.
Arnold, Dietmar, *Sirenen und gepackte Koffer. Bunkeralltag in Berlin*, Berlin 2003.
Aubert, Philippe, *Les Bugatti. Splendeurs et passions d'une dynastie 1880–1947*, Paris 1981.
Aust, Stefan/Ammann, Thomas, *Die Porsche-Saga. Eine Familiengeschichte des Automobils*, Köln 2012.
Bähr, Johannes/Drecoll, Axel/Gotto, Bernhard/Priemel, Kim Christian/Wixforth, Harald, *Der Flick-Konzern im Dritten Reich*, München 2008.
Bähr, Johannes/Erker, Paul, *Bosch. Geschichte eines Weltunternehmens*, München 2013.
Bähr, Johannes, *Werner von Siemens 1816–1892*, München 2016.
Bajohr, Frank/Pohl, Dieter, *Der Holocaust als offenes Geheimnis. Die Deutschen, die NS-Führung und die Alliierten*, München 2006.

Barber, Chris, *Birth of the Beetle. The Development of the Volkswagen by Ferdinand Porsche*, Sparkford 2003.

Barber, Chris, *Der Käfer. Ferdinand Porsche und die Entwicklung des Volkswagens*, Bielefeld 2003.

Barkai, Avraham, *Vom Boykott zur »Entjudung«. Der wirtschaftliche Existenzkampf der Juden im Dritten Reich*, Frankfurt am Main 1987.

Barkai, Avraham, *Das Wirtschaftssystem des Nationalsozialismus. Ideologie, Theorie, Politik 1933–1945*, Frankfurt am Main 1988.

Bartl, Harald, *GmbH-Recht*, Heidelberg ^{7}2013.

Bartling, Hartwig/Luzius, Franz, *Grundzüge der Volkswirtschaftslehre. Einführung in die Wirtschaftstheorie und Wirtschaftspolitik*, München ^{17}2014.

Bartlitz, David, *Die Haftung des Kommanditisten auf der Grundlage kapitalgesellschaftsrechtlicher Prinzipien*, Tübingen 2016.

Bauer, Armin, *Porsche Schlepper. 1937–1966*, Obershagen 2003.

Bauer, Yehuda, *Jüdische Reaktionen auf den Holocaust*, Berlin 2012.

Baumgartner, Bernhard, *Familienunternehmen und Zukunftsgestaltung. Schlüsselfaktoren zur erfolgreichen Unternehmensnachfolge*, Wiesbaden 2009.

Becker, Achim, *Absatzprobleme der deutschen Pkw-Industrie 1925–1932*, Diss., Regensburg 1979.

Becker, Bert, *Michael Jebsen. 1835–1899. Reeder und Politiker*, Kiel 2012.

Becker, Heinrich, *Handlungsspielräume der Agrarpolitik in der Weimarer Republik zwischen 1923 und 1929*, Stuttgart 1990.

Beham, Peter, *Das deutsche Pflichtprüfungswesen*, Berlin/Heidelberg 1940.

Beller, Steven, *Geschichte Österreichs*, Wien 2007.

Belot, Robert/Lamard, Pierre, *Peugeot à Sochaux. Des hommes, une usine, un territoire*, Panazol 2007.

Bendixen, Peter, *Einführung in die Kultur- und Kunstökonomie*, Wiesbaden ^{2}2001.

Bentley, John/Porsche, Ferry, *Porsche. Ein Traum wird Wirklichkeit*, Düsseldorf 1980.

Benz, Wolfgang (Hg.), *Wie wurde man Parteigenosse? Die NSDAP und ihre Mitglieder*, Frankfurt am Main 2009.

Benz, Wolfgang, *Theresienstadt. Eine Geschichte von Täuschung und Vernichtung*, München 2013.

Bera, Matt, *Lobbying Hitler. Industrial Associations between Democracy and Dictatorship*, New York/Oxford 2016.

Berghoff, Hartmut/Vogel, Jakob (Hg.), *Wirtschaftsgeschichte als Kulturgeschichte. Dimensionen eines Perspektivenwechsels*, Frankfurt am Main/New York 2004.

Bernauer, Markus, *Heinrich von Stein*, Berlin/New York 1998.

Bittmann, Folker (Hg.), *Insolvenzstrafrecht. Handbuch für die Praxis*, Berlin 2004.

Blessing, Elmar, *Die Kriegsgefangenen in Stuttgart. Das städtische Kriegsgefangenenlager in der Ulmer Straße und die »Katastrophe von Gaisburg«*, Stuttgart 1999.

Boehmer, Hugo Erich von, *Patentrechtliches Beurteilen von Erfindungen*, Berlin 1931.

Böhmer, Peter, *Wer konnte, griff zu. »Arisierte« Güter und NS-Vermögen im Krauland-Ministerium (1945–1949)*, Wien/Köln 1999.

Borscheid, Peter, *Das Tempovirus. Eine Kulturgeschichte der Beschleunigung*, Bonn 2004.

Bösch, Frank. *Öffentliche Geheimnisse. Skandale, Politik und Medien in Deutschland und Großbritannien 1880–1914*, München 2009.

Bower, Tom, *The Paperclip Conspiracy. The Battle for the Spoils and Secrets of Nazi Germany*, London 1987.

Bracher, Karl Dietrich/Sauer, Wolfgang/Schulz, Gerhard, *Die nationalsozialistische Machtergreifung. Studien zur Errichtung des totalitären Herrschaftssystems in Deutschland 1933/34*, Wiesbaden 1960.

Brand, Christian, *Untreue und Bankrott in der KG und GmbH & Co KG*, Diss., Konstanz 2009.

Bräutigam, Petra, *Mittelständische Unternehmer im Nationalsozialismus. Wirtschaftliche Entwicklungen und soziale Verhaltensweisen in der Schuh- und Lederindustrie Badens und Württembergs*, München 1997.

Brechtken, Magnus, *»Madagaskar für die Juden«. Antisemitische Idee und politische Praxis 1885–1945*, München ²1998.

Brechtken, Magnus, *Albert Speer. Eine deutsche Karriere*, München 2017.

Bretz, Hans, *50 Jahre ADAC. Im Dienste der Kraftfahrt*, München/Frankfurt am Main 1953.

Burleigh, Michael, *Die Zeit des Nationalsozialismus. Eine Gesamtdarstellung*, Frankfurt am Main 2000.

Buschmann, Nikolaus/Murr, Karl Borromäus (Hg.), *Treue. Politische Loyalität und militärische Gefolgschaft in der Moderne*, Göttingen 2008.

Bussmann, Karl Ferdinand, *Die Prüfung der Unternehmungen*, Wiesbaden ²1972.

Cerf, Alain, *Dimitri Sensaud de Lavaud. Un ingénieur extraordinaire*, Nîmes 2009.

Conradt, Dirk-Michael, *Porsche 356. Fahren in seiner schönsten Form*, Stuttgart 2000.

Corni, Gustavo/Gies, Horst, *Brot – Butter – Kanonen. Die Ernährungswirtschaft in Deutschland unter der Diktatur Hitlers*, Berlin 1997.

Cüppers, Martin, *Walther Rauff – In deutschen Diensten*, Darmstadt 2013.

Das Deutsche Reich und der Zweite Weltkrieg, Bd. 5/1: *Organisation und Mobilisierung des deutschen Machtbereichs*, Teilband 1: *Kriegsverwaltung, Wirtschaft und personelle Ressourcen 1939 bis 1941*, Stuttgart 1988.

Dauner-Lieb, Barbara/Freudenberg, Götz/Werner, Götz W. (Hg.), *Familienunternehmen im Fokus von Wirtschaft und Wissenschaft*, München 2014.

Day, Uwe, *Silberpfeil und Hakenkreuz. Autorennsport im Nationalsozialismus*, Berlin 2006.

Dencker, C. H./Riess, L. W., *Bedeutung und Aussichten des Kleinschleppers in der bäuerlichen Familienwirtschaft*, Berlin 1933.

Depkat, Volker, *Lebenswenden und Zeitwenden. Deutsche Politiker und die Erinnerungen des 20. Jahrhunderts*, München 2007.

Depkat, Volker/Pyta, Wolfram (Hg.), *Autobiographie zwischen Text und Quelle*, Berlin 2017.

Derix, Simone, *Die Thyssens. Familie und Vermögen*, Paderborn 2016.

Dingwerth, Leonhard, *Die Geschichte der deutschen Schreibmaschinen-Fabriken*, Bd. 1: *Große und mittlere Hersteller*, Delbrück 2008.

Domeier, Norman, *Der Eulenburg-Skandal. Eine politische Kulturgeschichte des Kaiserreichs*, Frankfurt am Main/New York 2010.

Donges, Alexander, *Die Vereinigte Stahlwerke AG im Nationalsozialismus*, Paderborn 2014.

Dörner, Bernward, *Die Deutschen und der Holocaust. Was niemand wissen wollte, aber jeder wissen konnte*, Berlin 2007.

Dube, Christian, *Religiöse Sprache in Reden Adolf Hitlers. Analysiert an Hand ausgewählter Reden aus den Jahren 1933–1945*, Phil. Diss., Kiel 2004.

Durand, Pierre, *Marcel Paul. Vie d'un »pitau«*, Paris 1983.

Edelmann, Heidrun, *Heinz Nordhoff und Volkswagen. Ein deutscher Unternehmer im amerikanischen Jahrhundert*, Göttingen 2003.

Eger, Rudolf, *Genie ohne Erfolg. Schicksale großer Erfinder*, Einsiedeln u.a. 1957.

Eichhammer, Michael, *Silberpfeile und Kanonen. Die Geschichte der Auto Union-Rennwagen und ihrer Fahrer*, Bruckmühl 2004.

Eichholtz, Dietrich, *Geschichte der deutschen Kriegswirtschaft 1939–1945*, Bd. I: *1939–1941*, München 2003.

Emmerich, Wolfgang/Wege, Carl (Hg.), *Der Technikdiskurs in der Hitler-Stalin-Ära*, Stuttgart/Weimar 1995.

Emmert, Jochen, *Auf der Suche nach den Grenzen vertraglicher Leistungspflichten. Die Rechtsprechung des Reichsgerichts 1914–1923*, Tübingen 2001.

Engels, Jens Ivo/Fahrmeir, Andreas/Monier, Frédéric/Dard, Olivier (Hg.), *Krumme Touren in der Wirtschaft. Zur Geschichte ethischen Fehlverhaltens und seiner Bekämpfung*, Köln/Weimar/Wien 2015.

Erdmann, Paul, *Rotarier unterm Hakenkreuz. Anpassung und Widerstand in Stuttgart und München*, Stuttgart 2016.

Essers, Ulf, *100 Jahre Professor Ferdinand Porsche 1875–1975*, Stuttgart 1975.

Essner, Cornelia, *Die »Nürnberger Gesetze« oder die Verwaltung des Rassenwahns 1933–1945*, Paderborn/München 2002.

Etzold, Hans-Rüdiger/Rother, Ewald/Erdmann, Thomas, *Auto Union. Im Zeichen der vier Ringe 1873–1945*, Bd. 1, Ingolstadt 1992.

Euler, Christian D., *Porsche und Volkswagen. Zwei Konzerne, zwei Familien – eine Leidenschaft*, Weinheim 2010.

Fagiuoli, Gianfranco/Gerosa, Guido, *Carlo Abarth und seine Autos*, Stuttgart 1971.

Falter, Jürgen W., *Hitlers Wähler*, München 1991.

Falter, Jürgen W. (Hg.), *Junge Kämpfer, alte Opportunisten. Die Mitglieder der NSDAP 1919–1945*, Frankfurt am Main 2016.

Feldenkirchen, Wilfried, *Die deutsche Wirtschaft im 20. Jahrhundert*, München 1998.

Fest, Joachim, *Fremdheit und Nähe. Von der Gegenwart des Gewesenen*, Stuttgart 1996.

Feulner, Gabriele, *Mythos Künstler. Konstruktionen und Destruktionen in der deutschsprachigen Prosa des 20. Jahrhunderts*, Berlin 2010.

Fiala, Ernst, *Mensch und Fahrzeug. Fahrzeugführung und sanfte Technik*, Wiesbaden 2006.

Finger, Jürgen/Keller, Sven/Wirsching, Andreas, *Dr. Oetker und der Nationalsozialismus*, München 2013.

Fleschutz, Karin, *Die Stiftung als Nachfolgeinstrument für Familienunternehmen. Handlungsempfehlungen für die Ausgestaltung und Überführung*, Wiesbaden 2008.

Flik, Reiner, *Von Ford lernen? Automobilindustrie und Motorisierung in Deutschland bis 1933*, Köln/Weimar/Wien 2001.

Föllmer, Moritz, *»Ein Leben wie im Traum«. Kultur im Dritten Reich*, München 2016.

Förster, Christian, *Die Dimension des Unternehmens. Ein Kapitel der deutschen und japanischen Rechtsgeschichte*, Tübingen 2003.

Frank, Reinhard, *Personenkraftwagen der Wehrmacht*, Egolsheim 1993.

Frankenberg, Donald von, *Richard von Frankenberg – Mit Vollgas durchs Leben*, Bielefeld 2009.

Frankenberg, Richard von, *Porsche-Wagen – Porsche-Schlepper*, Darmstadt 1955.

Frankenberg, Richard von, *Ferdinand Porsche. Der Weg eines genialen Konstrukteurs*, Wien 1957.

Frei, Norbert/Ahrens, Ralf/Osterloh, Jörg/Schanetzky, Tim, *Flick. Der Konzern. Die Familie. Die Macht*, München 2009.
Frèrejean, Alain, *Les Peugeot: Deux siècles d'aventure*, Paris 2006.
Fried, Johannes, *Der Schleier der Erinnerung. Grundzüge einer historischen Memorik*, München 2004.
Friedländer, Saul, *Die Jahre der Vernichtung. Das Dritte Reich und die Juden*, Bd. 2, München 2006.
Frieser, Karl-Heinz, *Blitzkrieg-Legende. Der Westfeldzug 1940*, München 2012.
Gehlen, Boris, *Paul Silverberg (1876–1959). Ein Unternehmer*, Stuttgart 2007.
Gehring, Astrid, *Nationalsozialistische Rüstungspolitik und unternehmerischer Entscheidungsspielraum. Vergleichende Fallstudien zur württembergischen Maschinenbauindustrie*, München 1996.
Gellately, Robert, *Hingeschaut und weggesehen. Hitler und sein Volk*, Stuttgart/München 2002.
Gerlach, Christian, *Der Mord an den europäischen Juden. Ursachen, Ereignisse, Dimensionen*, München 2017.
Gimbel, John, *Science, Technology, and Reparations*, Stanford 1990.
Gispen, Kees, *Poems in Steel. National Socialism and the Politics of Inventing from Weimar to Bonn*, New York/Oxford 2002.
Glaser, Hermann, *Kleine Kulturgeschichte Deutschlands im 20. Jahrhundert*, München 2002.
Golla, Guido, *Nationalsozialistische Arbeitsbeschaffung 1933 bis 1936*, Aachen 2008.
Grégoire, J. A., *50 ans d'automobile*, Paris 1974.
Großmann, Stefan, *Konflikte und Krisen in Familienunternehmen*, Göttingen 2014.
Guyot, Roger/Bonnaud, Christophe, *50 ans de petites et secrètes Renault*, Paris 1994.
Hachtmann, Rüdiger, *Wissenschaftsmanagement im »Dritten Reich«. Geschichte der Generalverwaltung der Kaiser-Wilhelm-Gesellschaft*, Bd. 1, Göttingen 2007.
Hachtmann, Rüdiger, *Das Wirtschaftsimperium der Deutschen Arbeitsfront 1933–1945*, Göttingen 2012.
Hagen, Antje, *Deutsche Direktinvestitionen in Großbritannien, 1871–1918*, Stuttgart 1997.
Haghani, Sascha, *Subventionseffizienz staatlicher Finanzpolitik*, Wiesbaden 1999.
Halder, Annika, *Innovationsfähigkeit und Entrepreneurial Orientation in Familienunternehmen. Der Familieneinfluss und die Rolle des Familienunternehmers*, Wiesbaden 2016.
Happel, Jörn, *Die Sowjetunion erklären. Gustav Hilger im deutsch-sowjetischen Jahrhundert*, Habilitationsschrift, Basel 2015.
Hartmann, Christian, *Wehrmacht im Ostkrieg*, München 2009.
Haug, Gunter, *Ferdinand Porsche – Ein Mythos wird geboren*, Schwaigern 2012.
Haus der Geschichte Baden-Württemberg (Hg.), *Mythos Rommel*, Stuttgart 2008.
Havemann, Nils, *Fußball unterm Hakenkreuz. Der DFB zwischen Sport, Politik und Kommerz*, Frankfurt am Main 2005.
Hayes, Peter, *Die Degussa im Dritten Reich. Von der Zusammenarbeit zur Mittäterschaft*, München 2004.
Hehl, Ulrich von, *Nationalsozialistische Herrschaft*, München ²2001.
Heim, Michael, *Die Ursachen der Weltwirtschaftskrise. Analyse einer ökonomischen Eskalation, 1929–1933*, St. Katharinen 2007.
Hein, Bastian, *Elite für Volk und Führer*, München 2012.
Heinzmann, Sieger, *Die visuelle Biografie. Ferdinand Porsche 1875–1951*, Hamburg 2010.

Henke, Klaus-Dietmar, *Die amerikanische Besetzung Deutschlands*, München 1995.

Herbert, Ulrich, *Geschichte der Ausländerpolitik in Deutschland. Saisonarbeiter, Zwangsarbeiter, Gastarbeiter, Flüchtlinge*, München 2001.

Herrmann, Manfred, *Project Paperclip: Deutsche Wissenschaftler in Diensten der U.S. Streitkräfte nach 1945*, Diss., Nürnberg 1999.

Hesse, Jan-Otmar/Köster, Roman/Plumpe, Werner, *Die große Depression. Die Weltwirtschaftskrise Frankfurt 1929–1939*, Frankfurt am Main/New York 2014.

Hilberg, Raul, *Die Vernichtung der europäischen Juden*, Bd. 1, Frankfurt am Main 1990.

Hildebrand, Klaus, *Das Dritte Reich*, München ^{6}2003.

Hilliger, Bruno, *Neuere Anschauungen im Patentrecht*, Berlin 1933.

Hiott, Andrea, *Thinking Small. The Long, Strange Trip of the Volkswagen Beetle*, New York 2012.

Histoires de Peugeot, témoignages recueillis par Jean-Charles Lefebvre, Jarville-La Malgrange 1992.

Hochstetter, Dorothee, *Motorisierung und »Volksgemeinschaft«. Das Nationalsozialistische Kraftfahrkorps (NSKK) 1931–1945*, München 2005.

Holdenried, Michaela, *Autobiographie*, Stuttgart 2000.

Holdermann, Karl, *Im Banne der Chemie. Carl Bosch*, Düsseldorf 1953.

Holtfrerich, Carl-Ludwig, *Die deutsche Inflation 1914–1923. Ursachen und Folgen in internationaler Perspektive*, Berlin/New York 1980.

Hörner, Stefan, *Profit oder Moral. Strukturen zwischen I.G. Farbenindustrie und Nationalsozialismus*, Bremen 2012.

Hösch, Sebastian, *Heimat als kulturelle Praxis*, Diss. Phil., Stuttgart 2015.

Humann, Detlev, *»Arbeitsschlacht« – Arbeitsbeschaffung und Propaganda in der NS-Zeit 1933–1939*, Göttingen 2011.

Institut für Agrartechnik Bornim (Hg.), *Preußische Versuchs- und Forschungsanstalt für Landarbeit und das Schlepperprüffeld in Bornim 1927 bis 1945*, Potsdam 1995.

Jaldi, Zoltin, *Vom Marshallplan zum Kohlepfennig. Grundrisse der Subventionspolitik in der Bundesrepublik Deutschland 1948-1982*, Opladen 1990.

Jasper, Andreas, *Kriegserfahrungen deutscher Soldaten in Ost und West 1939 bis 1945*, Paderborn 2011.

Joisten, Karin, *Philosophie der Heimat – Heimat der Philosophie*, Berlin 2003.

Jost, Peter, *Ökonomische Organisationstheorie. Eine Einführung in die Grundlagen*, Wiesbaden 2000.

Jouvenel, Bertrand de, *Un voyageur dans le siècle: 1903–1945*, Paris 1979.

Jula, Rocco, *Der GmbH-Gesellschafter. GmbH-Gründung, Rechte und Pflichten, Haftungsrisiken, Ausscheiden und Abfindung*, Berlin/Heidelberg 2000.

Jung, Frank, *Porsche 356 Made by Reutter*, Bielefeld 2011.

Kamm, Bertold/Mayer, Wolfgang, *Der Befreiungsminister. Gottlob Kamm und die Entnazifizierung in Württemberg-Baden*, Tübingen 2005.

Karlsch, Rainer/Stokes, Raymond G., *Faktor Öl. Die Mineralölwirtschaft in Deutschland 1859–1974*, München 2003.

Kershaw, Ian, *Hitler. 1889–1936*, Bd. 1, München 1998.

Kießling, Erik, *Vorgründungs- und Vorgesellschaften. Zu Struktur und Kontinuität der Entstehungsphasen bei AG, GmbH, e.G. und e.V.*, Berlin/New York 1999.

Kipp, Michaela, *»Großreinemachen im Osten«. Feindbilder in deutschen Feldpostbriefen im Zweiten Weltkrieg*, Frankfurt am Main/New York 2014.

Kirchberg, Peter, *Grand-Prix-Report. Auto Union 1934 bis 1939*, Stuttgart 1982.

Kitchen, Martin, *The Coming of Austrian Fascism*, London/New York 2016.

Kleedehn, Patrick, *Die Rückkehr auf den Weltmarkt. Die Internationalisierung der Bayer AG Leverkusen nach dem Zweiten Weltkrieg bis zum Jahre 1961*, Stuttgart 2007.

Klein, Sabine, *Familienunternehmen. Theoretische und empirische Grundlagen*, Wiesbaden ^{2}2004.

Koch, Fred, *Kettenschlepper der Wehrmacht 1935–1945*, Wölfersheim-Berstadt 2000.

Köhler, Ingo, *Die »Arisierung« der Privatbanken im Dritten Reich. Verdrängung, Ausschaltung und die Frage der Wiedergutmachung*, München 2005.

Martin Kohlrausch, *Der Monarch im Skandal. Die Logik der Massenmedien und die Transformation der wilhelminischen Monarchie*, Berlin 2005.

König, Wolfgang, *Volkswagen, Volksempfänger, Volksgemeinschaft*, Paderborn 2004.

Knittel, Hartmut H., *Panzerfertigung im Zweiten Weltkrieg*, Herford 1988.

Kramer, Nicole, *Volksgenossinnen an der Heimatfront. Mobilisierung, Verhalten, Erinnerung*, Göttingen 2011.

Kraus, Sascha, *Strategische Planung und Erfolg junger Unternehmen*, Wiesbaden 2006.

Kroener, Berhard R., *»Der starke Mann im Heimatkriegsgebiet«. Generaloberst Friedrich Fromm*, Paderborn 2005.

Kubiak, Achim, *Mythos 356*, Bielefeld 2012.

Kühne, Thomas, *Kameradschaft. Die Soldaten des nationalsozialistischen Krieges und das 20. Jahrhundert*, Göttingen 2006.

Kukowski, Martin/Boch, Rudolf, *Kriegswirtschaft und Arbeitseinsatz bei der Auto Union AG. Chemnitz im Zweiten Weltkrieg*, Stuttgart 2014.

Kuller, Christiane, *Bürokratie und Verbrechen. Antisemitische Finanzpolitik und Verwaltungspraxis im nationalsozialistischen Deutschland*, München 2013.

Kurtz, Thorsten, *Das Oberste Rückerstattungsgericht in Herford. Eine Untersuchung zu Vorgeschichte, Errichtung und Einrichtung eines internationalen Revisionsgerichts in Deutschland*, Berlin/Boston 2014.

Kurz, Joachim, *Bugatti. Der Mythos – Die Familie – Das Unternehmen*, Berlin 2005.

Kwon, Hyeoung-Jin, *Deutsche Arbeitsbeschaffungs- und Konjunkturpolitik in der Weltwirtschaftskrise. Die »Deutsche Gesellschaft für Öffentliche Arbeiten AG (Öffa)« als Instrument der Konjunkturpolitik von 1930 bis 1937*, Osnabrück 2002.

Landwirtschaftlich-Gärtnerische Fakultät der HUB, *Carl Heinrich Dencker und das Landmaschinen-Institut 1932–1945*, Berlin 2005.

Lange, Carolin, *Genies im Reichstag. Führerbilder des republikanischen Bürgertums in der Weimarer Republik*, Hannover 2012.

Lange, Veronica, *Technologische Konkurrenzanalyse. Zur Früherkennung von Wettbewerberinnovationen bei deutschen Großunternehmen*, Wiesbaden 1994.

Leffingwell, Randy, *Porsche. Sixty Years. A History of Excellence*, Minneapolis 2008.

Lemmes, Fabian, *Zwangsarbeit in Saarbrücken. Stadtverwaltung, lokale Wirtschaft und der Einsatz ausländischer Zivilarbeiter und Kriegsgefangener 1940–1945*, St. Ingbert 2004.

Lissautzki, Marius, *Kundenwertorientierte Unternehmenssteuerung. Voraussetzungen, Aufgaben, Werttreiberanalysen*, Wiesbaden 2007.

Löffelsender, Michael, *Strafjustiz an der Heimatfront. Die strafrechtliche Verfolgung von Frauen und Jugendlichen im Oberlandesgerichtsbezirk Köln 1939–1945*, Tübingen 2012.

Lohmann, Martin, *Das Rechnungswesen der Kartell- und Gruppen-Wirtschaft*, Berlin/Heidelberg 1937.

Lompard, Peter, *Von der Historie zur Moderne – Entwicklungen zum Thema Motoren*, Norderstedt 2015.

Longerich, Peter, *»Davon haben wir nichts gewusst!« Die Deutschen und die Judenverfolgung 1933–1945*, München 2006.

Loubet, Jean-Louis, *L'industrie automobile 1905–1971*, Genf 1999.

Loubet, Jean-Louis, *Renault. Histoire d'une entreprise*, Boulogne 2000.

Loubet, Jean-Louis, *La Maison Peugeot*, Paris 2009.

Lubinski, Christina, *Familienunternehmen in Westdeutschland*, München 2010.

Ludvigsen, Karl, *Porsche. Excellence was expected 1900–1971*, Königswinter 2008.

Ludvigsen, Karl, *Ferdinand Porsche. Genesis des Genies*, Bielefeld 2010.

Ludvigsen, Karl, *Professor Porsche's Wars: The Secret Life of Legendary Engineer Ferdinand Porsche Who Armed Two Belligerents Through Four Decades*, South Yorkshire 2014.

Mächtel, Florian, *Das Patentrecht im Krieg*, Tübingen 2009.

Mank, Ute, *Zwischen Trauma und Rechtfertigung. Wie sich ehemalige Wehrmachtssoldaten an den Krieg erinnern*, Frankfurt am Main/New York 2011.

Markus, Hugh Brian, *The History of the German Public Accounting Profession*, New York/London 1997.

Marx, Christian, *Paul Reusch und die Gutehoffnungshütte. Leitung eines deutschen Großunternehmens*, Göttingen 2013.

Mason, Timothy W., *Arbeiterklasse und Volksgemeinschaft. Dokumente und Materialien zur deutschen Arbeiterpolitik 1936–1939*, Opladen 1975.

Meck, Georg, *Auto Macht Geld. Die Geschichte der Familie Porsche-Piëch*, Berlin 2016.

Meller, David, *Der institutionelle Gläubigerschutz in der Europäischen Privatgesellschaft (SPE)*, Frankfurt am Main 2010.

Meyer-Landrut, Joachim/Miller, Fritz-Georg/Niehus, Rudolf J., *Gesetz betreffend die Gesellschaften mit beschränkter Haftung (GmbHG) einschließlich Rechnungslegung zum Einzel- sowie zum Konzernabschluss. Kommentar*, Berlin/New York 1987.

Mioche, Philippe, *Le Plan Monnet. Genèse et élaboration 1941–1947*, Paris 1987.

Moisel, Claudia, *Frankreich und die deutschen Kriegsverbrecher. Politik und Praxis der Strafverfolgung nach dem Zweiten Weltkrieg*, Göttingen 2004.

Möller, Horst, *Weimar. Die unvollendete Demokratie*, München ^{7}2004.

Mommsen, Hans/Grieger, Manfred, *Das Volkswagenwerk und seine Arbeiter im Dritten Reich*, Düsseldorf 1996.

Moser, Josef, *Oberösterreichs Wirtschaft 1938 bis 1945*, Wien u. a. 1995.

Möser, Kurt, *Fahren und Fliegen in Frieden und Krieg. Kulturen individueller Mobilitätsmaschinen 1880–1930*, Heidelberg 2009.

Mößmer, Albert, *Deutz-Bauernschlepper. Typengeschichte und Technik des Elfer-Deutz und der luftgekühlten Einzylinderversionen*, München 2014.

Müller, Roland, *Stuttgart zur Zeit des Nationalsozialismus*, Stuttgart 1988.

Müller, Rolf-Dieter, *Der Zweite Weltkrieg 1939–1945*, Stuttgart 2004.

Müller, Sven Oliver, *Deutsche Soldaten und ihre Feinde. Nationalismus an Front und Heimatfront im Zweiten Weltkrieg*, Frankfurt am Main 2007.

Müller, Wolfgang, *Die sowjetische Besatzung in Österreich 1945–1955 und ihre politische Mission*, Wien 2005.

Münkel, Daniela, *Nationalsozialistische Agrarpolitik und Bauernalltag*, Frankfurt am Main 1996.

Münzel, Martin, *Die jüdischen Mitglieder der deutschen Wirtschaftselite 1927–1955. Verdrängung – Emigration – Rückkehr*, Paderborn 2006.

Nachtmann, Walter, *Karl Strölin. Stuttgarter Oberbürgermeister im »Führerstaat«*, Tübingen/Stuttgart 1995.

Neebe, Reinhard, *Großindustrie, Staat und NSDAP 1930–1933. Paul Silverberg und der Reichsverband der Deutschen Industrie in der Krise der Weimarer Republik*, Göttingen 1981.

Nipperdey, Thomas, *Deutsche Geschichte 1866–1918*, Bd. 2, München 1992.

Nußberger, Angelika, *Das Völkerrecht. Geschichte – Institutionen – Perspektiven*, München 2009.

Oelrich, Harald, *»Sportgeltung – Weltgeltung«. Sport im Spannungsfeld der deutsch-italienischen Außenpolitik von 1918 bis 1945*, Münster 2003.

Osteroth, Reinhard, *Ferdinand Porsche. Der Pionier und seine Welt*, Hamburg 2004.

Otto, Martin/Klippel, Diethelm (Hg.), *Geschichte des deutschen Patentrechts*, Tübingen 2015.

Overesch, Manfred/Günther, Althart, *Himmlisches Jerusalem in Hildesheim. St. Michael und das Geheimnis der sakralen Mathematik vor 1000 Jahren*, Göttingen 2011.

Overy, Richard J., *Göring. The Ironman*, London 1984.

Pape, Matthias, *Ungleiche Brüder*, Köln 2000.

Payne, Stanley G., *A history of fascism 1914–1945*, Wisconsin 1995.

Pega, Frank, *Die Tätigkeit der Deutschen Revisions- und Treuhand AG von 1925 bis 1945*, Diss., München 2010.

Petrini, Roberto, *Maserati, una grande storia sportiva*, Spoleto 2011.

Petzina, Dieter, *Autarkiepolitik im Dritten Reich. Der nationalsozialistische Vierjahresplan*, Stuttgart 1968.

Pfundner, Martin, *Die Alpenfahrt 1910–1973*, Wien 2005.

Pfundner, Martin, *Austro Daimler und Steyr*, Wien 2007.

Picard, Fernand, *L'Épopée de Renault*, Paris 1976.

Pirmanschegg, Philipp, *Die Nachfolge in Familienunternehmen. Aus Konflikten lernen*, Wiesbaden 2016.

Plumpe, Werner/Leszczenski, Jörg (Hg.), *Bürgertum und Bürgerlichkeit zwischen Kaiserreich und Nationalsozialismus*, Mainz 2009.

Plumpe, Werner (Hg.), *Unternehmer – Fakten und Fiktionen*, München 2014.

Plumpe, Werner, *Carl C. Duisberg 1861–1935. Anatomie eines Industriellen*, München 2016.

Poguntke, Peter, *Stuttgart und Umgebung 1933–1945*, Berlin 2013.

Pohl, Hans (Hg.), *Zwangsarbeit bei Daimler-Benz*, Stuttgart 1994.

Pohl, Hans, *Wirtschaft, Unternehmen, Kreditwesen, soziale Probleme. Ausgewählte Aufsätze*, Teil I, Stuttgart 2005.

Pöhlmann, Markus, *Der Panzer und die Mechanisierung des Krieges*, Paderborn 2016.

Porsche 356. Der erste Sportwagen aus Zuffenhausen, Königswinter 2008.

Pothmann, Ute, *Wirtschaftsprüfung im Nationalsozialismus. Die Deutsche Revisions- und Treuhand AG (Treuarbeit) 1933 bis 1945*, Essen 2013.

Priemel, Kim Christian, *Flick. Eine Konzerngeschichte vom Kaiserreich bis zur Bundesrepublik*, Göttingen 2007.

Prollius, Michael von, *Das Wirtschaftssystem der Nationalsozialisten 1933–1939. Steuerung durch emergente Organisation und politische Prozesse*, Paderborn/München/Wien/Zürich 2003.

Prym, Christian, *Familienunternehmen und Beteiligungskapital*, Lohmar/Köln 2011.

Prym, Stephan D., *Die Bedeutung von Sozialkapital beim Internationalisierungsprozes von Familienunternehmen*, Lohmar 2014.

Pyta, Wolfram, *Hindenburg. Herrschaft zwischen Hohenzollern und Hitler*, München 2007.

Pyta, Wolfram/Havemann, Nils (Hg.), *European Football and Collective Memory*, Houndmills 2015.

Pyta Wolfram, *Hitler. Der Künstler als Politiker und Feldherr. Eine Herrschaftsanalyse*, München 2015.

Quint, Herbert A., *Porsche. Der Weg eines Zeitalters*, Stuttgart 1951.

Rauscher, Karl-Heinz/Knogler, Franz, *Das Steyr-Baby und seine Verwandten. Pkw aus Steyr*, Gnas 2002.

Reckendrees, Alfred, *Das »Stahltrust«-Projekt. Die Gründung der Vereinigte Stahlwerke A.G. und ihre Unternehmensentwicklung 1926–33/34*, München 2000.

Reibmayr, Albert, *Die Entwicklungsgeschichte des Talentes und Genies*, München 1908.

Reichel, Peter, *Der schöne Schein des Dritten Reiches. Faszination und Gewalt des Faschismus*, München/Wien ²1992.

Reidegeld, Eckart, *Staatliche Sozialpolitik in Deutschland*, Bd. II: *Sozialpolitik in Demokratie und Diktatur 1919–1945*, Wiesbaden 2006.

Reimann, Aribert, *Der große Krieg der Sprachen. Untersuchungen zur historischen Semantik in Deutschland und England zur Zeit des Ersten Weltkriegs*, Essen 2000.

Reisinger, Josef, *Codename: Spielwarenfabrik. Die Nibelungenwerke in St. Valentin und die deutsche Panzerfertigung*, Wien 2010.

Reuß, Eberhard, *Hitlers Rennschlachten. Die Silberpfeile unterm Hakenkreuz*, Berlin 2006.

Riess, Monika, *Die deutsch-französische industrielle Kollaboration während des Zweiten Weltkrieges am Beispiel der Renault-Werke (1940–1944)*, Frankfurt am Main 2002.

Rochebrune, Renaud de/Hazera, Jean Claude, *Les Patrons sous l'Occupation*, Paris 2013.

Rodi, Michael, *Die Subventionsrechtsordnung. Die Subvention als Instrument öffentlicher Zweckverwirklichung nach Völkerrecht, Europarecht und deutschem innerstaatlichen Recht*, Tübingen 2000.

Rohland, Walter, *Bewegte Zeiten*, Stuttgart 1978.

Rojek, Sebastian, *Versunkene Hoffnungen. Die Deutsche Marine im Umgang mit Erwartungen und Enttäuschungen 1871–1930*, Berlin/Boston 2017.

Rosemann, Ernst, *Hans Stuck*, Berlin 1935.

Rosendahl-Krass, Birgit, *Die Stadt der Volkswagenwerke – Eine Stadtutopie im Dritten Reich*, Wiehl 1999.

Rosengarten, Monika, *Die Internationale Handelskammer. Wirtschaftspolitische Empfehlungen in der Zeit der Weltwirtschaftskrise 1929–1939*, Berlin 2001.

Rowe, Harvey T., *Männer, Frauen und Motoren. Die Erinnerungen des Rennleiters Alfred Neubauer*, Stuttgart ³1978.

Ruggenthaler, Peter, *The Concept of Neutrality in Stalin's Foreign Policy, 1945–1953*, London 2015.

Rüthers, Bernd, *Die unbegrenzte Auslegung. Zum Wandel der Privatrechtsordnung im Nationalsozialismus*, Tübingen ⁷2012.

Sammeth, Frank, *Der Wiederaufbau und die wirtschaftliche Entwicklung Westdeutschlands (BRD) und Frankreichs im Vergleich 1944/45 bis 1963*, Hamburg 2005.

Sandner, Harald, *Hitler – Das Itinerar. Aufenthaltsorte und Reisen von 1889 bis 1945*, 4 Bde., Berlin 2016.

Sardais, Cyrille, *Patron de Renault. Pierre Lefaucheux (1944–1955)*, Paris 2009.

Schanetzky, Tim, *»Kanonen statt Butter«. Wirtschaft und Konsum im Dritten Reich*, München 2015.
Schilperoord, Paul, *Die wahre Geschichte des VW-Käfers*, Frauenfeld 2011.
Schmid, Kai Daniel, *Zinspolitik und Faktorauslastung. Stabilitätstheoretische Implikationen eines endogenen Produktionspotenzials*, Wiesbaden 2011.
Schmidt, Alexander K., *Erfinderprinzip und Erfinderpersönlichkeitsrecht im deutschen Patentrecht von 1877 bis 1936*, Tübingen 2009.
Schmidt, Jochen, *Die Geschichte des Genie-Gedankens in der deutschen Literatur, Philosophie und Politik 1750–1945*, 2 Bde., Heidelberg 2004.
Schmitz-Berning, Cornelia, *Vokabular des Nationalsozialismus*, Berlin 2007.
Schmölders, Günter, *Finanzpolitik*, Berlin/Heidelberg 2007.
Schneider, Ingrid, *Das Europäische Patentsystem. Wandel von Governance durch Parlamente und Zivilgesellschaft*, Frankfurt am Main/New York 2010.
Schollenberger, Werner, *Röhr. Ein Kapitel deutscher Automobilgeschichte*, Darmstadt 1996.
Scholtyseck, Joachim, *Robert Bosch und der liberale Widerstand gegen Hitler 1933–1945*, München 1999.
Scholtyseck, Joachim, *Der Aufstieg der Quandts*, München 2011.
Scholtyseck, Joachim, *Freudenberg. Ein Familienunternehmen in Kaiserreich, Demokratie und Diktatur*, München 2016.
Schraml, Stephanie C., *Finanzierung von Familienunternehmen. Eine Analyse spezifischer Determinanten des Entscheidungsverhaltens*, Wiesbaden 2010.
Schröder, Hans Joachim, *Hermann Blohm. Gründer der Werft Blohm & Voss*, Hamburg 2011.
Schulenberg, Caroline, *Renault und Daimler-Benz in der Zwischenkriegszeit (1919–1938). Eine vergleichende Unternehmensgeschichte zweier europäischer Automobilhersteller*, Stuttgart 2008.
Schumpeter, Joseph, *Theorie der wirtschaftlichen Entwicklung*, Nachdruck der ersten Auflage von 1912, Berlin 2006.
Schwab, Dieter/Löhnig, Martin, *Einführung in das Zivilrecht*. Mit BGB, Allgemeiner Teil, Schuldrecht Allgemeiner Teil, Kauf und Deliktsrecht, Heidelberg u. a. 19 2012.
Sebastian, Ludwig, *Hinter dröhnenden Motoren*, Wien/Heidelberg 1952.
Seherr-Thoss, Hans Christoph von, *Die deutsche Automobilindustrie. Eine Dokumentation von 1886 bis heute*, Stuttgart 1974.
Seliger, Maren, *Scheinparlamentarismus im Führerstaat. »Gemeindevertretung« im Austrofaschismus und Nationalsozialismus. Funktionen und politische Profile Wiener Räte und Ratsherren 1934–1945 im Vergleich*, Wien/Berlin 2010.
Simon, Jürgen, *Das allgemeine Persönlichkeitsrecht und seine gewerblichen Erscheinungsformen. Ein Entwicklungsprozeß*, Berlin 1981.
Spoerer, Mark, *Zwangsarbeit unter dem Hakenkreuz*, Stuttgart 2001.
Spoerer, Mark/Streb, Jochen, *Neue deutsche Wirtschaftsgeschichte des 20. Jahrhunderts*, München 2013.
Stahlmann, Michael, *Die Erste Revolution in der Autoindustrie. Management und Arbeitspolitik von 1900–1940*, Frankfurt am Main/New York 1993.
Stargardt, Nicholas, *Der Deutsche Krieg 1939–1945*, Frankfurt am Main 2015.
Stekl, Hannes (Hg.), *Bürgerliche Familien. Lebenswege im 19. und 20. Jahrhundert*, Wien 2000.

Stephan, Petra, *Nachfolge in mittelständischen Familienunternehmen. Handlungsempfehlungen aus Sicht der Unternehmensführung*, Wiesbaden 2002.

Stiefel, Dieter, *Camillo Castiglioni oder die Metaphysik der Haifische*, Wien 2012.

Stiens, Rita, *Ferdinand Piëch. Der Auto-Macher*, Wiesbaden 1999.

Stöver, Bernd, *Volksgemeinschaft im Dritten Reich. Die Konsensbereitschaft der Deutschen aus der Sicht sozialistischer Exilberichte*, Düsseldorf 1993.

Stoye-Benk, Christiane/Cutura, Vladimir, *Handbuch Umwandlungsrecht für die rechtsberatende und notarielle Praxis*, Heidelberg [3]2012.

Stupp, Matthias, *GmbH-Recht im Nationalsozialismus*, Berlin 2002.

Syndor, Charles W., *Soldaten des Todes. Die 3. SS-Division »Totenkopf« 1933–1945*, Paderborn 2002.

Taylor, Blaine, *Volkswagen Military Vehicles of the Third Reich*, Cambridge 2004.

Thamer, Hans-Ulrich, *Verführung und Gewalt. Deutschland 1933–1945*, Berlin 1986.

Thamer, Hans-Ulrich, *Der Nationalsozialismus*, Stuttgart 2002.

Theiner, Peter, *Robert Bosch. Unternehmer im Zeitalter der Extreme. Eine Biographie*, München 2017.

Tilly, Richard, *Willy H. Schlieker. Aufstieg und Fall eines Unternehmers (1914–1980)*, Berlin 2008.

Tooze, Adam, *Ökonomie der Zerstörung. Die Geschichte der Wirtschaft im Nationalsozialismus*, München 2007.

Tooze, Adam, *Sintflut. Die Neuordnung der Welt 1916–1931*, München 2015.

Treue, Wilhelm/Zima, Stefan, *Hochleistungsmotoren. Karl Maybach und sein Werk*, Düsseldorf 1992.

Trittel, Günter J., *Hunger und Politik. Die Ernährungskrise in der Bizone (1945–1949)*, Frankfurt am Main/New York 1990.

Turner, Henry A., *Die Großunternehmer und der Aufstieg Hitlers*, Berlin 1985.

Turner, Henry A., *General Motors und die Nazis. Das Ringen um Opel*, Berlin 2006.

Übler, Rebekka, *Die Schutzwürdigkeit von Erfindungen. Fortschritt und Erfindungshöhe in der Geschichte des Patent- und Gebrauchsmusterrechts*, Tübingen 2014.

Uekötter, Frank, *Die Wahrheit ist auf dem Feld. Eine Wissensgeschichte der deutschen Landwirtschaft*, Göttingen 2010.

Ullrich, Volker, *Adolf Hitler*, Bd. 1, Frankfurt am Main 2013.

Verein deutscher Ingenieure, *Methodik zum Entwickeln und Konstruieren technischer Systeme und Produkte (VDI 2221)*, Düsseldorf 1983.

Volkmann, Hans-Erich, *Ökonomie und Expansion. Grundzüge der NS-Wirtschaftspolitik*, München 2003.

Wagner-Egelhaaf, Martina, *Autobiographie*, Stuttgart/Weimar 2005.

Wehler, Hans-Ulrich, *Deutsche Gesellschaftsgeschichte*, Bd. 4: *Vom Beginn des Ersten Weltkriegs bis zur Gründung der beiden deutschen Staaten 1914–1949*, München 2003.

Wehler, Hans-Ulrich, *Der Nationalsozialismus. Bewegung, Führerherrschaft, Verbrechen, 1919–1945*, München 2009.

Wellbery, David E./Begemann, Christian (Hg.), *Kunst – Zeugung – Geburt. Theorien und Metaphern ästhetischer Produktion in der Neuzeit*, Freiburg 2002.

Wernsmann, Rainer, *Verhaltenslenkung in einem rationalen Steuersystem*, Tübingen 2005.

Werron, Tobias, *Der Weltsport und sein Publikum. Zur Autonomie und Entstehung des modernen Sports*, Weilerswist 2010.

Westemeier, Jens, *Himmlers Krieger. Joachim Peiper und die Waffen-SS in Krieg und Nachkriegszeit*, Paderborn 2014.
Winninger, Michael, *Das Nibelungenwerk*, Andelfingen 2011.
Zelzer, Maria, *Weg und Schicksal der Stuttgarter Juden*, Stuttgart 1964.
Žuravlev, Sergej V., *»Ich bitte um Arbeit in der Sowjetunion«. Das Schicksal deutscher Facharbeiter im Moskau der 30er Jahre*, Berlin 2003.
Zwack, Mirko, *Die Macht der Geschichten. Erzählungen als Form der Wertevermittlung in Familienunternehmen*, Heidelberg 2011.

Aufsätze

Abelshauser, Werner, »Kriegswirtschaft und Wirtschaftswunder. Deutschlands wirtschaftliche Mobilisierung für den Zweiten Weltkrieg und die Folgen für die Nachkriegszeit«, in: *Vierteljahrshefte für Zeitgeschichte* 47 (1999), S. 503–538.
Abelshauser, Werner, »Rüstungsschmiede der Nation? Der Kruppkonzern im Dritten Reich und in der Nachkriegszeit 1933 bis 1951«, in: Lothar Gall (Hg.), *Krupp im 20. Jahrhundert. Die Geschichte des Unternehmens vom Ersten Weltkrieg bis zur Gründung der Stiftung*, Berlin 2002, S. 267–472.
Albrecht, Ulrich, »Rüstungsfragen im deutsch-französischen Verhältnis«, in: Winfried Engler (Hg.), *Frankreich an der freien Universität. Geschichte und Aktualität*, Stuttgart 1997, S. 97–133.
Baganz, Carina, »Lager für ausländische zivile Zwangsarbeiter«, in: Wolfgang Benz/Barbara Distel (Hg.), *Der Ort des Terrors. Geschichte der nationalsozialistischen Konzentrationslager*, Bd. 9, München 2009, S. 248–270.
Bähr, Johannes, »›Corporate Governance‹ im Dritten Reich. Leitungs- und Kontrollstrukturen deutscher Großunternehmer während der nationalsozialistischen Diktatur«, in: Werner Abelshauser/Jan Otmar Hesse/Werner Plumpe (Hg.), *Wirtschaftsordnung, Staat und Unternehmen*, Essen 2003, S. 61–80.
Bailer-Galanda, Brigitte, »Die Rückstellungsproblematik in Österreich«, in: Constantin Goschler/Jürgen Lillteicher (Hg.), *Die Rückerstattung jüdischen Eigentums in Deutschland und Österreich nach 1945 und 1989*, Göttingen 2002, S. 161–188.
Benz, Wolfgang, »Theresienstadt«, in: Wolfgang Benz/Barbara Distel (Hg.), *Der Ort des Terrors. Geschichte der nationalsozialistischen Konzentrationslager*, Bd. 9, München 2009, S. 449–496.
Berghoff, Hartmut, »Unternehmenskultur und Herrschaftstechnik. Industrieller Paternalismus: Hohner von 1857 bis 1918«, in: *Geschichte und Gesellschaft* 23 (1997), S. 167–204.
Blaich, Fritz, »Staatsverständnis und politische Haltung der deutschen Unternehmer 1918–1930«, in: Karl Dietrich Bracher/Manfred Funke/Hans-Adolf Jacobsen (Hg.), *Die Weimarer Republik 1918–1933. Politik. Wirtschaft. Gesellschaft*, Bonn 1987, S. 158–178.
Bokel, Franz, »Das Unternehmen Stuck: *stars* und *public relations* in Hitlers Deutschland«, in: *montage/av. Zeitschrift für Theorie und Geschichte audiovisueller Kommunikation* (6. Februar 1997), S. 93–112.
Bondy, Ruth, »Theresienstadt/Terezin«, in: Guy Miron/Shlomit Shulhani (Hg.), *Die Yad Vashem Enzyklopädie der Ghettos während des Holocaust*, Göttingen/Jerusalem 2014, S. 841–851.
Brandt, Dina, »›Und die Welt sah, was deutscher Geist geschaffen‹. Der deutsche

Zukunftsroman im ›Dritten Reich‹«, in: Carsten Würmann/Ansgar Warner (Hg.), *Im Pausenraum des »Dritten Reiches«. Zur Populärkultur im nationalsozialistischen Deutschland*, Bern u. a. 2008, S. 125–138.

Buchheim, Christoph, »Die Wirtschaftsentwicklung im Dritten Reich – mehr Desaster als Wunder«, in: *Vierteljahrshefte für Zeitgeschichte* 49 (2001), S. 653–664.

Buchheim, Christoph, »Die Erholung von der Weltwirtschaftskrise 1932/33 in Deutschland«, in: *Jahrbuch für Wirtschaftsgeschichte* (2003), S. 13–26.

Buchheim, Christoph, »Unternehmen in Deutschland und NS-Regime. Versuch einer Synthese«, in: *Historische Zeitschrift* 282 (2006), S. 351–390.

Buddrus, Michael, »›War es möglich, ohne eigenes Zutun Mitglied der NSDAP zu werden?‹ Gutachten des Instituts für Zeitgeschichte München-Berlin«, in: *Geschichte der Germanistik* 23/24 (2003), S. 21–26.

Ehrlicher, Werner, »Finanzwirtschaft, öffentliche« II: Die Finanzwirtschaft der Bundesrepublik Deutschland, in: Willi Albers (Hg.), *Handwörterbuch der Wirtschaftswissenschaft*, Bd. 3: *Finanzen bis Handelshemmnisse, nicht-tarifäre*, Stuttgart/Tübingen/Göttingen 1981, S. 164–195.

Eyth, Max, »Zur Philosophie des Erfindens«, in: Adolf Reitz: *Max Eyth*, Heidelberg 1956, S. 241–265.

Falter, Jürgen W., »Wer durfte NSDAP-Mitglied werden und wer mußte draußen bleiben?», in: ders. (Hg.), *Junge Kämpfer, alte Opportunisten. Die Mitglieder der NSDAP 1919–1945*, Frankfurt am Main 2016, S. 15–39.

Falter, Jürgen W., »Alte Gewissheiten – neue Erkentnisse. Ein Resümee«, in: ders. (Hg.), *Junge Kämpfer, alte Opportunisten. Die Mitglieder der NSDAP 1919–1945*, Frankfurt am Main 2016, S. 463–475.

Falter, Jürgen W./Khachatryan, Kristine, »Wie viele NSDAP-Mitglieder gab es überhaupt und wie viele davon waren überzeugte Nationalsozialisten?«, in: Jürgen W. Falter (Hg.), *Junge Kämpfer, alte Opportunisten. Die Mitglieder der NSDAP 1919–1945*, Frankfurt am Main 2016, S. 177–195.

Feldenkirchen, Wilfried, »Unternehmenspolitische Aspekte in der Geschichte des Motorsports bei der Daimler-Benz AG«, in: Harry Niemann/Wilfried Feldenkirchen/Armin Hermann (Hg.), *Die Geschichte des Rennsports*, Bielefeld 2002, S. 127–156.

Fischer-Schlemm, Walther/Gommel, W., »Schlepper«, in: *Die Maschine in der Landwirtschaft*, Stuttgart 1950, S. 1–85.

Forster, Karl-Heinz, »Staatliche Kontrolle und private Wirtschaftsprüfung«, in: Heinz Günter Zavelberg (Hg.), *Die Kontrolle der Staatsfinanzen. Geschichte und Gegenwart. 1714–1789. Festschrift zur 275. Wiederkehr der Errichtung der Preußischen General-Rechen-Kammer*, Berlin 1989, S. 115–145.

Freiling, Jörg, »Kundenwert aus ressourcentheoretischer Sicht«, in: Bernd Günter/Sabrina Helm (Hg.), *Kundenwert. Grundlagen – innovative Konzepte – praktische Umsetzungen*, Wiesbaden 2006, S. 83–102.

Fridenson, Patrick, »La question de la voiture populaire en France de 1930 à 1950«, in: *Culture et Technique 19* (1989), S. 205–210.

Gatscher-Riedl, Gregor, »Hollywood an der Donau. Zum 120. Geburtstag des böhmisch-österreichischen Filmpioniers und Bonvivants Alexander Kolowrat-Krakowsky (1886–1927)«, in: *Wiener Geschichtsblätter 61* (2006), S. 46–60.

Gimbel, John, »Deutsche Wissenschaftler in britischem Gewahrsam«, in: *Vierteljahrshefte für Zeitgeschichte* (1990), S. 459–483.

Gimbel, John, »Project Paperclip: German Scientists, American Policy, and the Cold War«, in: *Diplomatic History* 14 (1990), S. 343–366.

Götting, Horst-Peter, »Grundlagen des Patentrechts«, in: Martin Schulte (Hg.), *Handbuch des Technikrechts*, Berlin/Heidelberg 2003, S. 209–270.

Gotto, Bernhard, »Enttäuschung als Politikressource. Zur Kohäsion der westdeutschen Friedensbewegung in den 1980er Jahren«, in: *Vierteljahrshefte für Zeitgeschichte* 62 (2014), S. 1–33.

Gregor, Neil, »Wissenschaft, Politik, Hegemonie. Zum Boom der NS-Unternehmensgeschichte«, in: Norbert Frei/Tim Schanetzky (Hg.), *Unternehmen im Nationalsozialismus. Zur Historisierung einer Forschungskonjunktur*, Göttingen 2010, S. 79–93.

Hachtmann, Rüdiger, »›Die Begründer der amerikanischen Technik sind fast lauter schwäbisch-alemannische Menschen‹. Nazi-Deutschland, der Blick auf die USA und die ›Amerikanisierung‹ der industriellen Produktionsstrukturen im ›Dritten Reich‹«, in: Alf Lüdtke/Inge Marßolek/Adelheid von Saldern (Hg.), *Amerikanisierung. Traum und Alptraum im Deutschland des 20. Jahrhunderts*, Stuttgart 1996, S. 37–66.

Hachtmann, Rüdiger, »Elastisch, dynamisch und von katastrophaler Effizienz – zur Struktur der Neuen Staatlichkeit des Nationalsozialismus«, in: Sven Reichardt/Wolfgang Seibel (Hg.), *Der prekäre Staat*, Frankfurt am Main/New York 2011, S. 29–73.

Haibl, Michaela, »Unterhaltung«, in: Wolfgang Benz/Hermann Graml/Hermann Weiß (Hg.), *Enzyklopädie des Nationalsozialismus*, Stuttgart 1997, S. 181–186.

Hantschk, Christian, »Freiheit mit 100 PS? Sicherheitstechnikgeschichte im Automobilbau 1894–1990«, in: Gerhard A. Stadler/Anita Kuisle (Hg.), *Technik zwischen Akzeptanz und Widerstand. Gesprächskreis Technikgeschichte 1982–1996*, Münster 1999, S. 151–160.

Hardach, Gerd, »1929. Wirtschaft im Umbruch«, in: Werner Möller (Hg.), *Die Welt spielt Roulette. Zur Kultur der Moderne in der Krise 1927 bis 1932*, Frankfurt am Main/New York, S. 20–31.

Häußermann, Martin Carl, »Quellen zur Wiedergutmachung nationalsozialistischen Unrechts in den baden-württembergischen Staatsarchiven«, in: Nicole Bickhoff (Hg.), *Unterlagen der Nachkriegszeit als Quellen zur Geschichte des Dritten Reichs. Vorträge eines quellenkundlichen Kolloquiums im Rahmen der Heimattage Baden-Württemberg am 13. Oktober 2001 in Bad Rappenau*, Stuttgart 2004, S. 15–24.

Haustein, Heinrich, »Der österreichische Schienen-Triebfahrzeug-Dieselmotor und seine wesentliche Entwicklung bei der Simmering-Graz-Pauker A.G. Wien«, in: *Blätter für Technikgeschichte* 32 (1972), S. 81–100.

Herbert, Ulrich, »Zwangsarbeiter im ›Dritten Reich‹. Ein Überblick«, in: Klaus Barwig/Günter Saathoff/Nicole Weyde (Hg.), *Entschädigung für NS-Zwangsarbeit. Rechtliche, historische und politische Aspekte*, Baden-Baden 1998, S. 17–32.

Herbert, Ulrich, »Wer waren die Nationalsozialisten? Typologien des politischen Verhaltens im NS-Staat«, in: Gerhard Hirschfeld/Tobias Jersak (Hg.), *Karrieren im Nationalsozialismus. Funktionseliten zwischen Mitwirkung und Distanz*, Frankfurt am Main 2004, S. 17–42.

Hettling, Manfred, »Bürgerliche Lebensführung in der Moderne«, in: Wolfram Pyta/Carsten Kretschmann (Hg.), *Bürgerlichkeit. Spurensuche in Vergangenheit und Gegenwart*, Stuttgart 2016, S. 11–36.

Hilger, Susanne, »›Under Reconstruction‹ – Familienunternehmen als Gegenstand der jüngeren wirtschaftshistorischen Forschung«, in: Susanne Hilger/Ulrich S. Soénius (Hg.),

Netzwerke – Nachfolge – Soziales Kapital. Familienunternehmen im Rheinland im 19. und 20. Jahrhundert, Köln 2009, S. 9–22.

Hillgruber, Andreas, »Die ›Endlösung‹ und das deutsche Ostimperium als Kernstück des rassenideologischen Programms des Nationalsozialismus«, in: *Vierteljahrshefte für Zeitgeschichte* 20 (1972), S. 133–153.

Kellerhoff, Sven Felix, »Die Erfindung des Karteimitglieds«, in: Wolfgang Benz (Hg.), *Wie wurde man Parteigenosse?*, Frankfurt am Main 2009, S. 167–180.

Kipp, Michaela, »Reinlichkeitsvorstellungen in Feldpostbriefen. Herausforderung für die Kriegsgeschichte«, in: Veit Didczuneit/Jens Ebert/Thomas Jander (Hg.), *Schreiben im Krieg. Schreiben vom Krieg. Feldpost im Zeitalter der Weltkriege*, Essen 2001, S. 457–468.

Kirchberg, Peter, »Typisierung in der Kraftfahrzeugindustrie und der Generalbevollmächtigte für das Kraftfahrwesen«, in: *Jahrbuch für Wirtschaftsgeschichte* 1969/II, S. 117–142.

Kirchberg, Peter, »Die Entwicklung der Rennwagentechnik von den Anfängen bis 1939«, in: Harry Niemann/Wilfried Feldenkirchen/Armin Hermann (Hg.), *Die Geschichte des Rennsports*, Bielefeld 2002, S. 31–48.

Kirchberg, Peter, »Heeresmotorisierung, Schell-Programm und die Auto Union AG«, in: Peter Kirchberg/Siegfried Bunke (Hg.), *Vom Horch zum Munga, Militärfahrzeuge der Auto Union*, Bielefeld 2010, S. 44–111.

Klink, Daniel, »Der ehrbare Kaufmann – Das ursprüngliche Leitbild der Betriebswirtschaftslehre und individuelle Grundlage für die CSR-Forschung«, in: Joachim Schwalbach (Hg.), *Corporate Social Responsibility. Zeitschrift für Betriebswirtschaft* (Wiesbaden), Special Issue 3/2008, S. 57–79.

Knight, Robert, »Denazification and Integration in the Austrian Province of Carinthia«, in: *The Journal of Modern History* 79 (2007), S. 572–612.

Königseder, Angelika, »Polizeihaftlager«, in: Wolfgang Benz/Barbara Distel (Hg.), *Der Ort des Terrors. Geschichte der nationalsozialistischen Konzentrationslager*, Bd. 9: *Arbeitserziehungslager, Ghettos, Jugendschutzlager, Polizeihaftlager, Sonderlager, Zigeunerlager, Zwangsarbeiterlager*, München 2009, S. 19–52.

Koselleck, Reinhart, »Erfahrungsraum und Erwartungshorizont – zwei historische Kategorien«, in: ders., *Vergangene Zukunft. Zur Semantik geschichtlicher Zeiten*, Frankfurt am Main 1989, S. 349–375.

Kukowski, Martin, »Auto Union AG. Grundzüge ihrer Unternehmensgeschichte sowie wirtschafts- und sozialgeschichtliche Forschungspotentiale ihrer Überlieferung im Sächsischen Staatsarchiv in Chemnitz«, in: Rudolf Boch (Hg.), *Geschichte und Zukunft der deutschen Automobilindustrie. Tagung im Rahmen der »Chemnitzer Begegnungen« 2000*, Stuttgart 2001, S. 109–132.

Lamprecht, Gerald, »›Auf diese Art und Weise würde aus einer jüdischen Kultusstätte ein schönes Wohnhaus für einen alten Nazi erschaffen.‹ Organisatorisches und Exemplarisches zum Vermögensentzug in der Steiermark«, in: Margit Franz (Hg.), *Mapping Contemporary History. Zeitgeschichten im Diskurs*, Wien/Köln/Weimar 2008, S. 351–384.

Latzel, Klaus, »Tourismus und Gewalt. Kriegswahrnehmung in Feldpostbriefen«, in: Hannes Heer/Klaus Naumann (Hg.), *Vernichtungskrieg. Verbrechen der Wehrmacht 1941–1944*, Hamburg 1995, S. 447–459.

Latzel, Klaus, »Wehrmachtssoldaten zwischen ›Normalität‹ und NS-Ideologie, oder: Was sucht die Forschung in der Feldpost?«, in: Rolf-Dieter Müller/Hans-Erich Volkmann (Hg.), *Die Wehrmacht. Mythos und Realität*, München 1999, S. 573–588.

Laufer, Jochen, »Politik und Bilanz der sowjetischen Demontagen in der SBZ/DDR 1945–1950«, in: Rainer Karlsch/Jochen Laufer (Hg.), *Sowjetische Demontagen in Deutschland 1944–1949. Hintergründe, Ziele und Wirkungen*, Berlin 2002, S. 31–77.

Leisner, Lars-Dieter, »Von Entrechteten zu Berechtigten? Die Restitution des Juden in Bremen entzogenen Umzugsguts aus der Perspektive der Opfer«, in: Jörg Osterloh/Harald Wixforth (Hg.), *Unternehmer und NS-Verbrechen. Wirtschaftseliten im »Dritten Reich« und in der Bundesrepublik Deutschland*, Frankfurt am Main/New York 2014, S. 87–107.

Lessmann, Peter, »Industriebeziehungen zwischen Deutschland und Frankreich während der deutschen Besatzung 1940–1944. Das Beispiel Peugeot – Volkswagenwerk«, in: *Francia* 17 (1990), S. 120–153.

Lillteicher, Jürgen, »Der NS-Staat und die Unternehmen. Die Wechselwirkung zwischen historischer Forschung und der Bewertung der NS-Vergangenheit in Öffentlichkeit, Justiz und Politik von 1945 bis heute«, in: Jürgen Lillteicher (Hg.), *Profiteure des NS-Systems? Deutsche Unternehmen und das »Dritte Reich«*, Berlin 2006, S. 10–29.

Loubet, Jean-Louis, »L'industrie automobile française. Un cas original?«, in: *Histoire, économie et société* 18 (1999), S. 419–433.

Lubinski, Christina, »Kapitalismusformen. Familienunternehmen in Deutschland und in den USA«, in: Clemens Wischermann u. a. (Hg.), *Studienbuch institutionelle Wirtschafts- und Unternehmensgeschichte*, Stuttgart 2015, S. 180–191.

Makropoulos: Michael, »Die infrastrukturelle Konstruktion der ›Volksgemeinschaft‹. Aspekte des Autobahnbaus im nationalsozialistischen Deutschland«, in: Ulrich Bröckling/Axel T. Paul/Stefan Kaufmann (Hg.), *Vernunft, Entwicklung, Leben. Schlüsselbegriffe der Moderne. Festschrift für Wolfgang Essbach*, München 2004, S. 185–204.

Marcot, François, »La direction de Peugeot sous l'Occupation: pétainisme, réticence, opposition et résistance«, in: *Le Mouvement social* 189 (1999), S. 27–46.

Mehnert, Ute, »›My Golden Gut‹ and other Stories: How Lillian Vernon built her brand«, in: Hartmut Berghoff/Uwe Spiekermann (Hg.), *Immigrant Entrepreneurship: The German-American Experience Since 1700*, Washington 2016, S. 309–331.

Müller, Rolf-Dieter, »Die Mobilisierung der deutschen Wirtschaft für Hitlers Kriegsführung«, in: *Das Deutsche Reich und der Zweite Weltkrieg*, Bd. 5/Erster Halbband, Stuttgart 1988, S. 347–689.

Müller, Rolf-Dieter, »Menschenjagd. Die Rekrutierung von Zwangsarbeitern in der besetzten Sowjetunion«, in: Hannes Heer/Klaus Naumann (Hg.), *Vernichtungskrieg. Verbrechen der Wehrmacht 1941–1944*, Hamburg 1995, S. 92–103.

Müller, Rolf-Dieter, »Der Zusammenbruch des Wirtschaftslebens und die Anfänge des Wiederaufbaus«, in: *Das Deutsche Reich und der Zweite Weltkrieg*, Bd. 10/2, München 2008, S. 55–198.

Münzel, Martin, »Die jüdischen Mitglieder der ökonomischen Elite Frankfurts nach 1933«, in: Jörg Osterloh/Harald Wixforth (Hg.), *Unternehmer und NS-Verbrechen. Wirtschaftseliten im ›Dritten Reich‹ und in der Bundesrepublik Deutschland*, Frankfurt am Main/New York 2014, S. 33–64.

Otto, Martin, »Perspektiven der Patentrechtsgeschichte«, in: Martin Otto/Diethelm Klippel, *Geschichte des deutschen Patentrechts*, Tübingen 2015, S. 1–11.

Pahlow, Louis, »Das Patent als Waffe im Wirtschaftskampf«, in: Martin Otto/Diethelm Klippel, *Geschichte des deutschen Patentrechts*, Tübingen 2015, S. 109–127.

Picard, Fernand, »Naissance de la 4 CV«, in: *Bulletin de la section d'histoire des usines Renault* 10 (Juni 1975), S. 118–140.

Pietsch, Eva, »Griff nach dem Weltmarkt. Die Exporte und die Exportstrategien der Auto Union AG Chemnitz, 1932–1945«, in: Rudolf Boch (Hg.), *Geschichte und Zukunft der deutschen Automobilindustrie. Tagung im Rahmen der »Chemnitzer Begegnungen« 2000*, Stuttgart 2001, S. 133–176.

Plumpe, Werner, »Unternehmer – Fakten und Fiktionen«, in: ders. (Hg.), *Unternehmer – Fakten und Fiktionen. Historisch-biographische Studien*, München 2014, S. 1–26.

Priemel, Kim Christian, »Heldenepos und bürgerliches Trauerspiel. Unternehmensgeschichte im generationellen Paradigma«, in: Björn Bohnenkamp/Till Manning/Eva-Maria Silies (Hg.), *Generation als Erzählung*, Göttingen 2009, S. 107–128.

Pyta, Wolfram, »›Menschenökonomie‹. Das Ineinandergreifen von ländlicher Sozialraumgestaltung und rassenbiologischer Bevölkerungspolitik im NS-Staat«, in: *Historische Zeitschrift* 273 (2001), S. 31–94.

Pyta, Wolfram, »Der Beitrag von Leistung und Wettbewerb zur Karriere des Sports in Deutschland«, in: Markus Denzel (Hg.), *Wirtschaftlicher und sportlicher Wettbewerb*, Stuttgart 2009, S. 239–256.

Pyta, Wolfram, »Geschichtswissenschaftliche Annäherungen an die historische Dimension des Sports«, in: *Sportwissenschaft. The German Journal of Sports Science* 4 (2009), S. 339–346.

Pyta, Wolfram, »Geschichtswissenschaft und Sport – Fragestellungen und Perspektiven«, in: *Geschichte in Wissenschaft und Unterricht* 61 (2010), S. 388–401.

Rasch, Manfred, »Über Albert Vögler und sein Verhältnis zur Politik«, in: *Mitteilungsblatt des Instituts für soziale Bewegungen. Forschungen und Forschungsberichte* 27 (2003), S. 127–156.

Rathkolb, Oliver/Freund, Florian, »Einleitung«, in: Oliver Rathkolb/Florian Freund (Hg.), *NS-Zwangsarbeit in der Elektrizitätswirtschaft der »Ostmark« 1938–1945. Ennskraftwerke – Kaprun – Draukraftwerke – Ybbs – Persenbeug – Ernsthofen*, Wien/Köln/Weimar [2]2014, S. VII–XIII.

Rauscher, Karl-Heinz, »Personenwagen, Nutzfahrzeuge, Sonderkonstruktionen – 150 Jahre Steyr«, in: Wolfgang Kraus/Erik Eckermann (Hg.), *Nutzfahrzeuge Gestern – Heute – Morgen. Automobil-Kolloquium 2013. Dokumentation*, Norderstedt 2015, S. 103–121.

Ritschl, Albrecht, »Hat das Dritte Reich wirklich eine ordentliche Beschäftigungspolitik betrieben?«, in: *Jahrbuch für Wirtschaftsgeschichte* 44 (2003), S. 125–140.

Roth, Ralf, »Der Sturz des Eisenbahnkönigs Bethel Henry Strousberg. Ein jüdischer Wirtschaftsbürger in den Turbulenzen der Reichsgründung«, in: *Jahrbuch für Antisemitismusforschung* 10 (2001), S. 86–112.

Saldern, Adelheid von, »Rauminszenierungen. Bürgerliche Selbstrepräsentation im Zeitenumbruch (1880–1930)«, in: Werner Plumpe/Jörg Lesczenski (Hg.), *Bürgertum und Bürgerlichkeit zwischen Kaiserreich und Nationalsozialismus*, Mainz 2009, S. 39–55.

Schmidt, Alexander K., »Die Patentrechtsreform von 1936«, in: Martin Otto/Diethelm Klippel (Hg.), *Geschichte des Patentrechts*, Tübingen 2015, S. 129–153.

Schröder, Jürgen, »Das Drama. Der mühsame Anfang«, in: Wilfried Barner (Hg.), *Geschichte der deutschen Literatur von 1945 bis zur Gegenwart*, München [2]2006, S. 99–105.

Schulte, Jan Erik, »Rüstungsunternehmen oder Handwerksbetrieb? Das KZ-Häftlinge ausbeutende SS-Unternehmen ›Deutsche Ausrüstungswerke GmbH‹«, in: Ulrich Herbert/Karin Orth/Christoph Dieckmann (Hg.), *Die nationalsozialistischen Konzentrationslager – Entwicklung und Struktur*, Bd. 1, Göttingen 1998, S. 558–583.

Schütz, Erhard, »Der Volkswagen«, in: Etienne François/Hagen Schulze (Hg.), *Deutsche Erinnerungsorte*, Bd. 1, München 2001, S. 352–369.

Seckelmann, Margrit, »Das Patentrecht als ›Reaktionsbeschleuniger‹. Die Entwicklung des Patentrechts im zweiten deutschen Kaiserreich (1871–1914)«, in: Martin Otto/Diethelm Klippel (Hg.), *Geschichte des deutschen Patentrechts*, Tübingen 2015, S. 37–70.

Seckelmann, Margrit, »Der ›Dienst am schöpferischen Ingenium der Nation‹. Die Entwicklung des Patentrechts im Nationalsozialismus«, in: Johannes Bähr/Rolf Banken (Hg.), *Wirtschaftssteuerung durch Recht im Nationalsozialismus*, Frankfurt am Main 2006, S. 237–279.

Stelzl-Marx, Barbara, »Der Wandel des Feindbildes. Sowjetische Propaganda für Rotarmisten 1941–1945«, in: Siegfried Matll/Gerhard Botz/Stefan Karner/Helmut Konrad (Hg.), *Krieg, Erinnerung, Geschichtswissenschaft*, Wien 2009, S. 195–218.

Steuwer, Janosch/Leßau, Hanne, »›Wer ist ein Nazi? Woran erkennt man ihn?‹ Zur Unterscheidung von Nationalsozialisten und anderen Deutschen«, in: *Mittelweg* 36, 23 (2014), S. 30–51.

Stiefel, Dieter, »›Gold gab ich für Eisen‹«, in: Dieter Stiefel/Karl Bachinger (Hg.), *Abschied vom Schilling. Eine österreichische Wirtschaftsgeschichte*, Graz 2001, S. 135–154.

Stokes, Raymond G., »Von der I.G. Farbenindustrie AG bis zur Neugründung der BASF«, in: Werner Abelshauser (Hg.), *Die BASF. Eine Unternehmensgeschichte*, München 2002, S. 221–358.

Streb, Jochen/Pyta, Wolfram, »Von der Bodenproduktivität zur Arbeitsproduktivität. Der agrarökonomische Paradigmenwechsel im ›Dritten Reich‹«, in: *Zeitschrift für Agrargeschichte und Agrarsoziologie* 53 (2005), S. 56–78.

Thiel, Jens, »›Etwaige völkerrechtliche Bedenken dürfen uns nicht hindern.‹ Zwangsarbeit und Deportation in Belgien während des Ersten Weltkrieges«, in: Timm C. Richter (Hg.), *Krieg und Verbrechen. Situation und Intention: Fallbeispiele*, München 2006, S. 21–30.

Thiessen, Jan, »Transfer von GmbH-Recht im 20. Jahrhundert – Export, Import, Binnenhandel«, in: Vanessa Duss u. a. (Hg.), *Rechtstransfer in der Geschichte. Legal transfer in history*, München 2006, S. 446–497.

Thiessen, Jan, »Wirtschaftsrecht und Wirtschaftsrechtler im Schatten der NS-Vergangenheit«, in: Manfred Görtemaker/Christoph Safferling (Hg.), *Die Rosenburg. Das Bundesministerium der Justiz und die NS-Vergangenheit – eine Bestandsaufnahme*, Göttingen 2013, S. 204–295.

Treue, Wilhelm, »Ingenieur und Erfinder«, in: *Vierteljahrsschrift für Sozial- und Wirtschaftsgeschichte* 54 (1967), S. 456–476.

Turner, Henry A., »Unternehmen unter dem Hakenkreuz«, in: Lothar Gall/Manfred Pohl (Hg.), *Unternehmen im Nationalsozialismus*, München 1998, S. 15–23.

Walter, Martin, »Adolf Rosenberger – Zur Geschichte eines deutschen Juden. Vom erfolgreichen Rennfahrer zum Mitbegründer der Porsche AG«, in: Martin Furtwängler (Hg.), *Nicht nur Sieg und Niederlage. Sport im deutschen Südwesten im 19. und 20. Jahrhundert*, Ostfildern 2011, S. 193–212.

Wetzel, Juliane, »Die NSDAP zwischen Öffnung und Mitgliedersperre«, in: Wolfgang Benz (Hg.), *Wie wurde man Parteigenosse? Die NSDAP und ihre Mitglieder*, Frankfurt am Main 2009, S. 74–90.

Wischermann, Clemens, »Kultur«, in: Clemens Wischermann/Katja Patzel-Mattern/Martin Lutz/Thilo Jungkind (Hg.), *Studienbuch institutionelle Wirtschafts- und Unternehmensgeschichte*, Stuttgart 2015, S. 166–179.

Internetressourcen

https://depatisnet.dpma.de/DepatisNet/depatisnet?action=bibdat&docid=AT000000145481B (Zugriff am 30.8.2016).

http://sz-magazin.sueddeutsche.de/texte/anzeigen/30862/100-Jahre-Ferry-Porsche-Ein-Zwangsarbeiter-erinnert-sich (Zugriff am 17.6.2016).

http://www.geissstrasse.de/files/denkblatt_zwangsarbeit.pdf (Zugriff am 17.6.2016).

http://www.wirtemberg.de/wolf-und-soehne-1929.htm (Zugriff am 24.3.2017).

Personenregister